BIBLIOTHÈQUE DE L'ANTIQUITÉ TARDIVE
PUBLIÉE PAR L'ASSOCIATION POUR L'ANTIQUITÉ TARDIVE

43

La Bibliothèque de l'Antiquité Tardive est éditée dans les langues scientifiques usuelles par les Éditions Brepols sous le patronage de l'« Association pour l'Antiquité Tardive »

Brepols Publishers, Begijnhof 67, B-2300 Turnhout
www.brepols.net

Association pour l'Antiquité Tardive, c/o Bibliothèque d'Histoire des Religions de l'Université Paris-Sorbonne, Maison de la Recherche, 28 rue Serpente, F-75006 Paris
www.antiquite-tardive.com

Cette collection, sans périodicité régulière, éditée par Brepols Publishers, est conçue comme la série de suppléments à la revue *Antiquité tardive* publiée depuis 1993 par l'Association chez le même éditeur. Elle est composée de monographies, de volumes de Mélanges ou de *Scripta Varia* sélectionnés soit par l'Association avec l'accord de l'éditeur, soit par l'éditeur avec l'agrément de l'Association dans le domaine de compétence de l'Association : histoire, archéologie, littérature et philologie du IVe au VIIIe siècle (de Dioclétien à Charlemagne).

Un conseil scientifique procède à la sélection et supervise la préparation quand elle est assurée par l'Association, sous la responsabilité du Conseil d'Administration dont voici la composition actuelle:

PRÉSIDENTE

Caroline Michel d'Annoville, Professeure d'archéologie de l'Antiquité tardive, Sorbonne Université, Paris

VICE-PRÉSIDENTE

Gisella Cantino Wataghin, Professoressa di Archeologia Cristiana e Medievale, Università del Piemonte Orientale, Vercelli

SECRÉTAIRE

Pascale Chevalier, Professeure, Université de Clermont-Ferrand

TRÉSORIER

Marc Heijmans, Directeur de recherche au CNRS, Centre Camille Jullian, Aix-en-Provence

MEMBRES

J.-M. Carrié, Directeur d'études émérite, École des Hautes Études en Sciences Sociales, Paris
E. Destefanis, Professoressa associata, Università del Piemonte Orientale, Vercelli
S. Destephen, Professeur, Université de Caen
J. Dresken-Weiland, Prof. Dr., Universität Göttingen
A. S. Esmonde Cleary, Professor, Department of Archaeology, University of Birmingham
H. Hellenkemper, Direktor honoraire, Römisch-Germanisches Museum, Köln
H. Inglebert, Professeur d'histoire ancienne, Université Paris-Nanterre
M. Jurković, Professeur, Sveučilište u Zagrebu (Université de Zagreb)
G. Ripoll, Catedratica de Arqueologia, Universitat de Barcelona
J. Terrier, ancien archéologue cantonal de Genève et professeur titulaire de l'université de Genève

Les volumes précédemment publiés dans cette série sont listés à la fin de ce volume.

BIBLIOTHÈQUE DE L'ANTIQUITÉ TARDIVE

PUBLIÉE PAR L'ASSOCIATION POUR L'ANTIQUITÉ TARDIVE

43

Relire Paul-Albert Février

Actes du colloque,
Aix-en-Provence, 7-9 avril 2022

Textes réunis par

Michel Fixot et
Véronique Blanc-Bijon

BREPOLS

British Library Cataloguing in Publication Data

A catalogue record for this book is available from the British Library.

Image de couverture : Mosaïque d'une *mensa* mise au jour lors des fouilles de la nécropole de la plage de Matarès à Tipasa (Algérie), musée de Tipasa (Algérie). Cliché ACRM-MDAA / P. Blanc.

© 2024, Brepols Publishers n.v., Turnhout, Belgium

All rights reserved. No part of this publication may be reproduced, stored in a retrieval system, or transmitted, in any form or by any means, electronic, mechanical, photocopying, recording, or otherwise, without the prior permission of the publisher.

ISBN: 978-2-503-61158-7
e-ISBN: 978-2-503-61159-4
ISSN: 1637-9918
e-ISSN: 2565-9316
DOI: 10.1484/M.BAT-EB.5.137438

Printed in the EU on acid-free paper

D/2024/0095/94

Sommaire

Liste des auteurs ix

Abréviations. xi

Préface 1

Paul-Albert Février et Aix 4

« Relire Paul-Albert Février » 9

Première session

1. Introduction à la première session
   JEAN GUYON 13

2. Paul-Albert Février et la question de l'origine des catacombes
   (*Cah. arch.* 1960) : Une mise au point
   VINCENZO FIOCCHI NICOLAI 15

3. L'épigramme de Damase pour Pierre et Paul revisitée
   JEAN-LOUIS CHARLET. 23

4. Un'archeologia cristiana per domani?
   GISELLA CANTINO WATAGHIN 35

5. Autour des travaux de Paul-Albert Février sur l'Afrique romaine
   FATHI BÉJAOUI 45

Deuxième session

6. Introduction à la deuxième session
   CAROLINE MICHEL D'ANNOVILLE 55

7. La *civitas Magalonensis* : des textes au terrain et retour
   CLAUDE RAYNAUD 57

8. Du régime de la cité aux *castra* du début du Haut Moyen Âge
en Gaule méditerranéenne (v^e-viiie siècles) :
Encore un état de la recherche et quelques perspectives
LAURENT SCHNEIDER 67

9. Un nouveau chantier, les châteaux et la création d'un réseau castral dans
un territoire (x^e-xiie siècle) : L'énigmatique *castrum* d'*Archantiosc*
DANIEL MOUTON, THIERRY PÉCOUT, MARIACRISTINA VARANO 89

Troisième session

10. Introduction à la troisième session : Paul Albert Février – 30 ans déjà !
MOUNIR BOUCHENAKI 105

11. Paul-Albert Février et la naissance d'une archéologie algérienne
ABDERRAHMANE KHELIFA 111

12. Regard sur la coopération franco-tunisienne dans le domaine du patrimoine
FAOUZI MAHFOUDH 115

13. Qu'est devenu l'Inventaire depuis Paul-Albert Février ?
MARCELINE BRUNET 127

14. Trente ans de prise en compte du patrimoine archéologique
MARC BOUIRON 131

Quatrième session

15. Introduction à la quatrième session
VINCENZO FIOCCHI NICOLAI 141

16. L'histoire urbaine en France 40 ans après la parution
de *l'Histoire de la France urbaine*
XAVIER LAFON 143

17. L'évolution urbaine d'Aix-en-Provence des origines au Moyen Âge :
Dans le sillage de Paul-Albert Février, héritage ou rendez-vous manqué ?
SANDRINE CLAUDE, NÚRIA NIN 151

18. *Le développement urbain en Provence* « revisité »
MARC HEIJMANS 189

19. Compléments au plan urbain de Fréjus (i^{er} siècle de n. è. – fin du iiie siècle)
MICHEL PASQUALINI 203

20. *Lux musiua* : La mise en lumière des mosaïques dans les textes épigraphiques versifiés. Variations autour d'un article de Paul-Albert Février
GAËLLE HERBERT DE LA PORTBARRÉ-VIARD..................217

21. *Acta sanctorum februarii* : L'apport de Paul-Albert Février à la compréhension des textes hagiographiques de l'Antiquité tardive et du Haut Moyen Âge
PASCAL BOULHOL..................229

22. De l'Afrique à l'Euphratésie : Itinéraires improbables d'exilés et de captifs africains au lendemain de la prise de Carthage par les Vandales en 439
MARC GRIESHEIMER..................241

Cinquième session

23. Introduction à la cinquième session
PIERRE GROS..................253

24. Le décor sculpté entre Antiquité tardive et Haut Moyen Âge en Provence
YUMI NARASAWA..................255

25. L'ancienne église de Saint-Raphaël (Var) : une « suite intéressante d'églises »
NATHALIE MOLINA, avec la collaboration de PAUL FRANÇOIS..................277

26. Archéologie et histoire monumentale des sièges épiscopaux de Provence, Antiquité tardive et Haut Moyen Âge : un bilan
YANN CODOU..................297

27. Archéologie et histoire monumentale des sièges épiscopaux de Provence à l'époque de l'architecture romane : un bilan
ANDREAS HARTMANN-VIRNICH..................311

28. Table-ronde : « Continuité entre les rives méditerranéennes, continuité entre les disciplines »..................329

29. « Qui construit et le dit ? » Paul-Albert Février au colloque de Rennes en 1983
XAVIER BARRAL I ALTET..................337

30. En souvenir de Paul-Albert
AÏCHA BEN ABED BEN KHADER..................343

Table des illustrations..................345

Liste des auteurs

Xavier Barral i Altet, Institut national d'Histoire de l'Art (INHA), Paris. xavierbarralaltet33@gmail.com

Fathi Béjaoui, Institut national du Patrimoine, Tunis. fathibejaoui@gmail.com

Aïcha Ben Abed-Ben Khader, Institut national du Patrimoine, Tunis. aichabenkheder@gmail.com

Véronique Blanc-Bijon, CNRS, Aix Marseille Université, Centre Camille Jullian (CCJ), UMR 7299, Aix-en-Provence. veroniqueblancbijon9@gmail.fr

Mounir Bouchenaki, Directeur du Patrimoine, UNESCO, Paris. mounir.bouchenaki@gmail.com

Sophie Bouffier, Directrice de la Maison méditerranéenne des Sciences de l'Homme, Aix Marseille Université, Centre Camille Jullian (CCJ), UMR 7299, Aix-en-Provence. sophie.bouffier@univ-amu.fr

Marc Bouiron, Directeur scientifique de l'Institut national d'Archéologie préventive (INRAP) / Laboratoire Cultures et environnements. Préhistoire, Antiquité et Moyen Âge (CEPAM), UMR 7264, Nice. marc.bouiron@inrap.fr

Pascal Boulhol, Aix Marseille Université, Textes et documents de la Méditerranée antique et médiévale (TDMAM), Centre Paul-Albert Février, UMR 7297, Aix-en-Provence. paboulhol@netcourrier.com

Marceline Brunet, Directrice du Service Patrimoine, Traditions, Inventaire de la Région Provence-Alpes-Côte d'Azur, Marseille. mbrunet@maregionsud.fr

Gisella Cantino Wataghin, Università del Piemonte Orientale, Vercelli. gisella.cantino@gmail.com

Jean-Louis Charlet, Aix Marseille Université, Textes et documents de la Méditerranée antique et médiévale (TDMAM), Centre Paul-Albert Février, UMR 7297, Aix-en-Provence. jeanlouis.charlet@neuf.fr

Sandrine Claude, Service archéologique de la Ville d'Aix-en-Provence. ClaudeS@mairie-aixenprovence.fr

Yann Codou, Université Côte-d'Azur, Laboratoire Cultures et Environnements. Préhistoire, Antiquité et Moyen Âge (CEPAM), UMR 7264, Nice. yann.codou@univ-cotedazur.fr

Vincenzo Fiocchi Nicolaï, Università Roma Tor Vergata – Pontificio Istituto di Archeologia cristiana, Rome. fiocchi.nicolai@tiscali.it

Michel Fixot, Aix Marseille Université, Laboratoire d'Archéologie médiévale et moderne en Méditerranée (LA3M), UMR 7298, Aix-en-Provence. fixotm@gmail.com

Paul François, CNRS Aix Marseille Université, Laboratoire d'Archéologie médiévale et moderne en Méditerranée (LA3M), UMR 7298, Aix-en-Provence. paul.francois@univ-amu.fr

Marc Griesheimer, Aix Marseille Université, Centre Camille Jullian (CCJ), UMR 7299, Aix-en-Provence. marcgriesheimer4@gmail.com

Pierre Gros, de l'Institut, Aix Marseille Université, Institut de Recherche sur l'Architecture antique (IRAA), UAR 3155, Aix-en-Provence. pierre.gros@wanadoo.fr

Jean Guyon, CNRS, Aix Marseille Université, Centre Camille Jullian (CCJ), UMR 7299, Aix-en-Provence. jean.guyon2@sfr.fr

Andreas Hartmann-Virnich, Aix Marseille Université, Laboratoire d'Archéologie médiévale et moderne en Méditerranée (LA3M), UMR 7298, Aix-en-Provence. andreas.hartmann-virnich@univ-amu.fr

Marc Heijmans, CNRS, Aix Marseille Université, Centre Camille Jullian (CCJ), UMR 7299, Aix-en-Provence. heijmans@wanadoo.fr

Gaëlle Herbert de la Portbarré-Viard, Aix Marseille Université, Textes et documents de la Méditerranée antique et médiévale (TDMAM), Centre Paul-Albert Février, UMR 7297, Aix-en-Provence. gaelle.viard@univ-amu.fr

Abderrahmane Khelifa, Directeur de l'Agence nationale pour l'Archéologie, Alger. abderrahmane.khelifa@gmail.com

Xavier Lafon, Aix Marseille Université, Institut de Recherche sur l'Architecture antique (IRAA), UAR 3155, Aix-en-Provence. xlafon@orange.fr

Faouzi Mahfoudh, Directeur général de l'Institut national du Patrimoine, Tunisie. fawzimahfoudh@gmail.com

Caroline Michel d'Annoville, Université Paris-Sorbonne (Paris IV), Orient-Méditerranée, UMR 8167, Paris. caroline.micheldannoville@gmail.com

Nathalie Molina, INRAP / Aix Marseille Université, CNRS, Laboratoire d'archéologie médiévale et moderne en Méditerranée (LA3M), UMR 7298, Aix-en-Provence. nathalie.molina@inrap.fr

Daniel Mouton, Laboratoire d'Archéologie médiévale et moderne en Méditerranée (LA3M), UMR 7298, Aix-en-Provence. daniel.mouton83@gmail.com

Nuria Nin, Directrice du Service archéologique de la Ville d'Aix-en-Provence. ninn@mairie-aixenprovence.fr

Yumi Narasawa, Université de Josaï, Japon, Laboratoire d'Archéologie médiévale et moderne en Méditerranée (LA3M), UMR 7298, Aix-en-Provence. ynarasawa@gmail.com

Michel Pasqualini, Conservateur du Patrimoine, Laboratoire Cultures et environnements. Préhistoire, Antiquité et Moyen Âge (CEPAM), UMR 7264, Nice. michel.pasqualini@gmail.com

Thierry Pécout, Université Jean Monnet, Laboratoire d'études sur les monothéismes – Centre européen de Recherche sur les Communautés, Congrégations et Ordres religieux (CERCOR), UMR 8584, Saint-Etienne. thierry.pecout@univ-st-etienne.fr

Claude Raynaud, CNRS, LabEx Archimède, UMR 5140, Montpellier. claude.raynaud@cnrs.fr

Laurent Schneider, École des Hautes Études en Sciences sociales, Histoire, Archéologie, Littératures des mondes chrétiens et musulmans médiévaux (CIHAM), UMR 5648, Lyon. laurent.schneider@ehess.fr

Mariacristina Varano, Université de Rouen, Groupe de Recherche d'Histoire (GRHis), EA 3831, Rouen. mariacristinavarano@gmail.com

Abréviations

AA.SS	*Acta sanctorum Bollandistarum*, Anvers – Bruxelles.
BEFAR	Bibliothèque des Écoles françaises d'Athènes et de Rome.
CC SL	*Corpus christianorum, series latina*, Turnhout.
CE	*Carmina latina epigraphica*, Leipzig.
CEFR	Collection de l'École française de Rome.
CIL	*Corpus Inscriptionum Latinarum*, Berlin.
CNAU	Centre national d'archéologie urbaine, Tours.
CNRA	Conseil national de la recherche archéologique, Paris.
CRAM	Centre de Recherches sur l'Afrique méditerranéenne, Alger – Aix-en-Provence.
CSRA	Conseil supérieur de la recherche archéologique, Paris.
CUF	Collection des Universités de France, Paris.
DACL	Cabrol F., Leclerc H. (dir.), *Dictionnaire d'archéologie chrétienne et de liturgie*, Paris.
EHESS	École pratique des Hautes études en Sciences sociales, Paris.
ENS	École nationale supérieure, Paris – Saint-Cloud.
HDR	Habilitation à diriger des recherches.
HGL	Devic Cl., Vaissete J., 1872-1879, *Histoire générale de Languedoc*, Toulouse, 2ᵉ éd. revue et augmentée.
ICUR	De Rossi G.B., *Inscriptiones christianae Urbis Romae*, Rome.
IL Alg	*Inscriptions latines de l'Algérie*, Paris.
IRAA	Institut de recherche sur l'architecture antique, Aix-en-Provence.
MGH	*Monumenta Germaniae Historica*, Munich.
MMSH	Maison méditerranéenne des Sciences de l'Homme, Aix-en-Provence.
MSH	Maison des Sciences de l'Homme, Paris.
PCR	Programme collectif de recherche.
PL	J.-P. Migne (éd.), *Patrologia latina, cursus completus, Series latina*.
SC	Sources chrétiennes, Paris – Lyon.

PRÉFACE

PAUL-ALBERT FÉVRIER (1931-1991) a marqué le paysage universitaire dans les années qui ont suivi les « évènements » de 1968, après son départ d'Alger et sa venue à Aix-en-Provence à l'automne de cette même année. Il représente une génération d'enseignants qui ont tenté un renouvellement des approches pédagogiques et scientifiques dans un contexte de libération des relations interpersonnelles, de désenclavement des connaissances et des savoirs, avant même que le terme « pluridisciplinaire » ne se banalise dans les écrits et les discours pour devenir le « mot-clé » de toute présentation de projet et de sujet. Avec Georges Duby, Paul Veyne, Michel Vovelle, Christian Goudineau, Philippe Joutard, Maurice Agulhon, d'autres encore, il participait à cette École historique informelle qui a marqué l'ancienne Université de Provence, composante aixoise de la future Aix Marseille Université. Rappeler l'une de ces personnalités est aussi faire œuvre d'histoire à l'égard de l'Université actuelle.

Élevé dans la tradition catholique à laquelle il resta fidèle et pur produit d'une formation académique sélective, entre École des Chartes et École française de Rome, sa vie illustre le basculement d'une époque au moment de la prise de conscience de valeurs humaines occultées par le discours et le quotidien d'une politique qui subissait à l'aveugle le processus de décolonisation.

Sa nomination à Aix-en-Provence en novembre 1968, à un poste d'Histoire romaine dans la nouvelle Université de Provence, semblait paradoxale par rapport à une formation initiale de médiéviste, mais elle était en cohérence avec une pratique scientifique et une responsabilité administrative développées dans l'Algérie d'après-Guerre et indépendante. Sa démarche s'inscrivit dans une Histoire détachée des découpages chronologiques définis par les cadres académiques traditionnels, libre par rapport aux fragmentations disciplinaires issues de l'affirmation de nouvelles spécialités, telle l'archéologie.

Son enseignement et sa recherche historique se sont nourris de toute trace humaine, celles lues dans les textes comme celles imprimées dans les sols ou dans les élévations. Praticien mais non théoricien, plus sensible aux continuités qu'aux ruptures, il fut attentif aux liens, telle l'unité des rives de la Méditerranée occidentale, en particulier après sa rencontre avec le Maghreb dans l'expérience douloureuse de la Guerre d'Algérie dont il a fait part dans sa correspondance (*Un historien dans l'Algérie en guerre – Un engagement chrétien 1959-1962*, éd. par Jean-Marie Guillon, Le Cerf, 2006). De son engagement scientifique témoigne une bibliographie riche et diversifiée, parfois provocatrice à l'image de l'ouvrage qu'il intitula de manière significative *Approches du Maghreb romain* : le premier terme du titre, si fréquent dans celui de ses articles, exprimait le caractère provisoire et progressif du savoir. Un choix de ceux-ci a été reproduit dans les deux volumes *La Méditerranée de Paul-Albert Février* (École française de Rome).

Entre 1968 et 1991, Paul-Albert Février s'impliqua aussi dans une politique universitaire intégrante, ferment d'une communauté qui comprenait étudiants, personnels administratifs, enseignants de tout grade, privilégiant par exemple l'ouverture et le dépassement du cadre des cursus traditionnels en favorisant un accès à l'enseignement supérieur fondé sur la culture acquise et la dynamique personnelle. Il allia quotidien et utopie, inspiré par un humanisme chrétien indépendant des cadres sociaux, politiques ou religieux. Pour retrouver cette personnalité, on pourra entendre différents témoignages réunis sur le site de Canal U : https://www.canal-u.tv/chaines/mediamed/ateliers-de-la-mmsh/portraits-de-chercheurs-paul-albert-fevr.

Des ouvrages ont déjà été publiés à son propos : *Paul-Albert Février parmi nous*, Université de Provence, 1992 ; *Autour de Paul-Albert Février*, Provence historique 42, fasc. 167-168, 1992 ; *Paul-Albert Février, de l'Antiquité au Moyen-Âge*, Université de Provence, 2004.

Il n'est pas étonnant que la mort précoce d'une telle personnalité ait été ressentie comme une brutalité par ceux qui constituaient autour d'elle un entourage vaste, divers et fractionné. Une partie d'entre eux s'est rassemblée en adoptant la forme institutionnelle d'une association afin d'assurer la gestion de son legs testamentaire conformément à son esprit. L'article 2 des statuts de l'Association Paul-Albert Février (Association Loi 1901) stipule : « Cette Association agit pour perpétuer le souvenir de Paul-Albert Février, ancien Professeur d'Histoire romaine à l'Université de Provence qu'il avait instituée comme légataire. Cette action se poursuit en liaison avec Aix Marseille Université ».

Ainsi, sous la tutelle de l'Université et grâce au relai de la Maison méditerranéenne des Sciences de l'Homme, l'association a continué d'assurer ce que pratiquait Paul-Albert Février, soit un accueil dans l'appartement qu'il lui a légué. En trente ans, depuis 1991, Marie-France et Noël Coulet d'abord, puis Véronique Blanc-Bijon et Philippe Borgard ont assuré ce fonctionnement. Plus de 3000 semaines, 130 par an en moyenne, ont été offertes à de jeunes chercheurs, pour la plupart doctorants. La relève a été prise maintenant par une équipe nouvelle, signe de la force d'une mémoire.

Paul-Albert Février aurait 91 ans. Le 10 avril est la date anniversaire de son décès La nécessité d'une manifestation – reportée d'une année en raison des conditions sanitaires – s'est peu à peu imposée pour ce qui sera sans doute un ultime hommage collectif. Pour leur part, les étudiants de Paul-Albert Février ont bientôt atteint ou plus souvent dépassé l'âge qui était le sien à son décès. Ceux qui composent la génération suivante ne l'ont plus connu directement mais certains se sentent encore redevables de lui.

Il devenait donc opportun de rappeler une dernière fois comment Paul-Albert Février nous a marqués, de manière personnelle (beaucoup) et par son œuvre scientifique, que celle-ci ait été écrite (ses livres, ses articles) ou dite (ses cours, ses conversations en privé, ses questionnements sur le terrain), par sa manière d'aborder l'ensemble de la documentation historique. C'est ce qui fait l'éclectisme apparent de la présente publication qui a pour ambition de suggérer ce que deviennent la pensée et l'action d'un savant qui a marqué son temps, entre pur oubli, dilution, appropriation, reprise et anonymisation de ses idées, contestation de celles-ci ou mise en évidence de contradictions, approfondissement. De dire aussi comment ont évolué des institutions auxquelles il avait consacré une part de son énergie.

De dire comment, par exemple, sous l'influence de l'un de ses maîtres, Henri-Irénée Marrou, et avec quelques savants contemporains spécialistes de la fin du monde romain, Paul-Albert Février a contribué à désenclaver l'histoire et l'archéologie chrétienne de l'emprise cléricale, à en traiter comme part d'une période non plus paléochrétienne mais maintenant désignée comme Antiquité tardive.

Pour cette période et dans un cadre méditerranéen, de nombreux sujets ont été questionnés par lui de manière intuitive. Depuis lors, ils ont donné lieu à développements et vérifications, parfois à critiques, qu'il s'agisse de topographie urbaine, de topographie rurale et d'histoire du peuplement. Des sujets relatifs à l'Histoire de l'art, l'architecture et son décor, ont été repris et enrichis. Les questions d'hagiographie qu'il avait ponctuellement abordées ont fait l'objet d'un réexamen plus systématique. Des sites sur lesquels il avait ouvert des chantiers archéologiques dont il avait pressenti le potentiel scientifique ont fait l'objet de reprises ou d'extension des surfaces explorées, de réinterprétations, tant en Provence qu'au Maghreb avec le développement de programmes coopératifs. Qu'étaient et que sont devenues les institutions pour la gestion desquelles il s'était impliqué, l'organisation administrative de l'archéologie au Maghreb, la politique patrimoniale en France ?

La diversité des questions abordées par ce colloque se modèle donc sur la variété des sujets touchés par Paul-Albert Février. Elles donnent l'occasion de mesurer l'impact d'un savant sur sa discipline, de réfléchir au devenir de celle-ci et à son contenu actuel en fonction de son évolution institutionnelle. Au risque aussi que la part prise par les moyens et les techniques scientifiques prenne le pas sur ce qui relève de l'interprétation des sources archéologiques dans leurs rapports avec l'Histoire. Revenir à lui consiste à s'interroger sur les tensions entre techniques ou spécialités et culture historique, entre la recherche et les contraintes intervenues pour sa gestion.

L'initiative de la manifestation scientifique a appartenu à l'Association Paul-Albert Février. Elle a souhaité que ce programme donne lieu à une véritable rencontre en présence de toutes et tous. Les diverses crises du moment ont fait malheureusement que cet idéal n'a pu être atteint en totalité. Nous avions souhaité éviter d'avoir recours à eux, mais les liens *zoom* y ont, un peu, suppléé. L'Association est reconnaissante aux intervenants qui ont repris les chemins de Paul-Albert Février, ont fréquenté ses travaux, en particulier elle est heureuse d'accueillir ceux qui ont franchi la Méditerranée pour représenter le Maghreb, Faouzi Mahfoudh, Directeur général de l'Institut national du Patrimoine de Tunis, et Fathi Béjaoui qui a naguère assuré les mêmes fonctions. Deux anciens étudiants puis collaborateurs de Paul-Albert Février, aux carrières brillantes, l'un dans le cadre du Centre national de la Recherche en Archéologie, l'autre à l'UNESCO, ont manifesté la présence de l'Algérie. L'Institut pontifical d'Archéologie chrétienne et l'Université de Vercelli ont représenté la part italienne de Paul-Albert Février, aux côtés de nombre de chercheurs français. Certains des intervenants ont été contraints de nous parler de loin : Abderrahmane Khelifa d'Alger, Yumi Narasawa de Tokyo ; les déboires de santé ont retenu Aïcha Ben Abed-Ben Khader à Tunis et Xavier Barral i Altet à Barcelone. Tous sont présents dans ces pages par leur témoignage.

Les partenaires ont d'abord été les quatre laboratoires de la Maison méditerranéenne des Sciences de l'Homme (MMSH) fédérés au sein de l'Institut d'Archéologie méditerranéenne ARKAIA, soit le Centre Camille Jullian (CCJ), le laboratoire Textes et Documents de la Méditerranée antique et médiévale (TDMAM) – Centre Paul-Albert Février, l'Institut de Recherches sur l'Architecture antique (IRAA), le Laboratoire d'Archéologie médiévale et moderne en Méditerranée (LA3M). Anne Mailloux, sa directrice, a assuré le bon déroulement des séances. Le soutien du programme ATHAR (Axe transversal Histoire et Archéologie du Maghreb ancien), fédérateur de recherches menées par des membres des différentes équipes de la MMSH, a facilité les rapports institutionnels qui ont permis la venue des collègues du Maghreb. La Ville d'Aix-en-Provence a tenu également à être partenaire par l'intermédiaire de son Service archéologique et par la réception offerte aux congressistes à la mairie.

Paul-Albert Février fut lui-même successeur d'une génération de savants qui ont renouvelé leurs disciplines respectives. Jean Hubert dans le domaine du patrimoine, de la topographie urbaine, de l'archéologie du Haut Moyen Âge, Henri-Irénée Marrou pour la période définie comme Antiquité tardive plutôt que chrétienne, Jean Lassus pour l'archéologie du Maghreb, Fernand Benoit pour celle de la Provence, Nino Lamboglia pour la sensibilisation à la pratique de nouvelles méthodes en archéologie historique. Marqué par chacun d'entre eux à l'époque de sa formation, il a continué à explorer leurs domaines et en a transmis l'intérêt. Apparue plus récemment dans la problématique historique, c'est à Michel Vovelle, son collègue aixois, que Paul-Albert Février doit d'avoir traité la question relative à la mort. En Afrique, enfin, c'est au travail avec Hans-Georg Pflaum qu'il devait sa sensibilité à l'écrit sur pierre. À la collaboration avec Friedrich Rakob et Andrea Carandini son intérêt à la lecture de l'architecture monumentale antique. Ce sont ces cheminements historiographiques, entre réception et transmission, qui étaient une part des enjeux de la manifestation et les auteurs des communications s'étaient engagés à s'inscrire dans cette perspective.

C'est donc à cette « relecture » que nous vous invitons au fil des contributions qui suivent.

Michel Fixot
*Aix Marseille Université,
Laboratoire d'Archéologie médiévale et moderne en
Méditerranée (LA3M), UMR 7298, Aix-en-Provence.*

Véronique Blanc-Bijon
*CNRS, Aix Marseille Université,
Centre Camille Jullian (CCJ), UMR 7299, Aix-en-Provence.*

Paul-Albert Février et Aix

MICHEL FIXOT M'A DEMANDÉ de « dire quelques mots » dans cette belle salle où la mairie d'Aix reçoit les participants du colloque « Relire Paul-Albert Février ». Un titre qui nous a incités à réexaminer cette œuvre considérable et explorer les nombreuses pistes de recherche qu'il a ouvertes. Ce vaste programme nous a conduit à parcourir un large champ de recherches à la mesure des domaines que Paul-Albert a abordés et éclairés.

J'ai voulu éviter les redites et traiter brièvement d'un thème non inscrit dans le programme mais qui a tout naturellement sa place ici en parlant de Paul-Albert Février et Aix.

Certes Février est avant tout l'homme de Fréjus bien qu'il n'y soit pas né et qu'il ait vécu en Algérie, avant sa carrière aixoise, des heures intenses qui l'ont profondément marqué. Mais c'est là qu'était son cœur, là où ses parents ont vécu, sont morts et ont été ensevelis. C'est là et aussi, sur les sentiers voisins de l'Estérel, qu'il venait rechercher la paix lors des phases d'abattement qui le gagnaient parfois, lorsque nous disions entre nous : « Paul-Albert est en phase B ». C'est à Fréjus qu'il a consacré ses premiers travaux. Les deux premiers articles qu'il a publiés dans *Provence historique* portent l'un sur l'église de Saint-Raphaël[1] et l'autre sur un bilan des découvertes archéologiques à Fréjus[2]. C'est enfin à Fréjus qu'il a dirigé ses dernières campagnes de fouilles.

Si ses publications couvrent un vaste champ géographique, la Provence est largement présente dans ces travaux qui se déploient sur un large spectre allant bien au-delà de l'Antiquité tardive et de l'archéologie antique, touchant notamment à la démographie historique, à l'habitat rural et à l'économie des campagnes. Cette approche historique de la Provence s'étend dans la longue durée et touche aussi à l'ethnographie comme en témoigne ce riche article de 1961 sur les fêtes religieuses du diocèse de Fréjus[3] qui tient une place importante dans la défolklorisation de l'histoire des rituels et qui m'a personnellement accompagné dans mes recherches en ce domaine.

La Provence de Paul-Albert c'est aussi la Fédération historique de Provence et sa revue *Provence historique*. Si elles tiennent une place importante dans son parcours, cela relève d'un aspect de sa personnalité. Il avait le culte de l'amitié. Il était très lié à Edouard Baratier, conservateur aux Archives départementales des Bouches-du-Rhône, qui était le secrétaire général de la Fédération et le directeur de *Provence historique*. Baratier fut emporté par une leucémie foudroyante en 1972. Paul-Albert considéra que sa disparition lui créait l'obligation morale de reprendre les responsabilités qui étaient les siennes. Il devint donc, à partir de cette date, le directeur de la revue et s'impliqua fortement dans la vie de la Fédération. Je l'assistais dans cette tâche jusqu'en 1980 où, débordé et traversant un de ces moments d'abattement dont je viens de parler, il me demanda si je ne voulais pas m'occuper de la revue à sa place. Ce que je fis et ai continué de faire par fidélité à sa mémoire.

Capitale de cette Provence chère à son cœur, Aix n'est pas le site le plus représenté dans la bibliographie de Paul-Albert. Il a très tôt étudié le baptistère de Saint-Sauveur et renouvelé son interprétation[4]. Il a contribué au congrès archéologique de 1985 en donnant une présentation synthétique du pays d'Aix qui en était le thème[5]. Amoureux de la Sainte-Victoire où je me souviens de l'avoir rencontré débouchant d'un sentier qui croisait celui que je suivais, il a fourni une notice sur le nom de la montagne dans le catalogue de l'exposition organisée au Musée Granet en 1990 dans le temps qui a suivi l'incendie du site[6]. En 1977, l'éditeur Charles-Yves Chaudoreille qui avait établi à La Calade le siège de la maison d'édition qu'il avait fondée depuis peu lança le projet d'une *Histoire d'Aix*, la première depuis un siècle ou deux selon que l'on prend en compte sa rédaction ou sa publication tardive. Une équipe d'historiens se retrouva chez Michel Vovelle pour donner corps à ce projet. Naturellement Paul-Albert prit en charge la période antique[7]. Force est de constater que le chapitre qu'il rédigea a mal supporté l'épreuve du temps. L'auteur ne dis-

---

* Ce texte est celui prononcé par Noël Coulet lors de la réception à l'Hôtel de Ville d'Aix-en-Provence, le 8 avril 2022.

[1] Février 1951, p. 182-189.

[2] Février 1952, p. 71-76.

[3] Février 1961, p. 163-189.

[4] Février 1957, p. 423-432.

[5] Février 1988.

[6] Février 1990, p. 62-65.

[7] Février 1977, p. 27-69.

posait pas de toutes les informations issues des prospections archéologiques qui ont nourri les chapitres rédigés par Nuria Nin dans la récente *Histoire d'Aix-en-Provence* publiée par les Presses universitaires de Rennes[8]. Février joua également un rôle important dans la réalisation de l'iconographie en obtenant de Marc Heller, photographe travaillant notamment pour l'Inventaire, qu'il apporte sa contribution à l'ouvrage.

Aix, c'est aussi l'Université. La première fois que j'ai vu Paul-Albert, c'était en 1964 dans les salons de l'Hôtel du Roi René, juste après la soutenance de sa thèse de doctorat. Le doyen Bernard Guyon avait, en effet, organisé dans ce cadre le pot de thèse pour marquer l'événement qu'était la première thèse de doctorat soutenue à Aix depuis la création de la Faculté des Lettres. Nous devions nous revoir peu de temps après puisque, en 1968, le nouveau docteur devenait professeur d'Histoire romaine dans cette Faculté où j'étais alors maître-assistant. Il ne tarda pas à y faire son chemin car il bénéficiait de son statut d'*homo novus* qui, n'ayant pas été mêlé aux débats parfois tendus qui avaient accompagné les « événements » de mai, ne suscitait aucun rejet. Il joua, de ce fait, un rôle important dans les nouvelles institutions universitaires qui préparaient la réforme d'Edgar Faure et en furent issues : le conseil transitoire de la Faculté, puis l'UER qui remplaçait la section d'Histoire et, enfin, le conseil de la nouvelle université de Provence qui associait (sans enthousiasme) les anciennes Facultés de Sciences et de Lettres. Il fut directeur de l'UER d'Histoire, membre du conseil de l'Université et vice-président de cette instance.

Son attachement à l'Université s'est aussi exprimé dans ses derniers jours. Alors qu'il était sur son lit d'hôpital il m'a dicté, après avoir tenté de le rédiger d'une main trop malhabile, un texte exprimant sa dernière volonté. Il léguait tous ses biens à l'Université de Provence à charge pour elle d'organiser l'accueil dans son appartement de chercheurs en Histoire et Histoire de l'art venant pour un temps travailler dans les archives et centres de documentation aixois. Ce legs accepté, une association s'est créée pour lui donner corps sous le nom d'Association Paul-Albert Février. Elle est toujours à l'œuvre pour faire fonctionner ce lieu de vie. C'est elle qui organise le colloque qui nous réunit actuellement autour de la mémoire vivante de Paul-Albert.

Noël Coulet

---

[8] Nin 2020, p. 13-87 ; et voir dans ce volume la contribution de S. Claude et N. Nin.

Bibliographie

Février P.-A. 1951, « L'église de Saint-Raphaël (Var) », *Provence historique* 2.4-5, p. 182-189.

—— 1952, « Récentes découvertes archéologiques de Fréjus », *Provence historique* 2.9, p. 71-74.

—— 1957, « Les baptistères de Provence pendant le Moyen Âge », dans *Actes du Ve congrès international d'Archéologie chrétienne (Aix-en-Provence, 13-19 septembre 1954)*, Cité du Vatican – Paris, p. 423-432.

—— 1961, « Fêtes religieuses de l'ancien diocèse de Fréjus », *Provence historique* 11.44, p. 163-189.

—— 1977, « Antiquité et Haut Moyen-Âge, les débuts d'une cité », dans M. Bernos, N. Coulet, Cl. Dolan-Leclerc *et al.* (dir.), *Histoire d'Aix-en-Provence*, Aix-en-Provence, p. 27-59.

—— 1988, « Le Pays d'Aix », dans *Congrès archéologique de France, 143e session, 1985, Le Pays d'Aix*, Paris, p. 9-16.

—— 1990, « Histoire de victoires », dans *Sainte-Victoire, Cézanne*, Aix-en-Provence, Musée Granet (catalogue de l'exposition), p. 63-65.

Nin N. 2020, « *Aquae Sextiae*, profil de la ville antique », dans N. Coulet, Fl. Mazel (dir.), *Histoire d'Aix-en-Provence*, Rennes (« Histoire de ville »), p. 38-66.

Réception du colloque à la mairie d'Aix-en-Provence
(cliché Anne Mailloux, LA3M).

NOËL COULET NOUS A QUITTÉS brusquement le 15 janvier 2023. À l'occasion du colloque, il avait apporté son témoignage en le réservant au moment de la réception offerte le 8 avril par la Ville d'Aix-en-Provence. En raison des liens affectifs et scientifiques qu'il entretenait avec cette cité, c'était en effet à lui qu'il revenait de présenter Paul-Albert aux membres de la Municipalité qui nous accueillaient. Sur le mode réservé qui était le sien dans l'expression publique des sentiments, il a rappelé en quelques mots l'attachement et l'estime qu'il portait à son collègue et ami. Les termes s'entendent de façon réciproque pour définir les rapports entretenus entre deux grands historiens dont les travaux ont notablement éclairé l'histoire d'une région dont ils étaient l'un et l'autre originaires. Tous les deux, dans des registres aussi différents que les périodes qu'ils enseignaient, furent aussi des animateurs du Département d'histoire de l'ancienne Université de Provence, que ce soit par leurs recherches propres, par les travaux des étudiants et doctorants qu'ils eurent l'occasion de diriger comme par les responsabilités administratives qu'ils assumèrent. Ainsi s'établissait entre eux une connivence tacite.

Ce n'est évidemment pas ici le lieu d'évoquer la carrière scientifique de Noël, mais de dire brièvement ce que nous lui devons en tant que membre de l'association qui porte l'initiative de la rencontre dont on lit ici les actes. Après la mort de Paul-Albert, en commun avec Marie-France Coulet, par ses conseils, par sa présence solide et discrète tout autant que par les responsabilités assumées, par son autorité personnelle, Noël a eu un rôle tutélaire essentiel. Marie-France et Noël ont été parmi les membres fondateurs de l'association en ce moment initial où l'Université prenait la responsabilité de déléguer la gestion du legs testamentaire de Paul-Albert. Noël en savait l'importance pour en avoir reçu le rappel de la part de Paul-Albert sur son lit d'hôpital. Marie-France et Noël se sont immédiatement chargés de l'accueil à l'appartement du Parc Mozart, tâche qui était et reste encore la justification de l'existence de l'association.

Ils l'ont assumée pendant 24 ans, soit jusqu'en 2015, date à laquelle ils ont souhaité se retirer en raison des difficultés qu'ils éprouvaient pour se déplacer et de leur disponibilité entravée. La charge était répartie entre Noël qui gérait le calendrier des allers et venues, assurait la conduite des chercheurs accueillis ou leur confiait les clés tandis que Marie-France se préoccupait de la bonne tenue des lieux.

Au temps où, respectueuse de la volonté de Paul-Albert, l'Université de Provence subventionnait l'attribution d'un Prix Paul-Albert Février, Noël a également présidé le jury qui sélectionnait les candidats. Il l'a fait avec la rigueur et l'esprit de justice que nous lui connaissions. Il mesurait l'utilité avérée de l'aide individuelle parfois apportée tout en regrettant simultanément le caractère aléatoire des candidatures, leur nombre trop limité qui lui ont fait exprimer des réticences.

Il a été présent à toutes les assemblées générales jusqu'à la dernière d'entre elles tenue le 8 octobre 2022. L'association Paul-Albert Février salue ici publiquement sa mémoire.

« Relire Paul-Albert Février »

JE REMERCIE TOUT D'ABORD vivement nos collègues tunisiens et algériens d'être venus jusqu'à nous pour célébrer une grande figure de l'historiographie chrétienne de notre recherche nationale : M. le Directeur de l'Institut national du Patrimoine, cher M. Mahfoudh, et son collègue, cher M. Béjaoui. Je regrette que Mme Soltani, directrice du Centre national de recherches archéologiques (CNRA), n'ait pu se déplacer depuis Alger.

C'est avec une certaine émotion que j'ouvre le colloque à la mémoire de Paul-Albert Février, disparu il y a plus de 30 ans. Émotion car cela me reporte plus de 30 ans en arrière lorsque j'étais toute jeune membre de l'École française de Rome. J'étais arrivée un jour dans la salle des médiévistes et des modernistes et je m'étais retrouvée au milieu d'un groupe de jeunes chercheurs où rayonnait Paul-Albert Février, PAF pour toute cette bande. C'est la seule fois où je l'ai rencontré, mais ce qui m'avait immédiatement frappée, c'était sa présence, son charisme, sa verve. L'œil vif, attentif à ces jeunes, encore peu sûrs d'eux et de leurs compétences, le regard rassurant et chaleureux. Quelques mois plus tard, notre directeur Charles Pietri nous annonçait, incrédule, la disparition du maître et j'avais été saisie par sa douleur, lui qui n'avait pas coutume de montrer ses sentiments. Peu de temps après, c'était lui qui nous quittait. Deux grandes figures de l'histoire du christianisme s'éteignaient presque en même temps et laissaient orphelins un grand nombre de leurs disciples. Tous deux humanistes chrétiens, chacun à sa manière.

Je n'avais pas de lien particulier avec Paul-Albert Février, parisienne, issue des bancs de Normale Sup et de la Sorbonne où je fréquentais d'autres maîtres, adoptant une voie scientifique bien éloignée de celle qu'il aurait pu m'enseigner. Mais plus tard, en apprenant son parcours d'historien engagé dans la guerre d'Algérie puis dans le mouvement de 1968, en fréquentant ses élèves au quotidien à mon arrivée à la faculté d'Aix, j'ai compris que j'avais vraiment raté quelqu'un. L'appartement qu'il avait légué à l'université pour héberger les chercheurs du Maghreb pendant leur séjour scientifique à Aix (bien qu'il m'ait parfois donné des cauchemars dans ma fonction de directrice de la Maison !) était là pour témoigner encore de sa générosité et de son empathie pour les jeunes et moins jeunes collègues venus de la rive sud de la Méditerranée. Très sincèrement, j'aurais souhaité le côtoyer pour de bon.

Aussi lorsque Michel Fixot est venu me voir, bien avant la crise sanitaire, pour me demander le soutien de la Maison méditerranéenne des Sciences de l'Homme (MMSH), ai-je accepté tout naturellement, enthousiaste à l'idée que nous allions organiser un événement en deux phases, deux lieux emblématiques de son activité et de sa vie, l'Algérie qui resta si présente dans sa mémoire et Aix-en-Provence, bien sûr, où il n'eut pas le temps de fréquenter la MMSH, et dont j'ose espérer qu'elle l'aurait séduit par le brassage de ses chercheurs, enseignants-chercheurs et étudiants, par le croisement de ses disciplines. La pandémie de 2020 en a décidé autrement, et votre rencontre est amputée de son volet le plus symbolique, selon moi, de l'engagement humaniste de Paul-Albert Février : le colloque a lieu entièrement ici. Je ne retracerai pas les étapes de son parcours. L'introduction à votre colloque est lumineuse et dessine un portrait complet de l'homme autant que du savant.

Paul-Albert Février a marqué à la fois ses collègues et ses champs de recherche. Et à la lecture du programme de votre colloque, j'ai conscience de l'immense apport qu'il a offert à la communauté universitaire et scientifique. Les thématiques que vous avez choisies d'aborder embrassent l'étendue de ses domaines d'expertise et de son parcours scientifique, de sa vie d'homme engagé : l'histoire de la fin de l'Antiquité et du Haut Moyen Âge, et quelques-uns des axes qu'il a si bien explorés : les institutions patrimoniales qui rappellent son passage à la Commission régionale de l'Inventaire général des monuments et richesses artistiques de la France, puis sa vice-présidence de l'institution entre 1985 à 1989, sa participation à la Commission régionale du patrimoine historique, archéologique et ethnologique, et à la Commission supérieure des monuments historiques ; la topographie urbaine avec Fréjus, Aix-en-Provence, ou Sétif ; les textes avec les collègues de l'équipe scientifique qui porte son nom, le Centre Paul-Albert Février ; les monuments et leur décor avec le décor sculpté en Provence ou les églises de Saint-Raphaël.

Mais surtout, ce qui me semble le plus fidèle à l'esprit de Paul-Albert Février, au-delà du caractère foisonnant des bilans et communications que vous allez nous proposer, c'est le rassemblement de quelques-uns de ses compagnons et de ses disciples, l'hommage de chercheurs de tous âges, émérites ou au début de leur carrière, de collègues des deux rives de la Méditerranée, Français, Algériens, Tunisiens, Italiens, Catalan et même Japonais, autour de son parcours et de son apport scientifique.

Je crois qu'il en aurait été très heureux.

Sophie Bouffier
Directrice de la Maison méditerranéenne des Sciences de l'Homme, Aix Marseille Université, Centre Camille Jullian (CCJ), UMR 7299, Aix-en-Provence

PREMIÈRE SESSION

1. Introduction à la première session

Jean Guyon

CNRS, Aix Marseille Université, Centre Camille Jullian (CCJ), UMR 7299, Aix-en-Provence

JE SUIS D'AUTANT PLUS sensible au fait que les organisateurs de notre Colloque m'aient demandé d'assurer la présidence de sa première séance que cela me donne d'être le premier aussi à leur exprimer notre gratitude pour en avoir imaginé les modalités et le contenu, puis pour avoir eu la persévérance de mener le projet à bon port contre vents et marées, ou plutôt, en l'espèce, contre les vagues de la Covid qui, ne cessant de s'abattre sur nous, ont conduit à différer d'un an notre réunion.

Cette gratitude va en tout premier lieu à Michel Fixot car sans lui – la formule ne doit rien à la rhétorique – ce Colloque ne serait pas, mais aussi à la petite équipe qu'il a réunie autour de lui, grâce à laquelle nous nous sentons accueillis aussi chaleureusement – je dirais presque aussi familialement – que le sont les hôtes de l'appartement que Paul-Albert Février a légué à l'Université à l'intention de « chercheurs français et étrangers » venus pour leurs études à Aix. Comment s'en étonner quand dans l'équipe d'accueil à notre Colloque figure Véronique Blanc-Bijon qui prend également une part déterminante avec Philippe Borgard à la gestion de cet appartement que l'Université a confiée à l'Association Paul-Albert Février ? Et notre gratitude va naturellement aussi à la Maison méditerranéenne des Sciences de l'Homme qui nous accueille et aux institutions qui ont apporté leur concours à la tenue de notre Colloque.

Michel Fixot ne m'en voudra pas si, avant de céder la parole aux intervenants, j'évoque un souvenir qui nous est commun. C'était à la fin des années 80 : Paul-Albert nous avait proposé d'être associés à son cours – HIS 390 dans le jargon technocratique de l'Université – qui s'intitulait sobrement « Antiquité tardive et Haut Moyen Âge » et abordait, selon les années, des thèmes différents étudiés dans la longue durée. C'était un honneur qui ne se refusait pas. Mais ce que nous ignorions l'un et l'autre est que Paul-Albert ne se contenterait pas de nous convier – nous convoquer plutôt, car telle aussi pouvait être sa manière – à assister à la partie du cours qu'il assurait ; il a eu également à cœur de nous écouter régulièrement quand notre tour est venu d'intervenir. Quelle appréhension fut la nôtre d'avoir à « plancher » devant notre maître, au point que ce cours de trois heures d'affilée nous paraissait parfois être un bien long « tunnel », comme on dit au théâtre ; mais quel régal ce fut en revanche de suivre le cours délivré par Paul-Albert et quel profit en ont tiré pour leur propre pratique d'enseignants les débutants que nous étions alors !

Je pense en particulier à l'année où le thème était « la mort pendant l'Antiquité tardive et le Haut Moyen Âge ». Paul-Albert y rôdait la substance de ce livre sur la mort qu'il avait en tête et que sa propre mort, dont il ne se doutait pas alors qu'elle dût être aussi proche, l'a empêché de rédiger.

Parmi les éléments qui puissent être en syntonie avec notre réunion, me vient ainsi à l'esprit sa présentation de la mosaïque d'une tombe à *mensa* découverte à Tipasa par le cher Mounir Bouchenaki, qui porte cette inscription en forme de vœu : *pax et concordia sit convivio nostro* (voir en page de couverture de ce volume), car « paix » et « concorde » sont deux mots qui s'accordent bien, me semble-t-il, au climat qui préside à notre Colloque – ou à notre symposium, si on veut filer la métaphore. Et je songe plus encore à une autre inscription africaine en vers acrostiches provenant d'Aïn Kebira, l'antique *Satafis* située à une vingtaine de kilomètres au nord-est de Sétif (*CIL*, VIII, 20227 = *ILCV*, 1570) : il l'avait longuement commentée parce qu'elle relevait par la saveur des « choses vues » l'inévitable austérité d'un cours sur la mort, mais aussi sans doute parce qu'elle rencontrait en lui une résonance particulière. Dédiée par ses enfants à leur très douce mère, comme nous l'apprend l'acrostiche, l'inscription dit en substance : « Nous avons décidé d'adjoindre à sa tombe cette table de pierre sur laquelle nous viendrons rendre mémoire de tout ce qu'elle a fait pour nous. Les mets apportés, les coupes remplies et les coussins disposés, pour apaiser la cruelle blessure qui nous ronge le cœur, tard le soir, volontiers nous faisons la louange de notre chaste et bonne mère. » Et le texte se clôt sur ces mots que Paul-Albert avait prononcés avec une émotion contenue : « Notre chère vieille (*vetula*) dort ; toi qui nous as nourris, tu es couchée sobrement pour toujours. »

L'émotion que j'éprouve en évoquant ce souvenir rejoint celle de Paul-Albert mais, plus fondamentalement, elle épouse celle des membres de cette famille de *Satafis* quand ils se réunissaient au tournant des années 300 pour faire mémoire de la mère qui les avait nourris. Quand Paul-Albert dort depuis plus de trente ans maintenant dans le cimetière de Fréjus auprès de ses parents, qu'entendons-nous faire présentement en effet, sinon, comme jadis à *Satafis*, rendre mémoire à celui qui nous a nourris – par son exemple, son enseignement et ses travaux – et continue à nourrir notre propre recherche, comme celle des collègues qui œuvrent comme nous sur les chemins qu'il a frayés ?

Lui rendre mémoire ne sera pas cependant céder à une certaine forme de nostalgie, comme je me suis permis de le faire un instant, et moins encore tenir pour une sorte de *ktêma eis aei* l'œuvre qu'il nous a laissée. Agir ainsi serait aller à rebours de l'enseignement et des pratiques d'un homme que nous avons tous entendu appeler dans ses cours comme dans les Congrès à remettre à plat radicalement l'historiographie reçue et qui n'hésitait pas à appliquer cette règle à sa propre recherche au point de s'en amuser, et non de s'en offusquer quand, dans le séminaire « Damase » ou dans celui de la « Topographie chrétienne des Cités de la Gaule » par exemple, certains lui faisaient observer un peu timidement que, dans la bibliographie qu'ils avaient réunie pour « plancher » devant les collègues, telle référence de Février 1976 apparaissait contradictoire avec l'entrée Février 1964. C'est pourquoi, s'inspirant de son exemple, les organisateurs de notre Congrès ont voulu nous inviter, comme l'indique assez son titre, à « relire Paul-Albert Février » à la lumière des recherches qui ont été menées depuis sa disparition, et à nous livrer ainsi à un examen critique de son œuvre. On ne peut que les en féliciter et se féliciter de leur choix.

Assez parlé : la table dressée, il ne reste plus qu'à disposer sur elle les mets de cette première session, chose à quoi pourvoiront des collègues et amis de Paul-Albert dont les communications – hasard ou fait exprès – jalonnent les principales étapes de son parcours intellectuel. Le premier, Vincenzo Fiocchi Nicolai, traitera en effet des catacombes romaines, objet de l'article qu'il a écrit quand, jeune diplômé de l'École des Chartes, il était membre de l'École française de Rome. Le second, Jean-Louis Charlet, fera mémoire du séminaire qui s'est tenu à Aix dans les années 80 pour préparer une nouvelle édition de l'œuvre épigraphique du pape Damase (366-384), auquel Paul-Albert a pris une part éminente – séminaire inabouti, malheureusement, car après sa disparition l'entreprise n'a pu être menée à bien, faute sans nul doute de recevoir de lui le stimulus qu'il savait impulser quand il urgeait de « boucler » un dossier. Gisella Cantino-Wataghin « revisitera » ensuite à frais nouveaux la conférence magistrale, « Une archéologie chrétienne pour 1986 », qu'il a donnée lors d'un Congrès qui a fait date pour la discipline, le XIe Congrès international d'archéologie chrétienne de Lyon, Grenoble, Genève et Aoste dont il fut l'un des organisateurs avec ses amis Noël Duval et Charles Pietri. Et en traitant pour finir des travaux de Paul-Albert sur l'Afrique romaine, Fathi Béjaoui couvrira un arc chronologique allant de son article sur le baptistère de Kelibia en 1959 jusqu'aux deux volumes des *Approches du Maghreb romain*, respectivement publiés en 1989 et 1990, qui furent sans qu'il le sût son dernier livre et, de ce fait, son testament spirituel. Je leur laisse la parole.

2. Paul-Albert Février et la question de l'origine des catacombes (*Cah. Arch.* 1960) : une mise au point

Vincenzo Fiocchi Nicolai
Università Roma Tor Vergata – Pontificio Istituto di Archeologia cristiana, Rome

DANS LA COMMUNICATION PRÉSENTÉE au colloque de Fréjus en 2001, j'avais essayé de mettre en évidence les mérites de Paul-Albert Février dans la reconstruction du développement monumental de la catacombe de Priscille, dans l'étude de certaines de ses peintures et de montrer plus généralement l'apport du savant français à la question de l'origine des catacombes[1]. C'est notamment à ce thème, on le sait, qu'il avait consacré l'essai paru dans les *Cahiers archéologiques* de 1960 (remis cependant dès 1957, alors qu'il n'avait que 26 ans)[2]. Février avait continué à s'intéresser de près aux catacombes, même après la période de son séjour à Rome en tant que membre de l'École française. Lors de l'un de ses derniers séjours dans la ville, en 1989, pendant une inspection de la catacombe des saints Pierre et Marcellin, il nous avait alors avoué – à Marc Griesheimer et à moi-même – son intention de reprendre ses études sur ces monuments souterrains une fois qu'il aurait quitté l'enseignement universitaire. En effet, Février considérait les catacombes comme un champ de recherche à fort potentiel, encore à explorer pleinement sur la base de nouvelles approches et de nouveaux questionnements. Avec sa vive curiosité intellectuelle, il avait relevé le défi de se mesurer à un champ d'études extrêmement conditionné à partir de positions interprétatives et d'une bibliographie « très orientée », ce que Noël Duval n'avait pas manqué de rappeler dans les dernières pages des *Actes* du colloque de 2001[3]. Les conclusions de Février présentées dans l'essai des *Cahiers archéologiques* de 1960 nous semblaient encore tout à fait convaincantes. Dans la grande extension, dans l'utilisation absolument intensive des espaces, dans l'articulation variée et particulière des galeries et des *cubicula*, il avait clairement identifié les caractères originaux, identitaires dirions-nous, des catacombes, ce qui les distinguaient des tombes hypogées familiales contemporaines du *suburbium* romain et qui leur conférait par conséquent une singularité nouvelle dans le panorama funéraire de l'Antiquité. Au début du IIIe siècle, les catacombes de Callixte, Priscille et Novatien au moins révèlent, pour le savant, des caractères tout à fait novateurs, liés à l'usage d'une large communauté : « Il y a cependant au début du IIIe siècle un phénomène particulier et qui va se généraliser, c'est l'apparition d'un nouveau type de cimetière : réseau plus ou moins dense de galeries creusées dans le tuf. Et ces galeries paraissent être le lieu de sépulture de communautés importantes par leur nombre et leur organisation. À côté des hypogées [familiaux], l'arénaire de Priscille, la région ancienne de Callixte »[4]. À la base du choix de la communauté chrétienne de Rome d'aménager de vastes cimetières souterrains, Février voit des raisons liées à « l'accroissement de la population et donc [à la] nécessité de trouver de nouvelles solutions qui permettent une inhumation qui ne soit pas trop onéreuse pour la communauté qui en a la charge » ; pour éviter les généralisations faciles, il ajoute : « Il faut ... bien voir que le phénomène n'a pas partout la même ampleur et qu'il n'est pas apparu aux mêmes moments »[5].

Au cours des dernières décennies, le problème des origines des catacombes est revenu avec force sur le devant de la scène. Ce sont, on le sait, les études d'un historien français, Éric Rebillard, qui ont fait bouger les choses. Sur la base de témoignages littéraires, il nie en effet l'existence de cimetières chrétiens communautaires, c'est-à-dire « réservés » aux fidèles du christianisme, avant le VIe siècle ; le mot *coemeterium*, récurrent dans les sources et dans l'épigraphie chrétiennes de Rome à partir du début du IIIe siècle[6], n'indiquerait pas, comme

---

[1] Fiocchi Nicolai 2004, p. 260-273.
[2] Février 1960, p. 1-14.
[3] Duval N. 2004, p. 343.
[4] Février 1960, p. 12.
[5] Février 1960, p. 12.
[6] Pseudo-Hippolyte, *Philosophumena*, IX, 12, 14 ; Cyprien, *Epist.*, 82 ; *ICUR*, II, 4493 ; VIII, 21590 ; Ferrua 1952-1954, p. 247-251.

Figure 2.1 : Inscription avec mention de la tombe à deux places de Sabinus, située *in crypta nova* dans la catacombe de *Balbina* à Rome (*ICUR*, IV, 12494) (cliché Musées du Vatican).

on l'a toujours cru, un espace funéraire étendu, utilisé par la communauté, mais simplement, comme d'ailleurs dans certains textes épigraphiques d'Orient, une seule tombe, une seule chambre funéraire. Même les fameuses « aires » funéraires chrétiennes d'Afrique, mentionnées par Tertullien, et par les *Acta Cypriani* et les *Sententiae Episcoporum* du concile de Carthage en l'an 256[7], ne seraient que de simples enclos funéraires individuels à caractère familial[8].

Les points contestables des positions de Rebillard ont été soulignés par de nombreux chercheurs, notamment par Yvette Duval en 2000 et par Jean Guyon en 2005, et, plus récemment, j'ai apporté mon écot à ces débats[9]. Au-delà du forçage évident dans l'interprétation de certains passages des sources littéraires, c'est le peu d'attention portée aux données archéologiques et aux témoignages monumentaux qui crée des difficultés dans la réception des idées de Rebillard, aussi stimulantes soient-elles. Le *coemeterium* de la Via Appia, auquel avait été affecté le diacre romain Callixte, dont parle le Pseudo-Hippolyte dans les premières décennies du IIIe siècle, puis Cyprien dans une lettre de 257, ne peut, comme le veut Rebillard, désigner la seule « crypte des papes », dans laquelle l'évêque Antéros était déjà enterré en 236,

cela tout simplement parce que cette crypte n'existait pas encore au temps de Callixte, comme nous pensons l'avoir démontré avec Jean Guyon dans une étude de 2005[10] ; et, en tout cas, le terme *coemeterium* indique déjà certainement dans les deux *Depositiones* romaines de 336 (évidemment sous-entendu dans les locutions *in Callisti, in Priscillae, in Praetextati*, etc.)[11] une zone cimétériale déjà étendue, précisément un cimetière, qui comprenait, dans le cas de Callixte, en plus de l'*Area* I avec la crypte papale, également les régions où étaient enterrés les papes Gaius, Eusèbe, Miltiade et les martyrs Calocerus et Parthenius (leurs tombes sont toutes désignées dans le document, précisément, avec la phrase *in Callisti*)[12]. Par ailleurs, au IVe siècle, de nombreuses inscriptions romaines, quelquefois trouvées *in situ*, rappellent, on le sait, l'achat de tombes ou la sépulture de défunts *in coemeterio Callisti, in coemeterio Praetextati, in coemeterio Balbinae* (Fig. 2.1), etc. Dans ces cas, *coemeterium* doit être compris, de manière certaine, comme la zone cimétériale souterraine dans laquelle se trouvaient les tombes[13].

À propos de cimetières souterrains chrétiens collectifs existants déjà dans la première moitié du IIIe siècle, la documentation fournie par les catacombes de Priscille,

---

[7] *Acta Cypriani*, 5; *Sententiae Episcoporum*, 30.

[8] Rebillard 1993, p. 975-1001 ; 1996, p. 175-189 ; 1997, p. 741-763 ; 2003, p. 11-23, 40-49.

[9] Duval Y. 2000, p. 448-455 ; Guyon 2005, p. 235-254 ; voir aussi Perrin 1993, p. 33-34, n. 77 ; Brandt 2004, p. 1-6 ; Dulaey 2005, p. 1, n. 2 ; Rutgers 2005, p. 213-217 ; Spera 2007, p. 393-397.

[10] Fiocchi Nicolai, Guyon 2006b, p. 152-158 ; voir aussi Guyon 2018, p. 165-166 ; sur les passages du Pseudo-Hippolyte et de Cyprien, voir *supra*, n. 6.

[11] Valentini, Zucchetti 1942, p. 12-28.

[12] Voir à ce sujet Guyon 2005, p. 165 ; Fiocchi Nicolai 2018, p. 106 ; Guyon 2018, p. 170-172.

[13] Fiocchi Nicolai 2018, p. 106 (avec bibliographie).

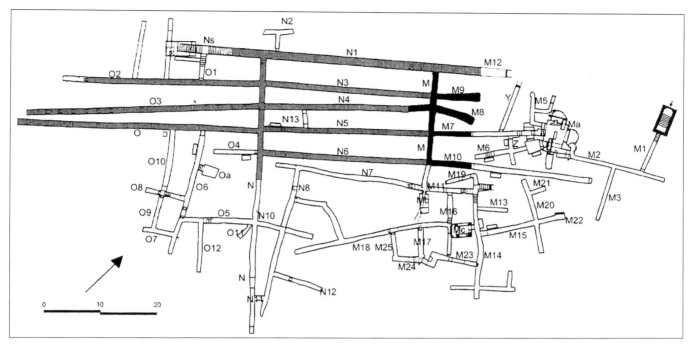

Figure 2.2 : Plan de la catacombe de Novatien à Rome (la région primitive est indiquée en gris), avec l'emplacement des inscriptions *in situ* des années 266 et 270 (d'après Fiocchi Nicolai 2018).

Figure 2.3 : Inscription de *Calpurnia Dionysias* de l'an 266 (*ICUR*, VII, 20335) *in situ* sur une tombe à *loculus* de la région primitive de la catacombe de Novatien à Rome (cliché V. Fiocchi Nicolai).

Callixte, Prétextat, Domitille, Calépodius semble encore aujourd'hui incontestable[14]. Dans le cimetière de Novatien – chose qui n'a pas échappé à Février –, cinq inscriptions encore *in situ* portent les dates de 266 et 270 (ce sont les plus anciennes épitaphes chrétiennes datées en place de tout le monde romain) et elles se trouvent dans des secteurs déjà développés du réseau souterrain, caractérisé par un plan régulier et planifié, similaire à celui de l'*Area* I de Callixte, s'étendant sur 400 mètres linéaires et pouvant contenir environ 1000 tombes ; dans celui-ci, peu après 258, a été enterré le martyr Novatien qu'il convient d'identifier au célèbre schismatique, adversaire du pape Corneille (Fig. 2.2-2.3)[15].

La documentation archéologique de Rome, ignorée par Rebillard, est donc claire ! Mais qu'en est-il du manque de preuves de l'existence de cimetières chrétiens « réservés » dans d'autres régions de l'Empire, aux tout premiers siècles ? Leur présence constituerait d'incontestables « pierres d'achoppement » difficiles à ignorer. À ce propos, rappelons les rescrits de Valérien et de Gallien qui portent précisément sur « les soi-disant cimetières » interdits aux chrétiens pour leurs réunions en 257 ; ces cimetières confisqués furent ensuite rendus par l'autorité impériale directement aux évêques probablement en 260[16]. Dans la disposition de restitution émise par Gallien et rapportée par Eusèbe, l'expression utilisée est « τὰ τῶν καλουμένων κοιμητηρίων χωρία » (« les lieux des soi-disant cimetières »), où le terme χωρία indique les aires, les surfaces, les terrains où se trouvaient les tombes des chrétiens et certainement pas des tombes individuelles, comme le voudrait Rebillard[17]. Ces « lieux » devaient être évidemment nombreux et répandus sur le territoire de l'Empire s'ils faisaient l'objet d'une disposition impériale spécifique, visant probablement à réprimer les occasions de prosélytisme et de propagande[18].

Deux importantes inscriptions récemment mises en valeur par un autre historien français, Michel Perrin, attentif pour sa part aux données matérielles, confirment la présence de cimetières chrétiens en Orient au IVe siècle : l'une, datée de l'an 344, retrouvée dans le village d'Umm-al-Jimal en Jordanie, mentionne le « cimetière commun du peuple du Christ » ; l'autre, retrouvée dans une localité de Lydie, rappelle la fondation par un fidèle d'« un cimetière des chrétiens de l'Église catholique »[19].

Dans le colloque organisé en 2005 à Rome par Jean Guyon et moi-même sur l'origine des catacombes, la révision des données archéologiques a confirmé la datation de la première moitié du IIIe siècle qui s'applique aux noyaux les plus anciens des catacombes de Callixte, Priscille, Prétextat, Calépodius et Novatien[20]. Rebillard, invité à la rencontre, semblait admettre à cette occasion au moins le caractère exceptionnel de la situation romaine, sauf à revenir peu après sur ses positions antérieures dans des contributions successives[21].

Récemment, le débat sur l'origine des catacombes a pris de nouvelles directions. Toujours au congrès de Rome de 2005, le collègue Philippe Pergola a réitéré son idée, déjà formulée en 1983 dans l'étude consacrée à la région des Flavi Aureli de la catacombe de Domitille, que les noyaux les plus anciens des catacombes – ceux de la première moitié du IIIe siècle – ont accueilli ensemble des sépultures de païens et de chrétiens[22]. Selon lui, l'absence d'indices positifs (démontrant incontestablement une occupation chrétienne) – inscriptions ou autres – dans certains *loculi* n'assurerait pas du caractère chrétien de ces régions[23].

Ces idées de Philippe Pergola, dont U. M. Fasola avait déjà noté le caractère contestable[24], ont été reprises et développées par un universitaire américain, John Bodel, en 2008[25]. Celui-ci, s'appuyant sur quelques données statistiques relatives à la démographie de Rome au IIIe siècle, sur la capacité d'accueil des zones funéraires et l'importance numérique de la communauté chrétienne, a fait valoir que le nombre total de tombes retrouvées dans les catacombes du IIIe siècle serait si élevé qu'il suggérerait qu'elles accueillaient régulièrement des sépultures de païens et de chrétiens. En 2013, une savante allemande, Barbara Borg, dans un volume consacré à la sépulture à Rome au IIIe siècle, a radicalisé cette position : depuis le IIIe siècle et tout au long du IVe, les catacombes auraient

---

[14] Voir la mise au point sur les phases les plus anciennes de ces catacombes dans Fiocchi Nicolai, Guyon 2006a, p. 125-256.

[15] Fiocchi Nicolai 2018, p. 106 (avec bibliographie) ; *ICUR*, VII, 20335-20339.

[16] Eusèbe, *Hist. Eccl.*, VII, 11, 10 ; VII, 13.

[17] Voir Brandenburg 1994, p. 210, n. 12 ; Fiocchi Nicolai 2016, p. 620.

[18] Fiocchi Nicolai 2016, p. 620.

[19] Perrin 2010, p. 701 ; Perrin 2011, p. 177-181 ; voir Fiocchi Nicolai 2018, p. 104, n. 25.

[20] *supra*, n. 14.

[21] Rebillard 2006, p. 262 ; 2016, p. 114-115.

[22] Pergola 2006, p. 177-184.

[23] Pergola 2006 ; voir Fiocchi Nicolai 2018, p. 113-114.

[24] Fasola, dans Fasola, Fiocchi Nicolai 1989, p. 1209 ; voir aussi, *infra*, n. 34.

[25] Bodel 2008, p. 177-246.

2. PAUL-ALBERT FÉVRIER ET LA QUESTION DE L'ORIGINE DES CATACOMBES

Figure 2.4 : Sarcophage avec une scène de Dionysos « ivre » dans la catacombe de Prétextat à Rome (cliché V. Fiocchi Nicolai).

été les lieux de sépulture ordinaires des païens, des chrétiens et des juifs[26]. La preuve de la présence de tombes païennes dans les catacombes consisterait, entre autres, dans les pièces de monnaie apposées sur la chaux de fermeture des *loculi* à l'effigie des empereurs qui ont persécuté le christianisme. Cette vision aurait été insupportable pour un chrétien, de même qu'incompatible avec la morale chrétienne serait la présence de sarcophages, comme celui de la catacombe de Prétextat, montrant la nudité de personnages mythologiques (le sarcophage, comme il a été établi depuis longtemps, a été réutilisé) (Fig. 2.4) ; ou encore, selon la même auteure, l'existence de plusieurs noyaux à l'origine des catacombes contreviendrait au « trait » communautaire reconnu à ces monuments[27]. On se demande ce que Février aurait pensé de ces positions ; certainement il aurait été intrigué, comme nous …

Les idées de Bodel et de Borg ont été accueillies avec un grand enthousiasme par Rebillard en 2016. Il considère en effet la présence systématique de sépultures des païens dans les catacombes comme le dernier « verrou à lever » dans le système interprétatif traditionnel des catacombes, la dernière pièce de la « déconstruction des "catacombes chrétiennes" [...] et aussi plus largement de l'archéologie chrétienne comme discipline »[28]. Ces idées ont fait leur chemin largement et, à mon avis, sans trop d'exigences critiques dans le monde anglo-saxon et américain, même au niveau de savants de grande réputation[29]. Pour Kristina Sessa, auteure en 2018 d'un manuel sur la vie quotidienne dans l'Antiquité tardive, nul doute que « [dans les catacombes] pagans, Jews, Christians, and Manicheans were buried side-by-side »[30]. Monica Hellström a même haussé le tir, en visant la surface : pour cette érudite, même les basiliques à déambulatoire du *suburbium*, celles fondées par Constantin (ou de l'époque constantinienne) et dédiées aux martyrs, auraient systématiquement accueilli les sépultures de païens et de chrétiens[31]. Dans un essai de 2018 et dans un volume très récent, Nicola Denzey Lewis, une universitaire canadienne de l'école de Peter Brown, reconnaît pleinement la position de Bodel et de Borg et se déclare même convaincue que la « crypte des papes » de la catacombe de Callixte est une invention de l'école des archéologues catholiques romains de la seconde moitié du XIXe siècle, dirigée par Giovanni Battista De Rossi, personnage intellectuellement malhonnête, au service de la propagande religieuse de l'Église de Rome à l'époque de Pie IX[32]. Nous voilà ainsi revenus à la thèse de Maximilien Misson (et au débat entre catholiques et protestants)[33].

Bien sûr, accepter que des païens, des chrétiens et des juifs aient été enterrés dans les catacombes ne nous poserait aucun problème, nous qui sommes des partisans convaincus des idées de Paul-Albert Février sur le carac-

---

[26] Borg 2013, p. 59-121, 261-262, 272-275.

[27] Borg 2013, p. 85-86, 88, 97-98, 262 ; cf. Fiocchi Nicolai 2018, p. 109-112, avec d'autres observations.

[28] Rebillard 2016, p. 115-118.

[29] Brown 2013, p. XX : « Clearly demarcated Christian cemeteries did not develop until at least 700 A.D. ».

[30] Sessa 2018, p. 214.

[31] Hellström 2016, p. 291-313.

[32] Denzey Lewis 2018, p. 91-109 ; voir aussi Denzey Lewis 2016, p. 273-290 ; 2020, p. 211-250. Pour une critique de l'essai de 2018, Fiocchi Nicolai 2018, p. 125-128, et successivement Guyon 2018, p. 166-168, 170.

[33] Cf. Fiocchi Nicolai 2018, p. 107, 120.

tère multireligieux du monde romain tardif. La seule difficulté, et elle est énorme, comme nous le soulignions en 2017 à l'occasion du colloque organisé à Rome pour commémorer le centenaire de la naissance d'U. M. Fasola, autre grand érudit des catacombes, est que ces hypothèses ne reposent sur aucune preuve monumentale sérieuse[34]. Force est de rappeler une réalité objective : pour plus de 30 000 inscriptions, des centaines de peintures, de sarcophages et autres témoignages archéologiques livrés par les catacombes, les informations pouvant sérieusement faire référence à un contexte non chrétien se comptent sur les doigts d'une main[35]. Ce ne peut pas non plus être une coïncidence si les cimetières souterrains de Rome ne sont mentionnés que par des sources chrétiennes[36]. La possibilité que des croyants d'autres religions aient été accueillis dans certaines catacombes, et dans certaines circonstances, ne peut être exclue, et peut-être même est-elle probable. Comme on l'a déjà souligné, c'est dans ce sens que vont certains passages de la *Vita Cipriani* et des *Divinae Institutiones* de Lactance[37]. Mais ceci, bien sûr, est autre chose que de considérer les catacombes « nées » pour abriter les sépultures des païens et des chrétiens[38].

Nombre de ces méprises, que nous considérons comme une véritable « dérive » interprétative, sont dues, à notre sens, à un malentendu exégétique, c'est-à-dire à la confusion que l'on retrouve généralement dans les études citées entre les cimetières souterrains collectifs – les catacombes – et les hypogées familiaux, qui sont souvent à l'origine des catacombes ou qui ont été postérieurement incorporés dans celles-ci. Or, comme nous le savons, dans ces hypogées familiaux la présence de sépultures païennes et chrétiennes est assez courante. La distinction typologique entre ces deux catégories de monuments était déjà claire, on l'a vu, pour Paul-Albert Février qui distinguait, d'une part, de vastes réseaux de galeries et de *cubicula*, intensément utilisés pour la sépulture, articulés selon des schémas réguliers qui prévoient la possibilité d'extensions ultérieures, capables d'accueillir des milliers de tombes et, de l'autre, des hypogées, *sepulchra*, de petites dimensions, renfermant un nombre limité de tombes, qui ne présentent pas, dans leur tracé, la possibilité de développements futurs (ce que Pergola appelle les hypogées « chiusi »)[39]. Et, de fait, on ne voit pas pourquoi l'évaluation « typologique », à la base des recherches archéologiques dans de nombreux domaines, serait invalide seulement pour les catacombes[40]. Il ne s'agit évidemment pas d'attribuer un caractère identitaire au seul milieu souterrain (galerie, *cubiculum*) à niches pariétales (ou de reconnaître un « tracé » chrétien à la pioche du terrassier, comme le soulignait avec un brin de provocation Pergola)[41], mais il s'agit – répétons-le – de l'organisation globale des galeries et des *cubicula*, qui s'étendent sur des centaines de mètres et sont susceptibles d'accueillir des milliers de tombes, et cela dès la première moitié du IIIe siècle. Ce type de grand cimetière souterrain n'est jusqu'à présent documenté qu'en relation avec les communautés chrétienne et juive[42]. On attend donc avec impatience, et libre de tout *a priori*, la découverte d'une catacombe païenne ou mixte (c'est-à-dire un cimetière souterrain qui présenterait les caractéristiques évoquées). On ne voit pas non plus pourquoi les fidèles du christianisme, dotés d'un si fort sentiment d'appartenance à un « groupe » religieux (*corpus sumus*, écrivait Tertullien)[43], n'auraient pas pu créer à Rome une forme de cimetière commun et exclusif, comme les prétoriens, les *equites singulares*, les membres de divers collèges funéraires, les affranchis impériaux, et les juifs[44]. Bien sûr, le recours à un cimetière communautaire pour sa propre sépulture n'a jamais été une obligation pour les fidèles du christianisme de cette époque (pensez aux tombes sporadiques de chrétiens dans la nécropole vaticane, aux hypogées avec sépultures païennes et chrétiennes de Vibia,

---

34 Fiocchi Nicolai 2018, p. 113-120.

35 Fiocchi Nicolai 2018, p. 121, n. 63. La « charge de la preuve » du caractère chrétien des sépultures anonymes dans les cimetières communautaires, rappelée par Rebillard 2016, p. 117, doit évidemment être renversée : Rebillard 2016, p. 120 ; Guyon 2018, p. 175 : « Mais je refuse de me plier à l'objurgation d'É. Rebillard d'inverser la charge de la preuve à propos des nombreuses tombes anonymes qu'elles [les catacombes] comptent, tant sont prégnants à mon sens les signes de la foi chrétienne (ou juive) sur la plupart de celles qui ont conservé leur décor ou leur épitaphe ».

36 Fiocchi Nicolai 2018, p. 120.

37 *Vita Cypriani*, 9-10 ; Lactance, *Divinae Institutiones*, VI, 12, 30 ; voir Fiocchi Nicolai 2018, p. 120.

38 Fiocchi Nicolai 2018, p. 121 et n. 64.

39 Fiocchi Nicolai 2018, p. 114-115.

40 Fiocchi Nicolai 2018, p. 114-115 (cette « identité » typologique des catacombes est claire, voir Février, Fasola 1983, c. 668-674 ; Deichmann 1983, p. 53 ; Brandenburg 1984, p. 11-49 et aux autres savants : Brandenburg 1984, n. 51).

41 Pergola 2006, p. 184.

42 Voir aussi Deichmann 1983, p. 53 ; Brandenburg 1984, p. 11-49 ; Guyon 2018, p. 174-175.

43 *Apolog.*, 39, 1-2.

44 Fiocchi Nicolai 2018, p. 121, n. 64.

Via Dino Compagni, etc.)⁴⁵. Tous les centres anciens n'avaient pas non plus de cimetière communautaire ; l'Église n'eut certainement pas un rôle déterminant dans la fondation et la gestion des espaces funéraires (mais, dans certains cas, elle l'assura certainement !)⁴⁶.

Comment expliquer dès lors les raisons de ces dernières interprétations du phénomène catacombal qui sont, à notre avis, totalement erronées ? Elles tiennent - nous semble-t-il - en partie à la diffusion des approches post-processualistes dans la recherche archéologique, à cette tendance aussi à vouloir démontrer certaines thèses « a priori » (à la recherche de conclusions innovantes à tout prix), et au succès de la « pensée fluide » dans l'évaluation des données archéologiques⁴⁷, mais surtout, simplement, à un manque de connaissance des catacombes qui sont des monuments complexes et difficiles à déchiffrer, dont l'interprétation correcte nécessite des approches non superficielles, exige aussi des enquêtes comparatives étendues ainsi que la prise en compte de la totalité des données. L'analyse approfondie des catacombes, qui nécessite des visites et examens répétés et prolongés dans le temps, et parfois aussi la possibilité de fouilles ciblées visant à comprendre les situations monumentales individuelles – seul moyen d'obtenir des résultats appréciables – a donné de grands résultats scientifiques dans les années '70-'90⁴⁸, mais ce type de protocole est aujourd'hui très difficile à mettre en œuvre. D'autre part, la rapidité dans la manière de faire des recherches, imposée par les procédures académiques actuelles, éloigne les jeunes archéologues des entreprises scientifiques de longue haleine. Le manque de spécialistes des catacombes, de plus en plus accentué, laisse nécessairement le champ libre aux interprétations « impressionnistes », superficielles et sensationnelles, qui sont fort éloignées de la réalité monumentale.

---

⁴⁵ Cf. Fiocchi Nicolai 2014, p. 285-286 ; Fiocchi Nicolai 2018, p. 115, n. 54 ; Guyon 2018, p. 176.

⁴⁶ Fiocchi Nicolai 2013, p. 213-219 ; voir aussi Guyon 2018, p. 170-176.

⁴⁷ Fiocchi Nicolai 2018, p. 122.

⁴⁸ Pensez aux œuvres de Reekmans, Fasola, Tolotti, Guyon, Pergola, Bertonière, Saint Roch, Spera, pour n'en citer que quelques-unes (voir la bibliographie complète sur les travaux de ces savants dans Fiocchi Nicolai 2014, p. 315-333).

Bibliographie

Bodel J. 2008, « From Columbaria to Catacombs: Collective Burial in Pagan and Christian Rome », dans L. Brink, O. P. Green, D. Green (dir.), *Commemorating the Dead. Text and Artifacts in Context. Studies of Roman, Jewish and Christian Burials*, Berlin, p. 177-242.

Borg B. E. 2013, *Crisis and Ambition. Tombs and Burial Customs in Third-Century CE Rome*, Oxford.

Brandenburg H. 1984, « Überlegungen zu Ursprung und Entstehung der Katakomben Roms », dans *Vivarium. Festschrift Theodor Klauser zum 90. Geburtstag*, Münster Westfalen, p. 11-49.

—— 1994, « *Coemeterium*. Der Wandel des Bestattungswesens als Zeichen des Kulturumbruchs der Spätantike », *Laverna* 5, p. 206-232.

Brandt O. 2004, « Recensione », *Bryn Mawr Classical Review* 52, Juli 2004.

Brown P. 2013, *The Rise of Western Christendom. Triumph and Diversity, A.D. 200-1000*, Chichester, 3ᵉ éd.

Deichmann F. W. 1983, *Einführung in die christliche Archäologie*, Darmstadt.

Denzey Lewis N. 2016, « Reinterpreting "Pagans" and "Christians" from Rome's Late Antique Mortuary Evidence », dans M. Renee Salzman, M. Sághy, R. Lizzi Testa (dir.), *Pagans and Christians in Late Antique Rome. Conflict, Competition, and Coexistence in the Fourth Century*, Cambridge, p. 273-290.

—— 2018, « The Early Modern Invention of Late Antique Rome: How Historiography Helped Create the Crypt of the Popes », *Archiv für Religionsgeschichte* 20, p. 91-109.

—— 2020, *The Early Modern Invention of Late Antique Rome*, Cambridge.

Dulaey M. 2005, « Voix des pauvres ? Le témoignage des catacombes », dans P. G. Delage (dir.), *Les Pères de l'Église et la voix des pauvres*, La Rochelle, p. 1-5.

Duval N. 2004, « Conclusions », dans M. Fixot (dir.), *Paul-Albert Février, de l'Antiquité au Moyen Âge (Actes du colloque de Fréjus, 7 et 8 avril 2001)*, Aix-en-Provence, p. 341-353.

Duval Y. 2000, *Chrétiens d'Afrique à l'aube de la paix constantinienne. Les premiers échos de la grande persécution*, Paris.

Fasola U. M. 1983, *s.u.* « *Cimitero* », dans A. Di Berardino (dir.), *Dizionario patristico e di Antichità cristiane*, I, Casale Monferrato, c. 666-677.
Fasola U. M., Fiocchi Nicolai V. 1989, « Le necropoli durante la formazione della città cristiana », dans *Actes du XIe congrès international d'Archéologie chrétienne (Lyon, Vienne, Grenoble, Genève et Aoste, 21-28 septembre 1986)*, Cité du Vatican, p. 1153-1205.
Ferrua A. 1952-1954, « Nomi di catacombe nell'iscizioni *in Lucinis* », *Rendiconti della Pontificia Accademia romana di Archeologia* 27, p. 247-254.
Février P.-A. 1960, « Études sur les catacombes romaines (Deuxième article) », *Cahiers archéologiques* 10, p. 1-14.
Fiocchi Nicolai V. 2004, « Paul-Albert Février, la catacomba di Priscilla e le origini delle catacombe romane », dans M. Fixot (dir.), *Paul-Albert Février, de l'Antiquité au Moyen Âge (Actes du colloque de Fréjus, 7 et 8 avril 2001)*, Aix-en-Provence, p. 259-268.
—— 2013, « Interventi monumentali dei vescovi nelle aree suburbane delle città dell'Occidente (III-VI secolo) », dans O. Brandt et al. (dir.), *Episcopus, civitas, territorium (Acta XV congressus internationalis Archaeologiae christianae, Toleti (8-12. 9. 2008))*, Cité du Vatican, p. 213-234.
—— 2014, « Le catacombe romane », dans F. Bisconti, O. Brand (dir.), *Lezioni di archeologia cristiana*, Cité du Vatican, p. 273-360.
—— 2016, « Le aree funerarie cristiane di età costantiniana e la nascita delle chiese con funzione sepolcrale », dans O. Brandt, V. Fiocchi Nicolai, G. Castiglia (dir.), *Costantino e i Costantinidi. L'innovazione costantiniana, le sue radici e i suoi sviluppi (Acta XVI congressus internationalis Archaeologiae christianae, Romae (22-28. 9. 2013))*, Cité du Vatican, p. 619-668.
—— 2018, « Padre Umberto M. Fasola studioso degli antichi cimiteri cristiani. A proposito delle origini delle catacombe e dei loro caratteri identitari », dans V. Fiocchi Nicolai, P. F. M. Lovison (dir.), *Umberto M. Fasola nel centenario della nascita (1917-2017). L'archeologo e il barnabita (Atti del convegno internazionale di Studi, Roma, Pontificio Istituto di Archeologia cristiana 27-28 ottobre 2017)*, *Rivista di Archeologia cristiana* 94, p. 99-137.
Fiocchi Nicolai V., Guyon J. (dir.) 2006a, *Origine delle catacombe romane (Atti della giornata tematica dei Seminari di Archeologia cristiana (Roma, 21 marzo 2005))*, Cité du Vatican.
—— 2006b, « Relire Styger : les origines de l'*Area* I du cimetière de Callixte et la crypte des papes », dans Fiocchi Nicolai, Guyon 2006a, p. 121-161.
Guyon J. 2005, « À propos d'un ouvrage récent : retour sur le "dossier des origines" des catacombes chrétiennes de Rome », *Rivista di Archeologia cristiana* 81, p. 235-254.
—— 2018, « Tombes de chrétiens ou tombes chrétiennes ? Les chrétiens et leurs morts pendant l'Antiquité tardive », *Cahiers de la Villa Kerylos* 30, p. 163-184.
Hellström M. 2016, « On the Form and Function of Constantine's Circiform Funerary Basilicas in Rome », dans M. R. Salzman, M. Sághy, R. Lizzi Testa (dir.), *Pagans and Christians in Late Antique Rome. Conflict, Competition, and Coexistence in Fourth Century*, Cambridge, p. 291-313.
Pergola Ph. 2006, « Gli ipogei all'origine della catacomba di Domitilla: una rilettura », dans Fiocchi Nicolai, Guyon (dir.) 2006a, p. 177-184.
Perrin M.-Y. 1993, « Généralités », *Année épigraphique*, p. 33-34, n. 77.
—— 2010, « La "Grande Chiesa" dall'impero pagano all'impero cristiano », dans G. Traina (dir.), *Storia d'Europa e del Mediterraneo. Il mondo antico*, VII. *L'ecumene romana. L'impero tardoantico*, Rome, p. 697-749.
—— 2011, « Histoire et doctrines du christianisme latin (Antiquité tardive) », *Annuaire de l'École pratique des hautes études. Section des sciences religieuses* 118, p. 177-181.
Rebillard É. 1993, « Κοιμητήριον et *coemeterium* : tombe, tombe sainte et nécropole », *Mélanges de l'École française de Rome. Antiquité* 105, p. 975-1001.
—— 1996, « Les *areae* carthaginoises (Tertullien, *Ad Scapulam* 3, 1) : cimetières communautaires ou enclos funéraires de chrétiens ? », *Mélanges de l'École française de Rome. Antiquité* 108, p. 175-189.
—— 1997, « L'Église de Rome et le développement des catacombes. À propos de l'origine des cimetières chrétiens », *Mélanges de l'École française de Rome. Antiquité* 109, p. 741-763.
—— 2003, *Religion et sépulture. L'Église, les vivants et les morts dans l'Antiquité tardive*, Paris.
—— 2006, « Chrétiens et formes de sépulture collective à Rome aux IIe et IIIe siècles », dans Fiocchi Nicolai, Guyon (dir.) 2006a, p. 41-47.
—— 2016, « Historiographie de l'origine des catacombes depuis De Rossi », dans S. Baciocchi, Ch. Duhamelle (dir.), *Reliques romaines. Invention et circulation des corps saints des catacombes à l'époque moderne*, Rome, p. 103-118.
Rutgers L. 2005, « Recensione », *Vigiliae Christianae* 59, p. 213-217.
Sessa K. 2018, *Daily Life in Late Antiquity*, Cambridge.
Spera L. 2007, « Recensione », *Augustianum* 47, p. 393-397.
Valentini R., Zucchetti G. 1942, *Codice topografico della città di Roma*, II, Rome.

3. L'épigramme de Damase pour Pierre et Paul revisitée

Jean-Louis Charlet
Université d'Aix Marseille, Textes et documents de la Méditerranée antique et médiévale (TDMAM), Centre Paul-Albert Février, UMR 7297, Aix-en-Provence

J'AI RAPPELÉ AILLEURS COMMENT un groupe de collègues autour de Paul-Albert Février avait ouvert en juillet 1985 un vaste chantier qui n'a pu être mené à son terme : l'édition des *Épigrammes* de Damase[1]. Le groupe m'avait confié la charge d'ouvrir ce séminaire pluridisciplinaire qui devait conduire à cette édition. Dans mon inconscience, j'avais choisi de commencer par l'épigramme 20 Ferrua dont j'ai présenté ensuite une version italienne remaniée à Bari en juin 1987. Nous sommes revenus trois fois sur ce texte, la dernière en octobre 2000. Faute d'avoir pu mener à bien ce projet, je voudrais, en hommage à Paul-Albert, offrir à la communauté scientifique une version encore une fois corrigée et mise à jour de l'épigramme par laquelle nous avions commencé, pour qu'il reste un spécimen tangible, une « butte témoin » de ce beau projet collectif en soulignant que je présente un travail enrichi par les contributions des membres du séminaire et que le commentaire archéologique final doit sa formulation à Jean Guyon.

L'épigramme 20 se lit dans quatre sylloges (C, E, L et T). Deux d'entre elles précisent qu'elle se trouvait dans la basilique Saint-Sébastien sur la *via Appia* : *in basilica Sci Sebastiani* E ; *in uia Apia in sancto Sebastiano* T. C'est-à-dire dans la basilique à trois nefs et déambulatoire construite à l'époque constantinienne. Des sépultures s'y sont multipliées à partir des années 340, et des mausolées sont venus s'y appuyer[2]. Francesco Tolotti suppose que cette épigramme était placée dans la grande niche de la crypte S[3]. Elle fut partiellement retranscrite sur la pierre au XIIIe siècle[4].

De tous les poèmes de Damase, cette épigramme a suscité le plus de discussions et de controverses. Les prises de position sur son interprétation se comptent par dizaines[5].

Baronius 1607, XII, 911 (ann. 384)

Gruter 1172, 12

Sarazani 30

Rivinus 43

Marinius (apud Mai, *Script. vet.* V, p. 32, n. 1)

Mabillon, *Veterum analectorum* IV, 504

Merenda 9

Perez p. 158

PL 13, c. 382A-383A [numérotation de Merenda ; notes de Sarazani et Merenda]

De Rossi II 32, 77 ; 65, 20 ; 89, 45 ; 105, 44

Bücheler *CE* 306

Ihm 26

DACL t. IV,1, c. 180 (et t. II,2, c. 2489-2490)

Ferrua 20

ICUR, n.s. V, n° 13273

Aste 2014, p. 83-84

Trout 2015, p. 121-122

---

[1] Charlet 2004, p. 275-279.

[2] Tolotti 1953 ; Krautheimer, Corbett, Frankl 1976, p. 95-142 ; Jastrzebowska 1981 et 2002, p. 1141-1155 ; Nieddu 2008, p. 51-57 et 2009 ; Brandenburg 2013, p. 65-71.

[3] Tolotti 1984, p. 149.

[4] Guarducci 1983b, p. 14.

[5] Pour la bibliographie ancienne, voir Ferrua 1942, p. 141-142. Dernières études : Ruysschaert 1969-1970, p. 201-218 ; Pietri 1976, p. 371-376 ; Tolotti 1984 ; Carletti 1985, p. 29-31 ; Saxer 1986, p. 65-67 ; Guarducci 1983a (appendice II, « Il culto di Pietro e di Paolo sulla via Appia », p. 116-122), 1983b et 1986 (nombreuses études antérieures citées dans « Da Olympios Kairòs al Principe degli Apostoli », *Archeologia classica* 23, 1971, p. 136-141) ; Luiselli 1986 ; Guarnieri 1987 ; Brändle 1992 ; Hack 1997 ; Diefenbach 2007, p. 307-318 ; Lonstrup 2008 ; Zocca 2009 ; Barthold 2011 ; Löx 2013, p. 65-66.

Hic habitasse prius sanctos cognoscere debes
nomina quisque Petri pariter Paulique requiris.
Discipulos Oriens misit, quod sponte fatemur.
Sanguinis ob meritum Christumque per astra secuti
5   aetherios petiere sinus regnaque piorum ;
Roma suos potius meruit defendere ciues.
Haec Damasus uestras referat, noua sidera, laudes !

CELT et *lapis rescr. (= lap.)*

1 habitasse *LT* : -tare *CE lap. (an recte ?)* || sanctos *ELT lap.* : sancti *C* || **2** petri pariter paulique *ELT* : petri paulique *C* petri pauli pariterque *lap.* || **3** quod *ELT lap.* : quos *C* || *post* sponte *def. lap.* || **4** christumque per *T* : christum qui per *EC (c. metrum)* christum per *L (c. metrum)* || **5** regnaque *CEL* : regnumque *T* || **6** ciues *ELT* : ciuis *C* || **7** damasus *ELT* : damus *C* || uestras *ELT* : *om. C* || laudes *ELT* : laudis *C*

Ici d'abord ont demeuré les saints : sache-le bien,
Toi qui cherches les noms et de Pierre et de Paul.
L'Orient envoya ces deux disciples ; spontanément,
   nous le reconnaissons.
Mais par le mérite du sang, en suivant le Christ
   à travers les astres,
5   Ils sont parvenus au sein de l'éther, aux royaumes
   des justes :
Rome a mérité plus qu'une autre de les revendiquer
   comme ses citoyens.
Que par ces vers, ô étoiles nouvelles, Damase vous rende
   louange !

À partir de Louis Duchesne[6], certains ont trouvé dans cette épigramme la confirmation d'une translation momentanée des reliques de Pierre et de Paul à la *via Appia* au milieu du IIIe siècle. Cette translation, qu'attesterait déjà la *Depositio martyrum*, est mentionnée dans des documents tardifs comme le *Liber pontificalis*, la *Passio apostolorum Petri et Pauli* et la lettre IV,30 de Grégoire le Grand. Duchesne proposait une translation longue, de Valérien à Constantin ; José Ruysschaert opine plutôt pour une translation brève, de Valérien à Gallien, vers 262[7]. D'autres, à partir de Pio Franchi de' Cavalieri[8] et Hippolyte Delehaye[9], n'y ont vu qu'une affirmation de la romanité des martyrs Pierre et Paul et ont supposé que les récits de la translation appienne avaient tiré leur origine d'une mauvaise interprétation de Damase[10].

Les discussions tournent essentiellement autour des trois premiers mots du poème : *hic*, *habitasse / habitare* et *prius* :

1. que signifie *hic* ? « Ici », où est placée l'inscription, c'est-à-dire à un endroit précis de la *via Appia* ? Ou « ici », à Rome, comme le veut Noële Maurice Denis Boulet[11], suivie par José Ruysschaert et Charles Pietri ?

2. Faut-il lire *habitasse*, avec L et T, ou *habitare*, avec C, E et la transcription du XIIIe siècle, et quel sens donner au verbe *habito* :
   – « habiter de son vivant », interprétation de Élie Griffe, Margherita Guarducci et Bruno Luiselli[12] ;
   – « reposer mort », sens cémétérial (cf. *Thesaurus Linguae Latinae, s.u.*, 2476, 21-26) défendu déjà par Jérôme Carcopino[13] ;
   – ou bien la valeur générale de « demeurer, être présent » ?

3. *Prius* porte-t-il sur *habitasse / habitare* ou sur *cognoscere debes* ? A-t-il un sens temporel (« auparavant, jadis ») ou un sens préférentiel (= *potius*, *magis*), comme le veut José Ruysschaert, ou affirme-t-il la priorité et la primauté des Apôtres, et en particulier Pierre (Damase) sur des lieux qui devaient tant jusque-là aux largesses impériales[14] ?

En dépit des réserves de Pietri, la métrique du vers impose (Ruysschaert finit par le reconnaître) de faire porter *prius* sur *habitasse / habitare*, puisqu'il appartient au premier hémistiche. En revanche, le choix entre le sens temporel et le sens préférentiel est commandé par le temps d'*habito* : l'infinitif parfait appelle plutôt le sens temporel ; l'infinitif présent, le sens préférentiel. L'interprétation de Jean Guyon peut convenir à l'une ou l'autre forme.

Le choix entre les deux formes d'infinitif n'est pas aisé, même si Margherita Guarducci tranche en faveur d'*habitasse*[15]. En l'état actuel de nos connaissances, on constate le partage à égalité de la tradition. *Habitasse* est donné par les deux sylloges auxquelles Antonio Ferrua, après

---

[6] Duchesne 1886, p. CVII ; 1889, p. 266.
[7] Ruysschaert 1975, p. 7-47 ; 1976, p. 322-330 ; 1984, p. 585-586.
[8] Franchi de' Cavalieri 1915, p. 124-125 ; 1953, p. 120.
[9] Delehaye 1933, p. 262-267.
[10] Voir maintenant Ross Holloway 2004, p. 150-155 et Eastmann 2011, p. 94-109.

[11] Denis Boulet 1967, p. 111-124.
[12] Griffe 1970, p. 81-91 ; Guarducci 1986 ; Luiselli 1986.
[13] Carcopino 1952, p. 424-433.
[14] Guyon 1986, p. 254-255.
[15] Argumentation la plus développée dans Guarducci 1983b, p. 13-16.

Silvagni, accorde le plus de valeur ; *habitare*, par les deux manuscrits les plus anciens, mais qui, d'après Ferrua, sont souvent fautifs (ce qui, dans notre épigramme, se vérifie pour C). Le témoignage de la transcription du XIIIe siècle a peu de poids, car le fait qu'elle s'arrête au v. 3 après *sponte* et qu'elle soit fautive au v. 2 (voir apparat) prouve soit qu'elle a été réalisée à un moment où l'inscription damasienne n'était plus que partiellement et difficilement lisible, soit, comme le pense Margherita Guarducci avec des arguments à prendre en considération, qu'elle a été gravée à partir d'un manuscrit fautif. Antonio Ferrua préfère la leçon *habitasse*, non sans hésitations et en précisant « qui praeferat [habitare] improbare non ausim ». Antonio Aste et Dennis Trout écrivent *habitasse* sans un mot de commentaire en traduisant respectivement « qui, una volta, i santi dimorarono » et « holy men once dwelt here »[16]. La faute peut s'expliquer dans les deux sens : José Ruysschaert suppose qu'un scribe carolingien a corrigé *habitare* en *habitasse* pour harmoniser le texte avec les récits de la translation appienne. Mais *habitare* peut être la mélecture ou la correction d'un scribe n'ayant pas identifié la forme syncopée en *-asse* et les textes qui évoquent la translation appienne et usent du parfait *iacuerunt* semblent bien poser une équivalence *habitasse* – *iacuisse*, donc reposer sur la leçon *habitasse*.

En revanche, malgré l'argumentation de Griffe, Guarducci et Luiselli, outre qu'il est peu vraisemblable de supposer une habitation suburbaine commune aux apôtres Pierre et Paul, il est peu probable qu'*habito* ait ici le sens d'« habiter de son vivant ». Le fait que les exemples attestant le sens cémétérial dans le *Thesaurus* ne sont pas très nombreux n'est pas un argument pour qui sait que les notices de ce dictionnaire, sauf exception pour des mots rares, ne sont pas exhaustives par rapport à son fichier (ce caractère incomplet est marqué par la croix qui précède le lemme *habito*) et que ce fichier lui-même n'est complet que jusqu'au premier siècle de notre ère. Et il n'est pas indifférent qu'après un exemple de Pétrone (71, 7), l'article du *Thesaurus*, auquel il faut probablement ajouter l'inscription de la seconde moitié du Ve siècle découverte à Concordia Sagittaria sur un sarcophage[17], mentionne, en dehors de la Vulgate (*Is.* 26, 19), des inscriptions : CE 1267,3 *aeterna habitare domu* [noter *domus* pour la demeure d'un mort], notre épigramme, *CIL* IX 2893, Inscr. *Not. d. scavi* 1919, p. 41 a 6 *hic habibimus una* [noter le *hic*] ... et une autre épigramme de Damase !

N'en déplaise à Griffe, dans l'épigramme de Gorgonius, le verbe *habitare* a bien un sens cémétérial (Ferrua 32, 4). Et si le reste de notre épigramme, en dehors du *hic* dont nous parlerons ci-dessous, ne constitue pas un contexte franchement funéraire, cela peut s'expliquer précisément parce que, au moment où écrit Damase, les restes de Pierre et Paul ne se trouvent pas (ou plus) sur l'*Appia*. Mais, dans le contexte d'une inscription pour des martyrs morts, le verbe ne peut être compris que dans son sens cémétérial (« reposer » pour un mort, et c'est en ce sens que l'ont compris les latinophones des Ve et VIe siècles) ou, à la rigueur, dans le sens général de « demeurer, être présent » (sur un lieu de culte).

Quant à l'adverbe *hic*, dans une inscription, il ne peut signifier qu'« ici », où est placée l'inscription : le lieu précis ou ses abords immédiats. Imagine-t-on un panneau portant l'adverbe « ici » pour désigner un endroit autre que celui où il est précisément posé ? Il ne saurait prendre une valeur plus large que si le contenu de l'inscription y invitait explicitement et si le lieu de l'inscription était clairement symbolique d'un ensemble plus vaste. De plus, quand Damase place l'adverbe *hic* en tête de vers, c'est toujours pour désigner l'endroit précis du *titulus* (et du tombeau)[18].

Par ailleurs, il existe depuis la seconde moitié du IIIe siècle, peut-être même avant selon Francesco Tolotti[19], sur la *via Appia* un culte rendu aux deux Apôtres Pierre et Paul. En 1915, des fouilles mirent au jour sous la basilique un abri couvert, habituellement dit *triclia*, la cour qui s'étendait devant et ses annexes. Sur le mur du fond de cet abri, couvert d'un enduit rouge, quantité de graffiti ont été lus (*ICUR* 12907-13096). Plusieurs portent explicitement le nom de Pierre et Paul ; leur sont recommandées des personnes diverses, des vivants et des défunts, semble-t-il. Quelques textes font référence au rite du *refrigerium*. L'archéologie confirme donc que le souvenir de Pierre et de Paul était bien attaché au lieu-dit *ad Catacumbas*, sur l'*Appia*, comme l'attestent aussi certains textes liturgiques anciens. Par ailleurs, en 1908 fut dégagé un mausolée (n° 49) accolé au déambulatoire de la basilique où fut lu un graffito en lettres élégantes que Ferrua ne croit pas postérieur au Ve siècle, et où se lit : *Domus Petri*. Il était sur la paroi de gauche[20]. Ce mausolée n'est pas daté, mais

---

[16] Aste 2014, p. 83 ; Trout 2015, p. 121.

[17] Zovato 1954, p. 106-108 : <corpo>ra sanctorum <qui in hac ba>silica habi<tant ....

[18] Au moins treize cas en dehors du présent : Ferrua 10, 1 ; 11, 2 ; 16, 1-4-5-6-7-8-10 ; 17, 2 ; 28, 9 ; 31, 4 ; 32, 3 ; voir aussi Ferrua 12² et 45, 1 ; en 34, 3 *hic* peut être un pronom.

[19] Tolotti 1984.

[20] *ICUR* 13284 ; Guarducci 1983a, pl. XLVIII ; 1983b, p. 21.

dans le mausolée qui le touche a été trouvée une inscription de 371 (*ICUR* 13327).

La *Depositio martyrum* insérée dans le chronographe de 354, datable de 325 environ selon Margherita Guarducci[21], mentionne une commémoration de Pierre *in Catacumbas* et de Paul *Ostense*, sur la voie d'Ostie, en y ajoutant une date consulaire : *III Kal. Iul. Petri in Catacumbas et Pauli Ostense, Tusco et Basso cons<ulibus>*. Différente est la mention qui apparaît dans le martyrologe dit hiéronymien, compilé à Auxerre en 592 (ms. W de peu antérieur à 772) à partir de documents romains probablement de la première moitié du ve siècle[22] : *Natale apostolorum Petri et Pauli Petri in Vaticano Pauli uero uia Ostensi*[23]. Seul le manuscrit de Berne du VIIIe siècle (ms. B) donne la leçon souvent retenue : *III kal. Iul. Romae. Via Aurelia, natale sanctorum apostolorum Petri et Pauli* (s. a. P. et P. *in ras.*), *Petri in Vaticano, Pauli uero in uia Ostiensi ; utrumque in Catacumbas ; passi sunt sub Nerone, Basso et Tusco consulibus*. Griffe, suivi par Guarducci[24], a considéré le texte de la *Depositio* comme corrompu et l'a corrigé en ajoutant *et Pauli* après *Petri*, en considérant que le texte du martyrologe dit hiéronymien (ou plutôt celui du seul manuscrit de Berne) est le texte authentique. Mais, comme l'admet Margherita Guarducci, le martyrologe dépend de la *Depositio*. Aussi paraît-il arbitraire de corriger le texte original à partir d'un manuscrit du texte dérivé. De tout ce qui précède, on peut certainement conclure qu'il existait dans la seconde moitié du IIIe siècle une fête de Pierre et Paul sur l'*Appia*. Mais à l'origine (en 258) elle pourrait avoir été une fête du seul Pierre, même si les deux apôtres sont associés dans les graffiti de la seconde moitié du IIIe siècle. L'expression *basilica Apostolorum Petri et Pauli* apparaît seulement dans la Passion de Quirinus (*AA.SS, Iun.*, I, p. 383), qui pourrait remonter au IVe siècle, et, ultérieurement, dans la notice carolingienne d'Hadrien Ier (772-795)[25]. Les Actes de saint Sébastien (*AA.SS, Ian.*, II, p. 278) ne parlent que des *uestigia Apostolorum*, expression sur laquelle nous reviendrons.

La notice du *Liber pontificalis* relative à Damase, que Louis Duchesne date d'environ 524, indique (p. 212) que l'évêque construisit une basilique *in catacumbas ubi iacuerunt corpora sanctorum Apostolorum Petri et Pauli, in quo loco platomam ipsam ubi iacuerunt corpora sanctorum uersibus exornauit*. *Platoma* est un terme technique qui apparaît à plusieurs reprises dans le *Liber pontificalis* : le mot évoque un placage de marbre. De ce passage, on avait conclu à tort que Damase était le bâtisseur de la basilique encore visible sous ses remaniements du XVIIe siècle. Il faut en conclure que l'auteur de la notice connaissait notre inscription, qu'il comprenait *habuisse* comme synonyme de *iacuisse*, et qu'il voyait là une preuve d'une construction par Damase.

Il ressort de ce texte du VIe siècle qu'on pensait alors que les corps des Apôtres avaient reposé là à une certaine époque. Cette indication se retrouve dans la Passion de Quirinus (*AA.SS, Iun.*, I, p. 383) : le martyr fut enterré « dans la basilique des Apôtres Pierre et Paul où ils reposèrent un temps » (*ubi aliquando iacuerunt*). Grégoire le Grand fait état de la présence des corps des Apôtres au deuxième mille de la Ville, au lieu-dit *Catacumbas*. Il y aurait eu tentative d'enlèvement et transfert là où ils étaient de son temps[26] : *De corporibus uero beatorum apostolorum quid ego dicturus sum, dum constet quia eo tempore quo passi sunt ex Oriente fideles uenerunt, qui eorum corpora sicut ciuium suorum repeterent ? Quae ducta usque ad secundum urbis milliarium, in loco qui dicitur Catacumbas collocata sunt. Sed dum ea exinde leuare omnis eorum multitudo conueniens niteretur, ita eos uis tonitrui atque fulguris nimio metu terruit ac dispersit, ut talia denuo nullatenus temptare praesumerent. Tunc autem exeuntes Romani eorum corpora, qui hoc ex Domini pietate meruerunt, leuauerunt, et in locis quibus nunc sunt condita posuerunt*. Le *Martyrium Petri et Pauli* évoque lui aussi le séjour des corps sur l'*Appia*, au troisième mille ; il ajoute que les corps y sont restés, après le vol par les Orientaux, un an et sept jours[27]. La *Notitia ecclesiarum* fait état à Saint-Sébastien des tombes où les corps des Apôtres auraient séjourné quarante ans[28]. Ajoutons que, dans le *Liber pontificalis*, la notice relative à Corneille attribue à celui-ci, donc entre 251 et 253, l'enlèvement des corps à la demande de Lucine (*rogatus a quadam matrona Lucina, corpora apostolorum beati Petri*

---

[21] éd. par Th. Mommsen, *MGH, Script. min. saec. IV-VII, Auct. ant.* IX, 1891, p. 70-72 ; Duchesne 1886, p. 10-12.

[22] éd. par H. Quentin, H. Delehaye, *Martyrologium Hieronymianum*, Bruxelles 1931 [*AA.SS, Nov.*, II], p. 342-343.

[23] Cette fête de Pierre au Vatican et de Paul sur la voie d'Ostie est bien attestée par Prudence, *Peristephanon* 12.

[24] Griffe 1967, p. 154 ; Guarducci 1986, p. 830-831.

[25] Duchesne 1886, p. 508.

[26] *Epistula* IV, 30, 60, de juin 594, *MGH, Epist.* I,1, 1891, p. 263-266 ; éd. par D. Norberg, *CCL* 140, 1982, p. 248-250.

[27] *Acta apostolorum apocrypha*, éd. par R. H. Lipsius, M. Bonnet, Leipzig, 1891, I, p. 172-177.

[28] *Notitia ecclesiarum* 20, *CCSL* 175, p. 308, 99-101.

et Pauli de catacumbas leuauit noctu) et le transfert sur la voie d'Ostie de Paul, là où il fut décapité, et de Pierre au Vatican, là où il fut crucifié[29].

Ces textes sont d'accord sur un seul point : la présence, un temps, des corps des Apôtres sur l'*Appia*. Ils essaient d'expliquer, de façons différentes, les autres lieux qui gardaient le souvenir des Apôtres et où nous savons qu'ils étaient vénérés depuis le tournant des IIe et IIIe siècles sur les deux rives du Tibre. Ce qui pourrait s'accorder parfaitement avec la lecture *Hic habitasse prius*. Faut-il croire que la formule *Discipulos Oriens misit* ... et le verbe *defendere* ont suggéré l'idée du vol par des Orientaux ? Cela a été proposé par José Ruysschaert (1969-1970) qui a fait le rapprochement entre ces mots et le passage de Grégoire le Grand.

Mais Bruno Luiselli (1986) et surtout Margherita Guarducci (1986) ont combattu avec vigueur la thèse de la translation temporaire des reliques de Pierre et Paul sur l'*Appia*. Guarducci résume ainsi son argumentation en sept points :

1. Les deux édits de Valérien ne menaçaient pas les tombes des martyrs ;
2. si les Chrétiens l'ont craint, ils ont dû cacher leurs reliques et non attirer l'attention sur elles en créant immédiatement une fête ;
3. une ouverture de tombe était un acte illégal et dangereux, surtout en période de persécution ;
4. aucune source littéraire ou épigraphique n'a conservé d'indications crédibles de cette translation ;
5. il n'y a pas de traces des sépulcres des Apôtres sur la *via Appia* ;
6. il n'y a pas non plus de notice sur le prétendu retour des reliques à leur place d'origine ;
7. Eusèbe de Césarée (*Histoire ecclésiastique* 2, 25, 5-7) attesterait qu'à son époque les tombes des Apôtres se trouvent encore là où Gaius les avait indiquées, c'est-à-dire respectivement au Vatican et sur la route d'Ostie (Eusèbe ne l'atteste qu'à son époque ; l'objection tombe dans l'hypothèse d'une translation de Valérien à Gallien).

Margherita Guarducci considère donc qu'*habitasse* est à prendre dans son sens propre : il aurait existé une tradition, remontant au IIe siècle, selon laquelle Pierre et Paul auraient habité ou séjourné ensemble sur l'*Appia*, *ad Catacumbas*. Le passage des *Gesta Sebastiani* qui demande en songe à Lucine de déposer son corps « à l'entrée de la crypte, à côté des *uestigia* des Apôtres » (*AA.SS, Ian.*, II, p. 278) attesterait indirectement cette tradition : Bruno Luiselli et Margherita Guarducci pensent que *uestigia* y désigne des traces de pied ou de genou, mais non les restes des Apôtres, et donc irait dans le sens d'un séjour de Pierre et Paul[30]. Guarducci tire aussi argument de l'inscription *domus Petri* mentionnée plus haut[31]. La fête *ad Catacumbas*, sur un lieu d'habitation de martyrs (le *refrigerium* n'aurait pas nécessairement une connotation funéraire supposant la présence des corps saints), serait d'initiative africaine et sa localisation pourrait s'expliquer, entre autres, parce que le martyr africain Cyprien était honoré non loin de là.

Sans s'attarder sur la thèse de l'origine africaine de la fête du 29 juin sur la *via Appia*, fondée sur de nombreuses suppositions et extensions au IIIe siècle de situations du IVe et avec une impossibilité chronologique dans le cas de Cyprien, le martyr africain étant mort le 14 septembre 258 (on voit mal comment son culte voisin aurait pu concourir à créer le 29 juin 258 une fête de Pierre et Paul sur l'*Appia*), on notera que les arguments 1, 2, 3 et 6 de Margherita Guarducci contestent avec plus ou moins de pertinence la réalité historique du transfert des reliques, mais non l'éventuelle existence ancienne d'une tradition sur ce transfert pour expliquer un culte dont on ne connaissait plus l'origine. Cette tradition n'est attestée avec certitude qu'à une date postérieure à Damase ou peut-être contemporaine si les *Actes de Quirinus* sont bien du IVe siècle. Mais, pour la refuser, Margherita Guarducci et Bruno Luiselli en supposent une autre encore moins bien attestée, même à date tardive : l'argument 4 vaut aussi bien contre la tradition d'une habitation des Apôtres que d'un transfert momentané de leurs reliques sur l'*Appia*. De même pour l'argument 5 : il n'y a sur l'*Appia* pas plus de trace d'une habitation de Pierre et Paul au Ier siècle, ou d'empreinte de leurs pieds ou genoux, que d'un sépulcre temporaire. Et si *uestigia* peut avoir dans les *Gesta Sebastiani* le sens que donnent à ce mot Luiselli et Guarducci, il peut aussi désigner des traces dans le sens le plus général du terme, sans exclure totalement le sens de restes (ossements), attesté dans le fichier du *Thesaurus* par un passage de Gaudence de Brescia (*Tractatus* 17, 38) et on se rappel-

---

[29] Duchesne 1886, p. 150.

[30] Luiselli 1986, p. 848 ; Guarducci 1983b, p. 22-23.

[31] Guarducci 1983a, p. 122 et 1983b, p. 21-23, mais l'argument ne reparaît pas en 1986.

lera que le fichier du *Thesaurus* est très incomplet à partir du IIᵉ siècle de notre ère.

En fait, scientifiquement, on ne peut pas expliquer pourquoi dès le IIIᵉ siècle les Apôtres étaient invoqués *ad Catacumbas* pour des vivants et des défunts et pour quelle raison ils font l'objet d'un culte funéraire. La construction de la basilique avant les années 340 et celle de mausolées avant 349 témoignent de l'importance donnée à ce lieu. Mais on observera en même temps le silence des sources de l'époque de Silvestre (314-335), pourtant abondantes ailleurs. Pourquoi cette construction à fonction funéraire ? Que pensait-on avoir là comme lieu vénéré ? Que racontait-on pour justifier un tel édifice ? Nous ne le savons pas et le texte de Damase, s'il peut s'accorder avec la tradition du transfert (*habitasse*) attestée postérieurement et qui peut dépendre de lui, ne demeure pas moins obscur : volontairement, comme le suggère Charles Pietri³² ? Peut-être traduit-il les incertitudes de Damase : à son époque, on avait peut-être perdu tout souvenir précis. Nous avons voulu conserver cette ambiguïté dans la traduction, sans forcer les termes pour les faire concorder avec telle ou telle interprétation.

Pour le reste, l'épigramme est fort claire. Elle affirme la romanité des Apôtres Pierre et Paul, puisqu'ils ont subi le martyre à Rome : c'est le martyre et sa localisation qui donnent la citoyenneté, et non la naissance³³. Pratiquement au même moment à Milan Ambroise affirme la « milanité » des martyrs dont les corps se trouvent dans cette ville³⁴. Mais on relève ici une pointe de polémique contre l'Orient, qui rappelait l'*origine géographique* des Apôtres : José Ruysschaert l'a bien montré, en insistant aussi à juste titre sur l'importance des *deux* martyrs Pierre et Paul pour l'Église romaine et en montrant que l'épigramme de Damase s'inscrit dans une polémique avec les Orientaux sur la primauté du siège apostolique romain³⁵. Chiara Guarnieri, qui semble ignorer les travaux de José Ruysschaert et de Margherita Guarducci, a rassemblé commodément les pièces du dossier, mais va moins loin que Guarducci, pour qui l'épigramme de Damase serait une réponse aux prétentions du concile de Constantinople de 381 (troisième canon) et aurait donc été écrite entre 382 (tenue du synode romain qui réplique à l'Église d'Orient) et 384 (mort de Damase). Mais l'épigramme de Damase est-elle une réplique *précise* au concile de Constantinople ? L'idéologie damasienne est antérieure à ce concile.

Commentaire de détail

V. 1. *Cognoscere debes* : même fin de vers dans l'*In laudem Dauidis* (Ferrua 60, 6). Damase aime les expressions affirmatives ou dogmatiques³⁶. Pour lui, l'épigramme est un genre didactique qui doit enseigner au pèlerin quelques vérités essentielles ; elle suppose souvent un dialogue fictif avec des concessions de part et d'autre (voir ici v. 3).

V. 2. *Nomina* : selon Jérôme Carcopino³⁷, qui s'appuie sur Paul Monceaux et qui est encore suivi par Carlo Carletti³⁸, le terme *nomina* pourrait prendre dans la langue épigraphique le sens de « reliques ». Mais Yvette Duval³⁹ a montré qu'on a eu tort de donner ce sens à *nomina* : elle voit dans les inscriptions où figure ce mot « une offrande aux saints qu'elles nomment », soit des « invocations », soit un « rappel écrit, pérennisé, du *natalis* du martyr ». Ce sont donc des pierres « purement votives » qui prennent des formes très diverses. De plus, chez Damase, le pluriel *nomina* n'a jamais le sens de *corpora* ou *membra*. Il n'y a donc pas lieu de supposer que Damase ait joué ici d'un double sens, ni même que *nomina* soit ici un emploi juridique pour désigner la personne elle-même⁴⁰ : l'interprétation la plus naturelle est celle qui renvoie à l'inscription des *noms* des martyrs sur leurs tombes ou sur leurs lieux de culte (Ferrua 11,2 *nomen si quaeris*).

Emploi de *quisque* pour *quicumque* : voir Ferrua 35¹, 7 ; 60, 2 ; 67 et 68,1.

---

³² Pietri 1976, p. 372-376.

³³ Pour ce thème, voir Ferrua 46, 4-5, à propos de Saturninus : *sanguine mutauit patriam nomenque genusque* : / *Romanum ciuem sanctorum fecit origo* ; et Ferrua 48, 1-2, à propos d'Hermès : ... *te Graecia misit* ; / *sanguine mutasti patriam*.

³⁴ Ambroise, *Hymne* 10, 1-2 *Victor Nabor Felix pii* / *Mediolani martyres*, qui sont devenus Milanais par le sang versé, même si une manœuvre du persécuteur les a fait exécuter à Lodi ; voir Charlet 1994, p. 113-114.

³⁵ Ruysschaert 1969-1970, p. 210-212. Sur ce thème dans la poésie latine chrétienne, voir Ambroise [?], *Hymne* 12 ; Paulin de Nole, *Carmen* 19, 339-345 ; Prudence, *Peristephanon* 12 et préfaces des deux livres *contre Symmaque*. Et Chadwick 1962, p. 313-318 ; Pietri 1986, p. 56-58 ; Guarducci 1986 ; Guarnieri 1987 ; Brändle 1992, p. 208-209 et 215-217.

³⁶ Ferrua 51, 2 *cognosce* ; 42, 3 *cognoscite* ; *fateor* Ferrua 1, 25 ; 11, 13 ; 16, 10 ; 57,5 ou *fatemur* (ici, v. 3) ; Ferrua 48, 2.

³⁷ Carcopino 1952, p. 424-433 ; 1956, p. 243-250 ; 1963, p. 263-269.

³⁸ Carletti 1985, p. 31.

³⁹ Duval 1982, II, p. 595.

⁴⁰ Luiselli 1986, p. 846-847 ; Guarducci 1986, p. 817.

Pariter ... -que : forme de coordination renforcée, voire pléonastique, soulignée par une allitération insistante (q, p, i), que Damase aime particulièrement (Ferrua 21, 2 ; 28, 1 ; 25, 3 ; 39, 6 ; 59, 1). Mais ici il n'y a pas pléonasme : Damase veut associer de façon indissoluble les deux apôtres martyrs. Antonio Aste (2014, p. 84) met en parallèle Paulin de Nole 19, 340-342 et Venance Fortunat 3, 7, 19-22.

Requiris : thème fréquent dans les épigrammes de Damase de la recherche, par le pèlerin, du nom des martyrs, de leurs tombes et de leurs sanctuaires[41]. Bruno Luiselli (1986, p. 847) rapproche ce vers du passage où, dans l'*Énéide* (1, 217), les Troyens « recherchent » leurs compagnons : *amissos longo socios sermone requirunt*. Damase établirait un parallèle entre cette « recherche » et celle des martyrs par les pèlerins chrétiens. Mais, chez Virgile, il s'agit en fait d'une interrogation mutuelle (*longo sermone*) sur le sort des compagnons qu'ils ont perdus, et non, comme ici, d'une recherche dans l'espace ; le lien entre les deux passages semble donc très ténu.

V. 4. Noter la place de la conjonction de coordination -*que* pour relier le v. 4 au précédent. Cette place insolite a entraîné des erreurs dans la tradition manuscrite.

Jacques Fontaine montre la convergence dans ce vers de la langue chrétienne et de la langue virgilienne[42]. Le sang est une métonymie habituelle chez les Chrétiens pour signifier le martyre (chez Damase, Ferrua 39, 9 ; 46, 4 ; 47, 4 ; 48, 2) et le thème *Christum sequi*, d'origine évangélique, s'est abondamment développé en Occident à partir de la fin du IIIᵉ siècle[43] ; chez Damase, Ferrua 31, 3 : *Aetheris alta petit Christo comitante beatus*. Mais le participe pluriel *secuti* en fin d'hexamètre revient souvent dans l'*Énéide* pour désigner ceux qui suivent « Énée et ses armes » (*Énéide* 3, 156 ; 8, 52 ; 10, 672). Cette tonalité virgilienne vise à héroïser le Christ, comme chez Juvencus. Damase évite cependant toute confusion avec les idées païennes en substituant *per astra* au célèbre *ad astra* virgilien (*Énéide* 9, 641) : le Dieu chrétien n'est pas *dans* les astres, mais au-delà.

V. 5. Ce type de vers formulaire se retrouve chez Damase[44]. Ces répétitions traduisent moins un manque d'imagination qu'un souci didactique : elles ont une valeur pédagogique. Damase a été imité dans une inscription de la catacombe de Prétextat (*ICUR* 140761) sur un grand couvercle inachevé de sarcophage du dernier tiers du IVᵉ siècle : *aeterias secuta domos ac regna piorum*[45]. La rencontre de la même formule sur deux pierres contemporaines à quelques centaines de mètres l'une de l'autre n'est probablement pas fortuite (voir aussi Ferrua 25, 5). Ici, comme souvent dans l'épigraphie funéraire chrétienne[46], l'au-delà est défini par des notions classiques : les astres, l'éther, la communauté des Justes[47].

Quel est le sens exact d'*aetherios sinus* ? L'adjectif *aetherius*, dérivé du très ancien hellénisme *aether*, est une métonymie fréquente de *caelestis* : il qualifie habituellement le séjour céleste des morts[48]. Mais son association avec *sinus* semble originale. Jacques Fontaine propose de donner ici à *sinus* le sens dérivé de « retraites »[49]. Toutefois, *sinus* pourrait conserver sa valeur métaphorique propre et signifier soit la courbure de la voûte céleste, sur le modèle virgilien *aetherios ... orbis* (*Énéide* 8, 137), soit, en suggérant la métaphore marine du ciel port des âmes après la mort, les « golfes » du ciel, sur le modèle virgilien *Illyricos penetrare sinus atque intima tutus / regna Liburnorum ... superare* (*Énéide* 1, 243-244, à propos d'Anténor qui, après ses malheurs, touche les golfes d'Illyrie, à l'extrême fond des royaumes liburnes). Dans l'un ou l'autre cas, l'expression devait suggérer au lecteur chrétien, au plan spirituel, l'image biblique du sein d'Abraham, séjour des élus (*Luc* 16, 22-23).

La fin de vers *regnaque piorum*, avec un allongement irrégulier du *a* (à moins de préférer la leçon isolée de T, mais les licences prosodiques ne sont pas rares chez Damase), se retrouve, sans -*que*, en Ferrua 35, 4 (*peteret cum regna piorum*). L'expression est à double entrée,

---

[41] Ferrua 11, 2 *nomen si quaeris* ; 16, 1 *quaeris si* ; 32, 3 *sanctorum limina quaerat* ; voir aussi *Carm. epigr.* 748, 28 (*ICUR* V 6731) : *nomina sanctarum lector si forte requiris*.

[42] Fontaine 1986, p. 141-142.

[43] Déléani 1979 ; pour l'épigraphie, Sanders 1965, II, p. 641-650. Chez Prudence, *Cathemerinon* 3, 205 *ignea Christus ad astra uocat* ; *Peristephanon* 3, 161-163 *columba ... martyris os ... uisa relinquere et astra sequi* ; 6, 123 *insignesque uiros per astra ferri*.

[44] Ferrua 25, 5 *aetherias petiere domos regnaque piorum* ; 39, 8 *aeternam petiere domum regnaque piorum* ; 43,5 *aetheriam petiere domum regnaque piorum*.

[45] Deichmann, Bovini, Brandenburg 1967, I, nᵒ 556, p. 229-230, pl. 85 ; voir *Rivista di Archeologia cristiana* 1935, p. 13.

[46] Sanders 1965, p. 458-487 et 662-667 ; Janssens 1981, p. 303-329 ; Février 1986, p. 91-111.

[47] Sur le thème de l'ascension céleste dans la poésie latine chrétienne, voir Fontaine 1982, p. 56-58.

[48] *Thesaurus*, s.u. 1153, 70. On le rencontre avec *sedes* (Ovide, *Métamorphoses* 2, 512 ; 5, 348 ; 15, 449 et 839 ...) et surtout avec *domus* (Ovide, *Pontiques* 4, 13, 26 ; Pseudo-Sénèque, *Hercule sur l'Œta* 92 ... ; chez Damase, Ferrua 25, 5 et 43, 5).

[49] Fontaine 1982, p. 57-58.

païenne et chrétienne. Dans la poésie classique, le terme *pii* désigne les Justes qui habitent les Champs Élysées et on le rencontre souvent comme génitif pluriel adnominal, complétant un terme qui désigne le séjour dans l'au-delà (les Champs Élysées)[50], mais, apparemment, jamais avec *regna*. Or *regna* éveille plutôt des harmoniques chrétiennes, même si sa forme de pluriel poétique a des ascendants virgiliens (à propos de l'outre-tombe, *Énéide* 6, 269) : il évoque le royaume des cieux promis dans la vie future. La Vulgate emploie le singulier *regnum caelorum*, mais on rencontre parfois le pluriel dans certaines *Veteres Latinae*[51] et, dans la paraphrase épique de l'Évangile écrite par Juvencus sous le règne de Constantin et très admirée des Chrétiens, le pluriel poétique alterne avec le singulier[52]. Prudence usera lui aussi du pluriel[53], qui revient fréquemment dans l'épigraphie funéraire chrétienne[54]. L'expression *regna piorum* est donc accessible à un païen, mais sans connotation spécifiquement païenne : à l'époque de Damase, l'adjectif *pius* a été depuis longtemps repris dans un sens chrétien[55], et le terme *regna* la tire dans ce sens.

V. 6. *Defendere* a ici le sens d'*adserere, sibi uindicare* (*Thesaurus, s.u.*, 295, 80 et 298, 15). *Suos* est bien mis en valeur par sa disjonction et sa place devant la coupe trithémimère, d'où sa traduction emphatique : c'est le mot le plus important du vers. Bien qu'originaires d'Asie, Pierre et Paul sont par leur martyre citoyens de la ville de Rome, et d'aucune autre (cf. Tertullien, *Scorpiace* 15).

V. 7. Il n'est pas nécessaire de corriger *haec*, neutre pluriel dont *uestras laudes* est attribut. Comparer avec Ferrua 51, 9 : *Haec Damasus prestat cunctis solacia fletus* et Ps. Damase Ferrua 64, 6.

L'expression *noua sidera* a une ascendance païenne et rappelle invinciblement le thème de l'apothéose astrale : certains grands hommes, après leur mort, deviennent des corps célestes, par exemple les Dioscures[56], César (Horace, *Odes* 1, 12, 47 *Iulium sidus*), Octave (Virgile, *Géorgiques* 1, 32 *anne nouum tardis sidus te mensibus addas*) ... Carl Weymann et Fontaine voient dans ce dernier passage la source directe de Damase[57]. Rudolf Brändle (1992) insiste sur la référence aux Dioscures devenus corps célestes et surtout à Romulus et Rémus. Mais la référence à Romulus et Rémus n'est pas nette dans notre passage. En revanche, l'allusion aux Dioscures est d'autant plus probable qu'il y a des liens dans l'iconographie antique entre les représentations des apôtres « jumeaux » Pierre et Paul et celle des Dioscures-gémeaux, symbole de victoire sur la mort et d'éternité associé à la plastique funéraire[58]. Toutefois, si Damase veut bien suggérer au lecteur l'image des deux fondateurs de la ville de Rome, c'est un argument en faveur de la thèse selon laquelle la fête des Apôtres a été placée le 29 juin pour se substituer à la fête de Romulus-Quirinus (Ovide, *Fastes* 6, 795-796) et présenter les deux Apôtres comme les fondateurs, dans la concorde, de la Rome chrétienne en face de Romulus et Rémus, fondateurs, dans la discorde, de la Rome païenne[59]. Ce thème est cardinal dans la pensée de Damase[60], mais non explicite ici, où la dimension spirituelle semble primordiale : les Apôtres sont devenus les lumières, les ornements éclatants du Paradis (Pseudo Tertullien, *contre Marcion* 3, 8 *egregios homines ardentia sidera caeli*). Comme le note Carlo Carletti[61], l'image rappelle celle des sarcophages « à étoiles et à couronnes » : des étoiles (symbole de la victoire sur la mort) et des couronnes dans le champ accompagnent le collège des apôtres. C'est peut-être à l'imitation de Damase que Vénance Fortunat appelle souvent les Apôtres Pierre et Paul *duo lumina mundi* ou *lumina prima*[62]. Mais le thème des apôtres Pierre et Paul lumières du cosmos remonte à Origène (*Commentaire sur Jean* 1, 1, 25, 163, 5 ; SC 120, p. 142).

---

[50] *sedesque piorum* (Horace, *Odes* 2, 13, 23 ; *Culex* 295) ; *amoena piorum / concilia Elysiumque colo* (Virgile, *Énéide* 5, 735) ; *arua piorum* (Ovide, *Métamorphoses* 11, 62) ; *campos piorum* (Lucain 6, 798 ; 3, 12 *sedibus Elysiis campoque expulsa piorum*).

[51] Pour Matthieu, voir 11, 11 g[1] ; 19, 12 e ff.[1] ; 19, 23 et 24 e.

[52] *Caelestia regna* 1, 651 ; 3, 526 ; 4, 197 et *regnum caeleste* 2, 813 ; 3, 283. *Caeli regna* 3, 315 ; 3, 489 ; 3, 523 ; 4, 117 et *caeli regnum* 1, 455 ; 1, 756 ; 2, 540 ; 3, 397 ; 3, 437.

[53] *Cathemerinon* 10, 86 *caelestia regna* ; *Peristephanon* 10, 834 *regna Christi* ; 13, 99 *regna caeli*.

[54] Janssens 1981 (cf. *Nuovo bullettino di archeologia cristiana* 1914, p. 61 *recedis in regna piorum*).

[55] Expression analogue chez Paulin de Nole 18, 23 *in regione piorum* ; chez Damase, emploi substantivé de *pius* à propos des bienheureux en Ferrua 16, 1 et 11, et en 47, 2.

[56] Horace, *Odes* 1, 3, 2 *sic fratres Helenae, lucida sidera* ; Ovide, *Métamorphoses* 8, 372 *nondum caelestia sidera* ; Firmicus Maternus, *L'Erreur* 7, 6 *nouis ... sideribus*.

[57] Weymann 1926, p. 49-50 ; Fontaine 1982, p. 58, n. 20.

[58] Kraus 1957, p. 1135 ; Davis-Weyer 1961, p. 31 ; Pietri 1961, p. 316 et 1976, p. 1595-1596 ; Huskinson 1982, p. 81 ; Brändle 1992, p. 211-215 ; Zocca 2009.

[59] Guarducci 1986, p. 833-837.

[60] Pietri 1961 et 1976, p. 1539-1541 ; Huskinson 1982 ; Brändle 1992, p. 209-219.

[61] Carletti 1985, p. 31.

[62] éd. par Leo, *MGH*, 1881, index, p. 378.

Commentaire archéologique (Jean Guyon)

Le monument dit *triclia* se situe dans une zone cémétériale : il a été établi lui-même au-dessus de mausolées qui s'étaient blottis au fond d'une zone effondrée[63]. Il était implanté à côté d'autres petits mausolées alignés le long d'une voie, ou de salles qui doivent être interprétées non comme des dépendances de maisons, mais comme destinées aux repas funéraires[64].

Lors de la construction de la basilique, contre la clôture occidentale de l'enclos, se sont appuyés les piliers qui marquaient l'ouverture de l'abside. À l'est, contre le mur de la *triclia*, mais à l'extérieur, dans l'axe du nouvel édifice, là où se trouvait encore au XVIᵉ siècle un autel – et à côté de lui un escalier qui descendait vers l'ouest –, Francesco Tolotti suggère l'existence d'un édicule à baldaquin qui rappelait le monument primitif. Celui-ci avait été enlevé à la vue des visiteurs par le nouvel édifice et par les sépultures qui ont été disposées tout au long du vaisseau central, comme dans les collatéraux. Les fouilles ont fait retrouver ces tombes maçonnées, régulièrement disposées : les *formae*. Or une inscription (*ICUR* 13300) a été trouvée en place sur une de ces sépultures, au-dessus du monument du IIIᵉ siècle : elle date de 356 ou 357. À côté d'elle, et aussi *in situ*, une autre épitaphe a été signalée, datée de 400 (*ICUR* 13376). Ces deux textes, ainsi que les autres épitaphes trouvées éparses, montrent que tout l'espace avait été prévu pour recevoir des sépultures.

On fera observer que Francesco Tolotti restitue un mausolée ancien (son n° 43), ouvert sur le flanc sud du collatéral de la basilique. Il a été ultérieurement détruit et remplacé par deux mausolées plus petits. Or cette construction, qui doit être ancienne, s'ouvre en face de l'endroit où avait été le monument du IIIᵉ siècle. Ce qui suggère bien que celui-ci a servi de point de départ à tous ces remaniements du IVᵉ siècle.

---

[63] Tolotti 1953 et *RAC* 60, 1984, p. 123-161.
[64] Jastrzebowska 1981.

Bibliographie

Sources

C *Sylloge Centulensis*, sylloge de Centula.
E *Sylloge Einsidlensis*, sylloge d'Einsiedeln.
L *Sylloge Laureshamensis*, sylloge de Lorsch.
T *Sylloge Turonensis*, sylloge de Tours.

Études

Aste A. 2014, *Gli epigrammi di Papa Damaso I*, Tricase.
Barthold Cl. 2011, « Papae poetae Päpste als Dichter: Damasus I – Pius II – Urban VIII – Leo XIII », dans H.-L. Barth (dir.), *Wahrheit und Schönheit. Christliche Literatur als Einklang von Glaube und Kunst*, Mülheim, p. 35-125.
Brandenburg H. 2013, *Le prime chiese di Roma: IV-VII secolo*, Cité du Vatican, p. 65-71.
Brändle R. 1992, « Petrus und Paulus als nova sidera », *Theologische Zeitschrift* 48, p. 207-217.
Carcopino J. 1952, « Note sur deux textes controversés de la tradition apostolique romaine », *Comptes-rendus de l'Académie des Inscriptions et Belles-Lettres* 96.3, p. 424-433.
—— 1956, *De Pythagore aux Apôtres*, Paris.
—— 1963, *Études d'histoire chrétienne*, Paris.
Carletti C. 1985, *Damaso e i martiri di Roma*, Cité du Vatican.
Chadwick H. 1962, « Pope Damasus and the Peculiar Claim of Rome to St. Peter and St. Paul », dans W. C. Unnik (dir.), *Neotestamentica et patristica. Eine Freundesgabe, Herrn Professor Dr. Oscar Cullmann zu seinem 60. Geburtstag überreicht*, Leyde, p. 313-318.
Charlet J.-L. 1994, « L'image de Milan dans la poésie latine tardive : Ausone, Ambroise, Claudien, Ennode », *Res Publica Litterarum* 17, p. 111-118.
—— 2004, « L'édition des *Epigrammata Damasiana* : état présent de la question », dans M. Fixot (dir.), *Paul-Albert Février, de l'Antiquité au Moyen Âge (Actes du colloque de Fréjus, 7 au 8 avril 2001)*, Aix-en-Provence, p. 275-279.
Davis-Weyer C. 1961, « Das Traditio-Legis-Bild und seine Nachfolge », *Münchner Jahrbuch der Bildenden Kunst*, 3ᵉ série, 12, p. 7-45.
Deichmann F. W., Bovini G., Brandenburg H. 1967, *Repertorium der christlich-antiken Sarkophage*, Wiesbaden.

Déléani S. 1979, *Christum sequi. Étude d'un thème dans l'œuvre de saint Cyprien*, Paris.
Delehaye H. 1933, *Les origines du culte des martyrs*, Bruxelles.
Denis Boulet N. M. 1967, « L'inscription damasienne *Ad Catacumbas* », *Rivista di Archeologia cristiana* 43, p. 111-124.
Diefenbach S. 2007, *Römische Erinnerungsraüme. Heiligenmemoria und kollektive Identitäten im Rom des 3. bis 5. Jahrhunderts*, Berlin.
Duchesne L. 1886, *Le Liber Pontificalis*, I, Paris.
—— 1889, *Origines du culte chrétien*, Paris.
Duval Y. 1982, Loca sanctorum Africae. *Le culte des martyrs en Afrique du IVe au VIIe siècle*, Rome.
Eastmann D. E. 2011, *Paul the Martyr: The Cult of the Apostle in the Latin West*, Atlanta.
Février P.-A. 1986, « Vie et mort dans les *Epigrammata damasiana* », dans *Saecularia Damasiana*, Cité du Vatican, p. 89-111 (= *La Méditerranée de Paul-Albert Février*, I, p. 257-277).
Ferrua A. 1942, *Epigrammata Damasiana*, Cité du Vatican.
Fontaine J. 1982, « Images virgiliennes de l'ascension céleste dans la poésie latine chrétienne », dans *Jenseitsvorstellungen in Antike und Christentum (Mélanges A. Stuiber)*, Münster, p. 55-67.
—— 1986, « Damase poète théodosien : l'imaginaire poétique des *Epigrammata* », dans *Saeculatia Damasiana*, Cité du Vatican, p. 113-145.
Franchi de' Cavalieri P. 1915, *Note agiografiche* 5 [= *Studi e testi* 27], Rome.
—— 1953, *Constantiniana* [= *Studi e testi* 171], Cité du Vatican.
Griffe É. 1967, *Les persécutions contre les Chrétiens aux Ier et IIe siècles*, Paris.
—— 1970, « En relisant l'inscription damasienne *ad Catacumbas* », *Bulletin de Littérature ecclésiastique* 71, p. 81-91.
Guarducci M. 1983a, *Pietro in Vaticano*, Rome.
—— 1983b, *Pietro e Paolo sulla via Appia e la tomba di Pietro in Vaticano*, Cité du Vatican.
—— 1986, « Il culto degli apostoli Pietro e Paolo sulla via Appia: riflessioni vecchie e nuove », *Mélanges de l'École française de Rome. Antiquité* 98, p. 811-842.
Guarnieri C. 1987, « Occidente e oriente nell'epigramma "In basilica Apostolorum" di Damaso (Ferrua, *EP.* 20) », *Vetera Christianorum* 24, p. 411-421.
Guyon J. 1986, « L'œuvre de Damase dans le cimetière "Aux deux lauriers" sur la via Labicana », dans *Saecularia Damasiana*, Cité du Vatican, p. 225-258.
Hack A. 1997, « Zur römischen Doppelapostolizität: Überlegungen ausgehend von einem Epigram Papst Damasus' I (366-384) », *Hagiographica* 4, p. 9-33.
Huskinson J. M. 1982, *Concordia apostolorum. Christian Propaganda at Rome in the Fourth and Fifth Centuries*, Oxford.
Janssens J. 1981, *Vita e morte del cristiano negli epitaffi di Roma anteriori al sec. VII*, Rome.
Jastrzebowska E. 1981, *Untersuchungen zum christlichen Totenmahl aufgrund der Monumente des 3. und 4. Jahrhunderts unter der Basilika des Hl. Sebastian in Rom*, Berne.
—— 2002, « S. Sebastiano, la più antica basilica cristiana di Roma », dans F. et A. G. Guidobaldi (dir.), *Ecclesiae Urbis*, Cité du Vatican, p. 1141-1155.
Kraus W. 1957, *s.u.* « Dioskuren », dans *Reallexicon für Antike und Christentum*, 3, p. 1122-1138.
Krautheimer R., Corbett Sp., Frankl W. 1976, *Corpus basilicarum christianarum Romae*, IV, Rome.
Lonstrup G. 2008, « Constructing Myths: The Foundation of *Roma Christiana* on 29 June », *Analecta Romana Instituti Danici* 33, p. 19-56.
Löx M. 2013, Monumenta sanctorum. *Rom und Mailand als Zentren des frühen Christentums. Märtyrerkult und Kirchenbau unter den Bischöfen Damasus und Ambrosius*, Wiesbaden.
Luiselli B. 1986, « In margine al problema della traslazione delle ossa di Pietro e Paolo », *Mélanges de l'École française de Rome. Antiquité* 98, p. 843-854.
Nieddu A. M. 2008, *s.u.* « S. Sebastiani ecclesia, basilica », dans *Lexicon Topograficum Urbis Romae Suburbio*, 5, p. 51-57.
—— 2009, *La Basilica Apostolorum sulla Via Appia e l'area cimiteriale circostante*, Cité du Vatican.
Pietri Ch. 1961, « Concordia Apostolorum et Renouatio Vrbis », *Mélanges de l'École française de Rome* 73, p. 275-322.
—— 1976, *Roma christiana*, Rome.
—— 1986, « Damase évêque de Rome », dans *Saecularia Damasiana*, Cité du Vatican, p. 29-58.
Ross Holloway R. 2004, *Constantine and Rome*, New Haven.
Ruysschaert J. 1969-1970, « Pierre et Paul à Rome. Textes et contextes d'une inscription damasienne », *Rendiconti della Pontificia Accademia romana di Archeologia* 42, p. 201-218.
—— 1975, « Les premiers siècles de la tombe de Pierre. Une discussion dégagée d'une hypothèse », *Revue des archéologues et historiens d'art de Louvain* 8, p. 7-47.
—— 1976, « La tomba di Pietro. Nuove considerazioni archeologiche e storiche », *Studi Romani* 24, p. 322-330.
—— 1984, « Chronique », *Revue d'Histoire ecclésiastique* 79, p. 585-586.

Sanders G. 1965, *Licht en duisternis in de Christlijke Grafschriften*, Bruxelles.
Saxer V. 1986, « Damase et le calendrier des fêtes de martyrs de l'Église romaine », dans *Saecularia Damasiana*, Cité du Vatican, p. 61-88.
Tolotti Fr. 1953, *Memorie degli Apostoli in Catacumbas*, Rome.
—— 1984, « Sguardo d'insieme al monumento sotto s. Sebastiano e nuovo tentativo di interpretarlo », *Rivista di Archeologia cristiana* 60, p. 123-161.
Trout D. 2015, *Damasus of Rome. The Epigraphic Poetry*, Oxford.
Weymann C. 1926, *Beiträge zur Geschichte der christlich-lateinischen Poesie*, Munich.
Zocca E. 2009, « Pietro e Paolo "nova sidera": Costruzione della memoria e fondazione apostolica a Roma fra I e IV secolo », dans A. Camplani, A. Saggioro, *Città pagana – città cristiana. Tradizioni di Fondazione*, Rome, p. 227-249.
Zovato P. L. 1954, « Une nouvelle église cimétériale à Concordia Sagittaria (Venise) », *Cahiers archéologiques* 7, p. 106-108.

4. Un'archeologia cristiana per domani?

Gisella Cantino Wataghin
Università di Vercelli

VORREI INNANZITUTTO RINGRAZIARE Michel Fixot, Jean Guyon e gli altri organizzatori di questo incontro per il loro invito, che mi permette di portare il mio modesto omaggio alla memoria di Paul-Albert Février, di cui non sono stata allieva, ma al quale devo molto, tanto sul piano scientifico che su quello umano. È dunque con molto piacere che riprendo in questa sede il tema dell'identità dell'Archeologia cristiana, da lui affrontato a più riprese, in particolare in una conferenza tenuta a Grenoble nel quadro dell'XI Congresso internazionale di Archeologia cristiana, dal titolo "Une archéologie chrétienne pour 1986"[1], al quale si ispira intenzionalmente quello del presente contributo[2].

Il testo pubblicato tre anni dopo negli Atti del Congresso[3] riflette puntualmente quello della conferenza, nella quale Paul-Albert, con una spigliatezza lontana da ogni tecnicismo, come solo i grandi studiosi sanno fare, dopo aver richiamato le origini e i primi sviluppi della disciplina, aveva fatto il bilancio dei suoi risultati, e in particolare di quelli allora più recenti, ottenuti grazie all'evoluzione tanto degli oggetti e degli obiettivi della ricerca quanto dei suoi metodi, che aveva fatto di una disciplina a lungo radicata nella e finalizzata alla storia del cristianesimo e spesso apologetica una disciplina storica nel senso più ampio del termine.

Oggi, dopo quasi quarant'anni, il bilancio allora tracciato è ovviamente superato da nuove scoperte, tanto numerose quanto non di rado clamorose: la basilica funeraria di papa Marco sulla via Ardeatina a Roma[4], quella, ugualmente funeraria, della rue Malaval a Marsiglia[5], la grande basilica dell'"enclos Saint-Césaire" ad Arles[6], ma anche il ben più modesto edificio di culto del III secolo scavato a Kefar 'Othnay, nell'antica Giudea, l'unico accertato di età precostantiniana accanto a quello di Dura Europos[7], non sono che alcuni dei molti esempi possibili, intorno ai quali si colloca una molteplicità di nuovi dati – le scoperte cosiddette minori, le revisioni di evidenze già note – che sono venute ad arricchire la trama dell'archeologia cristiana. Ogni tentativo di una sintesi sarebbe forzatamente riduttivo, nonché privo di un reale interesse[8]. Non è in questa prospettiva che merita riflettere sul contributo di Paul-Albert Février; esso spinge piuttosto ad interrogarsi sulla realtà dell'archeologia cristiana attuale – nei limiti in cui è percepibile a distanza ravvicinata – a fronte di quella da lui auspicata per un futuro che è divenuto il nostro passato, benché assai prossimo, a riprendere al tempo stesso e ad aggiornare il suo intento di collegare "ce qu'a été et ce qu'est l'archéologie chrétienne" à "ce qu'elle doit être".

Uno dei punti sottolineati più vibratamente da Février era la necessità di una "maîtrise totale des techniques de fouilles", una padronanza dalla quale egli giudicava, a ragione, che si fosse ancora lontani[9]. Non si può certo dire lo stesso oggi; lo scavo stratigrafico è ormai pratica corrente – come sottolineato già nel 2014 da Vincenzo Fiocchi in un bilancio tuttora attuale sull'esperienza dell'archeologia cristiana[10] – così come lo studio stratigrafico delle murature, che agli inizi degli anni '80 del secolo scorso non era che agli inizi.

---

[1] Février 1989; cf. anche Février 1991.

[2] Il titolo era già stato ripreso da Philippe Pergola, in un altro contesto peraltro e con intenzioni diverse: Pergola 1997.

[3] Février 1989.

[4] La prima notizia del ritrovamento risale al 1991 (Fiocchi Nicolai 1995: merita ricordare che l'Autore dedicò questo contributo alla memoria di Paul-Albert Février), ma cf. da ultimo Fiocchi Nicolai, Spera (dir.) 2021.

[5] Guyon 2014, p. 174-175.

[6] Heijmans 2014, p. 39-42.

[7] Tepper, Di Segni 2006; brevemente su questi due contesti Cantino Wataghin 2014, p. 584-588.

[8] Un tentativo in questo senso in Bowes 2008.

[9] Février 1989, p. XCI.

[10] Fiocchi Nicolai 2014.

L'archeologia dell'architettura, annunciata nel 1977 da Charles Bonnet in un'analisi pioneristica delle strutture della chiesa della Madeleine a Ginevra messe in luce agli inizi del XX secolo[11], negli stessi anni in cui su impulso di Tiziano Mannoni nasceva a Genova l'Istituto della Storia della cultura materiale (ISCUM, 1976), che nello studio archeologico dell'edilizia storica aveva uno dei suoi assi portanti[12], ha rinnovato o meglio ancora rivoluzionato lo studio del costruito, aprendo prospettive inedite sugli edifici in quanto documenti piuttosto che monumenti architettonici[13] e dunque su tutta l'ampia problematica di cui essi sono indici: aspetti strutturali e costruttivi, certo, e religiosi e culturali, che si estendono peraltro all'economia e più in generale alla società.

L'applicazione di questa metodologia di indagine rimane ancora diseguale, ma ne è incontestata la validità in quanto strumento essenziale di conoscenza[14].

Questo non significa che l'archeologia dell'architettura o l'archeometria che l'accompagna[15] e che è ugualmente parte delle acquisizioni più recenti possano fornire da sole risposte incontestabili o che possano essere assunte come chiave interpretativa alternativa a quelle fornite da metodi più tradizionali. Paradossalmente l'applicazione stessa dei metodi stratigrafici contiene in sé dei rischi, nel momento in cui l'analisi minuziosa del manufatto o il ricorso ai procedimenti della scienze "dure" possono divenire un fine in sé, a scapito della loro funzione di mezzo per una miglior comprensione dell'evidenza del terreno, una comprensione che si vuole fondamentalmente storica: ed è proprio Février a ricordarlo costantemente.

Alcuni passi particolarmente significativi del suo testo del 1989 sono evidenziati da Vincenzo Fiocchi Nicolai nel suo articolo del 2014, che ho appena avuto occasione di ricordare, riferiti nello specifico all'integrazione dell'archeologia cristiana nel quadro dell'obiettivo riconosciuto in generale alla ricerca archeologica "d'explorer la totalité des possibles approches du monde matériel"[16]. La citazione e l'articolo che la contiene si inseriscono nel dibattito sul ruolo rispettivo dell'archeologia cristiana e dell'archeologia medievale e sugli specifici campi di ricerca ad esse pertinenti, aperto in Italia negli anni '70 del secolo scorso (e della cultura italiana rimasto anche in seguito caratteristico) in termini assai polemici, intrisi di ideologie maturate nelle vicende storiche delle due discipline e nella dialettica politica contemporanea, che vedono l'archeologia cristiana ricoprire per lo più il ruolo dell'imputato per le sue metodologie superate da tempo in altri settori e per le sue prospettive "cristianocentriche"[17]. Il tempo e gli sviluppi dell'una e dell'altra disciplina hanno fortunatamente smorzato i toni della discussione, ma il problema è rimasto sullo sfondo, ripreso ancora una volta in occasione del bilancio tracciato per i quarant'anni della rivista *Archeologia medievale*[18]; in precedenza era stato affrontato nel 1997 da Philippe Pergola, non a caso nel contesto del primo congresso italiano di archeologia medievale[19], e ancora da Letizia Pani Ermini nel 2007[20]. Ma già nel 1979 il

---

[11] Bonnet 1977; lo scavo della chiesa risale agli anni 1914-1918 (Bonnet 1977, p. 23-27); lo studio di Charles Bonnet è ugualmente significativo delle potenzialità insite anche in manufatti messi in luce in passato con metodologie oggi considerate del tutto inadeguate.

[12] All'analisi stratigrafica delle murature del battistero di Albenga Mannoni dedicò un fondamentale articolo nel primo volume della rivista *Archeologia dell'Architettura*: Mannoni, Cagnana 1996.

[13] Per la distinzione fra "monumento" e "documento", cf. Le Goff 1978.

[14] Parenti 2000; Brogiolo 2007, in particolare p. 8-10; Brogiolo, Cagnana 2012; Zoni 2018; Vanetti 2019; Sapin *et al.* (dir.) 2022. Il cammino della disciplina è segnato in Italia dalla fondazione della rivista *Archeologia dell'Architettura*, supplemento a *Archeologia medievale*, il cui primo numero fu pubblicato nel 1996 sotto la direzione di G. P. Brogiolo e S. Gelichi; pochi anni dopo iniziò le pubblicazioni l'analoga rivista iberica *Arqueologia de la Architectura* (2002). Per quanto riguarda la Francia, cf. Lassure 1979; Esquieu 1997; ma ancora nel 2004 veniva rilevato che "La variété des termes définissant l'archéologie du bâti en France (« archéologie des élévations », « archéologie du mur », « archéologie monumentale ») montre la difficulté à concevoir de manière claire cette démarche archéologique. Sa reconnaissance est difficile tant au niveau sémantique et au niveau des pratiques, qu'au niveau législatif" (Derieux 2004, p. 47), quando per altro essa trovava già da tempo applicazioni esemplari, ad esempio nelle indagini all'abbazia di Saint-Germain di Auxerre: Sapin (dir.) 2000

[15] In sintesi Olcese 2000; cf. anche *Archeologia dell'architettura* 2019.

[16] Fiocchi Nicolai 2014, p. 24; il passo citato è in Février 1989, p. XCIV.

[17] Questi rilievi sono espliciti nell'Editoriale del primo numero della rivista *Archeologia medievale*, pubblicato nel 1974, di cui è programmatico il sottotitolo *Cultura materiale insediamenti territorio*.

[18] Gelichi (dir.) 2014; nello specifico Fiocchi Nicolai 2014. Della polemica sembra di rilevare una traccia evidente nel lemma "Funeraria, archeologia" del *Dizionario di archeologia* (Paoletti, Gelichi 2000), che considera esclusivamente l'antichità classica e il medioevo.

[19] Pergola 1997; cf. già Pergola 1994.

[20] Pani Ermini 2007; cf. anche l'intervento al convegno tenutosi nello stesso anno a Siena nel nome di Riccardo Francovich <https://www.youtube.com/watch?v=J9YKqmIaR48>: Pani Ermini 2011.

tema era stato affrontato da Pasquale Testini, che a fronte della contrapposizione fra le due discipline, particolarmente accentuata in quegli anni, in cui d'altro canto si stava affermando il concetto di tarda antichità, aveva suggerito di introdurre una "archeologia tardoantica, paleocristiana e altomedievale", una "titolatura pleniore" che avrebbe dovuto corrispondere a una visione storica unitaria[21]. La proposta non ebbe seguito, tanto urtava contro una tradizione consolidata e contro la difficile conquista di identità da parte di una periodizzazione storica e di una categoria disciplinare ugualmente innovatrici[22], ma ancor più contro una realtà accademica e le sue dinamiche di potere. E tuttavia, al di là di ogni nominalismo, sarebbe la rappresentazione della realtà della ricerca quale Paul-Albert Février la prospettava: "C'est donc à une archéologie qui n'oublie ni Vénus, ni le Christ, ni les basiliques, ni les maisons les plus simples ou les plus luxueuses, ni l'orfèvrerie, ni les tessons et leur environnement de cuirs et d'autres déchets, que je vous renvoie, afin que vous découvriez une société pleinement humaine"; un'archeologia che "intègre le christianisme dans la société qui le porte"[23] e che dunque non può né deve essere condizionata da barriere disciplinari. Senza venisse messa in discussione la specificità dell'archeologia cristiana, veniva piuttosto formulato l'impegno a ripensare la sua definizione tradizionale – il suo rapporto esclusivo con la storia del Cristianesimo, il suo limite cronologico al pontificato di Gregorio Magno[24] – per farne una chiave di lettura delle dinamiche di trasformazione del mondo romano e medievale, nel momento in cui l'idea stessa di archeologia stava aprendo i suoi orizzonti al di là dei limiti dell'antichità, di difficile definizione d'altronde, come dimostrano chiaramente le divergenze di posizioni sul quadro cronologico della tarda antichità[25]. Era al tempo stesso un impegno a riflettere sulla sua problematica, che senza dimenticare le sue componenti tradizionali – il mondo funerario, a partire dalle catacombe, gli edifici di culto, l'epigrafia, i monumenti, l'iconografia[26] – sullo scorcio del XX secolo si apriva a temi nuovi. Fra questi spiccavano quello della topografia cristiana, introdotto all'inizio degli anni '70 da Noël Duval e Charles Pietri[27], ma anche quello delle installazioni monastiche[28] e della cultura materiale[29]; più recentemente sono stati recepiti gli echi degli studi di genere[30], con interesse crescente dedicato in particolare al monachesimo femminile[31]. Non si può negare che questo ampliamento di orizzonti comporti anche interpretazioni aberranti di documenti archeologici considerati al di fuori del loro contesto, in nome di ideologie di segno diverso, ma non meno inquinanti di quelle del passato[32]. L'appello di Paul-Albert al rigore e alla prudenza[33], che hanno caratterizzato costantemente il suo lavoro, non è sempre accolto. E d'altronde, nemmeno le ideologie del passato sono del tutto scomparse; sembra applicarsi loro quanto detto quasi un secolo fa da uno scienziato: "It is usually much simpler to find new concepts than to get rid of the old ones"[34]; ma si entra qui nel campo dei limiti non della ricerca ma dei ricercatori, nonché in quello

---

[21] Testini 1982, in particolare p. 34.

[22] Un'eco della proposta di P. Testini si ebbe nei "Seminari di archeologia cristiana. Archeologia e cultura della tarda antichità e dell'alto medioevo", fondati a Roma dallo stesso Testini e da Paul-Albert Février, Charles Pietri, Victor Saxer, Philippe Pergola. Merita ricordare che al confronto archeologia medievale/archeologia cristiana non si è accompagnato un analogo dibattito sul nesso, anch'esso problematico, tra archeologia cristiana e archeologia tardoantica: un altro punto sul quale sarebbe opportuno riflettere.

[23] Février 1989, p. XCIX.

[24] Testini 1980 (1958), p. 1-2.

[25] Giardina 1999; cf. anche il dibattito proposto in *Studi storici*, 45.1, 2004, con gli interventi di G. W. Bowersock, L. Cracco Ruggini, A. Marcone, A. Schiavone, A. Giardina.

[26] Sono i temi che sostanziano le sintesi disciplinari: cf. ad esempio Testini 1980 (1958); Deichmann 1983 (1993).

[27] Sulla nascita nel 1972 e i primi sviluppi del gruppo di ricerca, cui Février fu presto associato, Gauthier 2014, p. 9-11. La topografia cristiana e la sua incidenza sulla città tardoantica hanno un ruolo importante in Bisconti, Brandt (dir.) 2014.

[28] Esse sono parte integrante della ricerca della "Topographie chrétienne"; per l'Italia cf. Cantino Wataghin 1997; Destefanis 2011. Gli studi hanno dato luogo a una bibliografia ormai assai copiosa, raccolta per l'alto e primo medioevo da Albrecht Diem <http://www.earlymedievalmonasticism.org/bibliographymonasticism.html>.

[29] Castiglia, Pergola (dir.) 2020.

[30] Per una sintesi, anche se riferita ad un periodo successivo a quello qui considerato, cf. Nelson (dir.) 2006; Bennet, Karras (dir.) 2013, in particolare French 2013; le sollecitazioni di questa prospettiva sono state finora recepite soprattutto nell'ambito dell'archeologia classica: cf. ad esempio Foxhall 2013; Cuozzo, Guidi 2013 una bibliografia commentata in Dempsey 2022.

[31] Un inquadramento del tema in Melville, Müller 2011; per l'area italiana cf. Destefanis 2015; 2018; Ortenberg West-Harling 2020.

[32] Fra altri, suscitano molte riserve Kateusz 2019 e i contributi raccolti in Beavis 2020; ma anche una certa linea di studi sulle catacombe e i primi cimiteri cristiani (per i quali cf. Fiocchi Nicolai 2018 e ancora in questo stesso volume) non è immune da presupposti ideologici.

[33] Février 1989, p. XCI.

[34] Heisenberg 1985.

dell'uso "politico" dell'archeologia[35], con i quali l'archeologia cristiana non è la sola a doversi confrontare.

Accanto ad altri, che potranno aprirsi senza che sia possibile prefigurarli, questi temi animeranno la ricerca nell'immediato futuro, ma sarà opportuno anche cogliere i suggerimenti e gli spunti che filtrano anche da "fascicoli" che potrebbero apparire chiusi.

Un primo esempio viene proprio dal campo della topografia cristiana che si è menzionato poco sopra, il tema più innovativo della ricerca dell'ultimo quarto del secolo scorso, anche e forse soprattutto per la metodologia di indagine con la quale è stato sviluppato[36]. I lavori del gruppo di ricerca che lo ha portato avanti hanno prodotto un "modello" – l'articolazione della topografia cristiana in una *ecclesia* urbana, in stretto rapporto con il vescovo, ed un numero variabile di chiese martiriali e/o funerarie suburbane – che con il tempo ha visto confermata la sua validità, dando un forte impulso a questo tipo di studi e diventandone un riferimento imprescindibile[37]. Non si può non rilevare, tuttavia, che da "modello" inteso in senso scientifico quale schema teorico da verificare talvolta esso è stato assunto piuttosto come "oggetto reale, da essere copiato, riprodotto, imitato"[38], con una rigidità lontana dalle sfumature chiaramente espresse da Nancy Gauthier nella sua sintesi che conclude nel 2014 i lavori del gruppo di ricerca[39]. Da questa rigidità discende il fatto che siano classificate come "eccezionali" e quindi accantonate le situazioni che non collimano con lo schema della dicotomia cattedrale/sepolture – è il caso tanto clamoroso quanto imbarazzante di Ginevra, dove il fulcro della cattedrale sembra essere una tomba[40] – o con quello del rapporto biunivoco vescovo/cattedrale. A questo proposito ricordiamo a titolo di esempio, fra non pochi altri[41], il caso di Porto, il cui vescovo è attestato nel 314, mentre è soltanto nel secondo quarto del V secolo che viene realizzata una grande basilica con funzione di cattedrale (Periodo IIIA), preceduta dall'adattamento a funzione liturgica di un'abitazione privata (Periodo IIB)[42]. È sicuramente riduttivo considerare queste situazioni come "marginali", esse dovrebbero piuttosto sollecitare un approfondimento, in quanto indizi di una complessità che si tende forse a rimuovere privilegiando una "normalità" rassicurante.

Alcuni esempi. Nel caso delle dinamiche di costruzione della *ecclesia*, sono evidentemente in gioco la situazione del vescovo e della comunità di cui è responsabile insieme con le specificità del contesto: "insieme con" e non "al confronto di" o "in rapporto a", perché – come lo sottolineava Paul-Albert – il contesto è unico e non possono quindi comprendersi le sue componenti se non nel quadro della loto interdipendenza. Ora, se l'analisi della città tardoantica ormai da tempo non prescinde dall'inserimento nel suo tessuto urbano degli edifici religiosi[43], lo studio di questi ultimi appare sovente autoreferenziale, in ragione della loro funzione specifica di luoghi di culto cristiani, che tuttavia non è la sola a giustificare la pluralità di scelte che l'archeologia ha messo e continua a mettere in luce.

D'altro canto sarebbe auspicabile una integrazione nel campo dell'archeologia funeraria fra quanto è tradizionalmente di competenza dell'archeologia cristiana – il "cimitero cristiano" appunto, in qualunque forma esso si presenti – e le contemporanee necropoli "barbariche", espressioni di due mondi che si direbbero incomunicabili: una dicotomia che è ancora una volta una realtà soprattutto italiana, configurandosi come il portato di condizionamenti disciplinari. È illuminante la vicenda critica delle crocette in lamina d'oro, che compaiono nelle tombe tra fine VI e VII secolo, in concomitanza con l'arrivo dei Longobardi in Italia[44]; il loro studio si inquadra in quello delle pratiche funerarie delle necropoli "barbariche", se ne ammette dunque tacitamente la pertinenza, di fatto esclusiva, all'archeologia medievale, ad esclusione di un'attenzione specifica da parte dell'archeologia cristiana: e questo, malgrado esse si ritrovino anche in contesti del tutto diversi – visigoto, bizantino – con funzione votiva e in connessione con edifici di culto.

---

[35] Un'analisi puntuale del fenomeno in età contemporanea, focalizzata essenzialmente sulla situazione francese, in Demoule 2020; si tratta evidentemente di una specificazione dell'uso politico (o più genericamente pubblico) della storia, per il quale cf. Gallerano 1995.

[36] Cf. anche Pergola 2014.

[37] Gauthier 2014.

[38] M. De Mauro, *Dizionario di Italiano*, Torino 2004.

[39] Gauthier 2014: "Peu de temps après la rencontre d'Aix-en-Provence, Nancy Gauthier nous a quittés, suivie peu après par son époux Jean. Tous les deux, ensemble comme toujours, avaient enrichi nos journées aixoises par leur humour, leur intelligence, leur curiosité vers l'univers entier, leur courage. C'est à leur souvenir que je dédie ces quelques pages, quoique bien modestes à coté de tout ce que nous leur devons."

[40] Dei numerosi contributi di Charles Bonnet basterà ricordare la pubblicazione conclusiva degli scavi: Bonnet 2009 e 2012.

[41] Cf. Cantino Wataghin 2015.

[42] Maiorano, Paroli (dir.) 2013.

[43] Precursore in questo senso Cagiano 1974.

[44] Giostra 2010.

Ora, per quanto sia verosimile la loro lettura in chiave di indicatori di potere economico e di livello sociale e non di enunciato di fede, come tali indici di conversione, esse attestano comunque una forma di rapporto con il cristianesimo, nel momento in cui la croce è ormai divenuta un segno non equivoco di appartenenza religiosa, un rapporto che modifica i rituali longobardi ma non può non agire anche sugli atteggiamenti cristiani – non a caso se ne registra la presenza anche in sepolture annesse a luoghi di culto – sul quale dunque sarebbe opportuno riflettere anche da questo punto di vista.

Anche altre scelte risultano dall'interazione di fattori diversi, che è riduttivo ricondurre all'opposizione semplicistica cristiano/pagano. Basterà ripensare alle complesse valenze dell'immagine del "Buon Pastore", considerata a lungo come segno tipicamente cristiano, ricondotta in seguito alle sue origini bucoliche[45], la cui precoce *interpretatio christiana* è stata recentemente rivendicata, non senza argomenti, da Jean-Pierre Caillet[46]. Più che alla contrapposizione fra le due interpretazioni, sarebbe opportuno riflettere sulla persistenza, ancor più sull'integrazione delle due letture in tutte le loro implicazioni. È più che noto il mosaico detto del "Buon Pastore dall'abito singolare" che occupa il vano, probabilmente principale, di una casa di Aquileia – Aquileia, merita ricordarlo, che deve a Paul-Albert Février un contributo tanto innovatore quanto fondamentale per lo studio della sua fase tardoantica e per estensione della città tardoantica in generale[47]. Nel mosaico, che sulla fine del IV-inizio del V secolo sostituisce un mosaico più antico[48], i riferimenti ad un'iconografia ormai ben consolidata in ambito cristiano[49], e all'immagine di Cristo quale *Sol invictus* sono assunti dall'immagine del *dominus*, presentato con le insegne del suo rango: la tunica con gli *orbiculi* policromi, la clamide trattenuta da una fibula, il nimbo a sottolinearne enfaticamente l'autorappresentazione attraverso le allusioni tanto all'imperatore che a Cristo. In una prospettiva analoga l'immagine del proprietario della *villa* di Hinton St. Mary, nel Dorset, è proposta sullo sfondo di un *chrismòn*[50]; accanto, la raffigurazione di Bellerofonte e la Chimera segna una coesistenza di cristiano/pagano in termini che si ritrovano anche altrove, ad esempio nella deposizione in una tomba di Achmîn, in Egitto, di due tessuti, rispettivamente con una rappresentazione dionisiaca e con scene della vita della Vergine[51]. E ancora, in un contesto del tutto diverso, la decorazione dell'ipogeo di via Livenza a Roma accosta il miracolo della roccia ad una Diana cacciatrice[52]. D'altro canto, nella prima metà del V secolo Nonno di Panopoli scriveva con il medesimo impegno le Dionisiache e una parafrasi metrica del Vangelo di Giovanni[53].

La risposta usuale a queste apparenti incoerenze – quando non si muove sulla linea di una *interpretatio christiana*, tra simbolismo e allegoria[54] – è che esse riflettano un fatto culturale, fondamentalmente segnato dal peso della tradizione della classica, "inescapably politeistic" fronte del lento affermarsi di una cultura cristiana[55]; esse peraltro suggeriscono di approfondire un'altra questione, che cosa cioè significasse allora "pagano" agli occhi dei cristiani e viceversa, e sulle ricadute di questo confronto sul mondo materiale. Che nel mondo tardoantico "pagano" e "cristiano" abbiano qualificato due identità distinte e separate nonché contrapposte ha fortunatamente cessato di essere un dogma, anche se la questione potrebbe ancora essere approfondita proprio alla luce delle riflessioni sul concetto stesso di "identità" e sul suo essere riconosciuta come costrutto relazionale piuttosto che come fatto statico[56], ed è discusso lo stesso significato del termine "pagano" da parte degli autori cristiani[57]. Senza entrare qui nel merito di un dibattito assai aperto, basterà ricordare che le implicazioni religiose si inseriscono in un sistema di valori largamente condivisi

---

[45] Klauser 1958; Schumacher 1977.

[46] Caillet 2020. Braconi, in Bisconti, Braconi 2012, p. 231-242.

[47] Février 1981.

[48] Bertacchi 1976, p. 430; la stessa Bertacchi (p. 442) su basi stilistiche, assai fragili nel contesto aquileiese, suggerisce una datazione all'inizio del IV secolo per la prima stesura di questo mosaico, che presenta almeno due restauri antichi, di cui il primo ha interessato in particolare la testa del personaggio raffigurato.

[49] Bisconti 2000.

[50] Toynbee 1964; Painter 1976; per la chiave di lettura qui proposta cf. Cantino Wataghin 2011, p. 32.

[51] Willers 1992; 1993; Kötzsche 1993.

[52] Croisier 2006; Cantino Wataghin 2011, p. 30.

[53] White 1987; Bowersock 1994; Liebeschuetz 1995.

[54] Con riferimento alla scena di Bellerofonte e la Chimera cf. Brandenburg 1968; Eriksen 1980; in termini generali, della vastissima bibliografia ci limitiamo a ricordare Prigent 1995, in particolare p. 78-158, e da ultimo Bisconti 2018.

[55] Liebeschuetz 1995, p. 193.

[56] La discussione si applica principalmente alla questione etnica e all'alto medioevo – fra i molti titoli significativi cf. Pohl 2005 – ma vale evidentemente anche per le contrapposte/interagenti categorie di "cristiano" e "pagano": cf. Arcari 2015; Pohl 2015.

[57] North 1992; Kahlos 2007; Jürgash 2016; per un approfondimento su un autore specifico (Massimo di Torino) Noce 2017.

in cui è fondamentale la dimensione civica, che si traduce nel quotidiano, come tale profano: un termine e soprattutto un concetto il cui uso dovrebbe essere opportunamente potenziato. Février parlava delle "contradictions qui font la trame des sociétés" di cui l'archeologia deve essere intessuta, precorrendo così la scoperta dell'archeologia "della complessità"[58].

Février sottolineava anche l'apporto dei testi alla conoscenza della società cristiana[59]; in effetti, il rapporto dei dati materiali con le fonti scritte costituisce da sempre uno dei tratti distintivi dell'archeologia cristiana. Ma su questo rapporto sarebbe opportuno riflettere, per evitare la trappola di un confronto letterale fra due categorie di testi frutto di contesti diversi: se può sembrare ovvia l'allusione al contesto cronologico, i contesti funzionale, retorico, culturale, produttivo non sono meno significativi ai fini dell'inquadramento dell'oggetto di studio[60].

In questa prospettiva, gli studi contemporanei di semiologia possono offrire suggerimenti significativi. Ma già all'inizio del XVII secolo Galileo scriveva che "la filosofia ... scritta in questo grandissimo libro che continuamente ci sta aperto dinanzi agli occhi (io dico l'universo) ... *non si può intendere se prima non s'impara a intender la lingua, e conoscer i caratteri, ne' quali è scritto* e cioè triangoli, cerchi e altre figure geometriche"[61]. Non riconducibili a figure geometriche, i caratteri nei quali è scritto l'universo dell'archeologia, nello specifico dell'archeologia cristiana, sono di più difficile decodifica: tanto più merita tenere a mente questo monito, in vista del procedere del suo cammino verso un futuro nel quale la sua identità non sia affidata solo agli steccati della tradizione.

---

[58] Questa prospettiva, per la quale cf. Brogiolo 2007, nasce nel solco del post-processualismo, per il quale cf. sinteticamente Randsborg 2000; Terrenato 2000.

[59] Février 1989, p. XCIII.

[60] Utili osservazioni sul problema in Moreland 2001; 2006.

[61] G. Galilei, *Il Saggiatore*, Milano 1965, p. 264 cit. da Ginzburg 1979, p. 275 e nota 11. Il corsivo è nostro.

Bibliografia

Arcari L. (dir.) 2015, *Identità collettive, identità etniche, identità religiose. Problemi aperti in prospettiva diacronica*, Reti Medievali Rivista 16.1 <http://www.serena.unina.it/index.php/rm/issue/view/383>.

—— 2015, "Identità collettive, identità etniche, identità religiose. Elementi per una trattazione nella prospettiva della longue durée (tra antichità e medioevo)", in Arcari (dir.) 2015, p. 31-45.

Beavis M. A. (dir.) 2020, *Rediscovering the Marys: Maria, Mariamne, Miriam*, London.

Bennet J. M., Karras R. M. 2013, *The Oxford Handbook of Women and Gender in Medieval Europe*, Oxford.

Bertacchi L. 1976, "Il mosaico aquileiese del Buon Pastore 'dall'abito singolare'", in *Aquileia e l'Oriente mediterraneo*, Trieste (Antichità Altoadriatiche, 12), p. 429-444.

Bisconti F. 2018, "Simboli e racconti. Cicli, narrazioni, abbreviazioni e sintesi nell'arte cristiana antica", in *Studi in memoria di Fabiola Ardizzone*, Quaderni digitali di archeologia postclassica 13, p. 49-70.

—— 2000, "Buon pastore", in F. Bisconti (dir.), *Temi di iconografia paleocristiana*, Città del Vaticano (Sussidi allo Studio delle Antichità cristiane, 13), p. 138-139.

Bisconti F., Braconi M. 2012, "Il riuso delle immagini in età tardoantica: l'esempio del Buon Pastore dall'abito singolare", in *Riuso di monumenti e reimpiego di materiali antichi*, Trieste (Antichità Altoadriatiche, 74), p. 229-242.

Bisconti F., Brandt O. (dir.) 2014, *Lezioni di archeologia cristiana*, Città del Vaticano (Sussidi allo Studio delle Antichità cristiane, 27).

Bonnet Ch. 1977, *Les premiers édifices chrétiens de la Madeleine à Genève*, Genève.

—— 2009, *Les fouilles de la cathédrale Saint-Pierre de Genève. Le centre urbain de la protohistoire jusqu'au début de la christianisation*, Genève.

—— 2012, *Les fouilles de la cathédrale Saint-Pierre de Genève. Les édifices chrétiens et le groupe épiscopal*, Genève.

Bowersock G. W. 1994, "Nonnos Rising", *Topoi* 4, p. 385-399 (quindi in Id., *Selected Papers on Late Antiquity*, Bari (Studi storici sulla tarda Antichità, 16), 2000, p. 93-108).

Bowes K. 2008, "Early Christian Archaeology: A State of the Field", *Religion Compass* 2.4, p. 575-619.

Brandenburg H. 1968, "Bellerophon christianus? Zur Deutung des Mosaïks von Hinton St. Mary und zum Probleme des Mythendarstellungen in der kaiserzeitlichen dekorativen Kunst", *Römische Quartalschrift* 63, p. 49-86.

Brogiolo G. P. 2007, "Dall'archeologia dell'architettura all'archeologia della complessità", *Pirenae* 38.1, p. 7-38.

Brogiolo G. P., Cagnana A. 2012, *Archeologia dell'architettura. Metodi e interpretazioni*, Firenze.
Cagiano de Azevedo M. 1974, "Aspetti urbanistici delle città altomedievali", in *Topografia urbana e vita cittadina nell'alto medioevo in Occidente*, Spoleto (Atti delle Settimane di studio del Centro italiano di Studi sull'alto medioevo, 21), p. 641-677.
Caillet J.-P. 2020, "Ritorno al 'Buon Pastore': i casi aquileiesi. Riguardo allo sviluppo del tema (sec. III-VI)", in F. Bisconti, G. Cresci Marrone, F. Mainardi, F. Prenc (dir.), *Legite, tenete, in corde habete. Miscellanea in onore di Giuseppe Cuscito*, Trieste (Antichità Altoadriatiche, 92), p. 109-120.
Cantino Wataghin G. 1997, "Archeologia dei monasteri. L'alto medioevo", in *I Congresso nazionale di Archeologia medievale (Pisa, 29-31 maggio 1997)*, Firenze, p. 265-268.
—— 2011, "I primi cristiani, tra *imagines*, *historiae* e *pictura*", *Antiquité tardive* 19, p. 13-33.
—— 2014, "*Domus ecclesiae, domus orationis, domus Dei*: la chiesa, luogo della comunità, luogo dell'istituzione", in *Chiese locali e chiese regionali nell'alto medioevo*, Spoleto (Atti delle settimane di studio del Centro italiano di studi sull'alto medioevo, 61), p. 565-604.
—— 2015, "*Ecclesiae aedificantur, dedicantur, implentur* (Aug., Serm. 336, 3). La 'cattedrale' paleocristiana: costanti e variabili tra IV e VI secolo, tra isole e terraferma", in R. Martorelli, A. Piras, P. G. Spanu (dir.), *Isole e terraferma nel primo cristianesimo. Identità locale ed interscambi culturali, religiosi e produttivi (XI congresso nazionale di Archeologia cristiana, Cagliari-Sant'Antioco 23-27 settembre 2014)*, Cagliari, p. 317-340.
Castiglia G., Pergola Ph. (dir.) 2020, *Instrumentum domesticum. Archeologia cristiana, temi metodologie e cultura materiale della tarda antichità e dell'alto medioevo*, Città del Vaticano.
Croisier J. 2006, "Pitture e mosaici dell'ipogeo di via Livenza", in M. Andaloro (dir.), *L'orizzonte tardoantico e le nuove immagini*, Roma (La pittura medievale a Roma, Corpus, 1), p. 253-258.
Cuozzo M., Guidi A. 2013, *Archeologia delle identità e delle differenze*, Roma.
D'Ulizia A. 2005, "L'archeologia dell'architettura in Italia: sintesi e bilancio degli studi", *Archeologia dell'Architettura* 10, p. 9-41.
Deichmann F. W. 1983, *Einführung in die christliche Archäologie*, Darmstadt (ed. it. *Archeologia cristiana*, Roma, 1993).
Demoule J.-P. 2020, *Aux origines, l'archéologie. Une science au cœur des grands débats de notre temps*, Paris.
Dempsey K. 2022, *Gender and Archaeology. Oxford Bibliographies in Anthropology*, New York <https://doi.org/10.1093/obo/9780199766567-0274>.
Derieux D. 2004, "L'archéologie du bâti en Europe: comparaison entre la France et la Suisse", *Les Nouvelles de l'archéologie* 95, p. 47.
Destefanis E. 2011, "Archeologia dei monasteri altomedievali tra acquisizioni raggiunte e nuove prospettive di ricerca: strutture materiali, organizzazione, gestione territoriale", *Post-classical Archaeologies* 1, p. 349-382.
—— 2015, "L'archeologia dei monasteri femminili in Italia (VII-XIV secolo): uno stato della questione e un caso di studio alla luce di una lettura 'di genere'", in *Atti del VII Congresso nazionale di Archeologia medievale*, Firenze, p. 7-12.
—— 2018, "I monasteri femminili e i loro rapporti con il mondo ecclesiastico nell'Italia altomedievale", *Studi medievali* 59.2, p. 469-503.
Eriksen R. T. 1980, "Syncretistic Symbolism and the Christian Roman Mosaic at Hinton St. Mary: A Closer Reading", *Proceedings of the Dorset Natural History and Archaeological Society* 102, p. 43-48.
Esquieu Y. 1997, "L'archéologie du bâti en France", *Archeologia dell'Architettura* 23, p. 133-140.
Février P.-A. 1981, "Remarques sur le paysage d'une ville à la fin de l'Antiquité : l'exemple d'Aquilée", in *Aquileia e l'Occidente*, Udine (Antichità Altoadriatiche, 19), p. 163-212 (= *La Méditerranée de Paul-Albert Février*, I, p. 549-601).
—— 1989, "Une archéologie chrétienne pour 1986", in *Actes du XIe congrès international d'Archéologie chrétienne (Lyon, Vienne, Grenoble, Genève, Aoste, 1986)*, Roma (CEFR, 123), p. LXXXV-XCIX (= *La Méditerranée de Paul-Albert Février*, I, p. 361-375).
—— 1991, "Naissance d'une archéologie chrétienne", in N. Duval et al., *Naissance des arts chrétiens. Atlas des monuments paléochrétiens de la France*, Paris, p. 336-347.
Fiocchi Nicolai V. 1995, "Una nuova basilica a deambulatorio nel comprensorio della catacomba di S. Callisto a Roma", in *Akten des XII. Internationalen Kongresses für Christliche Archäologie (Bonn, 22.-28. September 1991)*, Città del Vaticano (Studi di Antichità cristiana 52 – Jahrbuch für antike und Christentum Ergänzungsband, 20), p. 776-786.
—— 2014, "Archeologia medievale e archeologia cristiana: due discipline a confronto", in Gelichi (dir.) 2014, p. 21-32.
—— 2018, "Padre Umberto M. Fasola studioso degli antichi cimiteri cristiani. A proposito delle origini delle catacombe e dei loro caratteri identitari", in V. Fiocchi Nicolai, P. F. M. Lovison (dir.), *Umberto M. Fasola nel centenario della nascita (1917-2017). L'archeologo e il barnabita (Atti del convegno internazionale di Studi, Roma, Pontificio Istituto di Archeologia cristiana 27-28 ottobre 2017)*, *Rivista di Archeologia cristiana* 94, p. 99-137.
Fiocchi Nicolai V., Spera L. (dir.) 2021, *La basilica "circiforme" della via Ardeatina (basilica Marci) a Roma. Campagne di scavo 1993-1996*, Roma.
Foxhall L. 2013, *Studying Gender in Classical Antiquity*, Cambridge.
Francovich R., Manacorda D. (dir.) 2000, *Dizionario di Archeologia*, Roma.
French K. L. 2013, "Genders and Material Culture", in Bennet, Karras (dir.) 2013, p. 197-212.
Gallerano N. 1995, *L'uso pubblico della storia*, Milano.

Gauthier N. 2014, "Christianisation et espace urbain", in *Topographie chrétienne des cités de la Gaule*, XVI. *Quarante ans d'enquête (1972-2012)*, 2. *Christianisation et espaces urbains, Atlas, tableaux, index*, Paris, p. 359-399.

Gelichi S. (dir.) 2014, *Quarant'anni di Archeologia medievale in Italia. La rivista, i temi, la teoria e i metodi*, Archeologia medievale, Numero speciale.

Giardina A. 1999, "Esplosione di tardoantico", *Studi storici* 40.1, p. 159-180.

Ginzburg C. 1979, "Clues: Roots of a Scientific Paradigm", *Theory and Society* 7.3, p. 273-288 (quindi "Spie. Radici di un paradigma indiziario", in Id., *Miti emblemi spie. Morfologia e storia*, Torino, 1986, p. 158-209).

Giostra C. 2010, "Le croci in lamina d'oro: origine, significato e funzione", in M. Sannazaro, C. Giostra, *Petala aurea. Lamine di ambito bizantino e longobardo dalla Collezione Rovati*, Catalogo della mostra, Cappella della Villa Reale di Monza 15 dicembre 2010/16 gennaio 2011, Monza, p. 129-140 (bibl. p. 233-239).

Guyon J. 2014, "Marseille", in Prévot, Gaillard, Gauthier (dir.) 2014, p. 165-176.

Heijmans M. 2014, "Arles", in Prévot, Gaillard, Gauthier (dir.) 2014, p. 37-45.

Heisenberg W. 1985, "The Concept of 'Understanding' in Theoretical Physics", in W. Blum, H. P. Dürr, H. Rechenberg (dir.), *Werner Heisenberg Gesammelte Werke – Collected Works*, C, III, München, p. 335-338.

Jürgash T. 2016, "Christians and the Invention of Paganism in the Late Roman Empire", in M. R. Salzman, M. Sághy, R. Lizzi Testa (dir.), *Pagans and Christians in Late Antique Rome: Conflict, Competition, and Coexistence in the Fourth Century*, New York, p. 115-138.

Kahlos M. 2007, *Debate and Dialogue. Christian and Pagan Cultures c. 360-430*, Burlington.

Kateusz A. 2019, *Mary and Early Christian Women. Hidden Leadership*, New York.

Klauser T. 1958, "Studien zur Entstehungsgeschichte der christlichen Kunst, I", *Jahrbuch für Antike und Christentum* 1, p. 20-51.

Kötzsche L. 1993, "Die Marienseide in der Abegg-Stiftung. Bemerkungen zur Ikonographie der Szenenfolg", in *Begegnung von Heidentum und Christentum im spätantiken Ägypten*, Riggisberg (Riggisberg Berichte, 1), p. 183-194.

Lassure Chr. 1979, "Pour une archéologie de l'architecture rurale", *L'Architecture rurale* 3, p. V-X.

Le Goff J. 1978, *s.u.* "Documento/monumento", in *Enciclopedia Einaudi*, V, p. 38-53.

Liebeschuetz W. 1995, "Pagan Mythology in the Christian Empire", *International Journal of the Classical Tradition* 2.2, p. 193-208.

Maiorano M., Paroli L. (dir.) 2013, *La basilica portuense. Scavi 1991-2007*, Firenze (Biblioteca di Archeologia medievale, 22).

Mannoni T., Cagnana A. 1996, "Archeologia dei monumenti: l'analisi stratigrafica del battistero paleocristiano di Albenga, SV", *Archeologia dell'Architettura* 1, p. 83-100.

Melville G., Müller A. (dir.) 2011, *Female* vita religiosa *between Late Antiquity and the High Middle Ages. Structures, Developments and Spatial Contexts*, Wien.

Moreland J. 2001, *Archaeology and Text*, London.

—— 2006, "Archaeology and Texts: Subservience or Enlightenment", *Annual Review of Anthropology* 35, October <https://ssrn.com/abstract=1081375>.

Nelson S. M. (dir.) 2006, *Handbook of Gender in Archaeology*, Lanham.

Noce E. 2017, "Cristianismo y gentilitas en los Sermones de Máximo de Turín: consideraciones críticas sobre el estado de la cuestión", *Vetera Christianorum* 54, p. 173-204.

North J. 1992, "The Development of Religious Pluralism", in J. Lieu, J. North, T. Rajak (dir.), *The Jews among Pagans and Christians*, London, p. 174-193.

Olcese G. 2000, *s.u.* "Archeometria", in Francovich, Manacorda (dir.) 2000, p. 24-29.

Ortenberg West-Harling V. 2020, "Il monachesimo femminile in Italia nei secoli VIII-XI: famiglia, potere, memoria", *Reti Medievali Rivista* 20.1 (2019) p. 327-578 <http://www.serena.unina.it/index.php/rm/issue/view/451>.

Painter K. S. 1976, "The Design of the Roman Mosaic at Hinton St. Mary", *Antiquarian Journal* 56, p. 49-54.

Pani Ermini L. 2007, "Le nuove frontiere dell'Archeologia cristiana", in R. M. Bonacasa Carra, E. Vitale (dir.), *La cristianizzazione in Italia fra tardoantico e altomedioevo (IX congresso nazionale di Archeologia cristiana, Agrigento 20-25 novembre 2004)*, Palermo, p. XXIII-XXVII.

—— 2011, "Archeologia cristiana e archeologia medievale, tra retaggio storico e interrelazione", in *Riccardo Francovich e i grandi temi del dibattito europeo: archeologia, storia, tutela, valorizzazione, innovazione (Atti del convegno, Siena, Santa Maria della Scala, 15-17 novembre 2007)*, Firenze, p. 41-46.

Paoletti M., Gelichi S. 2000, *s.u.* "Funeraria, archeologia", in Francovich, Manacorda (dir.) 2000, p. 148-154.

Parenti R. 2000, *s.u.* "Architettura, archeologia della", in Francovich, Manacorda (dir.) 2000, p. 39-43.

Pergola Ph. 1994, *s.u.* "Archéologie chrétienne", in Ph. Levillain (dir.), *Dictionnaire historique de la Papauté*, Paris, p. 135-137.

—— 1997, "Un'archeologia cristiana per il 2000", in S. Gelichi (dir.), *I Congresso nazionale di Archeologia medievale (Pisa, 29-31 maggio 1997)*, Firenze, p. 16-19.

—— 2014, "Dalla città classica alla città cristiana in Occidente – Le mutazioni della *civitas* nella *Christiana respublica*", in Bisconti, Brandt (dir.) 2014, p. 137-206.

Pohl W. 2005, "Aux origines d'une Europe ethnique : Transformations d'identités entre Antiquité et Moyen Âge", *Annales. Histoire, Sciences sociales* 60.1, p. 183-208.

—— 2015, "Identità etniche e cristianesimi tra tarda antichità e alto medioevo", in Arcari (dir.) 2015, p. 59-72.

Prévot Fr., Gaillard M., Gauthier N. (dir.) 2014, *Topographie chrétienne des cités de la Gaule*, XVI. *Quarante ans d'enquête (1972-2012)*, 1. *Images nouvelles des villes de la Gaule*, Paris.

Prigent P. 1995, *L'art des premiers Chrétiens*, Paris.

Randsborg K. 2000, "L'archeologia e la realtà materiale creata dall'uomo", in N. Terrenato (dir.), *Archeologia teorica (X Ciclo di Lezioni sulla Ricerca Applicata in Archeologia, Certosa di Pontignano, Siena 2001)*, Firenze, p. 171-188.

Sapin Chr. (dir.) 2000, *Archéologie et architecture d'un site monastique (V^e-XXe siècles). 10 ans de recherches à l'abbaye Saint-Germain d'Auxerre*, Auxerre.

Sapin Chr., Bully S., Bizri M. (dir.) 2022, *Archéologie du bâti. Aujourd'hui et demain (Actes du colloque ABAD, Auxerre, 10-12 octobre 2019)*, Dijon.

Schumacher W. N. 1977, *Hirt und "Guter Hirt"*, Roma.

Tepper Y., Di Segni L. 2006, *A Christian Prayer Hall of the Third Century CE at Kefar 'Othnay (Legio). Excavations at the Megiddo Prison 2005*, Jerusalem.

Terrenato N. 2000, *s.u.* "Postprocessuale, archeologia", in Francovich, Manacorda (dir.) 2000, p. 220-222.

Testini P. 1980, *Archeologia cristiana. Nozioni generali dalle origini alla fine del sec. VI*, Bari (1° ed. Parigi, 1958).

—— 1982, "L'archeologia cristiana' quale disciplina oggi?", in *Atti del V congresso nazionale di Archeologia cristiana (Torino – Valle di Susa – Cuneo – Asti – Valle d'Aosta – Novara, 22-29 settembre 1979)*, Roma, p. 17-35.

Toynbee J. C. M. 1964, "A New Roman Mosaic Pavement Found in Dorset", *Journal of Roman Studies* 54, p. 7-14.

Vanetti A. 2019, "Archeologia dell'architettura o Archéologie dell'architettura? Archéologie du bâti, archeologia dell'architettura e Bauarchäologie a confronto", *Archeologia dell'Architettura* 24, p. 233-246.

Vecchiattini R. (dir.) 2019, "La datazione delle malte in architettura tra archeologia e archeometria", *Archeologia dell'Architettura* 24, p. 1-119.

White H. 1987, *Studies in Late Greek Epic Poetry*, New York.

Willers D. 1992, "Dionsysos und Christos, ein archäologisches Zeugnis zur Konfessionsangehörichkeit des Nonnos", *Museum Helveticum* 49, p. 141-152.

—— 1993, "Zur Begegnung von Heidentum und Christentum im spätantiken Ägypten", in *Begegnung von Heidentum und Christentum im spätantiken Ägypten*, Riggisberg (Riggisberg Berichte, 1), p. 11-19.

Zoni F. 2018, "L'archeologia dell'architettura e lo studio dei castelli. Un bilancio critico", in A. Augenti, P. Galetti (dir.), *L'Incastellamento. Storia e archeologia. A 40 anni da "Les structures" di Pierre Toubert*, Spoleto, p. 175-193.

5. Autour des travaux de Paul-Albert Février sur l'Afrique romaine

Fathi Béjaoui
Institut national du Patrimoine, Tunis

ÉVOQUER LES RECHERCHES DE Paul-Albert Février[1] à propos de l'Afrique romaine est loin d'être une tâche aisée. D'abord, plutôt que comme Afrique romaine, il préférait désigner la région comme Maghreb romain, un terme qui avait pour lui une résonnance particulière ainsi que l'écrivait Gabriel Camps dans le compte rendu qu'il fit de l'une des dernières synthèses du savant. Le concept avait aussi valeur personnelle, singulier par rapport à celui « des autres histoires du Maghreb », pour reprendre les mots de Philippe Leveau[2]. Comme chacun sait, ses travaux ont marqué les sciences humaines relatives au monde de la Méditerranée occidentale par des thèmes de recherches originaux et des réflexions très souvent novatrices, portant sur des sujets aussi diversifiés que l'histoire, les religions païenne et chrétienne, l'épigraphie, la céramique, l'urbanisme, la mosaïque ou encore la sculpture. Pour ces trois derniers domaines, sa sensibilité particulière relevait la persistance et « l'importance des traditions perpétuées et renouvelées », interrogeait si « l'histoire des formes ne rejoint pas celles des idées », en rappelant la place de l'Afrique « dans l'esthétique nouvelle qui touche l'élaboration de la chrétienté occidentale »[3].

Si la majeure partie des recherches de Paul-Albert Février a concerné son pays d'adoption, l'Algérie, le point de départ fut la Tunisie, dès 1956, avec sa collaboration pour la publication des campagnes de fouilles d'Utique en tant que membre de l'École française de Rome[4]. Elle fut suivie d'une contribution sur l'iconographie de la fameuse cuve baptismale de Demna près de Kelibia et au débat sur l'identification d'un détail du décor : « la seiche ou l'abeille »[5]. Par la suite, il s'intéressa à la basilique de la Skhira, dans la région de Sfax, qui venait d'être publiée en 1961 par Mohamed Fendri[6]. Il est inutile de rappeler qu'un peu plus de deux décennies plus tard Paul-Albert Février allait prendre le chemin d'une nouvelle aventure archéologique en Tunisie avec Aïcha Ben Abed sur le site de Sidi Jdidi. Le sort toutefois en a décidé autrement. Ce fut alors au tour de ses compagnons et élèves de poursuivre la recherche sur ce lieu exceptionnel, « dans la fidélité à la pensée de Paul-Albert Février » comme l'ont si bien écrit Aïcha Ben Abed et Michel Fixot dans la conclusion de leur avant-propos de *Sidi Jdidi I*, un volume par ailleurs dédié à sa mémoire[7].

Mais c'est surtout à partir du début des années soixante du siècle dernier, lorsqu'il fut chargé de diriger le laboratoire du CNRS à Alger, où il a également enseigné, et qu'il occupa ensuite des postes de responsabilité dans le pays, que sa présence au Maghreb devint permanente, lui permettant ainsi d'élargir son champ de recherches dans lequel le territoire actuel de l'Algérie a toujours occupé une place de choix.

L'épigraphie fut l'une de ses premières préoccupations scientifiques, d'abord avec des études d'ordre général qui, dès 1962, ont concerné des inscriptions funéraires de Maurétanie césarienne orientale[8] et ensuite de la Sitifienne, nouvelles celles-ci, travail qu'il développa un peu plus tard[9] en proposant une analyse et des réflexions originales sur la même question sous le titre « Paroles et silence, à propos de l'épigraphie africaine »[10]. Outre ces

---

[1] Avant d'entamer ce rappel de la recherche de Paul-Albert Février autour du Maghreb, je me dois de remercier les organisateurs de ce chaleureux colloque, en premier lieu Michel Fixot à l'origine de cette excellente initiative en offrant à ces anciens collègues, étudiants et proches l'opportunité de se retrouver en souvenir d'un savant et d'un grand ami de la Tunisie et de l'Algérie.

[2] Février 1989 ; Camps 1989, p. 157-159 ; Leveau 1990, p. 902.

[3] Février 1970a, p. 189.

[4] Février 1956a, p. 139-170.

[5] Février, Poinssot 1959, p. 149-156 ; Février 1984, p. 277-292.

[6] Fendri 1961 ; Février 1961, p. 305-309.

[7] Ben Abed-Ben Khader *et al.* 2004, p. XII-XIV.

[8] Février 1962b, p. 152-160.

[9] Février 1962a, p. 84-87 ; 1962c, p. 119-138 ; 1972, p. 143-165.

[10] Février 1987, p. 167-192.

recherches, plusieurs études se sont attachées à des séries spécifiques, celles de Tébessa et de son territoire (Tébessa El Khalia ou Henchir Faraoun) dont il établit un inventaire, celles de Henchir Touta, bien sûr les ostraka de la région de Henchir Trouch[11], et celles de Djemila[12]. En ce qui concerne cette dernière ville, il s'est attaché à la relecture de l'inscription de Cresconius, un évêque de la ville dont il plaça l'épiscopat au VIe siècle et non au Ve comme il était traditionnellement admis. Sa démonstration impliquait de grandes conséquences pour la chronologie de l'édifice de culte dans lequel la mosaïque inscrite a été trouvée[13]. Il est par ailleurs notable que ce dernier site a fait l'objet, avec celui de Sétif, de recherches plus que d'autres. Ainsi, des articles ont traité de l'occupation du sol de Sétif à l'époque romaine[14], du rempart, du cirque, des rites funéraires ou encore de la sculpture de la même région, et surtout des témoignages matériels chrétiens : il s'agit non seulement d'études suivies d'une analyse de l'architecture religieuse, mais aussi et surtout d'un ouvrage sur les basiliques du quartier nord-ouest de la ville[15].

Pour ce qui est de Djemila, ses travaux ont touché, entre autres domaines, l'architecture chrétienne avec Noël Duval[16], ou encore la mosaïque tardive[17] pour laquelle il a mis en place un nouveau type de recherches qui consistait au recours à une stratigraphie plus rigoureuse permettant ainsi de contribuer à la révision chronologique de nombreuses œuvres africaines. Quant à l'épigraphie, l'étude consacrée aux inscriptions chrétiennes du site[18] a été considérée « comme fondamentale pour l'histoire de Cuicul au Ve siècle ainsi que pour la prosopographie des élites de la cité » comme l'a remarqué Michèle Blanchard-Lemée en introduction au livre posthume sur la maison de Bacchus dans lequel Paul-Albert Février avait pris en charge l'étude archéologique de l'édifice[19].

Parmi les autres sites majeurs qui ont bénéficié de son attention, il y eut évidemment Tébessa ou Tipasa chrétienne et sa région, en collaboration avec Mounir Bouchenaki à qui incombait alors la responsabilité de la célèbre cité antique. Les fameuses inscriptions sur mosaïque de la basilique d'Alexander et ses annexes furent de nouveau commentées, en particulier celle qui fait allusion au lien unissant le repas funéraire à « la paix et à la concorde », en mettant en rapport celle-ci avec les représentations de banquets dans la peinture des catacombes[20]. Un nouveau plan de la basilique civile, sans doute réaménagée en lieu de culte chrétien, a été proposé. Cette collaboration avec Mounir Bouchenaki s'est poursuivie quelques années plus tard à propos de la même ville et de son territoire mais dans un tout autre domaine, celui du statut juridique d'un *castellum* entre l'époque de Juba et celle de Septime Sévère, occasion de faire un état des connaissances sur la quasi-totalité des *castella* africains connus à l'époque[21]. Le dossier devait être complété plus tard, à la suite de nombreuses découvertes de textes épigraphiques qu'il fit lui-même dans la campagne autour de Sétif, avec, comme résultat, une importante étude sur la mise en valeur de la région aux IIIe et IVe siècles[22]. C'est encore dans la région du Nord-Est algérien que les deux compagnons de route sont intervenus sur le site de Tiddis. L'important matériel local et d'importation, surtout des céramiques, apparu lors de la fouille des nécropoles fut inventorié et étudié parallèlement à la reprise de l'étude d'une église déjà connue et à la découverte d'un second lieu de culte chrétien[23].

L'urbanisme

Parmi les domaines auxquels Paul-Albert Février a consacré une partie conséquente de sa recherche, on signalera celui de l'urbanisation et de l'urbanisme, dans lequel il adapta au Maghreb la démarche suivie en Provence et à Ostie. Il s'intéressa alors à la question des origines, du développement ou de la transformation, soit en rapport avec le changement de statut juridique pour certaines villes, soit avec la multiplication des édifices de culte chrétiens au sein du tissu urbain. Le dossier ouvert dès le début des années soixante, en traitant de cas de villes comme Djemila ou Sétif ou de celui d'une région comme la Maurétanie césarienne[24], a abouti, presque deux décen-

---

11 Bonnal, Février 1966-1967, p. 239-249.
12 Février 1962-1965, p. 207-226.
13 Février 1965a, p. 85-92. Pour la région de Sétif, Février 1970, p. 319-410.
14 Février 1967a, p. 51-64.
15 Février 1967b, p. 73-74 et 1965b.
16 Duval, Février 1991, p. 133-141.
17 Février 1965a, p. 85-92.
18 Février 1962-1965, p. 207-226.
19 Février, Blanchard-Lemée *et al.* 2019, p. 13.

20 Février 1977, p. 29-45 ; voir la page de couverture de cet ouvrage.
21 Février 1986a, p. 193-216.
22 Février 1970b, p. 319-410.
23 Février 1970c, p. 41.
24 Février 1964a, p. 1-47.

nies plus tard, à des synthèses portant quasiment sur l'ensemble de l'Afrique romaine. De ses propres observations sur le terrain mais aussi de l'analyse des documents alors existants, il dégagea le fait que si le signe visible de l'expansion romaine dans une grande partie du Maghreb consiste en l'extension du phénomène urbain, la situation en Afrique est tout à fait différente de celle de l'Occident latin en dépit des comparaisons possibles[25].

La période chrétienne

À côté de ces recherches de fond, Paul-Albert Février s'est aussi attaché à des thèmes générant des réflexions sur un certain nombre de sujets qui préoccupait la communauté scientifique dans les années soixante. Ce fut par exemple le cas pour la céramique africaine à propos de laquelle il suggéra l'échange des connaissances non pas uniquement au niveau maghrébin, mais plutôt à l'échelle méditerranéenne, tant ses observations l'avaient amené à dépasser les frontières régionales ou provinciales, essentiellement en raison de ses expériences de fouilles à Utique, à Sétif, en Provence, en Ligurie, et à la suite de la découverte du matériel qu'il eut l'opportunité de consulter dans les réserves d'El Jem, Sousse, Thina ou Carthage[26]. Plus tard lorsque la céramologie prit l'essor qu'on lui connait dans les années soixante-dix et quatre-vingt ainsi que l'importante place qu'elle prit pour les historiens, Paul-Albert Février attira l'attention sur l'exagération du « phénomène » en prônant avec insistance la prudence devant certaines conclusions hâtives[27].

L'Afrique chrétienne

Mais ce sont surtout les différents aspects du christianisme africain qui ont occupé la plus large place, qu'il s'agisse de ses origines ou de son développement. Il s'intéressa à l'institution ecclésiale elle-même, en reprenant la lecture et l'analyse des lettres d'Augustin rédigées entre les années 410 et 420, en particulier celles qui évoquent la réaction de la hiérarchie face aux difficultés et aux affaires internes à la communauté, ou qui témoignent d'antagonisme entre groupes sociaux et classes[28]. Paul-Albert Février y entrevoyait un témoignage de la place que tendent à prendre l'Église et ses évêques dans la société africaine, avec une revendication d'autonomie qui impliquait parfois de jouer des textes juridiques en les violant si nécessaire. Il voyait dans l'une de ces lettres un discours préparateur de celui qui fonda la théocratie médiévale. Il s'est en même temps intéressé aux conflits dogmatiques, surtout au donatisme, phénomène dont il a montré la complexité à la suite de la parution d'un ouvrage sur ce sujet en 1966, en insistant sur le fait que le moyen le plus efficace pour une meilleure connaissance est tributaire d'une double démarche fondée non seulement sur l'interprétation des textes mais également sur celle des documents matériels[29].

Il aborda de nouveau la question de ce mouvement schismatique en réaction à la théorie de William Frend[30] selon laquelle la popularité du culte de Pierre et Paul dans certaines régions de l'Afrique aurait été liée en grande partie à une importante implantation de l'Église rivale. Pour Paul-Albert Février, qui a repris à l'occasion tout le dossier épigraphique de la question[31], la réalité est tout autre. En récusant point par point les arguments de l'historien anglais, il démontra que ce culte, bien antérieur au donatisme, a été en réalité utilisé en Afrique comme à Rome, en tant que symbole de l'unité de l'ensemble de l'Église catholique. Il revint plus tard dans une étude plus générale sur le culte des martyrs et sur ses rapports avec les monuments qui lui sont consacré[32]. Parmi eux, le baptistère a fait l'objet d'une recherche particulière, à propos de certains cas dans lesquels une table d'autel ainsi que des reliquaires de différentes sortes sont associés à la cuve baptismale. Paul-Albert Février expliquait le constat en rappelant plusieurs textes du Ve siècle qui éclairent la genèse du phénomène par la fonction protectrice des reliques, celles des martyrs en particulier, sur le baptistère et le baptisé, lien sur lequel Tertullien avait déjà mis l'accent[33]. Si, à l'époque de cette étude, cette démarche s'appuyait sur quelques rares exemples algériens et tunisiens comme à Sbeitla et peut être à la Skhira, elle fut définitivement admise dans les années quatre-vingt-dix après la découverte intervenue au lieu-dit « El Gousset » sur la frontière tuniso-algérienne : dans une pièce annexe d'une église rurale, une table d'autel était installée à proximité de la cuve baptismale tandis qu'un reliquaire était soi-

---

25 Février 1982, p. 51.
26 Février 1964b, p. 129-137.
27 Février 1980, p. 150-199. Sur la question voir aussi Bonifay 2004, p. 325-353.
28 Février 1983a, p. 101-115.
29 Février 1966a, p. 240.
30 Frend 1940, p. 32-49 ; *ibid*. 1952, 123, 307, 308.
31 Février 1966b, p. 8-18.
32 Février 1970d, p. 191-215.
33 Février 1986a, p. 1-9.

gneusement creusé à hauteur d'homme sur l'une des faces d'un des piliers de la salle[34].

De ces témoignages matériels légués par cette période faste du Maghreb antique, nous retrouvons une grande diversité dans les différents travaux de Paul-Albert Février. Ont été évoqués plus haut quelques exemples relatifs aux édifices de culte et à l'épigraphie, de Tipasa à Sétif, de Tiddis à Tébessa où il a d'ailleurs fouillé une partie de la grande église et identifié, avec Yvette Duval, le *martyrium* de sainte Crispine[35]. Je rappellerai sa synthèse sur les groupes épiscopaux avec Noël Duval et Jean Lassus[36], ou encore celle dans laquelle il traite des inhumations privilégiées, reprenant ou mettant au point un certain nombre de cas identifiés comme tels, mais à tort, en Maurétanie et en Numidie[37]. À cette occasion, grâce à plusieurs exemples, il mit en lumière la preuve apportée par l'archéologie de l'existence « d'une sélection et d'une différence dans la mort au sein de l'Église », en parallèle avec la réalité vécue dans la société[38].

Plusieurs autres de ses travaux relatifs aux aspects matériels du christianisme africain ont bien sûr traité du décor des édifices de culte, dont la mosaïque. On rappellera entre autres exemples la grande synthèse sur la représentation des fleuves du Paradis qui reste toujours une référence[39] malgré plusieurs découvertes postérieures, notamment en Tunisie. En plus de ce support, d'autres formes d'art ont été étudiées, le stuc, les carreaux de terre cuite, le mobilier ou encore les objets liturgiques. Cependant, c'est surtout la sculpture chrétienne, relativement marginale, qui a fait l'objet d'une analyse et de commentaires lorsque Paul-Albert Février s'est associé à Noël Duval pour rassembler et présenter une grande variété d'éléments architectoniques de Tunisie et d'Algérie, parfois inédits, faisant ainsi de cette recherche la première ébauche d'une synthèse sur le décor des monuments chrétiens des deux pays[40]. L'analyse a permis de faire plusieurs observations, notamment à propos du rayonnement de certains ateliers sur toute une région, ainsi à Tébessa ou à Sbeitla, ou à propos des particularismes, parfois marqués par l'héritage de formes classiques dans lesquelles ont été intégrés les éléments d'un art de « traditions populaires et coutumes locales », ce dont témoigne la persistance de certaines motifs géométriques berbères[41]. Ce dossier qui a été, à l'époque de sa publication il y a plus d'un demi-siècle, une mise au point sur le décor des monuments tardifs d'Afrique, reste de nos jours une référence incontournable pour toute étude sur la sculpture chrétienne à l'échelle régionale, malgré une relative multiplication des découvertes depuis une trentaine d'années[42].

Époque byzantine

L'époque byzantine n'a pas été en reste et c'est à partir de ses propres observations dans divers sites, surtout en terre algérienne, mais aussi en rappelant l'ouvrage de Charles Diehl[43], puis celui de Denys Pringle[44] et les études de Jean Durliat[45] ou de Jean Lassus[46], que Paul-Albert Février a présenté une importante rétrospective des débats que ces recherches avaient soulevés. Il évoqua dans une synthèse, toujours d'actualité, non seulement les ouvrages défensifs qui ont couvert une grande partie de l'Afrique avec toutes les conséquences sur la topographie des cités, mais aussi les apports venus d'Orient sur l'architecture des édifices de culte, leur décor (mosaïque ou sculpture), l'habitat rural et urbain, les échanges économiques, principalement à partir de la céramique. Sur ce point précis, la place croissante des amphores orientales ainsi que la présence à Carthage d'une importante colonie venue d'Orient dès le début du VIe siècle ont laissé penser à Paul-Albert Février que la reconquête économique aurait peut-être précédé la reconquête politique[47] !

L'autre aspect traité de ce VIe siècle est plutôt d'ordre social et géographique. Il comprend une analyse de la vision de l'Afrique en général et celle des tribus en particulier de la part du poète épique Corippe dans la *Johannide*[48]. Contrairement à d'autres historiens qui ont pris ce discours au pied de la lettre, Paul-Albert Février a mis en doute la valeur de ce témoignage en relevant les nombreuses anomalies relatives au paysage ou à la géo-

---

34 Béjaoui 2015, p. 31-39.
35 Février 1968, p. 167-191 ; Duval Y. 1982, p. 123-128, n° 57.
36 Duval N. *et al.* 1972, p. 215-251.
37 Février 1986b, p. 13-23.
38 Février 1986b, p. 20.
39 Février 1956b, p. 179-199.
40 Duval, Février 1972, p. 5-56, pl. I-XXVI.

41 Février 1970a, p. 161-189.
42 Baratte 2021, p. 265-278.
43 Diehl 1896.
44 Pringle 2001.
45 Durliat 1981.
46 Lassus 1981.
47 Février 1983b, p. 42.
48 Février 1985, p. 291-306.

graphie. Mais c'est surtout l'image du Maure « cruel, perfide ... » et celle des chefs de tribus « changeants, insaisissables ... », entre autres qualificatifs, qui ont fait l'objet d'une attention particulière, faisant de cette recherche la première à avoir clairement traité du problème de l'identité de ces tribus de l'Antiquité tardive en suivant, selon Yves Modéran[49], une approche « hypercritique ». Ce dernier auteur reconnaissait d'ailleurs que les réflexions de Paul-Albert Février étaient en grande partie à l'origine de la problématique posée par lui-même.

Conclusion

En conclusion de ce bref aperçu sur les innombrables travaux de Paul-Albert à propos du Maghreb, où tous les aspects ayant trait à l'Antiquité ont été abordés d'une manière ou d'une autre, on soulignera que, s'il a pu s'interroger sur le passage de l'Antiquité au Moyen Âge maghrébin, il n'a malheureusement pas eu le temps d'approfondir ses recherches sur une période qui reste de nos jours encore mal connue.

L'auteur prolifique et l'homme de terrain, autant exigeant avec lui-même qu'avec les autres, ne gardait jamais longtemps pour lui les fruits de ses réflexions, rapidement mis à la disposition du monde scientifique et dont la primeur a été souvent réservée aux publications algériennes, en premier lieu au *Bulletin d'Archéologie algérienne* qu'il créa à l'initiative de Serge Lancel et qui est devenu assez rapidement un périodique de renommée internationale. D'autre part, et dans le but de toucher le plus possible de lecteurs s'intéressant au patrimoine antique algérien, il relança la série des « Guides blancs » en rédigeant lui-même celui de Djemila[50] et en confiant à Serge Lancel celui de Tipasa ; Mounir Bouchenaki prit en charge quant à lui le livret sur « Le mausolée royal de Maurétanie ».

Mais si Paul-Albert Février a autant donné à l'histoire et à l'archéologie maghrébine, l'autre manière d'évoquer ses travaux sur le Maghreb est de rappeler que l'une de ses préoccupations était de transmettre tout son savoir à la jeune génération tunisienne et algérienne de l'époque, étudiants, chercheurs et enseignants débutants, soit en organisant des chantiers-écoles comme celui de Tébessa dans l'amphithéâtre de la ville, soit en dirigeant des mémoires de maîtrise, des DEA, des thèses de doctorat ou en prodiguant de précieux conseils d'ordre scientifique mais aussi méthodologique.

Pour conclure cette brève contribution à la mémoire de Paul-Albert Février, je ne peux que reprendre les mots si significatifs et combien symboliques de son ami Noël Duval qui lui rendait hommage en 1991 en écrivant : « on pourra découvrir d'admirables documents, effectuer des fouilles sans défaut, mettre en déroute nos certitudes présentes : il faudra toujours passer par Février pour comprendre les réalités de l'Afrique antique »[51].

---

[49] Modéran 2003, p. 12.

[50] Février 1978.
[51] Duval 1982, p. 33.

Bibliographie

Baratte Fr. 2021, « Quelques remarques sur la sculpture architecturale et ornementale en Byzacène à la fin de l'Antiquité », dans A. Mrabet (dir.), *Occupation du sol, peuplement et modes de vie dans le Maghreb antique et médiéval (Actes du 6ᵉ colloque international, Sousse, 2019)*, Sousse, p. 265-278.

Baratte Fr., Béjaoui F., Duval N., Berraho S., Gui I., Jacquest H. 2014, *Basiliques chrétiennes d'Afrique du Nord*, II. *Les monuments de la Tunisie*, Bordeaux (Mémoires, 38).

Béjaoui F. 2015, *Les Hautes Steppes tunisiennes. Témoignages archéologiques chrétiens*, Tunis.

Ben Abed-Ben Khader A., Fixot M., Bonifay M., Roucole S. 2004, *Sidi Jdidi*, I. *La basilique sud*, Rome (CEFR, 339).

Bonifay M. 2004, « À la suite des remarques de Paul-Albert Février sur la céramique romaine d'Afrique du Nord », dans M. Fixot (dir.), *Paul-Albert Février de l'Antiquité au Moyen Âge (Actes du colloque de Fréjus, 7 au 8 avril 2001)*, Aix-en-Provence, p. 325-353.

Bonnal J.-P., Février P.-A. 1966-1967, « Ostraka de la région de Bir Trouch », *Bulletin d'Archéologie algérienne* 2, p. 239-249.

Camps G. 1989, « Paul-Albert Février, *Approches du Maghreb romain. Pouvoirs, différences et conflits* », *Revue du Monde musulman et de la Méditerranée* 51, p. 157-159.

Diehl Ch. 1896, *L'Afrique byzantine. Histoire de la domination byzantine en Afrique (533-709)*, Paris.

Durliat J. 1981, *Les dédicaces d'ouvrages de défense dans l'Afrique byzantine*, Rome (CEFR, 49).

Duval N., Février P.-A. 1972, « Le décor des monuments chrétiens d'Afrique (Algérie-Tunisie) », dans *Actas del VIII congreso internacional de Arqueologia cristiana (Barcelona 5-11 octubre 1969)*, Cité du Vatican, p. 5-56 et pl. I-XXVI.

—— 1991, « Études d'architecture chrétienne nord-africaine : XX. La basilique cimétériale à l'est de Djémila : une église à crypte méconnue », dans *Aevum inter utrumque, Mélanges offerts à Gabriel Sanders*, Gand, p. 133-141.

Duval N., Février P.-A., Lassus J. 1972, « Groupes épiscopaux de Syrie et d'Afrique du Nord », dans J.-Ch. Balty (dir.), *Apamée de Syrie. Bilan des recherches archéologiques 1969-1971 (Actes du colloque tenu à Bruxelles en 1972)*, Bruxelles, p. 215-251.

Duval Y. 1982, Loca sanctorum africae. *Le culte des martyrs en Afrique du IVᵉ au VIIᵉ siècle*, Rome (CEFR, 68).

Fendri M. 1961, *Basiliques chrétiennes de la Skhira*, Paris (Publications de l'Université de Tunis, Faculté des Lettres, Iᵉ série : Archéologie, Histoire, 8).

Février P.-A. 1956a, « Une campagne de fouille à Utique (1957). Rapport préliminaire », *Karthago* 7, p. 139-170.

—— 1956b, « Les Quatre fleuves du Paradis », *Rivista di Archeologia cristiana* 32, p. 179-199.

—— 1961, « À propos de la basilique de la Skhira », *Rivista di Archeologia cristiana* 37, p. 305-309.

—— 1962a, « Les basiliques chrétiennes de Sétif et leurs mosaïques », *Bulletin de la Société nationale des Antiquaires de France*, p. 84-87.

—— 1962b, « Formulaire des inscriptions funéraires datées de la Maurétanie césarienne orientale », *Bulletin de la Société nationale des Antiquaires de France*, p. 152-160.

—— 1962c, « Nouvelles inscriptions chrétiennes de la Maurétanie sitifienne », *Rivista di Archeologia cristiana* 38, p. 119-138.

—— 1962-1965, « Inscriptions chrétiennes de Djemila (Cuicul) », *Bulletin d'Archéologie algérienne* 1, p. 207-226.

—— 1964a, « Notes sur le développement urbain en Afrique du Nord : les exemples comparés de Djemila et de Sétif », *Cahiers archéologiques* 14, p. 1-47 (= *La Méditerranée de Paul-Albert Février*, II, p. 651-697).

—— 1964b, « Remarques sur la céramique d'Afrique du Nord » (Actes du premier colloque organisé par la société archéologique de Sousse, Sousse 1963), *Les Cahiers de Tunisie* 45-46, p. 129-137 (= *La Méditerranée de Paul-Albert Février*, II, p. 641-649).

—— 1965a, *Fouilles de Sétif. Les basiliques du quartier nord-ouest*, Paris.

—— 1965b, « Remarques sur les mosaïques de basse époque de Djemila (Algérie) », *Bulletin de la Société nationale des Antiquaires de France*, p. 85-92.

—— 1966a, « Martyrs, polémique et politique en Afrique (IVᵉ-Vᵉ siècles) », *Revue d'Histoire et de Civilisation du Maghreb* 1, p. 8-18 (= *La Méditerranée de Paul-Albert Février*, II, p. 713-723).

—— 1966b, « Toujours le donatisme. À quand l'Afrique ? (Remarques sur l'Afrique à la fin de l'antiquité, à propos du livre de E. Tengström) », *Rivista di Storia e Letteratura religiosa* 2, p. 240 (= *La Méditerranée de Paul-Albert Février*, II, p. 699-711).

—— 1967a, « Aux origines de l'occupation romaine dans les hautes plaines de Sétif », *Les Cahiers de Tunisie* 15, p. 51-64 (= *La Méditerranée de Paul-Albert Février*, II, p. 725-739).

—— 1967b, « Les fouilles récentes de la nécropole orientale de Sétif », *Bulletin de la Société nationale des Antiquaires de France*, p. 73-74.

—— 1968, « Nouvelles recherches dans la salle tréflée de la basilique de Tébessa », *Bulletin d'Archéologie algérienne* 3, p. 167-191.

—— 1970a, « Conditions économiques et sociales de la création artistique en Afrique à la fin de l'Antiquité », dans *Corsi di cultura sull'arte ravennate e bizantina*, Ravenne, p. 189 (= *La Méditerranée de Paul-Albert Février*, II, p. 741-769).

—— 1970b, « Inscriptions de Sétif et de la région », *Bulletin d'Archéologie algérienne* 4, p. 319-410.

—— 1970c, « La nécropole orientale de Tiddis. Fouilles de mai-juin 1967 », *Bulletin d'Archéologie algérienne* 4, p. 41-100.

—— 1970d, « Le culte des martyrs en Afrique et ses plus anciens monuments », dans *Corsi di cultura sull'arte ravennate e bizantina*, Ravenne, p. 191-215.

—— 1972, « Inscriptions chrétiennes d'Algérie », *Rivista di Archeologia cristiana* 48, p. 143-165.

—— 1977, « À propos du repas funéraire : culte et sociabilité, *"In Christo Deo, pax et concordia sit convivio nostro"* », *Cahiers archéologiques* 26, p. 29-45 (= *La Méditerranée de Paul-Albert Février*, I, p. 21-37).

—— 1978, *Djemila*, Alger (rééd.).

—— 1980, « À propos de la céramique de la Méditerranée Occidentale (Iᵉʳ-vɪᵉ siècles) », dans *Céramiques hellénistiques et romaines*, Paris (Annales littéraires de l'Université de Besançon, 242), p. 159-199 (= *La Méditerranée de Paul-Albert Février*, I, p. 131-160).

—— 1982, « Le fait urbain dans le Maghreb du ɪɪɪᵉ siècle. Les signes d'une crise ? », dans *150 Jahrfeier des Deutsches Archäologisches Instituts Rom, Ansprachen und Vorträge, 4-7 Dezember 1979*, Mayence (Römische Mitteilungen, Ergänzungsbände, 25), p. 50-76 (= *La Méditerranée de Paul-Albert Février*, II, p. 813-839).

—— 1983a, « Discours d'Église et réalité historique dans les nouvelles lettres d'Augustin », dans *Les lettres de saint Augustin découvertes par Johannes Divjak (Communications présentées au colloque des 20-21 septembre 1982)*, Paris, p. 101-115 (= *La Méditerranée de Paul-Albert Février*, II, p. 863-877).

—— 1983b, « Approches récentes de l'Afrique byzantine », *Revue de l'Occident musulman et de la Méditerranée* 35, p. 25-53.

—— 1984, « L'abeille et la seiche (À propos du décor du baptistère de Kelibia) », *Rivista di Archeologia cristiana* 60, p. 277-292.

—— 1985, « Le Maure ambigu ou les pièges du discours », dans *Histoire et archéologie de l'Afrique du Nord (Actes du 2ᵉ colloque international tenu à Grenoble les 5-9 avril 1983)*, Bulletin archéologique du Comité des Travaux historiques et scientifiques, n.s., 19B, p. 291-306 (= *La Méditerranée de Paul-Albert Février*, II, p. 847-862).

—— 1986a, « Baptistères, martyrs et reliques », dans *Studien zur spätantiken und byzantinischen Kunst Fr. W. Deichmann gewidmet*, Mayence, p. 1-9 (= *La Méditerranée de Paul-Albert Février*, I, p. 279-287).

—— 1986b, « Tombes privilégiées en Maurétanie et Numidie », dans Y. Duval, J.-Ch. Picard (dir.), *L'inhumation privilégiée du ɪvᵉ au vɪɪᵉ siècle en Occident (Actes du colloque de Créteil, 16-18 mars 1984)*, Paris, p. 13-23 (= *La Méditerranée de Paul-Albert Février*, II, p. 923-933).

—— 1987, « Paroles et silence (à propos de l'épigraphie africaine) », dans A. Mastino (dir.), *L'Africa romana (Atti del IV° convegno di studio, Sassari 12-14 dicembre 1987)*, Sassari, p. 167-192.

—— 1989, *Approches du Maghreb romain*, I. *Pouvoirs, différences et conflits*, Aix-en-Provence.

Février P.-A., Blanchard-Lemée M. et al. 2019, *L'édifice appelé « maison de Bacchus » à Djemila*, Paris (Études d'Antiquité africaines).

Février P.-A., Bouchenaki M. 1986, « Un "castellum" de la région de Tipasa, de Juba à Septime Sévère », *Bulletin d'Archéologie algérienne* 7, p. 193-216.

Février P.-A., Poinssot Cl. 1959, « Les cierges et l'abeille. Note sur l'iconographie du baptistère découvert dans la région de Kelibia (Tunisie) », *Cahiers archéologiques* 10, p. 149-156.

Frend W. H. C. 1940, « The *memoria apostolorum* in North Africa », *Journal of Roman Studies* 30, p. 32-49.

—— 1952, *The Donatist Church, a Movement of Protest in Roman North Africa*, Oxford.

Lassus J. 1981, *La forteresse byzantine de Thamugadi*, I. *Fouilles à Timgad 1938-1956*, Paris (Études d'Antiquité africaines).

Leveau Ph. 1990, « Paul-Albert Février, *Approches du Maghreb romain* », *Annales. Économie, Sociétés, Civilisations* 45.4, p. 902.

Modéran Y. 2003, *Les Maures et l'Afrique romaine (ɪvᵉ-vɪᵉ siècle)*, Rome (BEFAR, 314).

Pringle D. 2001, *The Defence of Byzantine Africa from Justinian to the Arab Conquest: An Account of the Military History and Archaeology of the African Provinces in the Sixth and Seventh Century*, Oxford (British Archaeological Reports. International Series, 99), 2ᵉ éd.

DEUXIÈME SESSION

6. Introduction à la deuxième session

Caroline Michel d'Annoville
Sorbonne Université (Paris IV), Orient-Méditerranée, UMR 8167, Paris

LE MOMENT de « relecture » qui nous réunit en cette fin d'après-midi aborde des *realia* dont l'argument relève de l'archéologie programmée. On sait que la discipline archéologique a beaucoup changé depuis celle que pratiquait Paul-Albert Février. À partir de 2001, pour l'essentiel, elle est devenue « préventive ». Sous la responsabilité de professionnels du terrain, elle a multiplié les données, entre villes et campagne, dans les zones soumises à l'« aménagement du territoire », à la pression urbaine et au développement des infrastructures[1]. Pour cette mutation, elle a reçu des cadres juridique et pratique, a contribué à préciser les normes de travail et d'enregistrement. Simultanément, par les moyens technologiques dont elle a pu disposer, elle a montré la voie pour l'usage de nouveaux modes d'appréhension de son objet.

Faut-il pour autant considérer une scission entre deux archéologies de terrain, celle qui disposerait de l'argent mais ni de temps ni de ses objectifs scientifiques propres, et celle qui jouirait de ces prérogatives, mais sans l'argent ? C'est là que seuls des échanges entre elles peuvent être source d'une « archéologie valable » telle que la définissait Paul-Albert Février[2]. En effet, la vigilance qu'il exigeait doit sans doute concerner les gestes et les pratiques de terrain, mais aussi, selon la démarche qu'il préconisait, favoriser la réflexion, l'interprétation puis le partage des connaissances dans ces moments de temps suspendu entre déconstruction et construction, ceux qui devaient conduire selon lui à « une interprétation globalisante [prenant] en compte autant les structures d'un moment que les devenirs d'un ou de plusieurs groupes sociaux »[3].

La rencontre qui nous rassemble donne l'exemple de ces méthodes collectives d'approche des sociétés passées, après recours, par les uns et les autres, à des sources semblables, qu'elles aient été issues du sol, des élévations ou bien des archives. Elle réunit archéologues de l'Institut national d'Archéologie préventive, archéologues de collectivités territoriales, archéologues universitaires et membres de centres de recherches. Elle permet de dépasser les divisions institutionnelles et économiques de la discipline qui, il faut bien le reconnaître, ont provoqué et provoquent encore des tensions.

Ce moment apaisé est un temps d'échanges qui profite de l'évocation d'une silhouette qui a été familière et d'une pensée toujours actuelle. Les interventions qui vont suivre sont issues pour l'essentiel d'une archéologie programmée qui permet une implication sur un sujet dans la durée. Leur inspiration se réclame du célèbre article de Paul-Albert Février publié en 1978[4]. Il y faisait part de ses réflexions sur les raisons profondes de modifications des cadres administratifs et sur les changements décisifs dans les paysages habités, qu'il s'agisse de la fin du IIIe siècle ou des VIIIe-Xe siècles, « si obscurs (et aussi pleins de trous que le sont les listes épiscopales) »[5]. Le changement de focale était l'une des solutions proposées pour avancer dans la compréhension.

Cette méthode sera mise à l'épreuve dans les interventions qui vont suivre. Claude Raynaud évoquera l'archéologie et l'histoire d'un siège épiscopal resté longtemps énigmatique, celui de Maguelonne, en adoptant un point de vue rapproché qui engage à réfléchir sur l'évolution des cadres administratif et religieux durant l'Antiquité tardive et sur la place nouvelle donnée à certaines villes du littoral de Narbonnaise. Observée de près grâce à des travaux collectifs de terrain menés depuis longtemps, l'évolution du site portuaire devenu siège épiscopal se précise et s'enrichit des rapports entrete-

---

[1] Garcia 2022.
[2] Février 1989, p. XCIII.
[3] Février 1980, p. 163.
[4] Février 1978.
[5] Février 1978, p. 243.

nus avec l'environnement proche ou plus lointain. Pour sa part, Laurent Schneider proposera des vues à focales variables elles aussi. Elles contribuent à la compréhension d'une forme d'occupation du territoire en Gaule méditerranéenne, celle de l'habitat collectif fortifié. Déjà, Paul-Albert Février avait rompu avec la tradition historiographique qui expliquait par le sentiment d'insécurité un phénomène qui s'affirme – ou se réaffirme – durant l'Antiquité tardive, celui du « perchement » de l'habitat. Laurent Schneider revient sur près de cinquante années de recherches – y compris les siennes – pour montrer la complexité du phénomène d'installation sur des sites de hauteur qui participent pour certains à la « redéfinition du réseau des agglomérations ». Pour l'époque suivante, qui suit le temps d'obscurité que constatait Paul-Albert Février, Daniel Mouton, Thierry Pécout et Mariacristina Varano feront état de leurs travaux sur un secteur géographique original, à l'échelle cette fois d'un finage alpin proche du village actuel d'Allemagne-en-Provence. À propos d'un cas, celui d'*Archantiosc*, en associant l'étude de la fortification privée à celle de l'habitat, ils s'interrogeront sur la genèse et l'identité d'un *castrum* naissant, sur ses formes innovantes par rapport à celles du passé et sur son rôle. Leurs recherches en cours – elles illustrent les contraintes subies aussi par les programmes à long terme – répondent en particulier au vœu émis par Paul-Albert Février de passer d'une « image morcelée [...] à une image plus organique que celle que devait présenter l'habitat dans l'organisation de rapports sociaux qu'il implique »[6].

---

[6] Février 1978, p. 235.

Bibliographie

Février P.-A. 1978, « Problèmes de l'habitat du Midi méditerranéen à la fin de l'Antiquité et dans le Haut Moyen Âge », *Jahrbuch des Römisch-Germanischen Zentralmuseums Mainz* 25, p. 208-247 (= *La Méditerranée de Paul-Albert Février*, II, p. 1059-1098).

—— 1980, « À propos de la céramique de la Méditerranée occidentale (Ier-VIe siècles) », dans *Céramiques hellénistiques et romaines*, Paris (Annales littéraires de l'Université de Besançon, 242), p. 159-199 (= *La Méditerranée de Paul-Albert Février*, I, p. 131-160).

—— 1989, « Une archéologie chrétienne pour 1986 », dans *Actes du XIe congrès international d'archéologie chrétienne (Lyon, Vienne, Grenoble, Genève, Aoste, 1986)*, Rome (CEFR, 123), p. LXXXV-XCIX (= *La Méditerranée de Paul-Albert Février*, I, p. 361-375).

Garcia D. 2022, « Éditorial », *Archéopages. Archéologies nationales. Recherche, Expertise, Patrimoine*, n.s., 6, p. 3.

7. La *civitas Magalonensis* : des textes au terrain et retour

Claude Raynaud
CNRS, LabEx Archimède, UMR 5140, Montpellier

Figure 7.1 : L'ancienne île de Maguelone vue du sud-est en 2000.
A : basilique funéraire.
B : secteur du « Port Sarrazin ».
C : cathédrale romane. D : entrepôt du quartier nord (cliché L. Damelet, CNRS – AMU, CCJ).

Au questionnement exposé en 1974 (mais publié en 1978) par Paul-Albert Février sur les « Problèmes de l'habitat du Midi méditerranéen à la fin de l'Antiquité et dans le Haut Moyen Âge », j'ai répondu lors du colloque en hommage de 2001 par un large tour d'horizon sur la Gaule Narbonnaise, abordant successivement les thèmes définis par cette étude pionnière et pointant les avancées tout autant que les lacunes (Raynaud 2004)[1].

2001-2022 : où en est-on vingt ans après ?

Quand j'avais consacré vingt pages au bilan régional en 2001, il faudrait aujourd'hui d'épais volumes à qui voudrait réunir l'ensemble des données apparues dans les fouilles, sur les aires de prospection ou dans l'étude des mobiliers archéologiques. Face à l'ampleur de la bibliographie récente, en constant enrichissement, j'ai opté pour une approche inverse de celle du précédent hommage et choisi d'aborder un cas singulier, celui du siège épiscopal de Maguelone, près de Montpellier. Le choix, on s'en doute, n'est pas fortuit : à la question de PAF sur l'arrière-plan de la promotion épiscopale de ce lieu, les travaux de terrain réalisés depuis 1998 sur ce site apportent des éléments qui confirment amplement les intuitions de notre ami.

Une question de géographie lagunaire

Dans l'étude publiée en 1978, PAF insistait sur l'évolution du cadre administratif et s'interrogeait sur l'accession à la dignité épiscopale de villes secondaires du littoral de Narbonnaise, Agde, Maguelone, Toulon ou encore Nice, et insistait sur la nécessité de « restituer une vie économique, sinon on ne comprendrait guère pourquoi une série de sites portuaires sortent de l'ombre avec la réorganisation ecclésiastique »[2]. Les connaissances acquises depuis lors ne permettent pas toujours d'éclairer le processus à l'échelle régionale, le siège de Maguelone apparaissant au contraire comme un cas privilégié. Vingt ans de fouilles et de prospections inten-

---

[1] Février 1978.

[2] Février 1978, p. 215.

sives ont donné corps à l'hypothèse initiale : sur cet îlot lagunaire, un vaste établissement naît et se développe du Vᵉ au VIIᵉ siècle.

Île minuscule de 25 hectares, Maguelone connaît une occupation bien discrète à la période préromaine puis sous le Haut Empire, où les fouilles ont surtout révélé l'omniprésence d'un vignoble qui accaparait l'essentiel de l'activité locale, autour d'un établissement essentiellement agricole (Fig. 7.1). Cette discrétion initiale rend d'autant plus surprenante la présence d'un siège épiscopal à la fin de l'Antiquité. Dans ces conditions, les chercheurs ont souvent envisagé le développement de Maguelone comme le contrepoint du déclin puis de l'abandon de la ville voisine de *Lattara*-Lattes dont l'activité portuaire se trouvait empêchée dès le IIᵉ ou IIIᵉ siècle par le colmatage du cours inférieur du Lez et de la lagune qui constituait son exutoire. La navigation lagunaire se serait alors déplacée sur l'ancien îlot de Maguelone, près du cordon littoral qui fermait la lagune du côté maritime. Parmi près de 60 000 fragments de poterie collectés sur l'ancienne île lors de prospections systématiques en 1999-2000, plus des deux tiers proviennent en effet d'amphores, africaines, hispaniques ou orientales, qui témoignent de la vitalité des échanges méditerranéens jusqu'au début du VIIᵉ siècle[3].

Les fouilles de sauvetage réalisées sur le site en 1998-2000 puis les fouilles programmées, conduites de 2015 à ce jour, confirment cette lecture économique tout en mettant en cause sa chronologie, plus tardive qu'attendu. En effet, si l'occupation est bien réelle et en croissance à partir du Vᵉ siècle, c'est seulement vers le début du VIᵉ siècle qu'elle atteint son plein développement. La vocation portuaire de l'île s'affirme deux à trois siècles seulement après l'abandon de Lattes : il faut donc renoncer à l'hypothèse première d'un transfert du port fluvio-lagunaire de *Lattara* vers le port insulaire et littoral de *Magalona*. Les recherches récentes permettent en réalité d'envisager une transition en deux temps, avec comme première étape l'éclosion ou le développement, dès les IIᵉ-IIIᵉ siècles, d'un établissement intermédiaire localisé autour d'une petite anse, aujourd'hui colmatée par les dépôts alluviaux, sur le rivage continental de la lagune, près du village de Villeneuve. Le Port de la Figuière – c'est son nom moderne mais le lieu est mentionné comme *parrochia de Portu* dès le XIᵉ siècle[4] – connaît une occupation durable à la période romaine et couvre plus de sept hectares aux IVᵉ-Vᵉ siècles. Énoncée à l'issue des fouilles récentes qui soulignent l'occupation tardive de Maguelone, l'hypothèse reste en attente de prochaines campagnes de sondages et de carottages qui devront préciser la chronologie de ce port continental, second volet d'une histoire complexe, ce qui ne peut surprendre au regard de l'instabilité de l'environnement lagunaire.

Une question de nomenclature

La « cité de Maguelone » entre dans les sources écrites avec les souscriptions des évêques dans les actes des conciles du royaume wisigothique : *Boetius, ecclesiae Magalonensis episcopus*, à Tolède et à Narbonne en 589 ; *Ginesius Magalonensis ecclesiae episcopus* à Tolède en 597[5]. Un siècle plus tard, Julien de Tolède, dressant le récit de l'expédition du roi Wamba en Septimanie pour combattre un mouvement de sécession en 673, qualifie Maguelone de *Magalonensis urbs* ou *civitas* et note que le roi y trouva une ville suffisamment puissante et impliquée dans la rébellion pour devoir l'assiéger au même titre que les cités de Narbonne, Béziers, Agde et Nîmes[6].

À la fin du VIIᵉ siècle, l'Anonyme de Ravenne nomme *Megalona*, ainsi que *Sextantio* et *Latara*, parmi les cités de la *Provincia Septimana*[7]. La Division de Wamba (VIIᵉ siècle), dont on ne conserve que des copies des VIIIᵉ-Xᵉ siècles, cite *Magalona* parmi les diocèses de la province wisigothique dont ce document est censé préciser les limites. Enfin, la *civitas Magalonensium* est mentionnée parmi la nomenclature des cités de Narbonnaise Première dans toutes les mises à jour de la *Notitia Galliarum* (original du début Vᵉ siècle) à partir de l'époque carolingienne.

Quelle « cité » à Maguelone ?

Placer entre guillemets le terme cité pour désigner Maguelone a pour objet de traduire un certain embarras face à la qualification du lieu dans la nomenclature officielle que constitue la *Notitia Galliarum*. Dans ce catalogue des chefs-lieux de cités, que dominaient les anciennes cités gauloises romanisées, s'égrenaient, à partir des Vᵉ-VIᵉ siècles, de « petites » capitales locales, sièges ecclésiastiques au nombre desquels Maguelone. À propos de cette éclosion de nouveaux pôles épisco-

---

3 Garnotel *et al.* 2019.

4 Cartulaire de Gellone, 276.

5 Vivès 1963.

6 *Historia Wambae regis*, 13.

7 Cosmographie, IV, 28 et V, 3.

paux, Paul-Albert Février développait son analyse : « c'est seulement la fonction administrative qui ressort des documents. Mais, derrière, il est nécessaire de restituer une vie économique, sinon on ne comprendrait guère pourquoi une série de sites portuaires sortent de l'ombre avec la réorganisation ecclésiastique : la vieille cité grecque d'Agde est devenue, tardivement il est vrai, évêché, de même que Maguelonne qui a pris le relais de Lattes, ou que Toulon ou même Nice qui a supplanté Cimiez »[8].

La même année que l'étude de PAF sur la Gaule paraissait l'analyse de J. Rougé sur la navigation dans l'empire tardif, dont l'auteur énumérait les ports secondaires entre Narbonne et Arles et se heurtait à la même difficulté d'approche, mentionnant « Maguelone dont l'histoire nous est très mal connue »[9].

Une cité, vraiment, à Maguelone ? Face aux cités millénaires de Nîmes ou Béziers, dotées d'un urbanisme planifié et d'une orgueilleuse parure monumentale, au VIe siècle le pôle émergeant de Maguelone fait pâle figure et en effet ne paraît pas à sa place. Ce contraste naît en réalité d'une méconnaissance des dynamiques temporelles qui ne cessent d'animer la géographie urbaine sous l'effet de l'activité économique et de la démographie ou encore de choix politiques, soutenant l'essor ici, la stabilité ailleurs, ou le déclin. Certes minuscule et sans passé, Maguelone abrite une cathédrale autour de laquelle se presse le peuple chrétien ; elle est administrée, pour le roi, par un évêque, personnage illustre nanti de larges pouvoirs religieux et civils : Maguelone est donc une cité.

Dans cette Antiquité tardive, les anciens classements urbains se trouvaient largement non pas bouleversés, mais actualisés en fonction des dynamiques locales ou régionales. On ne peut mieux traduire cette évolution qu'en relevant la réaction de ce géographe qu'était (aussi) Grégoire de Tours lorsqu'il s'étonnait de ce que l'opulente ville de Dijon, forte d'une puissante enceinte, ne disposait pas du statut de cité. C'était oublier que la qualification des villes établie sous le principat, malgré les mises à jour consécutives aux réformes administratives, ne traduisait pas entièrement les déclassements et reclassements successifs : au VIe siècle, Dijon n'était plus l'agglomération secondaire du début de la période impériale mais concurrençait par son poids économique les cités voisines, sans en avoir le titre. Un cas inverse est donné, à la même période, par *Scylletium*/Squillace (*Bruttium*), ville natale de Cassiodore qui, dans ses écrits, hésite à la qualifier de *civitas ruralis* ou de *villa urbana*. Ici, la confusion lexicale, économique et sociologique est totale : le monde a changé, on a parfois du mal à en prendre la mesure[10].

Comment, avec l'exemple de Maguelone, ne pas comprendre la confusion sémantique de Cassiodore ? Voilà une île d'une vingtaine d'hectares où alternent zones bâties et espaces vacants ou agricoles, où la cathédrale et une basilique voisine accueillent les sépultures d'une population nombreuse, probablement trop nombreuse pour avoir vécu sur l'île, où la vingtaine de bâtiments mis au jour par des fouilles n'obéit à aucun urbanisme structuré.

La localisation du nouveau pôle ecclésiastique – et probablement civique – de Maguelone, pose moins de problème. Le site d'abord, une île dans la zone fiscale du littoral, où, depuis l'Empire, les souverains avaient toute latitude d'action, se prêtait au jeu. Sa position ensuite permettait d'établir un point d'appui du pouvoir à peu près à mi-chemin entre les vieilles cités de Nîmes et de Béziers que séparaient 120 km d'une région littorale soumise aux pressions extérieures, franque au nord, byzantine par la mer. Enfin, et peut-être surtout, la « cité » n'avait de nouveau que son siège insulaire, dans un secteur où depuis l'Âge du Fer s'étaient établies les cités de *Sextantio* et *Lattara*[11]. À une portée de flèche de l'ancien port de *Lattara*, désormais impraticable sous l'effet de la sédimentation fluvio-lagunaire, le site de Maguelone pouvait redéployer une activité économique adaptée aux conditions de navigation. Si le déplacement de Lattes à Maguelone, parfois envisagé, reste hypothèse fragile, la forte densité de l'occupation impose d'évidence la présence d'un établissement doté d'un port.

Un évêché rural ?

Depuis 2015, les campagnes de fouille réalisées dans les secteurs sud-ouest et nord de la presqu'île de Maguelone ont livré nombre d'observations qui invitent à ouvrir le dossier des « évêchés ruraux » de la fin de l'Antiquité. Cette appellation, qui n'est attestée dans aucune nomenclature administrative, juridique ou ecclésiastique de l'Antiquité, est utilisée par les archéologues pour distinguer d'une part les sièges épiscopaux, tard établis en des lieux initialement ruraux ou sans autonomie civique, et d'autre part les sites anciennement urbanisés, principalement les chefs-lieux de cités où furent établis les

---

[8] Février 1978, p. 215.
[9] Rougé 1978, p. 86.
[10] *Var.* XII. 15.
[11] Garnotel *et al.* 2019, p. 239-268.

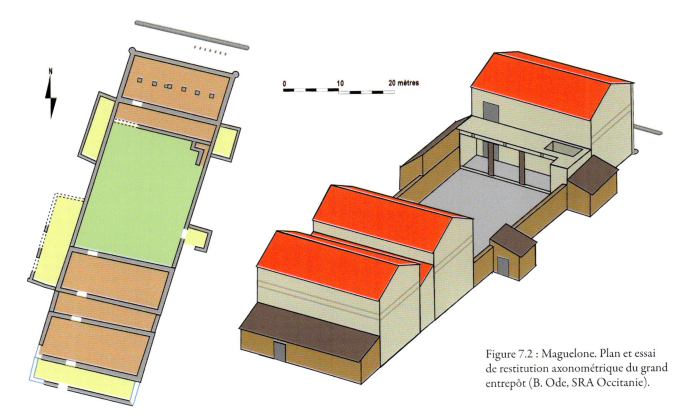

Figure 7.2 : Maguelone. Plan et essai de restitution axonométrique du grand entrepôt (B. Ode, SRA Occitanie).

premiers évêchés dès la fin du IIIe siècle. L'appellation s'applique particulièrement à la situation de l'Afrique où le IVe siècle vit fleurir un réseau de nouveaux évêchés d'une exceptionnelle densité qui reflétait le dynamisme économique et religieux de la province, dans un contexte où l'évêque n'était pas investi par l'autorité centrale mais acclamé par ses fidèles, un peu à la manière dont les empereurs étaient acclamés par leurs troupes. L'acclamation de l'évêque, puis son installation dans des bâtiments offerts à l'Église par les aristocrates locaux suffisaient à conférer au lieu un statut de communauté autonome. Les recherches sur les communautés rurales d'Afrique ont mis l'accent sur cette forme d'autopromotion épiscopale[12], mais une telle situation est aussi connue en Italie et en Corse[13].

Si la question se pose à l'égard de Maguelone deux siècles plus tard, au regard de la promotion épiscopale d'un site neuf, le contexte est bien différent au plan politique et économique. On n'est plus en effet dans la situation rurale des provinces italiennes ou africaines, mais aux confins septentrionaux du royaume wisigothique, dont on a précédemment évoqué la tension géopolitique. Un tel contexte, nullement exclusif des fonctions économiques, pouvait inciter le lointain souverain, à Tolède,

à renforcer le maillage administratif et ecclésiastique de la Septimanie dans un angle mort du réseau urbain. Malheureusement, l'absence de sources diplomatiques sur cette question ne permet pas d'aller au-delà des hypothèses plausibles.

Topographie insulaire

Les zones fouillées en 1998 et de 2015 à 2020 répondent partiellement à la question de la topographie « urbaine » ou « rurale » de l'établissement de Maguelone. Dans chaque secteur fouillé les constructions restent d'ampleur modeste, constructions éparses plutôt qu'îlots de quartiers urbains. La quinzaine de bâtiments mis au jour dans les quartiers nord et ouest révèle une relative diversité dans les techniques de construction, depuis le bâtiment sur poteaux jusqu'à la maçonnerie en pierre taillée liée au mortier, les plus nombreux étant bâtis en terre crue sur radier de pierre. Couvrant des surfaces modestes de 70 à 160 m², ces bâtiments présentent des plans rectangulaires élémentaires du type « long house », parfois partagés en deux pièces par un refend interne ou complétés par un appentis extérieur, au gré de l'activité de leurs occupants, ce qui donne peu de prise à l'analyse. Ces occupants, qui étaient-ils ? On est bien en peine de répondre à la question quand manquent les couches de sol, ce qui ne permet guère de comprendre l'affecta-

---

12   Spanu, Zucca 1998 ; Brown 2016, p. 338-340.
13   Volpe 2007 ; Istria 2012.

tion et la distribution interne des bâtiments, arasés par les labours. De construction rustique mais soignée, aux volumes peu hiérarchisés, ces bâtiments pouvaient être voués à l'habitation autant qu'à l'activité économique. On se trouve là loin des vastes et confortables demeures de Nîmes ou de Narbonne.

En l'état des recherches, la balance inclinerait donc du côté rural. Dans ce contexte, le vaste édifice dégagé en 2019-2020 dans le quartier nord introduit une ambiance distincte tout en restant, au niveau des matériaux et techniques, proche des habitations voisines. Constitué de quatorze volumes quadrangulaires, bâtiments accolés qui forment un ensemble organique, ce « complexe » se développe sur près de 65 m de longueur du nord au sud pour une largeur est-ouest de 19,10 à 19,40 m (hors œuvre), et jusqu'à 26 m de large avec les bâtiments adventices. Difficile à caractériser du fait de sa taille inhabituelle et de la singularité de son plan, cet ensemble déploie une série de constructions jointives et cohérentes sur près de 1400 m² au total : bâtiments, espaces bâtis, édifices annexes, le tout encadrant une cour enclose de 390 m² (Fig. 7.2).

Comme les habitations voisines, ce complexe se trouve privé de ses sols par l'érosion agricole, ce qui rend difficile son interprétation. Procédant par exclusion, on peut écarter toute fonction religieuse ou domestique et envisager, tenant compte de l'ampleur des bâtiments, un complexe d'entrepôts, comme y invite particulièrement le bâtiment septentrional dont le volume interne est partagé en deux nefs par une rangée de piliers supportant la toiture. Ce bâtiment ainsi que plusieurs de ses voisins, aux fondations puissantes et profondément liées au mortier, pouvaient posséder un étage, comme le confirme la présence d'une cage d'escalier. Bâti à une date mal cernée vers le début du VIᵉ siècle, ce complexe emprunte des traits au corpus des entrepôts du monde romain tout en adoptant un plan singulier dont on ne trouve pas d'exemple en Méditerranée occidentale.

Le Port Sarrazin ?

Explicite au regard des vestiges mis au jour, étayée par le toponyme Port Sarrazin qui désigne une anse découpée sur le rivage sud de l'île, l'existence d'un port reste toutefois hypothétique. Les différents secteurs fouillés à ce jour ne livrent aucun aménagement spécifique et nul édifice dûment identifié comme portuaire, hormis peut-être le grand entrepôt du quartier nord. En lieu et place d'installations portuaires, peut-être plus discrètes qu'attendu et que l'on peine à percevoir, la diversité et la dispersion de l'activité caractérisent la topographie d'une agglomération hors norme où la production artisanale le dispute à l'activité commerciale et à la navigation. Où l'on attendait un déploiement « urbain » de zones ou de bâtiments spécialisés, se dessine au contraire une trame lâche, plutôt « rurale ».

On ne peut cependant conclure sur ce point, tant les zones fouillées restent limitées en regard des surfaces qui encadrent le quartier du Port Sarrazin, et plus infimes encore si l'on considère le rivage et les hauts fonds de l'étang, où nombre de vestiges d'aménagements et d'embarcations peuvent être masqués par les dépôts lagunaires des derniers siècles. Pour autant, des indices probants mais indirects ont pu être réunis, que l'on revienne sur la proportion exceptionnelle des céramiques importées de Méditerranée, jusqu'au VIIᵉ siècle, ou sur l'approvisionnement en matière première en provenance du lac Natron, près d'Alexandrie, pour la production verrière des ateliers locaux, plusieurs fois confirmés par la découverte de dépotoirs. Mieux encore et de façon inattendue, huit unités pondérales de type byzantin recueillies en prospection témoignent d'une activité commerciale réglée, sous contrôle ou sous influence orientale, au VIᵉ siècle.

Une topographie funéraire contrastée

À ce jour, chaque secteur fouillé depuis 1998 a livré une documentation concernant particulièrement les pratiques et la topographie funéraires. Groupées en nécropoles autour d'une grande église funéraire (1998-2000) ou hors d'un contexte cultuel (2019), en petit nombre sur une aire familiale (2016-2018), éparses sur de larges espaces ou dans des édifices en démolition (2019-2020), les sépultures sont pour la plupart aménagées avec un soin qui témoigne du respect de traditions funéraires solidement établies. Une question se pose relativement à la dissémination des sépultures sous la forme de petits groupes informels établis hors d'emprise de la nécropole développée autour de la basilique funéraire du quartier est : tradition familiale, distinction ou ségrégation sociale ?

Malgré les différentes localisations, ces sépultures entrent dans une typologie cohérente relative aux Vᵉ-VIIᵉ siècles : amphore pour les sujets périnataux, bâtière ou parfois coffre de tuiles, coffre de dalles, fosse anthropomorphe sous bâtière. L'ensemble de ces aménagements reflète la diversité des types sépulcraux amplement attestée dans la nécropole orientale[14]. Une autre constante tient à l'orientation des tombes, très majoritai-

---

[14] Garnotel et al. 2019, p. 111-181.

rement disposées selon un axe nord-ouest/sud-est, règle à laquelle échappent toutefois six sépultures de l'ensemble oriental, ce qui représente près d'un quart des sépultures rassemblées en ce lieu. Observée en proportions voisines dans le quartier nord (2019-2020) comme au sein du groupe funéraire occidental (2017-2018), cette juxtaposition d'orientations divergentes reste difficile à interpréter dans la mesure où elle ne recouvre aucune différence d'aménagement des tombes ou de traitement des corps. L'hypothèse d'un décalage chronologique reste la plus plausible mais elle n'est confortée par aucun élément mobilier, aucun recoupement ni aucune superposition qui indiqueraient une succession temporelle, ni par les datations 14C.

Topographie et typologie illustrent l'homogénéité des pratiques funéraires reconnues dans l'ancien diocèse de Maguelone, notamment près du village de Lunel-Viel[15]. Plus largement encore, l'aménagement de ces sépultures relève d'une communauté de pratiques identifiées à la fin de l'Antiquité et au Haut Moyen Âge sur les deux rives de la Méditerranée occidentale, similitudes particulièrement marquées entre Catalogne, Septimanie et Sicile.

Sans déroger aux pratiques régionales, certains détails singularisent quelque peu les sépultures locales, comme le fait de sceller au mortier les joints de certaines couvertures en bâtière. Si quelques exemples sont attestés dans la nécropole orientale de Maguelone, cet usage reste inconnu à Lunel-Viel ainsi que sur les sites ruraux[16]. Peut-on distinguer sur d'aussi discrets indices la marque d'un environnement plutôt rural ou plutôt urbain selon le cas ? Le risque est en l'occurrence d'opposer deux situations aux contours tranchés, selon une lecture finaliste dictée par le statut épiscopal de Maguelone dont la population s'opposerait, par ses moyens techniques, au monde des campagnes. C'est en réalité une situation plus nuancée que font apparaître les recherches sur la topographie insulaire, où l'on observe régulièrement l'interaction de constructions soignées (urbaines ?) et d'aménagements sommaires (ruraux ?).

À rebours, on doit souligner la modestie des aménagements sépulcraux réalisés – à Maguelone comme ailleurs – à partir d'éléments de récupération : tuiles, dalles et amphores. Ces tombes ne méritent en aucun cas le qualificatif d'« architecture » qui leur est parfois attribué. Dans ces sépultures aménagées avec soin en constante attention aux défunts, rien cependant ne permet d'identifier un vocabulaire qui marquerait la présence d'une élite dont les monuments funéraires restent méconnus mais que l'on pressent face à la qualité du sarcophage de l'école d'Aquitaine découvert lors des fouilles de F. Fabrège et conservé dans la cathédrale. C'est en faisant apparaître de tels contrastes que l'étude de la topographie funéraire nourrit le dossier du site épiscopal où devaient s'exprimer, dans la tombe autant que dans sa localisation, des niveaux de richesse que l'on cerne encore mal : ne brouillons pas les pistes en employant un vocabulaire impropre.

L'approche sociale de la topographie funéraire n'enlève rien à la singularité du site de Maguelone. La dimension religieuse et probablement politique transparaît avec la découverte, dans plusieurs tombes, de tuiles dont « l'épigraphie » (terme quelque peu emphatique ...) dénote la présence épiscopale. Celle-ci serait attestée par les crosses tracées au doigt de façon schématique, par des croix sur des *tegulae* réemployées dans plusieurs sépultures en bâtière (2017) ou encore par un monogramme AM nettement tracé sur une *tegula*. Cette dernière marque éclaire l'environnement épiscopal – mais pas forcément religieux – dans lequel s'inscrivait l'artisanat tégulaire. La traverse brisée du A dénote le contexte tardo-antique tandis que le M composé de deux V inversés et accolés apparaît comme un probable W tracé à l'envers par un ouvrier illettré. Selon cette lecture, on serait en présence d'un alpha-oméga maladroit, dont on connaît de multiples exemples sur des sarcophages[17] ainsi que sur des monnaies carolingiennes[18].

La question se pose d'une fonction de marqueurs religieux de ces signes, qui dans leur réemploi funéraire ne semblent pas en position d'attirer le regard. C'est le cas de l'AW mentionné ci-dessus devenu visible seulement lorsque l'on a démonté le fond du coffre sous lequel les deux lettres se cachaient. On note des exemples analogues de signes « cachés » dans la nécropole provençale de Cadarache où une *tegula* marquée d'une croix formait l'extrémité d'une bâtière[19].

Hormis ces éléments saillants, l'ensemble des tombes présente une réelle homogénéité. Qu'ils soient inhumés sous une bâtière de tuiles ou dans un coffre de dalles ou de tuiles, les corps sont déposés en décubitus dorsal, mains généralement jointes sur le pubis ou moins fréquemment avant-bras croisés sur l'abdomen. Autant que

---

[15] Raynaud (dir.) 2010.
[16] Garnotel *et al.* 2019, p. 194 ; Raynaud (dir.) 2010, p. 46.
[17] Boube 1958, fig. 4.
[18] Duval *et al.* 1991, p. 174.
[19] Pouyé *et al.* 1994, p. 55.

permettent d'en juger les tombes qui ont échappé aux dégradations, les connexions lâches des ossements même restés en place – bascule arrière du crâne, chute des *patellas* ainsi que des métacarpiens et métatarsiens – sont dominantes et dénotent une décomposition dans un espace sépulcral resté vide durant un temps prolongé avant l'infiltration du fin sédiment qui scelle les vestiges osseux et comble toutes les sépultures.

La disposition ainsi que les dimensions des tombes sont toujours conçues initialement pour une sépulture individuelle, ce qui n'exclut pas par la suite une ou des réutilisation(s), comme on le constate dans une dizaine de cas. Cette ou ces réutilisation(s) successive(s) s'opère (nt) selon deux formules bien distinctes : soit le second défunt est déposé sur la dépouille du premier occupant (SP2035), soit on prend soin dans un premier geste de déposer hors de la tombe les ossements de l'occupant initial afin de libérer l'espace sépulcral pour le nouveau défunt, au-dessus duquel les ossements sont ensuite redéposés en « fagot », généralement sur les jambes, comme le montre la disposition dans le coffre de la SP2038.

Ces deux pratiques coexistent et traduisent peut-être, autant ou plus que des coutumes distinctes ou une évolution dans le temps, des gestes adaptés à l'état de décomposition des corps entre les inhumations successives qui, rapprochées ou distantes, imposaient dans le premier cas l'empilement des corps, tandis que dans les sépultures plus espacées la décomposition avancée autorisait la manipulation des os. En l'occurrence, ces hypothèses d'attente ouvrent de nouvelles pistes au sein de la problématique des réutilisations de sépultures, domaine d'une histoire de l'attitude et des gestes à l'égard du cadavre, traité sur une période antérieure lors de l'étude des nécropoles de Lunel-Viel[20]. Les multiples secteurs funéraires explorés à Maguelone devront être examinés ou revisités sous cet angle de l'histoire des sensibilités, au tournant de l'Antiquité tardive marqué par la christianisation des mentalités, porteuse d'une nouvelle eschatologie.

L'ensemble des sépultures des quartiers ouest et nord s'inscrit dans une phase de raréfaction et de disparition des éléments vestimentaires ou de parure qui caractérisaient les tombes de la nécropole établie autour de l'église orientale[21]. Seules deux sépultures du quartier nord ont livré deux fibules en fer ne permettant aucune identification typologique précise mais entrant dans une large fourchette chronologique entre le VIe et le VIIIe siècle.

Cette situation a imposé de recourir massivement aux dates 14C dont une vingtaine de sépultures a fait l'objet.

Des morts à part

Dans le même temps, des corps enterrés de façon hâtive et sans soin, hors des lieux de mémoire que constituent une nécropole ou un groupe familial, révèlent la mise à l'écart d'individus rejetés par le reste de la population.

La récurrence de ces enterrements et de l'empilement des corps au sein de certaines sépultures pose la question des inhumations de catastrophe faisant suite à des décès rapprochés, de nature épidémique. Une première série d'analyses bio-archéologiques engagées au Max Planck Institut (Iéna), dans le cadre du programme international dirigé par M. McCormick (Harvard University), ont permis d'écarter l'hypothèse de cas de peste, ce qui ne répond que partiellement à la question. Entre choix religieux, niveau social et relégation de certains individus (étrangers, malfaiteurs, malades, esclaves ?), la situation des sépultures livrerait-elle une image générale de la population inhumée ?

En 2019-2020, le dégagement d'une vaste partie du quartier nord du site a révélé une série de « tombes en marge » établies dans les ruines et les dépotoirs du quartier en cours de démolition à la fin du VIe siècle et au VIIe siècle. Ce secteur reçoit des cadavres dans des conditions anormales de façon plus ou moins synchrone ou au contraire étalée dans le temps, ce que les premières observations ne permettent pas de préciser sans recours au 14C. Les circonstances de ces gestes à rebours des pratiques funéraires n'apparaissent pas d'emblée, même si les similitudes avec le cas voisin de Lunel-Viel – huit cas avérés de décès dus à *Yersinia pestis* – nourrissent l'hypothèse de morts épidémiques, ce que les analyses bio-archéologiques ne clarifient que partiellement. Les trois dernières analyses réalisées par G. Neumann (Max Planck Institut, Iéna) rejettent l'hypothèse première de pestiférés et révèlent la présence de *Salmonella enterica* à l'origine de dysenteries létales avec deux variantes de la bactérie, l'une spécifiquement humaine, l'autre porcine mais transmissible à l'homme. Commence ainsi à se dessiner une étiologie insulaire (ou zonale, régionale ?) qu'il reste à préciser en multipliant les analyses et qui entre en écho avec les motifs invoqués pour justifier l'absence de l'évêque de Maguelone et de ses collègues de Septimanie à plusieurs conciles de Tolède des VIe et VIIe siècles[22].

---

[20] Raynaud (dir.) 2010, p. 81-89.
[21] Garnotel *et al.* 2019.

[22] Martin 2003, p. 88-89.

En tout état de cause, la fouille du quartier nord de Maguelone livre un riche dossier qui, fort d'une dizaine d'exemples possibles, permet de dépasser le cas d'espèce et ouvre l'enquête sur une « topographie des tombes anormales ». Il serait toutefois regrettable d'en rester à l'approche « sensationnaliste » de cette forte singularité et de dissocier trop rapidement ces dépôts de leur contexte, au sein duquel ils posent une question parmi d'autres. D'autres défunts, en effet, posent d'autres questions ou peut-être la même : de quoi sont-ils morts ?

Une mise en défense ?

Dans cette approche de la définition d'une « cité de Maguelone » se pose en outre la question de la défense de l'île épiscopale, défense puissante qui justifierait que le roi Wamba ait dû en faire le siège en 673. Le récit de l'expédition du roi Wamba en Septimanie rapporte que le roi trouva à Maguelone une ville suffisamment puissante pour devoir l'assiéger : fait réel ou emphase destinée à embellir la geste royale ?

Rien de ce que l'on observe aujourd'hui sur le pourtour de l'île, ou dans les parties fouillées, ne révèle la présence de fortifications. Cela n'interdit pas d'envisager des défenses qui n'auraient pas échappé à la récupération des pierres, par exemple lors de la construction du canal du Midi aux XVIIe-XVIIIe siècles, ou qui seraient masquées par les enrochements réalisés dans les années 1970 afin de stabiliser la berge occidentale de l'île, mais l'hypothèse demeure fragile.

On peut néanmoins verser au dossier l'observation, répétée dans les fouilles des quartiers ouest (2015) et nord (2020), d'une accumulation colluviale antique ou postérieure qui se marque par des dépôts d'une épaisseur croissante, jusqu'à atteindre près de 2,50 m près de la berge ouest, tandis que dans la partie interne le substrat est presque affleurant. La sédimentologie et la topographie de ces dépôts ne peuvent s'expliquer sans la présence sur la berge ou peu au-dessus, d'une construction retenant les dépôts et expliquant leur accumulation : une terrasse, une enceinte ? Rien ne permet de conclure[23].

Destruction, disparition ?

À la suite de l'effondrement de la monarchie wisigothique en Espagne (711) et de l'invasion arabe du littoral de la Septimanie (725), Maguelone, selon des chroniques carolingiennes[24], aurait été détruite sur ordre de Charles Martel peu après la bataille de la Berre de 738. Contrairement à une tradition historiographique régionale, Maguelone ne semble pas pour autant être dès lors abandonnée comme siège épiscopal. Un évêque Jean y est attesté en 788 ; en 819, Louis le Pieux rend Villeneuve à l'évêque Argémire qui est à la tête de l'*ecclesia sancti Petri Magalonensis*[25] ; en 821, *Stabilis* est évêque de Maguelone ; à la fin du IXe et au Xe siècle, plusieurs évêques sont connus. La documentation est ensuite foisonnante pendant tout le Moyen Âge, grâce en particulier au *Cartulaire* et au *Bullaire* de Maguelone (publiés par J. Rouquette et A. Villemagne), mais aussi aux autres cartulaires des Églises et abbayes régionales.

Si les textes assurent d'une persistance du siège épiscopal, les fouilles des divers quartiers n'accréditent pas l'idée d'une continuité d'occupation de l'île, où la cathédrale et les aménagements religieux semblent bien isolés.

Quelle occupation au Moyen Âge ?

Après la démolition des bâtiments et l'établissement de sépultures dans un temps qui reste à affiner entre la seconde moitié du VIe siècle et le VIIe siècle, les différents quartiers fouillés connaissent de longs siècles d'abandon, comme l'indiquaient déjà les prospections de surface[26]. Les seuls éléments tangibles d'une occupation au Moyen Âge central sont les poteries découvertes dans les niveaux de démolition du grand ensemble du quartier nord, poteries que la typologie permet de situer au IXe ou au Xe siècle.

Le contexte de découverte de ces céramiques reste mal cerné du fait de sa position en limite de fouille et au sommet de la stratigraphie, là comme ailleurs tronquée par les labours agricoles.

Sans clore cette question de manière catégorique, le constat rejoint et conforte les observations effectuées lors de la fouille de l'église paléochrétienne du secteur est[27], renouvelées lors des fouilles du quartier ouest (2015-2018) puis lors du diagnostic portant sur 2 ha dans le quartier nord (2019). Partout s'affiche une longue césure à partir du VIIe siècle, suivie d'une mise en culture au Moyen Âge central qui voit à partir du XIe ou XIIe siècle l'occupation se concentrer autour de la cathédrale, au centre de l'île. La bourgade qui au VIe siècle entourait le siège épiscopal, ne semble pas avoir survécu aux soubresauts du Haut Moyen Âge.

---

23 Ginouvez, Raynaud 2015, p. 50-52.

24 *Annales d'Aniane*, rédigées vers le milieu du IXe siècle ; *Histoire générale du Languedoc* (*HGL*), II, 1875, Preuves, c. 6 : *Karolus ... Magdalonam destrui precepit*.

25 *HGL*, II, 1875, Preuves, c. 125-126, n° 51 et *Cart. Mag.* : 3.

26 Garnotel *et al.* 2019, p. 48-51.

27 Garnotel *et al.* 2019, p. 233-237.

Bibliographie

(sélection des titres essentiels sur Maguelone ; voir une recension plus complète dans Barruol, Raynaud 2002)

Barruol G., Garnotel A., Raynaud Cl. 2019, *Maguelone. Archéologie d'une île de la lagune languedocienne*, Lattes (Mémoires d'Archéologie méditerranéenne, 39) : cité Garnotel *et al.*

Barruol G., Raynaud Cl. 2002, « *Magalona*/Maguelone », dans J.-L. Fiches (dir.), *Les agglomérations gallo-romaines en Languedoc-Roussillon*, Lattes (Monographies d'Archéologie méditerranéenne, 13-14), p. 506-518.

Boube J. 1958, « Les sarcophages paléochrétiens de Rodez », *Pallas* 6, p. 79-111.

Brown P. 2016, *À travers un trou d'aiguille. La richesse, la chute de Rome et la formation du christianisme*, Paris.

Cartulaire de l'Église de Maguelone, I. *(819-1202)*, éd. par J. Rouquette, A. Villemagne, Montpellier, 1912.

Duval N., Fontaine J., Février P.-A., Picard J.-Ch., Barruol G. 1991, *Naissance des arts chrétiens. Atlas des monuments paléochrétiens de la France*, Paris.

Février P.-A. 1978, « Problèmes de l'habitat du Midi méditerranéen à la fin de l'Antiquité et dans le Haut Moyen Âge », *Jahrbuch des Römisch-Germanisch Zentralmuseums Mainz* 25, p. 208-247 (= *La Méditerranée de Paul-Albert Février*, II, p. 1059-1098).

—— 1989, « Maguelone », dans *Topographie chrétienne des cités de la Gaule des origines au milieu du VIIIe siècle*, VII. *Province ecclésiastique de Narbonne*, Paris, p. 51-52.

Foy D., Vallauri L. 1985, « Témoins d'une verrerie du Haut Moyen Âge à Maguelone (Hérault) », *Archéologie du Midi médiéval* 3, p. 13-18.

Garnotel *et al.* 2019, voir Barruol.

Ginouvez O., Raynaud Cl. 2015, *Île de Maguelone, vigne ouest*, Rapport de Diagnostic, INRAP, Nîmes.

Gleize Y., Breuil J.-Y. *et al.* 2015 « Trois inhumations musulmanes du Haut Moyen Âge à Nîmes. Analyse pluridisciplinaire archéo-anthropologique », dans *Héritages arabo-islamiques dans l'Europe méditerranéenne (Actes du colloque de Marseille)*, Paris, p. 79-89.

Istria D. 2012, « Nouveau regard sur la topographie médiévale d'Ajaccio (Corse du Sud) », *Mélanges de l'École française de Rome. Moyen Âge* 122.2, p. 327-345.

Martin C. 2003, *La géographie du pouvoir dans l'Espagne visigothique*, Lille (Histoire et civilisations, 861).

Pouyé B. *et al.* 1994, « Une nécropole de l'Antiquité tardive à Cadarache (Saint-Paul-lès-Durance, Bouches-du-Rhône) », *Archéologie médiévale* 24, p. 51-135.

Raynaud Cl. 2004, « L'habitat du Midi méditerranéen à la fin de l'Antiquité et dans le haut Moyen Âge », dans *Actes du colloque Paul-Albert Février de l'Antiquité au Moyen Âge*, M. Fixot (dir.), Aix-en-Provence, p. 147-172.

—— (dir.) 2010, *Les nécropoles de Lunel-Viel (Hérault) de l'Antiquité au Moyen Âge*, Montpellier (Revue archéologique de Narbonnaise, suppl. 40).

Rougé J. 1978, « Ports et escales dans l'empire tardif », dans *La navigazione mediterranea nell'alto Medioevo (Atti delle Settimane di Studio XXV, Spoleto, dal 14 al 20 aprile 1977)*, Spolète, p. 67-128.

Spanu P. G., Zucca R. 1998, « Le diocesi rurali della Proconsularis e della Byzacena, aspetti storici e archeologici », dans *L'Africa romana (Atti del 12 convegno di studio, Olbia, 12-15 dicembre 1996)*, Sassari, I, p. 401-411.

Vivès J. 1963, *Concilios visigóticos e hispano-romanos*, Barcelone (éd. et trad. J. Vivès).

Volpe G. 2007, « Il ruolo dei vescovi nei processi di trasformazione del paesaggio urbano e rurale », dans *Archeologia e società tra tardo-antico e alto medioevo (12° Seminario sul tardo antico e l'alto medioevo)*, Padoue, p. 85-106.

8. Du régime de la cité aux *castra* du début du Haut Moyen Âge en Gaule méditerranéenne (Vᵉ-VIIIᵉ siècles) : Encore un état de la recherche et quelques perspectives

Laurent Schneider

CNRS et École des Hautes Études en Sciences sociales ; Histoire, Archéologie, Littératures des mondes chrétiens et musulmans médiévaux (CIHAM), UMR 5648, Lyon

L'ARTICLE QUE FIT PARAÎTRE en 1978 Paul-Albert Février sous le titre « Problèmes de l'habitat du Midi méditerranéen à la fin de l'Antiquité et dans le haut Moyen Âge » demeure une référence incontournable et marque une étape historiographique pour qui s'intéresse à l'évolution longue des modes de l'habiter, des formes et fonctions de l'habitat, des systèmes de peuplement et, partant, à la transformation des territoires en Gaule méditerranéenne. La méthode qu'il proposait autour de la structure des implantations « c'est-à-dire en considérant les habitats groupés […], les chefs-lieux de *civitates*, puis les autres sites groupés de plaine ou de hauteur, enfin les habitats dispersés » a largement fait ses preuves et connu de multiples développements aux côtés des écoles d'archéologie spatiale qui se sont développées parallèlement.

Évidemment, après presque 50 ans de recherche, les progrès ont été immenses, surtout si l'on mesure l'ampleur de l'arc chronologique envisagé. Les recherches se sont intensifiées, les écoles se sont diversifiées, les stratégies de recherche démultipliées et souvent recroisées selon des ambitions diverses. Et la documentation a été renouvelée. Au-delà des grandes enquêtes collectives, des thèses et synthèses réalisées, le développement sans précédent ces vingt dernières années de l'archéologie dite préventive a permis en quelques sorte une conquête archéologique des zones basses, plaines agricoles, jusqu'alors difficilement accessibles, ceci du fait de l'impact accéléré des grands travaux d'aménagement du territoire de l'artificialisation des sols, autoroutes, lignes à grande vitesse, aménagements d'immenses ZAC périurbaines[1]. Ainsi, en France, dans l'ancienne région Languedoc-Roussillon, les opérations archéologiques ont porté ces trente dernières années sur un corpus de plus d'une centaine d'établissements ruraux très divers du premier Moyen Âge alors que l'on peinait encore dans les années 1980 à simplement pouvoir les détecter[2].

Dans cette effervescence, toutefois, les hauteurs ont pu être oubliées car moins impactées de fait par la consommation contemporaine des espaces. Aussi parmi les « problèmes » qu'avait relevé dès 1978 Paul-Albert Février, demeure celui du perchement et de la fortification de l'habitat, plus exactement envisagé par lui comme une sorte de résilience entre Âge du Fer et temps féodaux et non spécifiquement comme le signe d'un « effondrement », notamment dans ces siècles qui conduisent de la fin d'un Empire à l'émergence de territoires régionaux ou provinciaux, entendons par là de nouveaux royaumes ou de nouvelles souverainetés entrés en compétition.

Sur cette thématique, les progrès ont été plus lents et, s'ils peuvent être parfois spectaculaires, moins connus ou moins visibles dans les relectures et les synthèses qui peuvent être proposées aujourd'hui, moins accessibles surtout aux collègues historiens. Pourquoi ?

La réponse peut être simple, parce qu'ici l'archéologie qui est à produire est en quelque sorte une *slow* archéologie, ou une archéologie programmée. Les gestes scientifiques ne sont pas plus lents en eux-mêmes, bien au contraire, mais ce sont surtout les conditions limitées de réalisation, financière et matérielle notamment, qui sont plus complexes à mettre en œuvre. Et cela est d'autant plus laborieux à réaliser sur des sites perchés d'accès incommode, souvent boisés, difficiles à explorer donc,

---

[1] Hernandez *et al.* 2020.

[2] Schneider 2020, p. 25 et fig. 1.

et surtout difficilement mécanisables d'autant que ces sites sont parfois très vastes.

C'est ce constat qui nous avait conduit au seuil des années 2000, dans le cadre d'un appel à projet d'un programme « thématique incitatif » du département SHS du CNRS et avec l'accompagnement du Ministère de la Culture, à développer une perspective de recherche spécifiquement consacrée à ces établissements perchés et fortifiés des Ve et IXe siècles en Gaule méditerranéenne. Il y a presque vingt ans désormais, Michel Fixot nous avait fait l'honneur de pouvoir venir en présenter la mise en place et les perspectives à Fréjus lors du 10e anniversaire de la disparition de Paul-Albert Février[3]. C'est donc avec émotion et reconnaissance que je voudrais aujourd'hui en exposer quelques résultats significatifs, ou orientations nouvelles, ici même à Aix-en-Provence où ce programme avait débuté et s'était inscrit.

Notre propos portera sur quatre points principaux : la question des fortifications proprement dites de l'habitat, celle de la morphologie des établissements et de leurs équipements, la chronologie surtout et, enfin, les aspects territoriaux qui peuvent en découler.

Figure 8.1 : Tour (dite de La Marquière) parmi les mieux conservées de l'enceinte antique tardive de Carcassonne (cliché Chr. Douillet).

Des cités mais aussi d'autres localités fortifiées

Honorer et défendre les cités : un rétrécissement des territoires

Dès 1964, dans sa thèse, Paul-Albert Février soulignait qu'à de rares exceptions près il ne voyait guère en Gaule méridionale, entendons dans l'ancienne Narbonnaise romaine, l'existence d'enceintes « réduites » du IIIe siècle ou du début du IVe siècle, sinon parfois plus tard. Il réaffirmait d'ailleurs cette position en 1978 et il faut admettre qu'après un demi-siècle écoulé la documentation n'a guère été renouvelée significativement sur ce point. La situation a été néanmoins clarifiée et nuancée. Ainsi Marc Heijmans n'a cessé de rappeler que Carcassonne était la seule ville en Narbonnaise à conserver une enceinte avec des arases de briques (Fig. 8.1), que l'enceinte « réduite » associée au secteur des arènes de Nîmes demeurait mal datée, que celle de Narbonne demeurait toujours de contexte incertain, tout en soulignant, dans la zone alpine notamment, les cas spécifiques des cités nouvellement créées, durant la Tétrarchie sinon à la fin du IVe siècle, comme Genève et Grenoble qui démembrent la cité de Vienne. Ici les enceintes, encore romaines et impériales, qui ne sont pas strictement réduites, ont pu englober respectivement autour de 7 et 9 ha[4]. Leur datation précise est toujours discutée mais il en ressort peut-être l'idée d'un certain rétrécissement des territoires. Et du reste ce mouvement n'était visiblement pas incompatible avec la promotion de Vienne « démembrée » comme capitale de vicairie. À Grenoble et à Genève, l'octroi et la médiation d'une enceinte pouvaient honorer le statut de localités récentes promues à un nouvel horizon en préfigurant ou accompagnant l'accueil d'un siège épiscopal. Mais d'une province à l'autre, le pragmatisme devait l'emporter aussi si l'on rappelle le cas de Dijon qui, doté des mêmes attributs et bien que lieu de résidence des évêques de Langres, n'a pas obtenu le statut

---

[3] Schneider 2004.

[4] Heijmans 2019.

de cité, ce qui trouble un Grégoire de Tours à la fin du VIᵉ siècle qui feint de ne pas comprendre.

En Narbonnaise II cependant, la *Notitia Galliarum* recense deux nouvelles cités dans l'ancienne cité fédérée des Voconces, Gap et Sisteron, qui ont émergé aux côtés des anciennes capitales, Vaison et Luc-en-Diois. Si l'enceinte de Die, datée « par tradition » des années 285-305, englobe 25 ha, celle de Gap en revanche n'enveloppait que 2 ha mais disposait d'un mur qui atteignait 3,80 à 4 m de large, avec trois tours reconnues mais onze autres restituées[5]. Voilà déjà entre statut administratif et *realia* des mesures à prendre en compte.

De fait, dans cette discussion complexe, longtemps centrée sur le cas de villes qui sont des capitales de cité et des sièges épiscopaux, sans doute est-il nécessaire désormais de déplacer le débat pour envisager l'échelle réelle des territoires, c'est-à-dire celle des autres pôles, places, localités et noyaux urbains, de statut inconnu, mais supposé situé au-dessous du niveau officiel et administratif des dernières cités du monde impérial, qui elles aussi ont pu connaître des phases de mise en fortification, notamment aux Vᵉ et VIᵉ siècles. La documentation archéologique que l'on peut désormais mobiliser n'est d'ailleurs plus aussi indigente qu'on avait pu le croire.

Occuper et réoccuper des positions de hauteur dans les territoires

Aux confins d'Arles, d'Aix et de Marseille : un contexte spécifique autour de l'étang de Berre

Entre Arles, Marseille et Aix, *Ugium*/Saint-Blaise (Bouches-du-Rhône) est un ancien *oppidum* absorbé par les Phocéens qui ont élevé une muraille en grand appareil de type grec. L'ouvrage qui rhabille une muraille plus ancienne adopte un tracé en ligne brisée, atteint plus de 450 m de long, comporte trois tours et trois saillants. Il barre le plateau à l'est de l'agglomération. Des lacunes semblent indiquer néanmoins que le programme n'aurait pas été achevé lorsque l'*oppidum* assiégé par les Romains à la fin du IIᵉ siècle avant notre ère est alors ruiné. Le nouvel essor de l'agglomération date de fait de la seconde moitié du Vᵉ siècle ou du début du VIᵉ siècle et interroge sur une tout autre dynamique. L'établissement répond à une trame d'ensemble qui atteint alors un peu plus de 5 ha et il a été doté d'une nouvelle enceinte monumentale. Construite à l'arrière des anciennes fortifications, elle compte dix tours quadrangulaires ou semi-circulaires de plan outrepassé, supposées aveugles. La qualité des constructions a fait songer récemment à une fortification dite d'inspiration byzantine tandis que sa datation exacte reste à préciser[6].

Le cas de Saint-Blaise est sans doute le plus emblématique dans la mesure où l'investissement réalisé est considérable, mais il faut insister sur le fait que la situation est loin d'être unique. Dans la région proche, cette fois-ci au nord de l'étang de Berre, la réoccupation de l'*oppidum* de Constantine à Lançon-Provence accentue le processus. Ici aussi, la vieille enceinte pré-romaine a été restaurée et munie d'une nouvelle porte, peut-être au milieu du Vᵉ siècle et plus assurément dans les années 470-500. Retenons pour l'heure que l'ouvrage enveloppe plus de 6 ha[7].

Parallèlement, d'autres anciens *oppida* ont été réinvestis et dotés de nouveaux ouvrages. Ainsi en est-il, toujours à proximité de l'étang de Berre et à une quinzaine de kilomètres seulement de Constantine, du cas de Sainte-Propice à Velaux dans la basse vallée de l'Arc qui est un autre établissement majeur de ce type, une petite ville ou citadelle en somme, dont l'assiette exacte, importante, reste néanmoins à reconnaître et dont l'exploration reste à poursuivre et à clarifier[8]. Enfin, entre ces places majeures implantées ici sur d'anciens *oppida*, aux marges donc des cités d'Arles, d'Aix et de Marseille, se déploie par ailleurs un réseau intermédiaire de nouveaux établissements perchés compris, à l'image de Toti et de Saint-Michel à Istres, autour d'un hectare de superficie, notamment dans la partie ouest de l'étang comme l'a déterminé Frédéric Trément[9] depuis la fin des années 1990.

Dans le sillon rhodanien : contrôler le fleuve au plus près des rives

Dans la vallée du Rhône, à la confluence de l'Ouvèze en rive droite et en vis-à-vis de la Drôme en rive gauche, soit à environ 40 km au nord de Viviers, de récentes découvertes[10] ont permis d'identifier un nouvel établissement de hauteur occupant lui aussi près de 5 ha. Plusieurs tronçons d'une enceinte maçonnée atteignant en moyenne 1,80 m de large ont été reconnus. La place qui surplombe le Rhône apparaît au cours des Vᵉ et VIᵉ siècles. Elle adopte grossièrement une forme quadrangulaire que prolongent néanmoins deux avancées dans les angles est et sud. Deux tours de flanquements

---

5 Heijmans 2019, p. 63-64.

6 Chausserie-Laprée *et al.* 2019.

7 Aubagnac 1990 ; Verdin 2001 ; Duperron 2013.

8 Boixadera *et al.* 1987.

9 Trément 1999.

10 Darnaud *et al.* 2008.

associées à l'avancée orientale ont été identifiées. L'une rectangulaire atteint 5,25 m de côté tandis que ses murs ne mesurent que 0,92 m de large ; l'autre, du fait de sa disposition en angle, adopte un plan trapézoïdal et possède une porte en rez-de-chaussée. Un escalier externe permettait par ailleurs d'atteindre un étage et un possible chemin de ronde. L'ensemble du dispositif semble devoir être associé à une porte que l'opération préventive de diagnostic, hélas, n'a pas pu clairement identifier tandis qu'il n'y a pas eu de prescription pour qu'une fouille plus ample soit réalisée.

Comme autour de l'étang de Berre, la moyenne vallée du Rhône a donc connu elle-aussi des investissements notables qui interrogent sur la fluidité des nouvelles situations territoriales ou plus exactement sur l'émergence d'un nouveau niveau de place, sinon de « ville ». Et il paraît difficile désormais, du fait même de la chronologie, mais aussi de cette fluidité territoriale, de pouvoir les définir strictement comme des « agglomérations secondaires », au sens où cela est entendu, et toujours débattu[11], pour l'époque romaine.

La situation est ici d'autant plus complexe qu'elle s'inscrit également dans l'émergence d'un nouveau siège épiscopal non pas surnuméraire mais dans le processus d'un transfert supposé de compétences avec l'ancienne cité d'Alba. Viviers se distingue avec ce nouveau statut entre 475 et 517[12] sur un rocher dominant lui aussi directement le Rhône. Certes le dossier n'a pas bénéficié d'un renouvellement de la documentation archéologique depuis les découvertes de la fin des années 1980[13], mais, pour peu qu'on tente de l'inscrire dans un contexte spatial élargi, il est essentiel de rappeler que, sur l'autre rive, deux établissements de hauteur voisins et pour ainsi dire juxtaposés (moins de 300 m), l'un de près de 6 ha (Saint-Saturnin à Donzère), l'autre d'environ 1 ha (Château-Porchier à Châteauneuf-du-Rhône), ont été repérés en rive gauche et en vis-à-vis direct de la nouvelle cité épiscopale[14]. Or, dans ce dernier cas, un segment du rempart barrant l'accès au plateau a pu être reconnu et bénéficier de sondages[15]. Et celui-ci est pour le moins étonnant, s'agissant d'un établissement anonyme de statut inconnu et de superficie relativement modeste, soit 1 ha. L'ouvrage, doté de saillants externes, a été dédoublé, atteignant dans son dernier état plus de 6 m de large et précédé d'un double système fossoyé. Il faudra nécessairement d'autres opérations pour mieux évaluer le statut d'un tel lieu, mais c'est bien un verrou multipolaire, de part et d'autre du Rhône, qui est désormais détecté ici. Et l'ampleur des équipements, des investissements et des enjeux qui se cristallisent en ce point fait songer évidemment à des fonctions portuaires, mais interroge aussi plus strictement sur la possibilité d'un dispositif de contrôle de franchissement du fleuve. On mesurera d'ailleurs avec quelle rapidité les infrastructures antérieures ont été finalement recomposées depuis l'effacement de la grande *villa* dite du « Palais » dont les données d'une longue et patiente recherche sont maintenant accessibles[16]. Du reste, Paul-Albert Février avait évoqué des motifs économiques pour comprendre le transfert du siège épiscopal d'Alba à Viviers.

Plus en amont sur le Rhône, le cas de Soyons, autre possible agglomération portuaire, ne révèle pas autre chose. À l'agglomération basse de tradition antique s'ajoute durant l'Antiquité tardive une « citadelle » sur le rocher du Malpas[17].

Dans les garrigues nîmoises et montpelliéraines : occuper de nouveaux espaces, maitriser de nouvelles ressources

En Narbonnaise I, le renouvellement de la documentation montre par ailleurs que le phénomène n'est pas seulement et strictement lié à ces positions portuaires maritimes ou fluviales et qu'il peut aussi se traduire par des investissements sur des sites neufs plus à l'intérieur des terres.

Entre Nîmes et Montpellier, à Saint-Bauzille-de-Montmel (Hérault), des prospections et sondages ont montré tout d'abord que le vieil *oppidum* du Puech des Mourgues avait été réinvesti aux Ve-VIIe siècles[18], là encore sur une superficie conséquente qui pouvait dépasser 5 ha.

Dans le même temps au sud-ouest, à moins d'une trentaine de kilomètres et à une dizaine de kilomètres de l'ancienne « cité » des *Samnagenses* (Murviel-lès-Montpellier, Le Castellas, Hérault) abandonnée dès le IIIe siècle et vraisemblablement absorbée par Nîmes, c'est une autre table rocheuse qui est également occupée, ici sur un site neuf. Dans la garrigue, à Argelliers (Hérault),

---

[11] Brulet 2017.
[12] Lauxerois 1983, p. 201-204 ; Beaujard, Prévot 2004, p. 30-31.
[13] Esquieu 1988 ; Dupraz 1995.
[14] Ode, Odiot 2001.
[15] Ode 1997.

[16] Béal *et al.* 2023.
[17] Amaury *et al.* 2013.
[18] Genty, Schneider 2002.

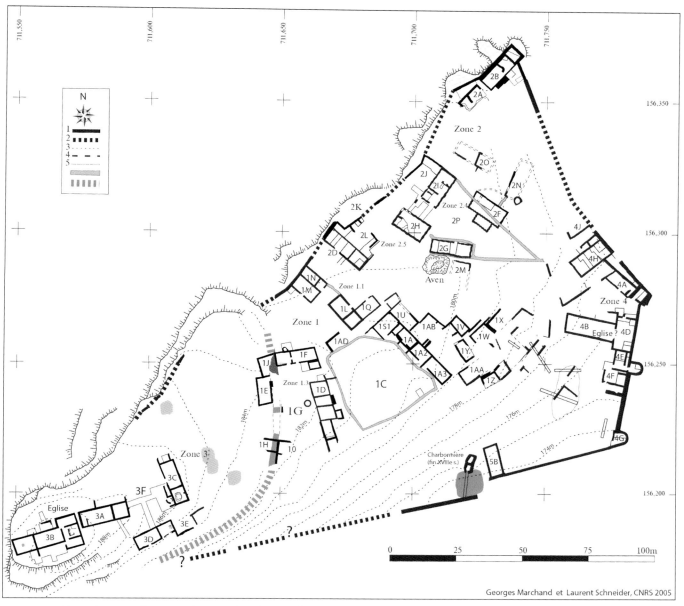

Figure 8.2 : Argelliers, Roc de Pampelune (Hérault). Plan général des fouilles (état en 2005). 1. Enceinte maçonnée ; 2. Tracés restitués ; 3. Courbe de niveau ; 4. Murs de terrasse ; 5. Limite des sondages ; 6. Murs en pierre sèche (enclos pastoraux médiévaux et modernes) ; 7. Enceinte courbe non maçonnée.

l'enceinte du Roc de Pampelune est sans doute l'une des mieux documentées par la recherche récente[19]. L'ouvrage adopte grossièrement la forme d'un triangle rectangle et enveloppe 2,25 ha avec un tracé d'environ 650 m de long (Fig. 8.2). Avant fouille, la muraille mal conservée n'était détectable que sous la forme d'un pierrier. Il s'agit néanmoins d'un ouvrage maçonné mais de faible largeur (0,90 m en moyenne), mis en place dans les dernières décennies du Ve siècle, sinon au seuil du VIe siècle. Peu ou prou rectiligne sur le flanc méridional, l'enceinte adopte un tracé brisé au nord et s'adapte par le jeu de chicanes et d'aménagements en terrasse à l'irrégularité du rebord découpé des falaises. Le tronçon oriental est le plus soigné. Il est doté de deux petites tours d'angle. L'une, rectangulaire au nord-est, atteint 6,80 × 4,80 m hors œuvre ; l'autre semi-circulaire au sud-est ne présente pas un dispositif de liaison très harmonieux avec la courtine méridionale et suggère deux états. Une porte s'ouvrait par ailleurs sur ce front oriental où l'enceinte est en partie dédoublée et dotée d'une tour de flanquement semi-circulaire. Celle-ci disposait en rez-de-chaussée d'une pièce

---

19 Voir en dernier lieu Schneider 2019 et 2020.

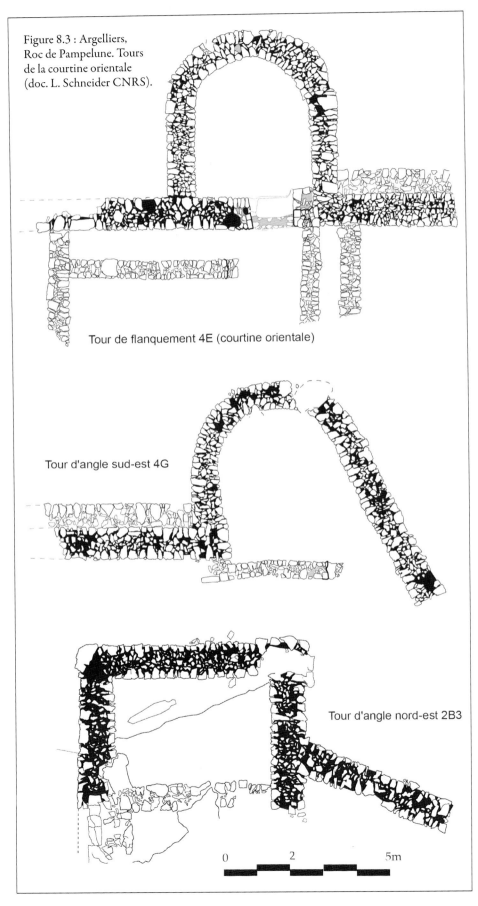

Figure 8.3 : Argelliers, Roc de Pampelune. Tours de la courtine orientale (doc. L. Schneider CNRS).

possédant un sol maçonné et d'une porte fermée par une serrure. On accédait à son étage par un escalier aménagé dans une avant-pièce (Fig. 8.3).

Il est évident ici que ce type d'enceinte n'a pas nécessité des investissements aussi considérables que ceux réalisés à plus haute date, durant l'époque impériale, dans des ensembles urbains préexistants, mais on doit retenir la capacité des élites locales, sinon du pouvoir royal, à créer de nouvelles places et centres de peuplement, ici probablement une colonie forestière, et à les doter immédiatement d'une fortification.

Le point acquis désormais est celui de la relative densité de ces sites, plus grande qu'on ne l'avait pensé naguère. Dans la seule cité de Nîmes, ce sont plus d'une dizaine d'établissements de ce genre, atteignant au moins 1 ha, qui sont désormais repérés et l'on commence également à en inventorier dans l'arrière-pays narbonnais et en Carcassès sur les premiers contreforts de la Montagne noire[20].

C'est bien un nouveau niveau de « villes » qui semble émerger aux Ve et VIe siècles. Plus que des sites dits de refuge, nés dans le contexte spontané d'une émotion, ce sont des investissements significatifs qui ont été réalisés. Occuper une hauteur fortifiée, un lieu de puissance géographique plutôt qu'un domaine agricole en plaine, faire ville avec une enceinte expriment de nouvelles aspirations. Si la mesure exacte du phénomène a longtemps été sous-estimée ou incomprise, cela tient davantage à des présupposés tenaces de l'historiographie - instabilité supposée de l'habitat, déplacement spon-

---

[20] Loppe *et al.* 2006, p. 298-300.

8. DU RÉGIME DE LA CITÉ AUX CASTRA DU DÉBUT DU HAUT MOYEN ÂGE EN GAULE MÉDITERRANÉENNE

Figure 8.4 : Rocher du *castellum* de La Malène (Lozère). Vue prise depuis le causse Méjean (cliché L. Schneider, CNRS 2011).

tané de population - encore relayés au seuil des années 1980 dans de grandes synthèses, aussi aux possibilités et contingences des équipes et des laboratoires à engager de nouvelles fouilles en des lieux précisément difficiles à explorer, plutôt qu'à la réalité dudit phénomène maintenant bien avéré.

On en prendra comme dernier exemple le cas de La Malène, cette fois-ci au cœur des Grands-Causses, établissement inédit révélé par l'archéologie et qui a pu bénéficier de quatre campagnes de fouilles[21].

Prendre position et ancrer un pouvoir local dans les causses : le cas du *castellum* de La Malène en Gévaudan

Aux marges de la Narbonnaise I, aux confins du Nîmois et du pays Ruthène, dans les gorges du Tarn, le *castellum* de La Malène occupe un éperon rocheux inhospitalier mais spectaculaire, soit un contrefort du causse de Sauveterre dont les hautes falaises sont baignées par le Tarn (Fig. 8.4). Malgré la puissance naturelle du lieu, le site a néanmoins été fortifié et clôturé. L'établissement est coiffé à son extrémité nord d'une tour maîtresse dotée de puissants contreforts plusieurs fois restaurés. Associée à une citerne et à un dispositif de protection avancée permettant de contrôler le col d'accès au lieu, celle-ci commande une muraille littéralement jetée dans la pente, entre 586 et 561 m d'altitude. Les fouilles ont permis d'en repérer un tronçon sur près de 50 m. Maçonnée et d'une largeur pouvant atteindre 1,50 m au point le plus haut, la muraille se réduit cependant à la dimension d'un simple mur n'excédant pas 0,70 m de largeur dans la partie basse. Il est doté toutefois d'une série de très forts piliers eux aussi maçonnés, ou contreforts internes. L'ouvrage possède par ailleurs au moins un flanquement identifié sous la forme d'un bastion trapézoïdal associé à une salle basse. Un dispositif équivalent, nettement moins bien conservé, a été repéré plus à l'est. Il est possible que ces équipements encadrent une porte.

Contrairement à la plupart des établissements repérés, La Malène n'est pas un site anonyme. Le lieu est évoqué comme *castellum* dans la Vie de saint Hilaire de Gévaudan dont le manuscrit le plus ancien, attribué au *scriptorium* de l'abbaye de Saint-Denis, date du IXe siècle[22]. Le paragraphe 9 rapporte que Hilaire se serait alors retranché dans le *castellum* avec d'autres *cives* lorsque le « nuage de la guerre » s'est abattu sur la province ! Il parvient néanmoins à négocier avec la *gens sicambrorum* (entendons les Francs) et à obtenir par rachat la liberté des assiégés. Le récit, s'il ne s'agit

---

[21] Schneider, Clément 2012 ; Schneider 2020, p. 19-24.

[22] Nebbiai-Dalla Guarda 1985, p. 106 ; Peloux 2022, p. 482-496.

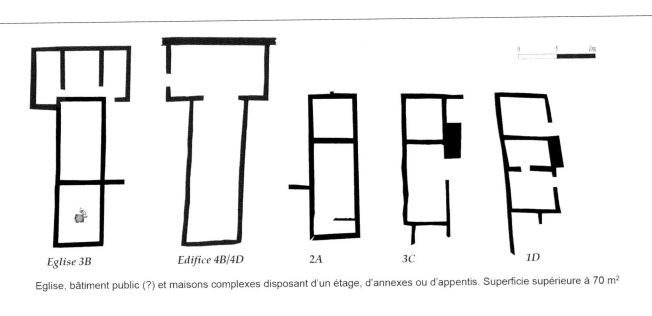

Eglise, bâtiment public (?) et maisons complexes disposant d'un étage, d'annexes ou d'appentis. Superficie supérieure à 70 m²

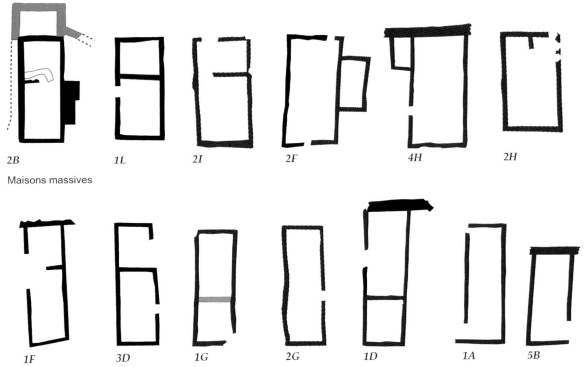

Maisons massives

Maisons élementaires à deux pièces assymétriques, constructions modulaires, superficie comprise autour de 60 m²

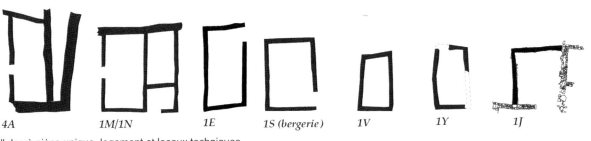

Cellules à pièce unique, logement et locaux techniques

Figure 8.5 : Planche de synthèse des différentes unités reconnues au Roc de Pampelune (doc. L. Schneider, CNRS 2012).

pas évidemment d'une invention issue d'intertextualités avec la Vie de saint Amans de Rodez ou avec les *Livres d'Histoire* de Grégoire de Tours, pourrait se rapporter aux expéditions de Théodebert dans la Gaule du Midi autour des années 530. Du reste un évêque Hilaire est bien présent au concile austrasien de Clermont en 535. Celui-ci aurait alors reçu le siège des Gabales en récompense de son entremise dans le transfert de souveraineté. Si l'archéologie démontre la puissance et la fortification du lieu, il n'en demeure pas moins vrai, comme au Roc de Pampelune, que la présence militaire est plutôt discrète. On verra plus loin que les équipements intègrent des bâtiments élitaires et même des thermes perchés à 570 m, accrochés surtout aux pentes rocheuses et abruptes de l'éperon. Plus qu'une stricte forteresse à vocation militaire, le *castellum* de La Malène apparaît davantage comme une résidence élitaire de hauteur, protégée par une enceinte. Le refuge que trouve Hilaire n'est pas celui d'une stricte réponse à une émotion sécuritaire, il s'agit bien au contraire d'un lieu de résidence, un lieu de puissance et de pouvoir dont les équipements répondent encore à l'*otium* antique.

Peupler, habiter et occuper des hauteurs : exempla

On l'a dit, mais il faut sans doute le répéter, l'exploration archéologique de ces établissements est soumise à de fortes contraintes (accessibilité des sites, boisement, volumes des décombres proprement dits à soulever …). De fait, ce sont généralement les enceintes qui ont aimanté les recherches, souvent aussi les églises car celles-ci avec leurs temporalités différentes sont un peu plus facilement repérables. C'est là un point acquis cependant. La plupart des *castra*, *castella* et *oppida* du premier Moyen Âge méridional sont en effet dotés de sanctuaires. Ce sont les cas bien connus de Saint-Blaise et de Constantine, et, désormais, de Roquebrune-sur-Argens en Provence[23]. Une église dotée d'un baptistère a également été identifiée au Roc de Pampelune[24] dans l'Hérault et une autre, à vocation funéraire, sur le site de Granède à Milhau[25] dans l'Aveyron. C'est également ce que révèlent les fouilles de la Couronne[26] dans l'Allier, mais aussi du Mont-Châtel[27] dans l'Ain, si l'on souhaite élargir le regard à un plus vaste territoire qui déborde la partie méditerranéenne de la Gaule.

En revanche, les équipements profanes, les logis, habitations ou bâtiments économiques sont plus rarement abordés. En Gaule méditerranéenne, trois établissements principaux offrent néanmoins de premiers modèles, très différents au demeurant, à la réflexion.

Une colonie forestière : l'exemple du Roc de Pampelune

Au Roc de Pampelune, dans la garrigue nord-montpelliéraine, l'établissement de plus de 2 ha surprend par son organisation. L'occupation est dense mais aucune rue reconnue ne découpe clairement des îlots. L'organisation du bâti répond à une conception d'aménagement de l'espace de type alvéolaire, marquée par des combinaisons empiriques de bâtiments agencés autour de nombreuses cours tandis que les circulations se font dans les délaissés du bâti. Le principe d'aménagement de la localité repose sur ce que l'on pourrait dénommer des « maisonnées » et c'est là sans doute la principale caractéristique de l'établissement. Le village ou l'agglomération du Roc de Pampelune est un agrégat de cours, de maisons et de cellules d'habitation qui individualisent aussi des foyers ou des groupes familiaux distincts. Il n'y a pas de logement collectif, îlot ou grand bâtiment, pas de *domus* véritable, pas plus que de bâtiment public évident ou d'unité qui regrouperait différents types de population. Si l'essentiel des bâtiments est construit en pierre et mortier et couvert de tuiles, il existe une hiérarchie cependant dans les constructions, même si celle-ci ne s'impose pas en première évidence (Fig. 8.5). On distingue en effet des maisons à étage (d'environ 70 m^2 au sol) compartimentées et dotées d'annexes, disposant de citernes individuelles, des maisons de plain-pied de plus faible superficie au sol (autour de 60 m^2), et surtout de simples cellules à pièce unique qui peuvent être des logis mais aussi des annexes, notamment dans la partie centrale de la localité plus difficile à explorer, où le bâti paraît davantage aggloméré. À bien des égards, le Roc de Pampelune évoque, pour la première moitié du VIe siècle, une « société de maisons » qui s'organisent selon une structuration romaine orientale, quasi-byzantine en somme, autour de cours multiples. On trouvera curieusement par ailleurs des éléments de comparaisons avec un site comme celui de Tonovcov Grad en Slovénie[28]. Ne nous y trompons pas cependant, le lieu n'est en rien un établissement de refuge margina-

---

23 Bertoncello, Codou 2005.
24 Pellecuer, Schneider 2005.
25 Saint-Pierre 2010 et 2020.
26 Chabert, Martinez 2017.
27 Billoin 2020, p. 89, et 2021.

28 Ciglenecki *et al.* 2011.

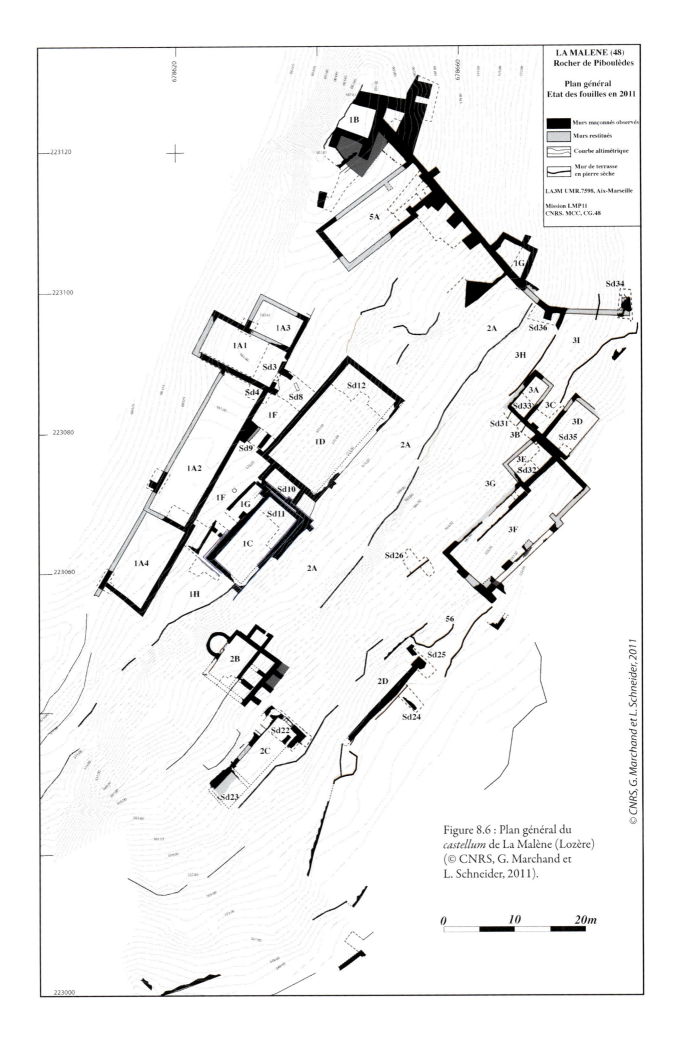

Figure 8.6 : Plan général du *castellum* de La Malène (Lozère) (© CNRS, G. Marchand et L. Schneider, 2011).

Figure 8.7 : *Castellum* de La Malène. Salle à étage de l'aile de crête. On remarquera l'escalier et le départ d'une fenêtre (angle bas à gauche) (cliché L. Schneider, CNRS).

lisé. La découverte de plus de cent quarante amphores méditerranéennes (africaines pour la plupart) montre en première évidence que le lieu est connecté. Si l'on y a pratiqué des activités agricoles ou d'élevage traditionnelles (agriculture vivrière, fourrage, textile ...), on y a surtout développé des activités artisanales spécialisées, sinon industrielles, notamment autour de la métallurgie du fer[29]. C'est l'exploitation d'un milieu forestier qui, autour des arts du feu, s'agrémente aussi d'un artisanat du verre qui semble avoir été le moteur principal de l'opération de peuplement effectuée ici entre les années 480 et 540.

Un établissement élitaire : le cas du *castellum* de La Malène

À une centaine de kilomètres plus au nord, cette fois-ci dans les Grands-Causses, le cas du *castellum* de La Malène évoque une tout autre situation. L'éperon spectaculaire des gorges du Tarn est d'une configuration bien plus inhospitalière. Il ne s'agit pas d'une table rocheuse, mais d'un versant abrupt où il a fallu aménager des terrasses. Il domine possiblement une ancienne bourgade gallo-romaine dont on ne sait si elle était encore occupée au seuil du VIe siècle. Comme au Roc de Pampelune, les bâtiments sont maçonnés, couverts de tuiles mais ils ne s'individualisent guère en maisonnées distinctes. Bien au contraire ce sont davantage des constructions élitaires, des équipements collectifs ou des bâtiments à fonctions économiques qui ont été repérés sur au moins 0,5 ha. Ainsi, sur la crête sommitale une longue aile bâtie atteint au moins 350 m^2, se développe sur plus de 50 m de longueur et comprend au moins une salle a étage disposant de colonnes (Fig. 8.6, 1A et Fig. 8.7). Les murs enduits, les sols construits et les mobiliers évoquent une aile résidentielle. Au pied de la tour, un bâtiment orné d'enduits peints polychromes désigne par ailleurs une « salle d'apparat » ou un édifice public (Fig. 8.6, 5A). Plus surprenant, en contrebas, la découverte d'un bâtiment thermal associé à une citerne littéralement accrochée dans la pente rocheuse révèle un niveau d'équipement inattendu compte tenu du contexte topographique d'une part, et de la chronologie envisagée (fin Ve siècle ou début du VIe siècle) d'autre part (Fig. 8.6, 1C et 2B et Fig. 8.8). Un lieu de culte ici aussi est repéré plus bas dans la pente en rebord de falaise (Fig. 8.6, 3B). Enfin, un grand bâtiment rectangulaire de presque 160 m^2, dont la fonction exacte n'a pu être déterminée (cellier, entrepôt, bâtiment d'accueil ?), a encore été reconnu en plan (Fig. 8.6, 1D).

---

[29] Pagès *et al.* 2005.

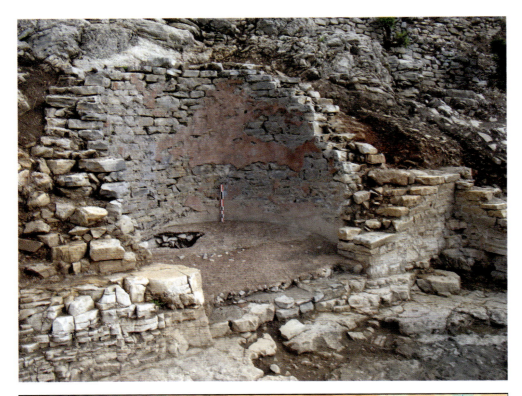

Figure 8.8 : Salle à abside des thermes du *castellum* de La Malène (cliché L. Schneider, CNRS).

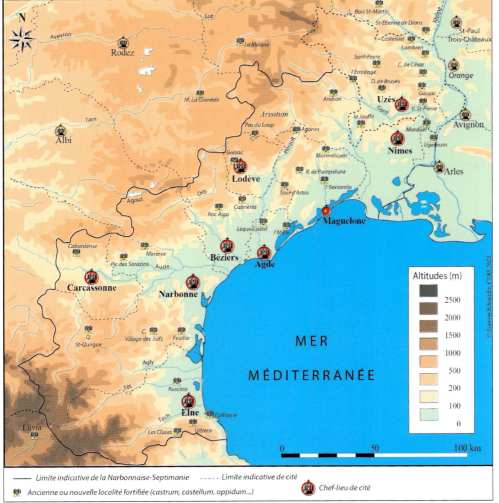

Figure 8.9 : *Oppida*, *castra* et *castella* dans l'ancienne province de Narbonne-Septimanie (v[e]-viie siècles) (doc. L. Schneider, CNRS 2023).

Ici, le contexte est très clairement élitaire, ce que souligne également la fouille d'un dépotoir des années 530-640 qui a livré un *triens* de Banassac, frappe de Sigebert III, des clous de sellerie ou d'ameublement en argent, aussi des restes de faune et de coquillages qui évoquent un régime alimentaire privilégié. Des huîtres méditerranéennes notamment ont été acheminées jusqu'ici et, au seuil du VIIe siècle, de lourdes amphores africaines produites dans la région de Carthage ont franchi la Méditerranée, les Causses ou les Cévennes pour être hissées jusqu'aux celliers du *castellum*. À l'orée des années 530, l'accueil que les *cives* du Gévaudan, dont la capitale paraît bien moribonde, aurait trouvé ici auprès d'Hilaire - si l'on en croit sa Vie – est moins celui d'un refuge circonstanciel et inapproprié que celui d'un gîte qui répond aux pratiques traditionnelles de l'*otium*.

On retiendra que l'émergence de ces sites à la charnière des Ve et VIe siècles montre surtout la capacité des élites provinciales à investir de nouveaux lieux de pouvoir et de puissance, ici une montagne rocheuse qui devient littéralement monument.

Toutes proportions gardées, le *castellum* des gorges du Tarn n'est pas sans évoquer le *burgus* d'un *Poncius Leontus* à la confluence de la Garonne et de la Dordogne, sinon ce *castellum* de *Mediolanus* que l'évêque Nizier a édifié dans un méandre de la Moselle, en dépit de la personnification poétique et littéraire que des auteurs anciens comme Sidoine Apollinaire ou Venance Fortunat ont pu en faire[30]. On commence désormais, en Gaule méridionale, à pouvoir mieux appréhender ces *realia* avec une documentation archéologique qui se renouvelle.

Des localités d'arrière-pays bien connectées jusqu'au seuil du VIIIe siècle

Vers Alès sur les pentes du vieil *oppidum* de Suzon Sant-Peyre (Le Bouquet, Gard), une équipe dirigée par Christophe Pellecuer a pu mettre en évidence une habitation, sinon une « *domus* » incendiée au seuil du VIIIe siècle. Celle-ci atteignait au moins 300 m² sur deux niveaux. Comme à La Malène et au Roc de Pampelune, les murs sont maçonnés au mortier de chaux, la toiture est constituée de *tegulae* et le sol de l'étage lui-même est fait d'un béton de mortier. Le contexte rare d'un incendie a favorisé ici la découverte d'un mobilier inhabituel : une dizaine d'amphores africaines de grande dimension, mais aussi d'amphores globulaires plus proprement associées à l'aire byzantine. Ces conteneurs étaient associés à divers autres objets : tabletterie, penture et fermoir de coffret en bronze, fléau de balance, carquois de flèches, lampe en terre de la région de Carthage et surtout à un cachet en terre portant l'empreinte d'un sceau en caractère coufique évoquant une formule d'inspiration coranique[31]. Attaché à des cordelettes, le cachet devait permettre d'authentifier un document ou un produit.

Les dimensions et la qualité constructive de la maison, la spécificité du mobilier découvert évoquent là encore une résidence élitaire. L'exemple de Suzon montre surtout, hors cités et villes résilientes, la vitalité de ces autres localités perchées au moins jusqu'au seuil du VIIIe siècle. S'il a fallu plusieurs décennies pour les repérer, c'est aussi parce qu'il s'agit presque toujours de sites inconnus de la documentation écrite et que leur situation, sur des reliefs, nécessite de recourir à des programmes de recherche longs et difficiles à mettre en œuvre pour pouvoir les explorer de manière satisfaisante. Ces localités, pourtant, apparaissent dès la seconde moitié du Ve siècle comme des éléments structurant des plaques et réseaux de peuplement. Là où les enquêtes sont les plus avancées, comme dans les anciennes cités de Nîmes et d'Uzès, c'est par dizaines désormais que l'on peut les identifier (Fig. 8.9). Elles nous obligent, de fait, à repenser, dans une historiographie renouvelée, la question de l'organisation des territoires et des espaces locaux et plus particulièrement des liens hiérarchiques ou des capacités d'autonomie que ces places pouvaient avoir avec les cités traditionnelles, ou plus exactement jouer entre la maille de ces cités et sièges épiscopaux, notamment dans les espaces où leur densité était loin d'atteindre le niveau de fragmentation qu'ont connu la Septimanie et la Provence.

Ces lieux posent également de redoutables questions qui sont d'ordre démographique ou plus exactement de contraste démographique. Ainsi en Uzège, au seuil du VIe siècle, les nombreuses localités repérées ne viennent pas strictement restructurer, par regroupement, des réseaux antérieurs d'habitats ruraux mais bien souvent ajoutent des lieux surnuméraires à des établissements ruraux (des villas notamment) qui demeurent des points d'ancrage du peuplement[32].

Entre Arles, Aix et Marseille, l'émergence de nouvelles agglomérations fortifiées comme *Ugium*, Constantine et Sainte-Propice, qui ont des assiettes de 3 à 6 ha, interrogent de la même manière sur les mobilités et sur les modes opératoires de ces nouveaux peuplements. Les

---

[30] Sidoine Apollinaire, éd. par Loyen [1961] 2008, *carmen* XXII ; Venance Fortunat, éd. et trad. par Reydellet [1994] 2002, III, 12. Voir également Herbert de la Portbarré-Viard 2014.

[31] Pellecuer, Pene 2002.

[32] Schneider 2007, p. 38-39, et 2020, p. 29, fig. 17.

travaux de Frédéric Trément[33] ont montré notamment que les zones basses de l'étang de Berre, autour d'*Ugium*/Saint-Blaise, demeuraient occupées par des établissements dispersés tout au long des Vᵉ-VIIᵉ siècles. Du reste en Septimanie, l'émergence de *Mormellicum* s'inscrit dans le même processus.

Perspectives chronologiques : un phénomène progressif, intensifié et mieux perceptible durant la seconde moitié du Vᵉ siècle et le premier tiers du VIᵉ siècle

La fameuse inscription du défilé de Sisteron évoquant comment Claudius Postumus Dardanus, ancien préfet du prétoire des Gaules, a aménagé une voie de montagne et doté la localité (l'un de ses domaines) nommée *Theopolis* de murs et de portes « pour la sécurité de tous »[34] suggère clairement que des puissants ont pu favoriser le regroupement de population et la construction de fortification collective dès le début du Vᵉ siècle. Mais c'est plus précisément dans les dernières décennies du même siècle et surtout durant le premier tiers du VIᵉ siècle que le mouvement prend une nouvelle ampleur en Gaule méditerranéenne. Du reste, dès le seuil des années 1990, Gabrielle Demians d'Archimbaud avait déjà noté – selon ses propres fouilles pionnières enfin adaptées à la perspective chronologique qui nous intéresse – que c'était à la fin du Vᵉ siècle et au début du VIᵉ siècle que l'*oppidum* devait connaître un réaménagement d'ensemble « selon un plan réfléchi et global »[35]. Les nouvelles recherches entreprises à Constantine vont peu ou prou dans le même sens. Le site est réoccupé dès le second quart du Vᵉ siècle, moment où sont entrepris d'importants travaux de démantèlement et de récupération des matériaux de la vieille ville, du sanctuaire préromain notamment, peut-être pour restaurer l'enceinte ancienne. L'occupation est continue ensuite, marquée principalement par l'identification d'un grand bâtiment en bois, exemple encore unique en Provence et en Languedoc, et ce n'est qu'à partir de la fin du siècle qu'un nouveau quartier, cette fois-ci en pierre, est mis en place dans le secteur du vieux sanctuaire chtonien. Cela suggère un accroissement de la population tandis que celle-ci se maintient sur place au moins deux générations durant, c'est-à-dire jusqu'au milieu du VIᵉ siècle[36].

Nos travaux dans l'ancienne Septimanie s'inscrivent dans la même perspective chronologique. Si le phénomène est progressif, plus précoce en Auvergne, plus tardif dans l'arc jurassien, en Gaule méditerranéenne le grand mouvement de perchement et de fortification de l'habitat en dehors des cités traditionnelles est davantage celui des années 470-530 que celui des dernières décennies du IVᵉ siècle et de la première moitié du Vᵉ siècle. C'est du moins dans cette séquence particulière que, des Alpes aux Pyrénées, un mouvement d'ensemble paraît pouvoir être détecté ; pour le dire autrement, c'est durant la domination ostrogothique que le phénomène paraît atteindre son acmé. Dans un monde post-impérial, le contexte général semble donc être davantage celui d'une compétition nouvelle entre royaumes, Églises et élites, que celui d'une recherche stricte de sécurité dans un monde encore romain. Entendons-nous cependant, une fois évacué le mythe de refuges spontanés et éphémères nés dans le strict contexte d'une émotion sécuritaire, notamment sur ces terres qui sont demeurées à l'arrière des grands *limes*. Déterminer une catégorie ou un type idéal d'établissements archéologiques à partir des deux notions simples et redoutables que sont « perchement » et « fortification » de l'habitat n'est pas sinécure. On amalgame de fait de multiples situations, facteurs et contextes, alors que les établissements examinés sont aussi et surtout de nature multifonctionnelle.

Doter d'une muraille une petite bourgade paysanne de moins de 0,5 ha comme Lombrun[37] à Vénéjan dans la vallée du Rhône, bourgade anonyme qui n'a pas bénéficié de la dédicace d'un préfet et d'un nom grec symbolique, construire un bastion ou une tour préposée à la surveillance et au contrôle d'un axe de communication comme à Piégu dans le Var, résider dans une localité de hauteur dotée de thermes et de sanctuaires, établir le siège d'un domaine et une église « familiale » et funéraire sur une hauteur marquante du paysage, un palais ou une nouvelle ville comme à Saint-Blaise, ressort de dynamiques hétérogènes que la documentation matérielle actuelle ne permet pas toujours de distinguer avec suffisamment de précisions. Cela nécessite surtout de pouvoir procéder à des enquêtes conduites à l'échelle locale, de pratiquer ou de repratiquer ces études micro-régionales qui ont accompagné le développement de la carte archéologique nationale et le *spatial turn* marqué principalement en Gaule méridionale par le programme *Archeomedes* et ses prolongements[38].

---

33 Trément 1999.
34 *CIL* XII, 1524 ; Guyon 2013, p. 141.
35 Demians d'Archimbaud 1994, p. 65.
36 Duperron 2013, p. 364-366.

37 Charmasson 1962.
38 *Archeomedes* 1998 ; Favory *et al.* 2021.

Un autre point sur lequel nous voudrions prolonger la réflexion concerne celui des abandons, concept discutable qui ne tient pas toujours compte des phénomènes de résilience et surtout des différentes échelles possibles de l'analyse spatiale. À l'image de l'*oppidum* de Constantine en Provence et du Roc de Pampelune en Languedoc, un grand nombre de ces établissements apparus au cours du ve siècle sont en effet abandonnés, peu ou prou rapidement à l'échelle archéologique, parfois dès la seconde moitié du vi[e] siècle, le plus souvent dans la seconde moitié du viie siècle ou au seuil du viiie siècle comme à La Malène (Lozère) ou au Bouquet (Gard). On pourrait s'interroger de fait sinon sur la robustesse, du moins sur l'empreinte de l'infrastructure mise en place. Mais gardons-nous de généraliser trop vite en soulignant avec facilité la fragilité de l'infrastructure observée. Si l'on est parvenu, à grand peine, à mieux saisir les *realia* de cette catégorie d'établissements c'est parce qu'il a fallu apprendre à les explorer, avec des moyens limités, en privilégiant de fait les sites qui ont été abandonnés le plus tôt et qui aujourd'hui demeurent surtout plus facilement accessibles à l'archéologie universitaire et aux moyens que les laboratoires de recherche peuvent y consacrer. Prenons un contre-exemple issu de notre propre expérience. Entre 1986 et 1991, plus de six campagnes de fouilles ont porté sur le *castrum* de Cabrières (Hérault), dont l'identification avec le lieu éponyme mentionné par Grégoire de Tours[39] ne fait plus de doute. Pourtant ces fouilles répétées[40] n'auront guère livré que des mobiliers remaniés et des documents erratiques des ve-viie siècles. Victime de son succès, mais aussi d'une stratégie de fouille focalisée à l'époque sur les ruines du village médiéval, la localité très vaste a surtout été écrasée ensuite par un château féodal puis royal occupé jusqu'au seuil du xviie siècle. Pourtant, le *castrum* de Cabrières est associé à l'une des percées les plus méridionales du roi franc Théodebert, à sa rencontre avec une certaine *Deoteria* dont naquit Théodebald un temps devenu roi de Metz et d'Austrasie. Il s'agissait manifestement d'un haut-lieu élitaire fortifié du Biterrois que l'on comparera aujourd'hui avec plus d'arguments matériels au *castellum* de La Malène en Gévaudan. Combien de situations nous échappent, ainsi à Minerve (Hérault) ou à Anduze (Gard), lorsque les occupations durables et multiséculaires ne permettent plus d'identifier aisément les contextes et la morphologie de l'ancrage initial des ve et vi[e] siècles. Le cas des Baux-en-Provence récemment revisité illustre concrètement toutes les difficultés avec lesquelles il faut pouvoir composer sur des bases documentées et bien observées[41].

Au-delà de ces occupations longues, se pose également la question des hiatus et des résiliences d'occupation sur ces hauteurs topiques, souvent marquantes dans le paysage. Ainsi dans le massif des Albères (Pyrénées-Orientales), André Constant identifie un possible hiatus dans l'occupation du *castrum* d'Ultréra[42] entre l'implantation nouvelle des ve-viie siècles dont un quartier bas a été reconnu et celle des ixe-xe siècles qui réinvestit et reformule la hauteur pyrénéenne. Inversement, à moins d'une trentaine de kilomètres au sud du massif, c'est durant la seconde moitié du viie siècle, sinon au seuil du viiie siècle, que l'ancien promontoire de Ruscino est réoccupé[43] et devient le siège d'un nouveau siège comtal. Certes, le contexte historique et géographique qui est celui de la conquête arabo-musulmane est assez particulier et explique en partie, dans cet espace, ces trajectoires différenciées. Mais cela oblige sans doute aussi à accorder plus d'attention aux contextes locaux, c'est-à-dire aux sociétés locales elles-mêmes, sinon à l'hétérogénéité des territoires et à la complexité des espaces.

Entre les cités, des territoires hétérogènes difficiles à penser : instabilité, interstices, marges et enclaves…

Les cartes issues de la géographie historique du xixe siècle, celles des nouveaux royaumes et des souverainetés qui se configurent à la fin du ve siècle, ont donné l'habitude de mesurer la profondeur des changements territoriaux opérés dans les anciennes Gaules. Pourtant, à une échelle plus locale, on continue bien souvent de penser et de mesurer la stabilité, l'enveloppe et la contiguïté des cités comme un invariant des territoires, bien que cette stabilité soit surtout évaluée par méthode régressive au moyen de l'intercession de diocèses dont les configurations exactes ne sont guère connues avant le second Moyen Âge ! Par ailleurs, les effets de déplacement de sièges de cités – Javols vers Mende, Alba vers Viviers –, l'émergence de nouveaux évêchés réifiant d'anciennes localités comme Agde, Elne et Uzès, où s'inscrivant en de nouveaux lieux, parfois insolites comme l'îlot de Maguelone, suggèrent cependant des mobilités, des phases de réorganisation et de respiration des territoires qui sont autant signes

---

39 GT, LH, III, 21-22.
40 Colin *et al.* 1996 ; Schneider 2002.
41 Michel d'Annoville 2023.
42 Constant 2014, p. 211.
43 Rébé *et al.* 2014.

de rationalisation administrative qu'accommodements conjoncturels, hésitations ou incertitudes. L'existence de résidences épiscopales délocalisées, comme peut-être l'oscillation entre Carpentras et Venasque, et le cas des évêchés dits éphémères ajoutent à ces mouvements, à des jeux d'échelles encore mal compris. Quinze « paroisses » suffisent à faire un diocèse dans les Causses à *Arisitum*, aux marges des anciennes provinces de Narbonnaise I et d'Aquitaine I. On connaît ailleurs en Gaule, grâce à Grégoire de Tours, le cas de ces *castra quasi episcopatus*, ceux de Tonnerre (qui possède son propre *pagus*) et Dijon aux confins de l'immense cité des Lingons, mais aussi le *Sellesim castrum* (Champtoceaux, Maine-et-Loire) érigé en évêché par le roi Clotaire et auquel fut rattaché un certain nombre de paroisses (*dioceses*) au détriment de Poitiers[44]. Le cas de Châteaudun soustrait au diocèse de Chartres souligne combien ces localités et leur territoire pouvaient fonctionner comme des unités de compte lors de partages, ici vers 573 entre les rois Sigebert et Gontran[45]. Et par conséquent, combien des phases récurrentes d'instabilité et de mobilité des territoires ont pu modifier les héritages antiques. On signalera dans cet ordre d'idée la stimulante relecture que vient de proposer Gérard Chouquer à propos du secteur de Dijon[46], montrant, au-delà de la question de la résidence épiscopale, la spécificité d'un territoire militaire et fiscal aux confins de trois anciennes cités.

La documentation est moins explicite en Languedoc, mais on doit noter que lorsque quelques *castra* des Ve-VIe siècles dûment attestés par des vestiges archéologiques finissent par émerger dans les sources, ils sont alors fréquemment associés à des circonscriptions et apparaissent comme des chefs-lieux territoriaux. C'est le cas par exemple de Cabrières, où un fisc est associé à l'espace de son *suburbium* en 870[47], tandis que le *castrum* est encore plus spécifiquement attaché à un ressort vicarial dans le dernier tiers du Xe siècle[48]. Mais suivons plus particulièrement le cas déjà évoqué de *Mormellicum*, agglomération de près de 5 ha qui émerge au Ve siècle à une trentaine de kilomètres de Nîmes, dans la partie occidentale de la cité (Fig. 8.10). La localité pourrait correspondre à la fin du VIIe siècle à ce *castrum Milia* qui tient lieu de borne ou de repère servant à délimiter le diocèse de Maguelone dans la *diuisio Wambae*[49]. Le lieu serait alors dans une position de confins à la fin du VIIe siècle mais sa genèse remontait à un ou deux siècles antérieurs ! Quoiqu'il en soit, on le retrouve encore, dès le seuil du IXe siècle, comme chef-lieu territorial. En 816, des biens situés à plus d'une dizaine de kilomètres sont alors placés dans le *suburbium* du *castrum*[50]. À la fin du Xe siècle, comme à Cabrières, la vieille localité (agglomération) est toujours le chef-lieu d'une *vicaria* dont le ressort s'étend sur plusieurs kilomètres au nord-est[51]. Ces dossiers nous font entrevoir des perspectives chronologiques plus amples. Celles-ci n'éclairent pas directement le statut initial des places qui ont émergé aux Ve et VIe siècles, mais suggèrent néanmoins, malgré des destins singuliers que l'infrastructure mise en place a pu connaître, des durabilités multiséculaires. Elles interrogent finalement l'héritage des Ve-VIe siècles et répondent pour partie à l'une des recommandations que formulait en 1978 Paul-Albert Février[52] : examiner la persistance de perchements anciens « pour établir un lien entre les recherches de l'Antiquité tardive et ce que les chercheurs commençaient (alors) de reconnaître des XIe et XIIe siècles ».

Prolongeons ainsi avec un dernier dossier, celui d'Anduze dans le Gard, que l'on a déjà commenté ailleurs[53]. Ici, l'éperon rocheux qui domine la ville actuelle aux portes des Cévennes a été occupé lui aussi aux Ve-VIe siècles, mais il faut attendre le IXe siècle pour que la localité émerge dans la documentation écrite (Fig. 8.11). Le lieu, dans le cadre d'actes de la pratique et de formules qui contraignent à emboîter les espaces, est alors placé dès avant 821 et jusqu'au seuil du XIe siècle dans le *territorium*, le *comitatus* sinon le *pagus* de Nîmes, cité romaine devenue épiscopale. Il est nommé comme un *castrum* dans le ressort duquel (*suburbium*, *aicis*[54], *vicaria*, *agentis* ...) sont ensuite localisés des biens. Les formules de ce type sont assez classiques en Septimanie. Mais ce n'est pas

---

[44] GT, LH., IV, 18.

[45] GT, LH., VII, 29 ; Pontal 1989, p. 169-170.

[46] Chouquer 2020.

[47] Devic, Vaissete 1872-1879, II, c. 355.

[48] C. Béz. n°s 34 et 39.

[49] L'hypothèse vient d'être suggérée par O. Darnaud 2023, p. 175.

[50] AD., Gard H 106, fol. 13r.

[51] Genty, Schneider 2002, p. 662.

[52] Février 1978, p. 243.

[53] Schneider 2010, p. 246-250.

[54] Peu ou prou synonyme de *vicaria* ou de *ministerium*, le terme *aicis/arce* désigne une circonscription administrative intermédiaire, dont le contenu institutionnel exact nous échappe. Plus fréquent en Auvergne, on le retrouve également en Rouergue, dans le Vivarais et jusqu'aux Cévennes et au Larzac. Du Cange (*s.u.* Aiacis) donne la même étymologie à *arx*, *aicis* et *aiacis*. Niermeyer (*s.u.* Ajacis) le fait dériver de *adjacens*, comme *agicis*.

8. DU RÉGIME DE LA CITÉ AUX *CASTRA* DU DÉBUT DU HAUT MOYEN ÂGE EN GAULE MÉDITERRANÉENNE

Figure 8.10 : Entre Nîmes et Montpellier, le relief du Puech des Mourgues, *castrum* de *Mormellicum* (Saint-Bauzille-de-Montmel), l'une des principales agglomérations de hauteur nouvelle de la cité de Nîmes (cliché L. Schneider, CNRS 2001).

Figure 8.11 : Vue générale du rocher associé au *castrum* d'Anduze, l'une des places héritées de l'Antiquité tardive qui traverse l'ensemble du Moyen Âge (cliché L. Schneider, CNRS).

le point principal que l'on voudrait relever. Deux plaids tenus au *castrum* l'un en 915, l'autre en 928 fournissent une autre matière[55]. L'évêque de Nîmes se déplace en personne au *castrum* d'Anduze par deux fois pour revendiquer respectivement la possession d'une *villa*, puis pour faire renouveler une charte perdue. Et dans les deux cas, ces *villae* sont situées en Andusenq. La juridiction du *castrum*, de fait, semble disposer d'une certaine autonomie vis-à-vis de Nîmes. La dichotomie entre la cité et son territoire rural paraît consommée. La place gouvernée par un agent comtal (*auctor vel defensor de castro andusianse*) échappe à l'autorité du vicomte de la cité et, dans cette magistrature ou juridiction, l'agent gouvernant le *castrum* est habilité à renouveler les chartes disparues suivant la procédure de la *plancturia*. On aurait là un exemple de l'hétérogénéité des territoires du Haut Moyen Âge, peut-être moins hiérarchisés qu'il n'y paraît. Et l'on comprendrait mieux l'émergence de nouveaux sièges comtaux délocalisés à distance des vieilles cités comme *Redae* entre Carcassonne et Narbonne, *Substantio* entre Nîmes et Maguelone, ou d'autres *castra* intermédiaires comme Anduze, Minerve ou Les Baux qui ne font surface dans les sources au mieux qu'à partir du IXe siècle alors que la genèse de ces places s'inscrivait dans l'héritage de l'Antiquité tardive. Sans doute le système des formules d'emboîtement utilisé dans les précieux cartulaires médiévaux lisse-t-il d'une certaine manière des catégories juridiques de territoires très hétérogènes en surqualifiant systématiquement l'échelle de la cité. Il nous semble au contraire que le niveau de ces places interstitielles est encore insuffisamment compris ou pensé. L'héritage de l'Antiquité tardive est aussi lié à la fonction (mnémo)topique des sites occupés et à une résilience propre aux longues trajectoires du Haut Moyen Âge. La perspective ne trouvera de réponse matérielle satisfaisante que si des fouilles nouvelles et durables peuvent être engagées sur cette gamme d'établissement encore trop peu explorée.

En guise de conclusion

Dans les dernières décennies du XXe siècle, les archéologues protohistoriens étaient les seuls à explorer systématiquement des sites de hauteur anonymes et, lorsque ceux-ci rencontraient sur ces vieux *oppida* des niveaux de l'Antiquité tardive qui ne les passionnaient guère, la tendance était de considérer bien vite qu'il s'agissait d'occupations ponctuelles et éphémères et d'un épiphénomène. Vingt ans de recherche auront montré par la suite combien ces établissements témoignent au contraire de nouvelles dynamiques que l'on propose désormais d'associer à l'émergence d'un nouveau niveau de villes. On mesure surtout le potentiel que cette gamme d'établissements peut encore apporter à une meilleure compréhension des territoires et des espaces de l'Antiquité tardive et du premier Moyen Âge. Elle offre une alternative à une recherche qui, peut-être, s'est longtemps focalisée sur la « fin des *villae* » ou la genèse des villages dans les campagnes d'une part, et le destin des cités, coloniales, latines puis épiscopales d'autre part. Ces fouilles sont difficiles à réaliser, mais de nombreux programmes sont maintenant en place et des synthèses commencent à être produites[56] sur l'ensemble des Gaules. Et ces travaux révèlent que, malgré les densités apparentes qui doivent avoir néanmoins une signification démographique, le phénomène détecté en Gaule méditerranéenne, celui d'une redéfinition du réseau des agglomérations, n'est pas celui d'un espace de spéciation mais répond à un processus étalé dans le temps et généralisable. En Auvergne notamment, les fouilles de La Couronne qui sont aujourd'hui parmi les plus exhaustives révèlent le destin d'un *castellum* mis en place au seuil du Ve siècle et occupé avec des intensités différentes jusqu'au seuil de l'An Mil[57]. Ailleurs en Bourgogne, dans l'arc jurassien, dans les Pyrénées centrales de nouvelles recherches se développent et permettent de réinscrire les travaux français dans une perspective européenne par ailleurs particulièrement dynamique[58].

---

[55] C. Nîmes, nos 16, 32 et 33.

[56] Chabert, Martinez 2017 ; Constant *et al.* 2015 ; Gandel, Billoin 2017 ; Kasprzyk, Monteil 2017 ; Billoin 2019-2020 ; Venco 2019-2020 ; Constant, Segura 2020 ; Martinez, Quiquerez 2023.

[57] Martinez 2019-2020.

[58] Steuer *et al.* 2008 ; Mannoni, Murialdo 2001 ; Ciglenecki *et al.* 2011.

Bibliographie

Sources

C. Béz. : *Cartulaire de Béziers (Livre Noir)*, éd. par J. Rouquette, Paris, 1918.
C. Nîmes : *Cartulaire de l'Église cathédrale Notre-Dame de Nîmes*, éd. par E. Germer-Durand, Nîmes, 1874.
Grégoire de Tours, *Dix livres d'histoires*, éd. par B. Krusch, W. Levison, dans *MGH SRM*, I, 1, Hanovre, 1937-1951, trad. J. Latouche, Paris, 1963-1965.

Études

Amaury G., Argant T., Carrara S., Gougouzian A., Darnaud O., Delrieu F., Dutreuil P. 2013, « L'établissement de hauteur du Malpas à Soyons (Ardèche) durant l'Antiquité tardive (IVe-VIe s.) », *Revue archéologique de Narbonnaise* 46, p. 179-199.
Archeomedes 1998, *Des oppida aux métropoles. Archéologues et géographes en vallée du Rhône*, Paris (collection « Villes »).
Aubagnac G. 1990, « L'enceinte de Constantine (Lançon, Bouches-du-Rhône) et sa valeur militaire », *Revue archéologique de Narbonnaise* 23, p. 53-70.
Béal J.-Cl., Landry Chr., Blaizot F. (dir.) 2023, *La villa gallo-romaine du Palais à Châteauneuf-du-Rhône*, Lyon (Documents d'Archéologie en Rhône-Alpes et Auvergne, 55).
Beaujard B., Prévot Fr. 2004, « Introduction à l'étude des capitales "éphémères" de la Gaule (Ier-VIIe s.) », dans A. Ferdière (dir.), *Capitales éphémères. Des capitales de cités perdent leur statut dans l'Antiquité tardive (Actes du colloque organisé à Tours, 6-8 mars 2003)*, Tours (Revue archéologique du Centre de la France, suppl. 25), p. 17-37.
Bertoncello F., Codou Y. 2005, « Les fouilles de l'habitat perché de Sainte-Candie à Roquebrune-sur-Argens (Var) : premiers résultats », dans *La Méditerranée et le monde mérovingien. Témoins archéologiques (Actes de la 23e journée internationale d'archéologie mérovingienne, Arles, octobre 2002)*, Aix-en-Provence (Bulletin archéologique de Provence, suppl. 3), p. 135-142.
Billoin D. 2019-2020, « Dynamiques de peuplement des moyennes montagnes du Jura de l'Antiquité tardive au premier Moyen Âge », *Archéologie du Midi médiéval* 37-38, p. 243-260.
—— 2020, « L'habitat du premier Moyen Âge dans le massif du Jura (V^e-XIIe s.) », dans J. Hernandez, L. Schneider, J. Soulat (dir.), *L'habitat rural du Haut Moyen Âge en France (V^e-Xe siècles). Dynamiques du peuplement, formes, fonctions et statuts des établissements (Actes des 36e Journées internationales d'Archéologie mérovingienne, Lattes-Montpellier 1-3 octobre 2015)*, Carcassonne (Archéologie du Midi médiéval, suppl. 9 / Mémoires de l'Association française d'Archéologie mérovingienne, 36), p. 81-97.
—— 2021, « Val-Revermont – Le Mont Châtel » [notice archéologique], *ADLFI. Archéologie de la France – Informations Auvergne-Rhône-Alpes* <https://journals.openedition.org/adlfi/88063>.
Boixadera M., Bonifay M., Pelletier J.-P., Rigoir Y., Rivet L. 1987, « L'habitat de hauteur de Sainte-Propice (Velaux, Bouches-du-Rhône), l'occupation de l'Antiquité tardive », *Documents d'Archéologie méridionale* 10, p. 91-113.
Brulet R. 2017, « Les agglomérations : le débat terminologique et le concept », dans S. Santoro (dir.), *Emptor et Mercator. Spazi e rappresentazioni del commercio romano*, Bari (Bibliotheca Archaeologica, 43), p. 315-336.
Chabert S., Martinez D. 2017, « Les établissements perchés de l'Auvergne (IVe-VIIe s. apr. J.-C.) : de nouvelles formes d'habitat groupé », *Gallia* 74.1, p. 289-306.
Charmasson J. 1962a, « L'*oppidum* Bas-Rhodanien de Lombren (Gard). L'habitat paléochrétien », *Cahiers rhodaniens* 9, p. 64-102.
—— 1962b, « L'*oppidum* de Lombren près de Bagnols-sur-Cèze (Gard) », *Cahiers ligures de Préhistoire et d'Archéologie* 11, p. 164-171.
Chausserie-Laprée J., Duval S., Valenciano M., Canut V. 2019, « Les fortifications de l'*oppidum* de Saint-Blaise (Saint-Mître-lès-Remparts). Découvertes et approches nouvelles », *Bulletin de Correspondance hellénique* 143.1, p. 361-389.
Chouquer G. 2020, « La région dijonnaise dans le Haut Moyen Âge. Analyse d'un espace fiscal et miliaire présenté comme une "marche mouvante" entre diocèses », dans G. Chouquer, *Droit et juridicité dans les sociétés agraires du Haut Moyen Âge occidental*, Paris, p. 56-96.
Ciglenecki S., Modrijan Z., Milavec T. 2011, *Late Antique Fortified Settlement Tonovciv Grad near Kobarid*, Ljubljana (Opera Instituti Archeologici Sloveniae, 23 et 24).
Colin M.-G., Darnas I., Pousthomis N., Schneider L. (dir.) 1996, *La maison du castrum de la bordure méridionale du Massif Central*, Carcassonne (Archéologie du Midi médiéval, suppl. 1).
Constant A. 2014, « Argelès-sur-Mer, Ultréra/Pic Saint-Michel », dans *Service régional de l'Archéologie Languedoc-Roussillon, Bilan scientifique 2013*, Montpellier, p. 210-212.
Constant A., Segura J.-A., Valenciano M. 2015, « Hilltop Settlement Dynamics in Provence between the 5th-9th Centuries: Results and Research Prospects », dans M. Vicelja-Matijašić (dir.), *Swords, Crowns, Censers and Books*, Rijeka, p. 373-402.

Constant A., Segura J.-A 2020, « Sites perchés des ve-ixe siècles en Provence : bilan, questions et avancées récentes », dans J. Hernandez, L. Schneider, J. Soulat (dir.), *L'habitat rural du Haut Moyen Âge en France (v^e-xe siècles). Dynamiques du peuplement, formes, fonctions et statuts des établissements (Actes des 36e Journées internationales d'Archéologie mérovingienne, Lattes-Montpellier 1-3 octobre 2015)*, Carcassonne (Archéologie du Midi médiéval, suppl. 9 / Mémoires de l'Association française d'Archéologie mérovingienne, 36), p. 41-52.

Darnaud O. 2023, *De Vienne à la Méditerranée : une histoire territoriale du sillon rhodanien (Ier-XIIe siècles)* (Thèse de doctorat, Université de Rennes).

Darnaud O., Ferber E., Rigaud P. 2008, « Le Couvent des Chèvres au Pouzin (Ardèche) : découverte d'un site fortifié de hauteur tardo-antique », *Archéologie du Midi médiéval* 26, p. 45-57.

Demians d'Archimbaud G. (dir.) 1994, *L'oppidum de Saint-Blaise du ve au viie siècles*, Paris (Documents d'Archéologie française, 45).

Devic Cl., Vaissete J., 1872-1879, *Histoire générale de Languedoc*, Toulouse, 2e éd. revue et augmentée.

Duperron G. 2013, « Le mobilier céramique tardo-antique (v^e et vi^e s.) de l'*oppidum* de Constantine (Lançon-Provence, Bouches-du-Rhône) », dans S. Mauné, G. Duperron (dir.), *Du Rhône aux Pyrénées. Aspects de la vie matérielle en Gaule Narbonnaise*, Montagnac (Archéologie et Histoire romaine, 25), p. 241-375.

Dupraz J. 1995, « Viviers, église funéraire », dans N. Duval (dir.), *Les premiers monuments chrétiens de la France*, I. *Sud-Est et Corse*, Paris, p. 218-223.

Esquieu Y. 1988, *Viviers cité épiscopale. Études archéologiques*, Lyon (Documents d'Archéologie en Rhône-Alpes, 1).

Favory Fr., Mathien H., Schneider L., Raynaud Cl. 2021, « Transition 7: From the Ancient to the Medieval World (4th–8th Centuries) », dans L. Sanders, *Settling the World. From Prehistory to the Metropolis Era*, Tours (Villes et Territoires) <https://books.openedition.org/pufr/19907>.

Février P.-A. 1978, « Problèmes de l'habitat du Midi méditerranéen à la fin de l'Antiquité et dans le Haut Moyen Âge », *Jahrbuch des Römisch-Germanischen Zentralmuseums Mainz* 25, p. 208-247 (= *La Méditerranée de Paul-Albert Février*, II, p. 1059-1098).

Gandel P., Billoin D. 2017, « L'établissement fortifié de hauteur alto-médiéval de Château-sur-Salins (Salins-les-Bains, Jura) », *Gallia* 74.1, p. 261-272.

Genty P.-Y., Schneider L. 2002, « L'agglomération de *Mormellicum* (Puech des Mourgues) à Saint-Bauzille-de-Montmel (Hérault, Vidourlenque) », dans J.-L. Fiches (dir.), *Les agglomérations gallo-romaines en Languedoc-Roussillon*, Lattes (Monographies d'Archéologie méditerranéenne, 13-14), p. 656-664.

Guyon J. 2013, « Un correspondant de Jérôme et d'Augustin créateur d'une "Cité de Dieu" en haute Provence », dans J. Guyon, M. Heijmans, *L'Antiquité tardive en Provence (ive - vi^e siècle). Naissance d'une chrétienté*, Arles, p. 141-142.

Heijmans M. 2019, « Les fortifications urbaines dans le Sud-Est de la Gaule », dans D. Bayard, J.-P. Fourdin, *Villes et fortifications de l'Antiquité tardive dans le Nord de la Gaule*, Villeneuve d'Ascq (Revue du Nord, n.s., Art et Archéologie, 26), p. 57-73.

Herbert de la Portbarré-Viard G. 2014, « La description du *castellum* de Nizier dans le *carmen* 3, 12 de Venance Fortunat : une *retractatio* de la description du *burgus* de *Pontius Leontius* de Sidoine Apollinaire (*carm.* 22) », dans R. Poignault, A. Stoehr-Monjou (dir.), *Présence de Sidoine Apollinaire (Actes du Colloque international, Clermont-Ferrand, 19-20 octobre 2010)*, Clermont-Ferrand (Caesarodunum, 44-45 bis), p. 465-486.

Hernandez J., Schneider L., Soulat J. (dir.) 2020, *L'habitat rural du Haut Moyen Âge en France (v^e-xe siècle). Dynamiques du peuplement, formes, fonctions et statuts des établissements (Actes des 36e journées internationales d'Archéologie mérovingienne, Lattes-Montpellier 1-3 octobre 2015)*, Carcassonne (Archéologie du Midi médiéval, suppl. 9 / Mémoires de l'Association française d'Archéologie mérovingienne, 36).

Kasprzyk M., Monteil M. 2017, « Agglomérations, *vici* et *castra* du Nord de la Gaule (iiie-vi^e s. apr. J.-C.) : esquisse d'un bilan », *Gallia* 74.1, p. 1-12.

Lauxerois R. 1983, *Le bas Vivarais à l'époque romaine. Recherches sur la Cité d'Alba*, Paris (Revue archéologique de Narbonnaise, suppl. 9).

Loppe F., Marty R., Zanca J. 2006, « Le *castrum* déserté de Ventajou et son terroir (Félines-Minervois, Hérault) : première approche (v^e-xive s.) », *Archéologie du Midi médiéval* 23-24, p. 293-355.

Mannoni T., Murialdo G. (dir.) 2001, *S. Antonino: un insediamento fortificato nella Liguria bizantina*, Bordighera (Monografie preistoriche ed archeologiche, 12), 2 vol.

Martinez D. 2019-2020, « Entre plaine et montagne. Gestion du territoire et réseaux de peuplement dans la cité de Clermont durant l'Antiquité tardive (v^e-viie s.) », *Archéologie du Midi médiéval* 37-38, p. 275-289.

Martinez D., Quiquerez A. (dir.) 2023, *Approche diachronique des sites de hauteur des âges des Métaux, de l'Antiquité tardive et du haut Moyen Âge*, Dijon <https://books.openedition.org/artehis/31078>.

Michel d'Annoville C. 2023, « Bilan croisé sur deux sites perchés antiques tardifs, les Baux-de-Provence et l'*oppidum* Notre-Dame de Consolation à Jouques (Bouches-du-Rhône), au regard des recherches récentes sur les établissements de hauteur », dans Ph. Pergola, G. Castiglia, E. E. Kas Hana, I. Martinetto, J.-A. Segura (dir.), *Perchement et réalités fortifiées en Méditerranée et en Europe, v-x siècles. Formes, rythmes, fonctions et acteurs (Actes du congrès international d'Histoire et d'Archéologie de Roquebrune-sur-Argens (Var), 19-25 octobre 2019)*, Oxford (Archaeologies, Histories, Islands and Borders in the Mediterranean, 11), p. 103-115.

Nebbiai-Dalla Guarda D. 1985, *La bibliothèque de l'abbaye de Saint-Denis en France, du IXe au XVIIIe siècle*, Paris.

Ode B. 1997, « Château-Porcher et Saint-Saturnin, deux forteresses protomédiévales dans le défilé de Donzère », *Pages d'archéologie en Rhône-Alpes* 4, p. 3-19.

Ode B., Odiot T. 2001, « L'habitat rural de la moyenne vallée du Rhône aux IVe et Ve siècles », dans P. Ouzoulias, Chr. Pellecuer, Cl. Raynaud, P. Van Ossel, P. Garmy (dir.), *Les campagnes de la Gaule à la fin de l'Antiquité (IVe Colloque de l'association AGER)*, Antibes, p. 225-246.

Pagès G., Schneider L., Fluzin Ph. 2005, « Le travail du fer dans l'établissement perché tardo-antique du Roc de Pampelune (Argelliers, Hérault) : l'apport des analyses métallographiques », *ArchéoSciences. Revue d'Archéométrie* 29, p. 107-116.

Pellecuer Chr., Pène J.-M. 2002, « Le Bouquet, Sant-Peyre (Gard) », dans J.-L. Fiches (dir.), *Les agglomérations gallo-romaines du Languedoc-Roussillon*, Lattes (Monographies d'Archéologie méditerranéenne, 13-14), p. 889-902.

Pellecuer Chr., Schneider L. 2005, « Premières églises et espace rural en Languedoc (V^e-Xe s.) », dans Chr. Delaplace (dir.), *Aux origines de la paroisse rurale en Gaule méridionale (IVe-IXe siècles) (Actes du colloque international de Toulouse, 21-23 mars 2003)*, Paris, p. 98-119.

Peloux F. 2022, *Les premiers évêques du Languedoc. Une mémoire hagiographique médiévale*, Genève (Hautes Études médiévales et modernes, 115).

Pontal O. 1989, *Histoire des conciles mérovingiens*, Paris (collection « Histoire »).

Rébé I., Raynaud Cl., Sénac Ph. (dir.) 2014, *Le premier Moyen Âge à Ruscino (Château-Roussillon, Perpignan, Pyrénées-Orientales). Entre Septimanie et Al-Andalus (VIIe-IXe siècle). Hommages à Rémy Marichal*, Lattes (Monographie d'Archéologie méditerranéenne, 34).

Saint-Pierre Chr. 2010, « Millau, La Granède (12). Une église paléochrétienne anonyme sur un éperon barré », *Archéologie du Midi médiéval* 28, p. 131-248.

—— 2020, « La Granède 1921-2021, célébration d'un centenaire. Approche chronologique du site de hauteur », *Cahiers d'Archéologie aveyronnaise* 33, p. 96-138.

Schneider L. 2002, « L'agglomération de *Capraria*, Cabrières (Hérault, Piémont biterrois) », dans J.-L. Fiches (dir.), *Les agglomérations gallo-romaines du Languedoc-Roussillon*, Lattes (Monographies d'Archéologie méditerranéenne, 13-14), p. 261-268.

—— 2004, « Entre Antiquité et Haut Moyen Âge : tradition et renouveau de l'habitat de hauteur dans la Gaule du Sud-Est », dans M. Fixot (dir.), *Paul-Albert Février, de l'Antiquité au Moyen Âge (Actes du colloque de Fréjus, 7-8 avril 2001)*, Aix-en-Provence, p. 173-200.

—— 2007, « Structures du peuplement et formes de l'habitat dans les campagnes du Sud-Est de la Gaule entre Antiquité et Moyen Âge (IVe-VIIIe s.) : essai de synthèse », *Gallia* 64, p. 11-56.

—— 2010, « *Castra*, *vicariae* et circonscriptions intermédiaires du Haut Moyen Âge méridional (IXe-Xe siècle) : Le cas de la Septimanie-Gothie », dans D. Boisseuil, P. Chastang, L. Feller, J. Morsel (dir.), *Écritures de l'espace social. Mélanges d'histoire médiévale offerts à Monique Bourin*, Paris, p. 237-266.

—— 2019, « Le château avant le château ou le défi réel du temps long (VIe-XIe siècles) : quelques repères en guise d'introduction », *Patrimoines du Sud* 10 <https://doi.org/10.4000/pds.2638>.

—— 2020, « Dynamique de peuplement et formes de l'habitat en Occitanie méditerranéenne », dans J. Hernandez, L. Schneider, J. Soulat (dir.), *L'habitat rural du Haut Moyen Âge en France (V^e-Xe siècles). Dynamiques du peuplement, formes, fonctions et statuts des établissements (Actes des 36e Journées internationales d'Archéologie mérovingienne, Lattes-Montpellier, 1-3 octobre 2015)*, Carcassonne (Archéologie du Midi médiéval, suppl. 9 / Mémoires de l'Association française d'Archéologie mérovingienne, 36), p. 13-40.

Schneider L., Clément N. 2012, « Le *castellum* de La Malène en Gévaudan. Un "rocher monument" du premier Moyen Âge (VIe-VIIe s.) », dans A. Trintignac, *La Lozère 48*, Paris (Carte archéologique de la Gaule), p. 317-328.

Steuer H., Bierbrauer V. 2008, *Höhensiedlungen zwischen Antike und Mittelalter von den Ardennen bis zur Adria. Internationales Symposium in Freiburg im Breisgau, 14 April-17 April 2004*, Berlin (Reallexikon der Germanischen Altertumskunde – Ergänzungsbände, 58).

Trément Fr. 1999, *Archéologie d'un paysage. Les étangs de Saint-Blaise (Bouches-du-Rhône)*, Paris (Documents d'Archéologie française, 74).

Venco Cl. 2019-2020, « Les établissements perchés tardo-antiques en territoire convène (IIIe-Ve s.). État des lieux et données nouvelles », *Archéologie du Midi médiéval* 37-38, p. 311-335.

Verdin Fl. 2001, « L'*oppidum* de Constantine : un exemple d'établissement de hauteur réoccupé durant l'Antiquité tardive », *Revue archéologique de Narbonnaise* 34, p. 105-121.

9. Un nouveau chantier, les châteaux et la création d'un réseau castral dans un territoire (Xᵉ-XIIᵉ siècle) : l'énigmatique *castrum* d'*Archantiosc*

Daniel Mouton
Laboratoire d'Archéologie médiévale et moderne en Méditerranée (LA3M), UMR 7298, Aix-en-Provence

Thierry Pécout
Université Jean Monnet, Saint-Étienne, Laboratoire d'Études sur les monothéismes – Centre européen de Recherche sur les Communautés, Congrégations et Ordres religieux (CERCOR), UMR 8584, Saint-Etienne

Mariacristina Varano
Université de Rouen, Groupe de Recherche d'Histoire (GRHis), EA 3831, Rouen

CETTE CONTRIBUTION SEMBLE ÉCHAPPER aux nombreux thèmes de recherches de Paul-Albert Février. Dans un colloque intitulé « Relire Paul-Albert Février », que vient faire un exposé sur la mise en place d'un réseau castral, ce qui renvoie à la séquence chronologique des Xᵉ-XIIᵉ siècles dont il a peu traité ? En réalité, son impressionnante production scientifique et le dynamisme de ses recherches invitent à élargir les champs, déjà bien vastes, dont il était familier. Les témoins rapportent qu'il fut intrigué, étonné, lorsqu'il fut conduit devant la motte de Palayson qu'il découvrait sur « ses » terres[1], à deux pas de Fréjus[2]. C'était un des sujets auxquels il s'était promis de s'attacher plus tard.

Méthodologiquement, le dossier d'*Archantiosc* (Fig. 9.1), toponyme disparu dans la commune actuelle d'Allemagne-en-Provence (Alpes-de-Haute-Provence), représente aussi une enquête détaillée, à l'échelle d'un finage provençal, dont il souhaitait la réalisation. Il préconisait de rechercher dans les chartes rédigées autour de l'An Mil des indices qui éclaireraient le hiatus qu'il constatait entre la fin de l'Antiquité et les périodes mieux connues du Moyen Âge[3], même s'il conseillait de procéder prudemment dans cette démarche régressive. Dans la région traitée ici, à Allemagne-en-Provence, en milieu rural, des textes apparaissent en effet à cette date, mais ils n'informent guère sur la période immédiatement antérieure. Qu'en est-il alors du recours à l'archéologie ? Permettrait-elle d'atteindre ces périodes plus anciennes ?

La constatation d'une prolifération de petites fortifications privées dans la campagne provençale est maintenant établie depuis plusieurs décennies[4]. Il ne fait cependant aucun doute que bon nombre d'entre elles échappe encore aux observations. L'étude de ces établissements, généralement sur des hauteurs, n'est pas dissociable de celle des territoires dans lesquels ils s'établirent et de la connaissance des groupes sociaux qui en furent les promoteurs ou les dépendants. Mais si l'archéologie illustre le développement du phénomène castral à partir de la seconde moitié du Xᵉ siècle, elle butte significativement, à partir de cette période, pour atteindre les temps qui la précèdent. L'étude du *castrum Archinzosci* en apporte l'exemple.

Un territoire en recomposition

La localisation du territoire d'*Archantiosc* a longtemps posé problème. Le lieu est proche de Saint-Martin-de-Brômes et au sud de Valensole. Il a d'abord été proposé de l'identifier avec Saragousse, endroit signalé à proximité par la carte de Cassini, sur la rive gauche du Colostre. Mais les deux formes toponymiques sont trop dissemblables sur le plan onomastique. D'autres propositions ont assimilé *Archantiosc* et Artignosc[5] en se fondant sur

---

[1] Février 1977.
[2] Commune de Roquebrune-sur-Argens, Var.
[3] Février 1978, p. 245.

[4] Fixot 1973-1974 ; 1975 ; 1976 ; Mouton 2008.
[5] Artignosc-sur-Verdon, Var, cant. Saint-Maximin-la-Sainte-Baume.

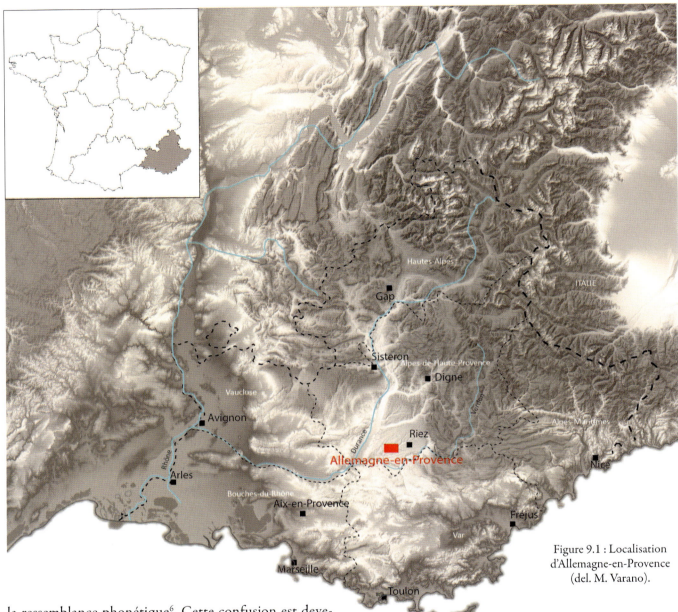

Figure 9.1 : Localisation d'Allemagne-en-Provence (del. M. Varano).

la ressemblance phonétique[6]. Cette confusion est devenue vérité aux époques moderne et contemporaine, puisque, au XIXe siècle, lors d'un procès opposant la communauté d'Artignosc à ses anciens seigneurs, ont été produites les pièces de Saint-Victor évoquant *Archantiosc*[7]. Du reste, l'érudition locale a maintenu jusqu'à nos jours l'idée erronée selon laquelle Artignosc aurait été une possession de Saint-Victor. Il est clair que les deux toponymes désignent des lieux très éloignés l'un de l'autre qui ne sauraient se confondre, outre que les vocables des églises d'*Archantiosc* ne correspondent pas à ceux de leurs homologues d'Artignosc. De plus, au XIIe siècle, ce lieu est une possession des moines de Saint-Honorat de Lérins. Et s'il fallait cumuler le nombre de prieurés cités à *Archantiosc* et Artignosc, le résultat constituerait un cas bien singulier puisque, sur le territoire résultant, ne se trouveraient pas moins de cinq églises, ce qui ferait beaucoup par rapport à une population de 57 feux en 1315[8].

---

[6] Cottineau 1939, c. 166, qui situe à Artignosc un prieuré victorin sous le vocable de Notre-Dame et Saint-Pierre. Saxer 1959, p. 109, n. 76 est plus pondéré ; il propose de faire du toponyme d'*Archantiosc* le nom d'un vaste territoire qui aurait englobé Saint-Martin-de-Brômes et Artignosc. Cette hypothèse n'est pas plus satisfaisante compte tenu de l'éloignement des deux localités, situées sur des rives opposées du Verdon.

[7] Arch. dép. du Var, 10 J 20.

[8] Baratier 1961 : au XIe siècle, la localité de Varages (Var, cant. Saint-Maximin-la-Sainte-Baume) compte également quatre à cinq

D'ailleurs, après 1098, le nom *Archantiosc* n'apparaît plus qu'associé à celui de son église et non comme territoire propre. Il ne figure dans aucune source fiscale de la Chambre des comptes d'Aix, ni dans le relevé des *castra* du comté de Provence établi vers 1239, ni dans les statuts de Digne de 1238 qui énumèrent les localités frappées par les droits comtaux dans le diocèse de Riez, non plus que dans les enquêtes domaniales pratiquées depuis le milieu du XIIIe siècle. Le *castrum* paraît ainsi avoir été délaissé dès le XIe siècle. Cependant, l'église est toujours mentionnée et desservie en 1275 et 1276[9]. Son vocable, Sainte-Marie, est cité au milieu du siècle suivant parmi les établissements légataires de Boniface de Castellane, seigneur d'Allemagne, avec trois autres églises de cette dernière localité[10].

Le nom *Archantiosc*[11] renvoie à une forme antique. Il est cité peu avant l'An Mil à l'occasion de transferts patrimoniaux en faveur de l'abbaye de Cluny lors de son implantation à Valensole, dans le diocèse de Riez (Alpes-de-Haute-Provence), puis dans des titres concernant les moines de Saint-Victor de Marseille installés au sud des possessions clunisiennes. Le territoire relevait jusqu'alors du groupe familial dont est issu, au XIIe siècle, le lignage des Pontevès[12]. L'emplacement d'un habitat correspondant est longtemps resté ignoré mais le croisement des textes et des résultats de fouilles programmées menées de 2013 à 2022 sur le site de Notre-Dame à Allemagne-en-Provence ont apporté des éléments déterminants sur sa position, sa datation et son organisation.

Le nom est donc mentionné pour la première fois sous la forme *Arginzoscum* ou *Archinzosco* lors d'accords passés dans les années 990 entre les moines clunisiens de Valensole et les ancêtres des Pontevès. Il s'agit alors de procéder à la délimitation des territoires de Valensole et d'*Arginzoscum* à la suite de la donation du premier d'entre eux à Cluny par le comte Guillaume († 993)[13]. Son statut fut alors bloqué. De manière différente, le territoire d'*Arginzoscum* resta ouvert à l'évolution et à l'exercice des différents pouvoirs religieux et profanes qui marquèrent la période de la génération castrale. Il fut cédé aux bénédictins de Saint-Victor qui, vers 1080, procédèrent, dans leur cartulaire, à la copie des quelques titres concernant ces lieux.

L'église Saint-Pierre était alors la seule. On en ignore l'origine. Elle fut successivement dotée de biens tandis que s'accroissait l'influence monastique sur les élites locales (Fig. 9.2). Dès avant 1032, les Victorins reçurent de la famille comtale un alleu consistant en une terre de deux modiées située à *Fonte Natalis*, dans la vallée d'*Archantiosco*, avec neuf seterées et une demie modiée de vigne[14]. Le 16 septembre 1034, l'église fut donnée par les Pontevès au monastère marseillais, simultanément

---

églises placées sous la dépendance du prieuré de Correns et de l'abbaye de Montmajour. Mais, outre que ces sanctuaires se répartissent sur les territoires de Tavernes et de Varages, cette dernière localité est une tête de pont isolée du prieuré de Correns, près de la vallée du Verdon, lui-même attaché à l'abbaye de Montmajour et rayonnant vers Montmeyan, Bézaudun, Saint-Martin-de-Pallières et La Verdière, et non un établissement secondaire dépourvu de dépendances comme celui d'*Archantiosc*.

[9] Compte de la décime pour les années 1275 et 1276 : Città del Vaticano, Archivio Apostolico Vaticano, Cam. ap., Collect. 15, fol. 47 et 73, sous les appellations d'*ecclesia de Arquinsosco* et *ecclesia de Arquinsono*.

[10] Boniface teste le 29 mai 1350 et élit sépulture chez les frères Mineurs de Riez où se trouve également la tombe de son père : Arch. dép. des Alpes-de-Haute-Provence, 1 J 180 ; Paris, BnF, ms. fr. 32601, fol. 324v-325 ; *Inventaire* 1902, n° 1, p. 16. Ses legs pieux vont en faveur des églises Saint-François des Mineurs de Riez, Sainte-Marie *de Fonte*, paroissiale d'Allemagne, Sainte-Thècle d'Allemagne, Sainte-Marie *de Salitis* (Les Salles-du-Verdon), Sainte-Marie *de Roca* à Moustiers-Sainte-Marie, Sainte-Marie *de Arquinssolis*, Saint-Pierre d'Allemagne et Saint-Georges, sans doute à Saint-Jurs.

[11] Le toponyme revêt diverses formes : au XIe siècle, *Arginzoscum*, *Archinzosco*, *Archantiosco*, *Archincosc*, *Archincoscho* ; à la fin du XIIIe, *Arquinsosco*, *Arquinsono* ; *Arquinssolis* au milieu du XIVe siècle. Il est formé du suffixe -osc préceltique greffé sur un gentilice prélatin (*Arganti / -oscu*).

[12] Sur ce lignage et sa parenté : Pécout (dir.) 2011, p. 647-655.

[13] Paris, BnF, ms. lat. 17715, n° 57 et Bernard, Bruel 1876-1903, n° 2268 (*Notitia vuerpitionis que facta est apud Arginzoscum castrum*), à rapprocher de la charte Paris, BnF, nouv. acq. lat. 1497, fol. 188v et Bernard, Bruel 1876-1903, n° 1290 (*Werpitio Arberti de Valentiola* à propos des limites de *Valentiola* et d'*Archinzosco*). Ces deux textes évoquent le règlement des contestations issues de la donation du comte Guillaume, entre Cluny et les Pontevès, Pandulfe et Arbert. La donation de Guillaume a eu lieu entre 960 et 993 : Wollasch 1992 ; Magnani 1999, p. 64-68. Sur le territoire voisin de Valensole et son prieuré clunisien : Pécout 2010.

[14] Arch. dép. des Bouches-du-Rhône, 1H 629, fol. 141-141v et Guérard 1857 (désormais abrégé CSV), n° 624. Sous le règne du roi de Bourgogne Rodolphe III (993-1032). Toutefois, si l'acte figure au cartulaire de l'abbaye marseillaise compilé dans les années 1080, il ne mentionne pas explicitement les moines comme donataires, mais le « très saint Pierre », expression qui pourrait aussi bien s'appliquer aux Clunisiens de Valensole : la charte leur a-t-elle été soutirée à la suite d'un accord avec eux ? Le passage ... *est ipsa terra in valle quem vocant omnes Archantiosco, in uno loco que dicunt omnes Fonte Natalis sunt due modiate de terra colta* ... signale un toponyme destiné à durer. Fontainier se trouve à 1100 m au nord du village de Saint-Martin-de-Brômes, sur l'adret de la vallée de Pinet. La vallée d'*Archantioscum* dans son acception topographique étroite semble donc bien ici celle de Pinet et non celle du Colostre.

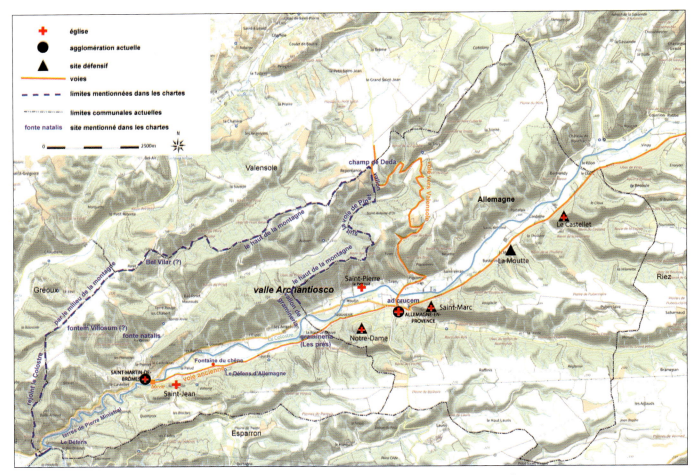

Figure 9.2 : Localisation des sites de la vallée du Colostre et des limites d'*Archantiosc* mentionnées dans les chartes (del. D. Mouton, M. Varano).

avec deux manses[15]. Peu à peu, à travers les sources, s'esquissent quelques repères topographiques. Le sanctuaire a laissé son vocable dans la toponymie, tandis que la voie mentionnée dans le texte qui, depuis l'est, vient de Valensole, serait celle joignant actuellement cette dernière localité à Allemagne. Le lieu *Ad Crucem* signale peut-être aussi un croisement puisqu'apparaît aussi la voie antique (*de meridie, via puplica*), aujourd'hui la route d'Allemagne à Saint-Martin-de-Brômes[16]. Les cartes modernes indiquent le toponyme Saint-Pierre sur un relief entre les vallées du Colostre et de Pinet, tandis que celles du milieu du XXe siècle désignent une « Crête de Saint-Pierre », indications qui ne précisent en rien l'emplacement de l'église, comme nous le verrons plus loin. Il existe une autre donation la concernant, estimée de la même époque que les documents précédents[17]. Le 12 juin 1038, de la part d'un certain Lambert et des siens, le moine Garnulf reçoit un manse et ses dépendances localisé dans le *castrum quod Archincosc vocatur*,

---

[15] Arch. dép. des Bouches-du-Rhône, 1H 629, fol. 142-142v et CSV, n° 629 : donation de la part de Pons Arbert et de sa parenté. Les limites du territoire dépendant de l'église Saint-Pierre sont alors : à l'est, la voie venant de Valensole et se dirigeant *ad Crucem* ; au sud, la voie jusqu'à *Nocarium de Adalulfo* ; à l'ouest, une terre inculte et une vigne jusqu'à la *vallicula de Rainaldo Scalato* ; au nord, les vignes et le champ (*terra agresta*) où sont nourris des lapins (*ubi cuniculi nutriuntur*, référence qui désigne peut-être une garenne ; la consommation de lapins est d'ailleurs très bien attestée par la fouille du site de Notre-Dame).

[16] Borgard 2003.

[17] Arch. dép. des Bouches-du-Rhône, 1H 629, fol. 141v et CSV, n° 626 : donation par Dodon et les siens de l'église Saint-Pierre et de ses dépendances situées *in Laurias a la Font dal Cercervis* (peut-être pour *cercus eversus* : « le chêne penché ou renversé » ?). *Laurias* n'a pas survécu mais, si ce nom partage une origine commune avec l'appellatif provençal *lauroun*, il peut renvoyer à une source ; en revanche, la Fontaine du Chêne est un toponyme que l'on trouve dans les cadastres jusqu'au XIXe siècle. Il est situé au sud du Colostre, au bord de la voie ancienne (Fig. 9.2). Arch. dép. des Alpes-de-Haute-Provence, 3 P 503, commune de Saint-Martin-de-Brômes, état de sections établi en 1827, section C, parcelles 492 et suivantes. Voir aussi le cadastre de 1826, Arch. dép. des Alpes-de-Haute-Provence, 105 Fi 189/ 010.

première mention de l'établissement sous cette forme[18]. La route de Valensole ne limite pas seulement le territoire de Saint-Pierre mais paraît alors séparer également le *castrum* d'*Archincosc* d'un autre territoire qui se déploie à l'est, celui d'Allemagne.

Il est probable qu'il faille aussi dater de cette époque la constitution du *castrum* de Saint-Martin et le processus de fragmentation de la vallée d'*Archantiosc*. En 1042 en effet, à l'occasion de la donation aux moines marseillais de l'église Saint-Martin de *Brumce*, les limites de son ressort sont précisées[19] et correspondent aux limites septentrionales de la commune actuelle (Fig. 9.2). Cependant, sous l'abbatiat de Bernard de Millau (1064-1079), l'église Saint-Martin de *Bromezes*, administrée par Pierre son *ministral*, est encore localisée dans le territoire d'*Archincosco*. Pierre cède aux moines des droits qu'il percevait depuis l'abbatiat d'Isarn (1021-1047). Ils se composent de la tasque portant pour moitié sur des paysans récemment installés (*de his hominibus quos ibi atraxero*) et pour l'autre moitié sur un défens et des grèves (*ribera de aqua*), ainsi que d'un prélèvement au dixième, dont on ne sait s'il s'agit d'une dîme (*partem quam requirebam in decimo*)[20]. Ces terres étaient situées à l'extrémité occidentale de Saint-Martin sur la rive gauche du Colostre, au lieu-dit Le Défens qui ne doit pas être confondu avec Le Défens d'Allemagne, situé plus à l'est et qui fut donné à Saint-Martin par les Castellane au XVe siècle.

La topographie religieuse d'Archantiosc

Une notice non datée, mais que l'on doit vraisemblablement rapprocher d'une confirmation de l'évêque de Riez en 1098, récapitule les possessions acquises par les moines de Saint-Victor dans la vallée d'*Archantiosc*. Aux églises Sainte-Marie, Saint-Pierre, Saint-Jean et Saint-Martin s'ajoutent d'autres biens offerts par les Pontevès. Localisées dans le territoire dépendant de Saint-Martin, une modiée de terre de labour et deux modiées de vigne, dont l'une située *in terra Ricardi*, sont données par Pons Arbert et ses fils à Saint-Pierre et à Saint-Jean[21]. Il est précisé que la terre de labour était inculte lors de la donation, mais qu'elle fut ensuite plantée de vignes. L'ensemble suggère des activités de défrichement et de lotissement dans un contexte de construction de plusieurs lieux de culte. En cette fin du XIe siècle, existent quatre églises *in valle que dicitur Archincosch*. Le terme *vallis* est employé au sens domanial plutôt que strictement topographique. Il désigne un groupe de dépressions réunies sous un même pouvoir seigneurial, tel qu'il est employé pour caractériser le Val de Rians ou le Val de Trets[22]. Il ne renvoie pas forcément à une simple vallée, peut désigner strictement la vallée de Pinet mais plutôt comprendre celle du Colostre et celles de ses affluents.

Dans la dernière charte citée, les terres reçues par les moines sont situées au nord de la voie publique, sans que l'on sache si elles se trouvent à l'est ou à l'ouest de Saint-Martin-de-Brômes. Les biens proches de l'église Saint-Jean se localisent de manière plus précise : *sunt ambe iste modiate in valle Aligera ; et abent, in meridie, terminum campum de Dea ; et in oriente, est terminus via que reddit ad Valem Soliam ; et in septentrione, sicut jacet campus de Petro Ministrali ; et in occidentum, usque Serrum*. Un cadastre du XVIIIe siècle pourrait conserver la trace de la *vallis Aligera*[23]. La voie qui conduit à Valensole cor-

---

[18] Arch. dép. des Bouches-du-Rhône, 1H 629, fol. 141v et CSV, n° 625. Ce Lambert est propriétaire d'un domaine dans ce territoire et il est entouré de sa parenté. L'acte est rédigé *in castro Arcincosco*, lieu vraisemblable de leur résidence.

[19] Arch. dép. des Bouches-du-Rhône, 1H 629, fol. 141 et CSV, n° 623 : donation de Gontard et des siens. La charte a été intitulée lors de sa copie dans le cartulaire (vers les années 1080), *Karte de Archincoscho*. Les limites du territoire dépendant de cette église Saint-Martin sont, au sud, le Colostre ; à l'est, le vallon de *Gramineria*, suivant le sommet du Serre, le long de la *via vallis Pineti* jusqu'au *campum de Deda*, et à nouveau sur le Serre jusqu'à *Bel Vilare* ; à l'ouest, à mi-chemin du sommet du Serre jusqu'à *Fontem Viliosum*, et enfin le Colostre à nouveau.

[20] Arch. dép. des Bouches-du-Rhône, 1H 629, fol. 142 et CSV, n° 628. Tous ces droits avaient été cédés au ministériel Pierre par l'abbé Isarn ; il s'associe spirituellement à la communauté monastique (*fraternitatem quam dederunt mihi*).

[21] Arch. dép. des Bouches-du-Rhône, 1H 629, fol. 142 et CSV, n° 627 (*Carta commemorationis et recordationis ecclesiarum que site habentur in valle que dicitur Archincosch*). Le territoire de Saint-Martin comporte alors comme limite, au sud, le chemin public, à l'est le vallon de la *vinea Albellonii*, au nord la montagne, à l'ouest la vigne de *Pons Plura*. Les signataires ajoutent une quarterée de vigne *in vinea Aldini Budiga*, une modiée de labour localisée à côté de la crypte de l'église Saint-Jean et une autre devant son portail (*regia*), deux modiées de labour destinées aux églises Saint-Pierre et Saint-Martin localisées *in Valle Aligera* et délimitées au sud à *campum de Dea*, à l'est par la voie vers Valensole, au nord par le champ de Pierre le ministériel, à l'ouest par la montagne. L'église actuelle de Brômes a été édifiée dans la première moitié du XIIe siècle : Thirion 1980, p. 60.

[22] Mazel 2008, le dossier du Val de Trets étant ensuite repris dans Mazel 2016.

[23] Archives communales d'Allemagne déposées aux Archives départementales des Alpes-de-Haute-Provence, EDEP 189/11, commune de Saint-Martin-de-Brômes, fragments de cadastres (XVIIIe siècle). Parmi plusieurs carnets séparés, l'un, sans mention de date, contient 59 feuilles dont 48 sont rédigées. Pour chaque propriétaire, les terres sont groupées par rubriques, chacune titrée par une lettre majuscule A, B, C, etc., qui paraissent constituer des lots.

respond actuellement à la route départementale 82 qui vient d'Esparron-du-Verdon et passe à l'ouest de Saint-Jean. Il faut supposer que l'ancien tracé se situait à l'est, là où se trouve encore un chemin de terre.

En 1098, dans la confirmation des biens de Saint-Victor par l'évêque de Riez ne sont évoquées que deux églises, la seconde assortie de plusieurs vocables, Saint-Jean, Saint-Pierre, Saint-Martin, et Sainte-Marie. Mais cette énumération correspond à des églises distinctes précédemment citées. Elle a sans doute été formulée de manière incorrecte par le scribe de l'évêque, le passage devant probablement se lire [*ecclesia*] *sancte Marie et* [*ecclesie*] *sanctorum Petri, Johannis et Martini*. L'ensemble est localisé dans la vallée et dans le *castrum d'Archinzosc*, ce qui suggère que le terme vallée correspond au territoire castral[24]. Il semblerait donc que le premier lieu monastique, Saint-Pierre, ait essaimé avec la création des églises Saint-Martin et Saint-Jean. En revanche, rien n'indique que les moines victorins aient été à l'origine de l'église Sainte-Marie ; sa création relèverait plutôt de la volonté des laïcs de doter le site castral d'un lieu de culte. Les églises de ce territoire sont localisables : Sainte-Marie (ou Notre-Dame, selon l'appellation actuelle), Saint-Martin, Saint-Jean et Saint-Pierre se font face deux à deux, de part et d'autre du Colostre et de la voie antique. La carte de Cassini place l'église Saint-Pierre dans une zone inondable, au pied de la « Crête de Saint-Pierre »[25] qui a fait partie des terres données aux moines avec l'église. La localisation au bord de la rivière pourrait être fautive. Il faut la chercher plutôt à 500 m au nord-est, au lieu-dit La Peiroué, nom qui conserve probablement le souvenir du prieuré victorin. Les bâtiments de ferme actuels occupent un replat à une dizaine de mètres au-dessus de la rivière, hors du niveau des crues. De là, vers le sud-ouest, on voit s'élever le relief qui porte Notre-Dame. Saint-Pierre est donc certainement la même église que Saint-Pierre d'Allemagne mentionnée au milieu du XIVe siècle.

Archantiosc désignait ainsi un vaste territoire au sud de celui de Valensole, sans doute comparable en étendue à celui qui fut fossilisé dès la fin du Xe siècle par la constitution du domaine monastique clunisien. D'abord intégré aux possessions des Pontevès puis cédé aux moines de Saint-Victor, *Archantiosc* fut divisé entre Saint-Martin-de-Brômes et vraisemblablement Allemagne, dont les noms renvoient tous deux à une mise en valeur médiévale, tandis qu'au sud le nom d'Albiosc évoque un peuplement plus anciennement structuré[26]. *Archantiosc* comportait donc un premier établissement, Saint-Pierre, passé à Saint-Victor de Marseille, puis une église Sainte-Marie (Notre-Dame). En revanche, le territoire d'Allemagne n'apparaît pas dans la documentation, bien qu'au début du XIIIe siècle il ait appartenu aux Spada, apparentés aux Pontevès. Nous savons seulement que la route de Valensole, à proximité du village actuel, en fixait la limite occidentale au XIe siècle. Pour le reste, on doit se contenter de supposer des limites identiques à celles d'aujourd'hui. De même, la partie méridionale du *castrum d'Archantiosc* qui ne fut pas donnée à Saint-Victor ne fut intégrée au territoire d'Allemagne qu'à la fin du XIIe siècle.

L'église Sainte-Marie, dite *d'Arquinsolis* au XIIIe siècle ou *ecclesia de Arquinsosco* au XIVe siècle[27], a polarisé l'habitat castral *d'Archantiosc*. Elle est le seul vestige encore visible du vaste site aujourd'hui désigné par son vocable, Notre-Dame, qui fait l'objet de fouilles depuis 2013.

Le site castral d'Archantiosc : Notre-Dame

La recherche archéologique a non seulement montré la prolifération des sites de fortifications privées à partir de la seconde moitié du Xe siècle, mais aussi, à partir de l'An Mil, qu'ils ont été l'objet de reconstructions successives à un rythme rapide. Cela a été mis en évidence par

---

Au folio 35, un certain Blanc Christophe possède des biens, entre autres « C, au vallon des Baillés, au vallon de Layé, à La Blache ». Le vallon de Layé conserve sans doute la mémoire de la *Valle Aligera* qui semble proche de La Blache (aujourd'hui Les Blaches), à environ 550 m au sud-ouest de Saint-Jean.

24 Arch. dép. des Bouches-du-Rhône, 1H 629, fol. 156 et CSV, n° 697 : confirmation des possessions de Saint-Victor par l'évêque de Riez Augier, le 5 mars 1098, qui évoque les églises du *castrum* et de la vallée *d'Archinzosc*, avec les vocables de Marie, Pierre, Jean et Martin : ... *et ecclesia Sancta Maria de Brunce et ecclesie de castro et valle Archinzosc Sancte Marie et Sanctorum Petri, Johannis et Martini* ....

25 Ce toponyme indique sans doute que cette colline appartenait à Saint-Pierre.

26 L'hagiotoponyme Saint-Martin et le nom Allemagne évoquent une occupation médiévale : *Alamannia*, attesté en 1182 (CSV, n° 223), est constitué sur un ethnique (*Alaman* / latin -*ia*). Toutefois, Brômes est une forme beaucoup plus ancienne : *Brumeç*, *BoR-id / -*is* ou -*es* (locatif), hydronyme préceltique. Albiosc, *Albiosc*, attesté en 1103 (Moris, Blanc 1883, n° 218), provient d'un ethnique muni d'un suffixe préceltique (*AL-B / -*oscu*). Quant à Esparron, signalé vers 1066 (Moris, Blanc 1883, n° 227), il s'agit d'une forme dialectale issue du bas latin, *Esparroun*, désignant une barre de bois, le toponyme renvoyant à l'idée de barrage et de fortification.

27 Voir note 9.

Figure 9.3 : Le site élitaire de Notre-Dame dans son état 0 (deuxième moitié du Xe siècle) avec schéma de restitution (cliché D. Mouton).

exemple à Niozelles sur le site de *La Roca* d'Aldefred, à Valensole sur celui de La Moutte[28] et à La Moutte d'Allemagne-en-Provence[29]. Le site castral d'*Archantiosc* s'inscrit parfaitement dans ce contexte.

Haut de 140 m, le relief qui le porte est celui qui, entre Saint-Martin et Allemagne, est le plus en avancée dans la vallée, de sorte qu'il s'impose au regard depuis la route. Du sommet de la colline, la vue embrasse le paysage depuis Saint-Martin vers l'ouest jusqu'aux confins de Riez vers l'est. Le choix d'un relief le plus propice à une implantation ostentatoire explique sans doute que le *castrum* n'ait pas été placé au centre de son territoire mais à environ 800 m de sa limite orientale. Il était composé d'un habitat élitaire, d'une église et d'un village.

L'habitat élitaire a connu trois états successifs radicalement différents. Dans un premier temps, vers le milieu du Xe siècle, un fossé d'environ 20 m de large et de 5 m de profondeur a été creusé au sud afin d'isoler l'ensemble du côté du plateau où l'accès était le plus aisé. Il a semblé insuffisant car un puissant mur en terre et en bois, d'environ 2 m de largeur et de hauteur, est venu barrer la

---

28   Mouton 2008, p. 27-66.
29   Mouton (dir.) 2015.

frange de la plateforme au bord du fossé. Plusieurs pièces de bois intégrées à ce rempart ont été datées des VIIe-VIIIe siècles, très probablement récupérées sur un site plus ancien dont la nature et l'emplacement sont ignorés. Les flancs méridionaux et orientaux étaient protégés par une palissade couronnée d'un chemin de ronde large d'environ 2 m. Elle était longue de 14 m à l'est et 13 m au sud et était en tous points identique à celle qui a été mise au jour à La Moutte, site contemporain à 3,5 km vers l'est. La plus grande surface de la plateforme était occupée par une vaste construction de bois (Fig. 9.3), orientée nord-ouest/sud-est. Une centaine de poteaux de chêne délimitaient un bâtiment rectangulaire à deux nefs, de 13 m sur 7,30 m. Un enclos dont la destination domestique est probable s'intercalait entre le mur gouttereau méridional et la palissade. Outre celle d'activités domestiques et artisanales, le mobilier indique la présence d'équidés et d'arbalètes. Cette première occupation s'est achevée vers la fin du Xe siècle. Le mur d'escarpe barrant le fossé a brûlé et s'est effondré sans que l'on sache s'il s'agit d'un épisode guerrier ou d'une destruction volontaire.

Certaines pièces de bois du premier bâtiment furent conservées et intégrées aux nouvelles installations. Après remblaiement de la partie sud de la plateforme, fut élevée une tour hexagonale de 7,50 m de diagonales hors œuvre

Figure 9.4 : Le site élitaire de Notre-Dame au cours de la première moitié du XIe siècle (état 1) (cliché D. Mouton).

Figure 9.5 : L'église Notre-Dame en contrebas du site élitaire (cliché D. Mouton, M. Varano).

(Fig. 9.4). Les murs, construits en bois, terre et galets, étaient larges d'un peu plus de 0,60 m. Entre deux gros poteaux médians était placé un foyer, tandis que plusieurs autres supports, plus modestes, servaient sans doute à soutenir un plancher. Entre autres objets, le mobilier a livré des carreaux d'arbalète et des pièces d'échec. Cette tour était servie par deux annexes domestiques aux murs en terre. La plus grande (3,85 m sur 2,18 m) incluait cinq poteaux du bâtiment antérieur dans sa paroi méridionale. Le sol montrait des traces de feu sans qu'aucun foyer aménagé n'ait été observé. L'autre annexe (2,40 m sur 2 m), ouverte vers l'est, était séparée de la précédente par une venelle de 0,50 m de large, peut-être par crainte du feu. Toute sa surface consistait en un sol d'argile rubéfié, plusieurs fois rechargé. Cette pièce semble ainsi avoir été utilisée comme fumoir.

Au cours de la seconde moitié du XIe siècle, l'ensemble fut rasé, recouvert d'une couche de terre pour laisser la place à une modeste maison sur poteaux de 5,30 m sur 3,30 m, protégée par une palissade semi-circulaire en bois, d'une douzaine de mètres de diamètre. D'apparence beaucoup moins prestigieuse que les précédentes, ces constructions n'abritaient cependant pas de simples paysans si l'on en juge par le mobilier : armes avec pointes de traits d'arbalètes, pièces de tric-trac. On peut imaginer que les occupants étaient des soldats chargés de la garde du site et du territoire et, sans doute, des prélèvements pour le compte des seigneurs partis chercher résidence ailleurs, à Riez peut-être[30].

Au pied de la résidence élitaire, l'église Notre-Dame (Fig. 9.5) est le seul vestige de l'ensemble castral conservé en élévation. Elle est installée en bordure d'un replat, vraisemblablement aménagé, d'environ 250 m². Orientée selon un axe nord-est/sud-ouest, elle se compose d'une nef unique prolongée par une abside semi-circulaire dont le voûtement en cul-de-four semble postérieur au Moyen Âge. Le bâtiment mesurait 10,30 m sur 5,50 m en hors œuvre. Bien que les textes mentionnent son existence au XIe siècle, aucune partie de l'élévation ne paraît dater de cette époque. Dépourvue de toiture dans son état actuel, l'église semble le résultat d'une importante campagne de reconstruction d'époque moderne. Les murs sont construits en tuf, calcaire et galets liés au mortier de chaux. Réalisés en blocs équarris, les chaînages d'angle sont soignés. Les pilastres de l'arc triomphal et l'arc lui-même montrent des blocs de calcaire parfaitement taillés dont plusieurs portent une taille décorative en épis sur le parement. Sans doute en remploi, ils semblent répartis de façon aléatoire dans les maçonneries, plusieurs dans l'arc triomphal, dans l'écoinçon nord, sur l'angle extérieur de la façade occidentale côté nord, à l'angle extérieur oriental de la façade nord. Ils proviennent d'un état antérieur, à l'architecture soignée.

À l'époque de la rédaction de ce texte, la fouille de l'église était presque achevée. Certaines observations méritent d'être évoquées. L'élévation est probablement le fruit d'une importante campagne de reconstruction au tout début du XVIIe siècle, tout comme le dallage intérieur qui repose directement sur le sol naturel. À l'extérieur, subsistent les vestiges d'une abside antérieure à cet état. Son plan semi-circulaire était plus développé. Montée en blocs de calcaire et faux-joints tirés au fer, elle est attribuable à une période avancée du Moyen Âge (XIIe-XIIIe siècles ?). À sa base, une maçonnerie en galets pourrait en être la fondation (Fig. 9.6). Contre elle, des sépultures se concentrent parmi lesquelles celles d'enfants et d'adolescents en nombre dominant. Deux d'entre elles contenaient un « pégau ». Sur le mur gouttereau sud, la maçonnerie moderne prend appui sur des assises dont la facture ressemble à celle de la fondation de l'abside ancienne. Le cimetière venait contre celle-ci. Des analyses pour datation sont en cours.

Enfin, une aire d'ensilage puis un habitat se déployaient sur les pentes ouest et sud-ouest de l'éminence, sur une surface comprise entre 1,5 et 2 ha, aujourd'hui densément boisée. Cette situation n'a permis qu'une exploration partielle en plusieurs campagnes. La forte dénivellation naturelle fut exploitée. Au premier état de la résidence élitaire, les pentes étaient surtout occupées par une vaste aire d'ensilage associée à quelques habitations. Le comblement des silos intervint entre la fin du Xe et le début du XIe siècle. Furent alors réalisés d'importants travaux pour aménager des terrasses destinées à de nouvelles habitations (Fig. 9.7). Elles étaient étagées selon les courbes de niveau. Construites en matériaux périssables, elles étaient complétées par des silos et des fosses. Il est envisageable que de cette intense phase de travaux résultèrent des surfaces séparées, presque des quartiers. C'est ce qui apparaît le mieux dans le secteur d'habitat le plus septentrional, région où alternent des replats peu étendus et des pentes raides. Des fosses et des silos ont été observés en contrebas d'un four probablement destiné à la cuisson du pain.

On ignore si à l'époque de ces grands aménagements, ainsi qu'au cours du XIIe siècle où l'occupation paraît se maintenir, l'habitat était abrité derrière une enceinte. Cette incertitude concerne déjà les premiers temps de

---

30 Mouton 2016, p. 283-301.

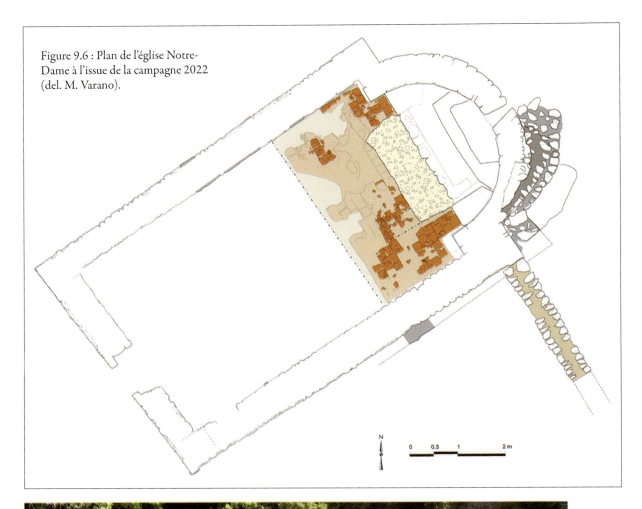

Figure 9.6 : Plan de l'église Notre-Dame à l'issue de la campagne 2022 (del. M. Varano).

Figure 9.7 : Vue zénithale d'un secteur de l'habitat (cliché D. Mouton, M. Varano).

9. UN NOUVEAU CHANTIER, LES CHÂTEAUX ET LA CRÉATION D'UN RÉSEAU CASTRAL DANS UN TERRITOIRE

Figure 9.8 : Le site de Sainte-Maxime à Quinson (cliché D. Mouton).

l'occupation, puisque des vestiges d'habitat ont été repérés alors dans un secteur plus lointain, à proximité de la plaine. Est ainsi en cause la genèse de l'occupation de cette partie inférieure et la question de son articulation avec des formes plus anciennes.

Approches régressive et progressive

« Dans ce paysage humain complexe, les nouvelles formes de vie sociale sont venues apporter, à partir du XIᵉ siècle, et parfois tardivement, de nouveaux groupements, sans qu'il soit possible de dire d'où viennent les habitants »[31]. L'occupation de l'éminence de Notre-Dame – résidence élitaire et exploitation des pentes – commença vers le milieu du Xᵉ siècle. C'est d'ailleurs à peu près à la même époque que s'amorcent les occupations perchées sur le site voisin de La Moutte[32] et plus loin à Niozelles et à La Moutte de Valensole[33]. La mise en place de ces nouveaux sites, à l'échelle de chaque finage, s'inscrit dans un peuplement en évolution dont il est difficile de saisir l'origine à travers les sources écrites et les évidences matérielles. Sans en avoir la preuve, on peut estimer que la vallée d'*Archantiosc* pourrait constituer une unité territoriale héritée d'époque plus haute. Le groupe familial des Pontevès et des Spada, qui fut à l'origine de cet établissement, est aussi établi à Brauch, sur la commune de Quinson[34]. Sur ce territoire, un habitat fortifié au lieu-dit Sainte-Maxime a livré, en prospection, d'assez nombreux artefacts[35] qui indiquent une occupation entre les Vᵉ et XIᵉ siècles sans que l'on puisse dire si la séquence est continue (Fig. 9.8). Il ne fait aucun doute que ce site recèle un sérieux potentiel archéologique par rapport aux questionnements actuels.

La restructuration dont la vallée fit l'objet au cours du XIᵉ siècle pourrait témoigner de nouveaux équilibres politiques et territoriaux au profit de seigneuries monastiques, ce qui aurait rendu obsolète le cadre primitif d'*Archantiosc*. La disparition du toponyme à la fin du siècle semble aller dans ce sens, de même que l'émergence de nouvelles unités territoriales : le *castrum* de Saint-Martin et le territoire d'Allemagne[36]. Rien n'indique tou-

---

31 Février 1978, p. 243-244.
32 Mouton (dir.) 2015.
33 Mouton 2008.

34 Pécout 2022, p. 257-302.
35 Ces objets sont conservés au Service départemental d'archéologie du Var.
36 CSV n° 223. La *Carta de Bromeces* de 1182 identifie déjà les

tefois que ce dernier ait été affecté par ces changements si ce n'est qu'il fut également doté d'un habitat élitaire perché (La Moutte) dont le plan est très proche de celui du bâtiment primitif de Notre-Dame.

La seule topographie religieuse ne rend donc pas compte de la complexité des processus. Sans que l'on puisse, pour l'instant, en préciser l'ancienneté, les documents écrits suggèrent que l'église Saint-Pierre précéda l'apparition des trois autres lieux de culte de la vallée qui apparaissent dans les textes au cours de la seconde moitié du XIe siècle. Elle s'élève au nord de la *via publica*, repère qui servit, en 1034, pour délimiter le domaine cédé aux moines victorins. L'établissement de lieux de culte le long des grands axes de circulation est un phénomène connu. Dans la vallée du Colostre, le passage de la route antique reliant Riez à Aix est attesté par deux milliaires du IIIe siècle et par la carte de Peutinger[37]. Les éditeurs de la *Carte archéologique de la Gaule* mettent en relation la présence de la série de mottes le long du tracé avec son usage[38]. Toutefois, les multiples campagnes de prospection et d'étude qui ont intéressé l'ancienne cité de Riez n'ont mis en évidence que peu de traces d'occupation antique ou tardo-antique à proximité de ce segment de route[39], alors même que de nombreux sites archéologiques gallo-romains de l'ancienne circonscription riézoise s'inscrivent le long d'autres itinéraires principaux. Quelques traces anciennes ont en revanche été repérées au sud du village actuel d'Allemagne et de Notre-Dame, sur la partie la plus méridionale du plateau de Valensole qui sépare la vallée du Colostre de la série de ravins prenant naissance, à l'ouest, à proximité du lac actuel d'Esparron. Ici des indices de deux petits établissements ruraux ont été signalés, mais les datations sont imprécises si ce n'est un rattachement approximatif à l'Antiquité. Des indices plus sûrs auraient été attendus à propos de rares tessons de céramique grise trouvés à proximité d'une autre construction circulaire attribuée à l'Antiquité tardive[40].

Faut-il voir dans cette occupation ancienne du plateau l'origine possible de celle de Notre-Dame ? Aussi bien peut-on supposer un peuplement antérieur dans la vallée du Colostre à proximité de l'axe routier d'origine antique, préalable à la montée vers l'éminence au sommet de laquelle l'aristocratie locale groupa une population vers le milieu du Xe siècle. À Notre-Dame, des matériaux – notamment du bois de charpente – ont été récupérés sur des sites plus anciens : plusieurs analyses radiocarbones, tant dans la résidence élitaire que dans l'habitat paysan, indiquent l'abattage des arbres autour des VIIe-VIIIe siècles. La vallée d'*Archantiosc* n'était pas inhabitée au Haut Moyen Âge, mais il est difficile d'en retrouver trace.

Conclusion

Dans la dernière décennie du Xe siècle, lorsque Arbert et Pandulfe mirent un terme au conflit qui les opposait à Cluny, le premier se rendit à Valensole auprès du prieur Garnier[41], tandis que celui-ci se déplaça à *Archantiosc* auprès de Pandulfe, alors qualifié de *nobilis miles*[42]. Le site dans son premier état fut peut-être le cadre de cette rencontre.

On ignore les raisons pour lesquelles ce site fut ensuite transformé autour de l'An Mil. Il prit un caractère plus démonstratif, voire ostentatoire, avec une tour de plan hexagonal qui ne trouve qu'une seule comparaison, géographiquement très lointaine[43]. Simultanément, les textes font état de la mise en valeur du finage : nouveaux paysans, terres à blé, vignoble, élevage de lapins. À partir des années 1030 et 1040, la donation de l'église Saint-Pierre à Saint-Victor de Marseille, avec des biens qui lui étaient associés, montre la déprise des Pontevès et des Spada sur le territoire. Cette générosité était justifiée par l'espoir d'un bénéfice spirituel. Elle fait suite à une accumulation matérielle qui rendit possible ces largesses. Cette période de donations suggère d'importants changements opérés au moment où les seigneurs d'*Archantiosc* quittent leur résidence et la détruisent pour la remplacer par une petite maison qui pourrait avoir été destinée à des hommes d'armes chargés de la garde de la partie du territoire d'*Archantiosc* qui serait restée aux mains de ses propriétaires laïcs.

---

biens de la partie occidentale de l'ancienne vallée par rapport au nouveau pôle centré sur Saint-Martin. Dans ce même acte apparaît, parmi les témoins, un dénommé *Isnardus de Alamania*. Allemagne est désigné comme *castellum* dans un acte de 1218, tandis que le *castrum Alamanie* apparaît pour la première fois dans la liste des *castra* rédigée vers le second quart du XIIIe siècle.

37 Bérard 1997, p. 74 ; Barruol 1998 ; Borgard, Mocci, Sehet, Seneca 2010, p. 17-20 ; Bérard, Provost 2020, p. 67.

38 Bérard, Provost 2020, p. 76.

39 Au quartier des Mauras, près du Colostre, à environ 2 km à l'ouest de Notre-Dame, au bord d'un des deux itinéraires antiques probables, du matériel observé sur une superficie de 1200 m² correspondrait à un habitat datant de la Préhistoire, de l'Âge du Fer, du Haut Empire et de l'Antiquité tardive (Bérard 1997, p. 418).

40 Colas 1996.

41 Bernard, Bruel 1876-1903, n° 1290.

42 Bernard, Bruel 1876-1903, n° 2284.

43 Meulemeester 2004.

Si l'on en croit Paul-Albert Février, selon qui « on est en effet à la merci d'une découverte »[44], nous ne doutons pas de parvenir à saisir les traces archéologiques du peuplement de cette zone au Haut Moyen Âge. Pour cela, il faudra poursuivre l'exploration d'autres sites médiévaux attestés comme celui de Saint-Marc, au-dessus du village actuel, mener une prospection autour du site présumé de l'église Saint-Pierre et l'étendre à l'ensemble de la vallée du Colostre.

[44] Février 1978, p. 240.

Bibliographie

Sources

Cartulaire de l'abbaye de Lérins, éd. par H. Moris, E. Blanc, Paris, 1883, I.
Cartulaire de l'abbaye de Saint-Victor de Marseille, éd. par B. Guérard, Paris, 1857, 2 vol.
Recueil des chartes de l'abbaye de Cluny, éd. par A. Bernard, A. Bruel, Paris, 1876-1903.

Études

Baratier Éd. 1961, *La démographie provençale du XIIIe au XVIe siècle (avec chiffres de comparaison pour le XVIIIe siècle)*, Paris.
Barruol G. 1998, « Les agglomérations gallo-romaines des Alpes du Sud », dans P. Gros (dir.), *Villes et campagnes en Gaule romaine (Actes du 120e congrès national des Sociétés historiques et scientifiques, Aix-en-Provence, 23-29 octobre 1995)*, Paris, p. 27-43.
Bérard G. et al. 1997, *Les Alpes-de-Haute-Provence. 04*, Paris (Carte archéologique de la Gaule).
Bérard G., Provost M. (dir.) 2020, *Les Alpes-de-Haute-Provence. 04*, Paris (Carte archéologique de la Gaule).
Borgard Ph. 2003, « Le Pilon, un milliaire méconnu de la voie antique reliant Riez à Aix-en-Provence », dans M. Bats, B. Dedet, P. Garmy, Th. Janin (dir.), *Peuples et territoires en Gaule méditerranéenne. Hommage à Guy Barruol*, Montpellier (Revue archéologique de Narbonnaise, suppl. 35), p. 31-34.
Borgard Ph., Mocci Fl., Sehet A., Seneca S. 2010, « Les voies de communication », dans Ph. Borgard (dir.), *Riez, de la cité antique au diocèse médiéval* (Courrier scientifique du Parc du Verdon, 2), p. 17-20.
Colas O. 1996, *Allemagne-en-Provence et Montagnac, Plaine de Barbaro. Prospection et fouille de sauvetage (13-16 février 1996)*, Rapport de fin d'opération, Service régional d'Archéologie PACA.
Cottineau L.-H 1939, *Répertoire topo-bibliographique des abbayes et prieurés*, I, Mâcon.
Février P.-A. 1977, *Fréjus (Forum Julii) et la basse vallée de l'Argens*, Cuneo (Itinéraires ligures, 13), 2e éd. augmentée.
—— 1978, « Problèmes de l'habitat méditerranéen à la fin de l'Antiquité et dans le Haut Moyen Âge », *Jahrbuch des Römisch-Germanischen Zentralmuseums Mainz* 25, p. 208-247 (= *La Méditerranée de Paul-Albert Février*, II, p. 1059-1098).
Fixot M. 1973-1974, « La construction de châteaux dans la campagne d'Apt et de Pélissanne du XIe au XIIIe siècle », *Archéologie médiévale* 3-4, p. 245-296.
—— 1975, « La motte et l'habitat fortifié en Provence médiévale », *Château-Gaillard. Études de castellologie médiévale* 7, p. 67-93.
—— 1976, « Deux mottes en milieu provençal au XIe siècle », dans *Actes du 101e congrès national des Sociétés savantes*, Lille [1978], p. 77-90.
Magnani E. 1999, *Monastère et aristocratie en Provence, milieu X^e – début XIIe siècles*, Münster (Vita Regularis. Ordnungen und Deutungen religiosen Lebens im Mittelalter, 10).
Mazel Fl. 2008, « *Cujus dominus, cujus episcopatus* ? Pouvoir seigneurial et territoire diocésain (Xe-XIIIe siècles) », dans Fl. Mazel, *L'espace du diocèse. Genèse d'un territoire dans l'Occident médiéval (Ve-XIIIe siècles)*, Rennes, p. 213-252.
—— 2016, *L'Évêque et le Territoire. L'invention médiévale de l'espace (Ve-XIIIe siècle)*, Paris (« L'Univers historique »).
Meulemeester J. (de) 2004, « Le château en guerre : quelques réalités archéologiques issues des fouilles dans l'espace belge », dans *Château et guerre (Actes des rencontres d'Archéologie et d'Histoire en Périgord, les 25, 26 et 27 septembre 1998)*, Bordeaux, p. 57-65.
Mouton D. 2008, *Mottes castrales en Provence, les origines de la fortification privée au Moyen Âge*, Paris (Documents d'Archéologie française, 102).
—— (dir.) 2015, *Un castrum précoce du Moyen Âge provençal. La Moutte à Allemagne-en-Provence (04-France)*, Aix-en-Provence (Bibliothèque d'Archéologie méditerranéenne et africaine, 19).
—— 2016, « Les transformations des châteaux précoces en Provence autour de l'An Mil, hésitations ou adaptations ? », dans *Actes du congrès de la Fédération historique de Provence tenu au château de Tarascon les 9 et 10 octobre 2015, Provence historique* 66.260, p. 283-301.

Pécout Th. 2010, « Un établissement clunisien aux portes des Alpes : le prieuré de Valensole, XIIIe-XIVe siècles », dans A. Playoust (dir.), *Saint-André de Rosans. Maisons monastiques médiévales, Provence-Dauphiné (Colloque de Saint-André de Rosans, 29-31 août 2008)*, Gap, p. 150-182.

—— 2022, "Le castrum de Quinson (Hautes-Alpes-de-Provence), *Provence Historique* 72, p. 257-302.

Pécout Th., Michaud Fr., Roux Cl., Verdon L. (dir.) 2011, *L'enquête générale de Leopardo da Foligno en Provence centrale (novembre-décembre 1332 et juin-août 1333)*, Paris (Collection des Documents inédits de l'Histoire de France).

Saxer V. 1959, *Le culte de Marie-Madeleine en Occident, des origines à la fin du Moyen Âge*, Auxerre (Cahiers d'Archéologie et d'Histoire, 3.1-2).

Thirion J. 1980, *Alpes romanes*, La Pierre-qui-Vire (Zodiaque).

Wollasch J. 1992, « Zur Datierung einiger Urkunden aus Cluny », *Revue Mabillon*, n.s., 3, p. 49-57.

TROISIÈME SESSION

10. Introduction à la troisième session : Paul Albert Février – 30 ans déjà !

Mounir Bouchenaki
Directeur du Patrimoine, UNESCO, Paris

Figure 10.1 : À Timgad en 1966, Paul-Albert avec Paul Corbier, Georges Comet et Mounir Bouchenaki (cliché Mohamed Benmansour).

Figure 10.2 : À Timgad près de l'Arc de Trajan en 1966, l'auteur avec Paul Corbier (cliché Mohamed Benmansour).

PAUL-ALBERT FÉVRIER est mort le 10 avril 1991, à soixante ans.

Je souhaite exprimer tous mes remerciements à mes amis de longue date, Michel Fixot et Véronique Blanc-Bijon, ainsi qu'aux collègues, collaboratrices et collaborateurs, qui ont organisé ce colloque depuis plus de deux ans. Il était prévu l'année dernière mais la pandémie de la Covid a bouleversé tous les plans. Un grand merci pour l'accueil que vous nous avez réservé dans cette salle dédiée à la mémoire de Germaine Tillion qui a si bien connu l'Algérie et que j'ai eu la chance de rencontrer grâce à Paul-Albert. Mais nous voilà ici tous réunis autour de ce regretté Paul-Albert et de ce qu'il nous a transmis de sa science et de son humanité.

Mon collègue et ami Fathi Béjaoui a déjà rappelé le travail de Paul-Albert Février, notamment en Tunisie et je ne pourrai que le plagier, en même temps que mon collègue et ami Abderrahmane Khelifa qui doit intervenir à partir d'Alger grâce à la visioconférence.

J'ai rencontré Paul-Albert dans l'été 1964 sur le chantier de Tipasa où Serge Lancel fouillait la nécropole occidentale, à la Porte de Césarée. Plusieurs photographies montrent Paul-Albert entouré d'étudiants par exemple sur les sites de Tipasa et de Timgad ; certaines d'entre elles méritent d'illustrer la mémoire de nos missions sur le terrain avec lui (Fig. 10.1 et 10.2).

Pour ma part, je m'étais inscrit à la Faculté des Lettres d'Alger pour l'obtention d'une licence en Histoire et Géographie. Et c'est dans cette Faculté où nous étions très peu nombreux aux premières années de l'Indépendance que Paul-Albert m'a abordé. Il souhaitait savoir si mon cursus allait se poursuivre en 1965 vers un Diplôme d'Études supérieures dans l'une ou l'autre de ces matières.

Au milieu de l'année 1965, au mois de juin, il m'a proposé de l'accompagner sur le site de Tébessa, en même temps que Robert Lequément, Abderrahmane Khelifa (qu'on appelle tous « Abdou ») et deux étudiants venus de France, Mireille et Paul Corbier. Il avait appris que le sujet qui m'avait été proposé par André Prenant, professeur de géographie, portait sur « Les terrasses quaternaires du littoral algérois du cap Matifou à Rocher Noir », mais ne me permettait pas d'aller au-delà de la collecte des sables aux différents niveaux des plages, car il aurait fallu être un étudiant formé en sciences physiques et mathématiques pour exploiter les données.

D'emblée, les qualités humaines de ce jeune professeur connu et réputé au sein de la Faculté d'Alger, au Département d'Histoire et au Service des Antiquités de l'Algérie, nous ont attirés tous les trois, Robert, Abdou et moi. Très vite s'est créée une réelle complicité.

Première mission donc, direction Tébessa, l'antique Théveste, où l'amphithéâtre d'époque romaine risquait d'être recouvert par une construction moderne. Ce fut une sorte de fouille de sauvetage à l'égard de ce monument situé au cœur de la ville et donc très convoité par des projets immobiliers de développement urbain.

Le 19 juin 1965 est la date du coup d'état du colonel Boumediène, alors Ministre de la Défense, contre Ben Bella, le premier Président de l'Algérie indépendante. Je n'oublierai jamais comment Paul-Albert nous a protégés tous les trois, lors de la manifestation organisée dans l'avenue principale de la ville de Tébessa à la suite du coup d'état auquel ont répondu des événements similaires dans plusieurs villes du pays. « Vous êtes fous, nous crait-il, sortez d'ici, les militaires tirent à balles réelles ! ». Il savait, comme ancien soldat, de quoi il parlait. Pour nous, jeunes recrues, c'était une marque d'attention à laquelle on ne pouvait s'attendre de la part d'un professeur qui nous invitait pour la première fois à apprendre à fouiller un site antique.

Et c'est, pour ce qui me concerne, lors de cette première campagne de fouilles de l'amphithéâtre de Tébessa que j'ai changé le sujet de mon Diplôme, abandonnant mes amis géographes et notamment les professeurs André Prenant et Pierre Estorges. Le professeur Jean Dresch, de l'Institut de Géographie de Paris, souhaitait en effet qu'après ma licence d'Histoire et de Géographie, je suive une spécialisation en géographie physique.

De son côté, sachant que j'avais étudié le latin au lycée, Paul-Albert m'a demandé de prendre comme sujet principal « Les magistrats de la Confédération de Cirta » à partir des inscriptions latines du *CIL* (*Corpus Inscriptionum Latinarum*) et des *ILAlg* (*Inscriptions latines de l'Algérie*). Il m'a présenté à cette occasion le grand épigraphiste Hans-Georg Pflaum avec qui il animait des séminaires d'épigraphie au Service des Antiquités dont le siège était situé, depuis l'époque coloniale, à l'entrée du Parc de la Liberté.

C'est à la suite de ce premier chantier de fouille à Tébessa que j'ai été recruté en octobre 1966 au Service des Antiquités de l'Algérie en même temps que Fatima Kadra, Rachid Dokali, Robert Lequément et Abderrahmane Khelifa, après avoir enseigné l'histoire, la géographie et le latin pendant une année scolaire au lycée Émir Abdelkader, l'ancien lycée Bugeaud.

Cette première équipe a suivi Paul-Albert dans la plupart des chantiers sur lesquels il était appelé en sa qualité d'Inspecteur du Service des Antiquités, organisme hérité de la période coloniale qui dépendait de la Sous-Direction des Beaux-Arts et de la Direction de la Culture du Ministère de l'Éducation nationale.

Durant cette même période, entre 1965 et 1967, Paul-Albert dirigeait le CRAM (Centre de Recherches sur l'Afrique méditerranéenne), pourvu d'une bibliothèque très riche qu'il mettait à notre disposition. Au sein du CRAM, qui se situait dans le quartier d'Hydra à Alger, j'ai été initié à la photographie dans le laboratoire dirigé alors par Manuelle Roche, épouse d'André Ravereau, qui était l'Architecte en chef des Monuments historiques en Algérie.

Étaient alors ouverts plusieurs chantiers durant cette période de 1966 à 1968. Les étés 1965, 1966 et 1967 ont été consacrés essentiellement à la fouille de l'amphithéâtre de Tébessa. Ce fut notre première école d'archéologie sous la direction de celui qu'on appelait désormais « le Cheikh », c'est-à-dire dans la tradition maghrébine « le Sage » ou encore « le Vieux ».

L'hiver 1966, c'est à Sétif qu'il nous a demandé de l'accompagner sur le chantier d'une fouille de sauvetage à l'emplacement du futur siège de la préfecture (wilaya, en arabe), où les travaux de fondations avaient mis au jour une nécropole d'époque romaine, fouillée puis publiée par Roger Guéry. Après avoir transporté tout le matériel céramique et les sarcophages au Palais de Justice qui a servi de réserve, le terrain a été cédé à la municipalité qui a donné le permis de construire de la nouvelle wilaya.

Au printemps 1967, j'ai participé seul avec Paul-Albert à une fouille sur le site de Tiddis (*Castellum Tidditanorum*) en présence du Conservateur du Musée de Constantine, André Berthier, avec lequel de longues discussions occupaient nos soirées à propos de l'emplacement de la capitale numide, *Cirta* (actuelle Constantine). Il la plaçait pour sa part en Tunisie, au Kef (antique *Cirta Nova Sicca* ?). Il était bien connu qu'André Berthier avait une appréciation semblablement erronée sur Alésia. En juin 1963, il déposa à l'Institut de France la première description de sa découverte : pour lui, l'Alésia antique devait se trouver sur le territoire de trois communes du département du Jura : Chaux, Crans et Syam, et non pas à Alésia en Bourgogne, soit Alise-Sainte-Reine.

Plus tard, à l'automne 1967, ont commencé des sondages sur la colline centrale du site de Tipasa pour essayer de retrouver l'habitat correspondant aux nécropoles d'époque punique que Serge Lancel avait fouillées entre 1964 et 1966, et qui se trouvent de part et d'autre de cette colline centrale. Plusieurs étudiants se joignirent à nous, notamment Nadir Boumaza, aujourd'hui professeur émérite de géographie à l'Université de Grenoble.

Paul-Albert était présent toute la journée et donnait des conseils pour l'étude de la céramique, l'analyse de la stratigraphie, la tenue du cahier de fouilles et les relevés graphiques et photographiques. C'est dans ces moments que l'on a pris conscience de la rigueur de son approche et de l'esprit critique qu'il nous demandait d'adopter en toute occasion. Le soir, les discussions tournaient autour des changements que l'Algérie vivait après le départ précipité de plus d'un million de Français. Et puis on revenait sur l'histoire des fouilles en Algérie qu'il connaissait parfaitement, tout comme il nous invitait à nous familiariser avec la bibliographie de l'Algérie antique.

Ses conseils : rigueur, esprit critique et, surtout, observation. « Il faut se servir de vos yeux » disait-il quand on ne prenait pas suffisamment de soin pour la détermination des couches stratigraphiques ou pour la superposition des murs dans les couches dégagées sur le terrain. Il y avait aussi les travaux pratiques de tous les après-midis pendant lesquels il nous obligeait à laver les tessons, à en effectuer la numérotation et surtout à apprendre à dessiner, notamment les rebords des plats et les cols d'amphores. C'était une éducation à la dure mais avec toujours un zeste d'ironie et de moquerie dont il avait le secret et une constante remise en cause de ce que l'on croyait acquis !

En marge des chantiers de fouilles, c'est grâce à Paul-Albert que nous avons sillonné l'Algérie. Les missions sur le terrain nous ont permis de nous familiariser avec les grands sites de l'Est algérien tels que Hippone (Annaba), Khamissa (*Thubursicu Numidarum*), Mdaourouch (Madaure), Zana (*Diana Veteranorum*), Auzia (ex-Aumale et à présent Sour Al Ghozlane), *Rapidum* (ex-Orléansville et à présent Chlef), Timgad, Lambèse, Mila, Negrine, Bir el Ater, Djemila, Skikda (ex-Rusicade).

Djemila était l'un des sites qu'il était particulièrement heureux de nous faire découvrir. Il évoquait les travaux de Mme de Crézolles et de Mlle Allais, et se posait beaucoup de questions sur le quartier chrétien encore en bon état de conservation, essayant de prouver qu'il n'y avait pas de fatalité dans la qualification négative des siècles du Bas Empire en Afrique du Nord. On abordait ainsi la sociologie de l'Afrique antique en cherchant à tout prix à éviter les clichés et les idées reçues. En 1967, Paul-Albert m'a demandé d'étudier la « Maison de Bacchus » à Djemila, mais la fouille de sauvetage engagée à Tipasa cette même année ne m'a pas permis de poursuivre ce projet et c'est Michèle Blanchard-Lemée, qui vient de nous quitter hélas, qui prit le relais.

À Hippone, en 1967, il m'a chargé aussi d'être auprès de Jean-Paul Morel qui pratiquait un sondage sur les vestiges du quai de la ville où je devais être initié à mieux connaître la céramique à vernis noir.

Mais Paul-Albert était un esprit ouvert à toutes les périodes et de ce fait il était également intéressé par l'époque médiévale comme cela a été évoqué par nos collègues tunisiens, Faouzi Mahfoud et Fathi Béjaoui, et par une meilleure connaissance du passage de l'époque byzantine à l'époque islamique. Les fouilles menées par Rachid Bourouiba à la Qala'a des Beni Hammad l'intéressaient beaucoup et nous nous sommes rendus sur ce site à plusieurs reprises avec Abderrahmane Khelifa pour voir également les travaux de restauration du minaret entrepris par l'architecte Ali Lafer, collaborateur d'André Ravereau.

Nos voyages nous ont également conduits dans l'Ouest algérien et plus particulièrement auprès des Djeddars que fouillait Fatima Kadra, ainsi que sur les sites d'Altava et d'Agadir, dans un quartier de la ville de Tlemcen où Abderrahmane Khelifa et Said Dahmani ont dirigé pendant plusieurs années la fouille de l'une des premières mosquées de la ville, érigée par le fondateur de la dynastie Idrisside au Maroc et dont le minaret avait été construit avec des blocs portant des inscriptions latines de l'antique *Pomaria*.

C'est un fait bien connu qu'il n'existait pas de formation universitaire en archéologie, et cela aussi bien en Algérie que dans nombre de pays du monde. De ce fait, la formation pratique ne pouvait se faire que lors des chantiers de fouilles de sauvetage qui commençaient à être développés dans différentes régions du pays, notamment en raison des nouveaux projets urbains comme par exemple à Tébessa, à Sétif, à Cherchel et même à

Tipasa. Aussi n'est-il pas étonnant, au vu de cette situation particulière relative à la formation, que, de 1966 jusqu'au début de la décennie de 1970, les premiers recrutements d'Attachés de recherche au Service des Antiquités se comptèrent alors sur les doigts d'une main et concernèrent les propres étudiants de Paul-Albert ! Il s'agissait en 1966 de Fatima Kadra, de Rachid Dokali, de Robert Lequément et de moi-même, rejoints un peu plus tard par Abderrahmane Khélifa, Said Dahmani et Messaoud Maadad, ancien moudjahid et ancien prisonnier à Sétif que Paul-Albert Février avait connu et aidé à reprendre ses études.

À partir de 1968, Paul-Albert, qui avait été nommé à l'Université d'Aix-en-Provence, revenait régulièrement en Algérie durant les vacances de Pâques et celles de Noël, et c'est à Tipasa qu'il choisissait de venir, où je le recevais en ma qualité de Conservateur du site. Ce retour régulier en Algérie nous donnait la possibilité de continuer à discuter des projets en cours et de confronter nos points de vue sur tous les aspects liés à la recherche archéologique en Algérie. Son regard critique nous a toujours été très utile, avec ce constant souci qu'il avait de ne rien considérer comme acquis. Mais on avait aussi le temps d'aller à la mer à Cherchel, à Tipasa et surtout aux Trois-Îlots où un site archéologique peu connu avait attiré son attention et où il n'y avait aucun touriste.

C'est au cours de ces voyages réguliers, effectués à titre personnel, que Paul-Albert a été pour moi un précieux conseiller, entre 1968 et 1972. Il résidait chez moi et s'intéressait non seulement à mon travail mais aussi à l'évolution de ma famille.

Son apport a été essentiel lorsque j'ai initié une fouille de sauvetage à l'emplacement d'un projet d'hôtel que l'architecte Fernand Pouillon devait construire en bord de mer, à l'ouest de Tipasa. Et c'est grâce aux importantes découvertes effectuées que ce site a pu être préservé sur une superficie d'un hectare environ à l'emplacement de l'hôtel prévu dont la construction a été repoussée en dehors des limites fixées dans le plan initial.

Il a par ailleurs vivement encouragé mon ami Philippe Leveau, qui était enseignant à l'Université d'Alger, à engager des travaux de prospection d'une grande importance à Cherchel en veillant à une meilleure connaissance de l'environnement de la cité. De fait, Philippe Leveau est actuellement le meilleur connaisseur de Cherchel antique et de son territoire. Ce fut l'objet de son Doctorat d'État.

À l'occasion de ce rapide rappel de la contribution inestimable de Paul-Albert, notamment en ce qui concerne la formation en archéologie et en histoire ancienne de l'Afrique du Nord pour la toute première génération d'archéologues algériens, je souhaite citer un passage du récent article de Clémentine Gutron : « Février est assurément un homme remarquable, charnière en beaucoup de choses : par son domaine de spécialité (l'Antiquité tardive, soit entre Rome et l'Islam pour le Maghreb), pour sa discipline (la pratique de la stratigraphie sur les sites africains constituait en soi une petite révolution épistémologique), par sa trajectoire intellectuelle (chartiste tourné vers l'école des *Annales*), le tout s'inscrivant dans un contexte historique marqué par le passage d'un temps à un autre, d'une situation coloniale à l'ère des nouveaux États-nations […] De l'évocation de sa personnalité, ressortent sa générosité, son ouverture d'esprit, son goût de la provocation, son honnêteté morale et intellectuelle, sa profonde piété. Sa vie privée fait également l'objet de développements : on relève l'importance de ses relations filiales, amicales, confraternelles, ou encore celles de maître à disciples. Toutes qualités susceptibles d'être valorisées dans un contexte universitaire, mais qui n'épuisent en rien, sa correspondance en atteste, les différentes facettes du personnage […] Le "cheikh d'Alger" comme le surnommaient ses étudiants occupe toujours une place de choix au sein de la corporation des archéologues algériens, mais si, par le passé, l'usage académique de sa personne par la partie française a pu servir à débloquer des situations de crise dans la coopération bilatérale, l'entreprise serait nulle de nos jours, du fait d'un effet générationnel bien sûr, mais aussi d'une certaine jalousie de l'État algérien à l'égard de son patrimoine archéologique, exprimée en particulier vis-à-vis des équipes issues de l'ancienne puissance coloniale […] Et l'on trouve les marques d'estime et d'affection de ses disciples algériens, tels Khelifa ou Bouchenaki […] Archéologue d'exception par ses engagements et ses positions avant-gardistes quant à sa discipline, Février se distingue aussi par un destin posthume hors du commun qui va au-delà d'une simple béatification académique » (Gutron 2014).

En ce qui me concerne plus particulièrement, c'est dans mes fonctions de responsabilité au titre du Patrimoine culturel qui m'ont été confiées entre 1968 et 1981 que Paul-Albert m'a réellement ouvert la voie aux avancées de la recherche française en matière d'archéologie. Mais il m'a également mis en contact avec un certain nombre de spécialistes de haut niveau qui sont venus en Algérie visiter le site de Tipasa. Les savants qu'il fréquentait venaient et restaient parfois plusieurs jours. Ce fut le cas lorsque j'ai eu la chance de mettre au jour une nouvelle nécropole paléochrétienne dans la zone littorale qui portait le nom de « plage de Matarès ».

L'une des découvertes exceptionnelles a été celle d'une *mensa* très bien conservée, recouverte d'un panneau de mosaïque représentant un paysage marin avec une inscription parfaitement préservée qui se lit comme suit : IN CHRISTO DEO (avec le monogramme du Christ) PAX ET CONCORDIA SIT CONVIVIO NOSTRO, choisie comme illustration de la page de couverture de cet ouvrage.

Pour la datation des monnaies trouvées dans les couches proches de la *mensa*, je suis redevable à l'aide inestimable de Pierre Salama, auteur de la fameuse carte de l'Afrique romaine mais aussi numismate réputé, qui m'a aidé à les nettoyer puis à les lire.

Au-dessous de cette *mensa*, était préservé presqu'intact un caveau entièrement couvert de fresques représentant un paysage paradisiaque, des paons et une colombe portant en son bec un rameau d'olivier. La spécialiste des peintures murales romaines, Alix Barbet, vient de publier un ouvrage où elle a repris la description et l'étude de ce caveau.

Paul-Albert était ravi de l'ensemble des découvertes effectuées pendant les quatre ans de fouilles sur ladite plage de Matarès. Il a fait en sorte que nombre de savants viennent sur le site et en premier lieu son ami le cardinal d'Alger, Monseigneur Duval, ainsi que l'évêque de Constantine, Monseigneur Scotto, et le curé de Cherchel, Monseigneur Alphonse Georger, aujourd'hui évêque d'Oran. Sur le chantier de fouilles qui a conduit à la découverte de cette nouvelle nécropole à l'extrémité occidentale du site, j'ai reçu les plus grands savants de l'époque, Henri-Irénée Marrou, Georges Duby, André Mandouze, Georges Vallet, Charles Pietri, Hans-Georg Pflaum, Yvette et Noël Duval, Andrea Carandini, Antonino Di Vita, Monseigneur Saxer, Friedrich Rakob, Jürgen Christern, ainsi que le professeur Sheppard Frere du Royaume-Uni. Ce professeur anglais très flegmatique a assisté à mes côtés au tremblement de terre qui a affecté le site de Tipasa en 1980, et c'est par son intermédiaire qu'une coopération archéologique a été lancée sur le site de Cherchel.

C'est grâce à tous ces contacts que des chantiers de fouilles ont été entrepris notamment à Cherchel avec Timothy Potter en collaboration avec Nacéra Benseddik, au *Castellum* du Nador avec Andrea Carandini, à Hippone avec le Surintendant de Cagliari, le professeur Ferrucio Barreca, et à Siga avec Friedrich Rakob et Christoph Rüger.

Quand j'ai quitté Alger pour Paris où j'étais recruté à l'UNESCO à la fin de l'année 1981, mes relations et celles de ma famille se sont poursuivies avec Paul-Albert et c'était à notre tour d'aller passer quelques jours à Fréjus chez ses parents que nous avions eu le plaisir de recevoir à Alger.

C'est à Fréjus que la mère de Paul-Albert m'a parlé de tout le courrier qu'il lui adressait depuis son séjour comme militaire à Sétif, puis comme fonctionnaire du Gouvernement algérien à partir de 1962. Elle avait une mémoire qui lui permettait de replacer tous les lieux où il s'était rendu et les personnes avec lesquelles il s'était entretenu.

Pendant près d'une dizaine d'années, lors de mon séjour en France, j'ai fait la découverte des sites provençaux avec Paul-Albert, participé à une fouille près de la cathédrale de Fréjus et engagé avec lui une discussion sur une nouvelle approche de la philosophie de conservation du Patrimoine telle que définie par l'UNESCO. On examinait ensemble, à Fréjus pendant les vacances et à Paris lorsqu'il venait en mission, les divers projets dont j'étais responsable. Il me parlait aussi de son voyage en Albanie, pays qui s'était récemment ouvert aux étrangers, et de la qualité de ses sites archéologiques, de même que de son émerveillement à la découverte du Japon avec son ami le professeur d'Archéologie Shiro Natori de l'Université Waseda.

Le hasard de mon travail à l'UNESCO m'a permis de me rendre en Albanie et de me souvenir de ses remarques notamment sur l'amphithéâtre de Dürres et sur le site de Butrint. De même, j'ai pu rencontrer au Japon son ami Shiro Natori venu me voir lors d'une de mes missions à Tokyo.

Paul-Albert s'intéressait au travail mené par l'UNESCO et, en sa qualité de Vice-Président de la Commission pour l'Inventaire général au Ministère français de la Culture, il a contribué à la prise de conscience des responsables du Patrimoine de la valeur de la documentation archéologique, des inventaires et de la nécessité de publier les travaux sans délais après la fin d'une fouille.

À titre personnel, j'aimerais rappeler que, lors de ses voyages à Paris, il avait le choix d'aller soit chez Mireille Corbier, soit chez les Bouchenaki.

Il nous a quittés trop tôt.

Sur son lit d'hôpital, il se lamentait de la guerre en Irak en la qualifiant de guerre injuste ... Puis, en présence du curé de Fréjus et de la famille Golberg, il m'a demandé de lire un passage de la Bible qui ne le quittait jamais.

Bibliographie

Bouchenaki M. 1992, « Le "Cheikh" d'Alger », dans *Paul-Albert Février parmi nous*, Aix-en-Provence, p. 91-94.

Gutron Cl. 2014, « Archéologies maghrébines et relectures de l'histoire. Autour de la patrimonialisation de Paul-Albert Février », dans *Besoin d'histoire, L'Année du Maghreb* 10, p. 163-180 <https://journals.openedition.org/anneemaghreb/2062>.

11. Paul-Albert Février et la naissance d'une archéologie algérienne

Abderrahmane Khelifa
Directeur de l'Agence nationale pour l'Archéologie, Alger

À L'ÉPOQUE COLONIALE, L'ARCHÉOLOGIE en Algérie dépendait du Gouvernement général, Direction de l'Intérieur et des Beaux-Arts, Service des Antiquités. Elle a été dès l'origine l'apanage des militaires français puisque ce sont eux qui découvraient les sites lors de leurs expéditions. Et Paul-Albert l'a bien montré dans ses enseignements.

Les premières descriptions et dessins furent le fait d'architectes et de dessinateurs qui accompagnèrent ces militaires, comme Amable Ravoisier et le capitaine Delamare. Ils eurent dès l'origine une attitude peu scientifique, la justification de la conquête, à l'instar d'Émile Félix Gautier considérant l'époque musulmane comme un intermède ou un hiatus dans l'histoire de l'Afrique du Nord[1]. Aussi les revues des sociétés savantes comme le *Recueil de la Société archéologique de Constantine*, la *Revue africaine*, le *Bulletin de la Société de Géographie d'Oran*, le *Bulletin d'Hippone* furent d'abord alimentées par les militaires et des administrateurs qui s'exprimaient avec un *a priori* avéré.

Au moment de l'Indépendance, il n'y avait pas d'Algériens pour prendre la relève dans la gestion des sites et des musées. Aucun archéologue d'origine nationale n'avait été formé par les Universités. Seul Rachid Bourouiba avait, à la suite de Lucien Golvin, repris la fouille de la Qal'aa des Beni Hammad. L'ensemble du personnel dans le domaine du patrimoine se résumait à deux mosaïstes, les frères Kasdi, et à des chefs de chantier ou encore à des ouvriers de site exceptionnels comme Amar Britakh à Tiddis qui, analphabète, accompagnait Hans-Georg Pflaum et le secondait dans ses lectures épigraphiques.

Paul-Albert a été le premier à citer dans ses travaux les chefs de chantier qui ont travaillé avec lui, comme Melizi Abdelhamid, Souici Moussa ou Amar Benmansour. On peut se poser la question de savoir pourquoi il y eut des cadres, bien qu'en petit nombre, en médecine ou dans les sciences exactes mais non en histoire ou en archéologie. La raison tient certainement à l'idéologie coloniale qui ne permettait pas que des Algériens connaissent leur histoire. Une telle idéologie n'autorisait pas aux indigènes d'accéder à cette discipline. Un chercheur comme Pierre Salama avait eu beaucoup de peine à s'y frayer un chemin.

Au début de l'été 1964, après l'examen de Propédeutique, les professeurs réunirent les étudiants pour les orienter. Paul-Albert proposa d'aller sur une fouille à Tébessa. Je me suis inscrit. Je ne savais pas à ce moment que ma vie allait basculer pour ne plus quitter l'archéologie. C'est sa personnalité, sa simplicité, sa modestie, son savoir qui firent que le groupe que nous formâmes (Robert Lequément, Mounir Bouchenaki, Fatima Kadra Kadria, Rachid Dokali, Messaoud Maadad et moi-même) allait composer l'ossature de l'archéologie algérienne. Cette équipe allait se démultiplier par la suite grâce à l'engouement des premières années de l'Indépendance. Paul-Albert continua d'inviter des étudiants sur ses chantiers (Maamar Mahboubi, Brahim Abdesmed, Omar Bouchenaki, Mustapha Seladji, Hamdi Abdou, Nadir Boumaza…). Cette méthode de formation fut également adoptée par de jeunes enseignants en préhistoire, ainsi Claude Brahimi qui emmenait des étudiants sur le site de Columnata (Sidi el Hosni). Le titre de Cheikh fut donné à Paul-Albert et fut adopté par tous ceux qui l'approchaient, travaillaient ou recevaient son enseignement. En fait, par son attitude, il reproduisait le principe de l'éducation dans l'Antiquité décrit par son maître Henri-Irénée Marrou qu'il fit venir à Alger pour nous donner une série de cours. Il fit de même avec Georges Duby que j'ai conduit dans la Casbah d'Alger à la demande du Cheikh. Il nous associait quand il recevait ses collègues et amis comme Paul Veyne ou Friedrich Rakob avec qui

---
[1] Gautier 1952.

nous avons fait une visite au Medracen et à Lambèse, ou encore Jürgen Christern qui travaillait sur les basiliques chrétiennes.

Le mois passé à l'amphithéâtre de Tébessa me fit découvrir mon histoire grâce aux discussions sur le chantier et aux excursions archéologiques autour de Tébessa, Morsot, Bir el Ater, Négrine avec cartes topographiques à l'appui. Paul-Albert ne cessait pas de nous emmener sur les chantiers archéologiques que ce soit à Tipasa où Mounir Bouchenaki faisait sa fouille, à Cherchell sur le chantier Kaïd Youcef où Philippe Leveau entamait une fouille et une étude du site de *Caesarea* qui allait marquer l'archéologie algérienne.

Cette expérience fructueuse décida de mon avenir professionnel et me fit découvrir de nouvelles amitiés. Je retrouvais le Cheikh (le Vieux, le Sage, le Maître) dans mon cursus universitaire à la Faculté de Lettres et à l'École normale supérieure d'Alger puisqu'il venait y dispenser des cours. Titulaire du CAPES, je fus détaché au Service des Antiquités alors que j'étais destiné à l'enseignement secondaire.

Afin de perpétuer les publications relatives à l'archéologie, le Cheikh s'impliqua dans la parution du *Bulletin d'Archéologie algérienne*, héritier de la revue *Libyca*. Il s'attela à rassembler les articles relatifs à la recherche archéologique en rédigeant avec Sid Ahmed Baghli la rubrique « Recherches et travaux » qui faisait le point des découvertes sur l'ensemble du territoire national. Aussi, dès la première parution du *Bulletin d'Archéologie algérienne*, le Directeur des Affaires culturelles donnait l'orientation de la nouvelle archéologie de l'Indépendance. Dans le même mouvement, il fut un des initiateurs de la *Revue d'Histoire et de Civilisation du Maghreb* portée par le Département d'Histoire de la Faculté des Lettres d'Alger afin de remplacer la *Revue africaine*. Paul-Albert Février a bien montré cet aspect dans son livre *Approches du Maghreb romain*[2].

La période coloniale avait quand même connu un certain nombre d'historiens et d'archéologues préoccupés par l'histoire de l'Algérie. Une importante littérature fut produite concernant l'archéologie du pays, avec de grands noms comme Stéphane Gsell pour l'Antiquité, Georges Marçais pour l'époque musulmane.

Aussi Paul-Albert arriva-t-il à un moment crucial de notre histoire.

Appelé pour son service national en pleine guerre d'Algérie, dans les Hautes Plaines sétifiennes, il fut subjugué par les paysages malgré les circonstances douloureuses que connaissait le pays. Sa foi chrétienne, à l'instar de Français plus anciennement installés en Algérie, le poussa vers un humanisme engagé et c'est ainsi qu'il connut des Algériens qui eurent à subir les affres de la torture comme Abdeslam Bouchareb, devenu plus tard Général major dans l'armée algérienne, ou Messaoud Maadad ultérieurement recruté comme chercheur au Centre de Recherches sur l'Afrique méditerranéenne (CRAM).

C'est alors qu'à l'intérieur de la ville de Sétif se firent des découvertes fortuites importantes dans la partie sud de la citadelle byzantine. À cette époque, l'Ingénieur en chef des ponts et chaussées, André Gaspary, dirigeait les travaux d'aménagement de la ville. Devant l'intérêt de ces découvertes, Jean Lassus, Directeur des Antiquités, lui adjoignit Paul-Albert qui s'impliqua entièrement dans cette entreprise. Elle changea totalement sa trajectoire ainsi que celle de nombreux étudiants. Auteur du rapport de fouille[3], il s'affirma alors comme le successeur naturel de Jean Lassus qui était sur le départ. C'est dans ce contexte qu'il fut associé à Habib Hamdani, Directeur des Affaires culturelles au Ministère de l'Éducation nationale, à Sid Ahmed Baghli, Sous-directeur des Beaux-Arts, à Pierre Salama, Professeur, et à Ahmed Mahiou, juriste, pour la rédaction de l'ordonnance 67-281 relative à l'archéologie et à la protection des monuments historiques. En introduction au nouveau *Bulletin d'Archéologie*, l'État algérien affirmait sa volonté de prendre en charge toutes les périodes de son histoire et de son patrimoine.

Le mérite de Paul-Albert fut d'intéresser de jeunes algériens à l'histoire et à l'archéologie de leur pays. Parmi eux il faut citer Fatima Kadra Kadria qui travailla sur les Djeddars, Robert Lequément sur l'amphithéâtre de Tébessa, Mounir Bouchenaki qui fit sa thèse sur Tipasa, Messaoud Maadad qui s'intéressa à l'histoire des Almoravides, Rachid Dokkali qui étudia les mosquées d'époque ottomane d'Alger, et moi-même le site médiéval de Honaine.

Paul-Albert souhaitait pour moi un sujet de thèse sur les techniques de construction du site de Tipasa, mais le Directeur de l'époque, Sid Ahmed Baghli m'orienta vers le site de Honaine car il était à l'abandon et n'était pas étudié. Cela ne m'empêcha pas de rester en contact avec Paul-Albert qui, par ses lettres régulières, me pressait de terminer mon travail. C'est dans ce but qu'il me fit venir à Aix, qu'il préféra à Paris, quand j'ai bénéficié d'une bourse d'études. Il me conseilla de rencontrer

---

[2] Février 1989 et 1990.

[3] Février 1970.

Jean-Claude Garcin qui avait assuré un enseignement à la Faculté d'Alger. Sa maison au quartier Saint-Jérôme puis au Parc Mozart m'était ouverte. À mon retour à Alger, j'ai été nommé Directeur de l'Agence nationale d'Archéologie et de Protection des Monuments et Sites historiques.

J'avais entamé des pourparlers avec Charles Pietri, Directeur de l'École française de Rome, pour une collaboration dans le domaine du patrimoine. Je fus aidé par André Mandouze dans cette tâche. Tous trois, nous avons naturellement pensé à Paul-Albert pour coordonner nos projets et c'est avec Paul-Albert que nous avons donné notre accord pour désigner le directeur scientifique de la fouille. Charles Pietri vint à Alger avec André Mandouze et nous fîmes un voyage à Djemila pour montrer les ressources archéologiques de l'Algérie.

Paul-Albert fit plusieurs voyages pour la reconnaissance du site. Je me souviens de sa dernière mission lorsqu'en revenant nous nous sommes arrêtés à Tipasa. Il monta difficilement sur la colline de la basilique de Salsa car il souffrait terriblement de ce qu'il croyait être une sciatique. Je lui avais proposé de l'emmener dans l'ouest du pays chez un spécialiste de la sciatique. Là, en regardant la mer avec nostalgie, il évoqua avec moi son passé en mettant tous ses espoirs dans cette coopération, fruit et aboutissement de son travail en Algérie.

Ayant appris son hospitalisation à Nice, je pris une semaine de congés pour aller le voir. Il me logea chez son ami Marc Golberg. Tous les jours, je me rendais à l'hôpital pour l'assister dans sa toilette et le masser. Il me demandait de lui lire des passages de la Bible, et la dernière lecture qu'il me demanda fut l'épitre aux Corinthiens. Je ne le revis plus.

Paul-Albert reste dans le cœur de ceux qui l'ont connu. Sa modestie, sa disponibilité, sa passion pour l'archéologie fut le meilleur legs transmis à ses étudiants. Les récents accords entre le Centre national de la Recherche archéologique, Aix-Marseille Université et le Centre Camille Jullian sont les graines plantées par lui pour une coopération entre les deux pays malgré le contentieux sur le retour des biens culturels.

Bibliographie

Février P.-A. 1970, *Fouilles de Sétif (1959-1966). Quartier nord-ouest, rempart et cirque*, Alger (Bulletin d'Archéologie algérienne, suppl. 1).
—— 1989 et 1990, *Approche du Maghreb romain*, Aix-en-Provence, 2 vol.
Gautier E.-F. 1952, *Le passé de l'Afrique du Nord. Les siècles obscurs*, Paris.

12. Regard sur la coopération franco-tunisienne dans le domaine du patrimoine

Faouzi Mahfoudh
Ancien directeur général de l'Institut national du Patrimoine, Tunisie

JE VOUDRAIS TOUT D'ABORD remercier mon ami et collègue Michel Fixot, Président de l'association Paul-Albert Février, ainsi que toutes celles et ceux qui ont œuvré pour que nous nous réunissions aujourd'hui dans de bonnes conditions en dépit des circonstances de plus en plus difficiles et des contraintes imposées aux voyageurs par la Covid. Depuis deux années, se réunir est devenu un exploit et un parcours du combattant. Un salut particulier à Véronique Blanc-Bijon, Solenn de Larminat et Michel Bonifay, pour leur amitié, leur aide et leur confiance renouvelée. Mes remerciements s'adressent également à l'Institut français de Tunisie pour son soutien moral et financier.

Chers amis, nous sommes ici pour commémorer la mémoire de Paul-Albert Février mais aussi pour penser, ou repenser, la coopération archéologique entre la France et les pays du Maghreb. C'est ainsi que ma présence se justifie et je dois dire qu'elle est très symbolique. Je voudrais aussi d'emblée remercier tous les collègues étrangers, et notamment français, qui ont travaillé sur le sol de mon pays, lui consacrant parfois des années de leur vie ; nous leur en sommes très reconnaissants. Grâce à eux, les sciences archéologiques et les connaissances historiques de l'Africa / Ifriqiya ont évolué. Nombreux sont aussi les collègues tunisiens qui ont participé à divers projets de coopération ; je leur rends hommage et je n'ai aucun doute qu'ils ont été des partenaires appréciés et respectés par leurs compétences et leur sérieux. Au-delà du cadre professionnel et des activités de terrain parfois dures et éprouvantes, une amitié réelle et durable s'est créée entre plusieurs membres des différentes équipes étrangères et mes compatriotes. En discutant avec quelques-uns parmi vous, je me suis rendu compte des marques de sympathie que plusieurs portaient envers mon pays et les bons souvenirs qu'ils en gardent.

En tant que sorbonnard, je n'ai pas eu la chance de connaitre PAF ; c'est à travers quelques-uns de ses disciples et élèves qui l'estimaient et l'aimaient que je l'ai découvert. Mais comme plusieurs d'entre vous, j'ai beaucoup aimé ses écrits, ils m'ont été d'une grande inspiration, surtout pour mes premiers travaux où j'ai essayé d'aborder la géographie et la topographie historique avec son thème corollaire, « le passage de la ville antique à la ville médiévale ». J'ai été séduit par sa méthode fondée sur la réflexion et l'esprit critique. J'ai constaté chez lui une volonté d'aller au fond des choses et d'expliquer les faits plutôt que de simplement les énoncer. Sa manière de poser les problèmes et la clarté de ses propos dans nombre de ses publications de sites fouillés par ses soins notamment dans son pays d'adoption, l'Algérie, ont été un modèle pour l'étudiant débutant que j'étais. Paul-Albert Février a grandement renouvelé les méthodes d'investigation archéologique pour la réécriture de l'histoire du Maghreb, une fois libérée de tout préjugé hérité de la documentation datant de l'époque coloniale.

Lors de son premier séjour en Tunisie, au mois de mai 1957, il exprima en ces termes ses premières impressions sur la Tunisie indépendante. Ils sont rappelés dans l'article de Clémentine Gutron cité par Mounir Bouchenaki : « J'entre dans un pays libre, heureux d'être libre, qui connaît de graves difficultés mais cela passera, les difficultés changeront ». Durant toute sa carrière d'historien et d'archéologue de terrain, adepte de la méthode stratigraphique, il fut un partisan convaincu de la nécessité pour la Tunisie de prendre en charge son patrimoine archéologique dans sa pluralité et d'établir une relecture de son histoire multiple. Pour atteindre cet objectif, il a collaboré, en sa qualité de Professeur titulaire de la chaire d'histoire romaine à l'Université de Provence, Centre d'Aix, avec les autorités patrimoniales tunisiennes pour assurer la formation de jeunes chercheurs tunisiens dont certains sont devenus ses disciples. Son dévouement pour cette tâche était sans limite. Ne fit-il pas déplacer de France – chose insolite – un jury de l'Université de Provence pour permettre à une chercheuse tunisienne, qui ne pouvait quitter le territoire national, de soutenir sa thèse dans les locaux du Musée national du Bardo.

Lors de ses multiples visites en Tunisie, il a aussi prodigué ses précieux conseils à un grand nombre de chercheurs tunisiens concernant l'édition des fouilles de monuments chrétiens de La Skhira, d'Henchir Faouar et d'Hergla, pour ne citer que ces exemples, et dirigé une thèse sur les chapiteaux de la mosquée de Kairouan.

Sa large connaissance des textes de l'Église lui a permis de proposer des interprétations innovantes sur la symbolique du décor du baptistère de Demna (cap Bon) conservé au Musée national du Bardo et sur celle du thème des Quatre fleuves représenté sur une mosaïque de l'église byzantine de Younga. Plusieurs de ses publications comportent la relecture judicieuse de vestiges anciennement fouillés en Tunisie, accompagnée d'une analyse approfondie du matériel céramologique exhumé lors de ces investigations, notamment à Uthina et à Utique.

Sa dernière visite en Tunisie en qualité de vice-président de la Commission nationale de l'Inventaire général des monuments et des richesses artistiques de la France date de 1989. Sa conférence au siège de l'Institut national du Patrimoine (anciennement Institut national d'Art et d'Archéologie) portant sur la fouille urbaine de la Place Formigé à Fréjus a marqué l'esprit de ses auditeurs tunisiens. Dans sa conclusion, il a exhorté les gestionnaires du patrimoine des sites historiques à établir, en amont, des inventaires appuyés par une documentation exhaustive tout en faisant preuve de pragmatisme et d'esprit de bonne gouvernance dans le cadre d'un partenariat avec les différents intervenants.

La Tunisie a eu la chance d'avoir connu le soutien de Paul-Albert Février et celui de ses contemporains. Elle a eu aussi une chance inouïe lorsque, au début de la colonisation, des archéologues reconnus et appréciés ont assumé les plus hautes responsabilités ; ils ont été influents, voire décisifs. Je pense notamment à Bernard Roy qui fut Secrétaire général du gouvernement entre 1889 et 1919. Arabophone, connu et apprécié des Tunisiens dont il se sentait très proche, Roy était un véritable Premier ministre sans jamais en porter le titre. Il est resté à son poste trente ans. On lui doit le livre sur *Les inscriptions arabes de Kairouan*, qu'il édita avec Paule Poinssot. Il protégea la médina de Tunis en lui évitant les percées qu'on envisageait à l'époque.

Il y eut aussi Paul Gauckler, un savant reconnu et estimé. Il assura la direction du Service des Antiquités de 1896 à 1907 et défendit ardemment la science archéologique contre les missionnaires et archéologues amateurs, tels Charles Lavigerie (1825-1892), Alfred-Louis Delattre (1850-1932) et Louis Carton (1861-1924). Il parlait aux autorités politiques avec fermeté et conviction. Pendant son séjour en Tunisie, Paul Gauckler s'est dédié en particulier aux fouilles de Carthage. Il a, de plus, mené des recherches à Dougga, Oudhna, Gigthis et Bulla Regia. Il a notamment étudié de manière intensive les nécropoles phéniciennes à Médenine, Sousse, Dougga, Uppenna et Oudhna. Le Musée national du Bardo a particulièrement profité de ses travaux, notamment avec l'entrée de 90 mosaïques romaines. Il a par ailleurs organisé la création d'un département de l'art islamique. Gauckler a aussi consacré une part importante de ses recherches à l'étude des ouvrages hydrauliques de la Tunisie antique. Son champ d'expertise incluait notamment les mosaïques romaines et les débuts de l'ère chrétienne en Tunisie. Nombre de ses expéditions ne furent possibles que grâce à l'aide de l'armée française et de ses officiers, notamment Georges Louis Gombeaud. C'est le cas des expéditions menées au bord du Sahara, destinées à l'étude du *Limes Tripolitanus*.

La troisième figure fut Charles Monchicourt (m. 1937) qui fut contrôleur civil de la région du Kef, puis de Kairouan. Juriste de formation, il se dévoua à l'archéologie et présenta à la Sorbonne en 1913 une thèse sur le Haut Tell tunisien. Très influent, il contribua à promouvoir les études monographiques en Tunisie et porta l'archéologie au plus haut sommet de l'État.

On comprend dès lors que la Tunisie fut un champ propice pour tous les grands de l'archéologie romaine et africaine, et il serait hors de propos de les recenser ; je ne pense pas que l'on puisse même le faire. Des archéologues français de renom ont travaillé et ont sillonné notre pays : Reinach, Babelon, Saladin, Cagnat, Merlin, Cintas, Carton, Coudray de la Blanchère, Tissot, Saumagne, Vercouter, Marçais, et plus récemment Lézine, Lancel, Picard, Euzennat, Maurin, etc. La tunisification du secteur s'est faite en douceur et le Président Bourguiba autorisa quelques Français à poursuive leurs activités et leurs programmes, tels Foucher, Picard, Duval, et ce en dépit du fait que, depuis la création de l'Institut national d'Art et d'Archéologie en 1957, les activités archéologiques soient devenues le monopole de cet établissement « puissant », comme l'a qualifié N. Duval. Quelques rares missions archéologiques furent alors tolérées et la Mission française permanente, qui avait vu le jour au moment de l'Indépendance, disparut en 1962 ; l'activité de l'Église fut mise en veilleuse malgré la présence du Père Ferron qui maintenait une certaine tradition de l'activité des Pères Blancs.

La quasi-totalité de nos sites et de nos centres historiques ont profité d'une façon ou d'une autre de la Coopération internationale. Toutes les périodes ont été concernées, depuis la préhistoire jusqu'aux époques les plus récentes. Des programmes ont touché la céramique, la mosaïque, la préhistoire, les manuscrits ... Plusieurs pays ont alors été sollicités, la France bien sûr, mais aussi l'Allemagne, l'Italie, les USA, la Grande-Bretagne, le Canada ... La principale contribution américaine est relative à la réalisation du *Corpus des mosaïques*, à Utique, Thuburbo Majus, El Jem et Carthage, puis, plus récemment, à la fouille de la basilique de Carthage Bir Ftouha ; pour la contribution française, ce furent Bulla Regia, Mactar, Acholla, El Jem, Kelibia, Kasserine, Sbeitla et Haïdra. Pour la contribution allemande, ce fut Chemtou ; pour la contribution hollandaise Raqqada ; pour la contribution anglaise Sbeitla.

La coopération avec la France fut de loin la plus active. Les raisons sont compréhensibles. Ainsi lorsqu'en 1967 les autorités décident d'élaborer un projet de réforme de l'Institut national d'Art et d'Archéologie, Maurice Euzennat, Noël Duval et Gilbert Hallier, avec la collaboration de Louis Mougin, sont alors chargés par l'UNESCO d'une mission pionnière d'audit concernant l'organisation de l'Institut, ses moyens d'action et ses diverses réalisations. Il était également question de recenser les sites et monuments susceptibles de promouvoir le tourisme culturel, et donc de contribuer au développement économique et social du pays. Multipliant les contacts avec les responsables archéologiques à tous les échelons ainsi qu'avec les autorités administratives et politiques, la commission a accompli un travail minutieux et intensif d'exploration du terrain portant sur plus de quatre-vingt sites et ensembles monumentaux susceptibles d'assurer l'essor de l'important legs archéologique dont le passé antique et islamique avait doté la Tunisie.

Cette commission d'experts a proposé un programme d'action. On peut citer certaines réalisations issues plus ou moins directement de ses recommandations :

– des réformes de structure de l'Institut en vue d'une meilleure gestion du patrimoine et d'une utilisation plus judicieuse de ses moyens d'action ;
– la création d'inspections régionales pouvant intervenir plus rapidement et plus efficacement sur toute l'étendue du territoire ;
– un travail important et continu d'inventaire et de recensement ;
– l'élaboration d'un code du patrimoine assurant une meilleure protection des sites et des monuments.

Parallèlement, plusieurs savants et professeurs français ont également encadré les recherches et les travaux de thèse d'un grand nombre de chercheurs de l'Institut national du Patrimoine et de l'université tunisienne.

De nombreux dossiers techniques sur les sites d'El Jem, Bellalis Major, Sbeitla, Haïdra, Bulla Regia, Kélibia, Nabeul, Hergla, etc., ont été établis grâce au précieux concours d'architectes, topographes, dessinateurs et photographes français.

Cependant le moment clé et décisif de l'archéologie tunisienne fut la campagne internationale pour sauver Carthage. Elle fut lancée à partir 1972 et fut sans doute la plus importante qu'ait connue la Tunisie : douze pays ont pris part aux travaux de fouilles et de recherches scientifiques sur le site. La France, sous le parrainage de l'Académie des Inscriptions et Belles-Lettres et grâce au soutien du Ministère des Affaires étrangères, en particulier de l'École française de Rome, a délégué une mission qui eut le privilège de travailler sur la colline de Byrsa. Serge Lancel et Pierre Gros ont, chacun dans leur spécialité, dirigé une équipe. Ces recherches se sont poursuivies dans le secteur punique avec Jean-Paul Morel. Un remarquable travail de restauration a permis à ce quartier d'être mis en valeur ; il fait aujourd'hui partie intégrante de la visite du musée de Carthage.

Les années 70-90 ont ainsi été des années fastes pour l'archéologie tunisienne, des chantiers et des projets sont signalés partout : pour en avoir juste une idée, et sans vouloir être exhaustif, je signalerai :

– Le projet de Rougga dont les travaux se sont déroulés à partir de 1971 et avaient pour objectif l'exploration générale du site et de ses environs, notamment celle du *forum*. Quatre campagnes de fouilles furent menées de 1971 à 1974 totalisant cinq mois de travaux de terrain complétés par une mission de contrôle en 1978.

– Bon nombre de savants français de cette génération ont publié des ouvrages sur la Tunisie antique parmi lesquels on peut citer par exemple : N. Duval, *Les églises africaines à deux absides. Recherches archéologiques sur la liturgie chrétienne en Afrique du Nord*, Rome, 1971 et 1973 dont le premier volume est consacré aux basiliques de Sbeitla ; N. Duval, Fr. Baratte, *Les ruines de Sufetula*, Tunis, 1973 ; J. Denauve, *Lampes de Carthage*, Paris, 1974 ; N. Duval, Fr. Prévot, *Recherches archéologiques à Haïdra*, I. *Les inscriptions chrétiennes*, Rome, 1975 ; Ch. Saumagne, *Saint Cyprien, évêque de Carthage, « pape » d'Afrique (248-258)*, Paris, 1975 ; A. Beschaouch, R. Hanoune, Y. Thébert, *Les Ruines de Bulla Regia*, Rome, 1977 ; G. et C. Picard, A. Bourgeois, Cl. Bourgeois, *Recherches archéologiques franco-tunisiennes à Mactar*.

La maison de Vénus, I, Rome, 1977 ; J.-M. Lassère, *Vbique Populus*, Paris, 1977 ; Cl. Lepelley, *Les cités de l'Afrique romaine au Bas-Empire*, Paris, 1979-1981 ; N. Duval (dir.), *Recherches archéologiques à Haïdra*, II. *La basilique I dite de Melléus ou de Saint-Cyprien*, Rome, 1981 ...

– Des missions tuniso-françaises ont intéressé Kerkouane, Dougga, Sbeitla, Mactar, Haïdra (fouillée par Noël Duval de 1968 jusqu'en 1984, puis entre 1992 et 2011 par François Baratte et Fathi Béjaoui), Bulla Regia (à partir de 1972), Sabra el Mansouriya (1972), Tabarka (1987-1993), Aradi/Sidi Jdidi (1991-2006), Uthina/Oudhna (depuis 1992), Pupput/Hammamet (1996-2008), Neapolis/Nabeul (1997-2010), Djebel Oust (2000-2011), Tunis (Musée Dar Ben Abdallah), le Musée national du Bardo (en collaboration avec le Musée du Louvre), Utique (avec l'Université Paris IV). Il y eut aussi une coopération à Acholla, Mahdia, Kairouan, Hergla, Sfax, Thina ... J'en oublie certainement.

– Un programme de prospections extensives du littoral – à la fois archéologiques et géomorphologiques – a été réalisé de 1987 à 1997. Il était placé sous le double patronage de l'Institut national du Patrimoine de Tunis et de la Commission française de Coopération du Ministère des Affaires étrangères. L'objectif poursuivi était double également : du point de vue des géographes, c'était la mise en évidence des transformations de l'environnement littoral depuis l'Antiquité, consécutives au relèvement du niveau marin et au déplacement de la ligne de rivage ; du point de vue des archéologues, c'était la reconnaissance et l'étude des vestiges d'installations antiques liées à la mise en valeur des ressources du littoral et de la mer, principalement les carrières de grès dunaire et surtout les activités halieutiques. Pour la première fois, une aussi longue section d'un espace côtier était placée ainsi sous les regards croisés de l'archéologie et de la morphologie.

– Décidé en 1991, un important programme de coopération a été mené par l'Institut national du Patrimoine de Tunisie et le laboratoire Ausonius, avec pour but le corpus et l'étude de l'épigraphie du site Dougga s'est déroulé de 1995 à 1999, impliquant la formation de nombreux jeunes chercheurs tunisiens et français, et aboutissant à l'édition de 1617 inscriptions funéraires dont 483 étaient inédites. Plusieurs temples de ce même site de Dougga ont également été inclus dans un programme de relevés et d'étude qui avait pour corollaire la formation de jeunes architectes issus de l'École d'architecture de Tunis.

– À la suite d'un audit en 1993, un parc archéologique a été institué à Oudhna impliquant une coopération tuniso-française qui a réuni durant dix années l'Institut national du Patrimoine de Tunisie, la Direction de l'Architecture et du Patrimoine de France et le laboratoire Ausonius.

– La fouille de Sidi Jdidi devait être conduite par Paul-Albert Février, mais il avait préféré travailler dans son pays d'adoption, l'Algérie, plutôt que de venir en Tunisie. Il la confia alors à son collègue et ami Michel Fixot qui l'a menée avec brio.

– D'autres projets de recherches comme *Les maisons romaines de Kélibia*, *Les fouilles de la nécropole de Pupput* et *Les installations de salaison de poisson et de garum de Neapolis* ont été menés avec différents collègues français.

De nos jours, une vingtaine de conventions sont signées avec des universités françaises. Malheureusement, les budgets alloués sont très en deçà des attentes et ne permettent pas une réelle coopération ; et aucun programme de grande envergure n'existe actuellement. Seul le projet de rénovation du Musée de Carthage, qui bénéficie d'un don européen, est en cours de réalisation. Les petits projets actuels sont surtout le résultat d'un effort personnel des confrères français et tunisiens plutôt que le fruit de relations institutionnelles. Aucun n'est inscrit au Comité mixte, comme c'était le cas auparavant.

Parmi ces petits projets, existe celui dit « TRIADS » pour « Training and Research in Archaeology and Development Strategies in Tunisia » qui réunit une équipe tuniso-française associant

– l'Institut national du Patrimoine de Tunis (INP) ;

– l'Université de Sfax : l'École nationale d'Ingénieurs de Sfax (ENIS) et la Faculté des Lettres et des Sciences humaines ;

– l'Université de Sousse : la Faculté des Lettres et des Sciences humaines ;

– et deux laboratoires d'Aix Marseille Université (AMU) : le Centre Camille Jullian (CCJ) et le Centre européen de Recherche et d'Enseignement des Géosciences et de l'Environnement (CEREGE).

Le projet vise à développer un programme de formation-recherche en archéologie et à la création d'un

« chantier-école » permanent poursuivant un triple objectif de formation-recherche-valorisation sur le patrimoine archéologique tunisien dans une perspective de développement durable. Sur la base de ces objectifs et du financement obtenu, TRIADS entend mener quatre Work Packages avec des objectifs opérationnels communs de formation-recherche-valorisation (préparation des publications, archéologie funéraire, céramologie, archéométrie) et des travaux inscrits dans la durée (monographie, articles scientifiques, publications grand public, réalisations audiovisuelles, transferts de compétences).

Ce projet est subventionné à hauteur de 79 800 € par la Fondation A*Midex. Il a commencé en août 2022.

L'INP accueille favorablement toutes les propositions sérieuses. Ainsi nous coopérons avec le MUCEM et avons récemment participé à une exposition à Arles et à Marseille autour de la mosaïque des îles trouvée à Haïdra, projet qui a comporté la formation de restaurateurs tunisiens ; nous avons aussi participé à l'exposition Salammbô consacrée à Gustave Flaubert présentée à Rouen et à Marseille, exposition que nous nous apprêtons à recevoir bientôt à Carthage.

Je suis heureux aussi que des livres récents publient des fouilles, pour certaines anciennes, que ce soit Rougga, Sabra ou le troisième volume des fouilles de Sidi Jdidi. Nous attendons avec impatience que les autres fouilles aient cette opportunité et soient à leur tour publiées.

Conventions de partenariat avec la France

En 2016			
Institution partenaire	**Objet de la convention et observations**	**Responsables scientifiques**	**Date de la signature et validité**
Musée du Louvre	Musée national du Bardo, sculptures – Chantier école Louvre-Bardo ; atelier de restauration des sculptures et formation de restaurateurs : – formation et restauration dans le domaine de la statuaire romaine.	M. Fathi Béjaoui M. Jean-Luc Martinez	24-05-2016 2016-2021
Université Paris IV Sorbonne	Musée national du Bardo, sculptures – Inventaire : – préparation d'un catalogue de la collection ; – formation de jeunes spécialistes tunisiens et français à l'étude de la sculpture.	M. Fathi Béjaoui M. François Baratte	24-05-2016 2016-2021
CNRS, Paris	Site archéologique de Dougga – fouille dans le site préromain et romain pour l'étude des monuments religieux ; – fouille d'une bazina et d'un mausolée numides (monuments funéraires) ; – fouille dans le sanctuaire (tophet) de Baal Saturne	M. Samir Aounallah Mme Véronique Brouquier Reddé	22-09-2016 Pour 5 ans

En 2017			
Institution partenaire	**Objet de la convention et observations**	**Responsables scientifiques ou administratifs**	**Date de la signature et validité**
Université Aix Marseille	Coopération dans les domaines de l'archéologie et de l'histoire	M. Faouzi Mahfoudh M. Yvon Berland Mme Brigitte Marin	17-02-2017 17-02-2022
Muséum national d'Histoire naturelle Faculté des Sciences humaines et sociales de Tunis	Domaine de la Préhistoire et des paléo-environnements pléistocènes et holocènes en Tunisie centrale et tellienne – sites préhistoriques de Bou Shibka, Bou Haya, Goubel (Kasserine)	Mme Nabiha Aouadi M. Hedi Ben Ouezdou M. Christophe Falguères	20-12-2017 20-12-2022

Suite du tableau à la page suivante

En 2018			
Institution partenaire	Objet de la convention et observations	Responsables scientifiques	Date de la signature et validité
DRASSM, Marseille	Développement des recherches et formations en archéologie sous-marine en Tunisie	Mme Ouffa Ben Slimene M. Michel L'Hour	1-06-2018 1-06-2021

En 2019			
Institution partenaire	Objet de la convention et observations	Responsables scientifiques	Date de la signature et validité
CNRS, Paris	Paléomex-Mostral-Transect Maghreb -étude et prospection des sites préhistoriques de Bou Shibka, Bou Haya, Goubel (Kasserine)	Mme Nabiha Aouadi M. Jean François Berger M. Abdelkarim Boujelben	6-02-2019 6-09-2022
Université Sorbonne, Faculté des Lettres, Paris	Recherche et mise en valeur du site d'*Ammaedara* (Haïdra)	M. Mohamed Ben Nejma Mme Caroline Michel d'Annoville	6-04-2019 6-04-2022
Laboratoire ArcheOrient, Université Lumière Lyon 2, CNRS, Lyon	Étude de la séquence stratigraphique du comblement des ports puniques de Carthage – carottage des sédiments du port rectangulaire punique de Carthage	M. Ahmed Gadhoum M. Jean-Philippe Goiran	19-04-2019 19-04-2024

En 2020			
Institution partenaire	Objet de la convention et observations	Responsables scientifiques	Date de la signature et validité
École française de Rome	Analyses, Ossements des urnes cinéraires du sanctuaire de Carthage	M. Imed Ben Jerbania M. Henri Duday	10-01-2020 Pour 3 ans
Projet PHC UTIQUE France	Recherches scientifiques et formation des étudiants (mobilité).	M. Ammar Othman	

12. REGARD SUR LA COOPÉRATION FRANCO-TUNISIENNE DANS LE DOMAINE DU PATRIMOINE

Projets majeurs de la coopération Tunisie-France depuis l'Indépendance jusqu'à nos jours

Partenariat avec l'INP	Objet de la coopération Publications	Responsables scientifiques	Dates du projet
[avec la Direction des Antiquités de Tunisie]	**Dougga** : *Les ruines de Dougga*, Tunis, 1957 (rééd. 1983).	Poinssot (Claude)	
[avec la Direction des Antiquités de Tunisie]	**Sousse** : *Navires et barques figurés sur des mosaïques découvertes à Sousse et aux environs*, Tunis, 1957. *Thermes romains des environs d'Hadrumète*, Tunis (Notes et documents, n.s., 1), 1958 ; *Inventaire des mosaïques, feuille de Sousse*, Tunis, 1960 ; *Hadrumetum*, Paris (Publication de l'université de Tunis, Faculté des Lettres 1ᵉ série, 10), 1964 ; *La maison des Masques à Sousse. Fouilles 1962-1963*, Tunis (Notes et documents, n.s., 4), 1965.	Foucher (Louis)	
[avec la Direction des Antiquités de Tunisie]	**El Jem** : *Découvertes archéologiques à Thysdrus en 1960*, Tunis (Notes et documents, n.s., 4), s. d. ; *Découvertes archéologiques à Thysdrus en 1961*, Tunis (Notes et documents, n.s., 5), s. d. ; *Maison de la Procession dionysiaque à El Jem*, Paris (Publication de l'université de Tunis, Faculté des Lettres, 1ᵉ série, 11), 1963.	Foucher (Louis)	
[avec la Direction des Antiquités de Tunisie]	*Le ribat de Sousse, suivi de notes sur le ribat de Monastir*, Direction des antiquités et arts de Tunisie, Tunis (Notes et documents, 14), 1956 ; *Architecture romaine d'Afrique. Recherches et mises au point*, Paris, 1961 ; *Architecture punique. Recueil de documents*, Paris (Publications de l'Université de Tunis, Faculté des Lettres, 1ᵉ série : Archéologie, Histoire, 5), 1961 ; *Mahdiya, recherches d'archéologie islamique*, Paris, 1965 ; *Architecture de l'Ifriqiya. Recherches sur les monuments aghlabides*, Paris, 1966 ; *Carthage. Utique. Études d'architecture et d'urbanisme*, Paris (Études d'Antiquités africaines), 1968 ; *Mahdiya*, Tunis, 1968 ; *Sousse, les monuments musulmans*, Tunis, 1968 ; *Thuburbo Majus*, Tunis, 1968 ; *Les thermes d'Antonin à Carthage*, Tunis, 1969 ; *Utique*, Tunis, 1970.	Lézine (Alexandre)	1950-1965
Minist. Aff. étrangères – EFR	**Sbeitla** : Duval, « Inscriptions byzantines de Sbeitla (Tunisie), III », *Mélanges de l'École française de Rome-Antiquité* 83.2, 1971, p. 423-443 ; Duval, *Les églises africaines à deux absides. Recherches archéologiques sur la liturgie chrétienne en Afrique du Nord*, Rome (BEFAR, 218) 1971 et 1973 ; Duval et Baratte, *Les ruines de Suffetula – Sbeitla*, Tunis, 1973 ; Duval, « Inventaire des inscriptions païennes de Sbeitla », *Mélanges de l'École française de Rome-Antiquité* 101.1, 1989, p. 403-488.	Duval (Noël)	1963-1966
	Bulla Regia : Beschaouch, Hanoune et Thébert, *Les ruines de Bulla Regia*, Rome (CEFR, 28), 1977 ; Hanoune, *Les mosaïques*, IV, 1, Rome (CEFR, 28/IV, 1), 1980 ; I, *Miscellanea*, 1, Rome (CEFR, 28/I, 1), 1983 ; Broise et Thébert, *Recherches archéologiques franco-tunisiennes à Bulla Regia*, II. *Les Architectures*, 1. *Les Thermes Memmiens*, Rome (CEFR, 28/II, 1), 1993.	Beschaouch (Azzedine), Thébert (Yvon)	1965-1985 et 1989-1990
	Kerkouane : Gallet de Santerre, Slim L., *Recherches sur les nécropoles puniques de Kerkouane. Dossier n° 1*, Tunis, 1983.	Gallet de Santerre (Hubert), Slim (Latifa)	1965-1966
Univ. Montpellier	**Kélibia** : Lassère et Slim, *Maisons de Clupea. Exemples de l'architecture domestique dans un port de l'Afrique proconsulaire. Les maisons de l'école de pêche*, Paris (Études d'Antiquités africaines), 2010.	Lassère (Jean-Marie), Ennabli (Abdelmagid), Slim (Hédi)	1966-2001

Partenariat avec l'INP	Objet de la coopération Publications	Responsables scientifiques	Dates du projet
UNESCO	**UNESCO** Euzennat, Duval, Hallier, avec la coll. de Mougin, *Tunisie, la mise en valeur du patrimoine monumental en vue du développement économique*, Paris, UNESCO, janvier 1968.	Euzennat (Maurice), Duval (Noël), Hallier (Gilbert)	1967
Minist. Aff. étrangères – IAM (Aix-en-Provence)	***Limes Tripolitanus* :** Trousset, *Recherches sur le* limes Tripolitanus *du Chott El-Djérid à la frontière tuniso-libyenne*, Paris (Études d'Antiquités africaines), 1974	Euzennat (Maurice), Slim (Hédi), Trousset (Pol)	1967-1972
Minist. Aff. étrangères – EFR	**Maktar :** Picard (G. et C.), Bourgeois (A.) et Bourgeois (Cl.), *Recherches archéologiques franco-tunisiennes à* Mactar, I. *La Maison de Vénus*, 1. *Stratigraphies et étude des pavements*, Rome (CEFR, 34), 1977 ; Picard, « Rapport péliminaire sur la fouille du sanctuaire de Hathor Miskar », *Karthago* 20, 1982, p. 1-90. Prévot, *Recherches archéologiques franco-tunisiennes à Mactar*. V, *Les inscriptions chrétiennes*, Rome (CEFR, 34.5), 1984.	Picard (Gilbert) Prévot (Françoise)	1968-1982 1980-1984
	Haïdra : Baratte et Duval, *Les ruines d'Ammaedara – Haïdra*, Tunis, 1974 ; Baratte, *Recherches archéologiques à Haïdra. Miscellanea*, I, Rome (CEFR, 17), 1974 ; Duval, *Recherches archéologiques à Haïdra*, I. *Les inscriptions chrétiennes*, Rome (CEFR, 18.1), 1975 ; Duval, *Recherches archéologiques à Haïdra*, II. *La basilique 1 dite de Melleus ou de Saint-Cyprien*, Rome (CEFR, 18.2), 1981.	Duval (Noël)	1970-1975
Minist. Aff. étrangères – EFR – IAM (Aix-en-Provence)	**Rougga :** Gros, « Entablements modillonnaires d'Afrique au IIe s. apr. J.-C. À propos de la corniche des temples du forum de *Rougga* », *Mitteilungen des Deutschen Archäologischen Instituts (Rom)*, 1978, p. 459-476 ; Guéry, Morrisson et Slim H., *Recherches archéologiques franco-tunisiennes à* Rougga, III. *Le trésor de monnaies d'or byzantines*, Tunis – Paris – Rome (CEFR, 60), 1982 ; Hallier, *Rougga*, I. *Le forum et ses abords (fouilles 1971-1974)*, Oxford (Archaeology of the Maghreb, 2), 2020.	Euzennat (Maurice), Slim (Hédi)	1971-1974
	Fouille à Sabra al-Mansûriya Foy, avec une contribution de Freestone, préface de F. Mahfoudh, *Le verre de Sabra al-Mansuriya – Kairouan, Tunisie – milieu X^e – milieu XIe siècle. Production et consommation : vaisselle – contenants – vitrages*, Oxford (Archaeology of the Maghreb, 1), 2020.	Terrasse (Michel), Chabouh (Brahim)	1972-1979
Minist. Aff. étrangères – EFR	**Carthage, Byrsa (époque punique) :** Lancel (dir.), *Byrsa*, I. *Mission archéologique française à Carthage. Rapports préliminaires des fouilles (1974-1976)*, Rome (CEFR, 41), 1979 ; Lancel (dir.), *Byrsa*, II. *Mission archéologique française à Carthage. Rapports préliminaires sur les fouilles 1977-1978. Niveaux et vestiges puniques*, Rome (CEFR, 41.2), 1982 ; Morel, *Vie et mort dans la Carthage punique*, Tunis, 1999.	Lancel (Serge)	1974-1978
	Carthage, Byrsa (époque romaine) : Gros (dir.), *Byrsa*, III. *Mission archéologique française à Carthage. Rapport sur les campagnes de fouilles (1977-1980). La basilique orientale et ses abords*, Rome (CEFR, 41), 1985.	Gros (Pierre)	1975-1980
Minist. Aff. étrangères – Univ. Paris IV – Sorbonne	**Les mosaïques d'Acholla :** Gozlan, *La Maison du triomphe de Neptune à Acholla (Botria, Tunisie)*, I. *Les mosaïques*, Rome (CEFR, 160), 1992 ; Gozlan, Jeddi, Blanc-Bijon et Bourgeois, *Recherches archéologiques franco-tunisiennes à Acholla*, II. *Les mosaïques des maisons du quartier central et les mosaïques éparses*, Rome (CEFR, 277), 2001.	Gozlan (Suzanne) À partir de 1982 : Gozlan (Suzanne), Jeddi (Nabiha)	1976-1994

12. REGARD SUR LA COOPÉRATION FRANCO-TUNISIENNE DANS LE DOMAINE DU PATRIMOINE

Partenariat avec l'INP	Objet de la coopération / Publications	Responsables scientifiques	Dates du projet
Minist. Relations ext – AFAA, Paris	Exposition : *De Carthage à Kairouan. 2000 ans d'art et d'histoire en Tunisie*, Musée du Petit Palais, Ville de Paris	Ennabli (Abdelmagid), Cacan de Bissy (Adeline), Petit (Judith)	20-10-1982 - 27-02-1983
EFR – Université de Provence (LAPMO > LAMPEA)	**Atlas préhistorique de Tunisie :** Gragueb, Camps, Harbi-Riahi, M'timet, Zoughlami *et al.* (auteurs variant selon les volumes), *Atlas préhistorique de Tunisie*, Rome (CEFR, 81).	Camps (Gabriel), Gragueb (Abderrazak), Harbi-Riahi (Mounira), Chenorkian (Robert)	1984-2002
Minist. Aff. étrangères – EFR – CNRS (Centre H. Stern, Paris)	**Recherches franco-tunisiennes sur la mosaïque :** *Recherches franco-tunisiennes sur la mosaïque de l'Afrique antique*, I. *Xenia (Paris, 1984)*, Rome (CEFR, 125), 1990 ; *Recherches franco-tunisiennes sur la mosaïque de l'Afrique antique*, II. *Trames géométriques végétalisées (Tunis, 1985)*, Rome (CEFR, 288), 2001.	Ennaïfer (Mongi), Ben Abed (Aïcha), Darmon (Jean-Pierre)	1984-1985
	Carthage, mosaïques des « villae romaines » : Balmelle, Bourgeois, Broise, Darmon, Ennaïfer, *Carthage, colline de l'Odéon. Maisons de la rotonde et du cryptoportique (recherches 1987-2000)*, Rome (CEFR, 457), 2012.	Ennaïfer (Mongi), Darmon (Jean-Pierre)	1987-2000
Minist. Aff. étrangères – EFR – Recherches d'AntAfr	**Prospection littorale de la Tunisie :** Slim, Trousset, Paskoff et Oueslati, *Le littoral de la Tunisie, étude géoarchéologique et historique*, Paris (Études d'Antiquités africaines), 2004.	Slim (Hédi), Trousset (Pol), Paskoff (Roland)	1987-1997
EFR – Univ. Montpellier – Fondation Singer Polignac	**Le mausolée de Kasserine :** *Les Flavii du Cillium. Étude architecturale, épigraphique, historique et littéraire du mausolée de Kasserine (CIL VIII, 211-216)*, Rome (CEFR, 169), 1993.	Lassère (Jean-Marie), Slim (Hédi)	1990
Minist. Aff. étrangères – EFR	**Sidi Jedidi :** Ben Abed-Ben Khader, Fixot, Bonifay, Roucole, *Sidi Jdidi*, I. *La basilique Sud*, Rome (CEFR, 339), 2004 ; Ben Abed-Ben Khader, Fixot, Roucole, *Sidi Jdidi*, II. *Le groupe épiscopal*, Rome (CEFR, 451), 2011 ; Mukai, *La céramique du groupe épiscopal de Sidi Jdidi (Tunisie). Du culte aux sanctuaires*, Oxford (British Archaeological Reports), 2016 ; Ben Abed-Ben Khader, Fixot, Helfer-Lebert, *Sidi Jdidi*, III. *Des monnaies à l'archéologie*, Rome (CEFR, 610), 2022.	Ben Abed (Aïcha), Fixot (Michel)	1991-2006
Minist. Aff. étrangères – EFR – Univ. Paris IV	**Haïdra :** Baratte, Béjaoui, Ben Abdallah, *Recherches archéologiques à Haïdra. Miscellanea*, II, Rome (CEFR, 17.2), 1999 ; Baratte, Béjaoui, Ben Abdallah, *Recherches archéologiques à Haïdra*, III. *La basilique VII, à l'intérieur de la citadelle byzantine*, Rome (CEFR, 18.3), 2009 ; Baratte (dir.), *Recherches archéologiques à Haïdra*, IV. *Basilique II, dite de Candidus ou des martyrs de la persécution de Dioclétien*, Rome (CEFR, 18.4), 2011.	Béjaoui (Fathi), Baratte (François)	1993-1997
Institut Ausonius, Univ. Bordeaux	**Oudna :** Ben Hassen et Maurin (dir.), *Oudhna (Uthina). La redécouverte d'une ville antique de Tunisie*, Bordeaux – Paris – Tunis, Ausonius, 1998 ; Ben Hassen et Maurin (dir.), *Oudhna (Uthina), colonie de vétérans de la XIIIe légion. Histoire, urbanisme, fouilles et mise en valeur des monuments*, Bordeaux – Paris – Tunis, Ausonius, 2004.	Ben Hassen (Habib), Maurin (Louis)	1993-2004
Paris Musées – Association française d'action artistique (AFAA)	Exposition : *Carthage, l'histoire, sa trace et son écho*, Paris, Musée du Petit Palais, 9 mars-2 juillet 1995.	Ben Abed (Aïcha)	1995
Institut Ausonius, Univ. Bordeaux	**Dougga, épigraphie :** Khanoussi et Maurin (dir.), *Dougga, fragments d'histoire*, Bordeaux – Tunis, Ausonius, 2000 ; Khanoussi et Maurin (dir.), *Mourir à Dougga. Recueil des inscriptions funéraires*, Bordeaux – Tunis, Ausonius, 2002.	Khanoussi (Mustapha), Maurin (Louis)	1995-1999

Partenariat avec l'INP	Objet de la coopération Publications	Responsables scientifiques	Dates du projet
Minist. Aff. étrangères – EFR – Université de Provence (LA3M, CCJ)	**Pupput, fouilles et mise en valeur :** Ben Abed, Griesheimer, *La nécropole romaine de Pupput*, Rome (CEFR, 323), 2012.	Ben Abed (Aïcha), Griesheimer (Marc)	1995-2009
Minist. Aff. étrangères – CNRS, CCJ	**Nabeul, quartier des usines de salaisons :** L. Slim, Bonifay, Trousset *et al.*, « L'usine de salaison de *Neapolis* (Nabeul). Premiers résultats des fouilles 1995-1998) », *Africa* 17, p. 153-197 ; L. Slim, Bonifay, Piton, Sternberg, « Les fabriques romaines de salaisons de poissons à *Neapolis* (Nabeul, Tunisie). Travaux 1999-2005 », dans *Ressources et activités maritimes des peuples de l'Antiquité (Boulogne, 12-14 mai 2005)*, Boulogne, 2008, p. 203-222 ; Blanc-Bijon, « Océans dans la cuve aux poissons », dans *Actes du Xe congrès international pour l'étude de la mosaïque antique (Naples, 2007)*, Naples, 2010, p. 575-581 ; Blanc-Bijon, « Nabeul (Tunisie), Les enduits peints de la fabrique de salaison B », dans Blanc-Bijon (dir.), *La coopération archéologique française en Afrique, Nouvelles de l'Archéologie*, 123, 2011 [en ligne].	Slim (Latifa), Fantar (Mounir), Bonifay (Michel)	1995-2010
EFR	**Tabarka :** Gourdin, *Tabarka. Histoire et archéologie d'un préside espagnol et d'un comptoir génois en terre africaine (XVe-XVIIIe siècle)*, Rome (CEFR, 401), 2008	Gourdin (Philippe)	2000-2007
EFR – CNRS, IRAA	**Jebel Oust :** « Jebel Oust (Tunisie) », *Mélanges de l'École française de Rome-Antiquité*, chronique annuelle de 113.1, 2001, p. 531-539 à 122.1, 2010, p. 326-334. Ben Abed, Scheid, « Nouvelles recherches archéologiques à Jebel Oust (Tunisie) », *Comptes rendus de l'Académie des inscriptions* 149.1, 2005, p. 321-349.	Ben Abed (Aïcha), Scheid (John)	2000-2010
Commune de Lattes, Minist. Culture/DRAC	Exposition : *Tunisie. Du christianisme à l'islam. IVe-XIVe siècle*, Lattes, musée archéologique Henri Prades, 2001 – complétée d'une table-ronde, 5-6 avril 2001	Landes (Christian), Ben Hassen (Habib)	15-12-2000 - 30-04-2001
Institut Ausonius, Univ. Bordeaux – AOROC, Paris – MAP, École d'Architecture, Marseille	**Dougga, étude des sanctuaires antiques et mise en valeur :** Golvin, Khanoussi (dir.), *Dougga, études d'architecture religieuse. Les sanctuaires des Victoires de Caracalla, de « Pluton » et de Caelestis*, Bordeaux – Tunis, Ausonius, 2005 ; Aounallah et Golvin (dir.), *Dougga, études d'architecture religieuse, II. Les sanctuaires du forum, du centre de l'agglomération et de la Grande rue courbe*, Bordeaux, Ausonius, 2016.	Khanoussi (Mustapha), Golvin (Jean-Claude), Puis Ben Abed (Aïcha), Golvin (Jean-Claude), Bergé (A.)	2002-2008
Casa de Velazquez, Madrid	**Sabra al-Mansûriya :** Cressier et Rammah, « Première campagne de fouilles à Ṣabra al-Manṣûriya (Kairouan, Tunisie) », *Mélanges de la Casa de Velázquez*, 34.1, 2004.	Rammah (Mourad), Cressier (Patrice)	2003-2005
École pratique des Hautes Études (EPHE), Paris	**Recherches sur les manuscrits de Raqqada :** Déroche, « Autour de l'inventaire médiéval de la bibliothèque de la mosquée de Kairouan : livres et mosquées au Maghreb », dans *Lieux de cultes ... (Actes du IXe colloque international Histoire et Archéologie de l'Afrique du Nord antique et médiévale, Tripoli, février 2005)*, Paris (Études d'Antiquités africaines), 2008, p. 247-255.	Déroche (François)	
Ville d'Aix-en-Provence	Exposition : *Le regard d'Ernest Gustave Gobert, médecin, préhistoire et ethnologue 1906-1958*, Bibliothèque Alcazar, Marseille – Muséum d'histoire naturelle, Aix-en Provence – Bibliothèque nationale de Tunis.		2007
Institut du monde arabe (IMA), Paris	Exposition : *La Méditerranée des Phéniciens de Tyr à Carthage*, IMA, Paris.		6-11-2007 - 20-04-2008
Agglomération de Montpellier, Ville de Lattes	Exposition : *Oudhna-Uthina. Redécouverte d'une cité romaine d'Afrique*, Musée archéologique Henri Prades, Lattes, 2008.	Ben Hassen (Habib), Landes (Christian)	1-02-2008 - 17-05-2008

12. REGARD SUR LA COOPÉRATION FRANCO-TUNISIENNE DANS LE DOMAINE DU PATRIMOINE

Partenariat avec l'INP	Objet de la coopération Publications	Responsables scientifiques	Dates du projet
Institut français de Coopération	Exposition : *Le jeune homme de Byrsa*, Tunis, 2010.	Sebaï (Leïla), Morel (Jean-Paul)	10-2010 - 03-2011
Région Provence Alpes Côte d'Azur, Minist. Aff. étrangères et Développement intern., Ville d'Arles	**Sbeitla, programme RECAPCOS :** Renforcement des capacités de la commune de Sbeitla, Gouvernorat de Kasserine, à valoriser d'un point de vue touristique et culturel son patrimoine romano byzantin	Kallala (Nabil), Ben Nejma (Mohamed), Sabeg (Bouzid)	3-11-2015 - 2019
CNRS (IDEMEC), Aix-en-Provence – Institut français de Tunisie	Exposition : *Lieux saints partagés* (exposition itinérante), Marseille (MUCEM), 2015 ; Tunis, 2016 ; Paris, Musée de l'Histoire de l'Immigration 2017-2018 ; Rome, 2022-2023 (et autres lieux).	Albera (Dionigi), Penicault (Manoël)	Tunis : 29-04-2016 - 30-08-2016
Musée du Louvre	**Chantier école Louvre-Bardo :** Création d'un atelier de restauration de sculptures au sein du Musée du Bardo et poursuite du programme de formation de restaurateurs de sculpture.	Mahfoudh (Faouzi), Martinez (Jean-Luc)	24-05-2016 - 2021
Université Paris IV Sorbonne	**Catalogue des sculptures du Musée national du Bardo :** Inventaire et étude des sculptures du musée, formation des étudiants.	Béjaoui (Fathi), Baratte (François)	24-05-2016 - 2021
Région Provence Alpes Côte d'Azur – Conseil général BdR, Atelier de restauration du MDAA (Arles) – Minist. Europe et Aff. étrangères	**Haïdra, programme REFORMIL :** Restauration et formation autour de la Mosaïque des îles de Haïdra – expositions à Arles et au MUCEM.	Béjaoui (Fathi), Blanc (Patrick)	11-10-2016 - 31-12-2017
École nationale supérieure – CNRS, AOROC	Étude des sanctuaires antiques de *Thugga* (Dougga)	Aounallah (Samir), Brouquier-Reddé (Véronique)	22-11-2016 - 2024
Aix Marseille Université – CNRS, CCJ – Université Paris 1	Chantier-école de *Thaenae*/Thyna et Projet PHC UTIQUE	Othman (Ammar), Bonifay (Michel)	2017-2021
Aix Marseille Université, CCJ	Erasmus	Othman (Ammar), Sghaier (Yemen), Bonifay (Michel)	12-12-2018 - 2018-2020
Minist. Aff. étrangères – EFR – Univ. Paris IV	Recherche et mise en valeur du site d'*Ammaedara* (Haïdra)	Ben Nejma (Mohamed), Michel d'Annoville (Caroline)	6-04-2019 - 6-04-2022
Réunion des Musées métropolitains de Rouen Mucem (Minist. de la Culture)	Exposition : Salammbô	Amic (Sylvain), Morel-Delledale (Myriame)	Rouen 30-04-2021 - 20-09-2021 Marseille 20-10-2022 - 7-02-2022
École normale supérieure – CNRS, AOROC	Corpus des inscriptions latines de Carthage	Aounallah (Samir), Cuzel (Pauline)	3-08-2021 - 2026
Aix Marseille Université – CNRS, CCJ	Production, Exploitation et Consommation des ressources salines de la Préhistoire à nos jours	Drine (Ali), Schorle (Katia)	26-10-2021 - 2023
École normale supérieure – CNRS, AOROC	Corpus des mosaïques de Tunisie concernant la collection de *Thysdrus* / El Jem	Aounallah (Samir), Malek (Amina Aïcha)	28-10-2021 - 2024

13. Qu'est devenu l'Inventaire depuis Paul-Albert Février ?

Marceline Brunet
Service Patrimoine, Traditions, Inventaire de la Région Provence-Alpes-Côte d'Azur, Marseille

Disons-le d'emblée : si la question se pose, c'est que, une douzaine d'années après la disparition de Paul-Albert Février, l'Inventaire général a vécu un fait majeur, probablement l'événement le plus important de son histoire : la décentralisation et le transfert aux Régions.

Votés le 13 août 2004, deux articles de la loi Libertés et Responsabilités locales inscrivent l'Inventaire général du patrimoine culturel dans la loi (alors qu'auparavant son existence n'était légitimée que par un simple décret) et en font la seule compétence culturelle exclusive et obligatoire des Régions. Devenue effective en 2007, avec le transfert physique des agents et les déménagements des services quittant les Directions régionales des Affaires culturelles (DRAC) pour s'installer dans les Hôtels de Région, la décentralisation de l'Inventaire est aujourd'hui suffisamment ancienne pour que l'on puisse en tirer un bilan.

En 2004, de nombreuses inquiétudes régnaient quant à l'avenir du service. Aux préjugés qu'entretiennent volontiers les agents de l'État à l'encontre des collectivités territoriales, s'ajoutaient alors les conditions pour le moins défavorables de l'écriture et du vote de la loi.

En effet, la loi de 2004 a été voulue par le gouvernement Raffarin comme une décentralisation globalisante, touchant tous les domaines de la vie publique, la culture ne devant pas faire exception. Si les collectivités de l'époque avaient une attente en matière culturelle, ce n'était certes pas celle de l'Inventaire, service complètement inconnu pour la majorité d'entre elles et qui va leur être imposé. Paradoxalement, dans ce contexte peu favorable, le transfert de l'Inventaire a été une réussite. C'est que ses chefs de service ont réussi à obtenir un transfert réel et non un semblant de décentralisation mal budgété et laissant subsister l'essentiel des compétences à l'État. Les services régionaux ont été transférés dans leur intégralité, aucun agent ne restant en DRAC, avec la totalité de leur documentation, leur photothèque, leur matériel technique, la masse salariale, y compris celle des postes vacants au moment du vote de la loi, et leurs budgets de fonctionnement. De l'avis général, le transfert de l'Inventaire s'est avéré un des volets de la décentralisation de 2004 qui s'est le mieux passé.

Quelles ont été les modalités du transfert ?

Les conditions sont à la fois très claires et très simples. Aux Régions la programmation et la conduite des opérations : l'élaboration de la politique d'inventaire, l'initiative des projets, la mise à disposition des moyens humains et budgétaires, la diffusion et la valorisation des résultats des études. À l'État le contrôle scientifique et technique *a posteriori*, l'élaboration et la maintenance du système normatif. À cet effet, une petite cellule, la Mission de l'Inventaire général du patrimoine culturel, a été maintenue au ministère de la Culture.

Comment les Régions se sont-elles emparées de cette nouvelle compétence ?

Évacuons tout de suite les craintes fantasmatiques d'avant décentralisation. Les équipes n'ont pas été disloquées pour renforcer les comités régionaux du tourisme, ni les chercheurs affectés à la rédaction de prospectus touristiques. De même, les services de l'Inventaire n'ont pas été relégués dans des placards et les maigres budgets affectés à d'autres missions. Au contraire, les équipes ont été maintenues, les postes repourvus au fil des départs en retraite et des mutations géographiques, les moyens et les budgets considérablement augmentés.

Mais surtout, l'arrivée de l'Inventaire dans les services des Régions a été l'occasion pour celles-ci de repenser leur organisation et leur politique patrimoniale. À ce titre, les missions de l'Inventaire ont connu un élargissement de leur périmètre au-delà de la fonction de recherche pour investir l'aménagement du territoire.

S'est ainsi imposé le principe de la *chaîne patrimoniale* qui envisage la diversité des actions à mener sur le patrimoine comme une succession chronologique partant de la connaissance (c'est-à-dire notamment des études de l'Inventaire) pour aboutir aux différentes formes de valorisation en passant par la conservation et la restauration. De cette manière, l'Inventaire général s'est trouvé, dans la totalité des Régions, placé au cœur des politiques régionales du patrimoine. Avec quelques différences d'ordre organisationnel et réglementaire d'une région à l'autre, la *chaîne patrimoniale* s'est diffusée comme un principe fondateur des politiques régionales du patrimoine dans une optique d'aménagement à la fois culturel et économique des territoires. Bien évidemment, c'est au bénéfice des territoires de projet que ces grands principes régionaux s'appliquent. Car il convient de rappeler que si l'on parle souvent de l'État stratège, cet adjectif s'applique tout autant à la Région, qui est la seule collectivité dont la compétence exclusive et obligatoire est de déployer des politiques d'aménagement au service d'autres collectivités infrarégionales.

Trois facettes de la notion de *chaîne patrimoniale* ont pu être mises en œuvre, parfois de manière exclusive, parfois successivement dans le temps, parfois simultanément, au gré des évolutions administratives et politiques que nous avons connues ces quinze dernières années, qu'il s'agisse de la fusion des Régions ou des changements d'exécutifs.

– La première, qui conforte somme toute la notion du « faire connaître » antérieure à la décentralisation, met en avant la transmission et la vulgarisation de la connaissance en développant les actions et les outils de médiation. C'est ainsi qu'on a assisté non seulement à une consolidation de la politique éditoriale héritée de l'État, mais surtout à une diversification exceptionnelle des supports de médiatisation à l'intention du grand public : création de collections régionales (Beaux Livres, recueils de photographies, guides de visite et même bandes dessinées), création d'applications smartphone, mise en place dans chaque région d'un site web spécifiquement dédié à l'Inventaire, présentant ses missions, ses travaux en cours, informant le public des ressources de connaissance amassées et disponibles. Dans certaines régions, un nouveau profil de poste, celui de médiateur, a même fait son apparition dans les équipes.

– La deuxième sollicite largement l'expertise scientifique du service pour alimenter le porter à connaissance et les préconisations de la Région, aussi bien dans les procédures réglementaires où la Région est personne publique associée comme les PLUI (plan local d'urbanisme intercommunal ou communautaire) et les SCoT (schéma de cohérence territoriale), que lors de l'instruction des projets de développement économique et/ou culturel fondés sur la valorisation patrimoniale, notamment dans le cadre des procédures européennes. Dans ce cadre, l'avis du service de l'Inventaire est systématiquement sollicité par les autres services de l'institution en charge des politiques d'aménagement, d'urbanisme, de développement touristique. Il convient de souligner à ce propos à quel point l'intégration de l'Inventaire dans les administrations régionales lui a donné la possibilité de nouer facilement et même naturellement des relations de travail en transversalité avec tous les services autres que culturels et, par là même, lui a ouvert de nouveaux champs des possibles.

– La troisième option va au bout de la logique et investit le service de l'Inventaire d'une mission de prospective et d'appui aux politiques territoriales du patrimoine.

Dans cette optique, l'étude de l'Inventaire est envisagée, avant la mise en œuvre d'un projet de valorisation, comme la valeur ajoutée qui va permettre de faire émerger de nouvelles perspectives, des pistes de réflexion inédites, d'orienter ou de réorienter les choix stratégiques tout en mettant à contribution une documentation d'une richesse et d'une fiabilité que peu d'institutions ont les moyens d'acquérir par elles-mêmes. De plus en plus de collectivités qui misent sur la valorisation du patrimoine comme axe de développement économique sollicitent l'Inventaire préalablement à une candidature pour obtenir un des labels qui sanctionnent la qualité patrimoniale de leur territoire. Les plus notables sont les candidatures au label de Ville et Pays d'Art et d'Histoire et au statut de patrimoine mondial de l'UNESCO. C'est ainsi que les derniers classements sur la liste du patrimoine mondial pour la Région Provence-Alpes-Côte d'Azur, le savoir-faire des parfumeurs de Grasse et la villégiature d'hiver de Nice, ont été précédés d'études de l'Inventaire qui ont enrichi les dossiers de candidature déposés à l'UNESCO. Une fois encore, il faut pointer les effets du changement de positionnement de l'Inventaire induit par la décentralisation. La proximité non plus géographique comme avec les autres services des Régions mais institutionnelle avec les communes et intercommunalités, principales bénéficiaires des politiques régionales, a engendré un rapprochement spectaculaire avec ces collectivités. De fait, les partenariats pour des études d'inventaire se sont multipliés dans toutes les Régions, alors que les nouveaux moyens budgétaires alloués aux services permettent de subventionner les collectivités pour créer de nouveaux postes de chercheurs. À titre d'exemple, l'Inventaire d'Occitanie dispose annuellement de 500 000 € destinés à financer ces postes répartis dans 24 collectivités partenaires.

Dans ces partenariats, l'action de l'Inventaire ne s'arrête plus désormais à la fin de la recherche, ni même après la publication des résultats. Elle se prolonge dans les phases d'exploitation des acquis : montage et ingénierie de projet, conseil et accompagnement en matière de conservation préventive, de restauration, de valorisation, d'animation.

Au-delà, dans de nombreuses régions, les services de l'Inventaire se sont vus confier la gestion des subventions régionales pour la restauration, la conservation préventive et la valorisation du patrimoine, responsabilité qui repose sur la capacité d'expertise et la connaissance fine des territoires capitalisées dans les équipes. Dans les Régions qui se sont engagées dans cette voie, le service de l'Inventaire est devenu le service du Patrimoine, chargé non seulement du patrimoine monumental mais aussi de la politique des musées et du soutien aux actions de valorisation. Suivant les Régions, le périmètre peut inclure le contrat de plan État-Région ou des secteurs voisins comme les langues et cultures régionales ou même les politiques mémorielles. Évidemment ce considérable élargissement du périmètre de compétence s'est accompagné de moyens humains supplémentaires, faisant collaborer au sein des équipes chercheurs de l'Inventaire et chargés de mission Patrimoine. Les services ont ainsi la chance de conjuguer l'expertise scientifique et l'expertise en ingénierie culturelle. Les chargés de mission apportent leur compétence en montage et direction de projet, ainsi qu'en ingénierie patrimoniale. Les chercheurs fournissent une expertise scientifique sur la qualité du patrimoine concerné et des projets de restauration. Les deux regards croisés enrichissent le dialogue avec les collectivités maîtres d'ouvrage et permettent souvent d'améliorer la qualité des projets. Cette évolution de leur pratique professionnelle a été très bien accueillie par les chercheurs de l'Inventaire qui l'ont vécu comme une valorisation de leurs compétences et une diversification apportant un intérêt accru à leurs missions.

Et la recherche ?

Cette mutation du positionnement de l'Inventaire au sein des politiques publiques du patrimoine ne s'est pas faite au détriment de la mission fondamentale de recherche, de documentation et de diffusion des connaissances.

J'ai évoqué à l'instant la multiplication des partenariats de recherche et donc des terrains d'enquête. En l'absence de chiffres consolidés à l'échelle nationale, quelques exemples régionaux donneront une idée de l'intensité de l'activité de recherche : en 2019, 14 enquêtes étaient en cours en Centre-Val de Loire ainsi qu'en Île-de-France, 17 en Pays-de-la-Loire et jusqu'à 34 en Occitanie. En Provence-Alpes-Côte d'Azur, 14 enquêtes également en 2021 et la perspective d'ouvrir deux enquêtes supplémentaires en 2022 dans le cadre de partenariats avec des intercommunalités. Il semble inutile de lister les innombrables territoires faisant l'objet d'enquêtes topographiques mais il faut souligner la poursuite des grandes enquêtes thématiques nationales lancées bien avant la décentralisation, en particulier celles portant sur le patrimoine industriel, le vitrail et la villégiature. C'est ainsi que l'enquête sur le vitrail, menée en collaboration avec le Centre André Chastel a pu être achevée en 2021 avec la publication du dernier volume du *Corpus vitrearum* consacré aux vitraux d'Aquitaine et de Poitou-Charentes. D'autres thématiques ont émergé, par exemple autour de la notion de littoral qui réunit des études sur le patrimoine portuaire, la villégiature balnéaire ou la fortification côtière. Citons encore l'étude interrégionale sur le patrimoine hospitalier qui a permis en 2012 la publication d'un monumental ouvrage dans la collection Cahiers du Patrimoine, *L'hôpital en France* édité, notons-le, par l'Association des Régions de France. L'ouvrage a d'ailleurs été très vite épuisé et réédité en 2016.

Si l'activité éditoriale de l'Inventaire se maintient à un bon niveau dans les divers supports traditionnels : collections nationales, régionales, articles, une révolution éditoriale s'est produite ces dix dernières années et constitue pour nous la grande valeur ajoutée de la décentralisation : il s'agit de la création de GERTRUDE.

GERTRUDE : qu'est-ce que c'est ?

Groupe d'Étude et de Recherches techniques pour la Réalisation et l'Utilisation du Dossier électronique (GERTRUDE) est le nom d'un projet interrégional né dès 2008, soit dès l'arrivée effective des services au sein des appareils régionaux.

Il s'agit de la construction d'un outil de dématérialisation des dossiers d'inventaire, tant pour la production que pour la communication au public. C'est en somme le mythique dossier électronique de l'Inventaire dont l'État a tant parlé depuis les années 1990 et qu'il n'a jamais réussi à mettre en œuvre. Ce projet a réuni 25 des 26 Régions de l'époque et a été intégralement élaboré en mode collaboratif entre les 25 Directions des Systèmes d'Information et les 25 services en charge de l'Inventaire. Livré et déployé dans les Régions en 2012, il évolue et se perfectionne grâce à l'activité d'un comité de projet interrégional réunissant chercheurs et techniciens. Désormais, chaque région propose sur son site internet un accès aux dossiers d'inventaire dans leur intégralité[1].

Rappelons que l'État ne propose qu'un accès aux notices d'indexation des bases Mérimée pour l'architecture et Palissy pour le mobilier. GERTRUDE permet la mise en ligne de dossiers complets, avec des textes rédigés sans limitation du nombre de caractères, pouvant comporter des illustrations dans le texte, des liens hypertextes pour une navigation de dossier en dossier, des références documentaires et bibliographiques, des annexes, des cartes. En somme avec GERTRUDE, l'Inventaire est désormais en capacité d'éditer ses dossiers de recherche dont certains s'apparentent maintenant à des articles en ligne.

Les services des Régions continuent de verser leurs données à l'État afin d'offrir au public un accès centralisé à l'ensemble de la documentation de l'Inventaire, à échelle nationale. Le site de l'État relevant d'une technologie inadaptée, seules les notices d'indexation y sont comme autrefois versées, un lien avec adresse URL permettant au consultant d'être redirigé vers les serveurs des Régions où l'intégralité des contenus est accessible.

L'aventure continue

Après bientôt quinze ans de décentralisation effective, bien des choses ont finalement changé. L'Inventaire s'est affirmé comme un des principaux acteurs publics dans le domaine du patrimoine. Doté de moyens et de compétences élargies, il met en œuvre les politiques régionales du patrimoine, il a acquis une visibilité éminente et réalise à sa propre échelle ce qui n'avait que rarement et ponctuellement été esquissé du temps de l'État : la complémentarité entre la recherche et la gestion du patrimoine.

Les services de l'Inventaire poursuivent l'aventure de l'esprit chère à André Malraux. Ils ont gardé le souci de garantir à l'Inventaire son caractère national et pratiquent fidèlement une méthodologie qu'ils devront peut-être un jour faire évoluer en mode interrégional, tout comme ils se sont dotés de leur outil de production des dossiers. Ce sera le chantier des prochaines années : organiser l'évolution de la méthodologie et de la norme, en liaison avec l'État, dans un mode interrégional. Et en effet, le projet GERTRUDE a montré comment l'Inventaire, au-delà de la décentralisation, conserve sa capacité à travailler en réseau et à mener une réflexion collaborative au service de son unité scientifique et méthodologique.

---

[1] Voir par exemple le site de l'Inventaire Provence-Alpes-Côte d'Azur : <https://patrimages.maregionsud.fr/> rubrique dossiers en lignes ou directement : <https://dossiersinventaire.maregionsud.fr/>.

14. Trente ans de prise en compte du patrimoine archéologique

Marc Bouiron
Directeur scientifique de l'Institut national d'Archéologie préventive (INRAP) / Laboratoire Cultures et environnements. Préhistoire, Antiquité et Moyen Âge (CEPAM), UMR 7264, Nice

PARMI LES MULTIPLES ENGAGEMENTS de Paul-Albert Février, il faut noter les actions de protection du patrimoine archéologique, en France comme à l'étranger, qui lui tenaient particulièrement à cœur. Pour le territoire national, il était ainsi, à la fin des années 1980, membre de la Commission régionale du Patrimoine historique, archéologique et ethnologique (COREPHAE) de la Région PACA, de la Commission supérieure des Monuments historiques et Vice-Président de la Commission nationale de l'Inventaire des Monuments et Richesses artistiques de la France. À l'occasion des trente ans de sa disparition, il a semblé important de dresser un bilan des évolutions que la France a connues dans ce domaine. Si déjà les années 1980 avaient permis une réelle amélioration dans la prise en compte du patrimoine archéologique, les décennies qui ont suivi ont donné lieu à de profondes transformations législatives afin de préserver au mieux, si ce n'est les vestiges eux-mêmes, au moins leur connaissance historique.

Nous dresserons d'abord un état des lieux en 1991, en prenant comme point de départ la date de sa mort, le 10 avril, puis nous aborderons les différentes phases d'évolution de la protection de ce patrimoine, principalement dans le domaine de l'archéologie terrestre. Nous intégrerons également quelques réflexions plus personnelles, ayant été observateur ou acteur de certains développements de l'archéologie contemporaine[1]. Nous ne détaillerons pas ici l'apport scientifique de l'archéologie préventive, que l'on trouvera exposé par ailleurs[2].

Nous souhaitons également par ce travail rendre hommage à cet éminent chercheur, ayant souvent marché dans ses pas, que cela soit dans nos travaux sur l'histoire urbaine de Marseille, ou dans la reprise des fouilles de l'ancienne cathédrale de Nice. Nous avons en effet découvert qu'il avait été, lui le Niçois, à l'initiative des premières fouilles du XXe siècle sur ce site, en 1959, aux côtés de ses collègues chartistes et de l'archiviste municipale Armance Royer[3].

Un état des lieux de la protection du patrimoine archéologique en 1991

En 1991, la prise en compte de la préservation du patrimoine archéologique est déjà effective, même de manière imparfaite, depuis un demi-siècle ; elle est le résultat d'un certain nombre d'évolutions tant législatives qu'organisationnelles pour les services de l'État.

---

[1] Notre formation est d'abord universitaire (bac + 5 à l'Université de Provence en 1988, docteur en 2014). Recruté comme contractuel à la Ville de Marseille en septembre 1990, après quatre années passées sur des chantiers de sauvetage comme contractuel de l'Association pour les fouilles archéologiques nationales (AFAN), puis lauréat du concours externe de conservateur du patrimoine (promotion 1996-1997), nous devenons Conservateur régional de l'archéologie en Haute-Normandie (2001-2002). Par la suite responsable du diagnostic du tramway de Nice puis missionné AST à l'Institut national de recherches archéologiques préventives (INRAP) (2003-2004), nous intégrons la Ville de Nice comme archéologue municipal puis responsable du service archéologique qui devient conjoint entre la Ville et la Métropole (2005-2015). Depuis, nous avons intégré l'INRAP en détachement d'abord comme Directeur interrégional Méditerranée (2015-2018) puis comme Directeur scientifique et technique (depuis 2018). Ancien membre de la CIRA Auvergne Rhône Alpes et du Comité national de l'archéologie du CNRS, nous avons été successivement chercheur associé au Centre Camille Jullian puis au laboratoire Cultures, environnements, Préhistoire, Antiquité, Moyen Âge (CEPAM), rattachement actuel.

[2] Par exemple dans Augereau 2019.

[3] Bouiron 2013, p. 22.

L'organisation législative et les services de l'État pour l'archéologie

L'archéologie de sauvetage est régie à cette date par deux textes fondamentaux. Le premier est la loi du 27 septembre 1941 portant réglementation des fouilles archéologiques. Dite « loi Carcopino », du nom de son promoteur, elle déroge au droit de la propriété. Elle impose en effet que « nul ne peut effectuer sur un terrain lui appartenant ou appartenant à autrui des fouilles ou des sondages à l'effet de recherches de monuments ou d'objets pouvant intéresser la préhistoire, l'histoire, l'art ou l'archéologie, sans en avoir au préalable obtenu l'autorisation », celle-ci émanant des services de l'État. Quelques mois plus tard, la loi du 21 janvier 1942 crée les circonscriptions des Antiquités, délimitées par un arrêté du 14 février 1942 et divisées en deux spécialités : préhistoriques et historiques avec, à la tête de chacune d'entre elles, un Directeur des Antiquités.

Après la Libération, le décret-ordonnance du 13 septembre 1945 valide la loi du 27 septembre 1941 et celle du 21 janvier 1942. Il réaffirme l'existence de « deux séries indépendantes de circonscriptions archéologiques, l'une pour les antiquités préhistoriques, l'autre pour les antiquités historiques (celtiques, grecques et gallo-romaines) [...]. Un Directeur des Antiquités est placé à la tête de chacune des circonscriptions archéologiques ». Le nombre de circonscription et leur étendue, qui ne sont pas identiques pour les deux séries, sont par la suite modifiés par deux arrêtés (8 février et 22 mars 1957). Les Directions des Antiquités sont réunies en 1977 avec les autres services patrimoniaux de l'État au sein des Directions régionales des Affaires culturelles (DRAC). Pour la région Provence-Alpes-Côte d'Azur (PACA), deux Directions des Antiquités existent dans les années 1980, l'une pour la Provence et l'autre pour la Côte d'Azur[4]. Pour la première, à François Salviat succède Marc Gauthier puis Jean Guyon et enfin Jean-Paul Jacob comme Directeur des Antiquités historiques ; Jean Courtin puis André D'Anna sont quant à eux les Directeurs des Antiquités préhistoriques. La Direction des Antiquités historiques de Côte d'Azur est occupée par Christian Goudineau qui développe l'activité dans le Var et forme de nombreux archéologues de la région.

Pour la capacité des archéologues à intervenir sur les territoires en cours d'aménagement, la loi de 1941 a été complétée à plusieurs reprises mais on note surtout son évolution la plus récente (à la date de 1991) avec le décret n° 86-192 du 5 février 1986 relatif à la prise en compte de la protection du patrimoine archéologique dans certaines procédures d'urbanisme. Ce décret, à l'origine duquel se trouve J.-P. Jacob, instaure la consultation des permis de construire par les Directions des Antiquités initiant ainsi une démarche qui aura une grande importance par la suite dans le cadre de l'aménagement du territoire : « lorsqu'une opération, des travaux ou des installations soumis à l'autorisation de lotir, au permis de construire, au permis de démolir ou à l'autorisation des installations et travaux divers prévus par le code de l'urbanisme peuvent, en raison de leur localisation et de leur nature, compromettre la conservation ou la mise en valeur de vestiges ou d'un site archéologiques, cette autorisation ou ce permis est délivré après avis du préfet, qui consulte le Directeur des Antiquités ».

Dans le domaine des biens culturels maritimes, le texte le plus récent est alors la loi du 1er décembre 1989, modifiant la loi du 27 septembre 1941. Il existe une Direction des Recherches archéologiques sous-marines (DRASM) basée à Marseille et un Centre national de Recherches archéologiques subaquatiques basé à Annecy. Nous ne signalerons qu'à la marge le domaine maritime et des eaux intérieures pour nous concentrer sur l'archéologie terrestre.

Les institutions et leurs personnels intervenant dans le domaine de l'archéologie de sauvetage

Le paysage institutionnel est, en 1991, déjà multiple.

Il faut d'abord compter sur les services de l'État (Ministère de la Culture), constitués en région, on l'a vu, par les Directions des Antiquités historiques et préhistoriques placées au sein de DRAC, dont le fonctionnement et l'organisation sont organisés par une circulaire du 2 décembre 1987.

Pour les personnels, le décret n° 90-404 et 405 du 16 mai 1990 portant statut particulier du corps des conservateurs et conservateurs généraux du patrimoine crée enfin un vrai corps de fonctionnaires dédié à la préservation et à la prise en compte du patrimoine. En parallèle, une filière culturelle est également instaurée dans les collectivités territoriales. Durant les années 1980, trois vagues de recrutements d'ingénieurs de recherche (1982, 1983 et 1985) ont renforcé les services des Directions des Antiquités. Des concours de conservateurs sont organisés régulièrement, en lien avec l'École nationale du Patrimoine.

Enfin, il existe un Conseil supérieur de la Recherche archéologique (CSRA) depuis 1964 qui joue un rôle de

---

[4] Direction régionale 1981, p. 70-71.

plus en plus important. Il a l'initiative d'une programmation de la recherche archéologique⁵ et de rapports sur le fonctionnement de l'archéologie⁶.

Les « opérateurs » intervenant dans le champ de l'archéologie de sauvetage sont alors peu nombreux. Il s'agit principalement de l'Association pour les fouilles archéologiques nationales (AFAN), créée en 1973, et de services archéologiques de collectivité. L'AFAN est au départ une association destinée à gérer des financements du Ministère de la Culture ; très vite elle devient également gestionnaire des financements d'opérations archéologiques de sauvetage. Si ses effectifs scientifiques sont recrutés initialement sous forme de contrats à durée déterminée (CDD), ils sont stabilisés à partir de 1993 sous forme de contrats à durée indéterminée (CDI).

Les services des collectivités territoriales connaissent un développement important dans les années 1980. En PACA, on peut signaler la création dans ces années-là des services de Fréjus, de Marseille, d'Aix-en-Provence ou du département de Vaucluse.

Quelques acteurs proviennent également du CNRS ou des universités mais dans une moindre mesure, ces chercheurs ou enseignants se concentrent en effet plutôt sur l'archéologie programmée. La formation des archéologues se fait à l'université, prolongée par la participation bénévole à des chantiers de fouille programmée qui sont assurés en très grand nombre tous les étés.

Enfin, rappelons que l'année 1989 a été l'Année de l'archéologie, ce qui a permis de donner un éclairage particulier à ce métier mais également de rappeler les enjeux d'une meilleure prise en compte du patrimoine archéologique détruit par les travaux d'aménagement en France. Des réunions et actions d'archéologues « hors-statuts » et d'archéologues statutaires ont alors construit une conscience globale et partagée, premières réflexions pour la transformation du dispositif de l'archéologie préventive.

Première phase de transformation (1991-1996) : consolidation de l'archéologie de sauvetage

Une première phase de transformation intervient dans les cinq années qui suivent la disparition de Paul-Albert Février.

---

⁵ Programmation 1981.

⁶ On notera par exemple celui sur le financement de l'archéologie de terrain en France rédigé en 1985 dans lequel Jacques Lasfargues préconise le premier de passer d'une archéologie de « sauvetage » à une archéologie « préventive » (Lasfargues 1987).

Ajustement réglementaire et réorganisation des DRAC

Un nouveau décret (n° 91-786) est publié le 14 août 1991 pour l'application de l'article 24 de la loi du 27 septembre 1941. Dans son article 1, il permet, en application de la loi de 1941, au Préfet de Région de délivrer des autorisations de sondage limitées à un mois. Il autorise également les fouilles de sauvetage urgentes et les prospections systématiques ne comportant ni fouilles ni sondages.

Puis, la circulaire du 7 octobre 1991 relative à l'organisation des services de l'archéologie des Directions régionales des Affaires culturelles entraîne une transformation des DRAC. Le service compétent en matière d'archéologie est désormais dénommé, au sein de chaque direction régionale, Service régional de l'Archéologie (SRA), par fusion des Directions des Antiquités historiques et préhistoriques. Ce service est dirigé par un conservateur régional de l'archéologie. C'est aujourd'hui encore l'organisation qui prévaut.

La convention de Malte

À un niveau supranational, une nouvelle convention européenne pour la protection du patrimoine archéologique est alors mise en chantier ; elle remplace et met à jour la convention initiale de Londres de 1969. Elle établit juridiquement pour l'Europe les nouveaux principes de base auxquels doivent répondre les politiques nationales de protection des biens archéologiques en tant que source scientifique et documentaire, cela en suivant les principes de la conservation intégrée. Cette convention est signée à La Valette (Malte) le 26 janvier 1992 et entre en vigueur le 25 mai 1995. En France, elle est ratifiée par la loi n° 94-926 du 26 octobre 1994 et transposée en droit par le décret n° 95-1039 du 18 septembre 1995 ; elle entre en vigueur le 10 janvier 1996.

Ce texte est fondamental dans la prise en compte du patrimoine archéologique. Ses articles sont autant d'éléments fondateurs des orientations portées ensuite. Ainsi l'article 2 dispose que « chaque partie s'engage à mettre en œuvre, selon les modalités propres à chaque État, un régime juridique de protection du patrimoine archéologique prévoyant :

i. la gestion d'un inventaire de son patrimoine archéologique et le classement de monuments ou de zones protégés ;

ii. la constitution de zones de réserve archéologiques, même sans vestiges apparents en surface ou sous les eaux, pour la conservation de témoignages matériels à étudier par les générations futures ;

iii. l'obligation pour l'inventeur de signaler aux autorités compétentes la découverte fortuite d'éléments du patrimoine archéologique et de les mettre à disposition pour examen. »

De même, l'article 3 prévoit qu'en vue de préserver le patrimoine archéologique et afin de garantir la signification scientifique des opérations de recherche archéologique, « chaque partie s'engage :

i. à mettre en œuvre des procédures d'autorisation et de contrôle des fouilles, et autres activités archéologiques, afin :
   a. de prévenir toute fouille ou déplacement illicites d'éléments du patrimoine archéologique ;
   b. d'assurer que les fouilles et prospections archéologiques sont entreprises de manière scientifique et sous réserve que :
      – des méthodes d'investigation non destructrices soient employées aussi souvent que possible ;
      – les éléments du patrimoine archéologique ne soient pas exhumés lors des fouilles ni laissés exposés pendant ou après celles-ci sans que des dispositions convenables n'aient été prises pour leur préservation, conservation et gestion ;

ii. à veiller à ce que les fouilles et autres techniques potentiellement destructrices ne soient pratiquées que par des personnes qualifiées et spécialement habilitées ;

iii. à soumettre à autorisation préalable spécifique, dans les cas prévus par la législation interne de l'État, l'emploi de détecteurs de métaux et d'autres équipements de détection ou procédés pour la recherche archéologique. »

Enfin, selon l'article 6, chaque partie s'engage :

« i. à prévoir un soutien financier à la recherche archéologique par les pouvoirs publics nationaux, régionaux ou locaux, en fonction de leurs compétences respectives ;

ii. à accroître les moyens matériels de l'archéologie préventive :
   a en prenant les dispositions utiles pour que, lors de grands travaux d'aménagement publics ou privés soit prévue la prise en charge complète par des fonds provenant de manière appropriée du secteur public ou du secteur privé du coût de toute opération archéologique nécessaire liée à ces travaux ;
   b. en faisant figurer dans le budget de ces travaux, au même titre que les études d'impact imposées par les préoccupations d'environnement et d'aménagement du territoire, les études et les prospections archéologiques préalables, les documents scientifiques de synthèse, de même que les communications et publications complètes des découvertes. »

Ce texte devait servir de base aux politiques publiques en France et faire véritablement basculer le système de l'archéologie de sauvetage vers une archéologie préventive, prise plus en amont dans les processus d'aménagement du territoire.

Ajustement réglementaire, création des organismes consultatifs et réorganisation des services du Ministère de la Culture

En 1992, les membres du Conseil supérieur de la Recherche archéologique (CSRA) démissionnent, considérant qu'ils n'ont pas les moyens d'accomplir leurs missions, et demandent un renforcement de l'appareil réglementaire de l'archéologie préventive. L'Inspecteur général du patrimoine Marc Gauthier rédige alors, à la demande du Ministère de la Culture et de la Communication, un rapport puis, un an plus tard, une série de propositions en vue de réformer le cadre législatif et réglementaire de la recherche archéologique en France. Alors que la Convention de Malte n'est pas encore ratifiée par la France, mais qu'elle est déjà signée, le décret n° 94-422 du 27 mai 1994 modifie la réglementation des fouilles archéologiques et apporte diverses dispositions concernant l'archéologie. Il est suivi le même jour d'un second décret (n° 94-423) qui porte création des organismes consultatifs en matière d'archéologie nationale renforçant la priorité donnée à la dimension scientifique des fouilles archéologiques : le Conseil national de la Recherche archéologique (CNRA) remplace alors l'ancien CSRA et des nouvelles Commissions interrégionales de la Recherche archéologique (CIRA) sont mises en place afin de mieux accompagner les Services régionaux de l'Archéologie (SRA).

Deux ans plus tard, un arrêté du 4 janvier 1996 crée et organise le Département des Recherches archéologiques subaquatiques et sous-marines (DRASSM) tandis que quelques mois plus tard, le 10 mai 1996, un nouvel arrêté modifie l'organisation des services centraux de la

Direction du patrimoine au Ministère de la Culture et de la Communication. Dans son article 3, il définit ainsi l'organisation de la Sous-direction de l'Archéologie :
- le bureau des affaires générales ;
- le bureau de la programmation et de la diffusion de la recherche ;
- le bureau de l'archéologie préventive et de la méthodologie ;
- le département des recherches archéologiques subaquatiques et sous-marines ;
- le centre national de la préhistoire.

D'autres arrêtés sont pris ultérieurement, mais l'architecture organisationnelle de l'administration centrale ne devait plus guère être modifiée.

Deuxième phase (1998-2001) : la loi sur l'archéologie préventive

La deuxième phase, beaucoup plus politique, prend sa source dans l'avis qui est rendu par le Conseil de la concurrence en date du 19 mai 1998. Celui-ci est motivé par une lettre de décembre 1997 par laquelle le Ministre de l'Économie, des Finances et de l'Industrie saisit le Conseil de la concurrence d'une demande d'avis sur l'application des règles de concurrence, tant nationales que communautaires, aux opérations de fouilles archéologiques préventives ou de sauvetage, s'interrogeant sur le quasi-monopole de l'AFAN sur ces fouilles. Dans son avis, le conseil reprend les aspects législatifs en intégrant la démarche initiée par la Convention de Malte.

Il faut dire qu'à cette date l'AFAN a beaucoup évolué. Depuis 1992, l'association est partenaire de l'État par le biais d'une convention-cadre ; en 1997, elle emploie 803 équivalents temps plein en CDI pour 352 en CDD, et dispose de sept antennes interrégionales ainsi que de bases archéologiques qui regroupent ces archéologues. En parallèle, les services de collectivité ont également progressé (24 services départementaux et 77 services municipaux en 1998). Une entreprise commerciale HADES, basée à Toulouse, et quelques sociétés d'autres pays européens complètent le tableau concurrentiel alors très embryonnaire. Tout naturellement, l'avis va dans le sens de l'ouverture à la concurrence. Il sera ensuite diffusé par le Ministère de l'Économie, des Finances et de l'Industrie provoquant une réaction importante de la communauté archéologique.

Cet avis cristallise les mouvements qui n'ont pas cessé d'agiter la profession, et en particulier l'ensemble des archéologues intervenant dans le domaine de l'archéologie préventive. Dans ces agitations régulières, les syndicats jouent un rôle moteur, comme *Les Nouvelles de l'Archéologie*, revue qui informe et participe au débat depuis le début des années 1980[7]. En 1997, la destruction du rempart de Rodez, avec l'accord du Premier ministre et contre l'avis du SRA, devient un premier élément fort de mobilisation[8]. L'avis diffusé par le Ministère de l'Économie, des Finances et de l'Industrie montre désormais l'urgence de légiférer.

Le 9 octobre 1998, la Ministre de la Culture et de la Communication, Catherine Trautmann, charge Bernard Pêcheur, Conseiller d'État, Bernard Poignant, Maire de Quimper, et Jean-Paul Demoule, Professeur d'université, d'une mission sur l'organisation de l'archéologie préventive en France afin de proposer une réforme du dispositif national. Un ensemble représentatif de la communauté archéologique est alors auditionné[9]. Le rapport est rendu mi-novembre 1998[10]. Sur la base d'un constat largement positif des apports scientifiques de l'archéologie préventive, et s'appuyant sur la Convention de Malte, il réaffirme le caractère de service public national de l'archéologie préventive. Un projet de loi est joint au rapport ; il propose la création d'un organisme public unique pour réaliser les opérations d'archéologie préventive.

Le 5 mai 1999, l'approbation du Conseil des Ministres lance le débat parlementaire. Installé le 3 novembre de la même année, le nouveau Conseil national de la Recherche archéologique rend son premier avis le 20 décembre 1999 en s'inquiétant des modalités de financement, du calendrier parlementaire et de l'absence de réflexion sur l'exercice de la cotutelle du futur établissement public prévu par la loi. Les travaux législatifs occupent toute l'année 2000 en alternant les votes de l'Assemblée nationale et du Sénat en quatre temps, suivis de la validation du Conseil constitutionnel :

---

[7] Coudart 2008 et le numéro spécial anniversaire de la revue (n° 157-158, 2019 ; doi.org/10.4000/nda.7121).

[8] Voir l'article dans *Le Monde* en date du 22 février 1997 par C. Chauveau <https://www.lemonde.fr/archives/article/1997/01/22/les-archeologues-se-mobilisent-pour-les-remparts-de-rodez_3743050_1819218.html>.

[9] C'est comme représentant des collectivités territoriales (et Président de l'association des Archéologues de Collectivité territoriale de PACA) que nous avons été reçus, avec Pierre Demolon, président de l'ANACT.

[10] Demoule, Pêcheur, Poignant 1999.

1. Assemblée nationale : rapport de M. Marcel Rogemont (commission des Affaires culturelles, 22-23 février 2000). Sénat : rapport de M. Jacques Legendre (commission des Affaires culturelles, 28 mars 2000).

2. Assemblée nationale : rapport de M. Marcel Rogemont (commission des Affaires culturelles, 23 mai 2000). Sénat : rapport de M. Jacques Legendre (commission des Affaires culturelles, 5 octobre 2000).

3. Assemblée nationale : rapport de M. Marcel Rogemont (commission mixte paritaire). Sénat : rapport de M. Jacques Legendre (commission mixte paritaire).

4. Assemblée nationale : rapport de M. Marcel Rogemont (commission des Affaires culturelles, 6 décembre 2000). Sénat : rapport de M. Jacques Legendre (commission des Affaires culturelles, 19 décembre 2000). Assemblée nationale : rapport de M. Marcel Rogemont (commission des Affaires culturelles, 20 décembre 2000).

5. Conseil constitutionnel : décision n° 2000-439 DC du 16 janvier 2001.

La loi n° 2001-44 sur l'archéologie préventive est enfin promulguée le 17 janvier 2001, mettant en place un système de prescription de diagnostic et de fouille, réaffirmant le rôle central des SRA et actant la création d'une redevance d'archéologie préventive. Elle crée également un opérateur unique au niveau national, dépendant de l'État : l'Institut national de Recherches archéologiques préventives (INRAP).

Il faut attendre l'année suivante, le 16 janvier 2002, pour que les décrets d'application paraissent, le premier (n° 2002-89) relatif aux procédures administratives et financières en matière d'archéologie préventive et le second (n° 2002-90) portant statut de l'INRAP. Le 17 janvier 2002, l'ensemble du dispositif est donc en place.

Troisième phase (2003-2021) : évolution et stabilisation de la loi sur l'archéologie préventive

La loi donnant le monopole au nouvel institut national, l'INRAP, entraîne des difficultés d'organisation et de planification comme nous avons pu l'expérimenter comme Conservateur régional de l'Archéologie de Haute-Normandie. Le nouvel institut, héritier direct de l'AFAN, n'avait pas forcément la pratique des diagnostics archéologiques qui n'étaient pas systématiques, parfois réalisés jusque-là par des agents des SRA. Ces personnels avaient d'ailleurs plus ou moins bien accepté l'émergence du nouvel institut dépendant du Ministère de la Culture, ce qui a pu parfois réduire l'efficacité du nouveau dispositif. Le fonctionnement d'un établissement public était également assez différent de celui de l'AFAN, ce qui a demandé un temps d'adaptation afin que la métamorphose s'opère avec un effectif qui restait encore à renforcer. Le financement a été également source d'inquiétude, la redevance d'archéologie préventive (RAP) n'ayant pas initialement le rendement attendu[11]. Enfin, la création de l'établissement public laissait hors du dispositif les services archéologiques des collectivités territoriales dont beaucoup s'étaient développés grâce à l'archéologie préventive.

En 2003, les majorités parlementaires avaient changé et le gouvernement socialiste de Lionel Jospin avait laissé place au gouvernement de coalition de droite de Jean-Pierre Raffarin. Le débat parlementaire reprend alors, avec comme nouvelle ligne de mire la mise en concurrence. Un nouvel avis (n° 22) du CNRA est rendu le 14 avril 2003. Ce débat fut plus rapide et la loi n° 2003-707 promulguée le 1er août 2003. Elle modifie le dispositif en renforçant le rôle des services archéologiques de collectivité pour le diagnostic archéologique aux côtés de l'INRAP, et elle met en œuvre un secteur concurrentiel pour les fouilles archéologiques incluant opérateurs publics et privés.

L'année suivante, l'ensemble de la partie législative concernant le patrimoine est regroupé dans le Code du patrimoine (20 février 2004 pour la partie législative, 24 mai 2011 pour la partie réglementaire), dont le livre V porte sur l'archéologie. À la fin de l'été, trois arrêtés importants paraissent : celui du 25 août 2004 portant définition des conditions de bonne conservation des vestiges archéologiques mobiliers ; celui du 16 septembre 2004 portant définition des normes d'identification, d'inventaire, de classement et de conditionnement de la documentation scientifique et du mobilier issu des diagnostics et fouilles archéologiques ; enfin celui du 27 septembre 2004 portant définition des normes de contenu et de présentation des rapports d'opérations archéologiques. Ils seront la base de toute l'activité en archéologie préventive pour une vingtaine d'années.

---

[11] Cela conduira d'ailleurs à budgétiser la RAP de manière à ne plus dépendre de cet aléa.

Il faut attendre plusieurs années pour que la concurrence s'organise et se renforce dans le domaine des fouilles archéologiques préventives. À l'occasion d'un projet de loi assez large destiné à protéger et garantir la liberté de création et à moderniser la protection du patrimoine culturel, sont inscrites des modalités améliorant le positionnement de l'État dans le dispositif de l'archéologie préventive. La loi n° 2016-925, relative à la liberté de la création, à l'architecture et au patrimoine (dite loi LCAP) est promulguée le 7 juillet 2016. Concernant l'archéologie, elle renforce d'abord le rôle des Services régionaux de l'Archéologie :

– Il veille à la cohérence et au bon fonctionnement du service public de l'archéologie préventive dans sa dimension scientifique, ainsi que dans ses dimensions économique et financière dans le cadre des missions prévues à l'article L. 523-8-1.

– Il exerce la maîtrise scientifique des opérations d'archéologie préventive et, à ce titre :

1° prescrit les mesures visant à la détection, à la conservation ou à la sauvegarde par l'étude scientifique du patrimoine archéologique ;

2° désigne le responsable scientifique de toute opération ;

3° assure le contrôle scientifique et technique et évalue ces opérations ;

4° est destinataire de l'ensemble des données scientifiques afférentes aux opérations.

La loi établit aussi une distinction entre habilitation pour les services archéologiques de collectivité et agrément pour les opérateurs privés, et instaure des Commissions territoriales de la Recherche archéologique (CTRA) en remplacement des CIRA. Surtout, elle modifie le droit de la propriété du mobilier archéologique avec un nouvel article (L. 541-1) du Code du patrimoine : « Les dispositions de l'article 552 du code civil relatives aux droits du propriétaire du sol ne sont pas applicables aux biens archéologiques immobiliers mis au jour à la suite d'opérations archéologiques ou de découvertes fortuites réalisées sur des terrains dont la propriété a été acquise après la publication de la loi n° 2001-44 du 17 janvier 2001 relative à l'archéologie préventive. Ces biens archéologiques immobiliers appartiennent à l'État dès leur mise au jour à la suite d'opérations archéologiques ou en cas de découverte fortuite ».

La loi est mise en œuvre par les décrets n° 2017-156 du 8 février 2017 relatif au CNRA et aux CTRA, et n° 2017-925 du 9 mai 2017 relatif aux procédures administratives en matière d'archéologie préventive et aux régimes de propriété des biens archéologiques. L'enjeu majeur de la préservation du patrimoine archéologique issu des fouilles est réglé mais en fonction de la dernière date de mutation du terrain au commencement de la fouille : si elle est postérieure à la date de la loi, le mobilier appartient entièrement à l'État ; si elle est antérieure, c'est le régime précédent qui s'applique (moitié propriétaire du terrain, moitié État). Plus le temps passe et plus cette modification porte ses fruits et évite d'avoir à partager le mobilier, ce qui était souvent difficile à faire, surtout en cas de fouille sur des parcelles relevant de propriétaires différents.

Une série de décrets est destinée à réactualiser les anciens décrets de 2004 qui, sur de nombreux points, étaient devenus totalement obsolètes[12]. Un premier décret (n° 2021-907), du 7 juillet 2021, est relatif aux règles de conservation, de sélection et d'étude du patrimoine archéologique mobilier, et au rapport d'opération. Il contient diverses mesures relatives à l'archéologie. Il définit ainsi les données scientifiques d'une opération archéologique et procède à une réécriture du chapitre VI portant sur les règles relatives à la conservation, à la sélection, à l'étude du patrimoine archéologique mobilier et au rapport d'opération. Il précise en particulier les obligations du responsable de l'opération archéologique pendant la durée de garde du mobilier, sous le contrôle scientifique et technique de l'État. Il fixe le régime du rapport d'opération et des données scientifiques après l'opération, et les modalités de leur remise à l'État. Il détermine les modalités de conservation, de sélection et d'étude du patrimoine archéologique mobilier après remise à l'État du rapport d'opération et des données scientifiques.

Enfin, à la date de rédaction de ce texte (décembre 2022), une nouvelle série de décrets est en cours de rédaction concernant la révision du contenu des rapports d'opération et en particulier la section des inventaires. La Direction scientifique et technique de l'INRAP a apporté son aide, comme d'autres opérateurs, en testant des versions préalables rédigées par la Sous-direction de l'Archéologie. Leur publication achèvera la révision des conditions d'exercice des opérations d'archéologie préventive.

---

[12] Par exemple sur la demande de tirages photographiques argentiques dans les rapports.

Conclusion

On le voit, les conditions de préservation du patrimoine archéologique ont considérablement changé depuis 1991. L'ensemble du dispositif actuel était déjà en germe dans les années 1980 et s'est concrétisé durant la dernière décennie du XXᵉ siècle. Nous avons, par notre parcours, été spectateur et acteur de ces évolutions, d'abord comme hors-statut AFAN puis comme représentant des services de collectivité territoriale. Nos liens scientifiques très forts avec différentes Unités mixtes de Recherche (UMR) comme avec les chercheurs nous ont rendu très attentifs aux objectifs de la recherche en archéologie. Enfin, l'intégration à l'INRAP, surtout sur le poste de Directeur scientifique et technique (DST) depuis 2018, nous place dans une position privilégiée pour observer les évolutions de ces dernières années.

De notre point de vue, le dispositif est désormais bien ancré. Même si régulièrement on voit apparaître des articles dans des projets de loi pouvant porter atteinte à la législation actuelle, ils sont vite repérés et abandonnés. Il faut reconnaître que la stabilisation des modalités d'intervention rend le dispositif plus clair et anticipable pour les aménageurs qui peuvent souvent inclure coûts et délais en amont des projets. L'ensemble des acteurs (services de l'État comme opérateurs publics et privés) est désormais crédible pour garantir les atteintes au patrimoine archéologique.

La question de la concurrence sur les fouilles est peut-être le point faible. Le risque est grand, comme cela avait été anticipé, de recourir systématiquement aux opérateurs moins-disants. La loi LCAP a fait progresser l'action des services de l'État dans le contrôle des projets scientifiques d'intervention rédigés en amont par les opérateurs. Toutefois on a vu ces dernières années plusieurs tendances, comme le fait que les délais minimums demandés par les cahiers des charges des SRA devenaient des limites hautes ou l'indication dans les mêmes documents d'un nombre de jours travaillés qui placent *de facto* l'INRAP dans une position défavorable sur le critère du prix (les tarifs INRAP étant plus élevés que ceux de la concurrence). Globalement on dira que la technicité des archéologues a augmenté et que leur capacité à travailler sur de grandes surfaces et/ou de grands volumes grâce à la mécanisation les rend extrêmement efficaces, comparés aux archéologues d'autres pays. Les rapports d'opération, examinés par les CTRA, sont dans leur grande majorité de très bonne qualité et sont des sources désormais de premier plan pour toute recherche archéologique. Bien que d'aucuns s'évertuent à vouloir le démolir, ce système en deux temps – diagnostic réalisé par le service public et fouille archéologique par des opérateurs qualifiés, avec des opérateurs publics et privés dans leur très grande majorité de qualité – doit être considéré comme un modèle efficient, envié désormais dans le monde entier. Il faut cependant bien garder en tête que toutes les opérations archéologiques sont des projets de recherche scientifique, et que l'intégration de spécialités reconnues ou novatrices reste indispensable pour continuer à alimenter la connaissance des civilisations passées.

Bibliographie

Augereau A. 2019, « L'archéologie préventive hier, aujourd'hui... Demain ? », *Les Nouvelles de l'Archéologie* 157-158, p. 44-49 <https://doi.org/10.4000/nda.7371>.

Bouiron M. 2013, « Des fouilles d'Hilarion de Cessole (début XIXᵉ siècle) aux fouilles actuelles (depuis 2006) », dans M. Bouiron (dir.), *Nice. La colline du Château. Histoire millénaire d'une place forte*, Nice, p. 17-24.

Coudart A. 2008, « *Les Nouvelles de l'Archéologie* : le manifeste d'une discipline », *Archéopages*, n.s., 1 <https://doi.org/10.4000/archeopages.875>.

Demoule J.-P., Pêcheur B., Poignant B. 1999, « L'organisation de l'archéologie préventive en France », *Les Nouvelles de l'Archéologie* 75, p. 5-30.

Directions régionales 1981 : « Les Directions régionales des Antiquités historiques (DRAH) et préhistoriques (DRAP) de métropole et des départements d'outre-mer et les laboratoires de la Sous-Direction de l'Archéologie du Ministère de la Culture », dans *L'archéologie au Ministère de la Culture (1977-1981)*, *Les Nouvelles de l'Archéologie* 6, juin-septembre 1981, p. 59-72 <https://doi.org/10.3406/nda.1981.993>.

Lasfargues J. 1987, « Le financement de l'archéologie de terrain en France », *Les Nouvelles de l'Archéologie* 29, p. 9-23 <https://doi.org/10.3406/nda.1987.1811>.

Programmation 1981 : « Programmation de la recherche archéologique en France. Principes généraux établis par le Conseil supérieur de la recherche archéologique (CSRA) auprès du Ministre de la Culture », dans *L'archéologie au Ministère de la Culture (1977-1981)*, *Les Nouvelles de l'Archéologie* 6, juin-septembre 1981, p. 15-20 <https://doi.org/10.3406/nda.1981.993>.

QUATRIÈME SESSION

15. Introduction à la quatrième session

Vincenzo Fiocchi Nicolai

Università Roma Tor Vergata – Pontificio Istituto di Archeologia cristiana, Rome

C'EST UN HONNEUR POUR moi d'avoir été proposé par mon ami Michel Fixot pour présider cette session. Je m'efforcerai de parler en français, en m'excusant par avance de toute inexactitude …

Quelques mots seulement pour rappeler l'importance qu'a eue pour moi l'amitié de Paul-Albert Février. Bien que notre fréquentation n'ait pas été aussi systématique que celle de beaucoup de ses élèves directs, il a été pour moi un point de référence et un stimulant décisif dans mes premières études dans le domaine des monuments chrétiens anciens. Il m'a appris à toujours considérer les témoignages du passé avec un esprit critique et à les considérer comme des sources primaires pour la reconstruction des cadres historiques. Nombre de ses suggestions dans l'étude des cimetières chrétiens du Latium, que j'ai menée au début des années 1980, ont été fondamentales. Je me souviens surtout de sa générosité, de sa capacité à rester proche de ses amis et de ceux qu'il appréciait dans les moments difficiles, de sa capacité à galvaniser les jeunes, de son attention et de sa curiosité pour les autres.

L'avoir eu comme soutien au début de mon activité est une fierté ! C'est pourquoi je suis heureux d'être avec vous tous en cette occasion.

16. L'histoire urbaine en France 40 ans après la parution de *l'Histoire de la France urbaine*

Xavier Lafon
Aix Marseille Université, Institut de Recherche sur l'Architecture antique (IRAA), UAR 3155, Aix-en-Provence

ON PEUT DISTINGUER TROIS temps dans la prise en compte de l'histoire urbaine en France depuis la fin de la Deuxième guerre mondiale, avec un repère commode dans les années 80' et plus spécifiquement en 1980. Bien évidemment le rôle de Paul-Albert Février est décisif bien avant cette date car même s'il n'était pas totalement isolé dans ce type de recherches, il a manifesté très tôt son intérêt pour elles et cette « protohistoire » de l'histoire urbaine institutionnalisée ne peut être passée sous silence. Après avoir montré également ce qui s'est joué en 1980, j'essaierai de distinguer ce qui a changé depuis, y compris après le décès de Paul-Albert Février, mais en laissant de côté les études spécifiques consacrées aux villes méridionales, dont certaines font l'objet des communications suivantes, et à celles du Maghreb dont il a été fait mention à plusieurs reprises et qui doivent encore faire l'objet d'une séance spécifique.

L'intérêt de Paul-Albert Février pour l'histoire urbaine provençale est ancien puisque 1949 marque le début des recherches qui le conduiront à sa thèse d'état publiée en 1964[1]. Avec une double formation de chartiste et d'archéologue, rappelée dans le titre même de l'ouvrage, il manifeste dans ce gros volume un double intérêt pour les villes antiques et médiévales, les secondes appuyées exclusivement sur un dépouillement d'archives, les premières quasiment sur les seules découvertes archéologiques, mais on ne saurait oublier l'importance accordée pour la première fois semble-t-il à la période intermédiaire, l'Antiquité tardive et le Haut Moyen Âge, malgré une documentation archéologique alors encore quasi inexistante. Dans sa préface, Paul-Albert Février regrette même pour l'Antiquité la faible documentation archéologique alors disponible : pour ce qui est de l'histoire urbaine elle se réduit de fait à quatre sites, outre Fréjus sur laquelle il travaille depuis plusieurs années[2], Glanum (fouilles d'Henri Rolland[3]), Entremont (fouilles de Fernand Benoit[4]), Vaison-la-Romaine (fouilles du chanoine Sautel[5]), sans revenir sur l'absence totale de données de terrain sur l'habitat médiéval qu'il déplore à plusieurs reprises.

Dans ces années '60, Paul-Albert Février n'est pas totalement isolé en France dans son intérêt porté vers la ville puisque, en se limitant ici à l'Antiquité, on recense la publication de plusieurs monographies sur les villes antiques françaises dont Paris, réalisée par Paul-Marie Duval[6], et Toulouse, œuvre de Michel Labrousse[7]. On distingue dans cette série la thèse de Monique Clavel, *Béziers et son territoire dans l'Antiquité*[8], car elle prend en compte de façon déjà bien marquée dans le titre la notion de territoire, une notion clairement influencée, sinon produite, par les géographes : la ville ne peut vivre sans son territoire. Dans la même décennie les éditions Privat lancent sous la direction de Philippe Wolff, à côté d'une série consacrée aux différentes provinces françaises, une deuxième série de monographies sur les principales villes françaises, toutes périodes confondues. Ces travaux sont généralement l'œuvre d'universitaires[9] mais reprennent une tradition française bien ancrée dans le paysage académique régional depuis l'époque moderne. Si l'on compare ces deux types de travaux contemporains, l'étude des villes antiques et celle de la longue

---

[1] Février 1964.
[2] Février 1963.
[3] Rolland 1965.
[4] Benoit 1957.
[5] Sautel 1955.
[6] Duval 1961.
[7] Labrousse 1968.
[8] Clavel 1970.
[9] Par exemple, bien qu'un peu plus tardif, Livet, Rapp 1987.

durée des villes, et l'ambition de Paul-Albert Février dans sa thèse, on voit que la grande originalité de ce dernier est de passer, au-delà de ces monographies locales, à l'étude d'un groupe de villes et ce sur une période assez longue mais qui n'embrasse pas la totalité des périodes historiques. Ces villes provençales n'ont pas de liens institutionnels entre elles comme les villes hanséatiques par exemple et Paul-Albert Février ne reprend pas la notion de « réseaux urbains », la notion n'étant pas encore véritablement utilisée en dehors des géographes.

La publication au Seuil, sous la direction de Georges Duby, de l'*Histoire de la France urbaine* débute en 1980 par la sortie du tome consacrée à la ville antique et médiévale[10], avec une interrogation sur l'existence possible d'une ville protohistorique. On relève que le même Georges Duby, associé cette fois à Armand Wallon, avait patronné quelques années plus tôt une *Histoire de la France rurale* dont le volume 1 consacré à *La formation des campagnes françaises des origines à 1340* était sorti en 1975. Ce décalage dans le temps entre histoire des campagnes et histoire des villes est quasiment la règle en France. Si en dehors de G. Duby, alors professeur à l'Université de Provence, ce volume de l'histoire rurale ne comprend aucun auteur issu de cette université, il n'en va pas de même pour le premier tome de la *France urbaine* où trois des quatre auteurs sont aixois, à commencer bien sûr par Paul-Albert Février. La préparation de ce premier volume s'inscrit dans le cadre du séminaire commun Février – Goudineau, séminaire qui réunissait les samedis pendant l'année universitaire leurs étudiants aixois mais aussi tous ceux qui s'intéressaient à l'archéologie régionale, personnels des Directions régionales de l'archéologie, érudits locaux (alors nombreux !) mais également étudiants venus des autres universités du Sud-Est comme en témoigne Pierre Garmy alors étudiant à Lyon[11]. Dans le cadre de ces séminaires, les différents auteurs aixois de ce volume présentaient l'avancée de leurs recherches, y compris pour cet ouvrage. Michel Fixot se souvient encore d'une de ses interventions en présence, particulièrement intimidante pour un jeune chercheur, des deux « animateurs ». Sans institution officiellement engagée, ce type de travail annonçait ce qui sera bientôt fait dans le cadre des équipes, labellisées CNRS ou non, telles qu'on les connaît encore aujourd'hui. Un témoignage de peu postérieur de Paul-Albert Février lui-même[12] éclaire ce contexte en mettant l'accent sur les méthodes de travail des uns et des autres et, surtout, sur leur façon de travailler ensemble : « Un lecteur de l'*Histoire de la France urbaine* s'est aperçu qu'entre les auteurs du tome premier il y avait des façons diverses d'aborder la ville. L'on ne retrouverait pas dans ce que Christian Goudineau a écrit la même vision que j'ai proposée dans les chapitres qui suivent. Pourtant nous avions mené notre réflexion ensemble, au cours de plusieurs années d'enseignement. Mais n'est-ce pas là chose normale que de porter des jugements diversifiés, non contradictoires et sans doute complémentaires. »

La même année 1980 est organisé à Tours un colloque[13] qui répond à une logique tout à fait différente, de fait très institutionnelle, puisque pris en charge par le ministère de la Culture par le biais du Conseil national de la recherche archéologique (CNRA) en la personne de Roland Martin, son vice-président. Roland Martin, encore directeur du bureau d'architecture antique devenu Institut de recherche sur l'architecture antique (IRAA) sous la direction de Pierre Gros qui lui succède l'année suivante, a su mobiliser plusieurs de ses architectes dans les groupes de travail (Adam, Paillet, Varène). Deux aspects méritent que l'on s'arrête un moment sur ce colloque et sa publication ; en premier lieu on remarque l'importance du travail préparatoire réalisé dans le cadre de différentes commissions spécialisées. En second lieu le volume publié présente, après les synthèses fournies par les groupes de travail, soixante-et-onze dossiers de villes sous une forme déjà en partie normalisée, travail d'inventaire fourni tant par les chercheurs spécialistes que par les personnels, notamment documentalistes, qui commencent à être recrutés dans les Directions régionales des Antiquités. Ces villes sont présentées principalement pour leur phase antique mais, pour certaines comme Tours, les auteurs débordent largement sur le Moyen Âge. Le rôle d'Henri Galinié, responsable d'un laboratoire d'archéologie urbaine implanté précisément à Tours, est incontestablement à l'origine de la localisation de ce colloque qui sera publié deux ans plus tard. Cependant le rôle de Paul-Albert Février dans cet ouvrage n'est pas négligeable. Non seulement il est l'auteur de la notice Fréjus mais il est également membre avec Henri Galinié, Yves De Kisch et Jean-Michel Pesez, du groupe de travail numéro un au titre évocateur « l'archéologie urbaine ».

La conséquence directe du colloque de Tours a été la création dans la même ville du Centre national d'archéologie urbaine (CNAU) en 1982/1984 dont la

---

[10] Février *et al.* 1980.
[11] Garmy 2009, p. 16.
[12] Février 1985, p. 9.

[13] Ministère de la Culture, Conseil supérieur de la recherche archéologique (CSRA), Direction du Patrimoine 1982.

direction est confiée à Henri Galinié jusqu'en 1993, puis à Pierre Garmy jusqu'en 1995. Ce centre est doté au départ d'un conseil scientifique mais celui-ci est supprimé à la même date de 1995. Ce centre abritait une partie documentation avec une bibliothèque spécialisée et deux publications annuelles, l'*Annuaire des opérations de terrain en milieu urbain* et le *Bulletin bibliographique d'archéologie urbaine*. Il publia également la collection des *Documents d'évaluation du patrimoine archéologique des villes de France* et, dans la série *Études et documents*, plusieurs séminaires et colloques. Malheureusement ce centre a vu ses moyens progressivement réduits avant de disparaître en 2016, ses dernières publications remontant à 2014.

Plusieurs initiatives s'inscrivent également plus ou moins ouvertement dans le sillage de ce colloque, comme celle d'Edmond Frézouls. Dans le cadre du Groupe de Recherches en Histoire romaine de l'Université des Sciences humaines de Strasbourg, il dirige jusqu'à son décès subit la publication de deux ouvrages concernant encore uniquement les villes antiques, cette fois-ci de fait limitées à la Germanie et au nord-est de la Gaule.

Dans le même temps, à l'École normale supérieure de Saint-Cloud, les trois « caïmans » d'histoire, Jean-Louis Biget (pour l'époque médiévale), Jean-Claude Hervé (pour l'époque moderne) et Yvon Thébert (pour l'Antiquité), créent le Centre d'histoire urbaine. Patrick Boucheron remplaça Jean-Louis Biget à la suite de son départ à la retraite et Jean-Pierre Guilhembet Yvon Thébert pour la même raison. Ce centre est transféré à Lyon quand l'École normale supérieure (ENS) Lettres remplace l'ENS Fontenay Saint-Cloud, issue elle-même de la fusion des deux sections lettres des deux ENS de la banlieue parisienne, mais il disparaît à son tour en 2000. On doit à ce centre la publication d'un colloque qui a fait date sur la brique antique et médiévale[14] et en partie celui sur *Entrer dans la ville*[15], mais plus encore d'avoir orienté vers les études urbaines plusieurs jeunes chercheurs.

D'autres initiatives sont prises à Strasbourg légèrement plus tard autour de deux chercheurs que l'on retrouvera par la suite forts actifs dans le domaine de l'histoire urbaine, Jean-Luc Pinol et Denis Menjot, avec la création du Centre de recherche historique sur la ville – culture, art et société des villes européennes. Logé dans des locaux mis à disposition par l'École nationale supérieure d'architecture de Strasbourg, il lança une revue, *Ville histoire et culture*, qui ne connut que trois numéros parus en 1994 et 1997. En revanche, la collection de publications monographiques *Ville – histoire – culture – société* voit sortir entre 1996 et 1997 plus de dix monographies. Si le cadre chronologique retenu exclut, sauf exceptions rarissimes, l'Antiquité en raison principalement de l'existence à Strasbourg même de l'équipe dirigée par E. Frézouls, et de façon plus générale de la place occupée par l'archéologie, il faut reconnaître en revanche que ce centre s'inscrit largement dans une problématique européenne matérialisée en 1992 par la création de l'European Association of Urban History qui a tenu son 2ᵉ colloque précisément à Strasbourg en 1994. C'est donc une orientation tournée principalement vers la confrontation avec l'ensemble des sciences humaines et sociales qui est envisagée, dans une orientation clairement inspirée de Bernard Lepetit, Directeur d'Études à l'École pratique des Hautes études en Sciences sociales (EHESS), premier président de l'European Association …, auteur du premier article paru dans la revue du centre[16] : il s'agit de prendre la ville non plus comme cadre mais comme objet de l'étude et, à ce titre, sont convoqués tous ceux qui s'intéressent à la ville dans sa dimension historique, qu'ils soient historiens, historiens de l'art mais aussi architectes, urbanistes, sociologues.

Deux projets fédérateurs sont à relever, toujours à l'initiative de Jean-Luc Pinol, qui incluent cette fois clairement la période antique. Le premier concerne la publication en 1996, en lien avec le Centre de Cultura Contemporània de Barcelona, d'un *Atlas historique des villes de France*, ouvrage inclus dans le cadre du projet « Atlas historique des villes européennes » dirigé par Manuel Guàrdia, Francisco Javier Monclús et José Luis Oyon. Les dix (grandes) villes françaises retenues font l'objet de présentations par grandes phases chronologiques avec les cartes correspondantes, accompagnées de documents iconographiques anciens retenus pour la qualité de leurs informations. Le deuxième projet est la réalisation, aux éditions du Seuil où avait été publiée l'*Histoire de la France urbaine*, d'une *Histoire de l'Europe urbaine*. La filiation entre les deux séries est revendiquée et l'on retrouve quelques auteurs communs comme les géographes Marcel Roncaloyo et Guy Burgel ; le passage du cadre hexagonal au cadre européen est explicité dans la perspective indiquée précédemment. Malgré cet élargissement géographique et l'appel à des collaborations diverses, cette histoire demeure fondamentalement une histoire européenne vue par les seuls Français : sur

---

14 Boucheron *et al.* 2000.
15 Michaud-Fréjaville *et al.* 2006.
16 Lepetit 1994.

les onze auteurs, dix sont des universitaires français et, parmi eux, cinq ont ou ont été en poste à l'université de Strasbourg au moment de la publication en 2003. La dispersion des différents protagonistes à la fin des années quatre-vingt-dix met un terme provisoire à ces travaux proprement ou largement strasbourgeois.

Dès 1998 est en effet créée, avec une localisation Boulevard Raspail à Paris dans des locaux mis à disposition par la Maison des Sciences de l'Homme (MSH) de Paris, la Société française d'histoire urbaine sous la présidence de Jean-Luc Pinol. Ultérieurement, en 2007 précisément, grâce à l'action du nouveau secrétaire général, Frédéric Moret, le siège est transféré à l'université de Marne-la-Vallée où il est encore aujourd'hui. On retrouve dans le premier bureau plusieurs anciens universitaires strasbourgeois ainsi que d'autres auteurs de l'*Histoire de l'Europe urbaine*, avec une forte présence des anciens de l'ENS de Saint-Cloud et de Fontenay, également en nombre dans le secrétariat de rédaction de la revue *Histoire urbaine* dont le premier numéro paraît en juin 2000 ; le numéro 63 est sorti de presse en mars 2022. La Société organise chaque année un colloque et a célébré ses 20 ans dans les locaux du Collège de France en 2020[17] à l'invitation de Patrick Boucheron, premier « Secrétaire général » de la Société !

L'Antiquité occupe une place non négligeable mais non centrale depuis le numéro 1 de la revue, même s'il a fallu quelques efforts pour qu'il en soit ainsi en raison des pratiques propres à cette période, à commencer par l'importance comme on l'a vu plus haut de la seule documentation archéologique et le poids des revues spécialisées déjà existantes. La ville antique occupe cependant parfois une place prépondérante dans les dossiers qui constituent une des caractéristiques essentielles de la revue comme récemment dans celui consacré aux « Ruines et villes » (numéro 58 – Août 2020), voire toute la place comme pour « Les cités millénaires du Proche Orient », essentiellement le 3e millénaire (numéro 61 – Août 2021).

Depuis la sortie de l'*Histoire de la France urbaine*, si l'on tente de dresser un bilan plus général de l'histoire des villes françaises, principalement antiques et alto-médiévales dans la suite logique des études entreprises par Paul-Albert Février, plusieurs points méritent d'être relevés. Le plus important est vraisemblablement, pour l'Antiquité, l'élargissement de la notion même de « ville » : jusqu'à une date récente, les chercheurs prenaient quasi exclusivement en compte les chefs-lieux de cité, quel que soit leur statut dans le monde romain, colonie, cité fédérée, municipe, etc., mettant ainsi l'accent plus ou moins consciemment sur les seuls aspects institutionnels et leur traduction monumentale. Dans le sillage des Anglo-Saxons et de leur notion de *small towns*, les « agglomérations secondaires » occupent désormais une bonne place dans la recherche française. Christian Goudineau[18] mentionnait déjà l'existence dans l'*Histoire de la France urbaine* de ces « villes secondaires », mais elles n'entraient visiblement pas encore véritablement dans le cadre retenu pour définir la « ville ». Pour mémoire, elles se caractérisent principalement alors de façon négative, par le fait qu'elles ne sont pas des capitales, assimilées à des villes « primaires » si l'on suit ce raisonnement, et ce seul trait suffit à les considérer comme « secondaires » en raison de l'absence quasi complète d'une fonction politique demeurée concentrée pour l'essentiel dans le chef-lieu de la cité devenue, sauf exception, siège épiscopal dans l'Antiquité tardive. On ne peut cependant oublier que certaines de ces agglomérations, comme Mandeure, occupaient une surface plus importante et étaient dotées d'un appareil monumental plus riche que la capitale correspondante, mais que d'autres ressemblaient davantage à des villages, voire à de simples hameaux.

Cet élargissement de la notion de ville a pris naissance dans les provinces des Trois Gaules où le maillage des cités est beaucoup plus lâche qu'en Narbonnaise, ce qui en son temps avait donné lieu à la fausse interprétation de sanctuaires monumentaux comme des *conciliabula*[19] sur le modèle des *città finte* de l'Italie républicaine[20]. Pour la reconnaissance du phénomène spécifique des agglomérations secondaires, la cité des Bituriges a servi de référence[21], suivie du cas d'Alésia avec les travaux que lui a consacrés Michel Mangin[22]. Le colloque de Bliesbruck[23] a permis de mesurer l'importance majeure du phénomène dans ces régions de l'Est, mais la Narbonnaise, après l'Aquitaine, a fait également un peu plus tard l'objet d'enquêtes approfondies dans ce domaine. De même, l'idée encore présentée sous forme interrogative dans

---

[17] Un résumé des communications et un bilan de ces 20 ans figurent dans le numéro 59 d'*Histoire urbaine*, sous la signature de l'actuel Président, Denis Menjot, et de l'ensemble du bureau (Menjot *et al.* 2020).

[18] Février, Fixot, Goudineau, Kruta 1980, p. 103-109.

[19] Selon les propositions faites par G.-Ch. Picard, par exemple dans Picard 1970.

[20] Gros, Torelli 1988, p. 154-155.

[21] Cf. en dernier lieu Dumasy 1992.

[22] Mangin 1981.

[23] Petit, Mangin (dir.) 1994a et 1994b.

l'*Histoire de la France urbaine* d'une ville protohistorique, idée reprise dans le colloque quasi contemporain organisé à Aix en 1980, *Villes et campagnes dans l'Empire romain*[24], est aujourd'hui largement admise, notamment après les travaux de Stefan Fichtl pour la Celtique intérieure[25], de Michel Py[26] et de Dominique Garcia[27] pour la frange plus méditerranéenne.

Cet élargissement chronologique et typologique avec les agglomérations secondaires s'est accompagné d'un approfondissement certain des connaissances. D'une part cela a concerné le développement des études sur les principaux monuments urbains antiques, temples et sanctuaires, monuments de spectacle, basiliques, etc., mieux connus et souvent mieux datés à l'image de la Maison Carrée de Nîmes publiée par Robert Amy et Pierre Gros[28] pour ne prendre qu'un exemple déjà ancien. Mais les connaissances sur l'habitat urbain ont, toutes proportions gardées, encore plus progressé depuis 1980. D'autre part, et il s'agit là d'une incontestable nouveauté, plusieurs équipes se sont lancées soit dans des « pré-inventaires » comme les volumes de la *Carte archéologique de la Gaule*, collection relancée par Michel Provost marquée par plusieurs volumes consacrés spécifiquement à une seule ville comme Fréjus mais aussi Nîmes, Narbonne, Autun, Strasbourg, Reims pour, là encore, n'en citer que quelques-uns ; soit dans la réalisation d'atlas archéologiques, à commencer par la collection consacrée aux *Atlas topographiques des villes de la Gaule méridionale* dirigée actuellement par Marc Heijmans mais dont l'inspiration remonte à Paul-Albert Février lui-même[29] qui l'a initiée en 1988 après le départ de Chr. Goudineau pour le Collège de France[30]. Cette collection qui est réalisée dans le cadre d'un projet collectif de recherche regroupant chaque mois environ vingt personnes[31] a fait des émules dans des zones situés au-delà des limites de la Narbonnaise comme le montre la sortie des volumes consacrés à Lyon[32] et, plus récemment encore, à Clermont-Ferrand[33]. Dans ce domaine où s'allie érudition par la recherche des données anciennes et réflexion sur l'apport de toutes les informations disponibles, on doit mentionner une opération antérieure où Paul-Albert Février a joué également un rôle majeur, les différents volumes consacrés à la période de l'Antiquité tardive du programme *Topographie chrétienne des cités de la Gaule* qui, entre 1986 et 2014, publia seize volumes dont le dernier constitue une synthèse importante de 351 pages[34]. Paul-Albert Février participa au volume 2, consacré à la province d'Aix et d'Embrun sorti dès 1986, et au volume 7 sur celle de Narbonne sorti en 1989. Son rôle a également été essentiel dans la préparation du XIe colloque d'archéologie chrétienne organisé également en 1986 selon une formule itinérante, à Lyon, Vienne, Grenoble, Genève et Aoste, colloque dont le souvenir a marqué nombre de participants à commencer par Charles Bonnet si l'on en croit sa « biographe » Dominique Valbelle[35]. Pour ce colloque, il fut également le commissaire d'une exposition et le principal auteur des synthèses de son catalogue, *Premiers temps chrétiens en Gaule méridionale*[36], où la partie consacrée aux villes occupe déjà une place importante.

Depuis les premiers travaux de Paul-Albert Février, le développement d'une archéologie urbaine concerne finalement toutes les périodes, de la protohistoire au monde contemporain, et le rôle de l'archéologie préventive est bien évidemment essentiel à ce sujet. Le regret exprimé dans sa thèse par Paul-Albert Février de ne pouvoir disposer de ce type de documentation pour les périodes post antiques a donc trouvé une réponse positive et désormais des ouvrages monographiques et de nombreux articles ont été consacrés aux constructions d'époque médiévale ou moderne, voire contemporaine (par exemple les fouilles de l'ancienne gare de marchandises de la SNCF à Aix-en-Provence[37]). Les deux premiers volumes de la collection *Archéologies méditerranéennes* publiés par les Presses universitaires de Provence illustrent parfaitement cette nouvelle dimension de la recherche prise en histoire urbaine : un volume est consacré à la ville de Rhodes du XIVe au XVIIIe siècle et le second au quartier du port de Marseille entre 1500 et 1790[38].

Un autre changement important est l'intégration de l'Antiquité et du Moyen Âge dans des problématiques transverses, communes à l'ensemble des périodes cou-

---

24 Février, Leveau 1982, p. 11.
25 Fichtl 2000.
26 Py 1993, p. 173.
27 Garcia 2002, p. 95, apparition fixée dès le Ve siècle.
28 Amy, Gros 1979.
29 Rivet 2004.
30 Heijmans 2021 p. 235.
31 Blanc-Bijon 2013, p. 307.
32 Lenoble 2018.
33 Dartevelle 2022.
34 Gauthier 2016.
35 Valbelle 2014, p. 187-188.
36 Février, Leyge 1986.
37 Cuzon, Mouren 2014.
38 Maglio 2016 ; Castrucci 2016.

vertes par l'histoire urbaine. Cela apparait déjà dans les dossiers de la revue *Histoire urbaine* déjà mentionnés, mais on retrouve cette tendance dans des domaines aussi variés que « L'entrée en ville »[39] ou « La forme de la ville »[40] considérées dans la longue durée. On doit faire une place à part à l'importance prise par les « périphéries » urbaines dans ces études, mouvement lancé pour l'Antiquité par le renouveau dans l'étude du *Suburbium* de Rome, mouvement bien analysé par Jean-Pierre Guilhembet[41]. Cela concerne toutes les catégories de villes antiques et protohistoriques[42] mais ce nouvel intérêt pour le périurbain permet des rapprochements indispensables avec l'ensemble des périodes tel que cela s'est manifesté lors du colloque de Lyon de 2011[43].

Pour conclure, le phénomène urbain est devenu une préoccupation majeure de la recherche historique et il nécessite des compétences et des approches désormais multiples. La ville antique et médiévale étudiée par Paul-Albert Février s'inscrit dans un cadre chronologique beaucoup plus large, de la préhistoire à la période la plus actuelle. Cela n'interdit nullement des recherches spécifiques sur les phases les plus anciennes, les édifices particuliers à chaque période avec même une attention spéciale portée à l'évolution de cette parure monumentale sur un temps très court. Les travaux sont désormais pris en charge par des équipes pluridisciplinaires ou du moins par des groupes constitués de chercheurs d'origine et de disciplines variées, dans le cadre des unités de recherche désormais pleinement institutionnalisées même si des participants extérieurs peuvent s'y agréger. Le travail personnel n'est pas pour autant supprimé mais il s'inscrit désormais dans le cadre de tâches collectives. Dans ces deux aspects, l'apport initial de Paul-Albert Février ne peut être sous-estimé.

---

39. Michaud-Préjaville *et al.* 2006.
40. Bourdin *et al.* 2015.
41. Guilhembet 2010.
42. Belarte, Plana-Mallart 2012 ; Menard, Plana-Mallart 2015.
43. Bouffier *et al.* 2015.

Bibliographie

Amy R., Gros P. 1979, *La maison carrée de Nîmes*, Paris (Gallia, suppl. 38), 2 vol.
Belarte M. C., Plana-Mallart R. (dir.) 2012, *Le paysage périurbain pendant la protohistoire et l'Antiquité en Méditerranée occidentale (Colloque de Tarragone, 6-8 mai 2009)*, Barcelone.
Benoit F. 1957, *Entremont, capitale celto-ligure des Salyens de Provence*, Aix-en-Provence (avec bibliographie antérieure).
Blanc-Bijon V. 2013, « Atlas topographique des villes de Gaule méridionale : un projet/programme collectif de recherche », dans S. Guizani (dir.), *Urbanisme et architecture antique et médiévale à travers les sources archéologiques et littéraires (Actes du 2e colloque international, 24-26 novembre 2011, à l'Institut supérieur des Sciences humaines de Tunis et à la Bibliothèque nationale)*, Tunis, p. 307-324.
Boucheron P., Broise H., Thébert Y. (dir.) 2000, *La brique antique et médiévale. Production et commercialisation d'un matériau (Actes du colloque international organisé par le Centre d'histoire urbaine de l'École normale supérieure de Fontenay/Saint-Cloud et l'École française de Rome, Saint-Cloud, 16-18 novembre 1995)*, Rome (CEFR, 272).
Bouffier S., Brelot Cl.-I., Menjot D. (dir.) 2015, *Aux marges de la ville. Paysages, sociétés, représentations (Actes du colloque tenu à Lyon, 5-7 mai 2011)*, Paris.
Bourdin S., Paoli M., Reltgen-Tallon A. (dir.) 2015, *La forme de la ville de l'Antiquité à la Renaissance*, Rennes (« Histoires »).
Castrucci C. 2016, *Le quartier du port de Marseille 1500-1790. Une réalité urbaine restituée*, Aix-en-Provence (« Archéologies méditerranéennes »).
Clavel M. 1970, *Béziers et son territoire dans l'Antiquité*, Paris (Annales littéraires de l'université de Besançon, 112 – Centre de recherches d'histoire ancienne, 2).
Cuzon J., Mouren M. 2014, « Le chemin de fer arrive à Aix », dans N. Nin (dir.), *Aix en archéologie. 25 ans de découvertes*, Bruxelles, p. 495-500.
Dartevelle H. (dir.) 2022, Augustonemetum. *Atlas topographique de Clermont-Ferrand*, Clermont-Ferrand, 2 vol.
Duby G. (dir.) 1980, *Histoire de la France urbaine*, Paris, 5 vol.
Dumasy Fr. 1992, « Agglomérations et cité : l'exemple des *Bituriges Cubi* », dans *Villes et agglomérations urbaines antiques du Sud-Ouest (deuxième colloque Aquitania, Bordeaux, 13-15 septembre 1990)*, Bordeaux, p. 439-460.
Duval P.-M. 1961, *Paris antique des origines au troisième siècle*, Paris.
Février P.-A. 1963, Forum Iulii *(Fréjus)*, Cuneo (Itinéraires ligures, 13) (avec bibliographie antérieure, notamment de ses travaux depuis 1954).
—— 1964, *Le développement urbain en Provence de l'époque romaine à la fin du XIVe siècle. Archéologie et histoire urbaine*, Paris (BEFAR, 202).

—— 1985, « Préface », dans Leveau (dir.) 1985, p. 9-17.

Février P.-A., Fixot M., Goudineau Chr., Kruta V. 1980, *La ville antique des origines au IX*ᵉ *siècle*, dans Duby 1980, I.

Février P.-A., Leveau Ph. 1982, *Villes et campagnes dans l'Empire romain (Actes du colloque organisé à Aix-en-Provence par l'UER d'histoire, les 16 et 17 mai 1980)*, Aix-en-Provence (Introduction, p. 9-18).

Février P.-A., Leyge Fr. (dir.) 1986, *Premiers temps chrétiens en Gaule méridionale. Antiquité tardive et Haut Moyen Âge, III*ᵉ/*VIII*ᵉ *siècles*, catalogue d'exposition (Lyon, Musée de la civilisation gallo-romaine, 1986), Lyon (Archéologie médiévale en Rhône-Alpes, numéro spécial).

Fichtl S. 2000, *La ville celtique. Les* oppida *de 150 av. J.-C. à 15 ap. J.-C.*, Paris.

Garcia D. 2002, « Dynamiques territoriales en Gaule méridionale durant l'Âge du Fer », dans D. Garcia, Fl. Verdin (dir.), *Territoires celtiques. Espaces ethniques et territoires des agglomérations protohistoriques d'Europe occidentale (Actes du XXV*ᵉ *colloque de l'Association française pour l'étude de l'âge du fer, Martigues, 1-4 juin 2000)*, Paris, p. 88-105.

Garmy P. 2009, *Villes, réseaux et système de villes. Contribution de l'archéologie*, dossier de HDR soutenue le 12 décembre 2009 (Présentation du dossier).

Gauthier N. 2016, « Topographie chrétienne des cités de la Gaule : 40 ans d'enquête (1972-2012) », *Comptes-rendus de l'Académie des Inscriptions et Belles-Lettres* 160.1, p. 335-352.

Gros P., Torelli M. 1988, *Storia dell'urbanistica. Il mondo romano*, Rome.

Guilhembet J.-P. 2010, « De la topographie urbaine à la métropole étendue. Tendances récentes de la recherche sur la Rome antique », *Histoire urbaine* 29, décembre 2010, p. 181-198.

Heijmans M. 2021, « Un projet ambitieux, les *Atlas topographiques des villes de la Gaule méridionale* », dans E. Jean-Courret, S. Lavaud, S. Schoonbaert (dir.), *Mettre la ville en Atlas, des productions humanistes aux humanités digitales*, Pessac (collection Prima.un@ 13), p. 135-146, consulté 25 janvier 2022 <https://una-editions.fr/un-projet-ambitieux-les-atlas-topographiques-des-villes-de-gaule-meridionale/>.

Labrousse M. 1968, *Toulouse antique, des origines à l'établissement des Wisigoths*, Paris (BEFAR, 212).

Lenoble M. (dir.) 2018, *Atlas topographique de* Lugdunum, 1. *Lyon Fourvières*, Dijon (Revue archéologique de l'Est et du Centre Est, suppl. 47).

Lepetit B. 1994, « Le temps des villes. Temps des choses, temps des hommes », *Villes, histoire et culture* 1, décembre 1994, p. 7-17.

Leveau Ph. (dir.) 1985, *L'origine des richesses dépensées dans la villa antique (Actes du colloque organisé à Aix-en-Provence par l'UER d'histoire, les 11 et 12 mai 1984)*, Aix-en-Provence.

Livet G., Rapp Fr. (dir.) 1987, *Histoire de Strasbourg*, Toulouse (« Univers de la France »).

Maglio E. 2016, *Rhodes. Formes urbaines et architecture religieuse (XIV*ᵉ-*XVIII*ᵉ *siècles)*, Aix-en-Provence (« Archéologies méditerranéennes »).

Mangin M. 1981, *Un quartier de commerçants et d'artisans d'Alésia. Contribution à l'histoire de l'habitat urbain en Gaule*, Paris, 2 vol.

Menard H., Plana-Mallart R. (dir.) 2015, *Espaces urbains et périurbains dans le monde méditerranéen antique*, Montpellier (« Mondes anciens »).

Menjot D. *et al.* 2020, « Éditorial », *Histoire urbaine* 59, décembre 2020, p. 7-12.

Michaud-Fréjaville Fr., Dauphin N., Guilhembet J.-P. (dir.) 2006, *Entrer en ville (Actes du colloque de l'Université d'Orléans, 26-27 octobre 2001), avec le soutien du Centre d'histoire urbaine*, Rennes (« Histoires »).

Ministère de la Culture, CSRA, Direction du Patrimoine 1982, *Archéologie urbaine (Actes du colloque international, Tours 17-20 novembre 1980)*, Paris.

Petit J.-P., Mangin M. (dir.) 1994a, *Les agglomérations secondaires. La Gaule Belgique, les Germanies et l'Occident romain (Actes du colloque de Bliesbruck-Reinheim-Bitche, 21 au 24 octobre 1992, Parc archéologique de Bliesbruck-Reinheim)*, Paris.

—— (dir.) 1994b, *Atlas des agglomérations secondaires de la Gaule Belgique et des Germanies*, Paris.

Picard G.-Ch. 1970, « Les théâtres ruraux de Gaule », *Revue archéologique* 1970.1, p. 25-32.

Pinol J.-L. (dir.) 1996, *Atlas historique des villes de France, Paris, Rouen, Lille, Strasbourg, Lyon, Marseille, Montpellier, Toulouse, Bordeaux, Nantes*, Barcelone.

—— (dir.) 2003, *Histoire de l'Europe urbaine*, Paris, 2 vol.

—— (dir.) 2011-2012, *Histoire de l'Europe urbaine*, Paris (Points histoire, 450 à 455) (t. I : X. Lafon J.-Y. Marc, M. Sartre, *La ville antique* ; t. II : P. Boucheron, D. Menjot, *La ville médiévale* ; t. III : O. Zeller, *La ville moderne* ; t. IV : J.-L. Pinol, Fr. Walter, *La ville contemporaine jusqu'à la seconde guerre mondiale* ; t. V : O. Goerg, X. Huetz de Lemps, *La ville coloniale XV*ᵉ-*XX*ᵉ *siècles* ; t. VI : G. Burgel, *La ville contemporaine après 1945*).

Py M. 1993, *Les Gaulois du Midi. De la fin de l'Âge du Bronze à la conquête romaine*, Paris (« La Mémoire du temps »).

Rivet L. 2004, « À propos de Paul-Albert Février et des *Atlas topographiques des villes de Gaule méridionale* », dans M. Fixot (dir.), *Paul-Albert Février, de l'Antiquité au Moyen Âge (Actes du colloque de Fréjus 2001)*, Aix-en-Provence, p. 125-136.

Rolland H. 1965, Glanum, *Notice archéologique*, Saint-Rémy-de-Provence (avec bibliographie antérieure).

Sautel J. 1955, *Vaison-la-Romaine. Site, histoire et monuments*, Lyon (avec bibliographie antérieure).

Valbelle D. 2014, *Charles Bonnet, de la vigne au jujubier*, Lausanne.

17. L'évolution urbaine d'Aix-en-Provence des origines au Moyen Âge : Dans le sillage de Paul-Albert Février, héritage ou rendez-vous manqué ?

Sandrine Claude
Direction archéologique et Muséum de la Ville d'Aix-en-Provence

Núria Nin
Direction archéologique et Muséum de la Ville d'Aix-en-Provence

CONTRAIREMENT À D'AUTRES ENSEIGNANTS et chercheurs[1] de l'Université de Provence où il exerçait, Paul-Albert Février a, dans l'ensemble, peu publié sur Aix-en-Provence et il n'y a jamais conduit de recherches archéologiques. Il ne compte donc pas *stricto sensu* au nombre des archéologues de la ville, comme le furent en leur temps Fernand Benoit ou Robert Ambard[2].

L'élaboration de sa thèse, parue en 1964, lui a toutefois permis d'embrasser l'ensemble des connaissances, tant textuelles qu'archéologiques, engrangé sur la cité romaine et médiévale. En excellent historien qu'il était, il avait lu et synthétisé toutes les études la concernant : celles des historiens d'Ancien Régime tels Honoré Bouche et Pierre-Joseph de Haitze, celles des chercheurs qui ont, par la suite, œuvré à la restitution de ses différents étages topographiques tels Michel Clerc[3], Jérôme de Duranti La Calade[4], Jean Pourrière[5] ou encore Fernand Benoit[6]. Par son ampleur, ce travail, dans lequel Aix ne tient cependant pas une très grande place[7], offrait pour la première fois une lecture de l'évolution de la ville sur la longue durée et permettait de la replacer dans le contexte régional, la mettant ainsi en perspective avec les autres grandes cités provençales avec lesquelles elle partage bien des traits[8].

En dépit de l'état lacunaire et surtout très inégal, selon les périodes, des données et des sources dont il disposait, son analyse de l'évolution de la topographie urbaine n'en a pas moins été novatrice, tant par sa démarche scientifique et, notamment, par la place qu'il accordait à l'archéologie dans la restitution de l'histoire urbaine[9], que par ses premières conclusions. Son travail fondateur dans l'analyse de la morphogenèse d'Aix explique qu'à la fin des années 1970 lui ait été confiée la rédaction des

---

[1] Tels Michel Fixot, Jean Guyon, Jean-Pierre Pelletier ou Lucien Rivet qui, entre 1978 et 1988, se sont particulièrement attachés à l'étude de l'ensemble cathédral et de la résidence épiscopale (Guild, Guyon, Rivet 1980 ; 1983a et 1983b ; 1993-1994). J. Guyon et L. Rivet ont, d'autre part, été de l'aventure du volume des Documents d'Évaluation du Patrimoine archéologique des villes de France dédié à Aix-en-Provence (Nin, Guyon, Rivet 1994) et de l'atlas consacré à sa topographie antique (Guyon *et al.* 1998).

[2] Et comme il le fut lui-même à Fréjus. Voir à ce propos la contribution de Michel Pasqualini dans ce même volume.

[3] Auteur d'une monumentale synthèse parue en 1916 (Clerc 1916).

[4] Jérôme de Duranti La Calade a publié dans les *Annales de Provence*, entre 1910 et 1926, plusieurs études sur la topographie médiévale d'Aix, à partir desquelles il a tenté de recomposer celle de la ville antique. De ces travaux est issue une synthèse sur l'évolution urbaine de la ville parue dans l'*Encyclopédie des Bouches-du-Rhône* dirigée par Jean-Paul Masson (Duranti La Calade 1935).

[5] Historien minutieux de l'historiographie aixoise et auteur de plusieurs ouvrages sur la topographie d'Aix-en-Provence : Pourrière 1935 ; 1939 ; 1958.

[6] Archéologue et historien, auteur notamment du volume de la *Forma Orbis Romani* (Benoit 1936), de divers articles portant sur la ville (1947 ; 1954a et 1954b) et de notices archéologiques parues dans la revue *Gallia* entre 1948 et 1964. Paul-Albert Février a signé avec Fernand Benoit un texte sur les villes épiscopales de Provence : Benoit *et al.* 1957.

[7] « Je ne parle pas d'Aix [antique] sur laquelle on sait bien peu de chose » (Février 1964, p. 4). Encore en 1980, il ne fait, à propos de la ville, que quelques mentions lapidaires dans sa contribution au premier volume de l'*Histoire urbaine* (Février 1980, p. 410, 428, 454, 471 et 488). Aix est également absente de l'ouvrage paru en 2004 : « Paul-Albert Février de l'Antiquité au Moyen Âge » (Fixot (dir.) 2004).

[8] Un des apports féconds de ses recherches fut en effet, aussi, la prise en compte du système de réseaux auxquels appartiennent les villes.

[9] Février 1964, p. 2 ; 1986, p. 37.

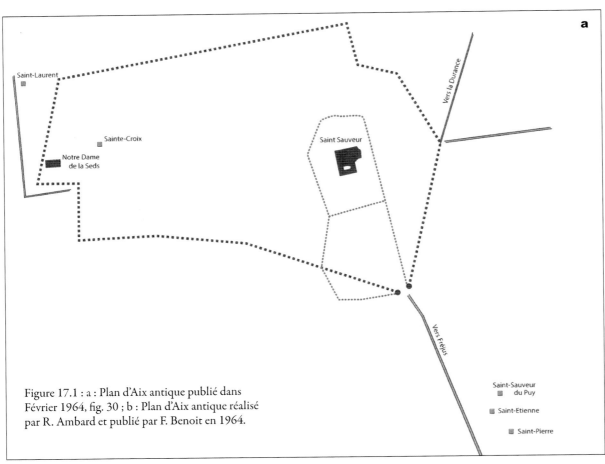
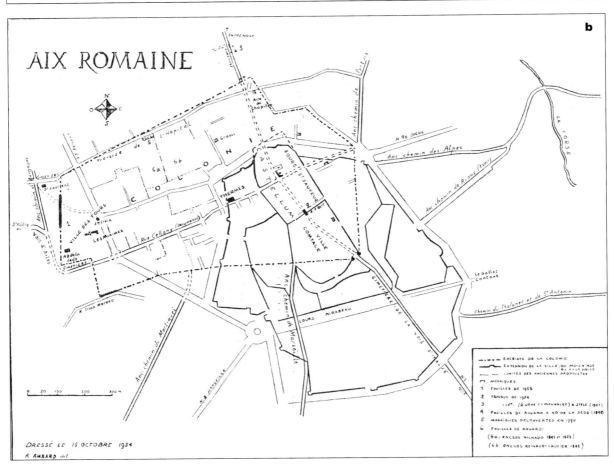

Figure 17.1 : a : Plan d'Aix antique publié dans Février 1964, fig. 30 ; b : Plan d'Aix antique réalisé par R. Ambard et publié par F. Benoit en 1964.

chapitres traitant de la ville depuis l'Antiquité jusqu'au Haut Moyen Âge dans le livre intitulé *Histoire d'Aix-en-Provence*[10]. L'un des grands atouts de sa contribution fut, là encore, de casser les césures historiques habituelles en embrassant un large spectre historique favorisant une vision continue de l'évolution urbaine. En amont, son propos n'a, en effet, pas seulement pris en compte le contexte de la conquête romaine à l'occasion duquel Aix fut créée, mais aussi celui du peuplement de la fin de l'âge du Fer que la fondation de la ville concourait à bouleverser ; en aval, il a inclus la longue et obscure période du Haut Moyen Âge sur laquelle, il est vrai, il n'y avait alors pas grand-chose à dire, comme l'a si bien rappelé Noël Coulet dans le même ouvrage[11]. C'est une même large fourchette chronologique, étendue ici au Moyen Âge central, que nous avons privilégiée dans cette contribution, reprenant, quelque 60 ans plus tard, celle que Paul-Albert Février avait retenue dans sa thèse, en vue de « dégager les lignes de faîte de cette histoire » urbaine[12].

Pour novatrice qu'ait été sa démarche, aborder la question de l'héritage de son œuvre à Aix-en-Provence se heurte cependant à un écueil majeur, l'énorme distorsion entre la chiche documentation archéologique dont il disposait[13], et celle, aujourd'hui abondante, sur laquelle s'appuie notre propos. Comme le montre le plan de la ville antique publié dans cet ouvrage (Fig. 17.1a), très proche en vérité de celui que Fernand Benoit avait proposé dans *Gallia* dix ans plus tôt (Fig. 17.1b)[14], les connaissances n'avaient guère évolué pour le Haut Empire entre 1964 et 1977. Et, en dépit des avancées des recherches faites à l'intérieur et autour du groupe épiscopal, elles restaient plus indigentes encore en ce qui concerne l'Antiquité tardive et le Moyen Âge[15].

C'est après la disparition de Paul-Albert Février que les données sur les strates anciennes de la ville se sont renouvelées grâce à l'archéologie préventive qui a commencé à se développer au milieu des années 1980 et a connu un rythme particulièrement soutenu dans les années 1990-2005. Un chiffre permet de mesurer le chemin parcouru : depuis 1990, 407 opérations de fouille ont été réalisées sur l'emprise de l'agglomération, quand on en comptait seulement 127 avant cette date, en incluant celles menées au XIXe siècle. Les acquis ont été suffisamment nombreux pour que, quinze ans après la publication posthume de l'ouvrage de Robert Ambard en 1984 et celle de la notice consacrée à Aix dans la *Topographie chrétienne des cités de la Gaule* en 1989[16], plusieurs importantes synthèses aient paru sur la ville antique et tardo-antique[17]. La ville médiévale a un peu moins bénéficié de l'apport des travaux d'archéologie préventive, si bien que l'étude de sa morphogenèse se nourrit toujours largement des données historiques dans l'exploitation desquelles les noms de deux historiens s'imposent, Jean Pourrière et surtout Noël Coulet[18]. On doit notamment à ce dernier et à un autre médiéviste, Florian Mazel, la direction d'un ouvrage embrassant toute l'histoire de la ville, qui constitue une complète refonte de celui édité en 1977, dont le titre *Histoire d'Aix-en-Provence* a volontairement été repris[19].

Ainsi, si, dans le cours de notre propos, nous ferons référence aux thèses que Paul-Albert Février avait défendues ou aux intuitions qu'il avait exprimées, la question est plutôt de savoir ce que cet immense chercheur dirait aujourd'hui de la cité, à partir des connaissances engrangées.

---

[10] Février 1977.

[11] Coulet 1977, p. 63.

[12] Février 1964, p. 1. Ce parti pris s'imposait après la récente parution de l'*Histoire d'Aix-en-Provence*, ouvrage pour lequel a été choisi un découpage par grandes périodes chronologiques (Coulet, Mazel (dir.) 2020).

[13] En 1964, Paul-Albert Février disposait des données d'une trentaine de fouilles et en 1977 de quarante-six seulement, ce qui explique en particulier la place relativement congrue qu'il a consacrée à Aix-en-Provence dans ses diverses contributions sur l'Antiquité tardive : Février 1978 et 1980 ; Février, Leyge 1986 ; Février *et al.* 1989.

[14] Benoit 1954, p. 296, fig. 9.

[15] Février 1964, p. 4-5. Les sources sur l'histoire urbaine d'Aix ne permettent de dessiner les contours de la ville avec une relative précision qu'à partir du milieu du Moyen Âge.

[16] Guyon 1989.

[17] Pour le Haut Empire : Guyon *et al.* 1998 ; Nin (dir.) 2014a ; Nin 2020a et 2020b. Pour l'Antiquité tardive : Guyon, Nin 2014 ; Guyon 2020 ; Nin à paraître.

[18] Durant des décennies de recherches résolument axées sur la restitution de la topographie antique et médiévale d'Aix, Jean Pourrière a collecté et analysé, notamment dans les archives notariales, des centaines de références qui constituent un fonds documentaire inégalé sur Aix. Avec son approche d'historien des sociétés médiévales, Noël Coulet a, quant à lui, toujours ancré ses travaux dans la réalité matérielle de la cité, reflétant l'attrait de l'historien pour le terrain des archéologues. En témoignent, entre autres, sa relecture du serment des vicomtes de Marseille (1979), ses travaux sur les dépeuplements au XIVe siècle et sur les ordres mendiants (1973, 2009) ou, plus récemment, sur les quartiers juifs (2019), ainsi que sa thèse parue en 1988.

[19] Coulet, Mazel (dir.) 2020. Deux chapitres sont consacrés à la période médiévale : Claude, Coulet 2020a et 2020b.

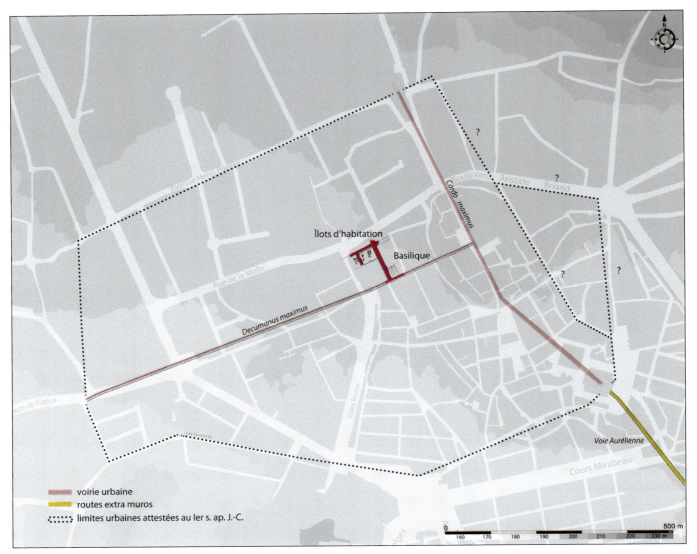

Figure 17.2a : Plan de la ville tardo-républicaine aux alentours des années 70-50 av. J.-C. (N. Nin ; DAO L. Dubois).

L'obscure ville originelle

Il est une période sur laquelle les connaissances n'ont pas beaucoup progressé : celle des temps originels de la ville pour lesquels nous restons toujours tributaires des auteurs antiques dont aucun ne fut le témoin direct des événements qu'il rapporte[20]. Aix aurait été créée *ex nihilo* par le proconsul Caius Sextius Calvinus en 122 av. J.-C. à l'issue de la destruction de la capitale de la confédération salyenne intervenue deux ans auparavant. Il semble que la ville fut d'emblée composée d'une garnison romaine et d'un *oppidum* sans que l'on en sache davantage sur la localisation, l'étendue et l'organisation de ces deux éta-blissements, ni sur les relations qu'ils entretenaient[21]. *Aquae Sextiae* constituant, depuis l'Italie, le premier avant-poste militaire romain en terre gauloise, il est vraisemblable que cette configuration singulière a perduré durant les premières décennies suivant la conquête du Sud de la Gaule, qui restèrent mouvementées jusque dans les années 70 av. J.-C. En dépit de la multiplication des points de découverte, le sous-sol demeure peu disert sur cette période. S'y réfèrent seulement quelques trouvailles monétaires. Le seul témoignage topographique susceptible de s'y rapporter est le fossé découvert à l'emplace-

---

[20] Constat que faisait déjà Paul-Albert Février en 1964, p. 27 et 31. Parmi les principaux auteurs antiques, on peut citer : Diodore, 34, 23 ; Cassiodore, *Chronica ad a.* 122 ; Pline, *Hist. Nat.* III, 4, 36 ; Strabon, *Géographie*, 4, 1, 5. Cette période a récemment fait l'objet de publications de synthèse : Nin 2020a ; Nin, Sanchez 2023.

[21] Au rebours de Michel Clerc, Fernand Benoit ou encore François Salviat, Paul-Albert Février n'était pas convaincu de l'assimilation entre Entremont et la capitale de la confédération salyenne : 1977, p. 30-31. Voir également les questions soulevées à ce propos dans : Nin 2020a.

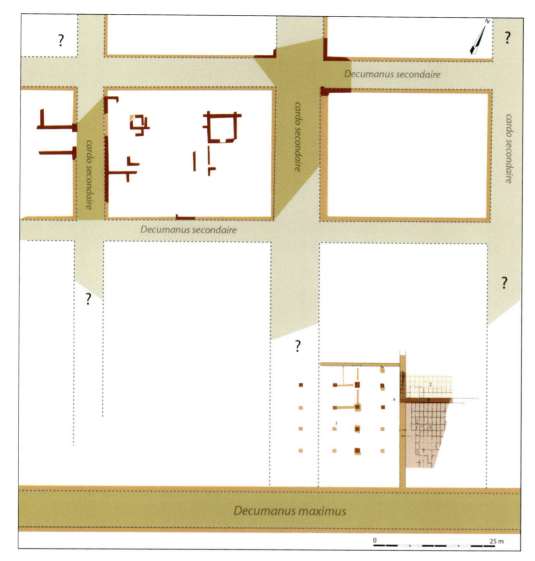

Figure 17.2b : Détail du quartier exploré entre 1991 et 1998 à l'emplacement du site des Thermes Sextius (N. Nin ; DAO L. Dubois).

ment des anciennes usines Coq, soit à quelque 400 m des limites de la future ville du Haut Empire. Sa date est toujours mal établie, entre la fin du IIe et la première moitié du Ier siècle av. J.-C., et sa fonction est plus énigmatique encore[22].

Pour percevoir un peu de la ville tardo-républicaine, il faut faire un saut de trois générations (Fig. 17.2a). Mis au jour sur le site de l'ancien établissement des Thermes Sextius en 1991, les vestiges les plus anciens reconnus à ce jour ne sont pas antérieurs, en effet, à 70 av. J.-C. Ils dévoilent l'existence d'un quartier déjà très structuré dont la localisation, à 300 m à l'ouest du bourg Saint-Sauveur, confirme les intuitions de Paul-Albert Février qui, dès 1964, avait remis en question la proposition de ses prédécesseurs d'un lien entre l'établissement du IIe siècle av. J.-C. et ce bourg[23].

De ce quartier, on relèvera divers aspects : d'abord sa localisation centrale par rapport à ce qui sera l'agglomération du Haut Empire et sa proximité de l'unique source thermale antique identifiée, qui fait écho aux données textuelles ; sa chronologie tardive (70-50 av. J.-C.) également, qui laisse dans l'obscurité les cinquante premières années d'existence de la ville ; et l'organisation rigoureuse du fragment d'urbanisme que les voies dessinent. Cette dernière rend compte de la mise en œuvre précoce d'un plan d'urbanisme réglé, constituant la matrice de la trame qui prévaudra dans la majeure partie de la ville durant le Haut Empire (Fig. 17.2b). Cette matrice s'exprime notamment dans le module de l'unique *insula* tardo-républicaine restituée que l'on retrouvera quelques décennies plus tard dans les îlots explorés à l'est de la ville (palais de l'archevêché). À quoi il faut ajouter la présence d'un édifice public, une probable basilique, indice de l'existence d'un ensemble monumental d'envergure, qui a peut-être constitué un premier centre du pouvoir.

---

[22] Entre autres hypothèses, ont été évoquées celles d'un fossé défensif, d'un fossé parcellaire fossile ou encore d'un lieu de rejets de banquet : Nin 1991 ; Maza, Nin 2003 ; Poux 2004.

[23] *Contra* Jean-Paul Coste, Michel Clerc, Jérôme de Duranti La Calade et Jean Pourrière, Paul-Albert Février écrivait, en 1964 : « Vouloir retrouver dans cette ville de basse époque le plan de la fondation de Sextius est un simple jeu de l'esprit » (1964, p. 37-38). En montrant l'absence totale de vestiges tardo-républicains sous l'un des îlots d'habitation construits en lisière du rempart, à l'époque augustéenne, les recherches menées dans la cour du palais de l'archevêché, en 1984, ont, pour la première fois, conforté ce point de vue : Fixot *et al.* 1986, p. 206-228.

Figure 17.3 : Vaisselle en usage dans le quartier tardo-républicain (cliché Chr. Durand, CNRS-CCJ).

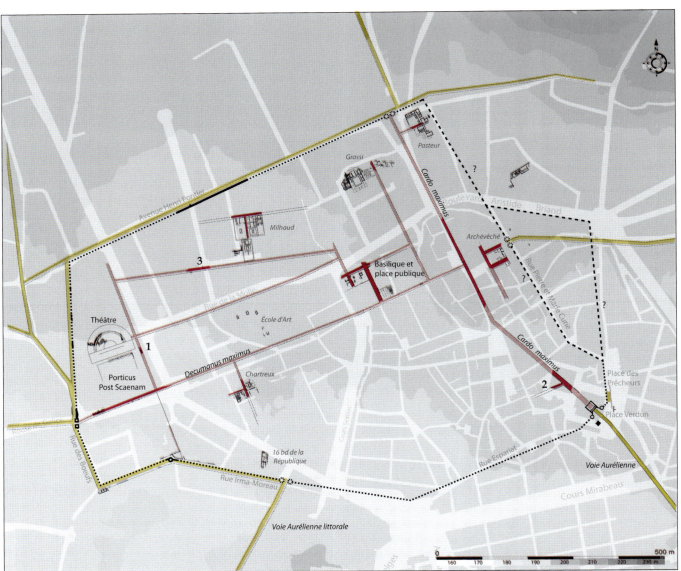

Figure 17.4 : Plan de la ville entre la période augustéenne et les Flaviens (DAO L. Dubois).

Enfin, ces recherches ont mis en relief le caractère « indigène » de la population qui vivait dans ce quartier. Il est perceptible tant dans les techniques constructives (architecture et équipement intérieur des maisons) que dans la vaisselle en usage qui trahit des pratiques alimentaires traditionnelles locales plutôt qu'italiques[24] (Fig. 17.3). Cette observation, que seule l'archéologie pouvait révéler, va dans le sens du témoignage de Diodore évoqué *supra*, et donne un crédit supplémentaire à l'hypothèse qu'avait soutenue Paul-Albert Février d'une ville constituée, dès l'origine, d'une population salyenne : « *Aquae Sextiae* (est) d'abord une ville des Salyens, héritière de l'agglomération qui la domine et que – peut-être – l'on continue, un temps d'occuper »[25].

Il est en revanche impossible de dire quelle place ce quartier occupait au sein de l'entité urbaine en cours de formation, dont nous ignorons du reste si l'emprise était plus restreinte ou déjà aussi étendue que celle du Haut Empire. Même si aucun indice matériel n'en témoigne, l'étalement dans le temps du lotissement urbain incite à retenir la seconde hypothèse et à envisager que la configuration de la ville, telle qu'elle se profilera au début du Ier siècle apr. J.-C., était alors sans doute définie. Cette proposition est soutenue par un argument *a silencio* : l'absence de tombes dans l'aire ultérieurement remparée.

L'évolution urbaine au cours du Haut Empire (période augustéenne – début du IIIe siècle)

Il n'est pas question de passer ici en revue tous les acquis relatifs à la période du Haut Empire. Nous avons choisi d'en présenter quelques traits saillants qui éclairent plus précisément l'évolution topographique de la ville.

Aquae Sextiae entre la période augustéenne et les règnes de Tibère-Claude

Alors que le règne d'Auguste a marqué un seuil décisif dans le développement de la plupart des chefs-lieux de cité régionaux, à Aix, il est moins aisé d'en percevoir la marque. Si la ville est alors une colonie latine, les dates de construction de plusieurs monuments suggèrent un essor un peu plus tardif[26].

Limite urbaine et voies périphériques

Parmi les réalisations remarquables est l'enceinte dont la construction est pour l'heure datée de la période tibérienne. Longtemps fluctuant[27], son tracé a gagné en précision ces vingt dernières années (Fig. 17.4). On en retiendra deux principales caractéristiques : d'une part, sa pérennité dans la structure de la ville contemporaine[28] et, de l'autre, la filiation forte que les enceintes médiévales entretiennent avec elle, à l'est au moins, ce qui conforte sa prégnance dans le développement urbain ultérieur. Au nord, à l'ouest et au sud, le parcours de cette enceinte se confond avec celui de plusieurs rues qui apparaissent comme les héritières de lices extérieures antiques (avenue Pontier, rue des Bœufs, rue Irma-Moreau et rue Espariat). La position de la courtine orientale, qui a, plus que les autres, donné lieu à des propositions diverses, vient d'être révisée en deux points. Au nord-est, un mur relevant de la construction privée oblige à en reporter le tracé *a minima* en rive ouest de la rue Pierre-et-Marie-Curie où l'on voit se superposer, depuis 1998, l'enceinte des XIe-XIIe siècles à celle du Haut Empire. Au sud-est, à partir de la porte d'Italie, le puissant mur mis au jour en rive ouest de la place des Prêcheurs, en 2017 et 2018 (Fig. 17.5), impose de repousser cette courtine plus à l'est, soit à l'emplacement des fortifications des XIIIe et XIVe siècles[29]. Ainsi, aurait-on, en ce point particulier d'entrée de ville, un exemple assez remarquable de maintien d'une ligne de fortification sur près de quatorze siècles. Surtout, après avoir longtemps fluctué au gré des découvertes quelquefois mal interprétées, le contour de la ville antique finit par se rapprocher de celui qu'avaient jadis proposé divers érudits et historiens, mais sans que la définition en ait été bien étayée. La ville en a gagné quelques ares en superficie : celle-ci est aujourd'hui estimée à 67,70 ha[30].

---

[24] Nin 1996a.

[25] Février 1977, p. 35 et p. 27 et 50. Voir aussi à ce propos la place de l'onomastique celtique dans le corpus des inscriptions concernant des habitants de la cité d'Aix : Gascou 1995 et 2014.

[26] Nin 2020b.

[27] Voir le point fait sur la question dans Nin 2011. À la suite de la découverte de la courtine ouest par Fernand Benoit en 1953-1954, Paul-Albert Février a, dès 1964, souligné l'étendue de la ville du Haut Empire : Février 1964, p. 38.

[28] L'un des récents acquis des recherches est d'avoir fait ressortir l'empreinte de l'Antiquité dans l'urbanisme de la ville contemporaine. Paul-Albert Février l'avait bien notée pour certaines rues, les principaux axes est-ouest et nord-sud en l'occurrence, toujours présents dans le tracé de rues actuelles (Février 1964, p. 160), mais en minimisant la portée générale de cet héritage.

[29] Nin 2018-2019. Il n'y a plus trop de raisons de ne pas superposer aussi la courtine orientale de l'enceinte des XIe-XIIe siècles à celle de la muraille antique.

[30] Contre 67 ha en 2011 (Nin 2011, p. 273).

Figure 17.5 : Rue Peiresc (fouille préventive de la place de Verdun, 2018), vue du parement intérieur de l'enceinte antique (cliché N. Nin).

Figure 17.6 : Lice extérieure mise au jour sur la place de Verdun en 2018 (cliché N. Nin).

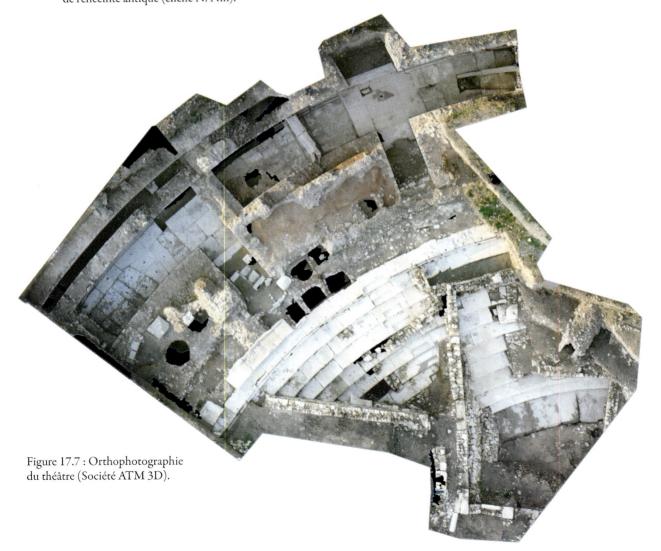

Figure 17.7 : Orthophotographie du théâtre (Société ATM 3D).

Au dossier de la fortification s'ajoute le double circuit de circulation périphérique mis en évidence, dont Nîmes offre un autre exemple régional[31]. Même s'il est présentement impossible de percevoir son articulation avec la voirie urbaine, il conduit à considérer la ville non sous le seul angle classique des modalités de son occupation, mais aussi en termes de flux et des dynamiques que ces derniers sous-tendent. Le circuit le mieux connu est celui qui se développait *extra muros*, au pied de l'enceinte qui fixe le *terminus ante quem non* de sa mise en place. Désormais bien attesté à l'ouest, au sud et au sud-est (Fig. 17.6), il se présente comme une large voie de transit qui permettait d'éviter la traversée de la ville. Avec cet équipement se révèle le souci des édiles de gérer au mieux un trafic routier qui devait être important, la ville se trouvant sur un axe de circulation majeur entre l'Italie et l'Espagne, la voie Aurélienne.

Bien qu'elle soit moins documentée, l'existence d'une lice intérieure est également bien avérée. Depuis 1984, on connaissait la portion de boulevard révélée par les fouilles de l'archevêché à l'est[32] ; deux courts segments d'une rue étroite cheminant au pied de l'enceinte ont été mis au jour au sud-ouest en 2008 et au sud-est en 2018. À voir ses emprises variables et sa rapide colonisation par des constructions privées, ce circuit ne semble cependant pas avoir eu un rôle déterminant dans le système de circulation *intra muros*.

La structure urbaine

Dès l'époque augustéenne se dégage un plan d'urbanisme structuré, désormais mieux dessiné par la voirie dont le réseau s'est beaucoup étoffé : huit *decumani* et six *cardines*, pour certains restitués il est vrai, se sont rajoutés aux seuls *cardo* et *decumanus maximi* connus du temps de Paul-Albert Février. Trois de ces rues nous intéressent particulièrement. On commencera par le *cardo* secondaire 1, mis au jour en 2019, en bordure orientale du théâtre[33] (Fig. 17.4, n° 1) : il délimite l'extension du vaste îlot où se déployaient l'édifice de spectacle et sa *porticus post scaenam*, et il en campe le décor viaire. Par leurs orientations, les deux autres rues attirent l'attention sur les divergences constatées dans la trame urbaine. Ainsi, le tracé singulier du *decumanus* secondaire 2, reconnu en 1995 sous l'ancienne maison d'arrêt (Fig. 17.4, n° 2), pourrait découler de celui de la courtine méridionale de l'enceinte, toujours inconnu ; quant au *decumanus* secondaire 3, croisé dans une tranchée en 2019[34] (Fig. 17.4, n° 3), il apparaît comme la colonne vertébrale d'un réseau nettement divergent de la trame qui couvre la majorité de l'espace urbain, cantonné à une partie du quartier résidentiel au sein duquel se concentrent les *domus* explorées dans les années 1840. Longtemps tenue pour négligeable car documentée par des plans anciens auxquels n'était pas accordée une fiabilité suffisante[35], cette orientation a récemment été confirmée à l'occasion de deux interventions qui n'admettent plus aucun doute sur son existence[36]. Reconnue sur 170 m du nord au sud et au moins 230 m d'est en ouest, elle s'étend sur *a minima* 1,6 ha, est structurée par au moins deux *decumani* dont un de large emprise (9 m en moyenne) et semble en place au moins dès la période augustéenne ; elle serait donc postérieure à la trame principale dont la structure remonte à la fin de la période tardo-républicaine. Si nous en ignorons l'origine, on peut au moins constater qu'elle n'est tributaire d'aucune des lignes de fortification les plus proches (courtines nord et ouest).

L'essor monumental : la construction du théâtre et de sa *porticus*

Contemporaine ou de peu postérieure à celle du rempart, la construction du théâtre, dans la partie ouest de la ville, dote celle-ci d'un équipement essentiel (Fig. 17.7) dont les grandes dimensions ne laissent pas de surprendre pour un chef-lieu de cité auquel on n'a jamais reconnu une place importante[37]. Haut lieu de la vie col-

---

31 Nin 2011 et 2018-2019.

32 Fixot *et al.* 1986, p. 202-204.

33 Aujaleu, Bouquet, Huguet 2021, p. 34-38.

34 Opération Réseau de chaleur, 2019-2021, dir. Ariane Aujaleu (Aujaleu, Bouquet, Huguet 2021).

35 Guyon *et al.* 1998, p. 239.

36 Lors d'un diagnostic réalisé au 5bis, rue d'Indochine en 2011 (Zielinski 2018) et d'une fouille préventive motivée par l'installation du réseau de chaleur en 2018 (Aujaleu, Bouquet, Huguet 2021).

37 L'ampleur des travaux réalisés dans le courant du Ier siècle pourrait fournir un indice sur la date de l'élévation de la ville au rang de colonie romaine, qui reste mal établie. J. Gascou l'avait placée au plus tard au début du règne des Flaviens, en se fondant sur certains critères (absence de référence aux Dieux Mânes) d'un document épigraphique mentionnant un duumvir, qu'il avait interprété comme une épitaphe (Gascou 1995, p. 555-560). En soulignant que le document en question était en fait une gaine d'Hermès, Michel Christol a démontré le caractère erroné de cette interprétation, et fait tomber la chronologie proposée par J. Gascou. Il a donc repoussé l'élévation de la ville au rang de colonie romaine après l'époque de Vespasien en prenant appui sur la date de rédaction de l'*Histoire naturelle* dans laquelle Pline l'Ancien a produit la liste des *oppida latina*, c'est à-dire des colonies de droit latin dont Aix faisait partie (Christol 2005-2006, p. 425-426).

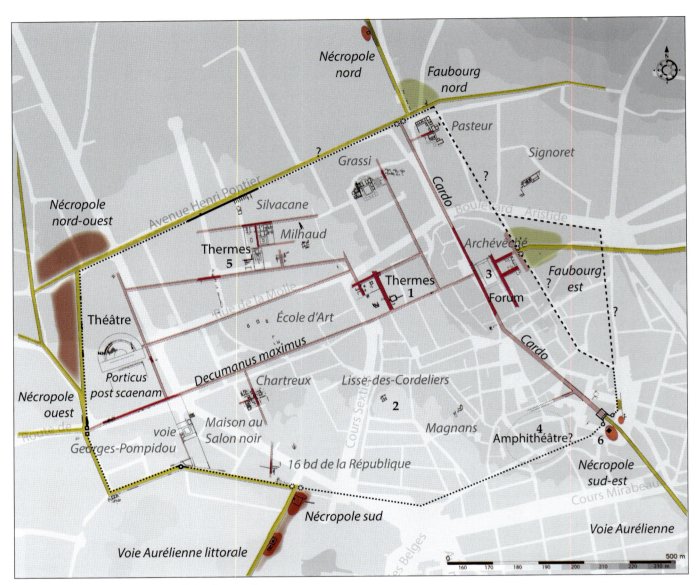

Figure 17.8 : Plan de la ville entre le règne des Flaviens et la fin du IIe siècle.

lective et du pouvoir, cet édifice a, par sa localisation très excentrée, certainement modifié l'équilibre organique de la structure urbaine et son fonctionnement a suscité de nouvelles dynamiques en termes de fréquentation et de circulation. Son érection a, en effet, participé à la formation d'un important quartier monumental faisant pendant à celui qui, au même moment ou peu de temps avant, s'est restructuré au cœur de la ville et où l'on restituerait volontiers la principale place publique. À cette époque, *Aquae Sextiae* apparaît ainsi pourvue, à quelque 600 m de distance, d'au moins deux grands ensembles monumentaux alignés sur la rive nord du *decumanus maximus* auquel ils confèrent un rôle majeur.

Un lent processus de lotissement

L'essor d'*Aquae Sextiae* à partir de l'époque augustéenne est aussi perceptible dans la construction courante qui gagne alors des quartiers pas ou peu occupés auparavant. Elle permet d'abord de suivre le rythme assez lent du lotissement, qui, au sein des îlots, révèle des parcelles restées longtemps vides de constructions, ce qui n'interdit pas qu'elles fussent occupées[38]. Outre une perception assez rarement évoquée d'un tissu urbain émaillé de vides, elle montre la mise en place également progressive de la voirie. Si le schéma général de la trame viaire fut sans doute préétabli anciennement, l'emprise des rues a

---

[38] S'appuyant sur les découvertes faites dans la cathédrale, entre 1976 et 1980, J. Guyon avait déjà évoqué cette hypothèse d'une urbanisation très progressive de la ville, qu'il rapprochait de celle de Riez : Guyon 1982, p. 131-135.

17. L'évolution urbaine d'Aix-en-Provence des origines au Moyen Âge

Figure 17.9 : Anomalies observées dans le tracé des rues et le parcellaire en partie sud de la ville.

parfois mis plusieurs décennies à se fixer. Autant de données qui illustrent, dans le détail, les tâtonnements perceptibles dans la définition du cadre urbain.

Au temps des Flaviens, l'apogée de la ville

Sous les Flaviens, l'impulsion architecturale ne faiblit pas (Fig. 17.8). Ainsi, dans le quartier central, l'ancienne basilique et l'esplanade augustéenne qui la jouxtait font place, à la fin du Ier siècle, à un complexe interprété comme un établissement thermal (Fig. 17.8, n° 1). Plus au sud, pourrait avoir été érigé un collège des sévirs augustaux, seul édifice cultuel restituable *intra muros*[39] (Fig. 17.8, n° 2).

Le quartier oriental n'échappe pas à cette activité. À la fin du siècle, à l'est du *cardo maximus*, est aménagée une place publique que ses dimensions modestes désignent comme un *forum* secondaire (Fig. 17.8, n° 3). Le caractère radical des travaux engagés interdit de savoir à quelle forme d'occupation a succédé cet ensemble monumental qu'environnent alors les îlots d'habitation construits sous Auguste (habitat ? édifice public antérieur ?). Ce *forum*, qu'un autre monument (basilique ou temple) surplombait au nord, ferme désormais, à l'est, la perspective du *decumanus maximus* dont il a peut-être interrompu le tracé, privilégiant l'orientation nord-sud du *cardo maximus*. Au sud-est, une anomalie dans le parcellaire actuel pourrait signaler la présence d'un amphithéâtre dont la morphologie aurait pu imprégner le tissu urbain. Elle se singularise par le tracé annulaire de plusieurs voies et des axes convergents, tant viaires que parcellaires[40] (Fig. 17.8, n° 4 et Fig. 17.9). Si cet amphithéâtre a bien existé – ce qui reste encore à démontrer –, sa disposition offrirait un remarquable parallèle avec Arles : proximité d'une porte (ici la porte d'Italie) et chevauchement de l'enceinte. À l'instar du *forum* secondaire, la localisation de l'édifice, à

---

[39] Gros, Varène 2001.

[40] Relevée dès 1962 par les architectes en charge du plan de sauvegarde et de mise en valeur, Jean Sonnier et Jean-Louis Taupin (Sonnier, Taupin 1962, I, p. 19 et 20), cette anomalie n'a, par la suite, été reprise que par l'historien Jean-Paul Coste (Coste 1970, p. 23). Sa forme ovalisée avait alors été perçue comme l'empreinte d'un noyau d'occupation tardo-antique ou alto-médiéval à l'origine du bourg comtal. Les deux hypothèses ne s'opposent pas ; elles pourraient même se conforter.

l'exact opposé du théâtre, pourrait avoir passablement modifié la hiérarchie des « lieux de consensus » pour reprendre une expression de Pierre Gros[41].

Dans une ville déjà occupée depuis plusieurs décennies, réunir l'assise foncière nécessaire à la mise en œuvre de ces programmes monumentaux a très certainement entraîné de profonds bouleversements dont l'archéologie est bien incapable de déceler les effets (expropriations, transferts d'occupation ...).

Dans le même temps, aux abords de ces édifices publics, la voirie fait l'objet d'une complète réfection, révélant un projet à grande échelle (réseau d'égouts standardisé et pavement des rues en pierre froide), tandis que des secteurs jusqu'alors peu urbanisés sont investis par l'habitat. La majeure partie du quartier nord accueille notamment des maisons résidentielles selon une trame plus aérée que partout ailleurs dans l'agglomération[42]. On y discerne mal, cependant, les composantes de sa structure interne, peut-être gommées au gré de transformations que les modalités de la recherche (fouilles du XIXe siècle) rendent imperceptibles. La construction y est alors si dynamique que l'urbanisation s'affranchit de l'enceinte qu'elle déborde pour coloniser, au nord et à l'est, l'immédiate périphérie de la ville. Ce mouvement participe à la création, le long d'axes routiers, de faubourgs prolongeant *extra muros* les principales artères du réseau urbain[43]. En revanche, en partie sud où d'amples terrains situés *intra muros*, mais en lisière du rempart, sont longtemps restés dédiés à des activités agricoles et peut-être artisanales, l'occupation continue d'être plus lâche. L'espace y est soit occupé par les jardins de maisons résidentielles (maison au Salon noir)[44], soit par des établissements de production et de stockage (16, bd de la République)[45], soit (voie Georges-Pompidou) par des terrains sans usage précisément identifiable (artisanal, agricole, friches, ...).

Au fil des transformations qui affectent les différentes parties de la ville, leur fonction et les cheminements, le paysage urbain apparaît ainsi relativement changeant ; il reste toutefois difficile de vraiment appréhender des quartiers en tant qu'entités spécifiques et donc de les qualifier ou d'en cerner l'extension ; leur occupation, leur statut et leurs articulations (ou absence d'articulation) ne sont perceptibles que de façon très globale.

Des Antonins au lent déclin du IIIe siècle

Sous les Antonins, dans le domaine public du moins, l'activité architecturale semble s'être fortement ralentie, alors qu'elle témoigne encore d'un relatif dynamisme dans la construction privée. On ne connaît, en effet, à ce jour que trois édifices construits durant cette période : des thermes monumentaux qu'une marque consulaire sur brique date au plus tôt des années 120 (Fig. 17.8, n° 5), l'aqueduc de Traconnade, dont l'édification reste mal calée dans le temps, et le mausolée des Julii érigé devant la porte d'Italie au plus tôt sous Lucius Verus (Fig. 17.8, n° 6). Mais, comme y invitent de nombreuses pièces lapidaires erratiques, il faut sans doute nuancer l'image que brosse l'actuel état des données, car il est difficile d'imaginer que la ville se soit figée dans son décor éditaire du Ier siècle alors même que sa vitalité économique est manifeste tant *intra muros* que sur son territoire. Dans l'habitat des élites, l'austérité des pavements en opposition de couleur élaborés au Ier siècle fait place à la polychromie avec des mosaïques dont les choix iconographiques traduisent une complète acculturation de leurs commanditaires[46] ; dans les campagnes, émergent ou se développent de vastes domaines agricoles aux importantes capacités productrices (*villae* Régine au Puy Sainte-Réparade, des Toulons à Rians ...)[47].

Si au début du IIIe siècle, s'exprime un certain immobilisme – on ne connaît aucune réalisation nouvelle d'envergure et les bâtiments existants semblent se maintenir dans leur état antérieur –, rapidement toutefois s'engage un processus de délaissement[48]. Ce phénomène se poursuit dans le courant du siècle, aboutissant à un important mitage de l'urbanisme dont nous peinons cependant à restituer la dynamique temporelle et spatiale.

---

[41] Gros 2014, p. 91.

[42] Paul-Albert Février avait relevé la place occupée par les maisons résidentielles, y voyant, comme à Vaison-la-Romaine, l'emprise acquise par la riche bourgeoisie provinciale sur le tissu urbain (Février 1964, p. 39).

[43] Faubourgs mis au jour, au nord-est, le long des avenues Philippe-Solari et Paul Cézanne, en 1986 (Bernardi, Bonifay 1986) et en 2011 (Susini 2012), et, à l'est, à l'emplacement du collège Campra.

[44] Nin, Huguet 2016.

[45] Nibodeau, Nin, Richarté 1989.

---

[46] Lavagne 2014.

[47] Chapon *et al.* 2007 ; Brun, Congès 2014. Sur l'occupation du territoire, voir la récente synthèse très documentée de Philippe Leveau (Leveau, Turci, Panneau 2023).

[48] Nin 1996b ; Guyon *et al.* 1998, p. 292-293.

17. L'ÉVOLUTION URBAINE D'AIX-EN-PROVENCE DES ORIGINES AU MOYEN ÂGE

Figure 17.10 : Plan de la ville aux IIIe-IVe siècles (N. Nin ; DAO M. Panneau).

Durant l'Antiquité tardive, un urbanisme en « peau de léopard »

L'image d'Aix qui se dessine à l'orée de la période tardo-antique est contrastée[49]. Il est d'abord difficile d'évaluer l'ampleur de la déprise urbaine engagée au début du IIIe siècle, voire à l'extrême fin du IIe siècle, et qui paraît avoir touché tout particulièrement le quartier résidentiel occupant la moitié nord de la ville (Fig. 17.10). Celle-ci semble désormais constituée d'un semis de lieux d'occupation que séparent de larges zones en déshérence. Mais l'impression peut être trompeuse ; comparée au Haut Empire, la perception assez médiocre que nous avons des lieux alors habités incite peut-être à en minimiser la nature, l'étendue et l'organisation. Qualifiés de « squats » ou de « rustiques », ils sont souvent vus comme temporaires et immanquablement liés aux chantiers de récupération. Or ils ont pu être plus nombreux, disséminés et pérennes que ne laisse voir aujourd'hui l'état des connaissances, plus organisés aussi. Ainsi, les importantes séries monétaires du IVe siècle exhumées dans certaines maisons résidentielles fouillées par Étienne Rouard dans les années 1840 pourraient témoigner du maintien d'une occupation dont les vestiges bâtis ne livrent rien. Jean Guyon, Michel Fixot et Lucien Rivet ont fait le même constat pour l'*insula* 1 de la cour de l'archevêché où seul le mobilier trahit la continuité d'un habitat qui s'est si bien coulé dans le bâti du Haut Empire qu'il en devient architecturalement invisible[50]. C'est dans le quartier du théâtre que la variabilité de cette dissolution est la mieux perçue[51].

---

[49] Sur la période tardo-antique, voir notamment Guyon 1982 ; 1986 ; 2020 ; Guyon *et al.* 1998 ; Guyon, Nin 2014 ; Nin 2020a ; Nin, Sanchez 2023.

[50] Fixot *et al.* 1986, p. 229-233.

[51] Nin 2008.

À l'est de l'édifice (n° 1), des parcelles précédemment loties revêtent, dès le IVe siècle, un aspect carrément rural, tandis qu'au nord et dans l'espace compris entre le rempart et le théâtre se maintiennent, voire s'implantent, peut-être jusqu'au Ve siècle, des bâtiments toujours bien calés sur l'urbanisme du Haut Empire (n° 2 et 3). La densité de l'occupation a, du reste, fourni un regain de crédit à une ancienne hypothèse fondée sur le toponyme médiéval du site Notre-Dame du Siège, que Paul-Albert Février soutenait fermement contre Jean Pourrière : la probable présence sur le site, dès la fin du IVe siècle et plus sûrement au Ve siècle, d'une première

Figure 17.11 : Sédimentation de la période tardo-antique accumulée sur le dallage du *decumanus maximus*, en 2009 (cliché N. Nin).

Figure 17.12 : Reconfiguration de l'habitat autour de trois quartiers monumentaux de la ville du Haut Empire (N. Nin ; DAO M. Panneau).

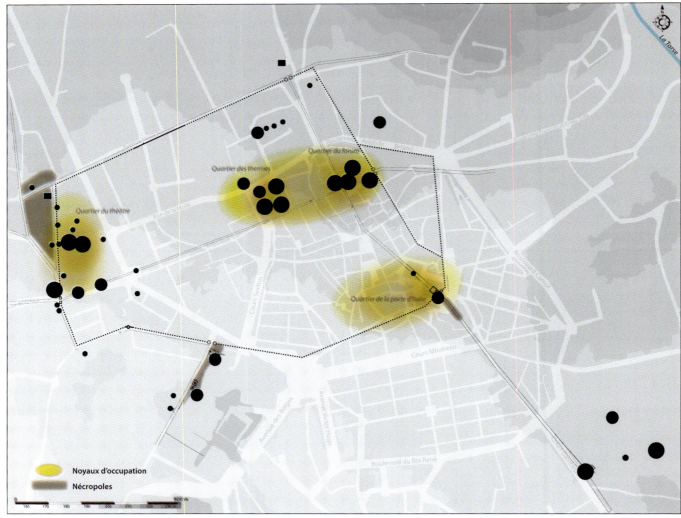

cathédrale⁵² dont l'accession de la ville au rang d'Église métropolitaine, intervenue entre 380 ou 408, imposait la présence⁵³.

Nous ignorons d'autre part la façon dont le processus de délaissement a touché les édifices publics ; leur déclassement n'a pas nécessairement été synonyme d'abandon. Même si l'usage de certains d'entre eux a pu changer, d'autres sont restés longtemps en fonction, tels le théâtre dont les premiers signes de désaffectation ne sont pas antérieurs au vᵉ siècle ou le *forum* oriental qui était encore en élévation à l'orée du vɪᵉ siècle. Preuve du relatif dynamisme de la vie urbaine, certaines rues, les artères principales en particulier, font l'objet de réfections régulières, patentes par l'accumulation de recharges qui rendent compte de leur usage intense (Fig. 17.11). C'est à une même vision ambivalente que renvoie la fortification dont la courtine paraît détruite sur certains tronçons et en élévation sur d'autres, tandis que ses portes sud-est et ouest, les seules connues, continuent d'imposer leur monumentalité aux principales entrées de la ville.

Si l'agglomération offre sans doute un aspect ruiniforme en maints endroits, elle n'en reste pas moins active comme en témoignent les nombreux chantiers de récupération. Le paysage urbain dans son ensemble a cependant changé. Les transformations sont d'abord visibles dans la voirie qui a perdu sa monumentalité. Partout où elle en était dotée, son revêtement de pierre a disparu sous l'effet du dépeçage (*cardo* et *decumanus* secondaires des thermes) ou de l'accumulation de matériaux moins nobles (*decumanus maximus*). Son emprise s'est réduite en divers points du fait soit de son empiètement total ou partiel par des constructions privées (*insulae* de l'archevêché), soit de son occupation à des fins domestiques ou artisanales, à l'image du portique aménagé le long d'un *cardo* secondaire (site des thermes) désormais colonisé par des petits aménagements et foyers qui obèrent sa mosaïque de sol datée de la fin du ɪᵉʳ / début du ɪɪᵉ siècle. L'activité constructrice s'y exprime, d'autre part, sous des formes architecturales différentes que caractérise le recours massif aux remplois. Il confère aux édifices, publics comme privés, un aspect sans doute plus composite et moins soigné qu'auparavant. Cependant, s'ils traduisent un rapport nouveau à la représentation de la ville, ces exemples n'en soulignent pas moins la vitalité de cette dernière dont rendent compte aussi les grands domaines agricoles établis sur son territoire ; ceux-ci paraissent avoir été moins touchés par le phénomène de délaissement qui affecte la ville et plusieurs d'entre eux ont même connu un développement tardif (*villae* Richeaume à Puyloubier, des Toulons à Rians, du Grand Verger à Lambesc, de Pèbre à Vinon-sur-Verdon (Var)⁵⁴, des Convents à Saint-Paul-lès-Durance⁵⁵, ou encore celle du Castellas à Belcodène occupée aux vɪᵉ et vɪɪᵉ siècles ...)⁵⁶.

Durant cette période, l'occupation funéraire connaît, dans un premier temps du moins, une relative continuité. Les principales aires cimétériales du Haut Empire sont, en effet, toujours utilisées, mais moins densément et selon des dynamiques différentes. Dans la nécropole sud, établie le long de la route de Marseille au milieu du ɪᵉʳ siècle apr. J.-C., les sépultures, qui sont désormais exclusivement des inhumations, ont pris place au sein ou à l'extérieur des enclos du Haut Empire⁵⁷. Si leur nombre y est réduit, on constate que toutes respectent strictement les orientations des structures antérieures, disposition qui traduit la relative pérennité de ces dernières ou, du moins, leur prégnance dans le paysage péri-urbain. Dans un autre noyau funéraire reconnu le long du tronçon oriental de la voie Aurélienne (nécropole sud-est), c'est autour ou au sein de *cellae memoriae* à plan basilical que plusieurs sépultures du vᵉ siècle se sont regroupées, exprimant une nouvelle façon d'investir les lieux funéraires que l'on connaît bien à Arles et à Marseille⁵⁸. Enfin, signe d'un changement majeur, dès le tournant des vᵉ-vɪᵉ siècles, les sépultures investissent l'aire remparée ; elles y sont peut-être alors cantonnées à l'ensemble cathédral où J. Guyon a proposé de restituer le lieu de sépulcre de l'évêque Basilius⁵⁹.

---

52 Février 1977, p. 55-56.

53 Voir à ce propos Palanque 1951 ; Guyon 1986 et 1989, p. 405-408.

54 Martin, Blanc-Bijon à paraître.

55 Mocci, Nin (dir.) 2006, p. 679-680 (099, n° 8*).

56 À noter aussi la réoccupation d'anciens oppidums de l'Âge du Fer, tels celui de Notre-Dame de Consolation à Jouques (Michel d'Annoville 2005).

57 Nin (dir.) 2006, p. 147-158.

58 Nin 1987, p. 263-273. On pourrait citer aussi la salle basilicale à vaisseau unique édifiée auprès de la *villa* de Séviac, à Montréal-du-Gers, sur laquelle se sont greffées soixante-dix sépultures antérieures au vɪɪᵉ siècle : Février 1986, p. 127.

59 Guyon 1977, p. 212-213 ; Guyon *et al.* 1980, p. 132-134 ; Guyon 1982, p. 136-138 ; Guyon *et al.* 1998, p. 296-297.

Figure 17.13 : Constructions tardo-antiques, alto-médiévales et médiévales dans le théâtre (N. Nin ; DAO M. Panneau).

Figure 17.14 : Vue de l'occupation tardive du théâtre (cliché N. Nin).

La reconfiguration de la ville à l'orée du Haut Moyen Âge

À partir du VIe siècle et plus encore aux VIIe-VIIIe siècles s'amorce une reconfiguration significative de l'habitat. Contrairement à l'opinion de Paul-Albert Février qui récusait l'hypothèse d'une origine antique pour chacun des quartiers de la cité médiévale[60], cette reconfiguration, qui porte en germe l'évolution ultérieure de la ville, s'est bien opérée à partir de trois grands pôles monumentaux du Haut Empire[61] (Fig. 17.12). L'un d'eux s'est maintenu à l'ouest, autour d'une porte de ville et du théâtre, soit dans le quartier de la Seds qu'occupera la ville médiévale des Tours ; un autre à l'est, autour de l'ensemble cathédral et du quartier des thermes, soit dans le futur bourg Saint-Sauveur ; le troisième à la hauteur de la porte sud-est de la ville qui a sans doute servi de point d'ancrage à une forteresse autour de laquelle va se constituer la ville comtale. Partout ailleurs, dans l'aire anciennement urbanisée ne se rencontre apparemment plus de vestiges.

À l'ouest, le quartier du théâtre et de la porte d'Arles (site de la Seds)

Dans le quartier du théâtre, où le tissu urbain paraît passablement délité, l'occupation se concentre désormais autour de la porte d'Arles et, plus particulièrement, de l'édifice de spectacle colonisé par des maisons dès le milieu du Ve siècle et progressivement converti en quartier d'habitat au cours des siècles suivants[62] (Fig. 17.13 et 17.14). Ces découvertes font écho à l'intuition qu'avait inspirée à Paul-Albert Février la situation excentrée de la ville des Tours par rapport à la cité au Moyen Âge. Plutôt qu'une création au XIIe siècle, il voyait dans ce bourg la survivance d'un groupe d'habitat ancien autour du site de la première cathédrale[63].

Si elles ont bien démontré la continuité et la densité de cette occupation, les recherches limitées à un quartier du monument ne permettent pas d'appréhender la manière dont celle-ci était structurée (présence ou non d'une voirie ? d'édifices à caractère public ou collectif ?), non plus que d'en mesurer l'extension autour du monument. Nous ignorons notamment si la *porticus* qui offrait un vaste espace aisément aménageable en lien avec le *decumanus maximus*, alors toujours en usage, fut pareillement investie.

C'est ici l'enceinte qui témoigne le mieux de l'aspect contrasté du paysage urbain, entre abandon et vitalité. Dite ruinée par Fernand Benoit qui avait constaté son complet dérasement sur les différents tronçons qu'il avait fouillés[64], elle était toujours en élévation aux abords de la porte d'Arles ; cela interroge sur l'articulation entre ses segments détruits et conservés, et sur ce que ces derniers peuvent indiquer des modalités de l'occupation urbaine *intra muros*.

Le quartier est, un second siège épiscopal

Au début du VIe siècle, la construction d'une nouvelle cathédrale dans le quartier oriental a marqué un moment décisif. Elle a d'abord nécessité l'éradication du *forum* secondaire et de l'édifice qui le dominait au nord (Fig. 17.15a et 17.15b), décision qui n'a pu être prise sans l'accord de l'*ordo* municipal. Elle suppose aussi le déplacement du siège épiscopal depuis le quartier du théâtre où on le restitue dans son premier état[65] jusqu'en ce nouveau lieu situé à l'opposé. Les raisons de ce transfert nous échappent. Peut-être tiennent-elles, comme l'ont proposé Jean Guyon, Michel Fixot et Jean-Pierre Pelletier, à une simple opportunité pour l'Église d'Aix : disposer du foncier nécessaire à l'ensemble de ses besoins, sans qu'ait pour autant été remis en cause le lieu historique du pouvoir laïc qu'il faut très certainement restituer ailleurs. Étape décisive dans la vie religieuse de la cité, cette installation a assurément constitué une césure radicale. D'abord à l'échelle du quartier, dont elle a modifié et l'organisation et le fonctionnement ; le groupe épiscopal présente, en effet, une ampleur considérable avec plusieurs annexes nécessaires à la vie de la communauté chrétienne (Fig. 17.15), auxquelles il faut ajouter la possible installation d'une résidence épiscopale (Fig. 17.15b). Cette ampleur donne la mesure de la maîtrise que l'Église avait acquise sur la topographie aixoise au VIe siècle. Ensuite, à l'échelle de la cité, au sein de laquelle elle a participé à redéfinir les futurs lieux de pouvoir. Comme l'avait souligné Paul-Albert Février, cette installation a « marqué le paysage urbain pour des siècles »[66]. L'influence grandis-

---

[60] « Il est d'autre part bien assuré que la vieille hypothèse qui cherchait, pour chacun des quartiers d'Aix médiévale, une origine antique est sans fondement » : Février 1964, p. 76.

[61] Nin à paraître.

[62] Nin 2008.

[63] Février 1964, p. 76.

[64] Benoit 1954, p. 294.

[65] Ce déplacement pourrait avoir participé du phénomène de glissement des groupes épiscopaux vers le centre civique dont Arles offre en Provence un autre exemple plus tardif.

[66] Février 1964, p. 60. Paul-Albert Février avait notamment

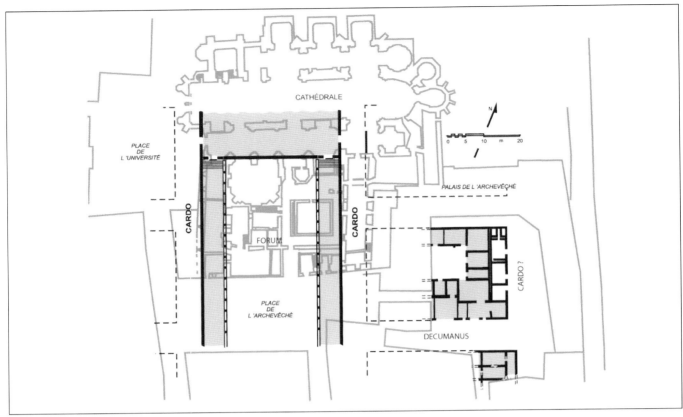

Figure 17.15a : Plan du forum secondaire (L. Rivet, DAO S. Saulnier).

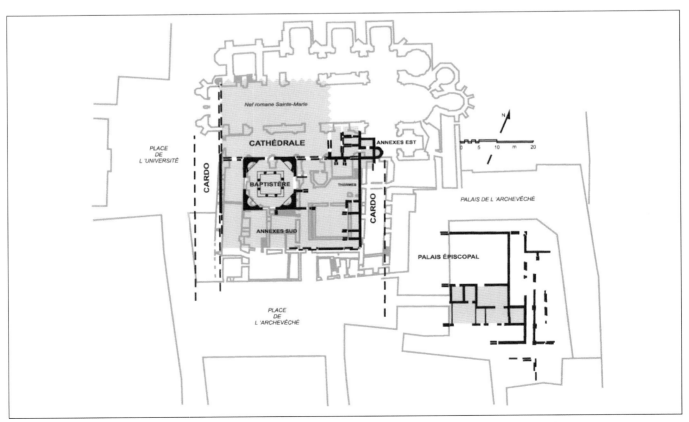

Figure 17.15b : Cathédrale et ses annexes ; maison épiscopale (L. Rivet ; DAO S. Saulnier).

sante de l'Église d'Aix se vérifie d'autre part dans la multiplication des lieux de culte chrétien. Car, en ce début du VIe siècle, la ville en possédait sans doute au moins deux : la cathédrale nouvellement bâtie et la cathédrale primitive, probablement dévolue à d'autres usages liturgiques, ainsi, sans doute, que des chapelles *extra muros* dont on suppose l'existence au sein d'aires funéraires en usage sur la longue durée.

Il n'est pas certain cependant que cet ambitieux programme ait profondément modifié l'urbanisme antérieur[67] ; l'ensemble cathédral semble s'être cantonné dans l'emprise du complexe monumental qui l'a précédé et, dans les îlots qui confrontaient le *forum* à l'est, l'occupation a peut-être changé de forme, mais sans évolution architecturale notable. C'est une image analogue que livre le proche quartier des thermes soumis au même moment à des transformations notables. Les anciens îlots d'habitation conservent peu ou prou leur structure antérieure, alors que plusieurs monuments publics du Haut Empire semblent avoir laissé place à des maisons. Quant à la voirie, sa trame se maintient. Plus que la perte de son caractère monumental, ce sont ici les changements observés dans son usage qui traduisent une évolution significative dans les comportements urbains : les rues servent désormais de réceptacle aux déchets domestiques. La multiplication des dépotoirs *intra muros* dans l'espace tant public que privé est un trait marquant de cette période.

Dans ce quartier, l'occupation n'aura cependant pas la même pérennité ; elle s'interrompt à l'orée du VIIIe siècle, sauf pour les deux établissements balnéaires édifiés en rive nord du *decumanus maximus* qui pourraient être restés en usage fort tard[68].

Le quartier de la porte d'Italie

C'est à une autre entrée de ville que se focalise le dernier noyau d'occupation supposé dont l'existence découle de la conservation, dans le palais des comtes de Provence, de l'une des principales portes de la ville du Haut Empire,

Figure 17.16 : Détail du plan de François de Belleforest (1575) montrant le palais des comtes de Provence. S'y distinguent bien les monuments antiques (tours de flanquement de la porte d'Italie et mausolée-tour des Julii).

la porte d'Italie, et du mausolée-tour monumental qui la devançait (voir Fig. 17.16). Les fouilles menées en 2017 et 2018 sur la place de Verdun ont apporté des éléments décisifs sur le devenir de cette porte par laquelle la voie Aurélienne pénétrait dans la ville[69]. Sa progressive colonisation par les sépultures dès le début du VIIIe siècle trahit la perte de son rôle d'entrée de ville au moins à partir de cette date (Fig. 17.17). Comme il est difficile d'imaginer qu'un pareil édifice soit resté désaffecté, il faut lui restituer une nouvelle destination, ce qui suggère aussi une forte volonté politique. La complète éradication de cette porte et du mausolée à la fin du XVIIIe siècle interdit à jamais de connaître les modalités de leur mutation, mais le devenir du site permet d'en profiler les grandes lignes. Au gré d'un phénomène d'enchâtellement impossible à restituer, ces deux édifices ont, en effet, constitué le socle d'un site fortifié mentionné au XIe siècle dans le serment des vicomtes de Marseille[70] et qui servira de lieu de résidence aux comtes de Provence à partir de la fin du XIIe siècle.

Au terme de ce rapide panorama que retenir de la ville tardo-antique et alto-médiévale ? En premier lieu, la

---

relevé l'archaïsme de ce quartier clérical dans le paysage urbain de la ville du XIe siècle, qui s'est entièrement centrée sur lui.

[67] La prégnance du contour de la ville du XIe siècle, toujours fortement présente dans la forme ovalaire de ce quartier central, trompe peut-être la perception que nous avons de ce dernier.

[68] Il s'agit là d'une simple hypothèse soutenue par la représentation que François de Belleforest a faite de ce quartier en 1575. À l'emplacement du site thermal antique, il localise des étuves matérialisées par des bâtiments voûtés évoquant des édifices gallo-romains.

[69] Nin 2018-2019.

[70] Sur le terme *castrum* : Coulet 1979, p. 329.

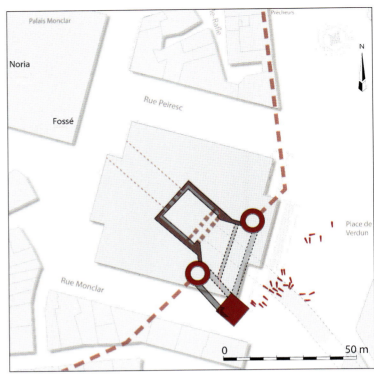

Figure 17.17 : Colonisation de la voie Aurélienne par des sépultures à partir du VIIIᵉ siècle (N. Nin ; DAO M. Panneau).

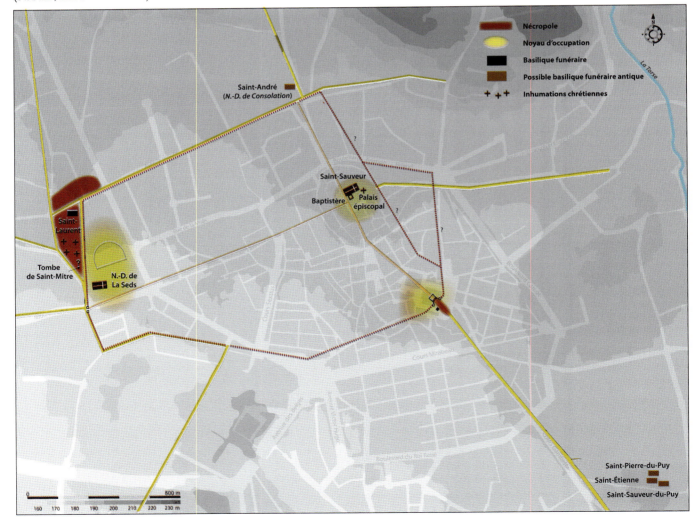

Figure 17.18 : Plan de la ville durant l'Antiquité tardive et au Haut Moyen Âge (N. Nin ; DAO M. Panneau).

17. L'ÉVOLUTION URBAINE D'AIX-EN-PROVENCE DES ORIGINES AU MOYEN ÂGE

Figure 17.19 : La ville polynucléaire : implantations urbaines des XIIe-XIIIe siècles (DAO M. Panneau).

permanence, pendant près d'un millénaire, d'une grande partie du tissu urbain antérieur et la date relativement tardive des principales mutations dont découlera, à la période romane, la topographie médiévale tripartite de la ville (Fig. 17.18). D'autre part, si la ville habitée a une emprise moindre que précédemment, elle n'en est sans doute pas pour autant moins peuplée parce que le processus de délaissement engagé au cours du IIIe siècle a, semble-t-il, surtout concerné les quartiers résidentiels et non l'agglomération dans son ensemble. Or ces quartiers n'étaient pas les plus densément occupés. Enfin, parce que l'occupation se concentre désormais dans des espaces auparavant dépourvus de valeur démographique, tels la voirie et les édifices publics déclassés. Ainsi, la transformation du théâtre en quartier d'habitat a sans doute participé à un regroupement substantiel de familles, là où auparavant personne ne vivait.

Toutefois, le paysage urbain a irrémédiablement changé. Si le recours massif aux remplois de matériaux trahit une grande dynamique constructive, il confère aussi à la ville un aspect composite que celle-ci n'avait jamais eu auparavant. L'espace urbain a d'autre part perdu une partie de sa monumentalité, apparaissant de ce fait d'autant plus « rétréci » que l'occupation y est davantage concentrée. Ainsi, il y a loin, comme on peut le voir, entre la réalité physique de la ville d'Aix durant ces deux à trois siècles de l'Antiquité tardive et la thèse que soutenait Paul-Albert Février d'un phénomène d'abandon généralisé aboutissant à la ruralisation de la majeure partie de son espace urbain[71]. Il apparaît aujourd'hui que ce processus de ruralisation, indéniable, fut sans doute plus progressif et tardif qu'on le pensait naguère.

À partir du XIe siècle : une cité et trois bourgs

Le processus de recomposition de l'habitat amorcé à la fin de l'Antiquité se concrétise progressivement aux siècles suivants pour aboutir, entre le milieu du XIe siècle où réapparaissent les sources écrites et la fin du XIIe siècle, à un paysage urbain articulé autour de trois bourgs distincts qui chacun relève d'une seigneurie différente : à l'ouest, la ville basse ou ville des Tours tenue en coseigneurie, au sud-est la ville comtale et au nord-est le bourg Saint-Sauveur qui relève du prévôt du chapitre cathédral (Fig. 17.19).

---

[71] Février 1977, p. 39.

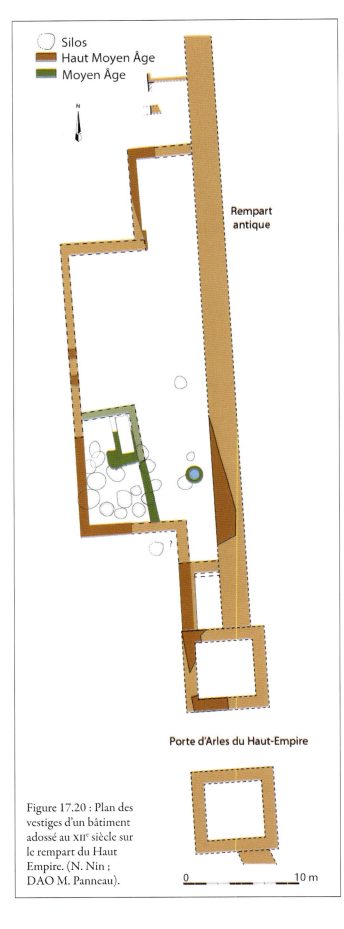

Figure 17.20 : Plan des vestiges d'un bâtiment adossé au XIIᵉ siècle sur le rempart du Haut Empire. (N. Nin ; DAO M. Panneau).

Dans le serment de fidélité que les vicomtes de Marseille, Aicard et Geoffroi, prêtent en 1048 ou 1049 au comte Geoffroi et à son épouse, ce sont les contours de cette ville tripartite qui s'esquissent ainsi à travers les pouvoirs qui y sont cités – le comte de Provence, la famille de Fos et l'archevêque –[72], mettant à nouveau en lumière, après un hiatus documentaire de près de trois siècles, les anciens quartiers sur lesquels s'était replié l'habitat après la fin de l'Antiquité.

La ville des Tours

La première des trois agglomérations qui composent la cité médiévale est située à l'ouest, à moins de 700 m des deux autres bourgs. Quelle que soit l'origine de son appellation – une fortification individuelle ou les flanquements de l'enceinte collective –, celle-ci n'apparaît que tardivement à un moment où l'habitat semble avoir déjà atteint un degré d'évolution urbain. D'abord associé à l'église Sainte-Marie dite *de Turribus* dans la pancarte pontificale de 1175, ce qualificatif ne désigne, en effet, qu'au siècle suivant la ville des Tours (*villa de Turribus* ou *villa Turrium*) qui, à partir de 1234, est parfois dite *villa inferior* pour se démarquer des villes hautes comtale et épiscopale (Fig. 17.19)[73].

Paul-Albert Février avait souligné l'originalité de cette situation excentrée par rapport aux autres bourgs et, surtout, par rapport au groupe épiscopal Saint-Sauveur, originalité dans laquelle il voyait « un indice de la persistance d'un habitat durant le Haut Moyen Âge »[74]. L'intuition du chercheur a été récemment confirmée par la découverte en 2004, dans l'enveloppe de l'ancien théâtre antique, d'un habitat modeste, occupé continument du Vᵉ siècle jusqu'au milieu du XIVᵉ siècle et longtemps resté tributaire des alignements et du schéma semi-circulaire du monument à l'abri duquel il s'est constitué (Fig. 17.13)[75]. En 2008, ce sont les traces d'une fréquentation du site jusqu'au Xᵉ siècle qui ont été

---

[72] Et non à travers les trois termes « *claustra* », « *fabricas* » et « *turres* » dans lesquels Jean Pourrière voyait chacune des composantes de la ville du Haut Moyen Âge, à savoir, le cloître de la cathédrale et le quartier qui l'entoure, la ville comtale et celle des Tours (Pourrière 1939, p. 157-158), et dont Noël Coulet a démontré, dans la relecture minutieuse qu'il a proposée de ce texte en 1979, qu'il s'agissait d'un formulaire désignant la même agglomération : le *castrum* comtal (Coulet 1979, p. 318).

[73] Pourrière 1939, p. 154 ; 1958, p. 16.

[74] Février 1964, p. 76.

[75] Nin 2014a, p. 311-312 ; 2014b, p. 364-365.

17. L'ÉVOLUTION URBAINE D'AIX-EN-PROVENCE DES ORIGINES AU MOYEN ÂGE

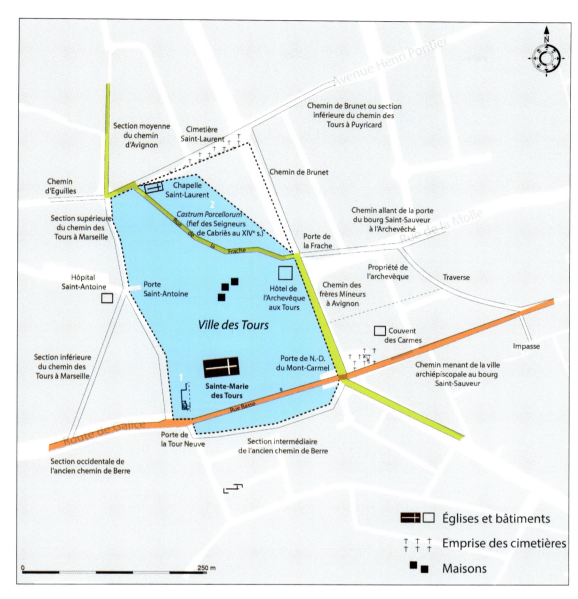

Figure 17.21 : Plan de la ville des Tours restitué d'après l'étude de Jean Pourrière, sur le fond de plan dressé par Esprit Devoux en 1762 (N. Nin ; DAO M. Panneau).

retrouvées au nord de l'édifice de spectacle[76]. À l'ouest en revanche, l'occupation de l'espace entre le théâtre et le rempart ne semble pas s'être prolongée au-delà du VIIe siècle. Cependant un bâtiment adossé *extra muros* à la porte antique et strictement aligné sur la courtine occidentale de l'enceinte urbaine atteste le maintien en élévation de cette dernière, dans ce secteur, au moins jusqu'au XIIe siècle (Fig. 17.20 et 17.21, n° 1). Dévolu au stockage alimentaire, ce bâtiment qui protégeait une importante batterie de silos est l'objet de transformations – morcellements intérieurs, aménagement d'un bassin et d'un puits – qui témoignent de son utilisation encore au XIVe siècle[77].

Pour les périodes les plus hautes, on n'attendra pas plus des textes rares et peu diserts avant le XIVe siècle. À défaut de documenter les pôles organisateurs de l'habitat aux prémices de l'agglomération, ils apportent surtout, à partir du milieu du XIe siècle, un éclairage sur les pouvoirs qui se fixent dans ce secteur et sur la composition de domaines seigneuriaux dans un contexte de recul du pouvoir public. Témoignant des efforts engagés par le comte de Provence pour restaurer son autorité fragilisée par l'opposition de quelques grandes familles, l'alliance de 1048-1049 avec les vicomtes de Marseille reflète aussi la faiblesse du domaine comtal à Aix, réduit à l'ouest par la mainmise des grands lignages seigneuriaux sur les terrains de la future ville des Tours. Pons de Châteaurenard

---

[76] Nin 2009, p. 97-98.

[77] Nin 2014b, p. 363. La présence de ce bâtiment étaye la proposition de Jean Pourrière pour la courtine occidentale qu'il restitue quelques mètres au-delà de son tracé antique (Pourrière 1958, p. 146).

y détient un domaine reçu du comte avec l'archevêché, que les vicomtes de Marseille s'engagent à ne pas attaquer. À proximité, le comte cherche à récupérer les droits concédés par son père quelques années auparavant sur un autre domaine que Gui de Fos avait usurpé. Ce dernier n'est pas nommé dans le texte, mais l'évocation de l'appropriation des terres d'Hyères et de Fos trahit son identité. Quant au domaine, il s'agit du *castrum* pour lequel les descendants de Gui de Fos, rentrés dans le rang, prêtent serment de fidélité au comte de Provence en 1094-1096, et dont les derniers droits sont vendus par cette famille à Charles Ier d'Anjou en 1273. Pour Noël Coulet, ce *castrum* pourrait correspondre à la forteresse dite tardivement « les Tours de Saint-Jacques », élevée pour la perception du péage à qui elle a donné son nom et peut-être également celui de la ville des Tours (Fig. 17.21, n° 2)[78].

À partir de 1150-1151, les textes font mention d'une *villa archiepiscopalis* qui n'est probablement encore qu'un domaine rural limité par des fossés témoignant d'un partage des terres[79]. Les possessions de l'archevêché s'enrichissent en 1212 du legs consenti par l'archevêque Gui de Fos à son Église de tout ce qu'il possède dans la ville des Tours et dans son territoire[80]. Dans ce secteur, l'église Sainte-Marie de la Seds, qui a probablement été la première cathédrale d'Aix avant son transfert au début du VIe siècle sur le site de Saint-Sauveur, est tenue par le chapitre[81]. On compte également les Porcelet parmi les seigneurs du lieu ; ils sont présents dès avant 1188 et reçoivent alors les droits de Gui de Fos sur le *castrum* d'Aix (Fig. 17.21, n° 2)[82]. Leurs biens passeront en 1311 aux Agoult, seigneurs de Cabriès, lors de la succession de Guillaume de Porcelet. L'enquête réalisée en 1253 à la demande de l'archevêque signale ainsi trois coseigneurs dans la *villa de Turribus* : l'archevêque d'Aix dont le domaine autour de l'église Sainte-Marie-de-la Seds et de son palais occupe la plus grande partie de la ville, les Fos et les Porcelet dont le *castrum* se trouvait en partie nord de l'agglomération selon Jean Pourrière[83]. Tous sont sous la suzeraineté du comte de Provence qui, en 1273, rachète aux Fos ce qui leur reste de leurs droits dans ce quartier[84]. Ce découpage seigneurial, qui se met en place au sein de la ville des Tours à partir du XIe siècle, reflète le poids des grandes familles dans la formation de l'agglomération et l'on peut se demander si les tours qui donnent à la ville son nom ne sont pas la manifestation architecturale de ces coseigneuries, à l'image des tours de Saint-Jacques liées au *castrum* des Fos et des Porcelet.

Les dispositions de la ville des Tours ne sont bien connues qu'à la veille de sa désertion à la fin du XIVe siècle grâce à la minutieuse recomposition opérée par Jean Pourrière à partir des textes (Fig. 17.21)[85]. Touchée par la peste à partir de 1348 et fragilisée par son isolement dans un contexte de forte insécurité, la ville se vide progressivement de ses habitants avant que les intenses activités de récupération qui la transforment en carrière ne la rendent, dans les décennies suivantes, à l'état rural. Son emprise s'inscrit dans un quadrilatère irrégulier de presque 400 m du nord au sud sur environ 200 m d'est en ouest. Elle est dessinée au nord par la rue Marius-Jouveau et bordée par le cimetière de l'église Saint-Laurent ; à l'ouest par la rue des Bœufs, l'avenue Jean-Dalmas et la rue des Castors ; au sud sa limite passe à une cinquantaine de mètres au-delà de l'actuel cours des Minimes (rue Basse) par l'ancien chemin de Berre (section intermédiaire) ; et à l'est par le segment inférieur de l'avenue de-Lattre-de-Tassigny (chemin de Brunet). Ce périmètre fortifié avant 1193 couvre une superficie d'environ 8 ha à laquelle donnent accès quatre portes : au nord-est, celle de la Frache, dans l'axe de la rue de la Molle ; au mitan de la courtine ouest, la porte de Saint-Antoine ; au sud-ouest celle de la Tour-Neuve ; et au sud-est, la porte du Mont Carmel dite aussi d'Amalric.

Outre l'église Sainte-Marie des Tours mentionnée à partir de 1175, qui apparaît par la suite sous le titre de Sainte-Marie de la Seds, et l'église Saint-Laurent dont l'origine remonte à l'Antiquité, Jean Pourrière localise dans la ville des Tours cinq autres lieux de culte pour lesquels le chapitre de Saint-Sauveur reçoit du pape des bulles de confirmation[86] : Sainte-Colombe (non localisée), Saint-Jacques au *castrum* des Porcelet, Saint-Gervais située dans l'enceinte du palais épiscopal et peut-être les églises Saint-Pierre et Notre-Dame de Couronnade. Au XIIIe siècle, ce réseau est complété par la fondation d'un hôpital Saint-Antoine mentionné en 1249, puis par celle d'un couvent de Carmes aux abords de la porte

---

78 Coulet 1979, p. 322-329.

79 ... *apud Acquis ... in villa scilicet archiepiscopali, ubi ipse moratur, sicut villa determinata et vallata consistit* (Pourrière 1939, p. 160).

80 Pourrière 1939, p. 164, n. 78 ; Coulet 2013, p. 526.

81 Coulet 1988, p. 28.

82 L'église Saint-Jacques associée à un péage est dite, en 1421, ... *ecclesia Sancti Jacobi de castro Porcellorum* ... (Pourrière 1958, p. 116).

83 Pourrière 1958, p. 25, 138.

84 Pourrière 1939, p. 163-164 ; Coulet 1988, p. 24.

85 Pourrière 1958.

86 Pourrière 1939, p. 95-106.

d'Amalric, dont une partie du cimetière a été retrouvée en 2011[87]. Dans ce même quartier, la communauté juive dispose d'une synagogue attestée seulement dans la première moitié du XIVe siècle[88].

Le bourg Saint-Sauveur

À l'est de la ville des Tours, le bourg Saint-Sauveur (ou de la Prévôté)[89] s'est formé autour de l'ensemble épiscopal érigé au début du VIe siècle à l'emplacement du *forum* secondaire (Fig. 17.18). Au Moyen Âge, plusieurs chemins hérités de l'Antiquité reliaient les deux agglomérations et continuent d'innerver les quartiers actuels gagnés récemment par l'urbanisation : au nord, l'avenue Henri-Pontier est connue en 1294 comme chemin de Saint-André à Saint-Laurent, puis en 1351 comme chemin de Notre-Dame de Consolation à Saint-Laurent (Fig. 17.19, n° 1) ; la rue de Célony, avec dans son prolongement le segment bas de la rue du Bon-Pasteur au sud, est mentionnée dès 1193 (Fig. 17.19, n° 3) ; entre les deux, la rue de la Molle est attestée en 1374 (Fig. 17.19, n° 2)[90]. Tous ces axes témoignent des liens étroits qu'entretiennent ces deux sites où l'emprise épiscopale est dominante.

Des trois agglomérations, le bourg Saint-Sauveur est sans doute le mieux connue grâce aux documents qui en jalonnent le développement. Entre 1082 et 1096, pour l'œuvre de restauration et la reconstruction du groupe épiscopal, l'archevêque Pierre II Gaufridi fait donation aux chanoines réformés réunis autour de l'oratoire du Saint-Sauveur et au prévôt Benoît de « toutes les maisons existantes ou qui seront construites dans l'alleu de Saint-Sauveur et de Sainte-Marie, autour de ces églises »[91]. Il leur confirme en outre l'église Saint-André (aujourd'hui Notre-Dame de Consolation) située au nord, non loin et hors-les-murs de la cité – cette dernière semble disposer déjà d'une protection –, ainsi que la quasi-totalité des églises de la ville à l'exception de Saint-Sulpice et de Saint-Pierre du Puy. La donation est complétée de nombreux sanctuaires et droits paroissiaux dans le reste du diocèse. Si l'on peine à en définir les dispositions et l'extension, il est certain que l'alleu de Saint-Sauveur et de Sainte-Marie, préfiguration du bourg Saint-Sauveur, comprend déjà à la fin du XIe siècle plusieurs maisons regroupées autour du complexe épiscopal. Ce dernier s'organise alors autour de l'église Sainte-Marie et d'un oratoire dédié au Sauveur dans lesquels Paul-Albert Février voyait le possible héritage d'une cathédrale double de l'époque carolingienne[92].

Un siècle plus tard, en 1185[93], l'ancien alleu est désormais désigné comme le bourg Saint-Sauveur sur lequel le comte de Provence Alphonse Ier d'Aragon, réactualisant des dispositions anciennes prises par son père et son grand-père, abandonne toute juridiction au chapitre. Il est possible, comme l'a proposé Noël Coulet, que le chapitre, devenu seigneur sur l'ensemble du bourg, ait alors entrepris ou modernisé sa mise en défense. Quoi qu'il en soit, son enceinte est en place dès avant 1292, date à laquelle une transaction conclue entre le prévôt de Saint-Sauveur et le comte Charles II d'Anjou rappelle les limites du bourg en signalant les différentes portes qui lui donnaient accès[94]. La plupart des portes mentionnées dans ce document sont même attestées auparavant. Rares sont les vestiges attribuables au bourg et c'est surtout le tracé annulaire des rues autour de la cathédrale – les rues des Menudières, des Guerriers et Venel au nord et à l'ouest, puis les rues Paul-Bert au sud et Pierre-et-Marie-Curie à l'est – qui dessine aujourd'hui le parcours de cette enceinte (Fig. 17.22). À l'est, elle prend appui sur le rempart antique qui s'est maintenu dans le paysage jusqu'alors, moyennant sans doute de nombreuses reprises. Restituée en rive ouest de la rue Pierre-et-Marie-Curie, cette courtine est encore matérialisée en 1573, sur le plan de Belleforest, par la porte d'En Caille percée au débouché de la rue Campra sur la rue Pierre-et-Marie-Curie, et connue dès 1235[95]. À l'ouest, le même document représente, enjambant la rue du Bon-Pasteur, la porte du Puits chaud dont les fondations, très abîmées par les réseaux viaires, ont été retrouvées en 2015 à l'occasion de travaux de voirie (Fig. 17.22 et 17.23)[96]. Ces vestiges qui s'alignent sur la rive est de la rue des Guerriers invitent à restituer, comme le proposaient Jean Pourrière et Jérôme de Duranti La Calade, la courtine sud-ouest non pas en rive est de la rue Venel, mais plutôt en retrait à l'intérieur des îlots d'habitation, sur les tracés en baïonnette des parcelles. Dans cette hypothèse, les

---

[87] Pourrière 1969, p. 17-19 ; Nin 2014b, p. 364.

[88] Coulet 2019, p. 418.

[89] Coulet 2018, p. 6.

[90] Pourrière 1958, p. 178.

[91] ... *omnes domos que in alodio Sancti Salvatoris et Sancte Marie, circa easdem ecclesias modo edificate sunt, vel in futurum edificate fuerint* (Guild 1987, Doc. 6 ; Albanès 1899, Instr. II).

[92] Février 1964, p. 57 ; Guild 1987, p. 17-19.

[93] Albanès 1899, Instr. XIII.

[94] Jean Pourrière (1939, p. 125-126) et avant lui Jérôme de Duranti La Calade (1913, p. 121-138) en ont restitué le parcours.

[95] Pourrière 1939, p. 127, n. 80.

[96] Auburtin 2016, p. 167-168.

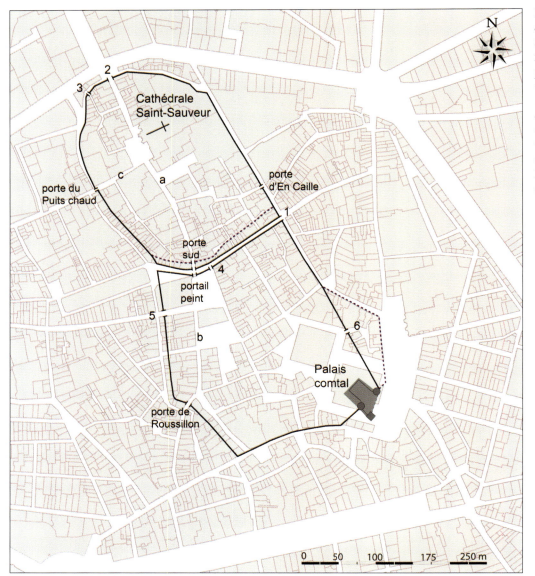

Figure 17.22 : Plan des premières enceintes du bourg Saint-Sauveur et de la ville comtale au XIIe siècle, restituées d'après les propositions de Jean Pourrière (S. Claude ; DAO L. Dubois).
1 : porte de la Frache ; 2 : porte d'En Crota ; 3 : poterne des Ortolans ; 4 : porte d'En Alari ; 5 : porte d'Esquicha Mosca ; 6 : porte de Rifle Rafle.
En pointillé : tracé 1 ;
en trait continu : tracé 2.

courtines sud et sud-est du bourg Saint-Sauveur pourraient pareillement être recherchées en retrait des alignements de façade actuels, derrière le tracé légèrement courbe des parcelles et dans le prolongement de celui proposé pour la courtine sud-ouest. La portion est-ouest de la rue des Gondreaux pourrait, dans ce cas, être le vestige d'une ancienne lice intérieure (Fig. 17.22, tracé 1). S'affranchissant des tracés parcellaires, la restitution de Jean Pourrière et Jérôme de Duranti La Calade aligne à ce niveau l'enceinte du bourg Saint-Sauveur sur les façades qui longent la place des Cardeurs et la rue Paul-Bert (Fig. 17.22, tracé 2) ; elle s'appuie sur un reste d'appareil en pierre froide à bossages qui, face au beffroi de l'Hôtel de Ville, encadre le débouché de la rue Gaston-de-Saporta et pourrait constituer l'embrasure de la porte inférieure du bourg (Fig. 17.24).

Ainsi dessinée, l'emprise fortifiée couvre une superficie d'environ 4,7 ha, dont, au centre, une large part est occupée par la cathédrale, les bâtiments canoniaux et le cimetière qui s'étendait autour de l'église, à l'est, au nord et, jusqu'au début du XVIe siècle, au pied de sa façade occidentale. À l'est du groupe cathédral, le palais

Figure 17.23 : Détail de la porte occidentale de l'enceinte du bourg Saint-Sauveur dite du Puits chaud. Extrait du plan de François de Belleforest (collection particulière).

Figure 17.24 : Vestiges de la porte sud du bourg Saint-Sauveur (au premier plan, à l'angle de rue) reprise dans les constructions d'une maison et de la porte nord de la ville comtale (en arrière-plan) reprise dans la construction du beffroi (cliché S. Claude).

Roque et Gaston-de-Saporta, Fig. 17.22a) que prolonge, au-delà du rempart, la rue droite de la ville comtale (rue Maréchal-Foch, Fig. 17.22b) ; la rue du Bon-Pasteur correspond à la partie haute de l'ancien *decumanus maximus* (Fig. 17.22c).

La ville comtale

En 1048-1049, le premier domaine auquel les vicomtes de Marseille, par l'alliance qui les lie au comte de Provence, s'engagent à ne pas attenter, est tenu pour le comte par Gui de Brussan. Décrit comme une enceinte avec ses bâtiments et ses tours[98], Noël Coulet propose d'y voir le *castrum de Aquis* dont les Brussan-Palliol se voient retirer la garde en 1116 au profit des Baux pour s'être compromis dans l'assassinat de Gilbert de Gévaudan, beau-père du nouveau comte barcelonais, Raymond-Béranger[99] ; le *castrum* reviendra dans le giron comtal au milieu du XIIe siècle. Noël Coulet le localise à l'emplacement des deux tours antiques de la porte d'Italie et du mausolée qui marquaient l'entrée en ville de la voie Aurélienne, et dont on sait qu'ils ont servi d'ancrage à une forteresse comtale avant 1153[100]. Le processus d'enchâtellement que l'on saisit ici dans une première forme aboutie est déjà amorcé au début du VIIIe siècle comme l'a prouvé la fouille conduite en 2017-2018 sur la place de Verdun. À partir de cette date, l'entrée de ville qui a perdu sa fonction suppose qu'un repli sur le complexe monumental recomposé autour des trois tours antiques s'était opéré un peu auparavant (Fig. 17.17). Dans la dépendance de cet établissement dont le statut public laisse peu de doute, une aire d'ensilage se met en place dès les IXe-Xe siècles, fixant jusqu'au XIIIe siècle la frontière *extra muros* de l'habitat[101] (Fig. 17.25). Ce sont quelque cent quarante silos qui ont été mis au jour au niveau de la place de Verdun et des rues adjacentes, Monclar et Peyresc ; compte-tenu des densités relevées et des secteurs non fouillés ou détruits, ce nombre pourrait dépasser les mille occurrences. Marque de l'autorité comtale,

de l'archevêque suit les alignements d'une ancienne *domus* antique dont les sols sont restés en usage jusqu'au XIIe siècle, ce qui autorise à reconnaitre dans ce lieu la demeure épiscopale dès la basse Antiquité[97]. L'héritage antique se retrouve également au sein de la trame urbaine qui s'articule autour de deux axes anciens : le *cardo maximus* devenu la rue droite du bourg (rues Jacques-de-la-

---

[97] Fixot *et al.* 1986, p. 231-234.

[98] *De ipsa claustra de Aquis, de ipsas fabricas ne de illas turres que Wido tenet per se Gauzfrede et que juratas tibi abet* (Coulet 1979, p. 315).

[99] Poly 1976, p. 25.

[100] Jugement rendu par Raymond Béranger II ... *in castro Aquensi, in capella Sancti Mitri* (Pourrière 1939, p. 137, n. 121 ; Coulet 1979, p. 325, 329). Ce complexe monumental antique a été détruit après 1776 pour la mise en œuvre du palais de justice et des prisons dessinés par l'architecte du roi Claude-Nicolas Ledoux.

[101] Nin 2018-2019.

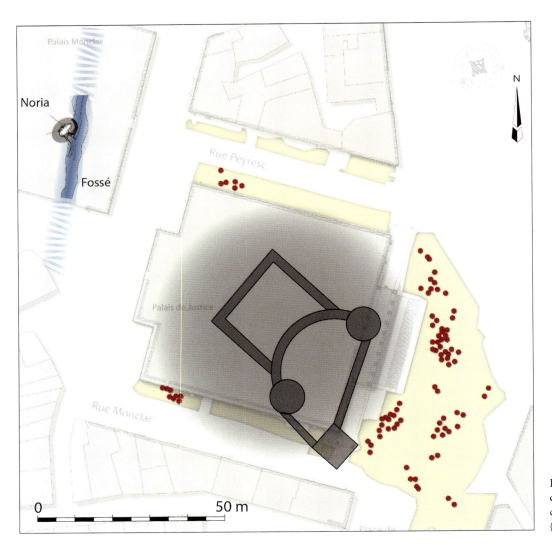

Figure 17.25 : Hypothèse de restitution du *castrum* comtal au XIe siècle (N. Nin ; DAO M. Panneau).

ce *castrum* sur lequel se sont greffés par la suite le palais des comtes de Provence puis le Parlement a aussi été le pivot organisateur d'un habitat dont on ignore presque tout avant le XIIe siècle. Sans doute encore embryonnaire au XIe siècle ou au début du siècle suivant, il est, au nord et à l'ouest, cerné par la campagne comme le laisse supposer la présence d'un fossé découvert en 1994 à l'occasion des fouilles du Palais Monclar. Distant d'environ 50 m au nord-est du fortin précédent et d'orientation nord-sud, il a été suivi sur une quarantaine de mètres sans que ses fonctions aient pu être précisément établies. Sa largeur imposante – au moins 14 m – constituait une fracture profonde dans le paysage interdisant toute extension de l'habitat vers l'ouest. Le caractère rural du site et surtout les efforts de mise en valeur des terres aux abords du *castrum* se décèlent aussi dans l'installation, sur ce fossé, d'un puits à noria dont le dernier état d'utilisation est daté du XIe siècle, voire du XIIe siècle, par les godets retrouvés au fond de son cuvelage.

Cet habitat évolue par la suite vers une forme urbaine plus structurée. Jean Pourrière place sa mise en défense avant 1227 et l'achèvement des travaux sur le palais comtal dont les extensions ont pu, à ce niveau, accompagner l'élargissement du périmètre urbain[102]. Le tracé de son enceinte qui, à l'est et sans doute également au sud, reprenait celui de la muraille antique, peut être restitué à l'ouest à partir du plan cavalier de la ville réalisé par François de Belleforest en 1573. Il représente encore, ici, la porte de Roussillon mentionnée en 1322 (Fig. 17.22) dont la localisation, en partie haute de la rue Bédarrides et en amont du débouché de la rue de l'Annonerie-Vieille, permet de tracer la courtine ouest du bourg comtal en retrait de la rive est de la rue Verrerie. Au nord, les parements à bossages qui constituent la souche du beffroi de l'Hôtel de Ville sont les seuls vestiges attribuables à l'enceinte comtale. Ils appartiennent au *portale pictum* mentionné dans la transaction de 1292, face à la porte sud du

---

[102] Pourrière 1939, p. 136-137.

bourg Saint-Sauveur (Fig. 17.22 et 17.24). Au terme de son évolution, le bourg comtal n'était ainsi plus séparé de ce dernier que par la rue de la Frache (rue Paul-Bert) qui, selon Jean Pourrière, marquait la limite entre les deux juridictions. Contestant cette vision, Paul-Albert Février a défendu dans sa thèse l'idée que les deux bourgs pouvaient ne pas être des entités urbaines indépendantes et voyait, dans l'étranglement que marque le bourg comtal au contact de l'ovale du bourg Saint-Sauveur, l'indice de l'antériorité de ce dernier, faisant du bourg comtal un faubourg du XIIe siècle[103]. Si dans sa contribution à l'*Histoire d'Aix* il rappelle l'existence d'un fortin comtal, Paul-Albert Février n'envisage pas alors qu'il ait pu jouer un rôle dans l'organisation des populations et dans l'émergence de l'habitat groupé, et cela avec un argument solide : il n'existait pas de paroisse dans la ville comtale avant la construction de l'église Sainte-Madeleine attestée en 1216 ; auparavant la cité tout entière était dans le ressort paroissial de la métropole Saint-Sauveur[104]. On doit pourtant mettre au crédit du schéma urbain proposé par Jean Pourrière, la double ligne de fortifications et leurs portes affrontées qui constituent les limites de deux agglomérations relevant d'autorités distinctes et qui ont pu évoluer selon des rythmes différents avant de se rejoindre à la fin du XIIe siècle, au terme d'un phénomène de conurbation.

L'essor urbain du XIIIe siècle

À partir de 1182 avec Alphonse Ier et surtout sous ses successeurs, la capitale de la Provence se déplace à Aix qui devient tout à la fois la résidence ordinaire du comte, le siège de sa cour et la nécropole dynastique de la maison de Barcelone[105]. Pour répondre à ces nouvelles fonctions, l'ancien fortin comtal est réaménagé dans les premières décennies du XIIIe siècle. Dans un contexte d'essor urbain général en Occident, cette situation, mieux adaptée à la politique comtale désormais tournée vers les Alpes du Sud, amène de nouvelles structures gouvernementales et administratives à Aix qui, à partir du début du XIIIe siècle, dynamisent la vie urbaine et la démographie[106].

Si les textes ne documentent l'éclosion de faubourgs aux portes des villes comtale et canoniale que dans les dernières décennies du XIIIe siècle, le phénomène est assurément antérieur, du moins à l'ouest des anciens bourgs[107]. La récente révision des mobiliers de deux maisons fouillées en 1990 rue des Magnans place leur construction à la fin du XIIe siècle ou au début du XIIIe siècle[108] ; cela a non seulement confirmé l'antériorité du faubourg occidental par rapport à l'installation des Franciscains, mais a surtout remonté la date de ce quartier de près d'un demi-siècle, et peut-être même plus, si l'on considère la distance importante (60 m) qui sépare les deux habitations de l'enceinte comtale du XIIe siècle. Leur module identique et la régularité de leur plan en lanière découpé par mur mitoyen laissent penser à l'urbanisme raisonné d'un lotissement (Fig. 17.26 et 17.27)[109]. Ce quartier ouvert et peut-être celui qui s'est développé autour de Notre-Dame de Beauvezer sont, avant 1272[110], mis à l'abri d'une nouvelle enceinte dont le parcours peut aisément être restitué à partir des trois portes représentées sur le plan de François de Belleforest, le long des rues Lieutaud et des Tanneurs à l'ouest, et le long des rues Espariat et Papassaudi au sud. Cette extension, qui laisse *extra muros* le couvent des Franciscains, intègre au corps de ville plus de 5 ha (Fig. 17.27).

Marquant ces mutations, l'installation de communautés religieuses et d'établissements pieux et hospitaliers accompagne la forte dilatation de l'espace urbain et le développement de nouveaux quartiers qui s'affranchissent des anciennes limites fortifiées[111]. Les ordres militaires sont les premiers à s'établir à Aix qui ne dispose alors que d'un seul hôpital depuis la fin du XIe siècle, celui de Saint-Sauveur : les Templiers s'installent derrière le palais comtal avant 1176, tandis que les Hospitaliers fondent, entre 1180 et 1192, leur prieuré et un hôpital le long de la route d'Italie qui n'est autre que l'ancienne voie Aurélienne[112] ; situé à quelque distance au sud-est de la ville, cet établissement va polariser dans les années suivantes un faubourg attesté en 1302[113]. Dans la pre-

---

[103] Février 1964, p. 98.

[104] Février 1977, p. 69 ; Coulet 1988, p. 30.

[105] Coulet 1998, p. 317-318.

[106] Coulet 1998, p. 20-23.

[107] Coulet 1998, p. 31. À la même période, la ville des Tours connaît aussi ce type de débordements, comme le montre la mention, en 1308, de maisons avec jardin construites dans les fossés de la ville (Pourrière 1958, p. 134).

[108] Attia 2015.

[109] Landuré, De Luca 2014, p. 416.

[110] Jean Pourrière relève à cette date une mention du *portale fratrum minorum* représenté encore sur le plan de Belleforest, sur la rue des Cordeliers, au débouché de la rue Lieutaud (Pourrière 1939, p. 131).

[111] Février 1964, p. 120-121 ; Coulet 1988, p. 31.

[112] Pourrière 1969, p. 15, 18.

[113] Coulet 1988, p. 31.

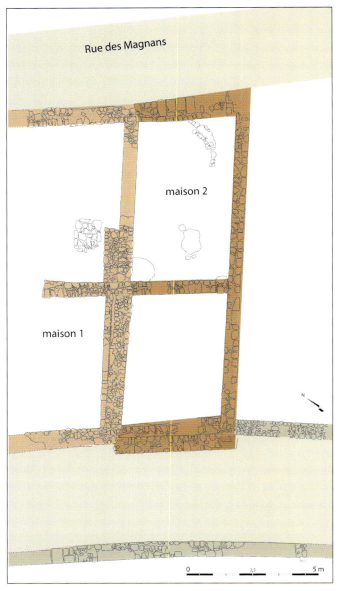

Figure 17.26 : Maisons médiévales du 18, rue des Magnans. Plan d'ensemble des vestiges (C. Landuré).

mière moitié du XIIIe siècle, ce réseau hospitalier, auquel s'ajoute pour la ville des Tours l'hôpital Saint-Antoine, est renforcé par six nouveaux établissements, tous fondés hors-les-murs, dans les faubourgs sud de la ville comtale, aux abords de la route de Marseille (maison de l'aumône, hôpital de Notre-Dame de Beauvezer, maison du Saint-Esprit, hôpital de Saint-Jacques et une léproserie) ou de la route d'Italie (Sainte-Marie-Madeleine)[114]. Un peu avant le milieu du XIIIe siècle, les ordres mendiants font leur entrée à Aix avec les Franciscains qui s'installent à l'ouest dans un faubourg de la ville comtale alors en formation depuis la fin du XIIe siècle ou le début du XIIIe siècle. Il faut cependant attendre les années 1270 pour compter la cité parmi les villes dotées de quatre couvents de Mendiants[115] : les Carmes s'établissent sans doute avant les années 1260 aux abords sud-est de la ville des Tours et en bordure du chemin qui la reliait au bourg Saint-Sauveur[116] ; les Prêcheurs fondent leur couvent entre 1272 et 1274 non loin du palais comtal, au sein des nouveaux bourgs de Saint-Sulpice ou de Rabet qui s'épanchent, à l'est, au-delà des anciennes lignes de fortifications restées en usage depuis l'Antiquité ; les Augustins sont mentionnés avant 1276 au sud-ouest de la ville et au départ de la route de Marseille, en bordure de laquelle s'est constitué le bourguet Saint-Jacques. Dans ce même quartier, est attesté en 1251 un couvent de Sachets dont les bâtiments sont annexés avec l'hôpital Saint-Jacques à partir de 1292 par Charles II d'Anjou pour construire, sous le titre de Notre-Dame de Nazareth, un vaste couvent de Dominicaines dont il veut faire le pendant féminin de celui de Saint-Maximin[117]. Les Clarisses sont les dernières à arriver à Aix, probablement en 1339[118] ; leur couvent est fondé par le roi Robert et la reine Sanche à l'opposé de celui des Franciscains dans la campagne du Gallet Cantant, à plus de 500 m au sud-est des murs de la ville comtale. Exclus de l'espace fortifié, les trois principaux ordres investissent ainsi, au XIIIe siècle, les quartiers naissants sur le pourtour de la ville comtale, recherchant la proximité des voies passantes et des portes de la ville, et celle des lieux d'activité et de pouvoir[119]. Reste le grand vide laissé aux abords du bourg Saint-Sauveur, dans lequel on décèle une certaine résistance du chapitre à accueillir ces nouveaux religieux.

La comparaison des nombres de feux enregistrés à l'occasion d'une levée d'albergue en 1263-1264 (1176 feux) puis en 1321-1322 (1500 feux) indique un taux de croissance de la population de la ville comtale supérieur à 21%, qui place cette dernière dans la moyenne des villes provençales. Avec une population globale qu'il évalue à 15 000 habitants en 1321, Noël Coulet range Aix aux côtés des grandes villes d'Occident[120].

---

114 Pourrière 1969, p. 21.
115 Coulet 2009, p. 392 ; Claude 2023.
116 Hoffelt 2023.
117 Coulet 1973, p. 236-238.
118 Coulet 1998, p. 336.
119 Claude 2023.
120 Coulet 1988, p. 35, 38.

17. L'ÉVOLUTION URBAINE D'AIX-EN-PROVENCE DES ORIGINES AU MOYEN ÂGE

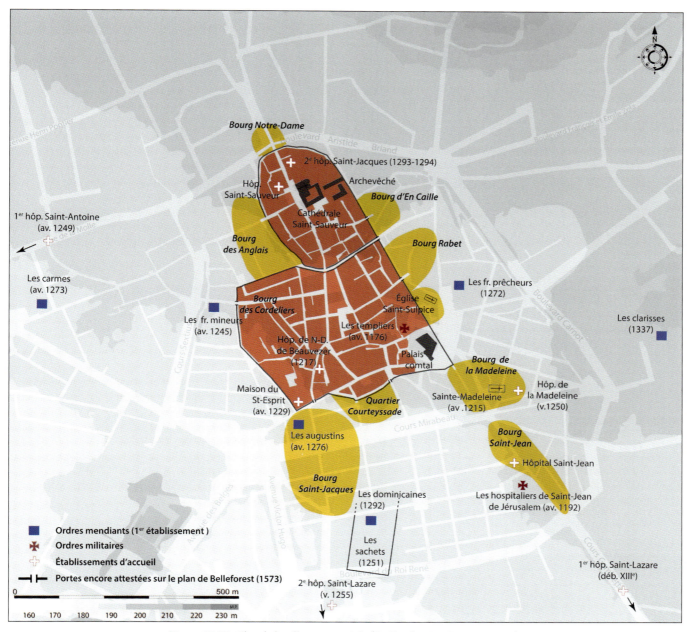

Figure 17.27 : Plan de la ville au XIIIᵉ siècle (S. Claude ; DAO M. Panneau).

La dernière extension urbaine médiévale : la ville réunie

Après une période faste, Aix accuse, dès avant l'arrivée de la grande peste en décembre 1347, un ralentissement économique et démographique. Frappée par l'épidémie et ses répliques, elle perd dans les années suivantes près de la moitié de sa population affaiblie par la disette et les crises économiques, les désordres politiques qui se font jour à la mort du roi Robert, les guerres qui s'enchaînent et un climat d'insécurité permanent qui s'installe notamment avec les incursions des bandes de routiers d'Arnaud de Cervole (1359-1376) puis de Raymond de Turenne[121]. Dans la seconde moitié du XIVᵉ siècle, ce contexte redessine les contours de la ville et la topographie *intra muros*. La cité perd sa structure tripartite avec la disparition de la ville des Tours. Les témoins qui comparaissent devant le maître rational Véran d'Esclapon en mars 1379 rapportent qu'elle avait été détruite par les guerres à l'exception du palais de l'archevêque et de l'église Notre-Dame de la Seds. La translation du corps

---

121 Coulet 1988, p. 59-60.

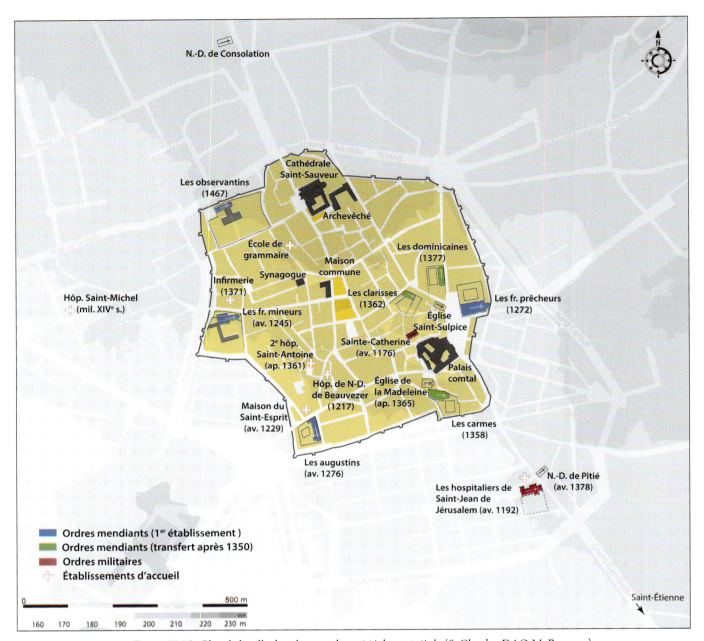

Figure 17.28 : Plan de la ville dans la seconde moitié du XIVe siècle (S. Claude ; DAO M. Panneau).

de saint Mitre à Saint-Sauveur signe, le 24 octobre 1383, la fin des services divins à Notre-Dame déclarée détruite en 1388, de même que le palais l'année suivante et les remparts de la ville en avril 1391[122]. Avec l'abandon de la ville des Tours, l'habitat se recompose à l'est sur les deux autres bourgs.

Tous les établissements religieux situés en dehors du périmètre remparé au XIIIe siècle se retrouvent, à la fin du XIVe siècle, intégrés au corps de ville, soit pour les plus proches (Franciscains, Augustins et Prêcheurs) à la faveur de l'élargissement de l'enceinte collective, soit pour les autres par le transfert des communautés dans de nouveaux établissements reconstruits *intra muros* après la démolition de leurs anciens locaux (Fig. 17.28). Ainsi en est-il des Carmes en 1358, des Clarisses en 1362, des Dominicaines en 1367 et de la paroisse de la Madeleine reconstruite après 1365. Tous ces replis se font dans le quartier comtal et dans un rayon de moins de 70 m autour du palais. Seul le prieuré des Hospitaliers de Saint-Jean de Jérusalem échappe au déménagement *intra muros*, moyennant d'importants travaux pour sa mise en défense[123].

---

[122] Pourrière 1958, p. 152-153 ; Coulet 2010, p. 447-448.

[123] Nin 2004, p. 222.

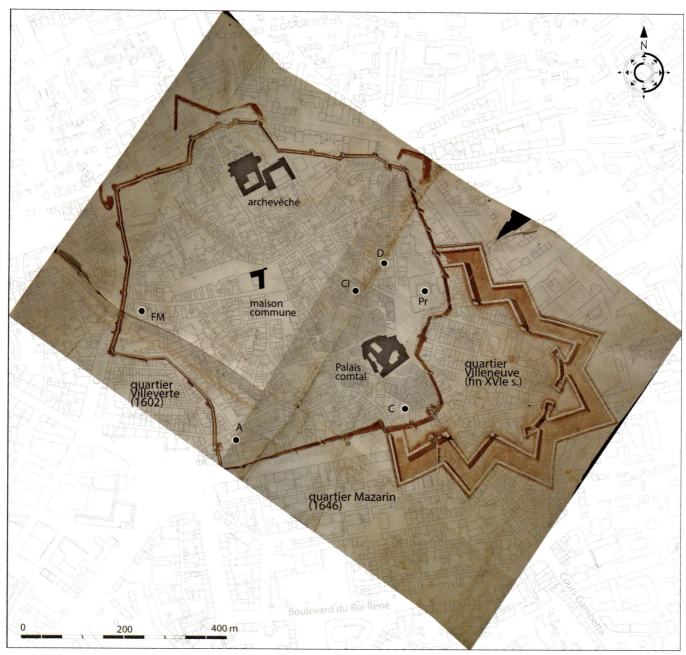

Figure 17.29 : Tracé de l'enceinte urbaine du XIVᵉ siècle établi en 1591 (*Archivio di Stato* de Turin, *Architettura militare*, III, fol. 15v°-16) et recalé sur le fond cadastral actuel (S. Claude ; DAO L. Dubois). FM : couvent des frères Mineurs ; A : couvent des Augustins ; C : second couvent des Carmes ; Pr : couvent des Prêcheurs ; Cl. : second couvent des Clarisses ; D : second couvent des Dominicaines.

Les faubourgs connaissent le même destin avec la mise à l'abri des quartiers nord-ouest (bourg des Anglais), sud (quartier Courteyssade) et est, où se constitue le quartier Bellegarde, tandis que le bourg Saint-Jacques, situé trop à l'écart, est rasé vers 1357 avec le couvent des Dominicaines de Notre-Dame de Nazareth pour ne pas servir d'appui aux routiers d'Arnaud de Cervole. La récupération massive, dont ont fait l'objet ces bâtiments et dont témoigne en 1367 le testament de Louis de Tabia, a alimenté à partir de 1352 les chantiers de la mise en défense urbaine[124].

---

[124] Coulet 1988, p. 96.

La construction d'une nouvelle enceinte collective à Aix doit être mise en parallèle avec l'adoption, par la ville comtale, d'institutions municipales représentatives permanentes au début du XIVᵉ siècle et surtout avec leur élargissement à l'ensemble de la cité à partir de 1357[125]. L'union de la ville comtale au bourg Saint-Sauveur est suivie, la même année, de la construction, à la rencontre des deux anciens bourgs, de la maison commune d'une *universitas* qui désormais prend elle-même en charge sa défense.

La nouvelle enceinte, qui réunit ainsi derrière les mêmes murs les villes comtale et canoniale, semble pour l'essentiel en place en 1396[126]. Son tracé et ses dispositions sont bien connus au nord où elle a conservé de nombreux vestiges dont l'examen a permis de réviser l'hypothèse admise d'une fortification du quartier Bellegarde au XVᵉ siècle, et de réintégrer cette partie de la ville ainsi que le couvent des Prêcheurs dans l'enveloppe de la fin du XIVᵉ siècle[127]. Pour le reste, sa restitution s'appuie surtout sur le plan des Archives de l'État de Turin, dressé vers 1591. Ce document est le seul à représenter dans sa totalité l'enceinte urbaine du XIVᵉ siècle, notamment au contact de Villeneuve dont le lotissement a éradiqué, à la fin du XVIᵉ siècle, tout le segment sud de la fortification du faubourg Bellegarde, ainsi qu'au niveau des extensions du XVIIᵉ siècle (Villerverte et quartier Mazarin). Le document fait aussi ressortir l'originalité du plan étoilé de la dernière grande extension d'Aix au Moyen Âge, à l'évidence dicté par la volonté d'intégrer au corps de ville des quartiers importants, notamment celui de Caudanes où sourd la source thermale, et les grands établissements religieux mendiants qui ont contribué au dynamisme urbain du siècle précédent (Fig. 17.29). À l'abri de ces nouveaux murs, l'habitat reste sans doute assez aéré, tout au moins dans les quartiers nouvellement fortifiés qui devaient offrir dans les années 1360 encore suffisamment d'espaces libres pour accueillir, aux abords du palais comtal, trois nouveaux couvents et une église paroissiale. L'image que renvoie le plan de la ville dressé deux siècles plus tard par François de Belleforest montre que ce caractère rural semble avoir marqué les franges du secteur remparé longtemps après leur mise à l'abri.

Conclusion

Depuis le début des années 1990, les travaux archéologiques ont très diversement renouvelé les connaissances sur les différents étages de la ville. Si l'étroite fenêtre ouverte sur la période tardo-républicaine laisse encore dans l'ombre les premiers moments de l'occupation urbaine, ce qui interdit notamment de percevoir les modalités du transfert de la population depuis l'*oppidum* d'Entremont vers le futur centre urbain, les apports sont considérables pour le Haut Empire durant lequel le profil de la cité se dessine plus clairement. Les recherches n'en ont, certes, pas éclairé de manière égale tous les aspects, mais les grandes étapes qui ont marqué le développement urbain se dégagent mieux et permettent désormais une mise en perspective avec les autres chefs-lieux de cité. Toutes proportions gardées, ils le sont aussi pour l'Antiquité tardive et le Haut Moyen Âge, récemment sortis de la complète obscurité à laquelle se heurtaient, naguère encore, Paul-Albert Février et Noël Coulet. Les amples fouilles préventives menées dans l'enceinte de l'ancien établissement thermal Sextius entre 1991 et 1998, et plus encore sur le site de la Seds en 2004, puis sur la place de Verdun et ses abords entre 2017 et 2018, ont notamment livré des données matérielles qui participent à fixer des jalons décisifs sur la continuité de l'occupation et la genèse urbaine.

En ce qui concerne la période médiévale, en revanche, les recherches ont surtout profité à la connaissance de la topographie religieuse et cimétériale, et dans une moindre mesure à celle des fortifications collectives, laissant de côté certains pans de la recherche urbaine, comme les cadres de l'habitat ou les espaces publics qui en restent les parents pauvres. Elles n'en ont pas moins permis de réviser certains schémas évolutifs anciens et de dépasser le cadre d'une réflexion monographique pour redonner aux établissements religieux, notamment, leur place dans la fabrique de la ville. Ces acquis ont, en un sens, donné raison à Paul-Albert Février qui invitait dans sa thèse à simplifier le schéma évolutif complexe proposé par Pierre-Joseph de Haitze et repris par Jérôme de Duranti La Calade, tout en mettant en garde contre la facilité d'une construction fondée sur les seuls jalons chronologiques des textes[128]. Il encourageait ainsi à une réappropriation du socle documentaire constitué par les premiers historiens d'Aix.

---

[125] Coulet 1988, p. 45.
[126] Coulet 1988, p. 96.
[127] Claude 2018, p. 116-117.

[128] Février 1964, p. 120. Ce ne sont pas moins de six extensions successives que ces historiens proposaient à partir du bourg Saint-Sauveur et de la ville comtale (Duranti La Calade 1935, pl. XX).

Bibliographie

Source

Gallia Christiana Novissima. Histoire des archevêchés, évêchés et abbayes de France, I. *Aix, Apt, Fréjus, Gap, Riez et Sisteron*, éd. par J.-H. Albanès, Montbéliard, 1899.

Études

Ambard R. 1984, *Aix romaine. Nouvelles observations sur la topographie d'*Aquae Sextiae, Aix-en-Provence.

Attia N. 2015, « Étude des céramiques du bas Moyen Âge à Aix-en-Provence en contextes d'habitat urbain (la Seds et les Magnans) » (Mémoire de master II, Aix-en-Provence).

Auburtin Cl. 2016, « Aix-en-Provence (Bouches-du-Rhône). Rue du Bon-Pasteur », *Archéologie médiévale* 46, p. 167-168.

Aujaleu A., Bouquet A., Huguet C., avec la coll. de N. Attia, M.-A. Chazottes, A. Lacombe, C. Leblond, Ch. Mela, C. Zielinski 2021, *Réseaux de chauffage urbain. Aix-en-Provence*, Rapport de fouille préventive, Aix-en-Provence, 2 vol.

Benoit F. 1936, *Forma Orbis Romani. Carte (partie occidentale) et texte complet du département des Bouches-du-Rhône*, Paris (Carte archéologique de la Gaule romaine, 5).

—— 1947, « Recherches archéologiques dans la région d'Aix-en-Provence (Bouches-du-Rhône). II La maison à double péristyle du Jardin de Grassi à Aix-en-Provence », *Gallia* 5.1, p. 98-122.

—— 1954a, « Recherches archéologiques dans la région d'Aix-en-Provence. II. Le plan de la colonie d'Aix », *Gallia* 12.2, p. 294-300.

—— 1954b, « Aix-en-Provence », dans F. Benoit (dir.), *Villes épiscopales de Provence, Aix, Arles, Fréjus, Marseille et Riez de l'époque gallo-romaine au Moyen Âge. Actes du Ve Congrès international d'Archéologie chrétienne*, Paris, p. 7-11.

Benoit F., Février P.-A., Formigé J., Rolland H. 1957, « Villes épiscopales de Provence, Aix, Arles, Fréjus, Marseille et Riez de l'époque gallo-romaine au Moyen-Âge », dans *Actes du Ve congrès international d'Archéologie chrétienne 1954*, Cité du Vatican.

Bernardi Ph., Bonifay M. 1986, « Vestiges de constructions gallo-romaines à Aix-en-Provence aux abords de la chapelle N.-D. de Consolation », *Documents d'Archéologie méridionale* 9, p. 213-216.

Brun J.-P., Congès G. 2014, « La *villa* gallo-romaine des Toulons. Rians, Var », dans Nin (dir.) 2014b, p. 285-290.

Chapon Ph., Digelmann P., Leguilloux M., Pasqualini M., Pournot J., Thernot R. 2007, « La *villa* gallo-romaine du quartier Régine au Puy Sainte-Réparade (Bouches-du-Rhône) », *Revue archéologique de Narbonnaise* 40, p. 269-324.

Christol M. 2005-2006, « *Praetor Aquis Sextis* », *Revue archéologique de Narbonnaise* 38-39, p. 427-438.

Claude S., avec la coll. de Cl. Auburtin 2018, « La mise en défense du faubourg Bellegarde d'Aix-en-Provence : une extension de l'enceinte urbaine de la fin du XIVe siècle », *Provence historique* 68.263, p. 101-118.

Claude S., avec la coll. d'A. Bouquet 2023, « Du faubourg Bellegarde au quartier *intra muros* : le couvent des Prêcheurs d'Aix-en-Provence (fin XIIIe-début XVIIIe s.) », dans C. Lenoble, F. Blanc-Garidel (dir.), *Des couvents fragiles. Pour une archéologie des établissements mendiants (France méridionale, Corse, Ligurie, Piémont)*, Lyon (« Mondes médiévaux »), p. 159-178.

Claude S., Coulet N. 2014, « Moyen Âge et Époque moderne à Aix-en-Provence. D'une ville à l'autre », dans Nin (dir.) 2014b, p. 326-341.

—— 2020a, « Naissance d'une capitale, émergence d'une ville », dans Coulet, Mazel (dir.) 2020, p. 88-117.

—— 2020b, « Aix ville royale », dans Coulet, Mazel (dir.) 2020, p. 118-141.

Clerc M. 1916, Aquae Sextiae. *Histoire d'Aix-en-Provence dans l'Antiquité*, Aix-en-Provence (réimpression anastatique Marseille, 1973).

Coste J.-P. 1970, « La ville d'Aix en 1695 : structure urbaine et société » (Thèse de 3e cycle, Aix-en-Provence, 2 vol.).

Coulet N. 1973, « Un couvent royal : les Dominicaines de Notre-Dame de Nazareth d'Aix au XIIIe s. », *Cahier de Fanjeaux* 8, p. 232-262.

—— 1977, « Naissance et épanouissement d'une capitale : Aix au Moyen Âge », dans M. Bernos, N. Coulet, C. Dolan-Leclerc, M. Gontard, G. Granai, B. Grissolange, M. Vovelle P.-A. Février, *Histoire d'Aix-en-Provence*, Aix-en-Provence, p. 51-109.

—— 1979, « Autour d'un serment des vicomtes de Marseille : la ville d'Aix au milieu du XIe siècle », *Annales du Midi* 91, p. 315-330.

—— 1988, *Aix-en-Provence. Espace et relations d'une capitale (milieu XIVe s.-milieu XVe s.)*, Aix-en-Provence.

—— 1998, « Aix, capitale de la Provence angevine », dans *L'État angevin : pouvoir, culture et société entre XIIIe et XIVe siècle (Actes du colloque international, Rome-Naples, 7-11 novembre 1995)*, Rome, p. 317-338.

—— 2009, « Les Mendiants à Aix-en-Provence XIIIe-XVe siècle », *Cahiers de Fanjeaux* 44, p. 391-416.

—— 2010, « L'enquête de Véran d'Esclapon dans la viguerie d'Aix », dans Th. Pécout (dir.), *Quand gouverner c'est enquêter. Les pratiques politiques de l'enquête princière, Occident, XIIIe-XIVe siècles (Actes du Colloque international d'Aix-en-Provence et Marseille, 19-21 mars 2009)*, Paris, p. 443-457.

—— 2013, « L'enquête de Leopardo da Foligno dans la viguerie d'Aix », dans Th. Pécout (dir.), *L'enquête générale de Leopardo da Foligno en Provence occidentale (octobre 1331 et septembre-décembre 1333)*, Paris, p. 497-555.

—— 2018, « Introduction », dans *Les enceintes médiévales et modernes en Provence (Actes du XIe Colloque historique de Fréjus)*, *Provence historique* 68.263, p. 5-15.

—— 2019, « Le quartier juif d'Aix-en-Provence au XIVe siècle. Quelques considérations nouvelles », *Revue d'Études juives* 178.3-4, p. 411-431.

Coulet N., Mazel Fl. (dir.) 2020, *Histoire d'Aix-en-Provence*, Rennes (« Histoire de ville »).

Duranti La Calade J. de 1913, « Notes sur les rues d'Aix aux XIVe et XVe siècles », *Annales de Provence* 10, p. 57-72 ; 121-138 ; 189-212 ; 395-408.

—— 1935, « Aix : l'évolution urbaine », dans P. Masson (dir.), *Les Bouches-du-Rhône. Encyclopédie départementale* XIV, Marseille, p. 413-469.

Février P.-A. 1964, *Le développement urbain en Provence de l'époque romaine à la fin du XIVe siècle Archéologie et histoire urbaine*, Paris (BEFAR, 202).

—— 1977, « Antiquité et Haut Moyen Âge : les débuts d'une cité », dans M. Bernos, N. Coulet, Cl. Dolan-Leclerc, M. Gontard, G. Granai, B. Grissolange, M. Vovelle P.-A. Février (dir.), *Histoire d'Aix-en-Provence*, Aix-en-Provence, p. 27-70 (rééd. 1983).

—— 1980, « *Vetera et Nova* : le poids du passé, les germes de l'avenir, IIIe-VIe siècles », dans G. Duby (dir.), *Histoire de la France urbaine*, Paris, p. 399-493.

Février P.-A., Bats M., Camps G., Fixot M., Guyon J., Riser J. 1989, *La Provence des origines à l'an mil. Histoire et archéologie*, Rennes.

Février P.-A., Leyge Fr. (dir.) 1986, *Premiers temps chrétiens en Gaule méridionale. Antiquité tardive et Haut Moyen Âge, IIIe-VIIe siècles*, catalogue d'exposition (Lyon, Musée de la civilisation gallo-romaine, 1986), Lyon (Archéologie médiévale en Rhône-Alpes, numéro spécial).

Fixot M. (dir.) 2004, *Paul-Albert Février de l'Antiquité au Moyen Âge (Actes du colloque de Fréjus 7 et 8 avril 2001)*, Aix-en-Provence.

Fixot M., Guyon J., Pelletier J.-P., Rivet L. 1986, « Des abords du *forum* au palais archiépiscopal. Étude du centre monumental d'Aix-en-Provence », *Bulletin monumental* 144.3, p. 195-290.

Gascou J. 1995, *Inscriptions latines de Narbonnaise*, III. *Aix-en-Provence*, Paris (Gallia, suppl. 44).

—— 2014, « La population d'*Aquae Sextiae* », dans Nin (dir.) 2014a, p. 46-51.

Gros P. 2014, « D'Aix-en-Provence à Cartagena (Espagne) : observations comparatives sur deux théâtres romains récemment découverts », dans Nin (dir.) 2014, p. 91-96.

Gros P., Varène P. 2001, « Un monument public de la seconde moitié du Ier s. apr. J.-C. à Aix-en-Provence (B. du Rh.) : trois blocs d'architecture conservés au Musée Granet », *Revue archéologique de Narbonnaise* 34, p. 1-15.

Guild R. 1987, *La cathédrale d'Aix-en-Provence. Étude archéologique*, Paris.

Guild R., Guyon J., Rivet L. 1980, « Recherches archéologiques dans le cloître de Saint-Sauveur d'Aix-en-Provence. Bilan de quatre campagnes de fouilles (1976-1979) », *Revue archéologique de Narbonnaise* 13, p. 115-164.

—— 1983a, « Les origines du baptistère de la cathédrale Saint-Sauveur. Étude de topographie aixoise », *Revue archéologique de Narbonnaise* 16, p. 171-209.

—— 1993-1994, « Aux origines de la cathédrale Saint-Sauveur d'Aix-en-Provence : un groupe épiscopal de l'Antiquité tardive et ses transformations (fouilles de la nef Saint-Maximin et du transept gothique, 1984) », *Rivista di Studi liguri* 59-60, p. 21-71.

Guild R., Guyon J., Rivet L., avec la coll. de J.-P. Pelletier, D. Foy, L. Vallauri, C. Landuré, P. Gros J.-L. Charlet 1983b, « Les origines du baptistère de la cathédrale Saint-Sauveur. Étude de topographie aixoise. Annexes », *Revue archéologique de Narbonnaise* 16, p. 210-232.

Guyon J. 1977, « À propos d'une inscription du cloître Saint-Sauveur. La double vie posthume d'un clerc aixois : chanoine du XIVe siècle ou évêque du Ve siècle ? », *Revue archéologique de Narbonnaise* 10, p. 199-216.

—— 1982, « L'évolution des sites urbains en Provence (Antiquité et Haut Moyen Âge). L'exemple de Marseille, Aix, Arles et Riez à la lumière des recherches et fouilles récentes », *Ktèma* 7, p. 129-140.

—— 1986, « Aix-en-Provence », dans Y. Duval, P.-A. Février, J. Guyon (dir.), *Topographie chrétienne des cités de la Gaule des origines au milieu du VIIIe siècle*, II. *Provinces ecclésiastiques d'Aix et d'Embrun (Narbonensis Secunda et Alpes Maritimae)*, Paris, p. 17-28.

—— 1989, « Les premiers temps chrétiens », dans P.-A. Février, M. Bats, G. Camps, M. Fixot, J. Guyon, J. Riser (dir.), *La Provence des origines à l'An Mil. Histoire et archéologie*, Paris, p. 381-441.

—— 2020, « Entre deux mondes : Antiquité tardive et Haut Moyen Âge », dans Coulet, Mazel (dir.) 2020, p. 66-87.

Guyon J., Nin N. 2014, « La fin de l'Antiquité à Aix », dans Nin (dir.) 2014b, p. 296-305.

Guyon J., Nin N., Rivet L., Saulnier S. 1998, *Atlas topographique des villes de Gaule méridionale*, I. *Aix-en-Provence*, Paris (Revue archéologique de Narbonnaise, suppl. 30).

Hoffelt M. 2023, « Le second couvent des Carmes d'Aix-en-Provence : étude d'un édifice morcelé à la croisée des sources archéologiques et textuelles (XIVe-XVIIIe siècle) », dans C. Lenocle, F. Blanc-Garidel (dir.), *Des couvents fragiles. Pour une archéologie des établissements mendiants (France méridionale, Corse, Ligurie, Piémont)*, Lyon (« Mondes médiévaux »), p. 179-190.

Landuré C., De Luca B. 2014, « Deux maisons médiévales. 18, rue des Magnans », dans Nin (dir.) 2014b, p. 414-416.

Lavagne H. 2014, « Mosaïques, rêves de muses », dans Nin (dir.) 2014a, p. 161-172.

Leveau Ph., Turci M., Panneau M. 2023, « Villas résidentielles, villas productives et économie domaniale sur les territoires des cités romaines d'Arles, Aix et Marseille », *Revue archéologique de Narbonnaise* 54-55, 2021-2022, p. 475-546.

Martin L., Blanc-Bijon V. à paraître, « La redécouverte de la *villa* de Pèbre à Vinon-sur-Verdon et ses nouvelles mosaïques (Var, France) », dans *La mosaïque en contexte (XVe colloque de l'Association internationale pour l'Étude de la Mosaïque antique (AIEMA), Lyon, 17-21 octobre 2022)*, Lyon, p. 599-607.

Maza G., Nin N. 2003, « La France du Sud-Est (Languedoc-Roussillon, Midi-Pyrénées, Provence-Alpes-Côte d'Azur). Cultes et sanctuaires en France à l'âge du Fer : Notice 2 : Aix-en-Provence, le fossé du terrain Coq », *Gallia* 60, p. 220-222.

Michel d'Annoville C. 2005, « L'occupation de l'*oppidum* de Notre-Dame de Consolation à Jouques (Bouches-du-Rhône) durant l'Antiquité tardive et le Haut Moyen Âge », dans *La Méditerranée et le monde mérovingien. Témoins archéologiques (Actes de la 23e journée internationale d'archéologie mérovingienne, Arles, octobre 2002)*, Aix-en-Provence (Bulletin archéologique de Provence, suppl. 3), p. 129-133.

Mocci Fl., Nin N. (dir.) 2006, *Aix-en-Provence, Pays d'Aix et Val de Durance, 13/4*, Paris (Carte archéologique de la Gaule).

Nibodeau J.-P., Nin N., Richarté C. 1989, *Du cellier antique aux Aires de Saint Roch. Les fouilles du 16 boulevard de la République à Aix-en-Provence*, Aix-en-Provence (Documents d'Archéologie aixoise, 4).

Nin N. 1987, « La voie Aurélienne et ses abords à Aix-en-Provence. Nouvelles données sur un paysage périurbain », *Revue archéologique de Narbonnaise* 20, p. 191-280.

—— 1991, « En préliminaire à l'opération Sextius-Mirabeau : les recherches archéologiques réalisées sur le terrain Coq », *Impressions du Musée Granet* 6, p. 30-35.

—— 1996a, « Le "vaisselier" du site de l'établissement thermal à Aix-en-Provence – 50 av. J.-C. – fin du Ier s. de n. è. : ébauche d'un faciès culturel », dans M. Bats (dir.), *Les céramiques communes de Campanie et de Narbonnaise. La vaisselle de cuisine et de table (Actes des journées d'étude, Naples, 27-28 mai 1994)*, Naples (Collection du Centre Jean Bérard, 14), p. 257-288.

—— 1996b, « Modalités du délaissement de l'agglomération d'Aix-en-Provence », dans J.-L. Fiches (dir.), *Le IIIe siècle en Gaule Narbonnaise. Données régionales sur la crise de l'Empire (Actes de la table-ronde du GSR 954 « Archéologie de l'espace rural méditerranéen dans l'Antiquité et le Haut Moyen Âge », Aix-en-Provence – La Baume, 15-16 septembre 1995)*, Sophia Antipolis, p. 135-154.

—— 2000, « Une noria des XIe-XIIe siècles », dans N. Nin (dir.), *Au fil de l'eau. Géologie, archéologie et histoire*, catalogue de l'exposition, Aix-en-Provence, p. 48-52.

—— 2004, « La commanderie de Saint-Jean de Jérusalem d'Aix-en-Provence », dans *Histoire et archéologie de l'Ordre militaire des Hospitaliers de Saint-Jean de Jérusalem (Actes du colloque de Montbrison – La Diana, 4-5 avril 2003)*, Saint-Étienne, p. 213-258.

—— 2008, « La réoccupation des monuments antiques : l'exemple du théâtre d'Aix-en-Provence », dans J.-E. Brochier, A. Guilcher, M. Pagni (dir.), *Archéologies de Provence et d'ailleurs. Mélanges offerts à Gaëtan Congès et Gérard Sauzade*, Aix-en-Provence (Bulletin archéologique de Provence, suppl. 5), p. 627-674.

—— 2009, « Aix-en-Provence, 10 avenue Maréchal de Lattre de Tassigny », dans *Service régional de l'Archéologie PACA. Bilan scientifique de la Région Provence-Alpes-Côte d'Azur 2008*, Aix-en-Provence, p. 97-98.

—— 2011, « Limites urbaines et voies de circulation périphériques. Le cas d'Aix-en-Provence », dans M. Pasqualini (dir.), *Fréjus romaine. La ville et son territoire. Agglomérations de Narbonnaise, des Alpes-Maritimes et de Cisalpine à travers la recherche archéologique (Actes du 8e colloque historique, Fréjus, 8-10 octobre 2010)*, Fréjus, p. 269-306.

—— 2014a, « La réoccupation du théâtre. Enclos de la Sens, ancienne propriété des Sœurs du Saint-Sacrement », dans Nin (dir.) 2014b, p. 309-312.

—— 2014b, « Le lent dévoilement d'une ville morte. La Seds – avenue De-Lattre-de-Tassigny – cours des Minimes – rue Jean Dalmas – Institut d'Études politiques », dans Nin (dir.) 2014b, p. 360-366.

—— 2018-2019, « La place de Verdun revisitée par l'archéologie », *Bulletin de l'Académie des Sciences, Agriculture, Arts et Belles-Lettres d'Aix-en-Provence*, p. 147-172.

—— 2020a, « Aux origines d'*Aquae Sextiae* », dans Coulet, Mazel (dir.) 2020, p. 13-37.

—— 2020b, « *Aquae Sextiae*, profil de la cité antique », dans Coulet, Mazel (dir.) 2020, p. 39-65.

—— à paraître, « Aix-en-Provence entre Antiquité tardive et Haut Moyen Âge », dans *La ville de l'Antiquité tardive et du haut Moyen Âge (Actes des XXXVIIIe journées internationales de l'AFAM, Lyon 2017)*.

Nin N. (dir.) 2006, *La nécropole méridionale d'Aix-en-Provence, Ier-VIe siècle apr. J.-C. Les fouilles de la ZAC Sextius Mirabeau (1994-2000)*, Montpellier (Revue archéologique de Narbonnaise, suppl. 37).

—— (dir.) 2014a, *Aix antique, une cité en Gaule du Sud*, catalogue d'exposition (Aix-en-Provence, Musée Granet, 6 décembre 2014-3 mai 2015), Milan.

—— (dir.) 2014b, *Aix en Archéologie, 25 ans de découvertes*, Bruxelles.

Nin N., Guyon J., Rivet L., avec la coll. de Ph. Bernardi, N. Coulet 1994, *Aix-en-Provence*, Tours (Documents d'évaluation du Patrimoine archéologique des Villes de France).

Nin N., Huguet C., avec la coll. de M. Panneau 2016, « La maison au Salon noir. Nouvelles données sur l'habitat résidentiel d'Aix-en-Provence aux Ier et IIe s. apr. J.-C. 1- Insertion urbaine, organisation et chronologie », *Revue archéologique de Narbonnaise* 49, p. 149-184.

Nin N., Sanchez C. 2023, « Continuités et discontinuités à la fin du IIᵉ siècle avant J.-C. dans le Sud de la Gaule », dans V. Guichard (dir.), *Continuités et discontinuités à la fin du IIᵉ siècle avant notre ère dans l'espace celtique et à sa périphérie (Actes de la table-ronde de Glux-en-Glenne, 25-27 octobre 2021)*, Glux-en-Glenne (Bibracte, 32), p. 33-68.

Palanque J.-R. 1951, « Les évêchés provençaux à l'époque romaine », *Provence historique* 1, p. 103-143.

Poly J.-P. 1976, *La Provence et la société féodale (879-1166). Contribution à l'étude des structures dites féodales dans le Midi*, Paris (« Bordas Études. Histoire »).

Pourrière J. 1935, *Recherches sur la topographie d'Aix-en-Provence, de l'époque romaine au début du XIIIᵉ siècle*, Paris.

—— 1939, *Recherches sur la première cathédrale d'Aix-en-Provence*, Paris.

—— 1958, *La ville des Tours d'Aix-en-Provence. Essai de restitution d'une ville morte du Moyen Âge, d'après les documents inédits*, Aix-en-Provence (Archives de Provence, 3).

—— 1969, *Les hôpitaux d'Aix-en-Provence au Moyen Âge, XIIIᵉ, XIVᵉ et XVᵉ siècles*, Aix-en-Provence.

Poux M. 2004, « Aix-en-Provence, terrain Coq », dans M. Poux, *L'âge du vin. Rites de boisson, festins et libations en Gaule indépendante*, Montagnac, p. 546-551.

Sonnier J., Taupin J.-L. 1962, *Aix-en-Provence. Plan de sauvegarde et de mise en valeur. Etude sommaire sur la valeur archéologique et architecturale du secteur*, s. l., s.n. 3 vol.

Susini V. 2012, « Aix-en-Provence, 6 avenue Paul-Cézanne », *Bilan scientifique de la Région Provence-Alpes-Côte d'Azur 2011*, p. 97.

Zielinski C. 2018, « Découverte d'un *decumanus* secondaire à Aix-en-Provence (Bouches-du-Rhône) », *Bulletin archéologique de Provence* 39, p. 49-58.

18. *Le développement urbain en Provence* « revisité »

Marc Heijmans

CNRS, Aix Marseille Université, Centre Camille Jullian (CCJ), UMR 7299, Aix-en-Provence

COMME LE MONTRE LA richesse du programme de ces journées, les occupations scientifiques de Paul-Albert Février étaient multiples, et son esprit curieux s'intéressait à beaucoup de domaines[1]. Parmi eux figure en bonne place l'archéologie urbaine, d'abord évidemment de Fréjus ou d'Arles[2], mais aussi plus généralement de sa région natale, la Basse Provence[3], à laquelle il a consacré sa thèse de l'École des Chartes, puis sa thèse d'État, *Le développement urbain en Provence*, publiée dans la BEFAR en 1964. Le sous-titre de cet ouvrage, *De l'époque romaine à la fin du XIVe siècle. Archéologie et histoire urbaine*, montre l'ampleur de cette démarche qui illustre l'approche diachronique de Paul-Albert Février, et développe également son idée selon laquelle l'archéologie « est aussi une manière d'aborder les textes »[4].

Cet ouvrage a été écrit avant la multiplication des fouilles de « sauvetage », qu'on appelle désormais « préventives », qui ont accompagné la « modernisation » des centres urbains et, malgré des destructions, ont tant apporté à la connaissance des villes antiques. C'est avant tout le travail d'un historien, du « chartiste » qu'était Paul-Albert Février. Comme il l'écrivait dans sa préface, c'était la recherche « d'un médiéviste qui s'est tourné rapidement vers l'archéologie antique »[5] et il insistait longuement sur la nécessité de pallier l'absence de données du chartiste avec la richesse de l'archéologue : relative richesse de données archéologiques pour l'Antiquité, richesses documentaires pour le Moyen Âge.

Comme l'indique le titre, l'ouvrage, dont le but était de fournir « une contribution de l'archéologie à l'histoire urbaine », est divisé en deux parties. La première, l'« Évolution urbaine », est subdivisée en six chapitres qui traitent chronologiquement du devenir des villes. Ils sont suivis de la seconde intitulée « Caractères généraux des villes médiévales », divisée en deux chapitres, « Paysage urbain » et « Les villes dans la région ». Puis viennent les conclusions. À noter une série de plans schématiques de villes, harmonisés par période et à la même échelle (1/7500e), ce qui était à l'époque plutôt exceptionnel et qui annonçait des projets comme l'*Histoire de la France urbaine*[6], le colloque de Tours de 1980 sur l'*Archéologie urbaine*[7], la *Topographie chrétienne des cités de la Gaule*[8] ou encore l'*Atlas topographique des villes de Gaule méridionale*[9], projets auxquels Paul-Albert Février a largement contribué.

Dans sa thèse, la place de l'Antiquité et du Haut Moyen Âge, sur laquelle je vais concentrer mes propos, est relativement modeste (environ 85 pages). Pour les villes de la Basse Provence dont le choix d'implantation n'est pas toujours facilement perceptible, il constatait la mise en place d'un urbanisme régulier et volontaire dès le Ier siècle av. J.-C. et une évolution tout au long du Haut Empire avec, peut-être, un développement un

---

[1] Sur la suggestion des organisateurs de cette rencontre, j'ai donné à cette intervention un caractère volontairement historiographique, avec la reprise de quelques plans issus de ses publications.

[2] Je me permets de renvoyer pour Arles à Heijmans 2004b.

[3] La Provence est pour P.-A. Février essentiellement méditerranéenne. Il avoue moins connaître les départements outre Durance et, s'il a discuté dans sa thèse de villes comme Riez ou Forcalquier, le Vaucluse (le Comtat) est quasiment absent. Cf. Février 1964, préface, p. 1.

[4] Février 1964, préface, p. 3.

[5] Février 1964, préface, p. 2 ; cf. Février 1974, p. 42 : « celui que le hasard d'une recherche a fait devenir un historien de l'Antiquité ».

[6] Duby *et al.* 1980 ; cf. ici-même, la contribution de Xavier Lafon.

[7] *Archéologie urbaine* 1980.

[8] Seize volumes parus entre 1986 et 2013. Paul-Albert Février a été associé dès 1975 à ce projet, pour lequel il a rédigé la majorité des notices les villes du midi méditerranéen (vol. II, III et VII).

[9] Trois volumes parus (1998, 2000 et 2009). Voir en particulier pour le rôle de Paul-Albert Février dans ce projet, Rivet 2004.

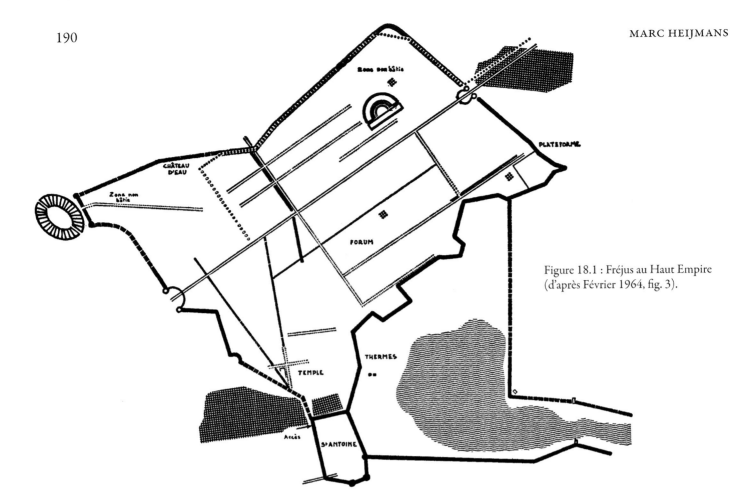

Figure 18.1 : Fréjus au Haut Empire (d'après Février 1964, fig. 3).

peu plus tardif des villes de la Provence orientale et de la Ligurie (Antibes, Cimiez, Vintimille). Si Paul-Albert Février observait que certains secteurs des villes, comme à Fréjus, n'ont peut-être jamais été habités et si, toujours à propos de Fréjus, il se demandait « si les constructeurs de l'époque augustéenne n'ont pas vu trop grand en prévoyant une ville aussi étendue »[10] (Fig. 18.1), il insistait sur un point important : « Cette évolution des villes de Provence n'a pas été brutalement interrompue à la fin du IIIe siècle par la transformation qui a si profondément marqué les autres cités de la Gaule »[11]. Il faisait allusion à ce qui lui semblait être une caractéristique des villes provençales, l'absence d'enceintes de « basse époque » telles qu'on les connaît dans d'autres cités de la Gaule, c'est-à-dire de murailles incorporant en fondations des blocs de récupération avec des élévations en petit appareil et arases de briques, enceintes qui n'englobent qu'une partie de la superficie des villes du Haut Empire. Les « enceintes réduites », dont il constatait la présence en Provence, seraient selon lui des constructions médiévales. Il ne reconnaissait qu'une seule exception, l'enceinte d'Arles, dont il admettait un état intermédiaire,

mais « l'on n'en sait point la date »[12]. Le faible nombre de trésors monétaires datés de la période 250-280 trouvés dans la vallée du Rhône serait également une preuve de la relative tranquillité avec laquelle la Provence a passé cette époque[13]. Pour Paul-Albert Février, les villes où le christianisme se développe à partir du IVe siècle sont « presque semblables » à celles des IIe et IIIe siècles[14].

Pour la ville chrétienne, dont je ne traiterai pas ici, il insistait, sans doute à juste titre, sur le fait que les groupes épiscopaux de l'Antiquité tardive étaient construits à l'intérieur des agglomérations, et, à quelques exceptions près (Aix, Arles, Riez), à l'emplacement où se trouvent encore les cathédrales médiévales. Avec prudence, il évoquait la possibilité que ces cathédrales primitives fussent des « cathédrales doubles », et la probabilité de l'apparition de sépultures *intra muros*, cela notamment à partir du dossier textuel d'Arles et du monastère Saint-Jean fondé par Césaire au début du VIe siècle[15].

---

[10] Février 1964, p. 34.

[11] Février 1964, p. 43 ; cf. p. 211.

[12] Février 1964, p. 44.

[13] Cf. les cartes publiées par Koethe 1942 (1950), qui faisaient autorité à l'époque.

[14] Février 1964, p. 212.

[15] Février 1964, p. 67-69.

Figure 18.2 : Plan schématique de Fréjus antique et médiévale (d'après Février 1980/81-1981/82, fig. 1).

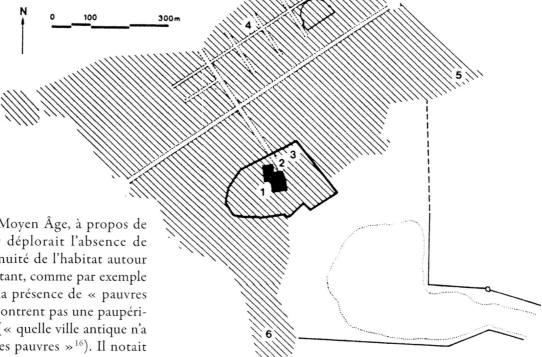

Quant à la ville du Haut Moyen Âge, à propos de laquelle Paul-Albert Février déplorait l'absence de fouilles, il soulignait la continuité de l'habitat autour des cathédrales, tout en admettant, comme par exemple dans les thermes de Cimiez, la présence de « pauvres masures » qui, selon lui, ne montrent pas une paupérisation de l'ensemble de la cité (« quelle ville antique n'a pas connu ses bidonvilles et ses pauvres »[16]). Il notait également les cas fréquents d'abandon de l'habitat de plaine au profit d'une colline voisine, comme à Riez ou à Castellane, voire de déplacement sur une distance plus longue, soit temporaire comme celui de l'évêque de Carpentras attesté comme évêque de Venasque entre 541 et 573, soit définitif quand, avant la fin du Ve siècle, Viviers remplace Alba comme évêché, processus sans lien nécessaire avec des problèmes de menaces ou de dangers. La raison évoquée par lui était la position de Viviers sur l'axe commercial rhodanien. Ces mêmes considérations économiques étaient sans doute aussi à l'origine de l'importance prise par des villes côtières, comme Toulon devenu évêché avant le milieu du Ve siècle, ou Maguelonne au VI[e][17]. Quant à l'existence d'une enceinte de l'Antiquité tardive ou du Haut Moyen Âge, Paul-Albert Février admettait qu'elle « n'est pas à exclure », à l'instar de celle d'Albenga datable du début du Ve siècle[18], mais c'est une possibilité qu'il n'évoqua plus par la suite. L'image que dressait ainsi Paul-Albert Février dans sa thèse, qui témoignait d'une grande prudence et du refus d'avancer des hypothèses mal étayées, était néanmoins celle d'une grande continuité, réfutant expressément la notion de décadence et les explications trop simplistes.

Tout au long de sa carrière, Paul-Albert Février est resté fidèle à ces idées et il y est revenu à plusieurs reprises.

Je ne citerai pas tous les articles de sa riche bibliographie, mais certains me paraissent assez significatifs. Parmi ceux-là, sa longue contribution aux *Settimane di Studio* de Spolète, en 1973, « Permanence et héritages de l'Antiquité dans la topographie des villes de l'Occident durant le Haut Moyen Âge » dont le cadre dépassait celui de la Provence[19] ; puis en 1978, « Problèmes de l'habitat du Midi méditerranéen à la fin de l'Antiquité et dans le Haut Moyen Âge », qui s'intéressait aussi au monde rural[20] ; en 1980, ce fut sa contribution à l'*Histoire de la France urbaine*[21], évoquée ici par Xavier Lafon ; enfin, au début des années 1980, il revint dans deux articles plus limités sur les origines des villes médiévales, donc à l'approche qu'il avait eue dans son *Développement urbain en Provence*. Dans ces deux derniers articles, le premier concernait plus particulièrement Aix et Fréjus[22], le second Arles et Marseille[23]. Ils constituaient en quelque sort l'aboutissement de ses pensées. Paul-Albert Février reprenait lui-même, à la lumière de 20 ans de fouilles dans les villes provençales, ses réflexions et hypothèses, sans prétendre pouvoir proposer désormais un « modèle du

---

16 Février 1964, p. 80.

17 Voir dans ce volume la contribution de Claude Raynaud.

18 Février 1964, p. 77.

19 Février 1974.

20 Février 1978.

21 Février 1980a et 1980b.

22 Février 1980/81-1981/82.

23 Février 1983, p. 316-335.

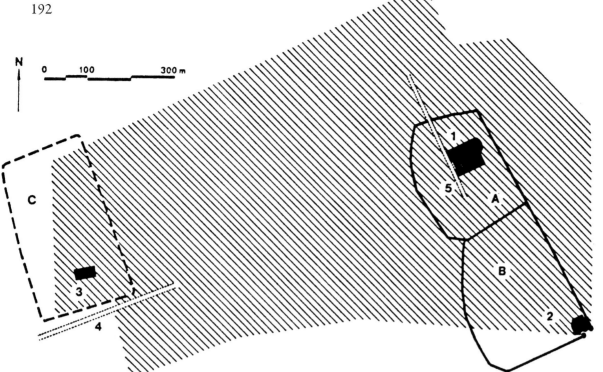

Figure 18.3 : Plan schématique d'Aix antique et médiévale (d'après Février 1980/81-1981/82, fig. 3).

devenir de la ville dans le Midi », mais, fidèle aux habitudes de son enseignement, il concluait « plus m'importe de poser des questions que de trouver des solutions »[24].

À Fréjus, trois chantiers avaient donné des indications sur la ville tardo-antique ou alto-médiévale. Sur la butte Saint-Antoine, des silos perforant des sols antiques pourraient témoigner d'une mise en culture des terres au XIIe siècle (Fig. 18.2, n° 6). Au Clos de la Tour, dans la partie nord-est de la ville (Fig. 18.2, n° 4), des monnaies du IVe siècle, retrouvées sous une toiture effondrée en bordure d'un *decumanus*, lui semblaient indiquer une certaine continuité de l'occupation de ce secteur résidentiel, ce qui confirmait son hypothèse de l'absence d'une réduction de la superficie urbaine au IVe siècle. Enfin, des chantiers au nord de la cathédrale médiévale (Fig. 18.2, n° 1-3) avaient livré des tombes du XIe siècle dans un secteur urbanisé à partir des XIIe/XIIIe siècles, avec le regroupement de l'habitat autour des églises ; il pensait alors que l'enceinte médiévale ne remontait qu'à la seconde moitié du XIVe siècle.

La deuxième ville étudiée par Paul-Albert Février est Aix-en-Provence, où les fouilles de Jean Guyon et Lucien Rivet avaient mis au jour une grande place au sud de la cathédrale Saint-Sauveur, qu'ils hésitaient encore à interpréter comme le *forum* (Fig. 18.3, n° 5). La place avait été remblayée et des tombes creusées au XIe siècle, voire antérieurement, alors que les travaux de Rollins Guild prouvaient que seules les fondations du baptistère étaient antiques, les élévations remontant également au XIe siècle. Pour Aix aussi, Paul-Albert Février constatait des espaces vides dans la ville médiévale, restructurée autour de la cathédrale aux XIe-XIIe siècles. Du côté opposé, dans la partie occidentale de la ville, les fouilles menées au Cours des Minimes, sur le tracé du *decumanus*[25] (Fig. 18.3, n° 4), et à l'enclos de la Seds (Fig. 18.3, n° 4) avaient montré une occupation tardive de ces secteurs.

Quant à Arles, objet avec Marseille du second article, les fouilles des années 1970 avaient mis en évidence l'extension de l'habitat au sud de la ville, région qui était encore en partie occupée au IVe siècle[26] (Fig. 18.4). Pour la rive droite (Trinquetaille), la thèse de Maryse Dampeine, soutenue en 1980 sous la direction de Paul-Albert Février, consacrée pour une part à la collection des mosaïques de la cité, montrait que ces secteurs étaient encore occupés par de grandes demeures au IVe siècle[27]. D'autre part, la fondation au VIe siècle d'un monastère réputé *intra muros* à l'emplacement de l'église paroissiale Sainte-Croix indiquerait selon lui, que le quartier de la Roquette était également encore occupé

---

[24] Février 1983, p. 317.

[25] Et non pas du *cardo*, comme il est dit, Février 1980/81-1981/82, p. 376.

[26] Contrairement à l'étude précédente, cet article était dépourvu de plans des villes. Nous avons donc choisi d'illustrer les propos de Paul-Albert Février par deux plans presque contemporains, issus du 3e volume de la *Topographie chrétienne des cités de la Gaule* publié en 1986.

[27] Dampeine 1980.

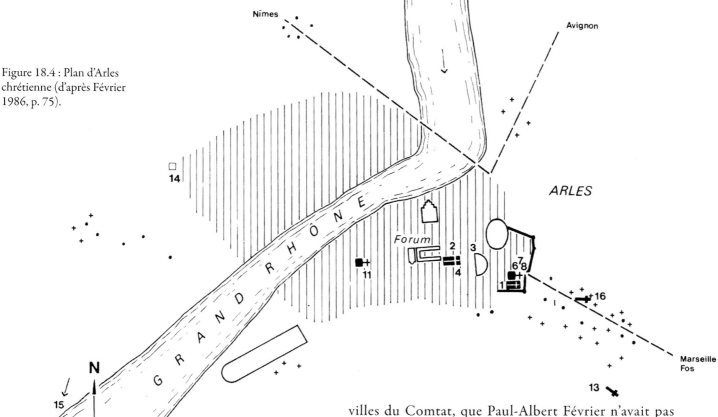

Figure 18.4 : Plan d'Arles chrétienne (d'après Février 1986, p. 75).

à cette époque (Fig. 18.4, n° 11). L'usage comme habitat tardif du cirque, révélé par les fouilles conduites au milieu des années 1970, avait valeur de confirmation. Quant à l'enceinte réduite, Paul-Albert Février maintenait son idée selon laquelle il s'agissait d'une construction des XIe-XIIe siècles.

À Marseille, quasiment absente de sa thèse, en tout cas pour la période antique, les fouilles de la Bourse, et d'autres, avaient livré des niveaux de l'Antiquité tardive à l'intérieur comme à l'extérieur de l'enceinte dont on connaissait un peu mieux les contours (Fig. 18.5). Ces fouilles avaient en particulier montré que le rempart hellénistique avait été doublé au Ve siècle par un avant-mur et que la corne du port avait commencé à être occupée par les habitats. D'autre part, il lui paraissait certain que tout l'espace *intra muros* n'était pas utilisé.

Ces deux articles donnaient également l'occasion de revenir sur le cas d'autres villes qui révélaient, un peu à l'instar d'Aix ou de Fréjus, l'image d'une cathédrale à la campagne, comme Vaison, Digne ou Riez[28]. Pour les villes du Comtat, que Paul-Albert Février n'avait pas intégrées dans son étude de 1964, il refusait d'admettre l'existence d'une enceinte réduite à Apt[29] comme à Avignon, même s'il admettait que, dans ce dernier cas, Grégoire de Tours mentionne bien une enceinte[30]. Enfin, en faisant une petite excursion extra-provençale[31], il observait à propos de l'enceinte qui venait d'être découverte à Nîmes sous le Palais de Justice, à peu de distance à l'est de l'amphithéâtre, que cette construction n'était pas forcément celle mentionnée au VIIe siècle par Julien de Tolède ; selon lui, l'enceinte augustéenne formait encore la limite de la ville au début du Moyen Âge, à l'intérieur de laquelle le paysage s'était fortement ruralisé.

Plus généralement, Paul-Albert Février tirait de ces exemples l'image d'une ville médiévale qui semble naître au XIe et surtout aux XIIe et XIIIe siècles, sans forcément beaucoup de liens avec la ville antique dont les vestiges avaient en grande partie disparus du paysage. Seules les constructions chrétiennes avaient pu assurer une certaine continuité. Cette rupture entre la ville antique et la ville médiévale ne serait pas intervenue avant le VIe siècle, voire la seconde moitié de ce siècle, et Paul-Albert Février suggérait une explication en lien avec la peste[32].

---

28 Février 1980/81-1981/82, p. 381.

29 Février 1983, p. 331-332.

30 Février 1983, p. 332-333.

31 Février 1983, p. 333-334.

32 Février 1980/81-1981/82, p. 382.

Figure 18.5 : Plan de Marseille chrétienne (d'après Guyon 1986, p. 123).

Je crois avoir rencontré Paul-Albert Février pour la première fois en 1987, lorsque, inspiré par la lecture de sa thèse, j'avais fait un séjour au Centre Camille Jullian pour préparer mon mémoire de fin d'étude en archéologie à l'Université de Leyde. Mon travail était précisément consacré à une analyse des interprétations de Paul-Albert Février relatives à la ville tardo-antique, et notamment à la question des enceintes. Il concernait les cas d'Aix-en-Provence, Arles, Béziers, Narbonne, Nîmes et Vienne[33].

Essentiellement intéressé par les questions méthodologiques, mon étude visait notamment à analyser les arguments avancés pour l'attribution d'une enceinte de l'Antiquité tardive, ou, au contraire, pour la refuser. Le point de départ était le cas de l'enceinte tardive de Nîmes, à propos de laquelle, à une année d'intervalle, des opinions diamétralement opposées avaient été émises sur sa datation[34] ; j'ai eu souvent l'occasion de citer cet exemple.

Ma première conclusion était que l'importance et l'impact des invasions du IIIe siècle ont été sans doute assez limités dans le Midi de la Gaule, et qu'il ne fallait pas surestimer la signification des trésors monétaires ni celle des « couches d'incendie ». J'étais donc en accord avec Paul-Albert Février pour conclure qu'il n'y avait pas de raison décisive pour attribuer au IIIe siècle la construction des enceintes du Sud-Est de la Gaule, comme cela avait parfois été avancé et comme, par exemple, les archéologues narbonnais continuent de le défendre[35]. Il m'a semblé, en revanche, qu'on ne pouvait pas le suivre dans son idée d'une ville provençale qui n'aurait pas subi de modifications entre le Haut Empire et le IVe siècle,

---

[33] Heijmans 1988.

[34] Dedet, Garmy, Pey 1981, p. 147-163 ; Barruol, Gascou, Bessac 1982 ; cf. Heijmans 2004a, p. 111-112.

[35] Dellong (dir.) 2002, p. 147. En 2007, Olivier Ginouvez et Dominique Moulis, avec qui j'ai souvent discuté de ces questions, semblent moins certains (« Narbonne serait dotée d'une enceinte réduite, édifiée à la fin du IIIe siècle. Peut-être l'est-elle plus tardivement (Ve siècle). Qu'importe finalement »), cf. Ginouvez, Moulis 2007, p. 4. En revanche, Sandrine Agusta-Boularot et al. 2014, p. 65 et p. 77, retiennent, sans discussion, la date de la fin du IIIe siècle ; plus récemment, Cyril Courrier, dans sa contribution aux ILN-Narbonne, signale simplement que le rempart est construit avant le Ve siècle (Courrier 2021, p. 214).

18. *LE DÉVELOPPEMENT URBAIN EN PROVENCE « REVISITÉ »*

Figure 18.6 : La Narbonnaise au Haut Empire – les villes pourvues d'une fortification sont identifiées par un cercle (DAO M. Heijmans).

voire le Vᵉ siècle. Au contraire, les fouilles montrent que la superficie habitée des villes provençales s'est considérablement réduite au cours du IIIᵉ siècle, parfois dès le siècle précédent, et que, de ce point de vue, la ville des années 300 était plus proche de la ville médiévale que de celle du Haut Empire.

Quant aux enceintes tardives, il m'avait semblé que, certes, il y avait pour chacune peu d'éléments pour en dater la construction, mais qu'un faisceau d'indices plaidait plutôt en faveur de la première moitié du Vᵉ siècle, ce que j'expliquais par une volonté du pouvoir romain de protéger la Provence contre les menaces que faisaient peser les Wisigoths installés en 418 en Aquitaine. Arrivé définitivement en Provence au printemps 1989, je n'ai jamais réellement eu l'occasion de discuter de ces questions avec Paul-Albert Février. Il m'avait accordé une dispense de DEA pour commencer ma thèse sur Arles durant l'Antiquité tardive, finalement soutenue en 1997 sous la direction de Jean Guyon et publiée en 2004[36].

Qu'en est-il maintenant de l'évolution de la ville provençale tardo-antique, 60 ans après la publication de la thèse de Paul-Albert Février, et 30 ans après sa disparition ? Je limiterai mes propos à l'évolution de la topographie profane, laissant de côté les questions de la topographie chrétienne.

Trente ans de fouilles urbaines semblent confirmer l'image d'une ville augustéenne souvent cernée par une enceinte, bien que la datation augustéenne ne soit pas toujours aussi bien assurée que l'on a parfois tendance à le croire[37] (Fig. 18.6). Des fouilles récentes ont relevé l'existence d'une enceinte du Haut Empire dans des villes où l'on ne les soupçonnait pas, comme à Carpentras ou, en Drôme provençale, à Saint-Paul-Trois-Châteaux. Ailleurs, on n'a pas toujours preuve de l'existence d'une telle enceinte, même dans une ville comme Avignon, pourtant colonie de droit latin. Mais ce serait une exception car toutes les autres villes de la vallée du Rhône étaient fortifiées[38]. Plus à intérieur de la Provence, les enceintes sont plus rares, car, à l'exception d'Aix-en-

---

36 Heijmans 1997 ; 2004a.

37 Je me permets de renvoyer à Heijmans 2018b.

38 Je serai en effet moins affirmatif que les auteurs de la *CAG* 84/04, notice p. 114-115, d'autant plus que, contrairement à ce qui a été prétendu, Avignon était bien une colonie augustéenne. Cf. Christol, Heijmans 1992.

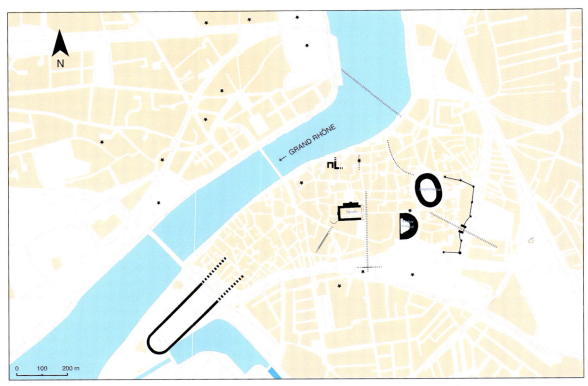

Figure 18.7 : Arles : sites abandonnés au IIIe siècle (DAO M. Heijmans).

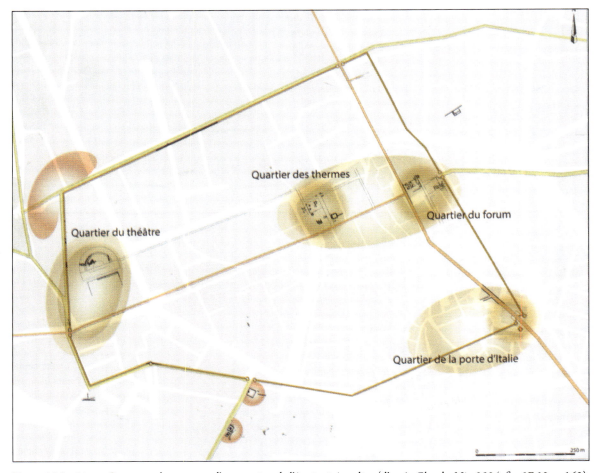

Figure 18.8 : Aix-en-Provence : les secteurs d'occupation de l'Antiquité tardive (d'après Claude, Nin 2024, fig. 17.12, p. 163).

Provence, elles ne se trouvent associées qu'aux villes côtières, comme à Fréjus ou, peut-être, à Antibes.

À l'intérieur de cette enceinte, tout l'espace n'était pas forcément entièrement urbanisé et bâti. On le savait déjà pour des villes comme Nîmes ou Vienne, dotées de vastes enceintes à l'intérieur desquelles de larges surfaces, notamment sur les collines, ne furent jamais occupées. Mais des fouilles récentes ont montré que c'était également le cas par exemple à Aix, où des secteurs *intra muros* proches de l'enceinte, au sud, étaient dévolus à des activités agricoles et artisanales[39]. À l'extérieur des remparts, les nécropoles se développent le long des voies d'accès et, depuis ces dernières années, plusieurs secteurs funéraires ont fait l'objet de fouilles et de publications détaillées, comme à Aix[40] ou à Marseille[41].

En 1995, un colloque organisé par Jean-Luc Fiches et publié l'année suivante avait donné l'occasion de revenir plus généralement sur le problème de la « crise » du IIIe siècle en Gaule narbonnaise[42]. Les contributions ont confirmé l'abandon progressif des quartiers périurbains dans les villes, parfois dès le IIe siècle, sans lien avec d'éventuelles invasions, mais plutôt en raison de leur position géopolitique ; les provinces les plus proches du *limes* ont pris de l'importance au détriment d'autres, dont la Narbonnaise.

L'accumulation des opérations archéologiques et les précisions des datations ont permis d'affiner et de nuancer cette évolution des quartiers périurbains, qu'ils soient situés à l'intérieur ou à l'extérieur de l'enceinte. Pour ce dernier cas, on pense évidemment à la ville d'Arles (Fig. 18.7), où, aussi bien sur la rive droite du Rhône (le quartier actuel de Trinquetaille) qu'au sud, les maisons sont abandonnées vers 260-270 pour ne plus être reconstruites. Bien au contraire, des tombes sont creusées dans les ruines des *domus*, comme à Saint-Genest ou au Jardin d'Hiver. Certes, des fouilles récentes ont montré une occupation plus longue près du Rhône (Gare Maritime ; gare de Camargue), justifiant ainsi l'expression *Duplex Arelas*, mais cela n'atténue en rien l'image d'un quartier en grande part abandonné. Le phénomène touche aussi des secteurs à l'intérieur de la ville. Toujours à Arles, plusieurs opérations de fouilles récentes ont montré que certaines parties du centre de la ville n'ont pas été épargnées par des abandons à cette même période[43]. Pour rester dans la vallée du Rhône, à Orange, les dernières fouilles montrent également des cas d'abandon et de destruction, tant à l'extérieur de l'enceinte (La Brunette) qu'à l'intérieur (Saint-Florent). Mais ils ne semblent pas intervenir avant le milieu du IIIe siècle[44], comme dans le cas des quartiers périphériques d'Arles. La situation à Avignon paraît plus contrastée et les premières traces d'abandon semblent plus précoces, mais les fouilles récentes, et donc *a priori* plus fiables, sont peu nombreuses.

Pour les villes plus éloignées du Rhône, il en irait un peu différemment : à Aix, l'abandon de certains quartiers résidentiels pourrait avoir commencé plus tôt, dès la fin du IIe siècle dans certains secteurs, au cours du siècle suivant ailleurs, ne laissant subsister que des noyaux d'habitations autour de quelques monuments publics, le théâtre à l'est, les thermes, le *forum* et la porte d'Italie[45] (Fig. 18.8).

Sur le littoral, à Fréjus, la situation apparente est tout aussi contrastée. Si le quartier du Clos de la Tour est encore habité au début du IVe siècle comme l'avait déjà observé Paul-Albert Février, les fouilles récentes[46] ont montré, comme à Aix, des évolutions plus variées, avec des secteurs abandonnés plus tôt, alors que d'autres continuent à être fréquentés, notamment dans la partie méridionale de la ville, près du port et du groupe épiscopal, même si, dans ce dernier cas, les preuves archéologiques font encore défaut[47].

La situation est plus difficile à appréhender pour des villes qui sont restées probablement ouvertes, comme Apt, Riez ou Vaison, ou dans des villes plus reculées, dans les montagnes, qui demeurent souvent moins bien connues, telles Digne, où un bâtiment est encore reconstruit et occupé jusque vers 400[48], ou Embrun.

En tout cas, on ne peut plus suivre l'opinion de Paul-Albert Février selon laquelle la ville chrétienne était comparable à celle du Haut Empire. L'occupation était plus clairsemée autour de plusieurs pôles d'attraction, souvent des monuments publics du Haut Empire, mais

---

[39] Huguet *et al*. 2014.

[40] Nin 2006.

[41] Moliner *et al*. 2003.

[42] Fiches (dir.) 1996. Deux villes provençales ont été présentées, Aix-en-Provence et Arles.

---

[43] Heijmans 2008.

[44] Roumégous, Mignon 2009, p. 137.

[45] Guyon, Nin 2014, p. 297-301.

[46] Voir la contribution de Michel Pasqualini dans cette publication.

[47] Voir la synthèse chronologique dans Rivet, Brentchaloff, Roucole, Saulnier 2000, p. 484-486 ; Garcia 2011 ; Excoffon, Garcia 2023.

[48] Sélèque 2019.

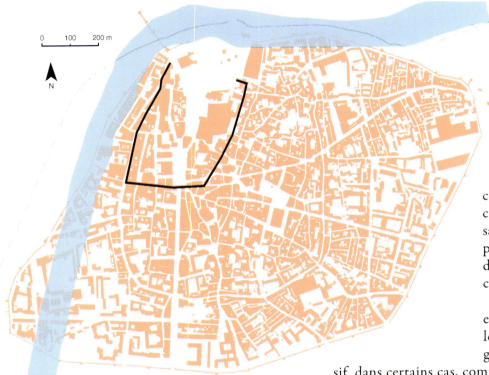

Figure 18.9 : Avignon : l'enceinte de l'Antiquité tardive (DAO M. Heijmans).

également le groupe épiscopal autour desquels l'habitat se concentre. On arrive donc au cours des IVᵉ et Vᵉ siècles à une cité polynucléaire, le plus souvent à l'intérieur d'une enceinte désormais trop vaste.

Qu'en est-il justement des enceintes ? Comme je l'ai dit en introduction, Paul-Albert Février n'admettait pas l'existence d'« enceintes réduites » et il a sans doute eu raison de réfuter l'attribution au IIIᵉ siècle de toutes les enceintes médiévales. On ne peut cependant pas aussi simplement exclure la Provence de ce qui est l'une des caractéristiques des villes tardo-antiques, la construction de nouvelles fortifications, notamment au Vᵉ siècle, et ce partout dans l'Empire[49].

Ces nouvelles enceintes ne sont pas, le plus souvent, des constructions entièrement *ex nihilo*, mais s'appuient en grande partie sur des monuments préexistants, comme à Arles, à Avignon (Fig. 18.9) ou à Orange. Elles englobent en général le centre civique, mais aussi religieux, car les groupes épiscopaux qui se développent au Vᵉ siècle se trouvent toujours *intra muros*, et le plus souvent près de l'enceinte. Même dans des villes comme Aix ou Fréjus, où aucun indice archéologique ne suggère la présence d'une fortification réduite, faut-il supposer que, jusqu'à un Moyen Âge avancé, on se serait contenté, comme seule défense, de l'enceinte augustéenne dont on sait par ailleurs qu'elle était en partie démolie ? Comme je l'ai déjà dit ailleurs, j'ai du mal à le croire[50].

Si les anciennes enceintes, encore bien présentes dans le paysage, avaient perdu en grande partie leur rôle défensif, dans certains cas, comme à Aix (ou à Nîmes), elles semblent avoir gardé leur fonction de séparation entre le monde des vivants et celui des morts. Le texte évoqué par Paul-Albert Février en 1964 pour soutenir l'idée que l'entrée des morts était devenue chose courante au cours du VIᵉ siècle est sans doute à nuancer[51]. Malgré quelques tombes privilégiées au sein des groupes épiscopaux[52], les nécropoles restent à l'extérieur de la ville durant tout le Haut Moyen Âge. Orange pourrait cependant être une exception, où, sur la colline contre laquelle s'appuie le théâtre, était construite au Vᵉ siècle la basilique funéraire de l'évêque Eutrope[53]. Mais la colline était-elle encore considérée comme « urbaine » ? C'est à Fréjus que l'on semble trouver le seul exemple de sépultures *intra muros*, comme l'avait déjà observé Paul-Albert Février[54]. Dès le Vᵉ siècle, des tombes sont creusées dans des ruines des secteurs abandonnés ou dans les rues, alors que rien ne suggère des tombes privilégiées[55]. Paul-Albert Février en a induit une modification du *pomerium*, sans aller toutefois au bout du raisonnement. N'est-il pas tentant de voir en cela un argument pour la restitution d'une « enceinte réduite » ?

---

[49] Heijmans 2018b, 2019 et 2020, et plus généralement Intagliata *et al*. 2020.

[50] Cf. également la réflexion à propos d'Aix, dans Guyon, Nin 2014, p. 299.

[51] Heijmans 2004b.

[52] Comme à Aix : Guyon, Nin 2014, p. 304.

[53] Roumégous, Mignon 2009, p. 137-138.

[54] Février 1964, p. 67.

[55] Garcia 2011, p. 207-208 ; Excoffon, Garcia 2023, p. 150-153.

Figure 18.10 : Apt : l'occupation tardive du théâtre (relevé Fr. Chardon, P. De Michèle – DAO P. De Michèle, SADV).

Un phénomène que Paul-Albert Février n'a pas reconnu en tant que tel, à une époque où l'on faisait difficilement la distinction entre occupation, fréquentation ou récupération, est celui de la réoccupation des monuments publics ou des maisons par des constructions modestes, parfois désignées un peu abusivement comme des « squats ». Il avait certes admis l'existence de « pauvres masures » dans les thermes de Cimiez, mais il n'en avait sans doute pas mesuré l'ampleur. Ces habitats ont été particulièrement étudiés à Arles, où l'on voit des maisons s'élever sur les places publiques ou à l'intérieur des monuments de spectacles[56]. Mais les fouilles des théâtres d'Aix par Nuria Nin[57] ou d'Apt par Patrick De Michèle[58] (Fig. 18.10), montrent d'autres exemples de cette appropriation de l'espace public par les particuliers. Ce phénomène, que l'on voit un peu partout dans l'Empire à partir de la fin du IVe siècle et qui s'amplifie au siècle suivant, peut être la conséquence de la réduction de l'autorité de l'État au profit du christianisme naissant, devenu religion d'État sous Théodose[59].

Ainsi, l'image de l'évolution de la ville en Provence durant l'Antiquité, telle que la présentait Paul-Albert Février, doit être nuancée. Il me paraît difficile de suivre son optimisme d'une continuité quasiment sans rides entre le Ier et le VIe siècle. S'il n'y a pas eu, à quelques exceptions près, une rupture brutale à la fin du IIIe siècle, mais plutôt une lente évolution qui s'est amorcée parfois dès la fin du IIe siècle, il n'en demeure pas moins qu'autour de 300, le paysage urbain avait beaucoup changé, avec des secteurs plus ou moins délaissés, alternant avec des noyaux d'habitations dont l'un, à partir du Ve siècle, autour de la cathédrale, parfois protégée par une nouvelle enceinte. Les épidémies de peste qui touchent la Provence à partir de la seconde moitié du VIe siècle, et que Paul-Albert Février avait évoquées comme possible point de rupture, n'ont fait qu'aggraver une évolution déjà amorcée[60], sans parler d'éventuelles variations climatiques encore sujets à de nombreux débats[61].

En 1964, Paul-Albert Février regrettait l'absence de fouilles urbaines informant sur le Haut Moyen Âge. Force est de constater que, 60 ans plus tard, cette situation ne s'est guère améliorée. Si l'on peut suivre désormais un peu mieux l'évolution des villes antiques jusqu'au VIe siècle, parfois au début du VIIe siècle, on reste toujours assez mal renseigné pour les VIIe et VIIIe/IXe siècles. Dans les recherches à venir, le défi sera donc de combler ce grand vide qui sépare les deux périodes étudiées par Paul-Albert Février dans sa thèse, ce vide de documents archéologiques d'un côté, ce vide de sources écrites de l'autre, afin de pouvoir comprendre mieux encore *Le développement urbain en Provence*.

---

[56] Heijmans 2004a, p. 353-387.

[57] Nin 2008.

[58] De Michèle 2007.

[59] Heijmans 2018a, p. 80.

[60] De ce point de vue, j'ai donc plutôt tendance à suivre l'idée d'une rupture, qui a également été défendue, par exemple, par Bryan Ward-Perkins dans son ouvrage sur la chute de Rome (Ward-Perkins 2005).

[61] Leveau 2021.

Bibliographie

Agusta-Boularot S., Ginouvez O., Lasalle A., Mathieu V., Sanchez C. 2014, « Modalité du démantèlement des lieux de culte et politique de grands travaux de l'Antiquité tardive à *Narbo Martius* », *Gallia* 71.1, p. 65-77.

Barruol G., Gascou J., Bessac J.-Cl. 1982, « Nouvelles inscriptions exhumées d'une enceinte du Bas-Empire à Nîmes », *Revue archéologique de Narbonnaise* 15, p. 273-318.

Christol M., Heijmans M. 1992, « Les colonies latines de Narbonnaise : un nouveau document d'Arles mentionnant la *Colonia Iulia Augusta Avennio* », *Gallia* 49, p. 37-44.

Claude S., Nin N. 2024, « L'évolution urbaine d'Aix-en-Provence des origines au Moyen Age : Dans le sillage de Paul-Albert Février, héritage ou rendez-vous manqué ? », dans M. Fixot et V. Blanc-Bijon, *Relire Paul-Albert Février*, Turnhout (Bibliothèque de l'Antiquité tardive 43), p. 149-186.

Courrier C. 2021, « Aux sources de l'épigraphie : tradition antiquaire et recueils d'inscriptions à Narbonne (XVIe-XVIIIe s.) », dans *Inscriptions latines de Narbonnaise*, IX.1. *Narbonne*, Paris, p. 213-243.

Dampeine M. 1980, *Recueil des mosaïques des Bouches-du-Rhône et du Var* (Thèse de IIIe cycle, Université de Provence).

Dedet B., Garmy P., Pey J. 1981, « Découverte d'une enceinte de l'Antiquité tardive ou du Haut Moyen Âge à Nîmes (Gard) », *École antique de Nîmes. Bulletin annuel*, n.s. 16, p. 147-163.

Dellong E. (dir.) 2002, *Narbonne et le Narbonnais, 11/1*, Paris (Carte archéologique de la Gaule) [p. 147, notice D. Moulis].

De Michèle P. 2007, « Le théâtre antique d'Apt (Vaucluse) aux Ve et VIe siècles », *Antiquité tardive* 15, p. 127-144.

Duby G. (dir.) et al. 1980, *Histoire de la France urbaine*, I. *La ville antique des origines au IXe siècle*, Paris.

Excoffon P., Garcia H. 2023, « Déprise urbaine et dépeuplement à Fréjus. Entre abandon et continuité (IVe-VIIIe siècles) », dans *Perchement et réalités fortifiées en Méditerranée et en Europe*, Oxford, p. 144-155.

Février P.-A. 1964, *Le développement urbain en Provence de l'époque romaine à la fin du XIVe siècle. Archéologie et histoire urbaine*, Paris (BEFAR, 202).

—— 1974, « Permanence et héritages de l'Antiquité dans la topographie des villes de l'Occident durant le Haut Moyen Âge », dans *Settimane di Studio*, XXI (1973), Spolète, p. 41-138 (= *La Méditerranée de Paul-Albert Février*, I, p. 379-494).

—— 1978, « Problèmes de l'habitat du Midi méditerranéen à la fin de l'Antiquité et dans le Haut Moyen Âge », *Jahrbuch des Römisch-Germanischen Zentralmuseums Mainz* 25, p. 208-247 (= *La Méditerranée de Paul-Albert Février*, II, p. 1059-1098).

—— 1980a, « D'Auguste au VIe siècle : transformations dans le réseau des cités », dans Duby *et al.* 1980, p. 109-123.

—— 1980b, « *Vetera et nova* : le poids du passé, les germes de l'avenir, IIIe-VIe siècles », dans Duby *et al.* 1980, p. 399-493.

—— 1980/81-1981/82, « Approche de villes médiévales de Provence (Réflexions à partir de deux fouilles faites à Fréjus et Aix) », *Rendiconti della Pontificia Accademia romana di Archeologia* 53-54, p. 369-382.

—— 1983, « Aux origines de quelques villes médiévales du Midi de la Gaule », *Rivista di Studi liguri* 49, p. 316-335 (= *La Méditerranée de Paul-Albert Février*, II, p. 1173-1192).

—— 1986, « Arles », dans *Topographie chrétienne des cités de la Gaule des origines au milieu du VIIIe siècle*, III. *Provinces ecclésiastiques de Vienne et d'Arles*, Paris, p. 73-84.

Fiches J.-L. (dir.) 1996, *Le IIIe siècle en Gaule Narbonnaise. Données régionales sur la crise de l'Empire (Actes de la table ronde du GDR 954 "Archéologie de l'espace rural méditerranéen dans l'Antiquité et le Haut Moyen Âge", Aix-en-Provence - La Baume, 15-16 septembre 1995)*, Sophia Antipolis.

Garcia H. 2011, « Fréjus à l'aube de la ville épiscopale », dans M. Pasqualini (dir.), *Fréjus romaine. La ville et son territoire. Agglomérations de Narbonnaise, des Alpes-Maritimes et de Cisalpine à travers la recherche archéologique (Actes du 8e colloque historique, Fréjus, 8-10 octobre 2010)*, Fréjus - Antibes, p. 203-309.

Ginouvez O., Moulis D. 2007, « Narbonne intra-muros : découverte d'une nouvelle église du Haut Moyen Âge », *Archéologie du Midi médiéval* 25, p. 3-18.

Guyon J. 1986, « Marseille », dans *Topographie chrétienne des cités de la Gaule des origines au milieu du VIIIe siècle*, III. *Provinces ecclésiastiques de Vienne et d'Arles*, Paris, p. 121-133.

Guyon J., Nin N. 2014, « La fin de l'Antiquité à Aix », dans Nin (dir.) 2014, p. 296-305.

Heijmans M. 1988, Intra muros. *De laat-antieke stadsmuren in* Gallia Narbonensis. *Een probleem van historische topografie*, Leyde.

—— 1997, *Duplex Arelas. Topographie historique de la ville d'Arles et de ses faubourgs de la fin du IIIe siècle au IXe siècle* (Thèse de Doctorat, Université de Provence).

—— 2004a, *Arles durant l'Antiquité tardive. De la Duplex Arelas à l'Urbs Genesii*, Rome (CEFR, 324).

—— 2004b, « P.-A. Février et la topographie d'Arles à la fin de l'Antiquité », dans M. Fixot (dir.), *Paul-Albert Février, de l'Antiquité au Moyen Âge (Actes du colloque de Fréjus, 7 et 8 avril 2001)*, Aix-en-Provence, p. 63-72.

—— 2008, « Le déclin de la ville », dans J.-M. Rouquette (dir.), *Arles, des origines à nos jours*, Paris, p. 207-210.

—— 2018a, « L'entretien des centres civiques dans les provinces occidentales de l'Empire (IVe-VIIe siècles) », *Antiquité tardive* 26, p. 73-83.

—— 2018b, « Les enceintes médiévales en Provence : l'héritage de l'Antiquité », dans *Les enceintes médiévales et modernes en Provence, Provence historique* 68.263, p. 17-35.

—— 2019, « Les fortifications urbaines dans le Sud-Est de la Gaule », dans D. Bayard, J.-P. Fourdrin (dir.), *Villes et fortifications de l'Antiquité tardive dans le Nord de la Gaule*, Villeneuve d'Ascq (Revue du Nord, n.s., Art et Archéologie, 26), p. 57-73.

—— 2020, « The Late Roman City Walls in Southern France », dans Intagliata, Barker, Courault (dir.) 2020, p. 51-62.

Huguet C., Lacombe A., Nibodeau J.-P. 2014, « La campagne dans la ville. 16, boulevard de la République – voie Georges-Pompidou », dans Nin (dir.) 2014, p. 246-248.

Intagliata E. E., Barker S. J., Courault Chr. (dir.) 2020, *City Walls in Late Antiquity. An Empire-Wide Perspective*, Oxford.

Koethe H. 1942 (1950), « Zur Geschichte Galliens im dritten Viertel des 3. Jahrhunderts », dans *32. Bericht der Römisch-Germanischen Kommission*, p. 199-227.

Leveau Ph. 2021, « Le climat et l'Antiquité tardive : ses restitutions par les Modernes et sa perception par les Anciens », *Antiquité tardive* 29, p. 81-94.

Ministère de la Culture, CSRA, Direction du Patrimoine 1982, *Archéologie urbaine (Actes du colloque international, Tours 17-20 novembre 1980)*, Paris.

Moliner M., Mellinand Ph., Naggiar L., Richer A., Villemeur I. 2003, *La nécropole de Sainte-Barbe à Marseille (IV⁰ s. av. J.-C. – II⁰ s. apr. J.-C.)*, Aix-en-Provence (Études massaliètes, 8).

Nin N. 2006, *La nécropole méridionale d'Aix-en-Provence*, Montpellier (Revue archéologique de Narbonnaise, suppl. 37).

—— 2008, « La réoccupation des monuments antiques : l'exemple du théâtre d'Aix-en-Provence (Bouches-du-Rhône) », dans J.-E. Brochier, A. Guilcher, M. Pagni (dir.), *Archéologies de Provence et d'ailleurs. Mélanges offerts à Gaëtan Congès et Gérard Sauzade*, Aix-en-Provence, p. 627-674.

—— (dir.) 2014, *Aix en archéologie. 25 ans de découvertes*, Heule.

Rivet L. 2004, « À propos de Paul-Albert Février et des *Atlas topographiques des villes de Gaule méridionale* », dans M. Fixot (dir.), *Paul-Albert Février, de l'Antiquité au Moyen Âge (Actes du colloque de Fréjus, 7 au 8 avril 2001)*, Aix-en-Provence, p. 125-136.

Rivet L., Brentchaloff D., Roucole S., Saulnier S. 2000, *Atlas topographique des villes de Gaule méridionale*, II. *Fréjus*, Montpellier (Revue archéologique de Narbonnaise, suppl. 32).

Roumégous A., Mignon J.-M. 2009, « L'Antiquité tardive. I. L'occupation tardo-antique d'Orange et de ses campagnes », dans A. Roumégous (dir.), *Orange et sa région, 83/3*, Paris (Carte archéologique de la Gaule).

Sélèque J. 2019, « Digne-lès-Bains. Rue de Planats, Gymnase Maria Borrély », dans *Service régional de l'Archéologie PACA. Bilan scientifique 2018*, Aix-en-Provence, p. 39-40.

Ward-Perkins B. 2005, *The Fall of Rome and the End of Civilization*, Oxford.

19. Compléments au plan urbain de Fréjus (Ier siècle de n. è. – fin du IIIe siècle)

Michel Pasqualini
*Conservateur du Patrimoine, CEPAM UMR 7264 –
CNRS – Université Côte d'Azur Nice-Sophia Antipolis*

L'INTÉRÊT DES ÉRUDITS ET historiens pour *Forum Iulii* remonte au XVIIe siècle. Paul-Albert Février, héritier de cette longue tradition, donna en 1956 une impulsion toute nouvelle à la recherche en ajoutant à sa vision d'historien celle complémentaire de l'archéologue. Dès lors Fréjus et son territoire devinrent un terrain de recherche privilégié pour ses étudiants jusqu'au temps des fouilles qu'il dirigea sur la place Formigé et autour du groupe épiscopal[1]. En 1984, grâce à Michel Bonifay, ma route a croisé celle de Paul-Albert Février ; il me suggéra (il savait être convaincant) d'entreprendre des études universitaires. Il m'ouvrit tout de suite sa bibliothèque, partagea avec moi ses connaissances, m'envoya comme boursier à l'École française de Rome où je pus mener des recherches bibliographiques et parfaire ma culture classique. J'ai soutenu mon doctorat en 1993, après sa disparition. En 2003, à la suite de Chérine Gébara, je pris la direction du Service archéologique municipal de Fréjus, où sans cesse, chaque pierre que je déplaçais, chaque coup de truelle, chaque rapport ou publication me rapprochaient de son souvenir amical et bienveillant.

Introduction

Au moment des guerres civiles qui ponctuent la fin de la République, avant la pacification des Alpes, Fréjus et son port ouvrent la voie vers l'Espagne. D'abord colonie de droit latin au moment de sa fondation à la fin de l'époque césarienne, elle devient à l'avènement d'Octave/Auguste, vers 27, une colonie de droit romain de la tribu *Aniensis*. L'ajout des qualificatifs *Pacensis* et *Classica* à sa titulature et une extension urbaine à l'époque de Tibère indiquent que l'histoire coloniale de Fréjus ne s'acheva sans doute pas avec l'installation des vétérans de la VIIIe Légion.

Forum Iulii est divisée en quatre par le *cardo maximus* et le *decumanus maximus*. Les monuments comme le théâtre ou le *forum* respectent l'orientation du plan, les résidences palatiales de la Plateforme et de la butte Saint-Antoine, comme le *forum*, dominent le port et participent à sa monumentalisation. Le relief impose des rattrapages de niveaux et dicte le tracé du rempart qui inclut également des espaces non construits (Fig. 19.1).

La création d'un siège épiscopal à Fréjus, siège mentionné pour la première fois au concile de Valence en 374, montre que l'agglomération et son territoire conservent un rôle politique et économique. Pourtant, outre un ensablement avancé du port, l'abandon des nécropoles et l'apparition d'inhumations *intra muros* après le IVe siècle témoignent d'une rétraction de la ville. Elle s'accompagne d'une réorganisation de l'urbanisme et de la diminution du rôle joué par le port en faveur de l'économie[2].

Nous avons choisi de prendre en exemple les chantiers conduits au nord du *forum*, dans un secteur intermédiaire entre le Clos de la Tour et le groupe épiscopal, deux fouilles emblématiques de Paul-Albert Février[3]. Plusieurs chantiers espacés dans le temps, entre 2003 et 2014, ont permis d'explorer une partie du quartier, notamment les *insulae* 73/74, 86, 89 et 90 ainsi que le *cardo maximus* et les rues IV.4, IV.6 et IV.3. Ils nous permettent de revenir sur le tissu urbain entre l'époque julio-claudienne et celle de Dioclétien. Ces quatre fouilles sont situées de part et d'autre de l'enceinte de la fin du XVIe siècle qui était doublée d'un glacis défensif au-delà duquel commence la propriété du Clos de la Tour.

---

[1] Merci à Joanna Castro y Torres, Antoine et Patricia Pasqualini, qui m'ont apporté leurs compétences techniques, linguistiques et orthographiques.

[2] Février 1977 ; Gascou, Janon 1985 ; Rivet *et al.* 2000 ; Bertoncello, Codou 2003 ; Fixot 2012 ; Gébara, Digelmann, Lemoine 2012 ; Christol 2015.

[3] Février, Janon, Varoqueaux 1972 ; Rivet *et al.* 2000, p. 113-138 ; Pasqualini 2011 ; Gébara, Digelmann, Lemoine 2012, p. 241-290.

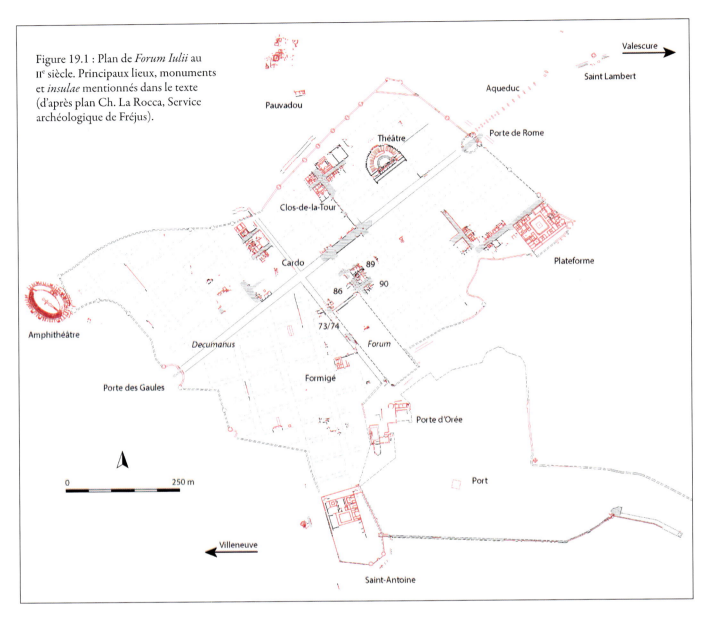

Figure 19.1 : Plan de *Forum Iulii* au IIe siècle. Principaux lieux, monuments et *insulae* mentionnés dans le texte (d'après plan Ch. La Rocca, Service archéologique de Fréjus).

La délimitation des *insulae* de ce quartier est peut-être la seule donnée complète qui ait été reconnue. Comme cela a déjà été montré, les dimensions de ces îlots restent stables. À l'intérieur en revanche, les habitations, qui étaient originellement de superficie modeste, deviennent, à partir du dernier quart du Ier siècle, de grandes demeures dont la superficie est susceptible d'atteindre 400 m², telle la *domus* 1 de l'*insula* 89. Malheureusement, du fait de la discontinuité des campagnes de fouilles réparties sur plusieurs années et des destructions provoquées par la construction des fortifications et des bâtiments modernes, elle seule fournit un exemple qui permette de percevoir l'organisation d'une maison et de ses dépendances artisanales, notamment après les années 60. Dans les autres *insulae*, il faut se contenter de données plus parcellaires.

La période 15/60

Le plan urbain

Le tissu urbain est soumis à deux orientations dénommées A et B. La première, considérée d'époque augustéenne, correspond à des *insulae* de dimensions différentes[4]. Ce réseau A pourrait en fait remonter à l'époque césarienne. Le réseau B date de l'époque de Tibère, alors que la ville s'agrandit au nord et à l'est et que sa monu-

---

[4] Scellé par les constructions de la vieille ville, le réseau A apparaît essentiellement dans les fouilles du groupe épiscopal et celles, plus récentes mais inédites, de l'îlot Camelin. La métrologie du réseau B qui concerne des espaces plus récemment urbanisés est mieux connue depuis les fouilles du Clos de la Tour (Rivet *et al.* 2000, p. 411-429).

19. COMPLÉMENTS AU PLAN URBAIN DE FRÉJUS

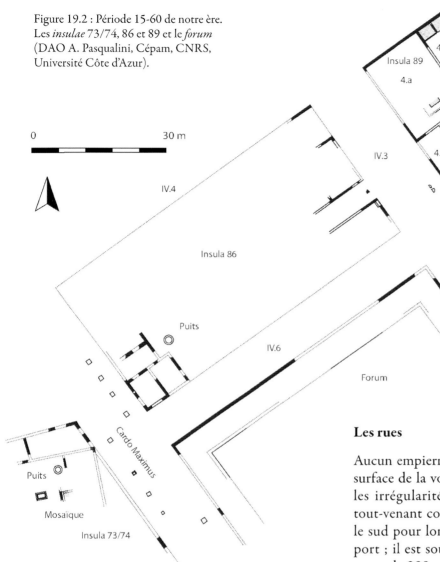

Figure 19.2 : Période 15-60 de notre ère. Les *insulae* 73/74, 86 et 89 et le *forum* (DAO A. Pasqualini, Cépam, CNRS, Université Côte d'Azur).

mentalisation ne s'achève que dans le premier quart du IIe siècle (Fig. 19.2). Malgré quelques variations dues au relief et à la présence de monuments, la trame du quartier, entièrement loti, reste géométrique mais dorénavant dictée par le *decumanus* et le *cardo*. Les réseaux A et B se rejoignent aux abords du *forum* en provoquant un réalignement des façades de l'*insula* 73/74. À l'emplacement de nos fouilles, la construction des *insulae* 86, 89 et 90 intervient quasiment à partir de la roche à nu. Ces *insulae* mesurent respectivement 35,67 × 70,91 m, 35,31 × 70,91 m et 35,31 m. Le terrain est nivelé avec des remblais apportés depuis le voisinage ; on note que plusieurs murs de l'*insula* 89, y compris des murs maîtres, sont montés à l'argile. Les maisons sont alimentées en eau potable par des puits/citernes.

Les rues

Aucun empierrement n'existe, sauf exception. Quand la surface de la voie n'est pas simplement le rocher aplani, les irrégularités sont compensées par des apports de tout-venant compacté. Le *cardo maximus* se dirige vers le sud pour longer le *forum* par l'ouest en direction du port ; il est soumis à un dénivelé de 16 m sur une distance de 200 m. Son tracé conditionne le réalignement de la façade de l'îlot 73/74. Il est large de 14,06 m contre 17,41 m pour le *decumanus maximus*. Pour sa part, la largeur du *cardo* IV.3, qui borde le *forum* à l'est, est comprise entre 14,57 m et 14,81 m. La rupture de pente au niveau du croisement entre le *cardo maximus* et le *decumanus* IV.6 est soulignée par un empierrement. Le *decumanus* IV.4, moins incliné que le *cardo maximus*, mesure 14,17 m de large entre les îlots 88 et 89 et 14,40 m entre les îlots 86 et 87[5]. Le *decumanus* IV.6 « butte » à l'ouest sur l'*insula* 73/74 ; vers l'est, il longe le mur d'enceinte nord du *forum*, croise le *cardo* IV.3 et passe entre les îlots 89 et 90. Le *forum* empiète sur son tracé et réduit sa largeur à 9,76 m alors qu'elle compte par ailleurs 13,20 m. Son dénivelé, d'environ 4,30 m, est fort. L'ébauche d'un

---

[5] La pente du *decumanus* IV.4 (0,80 m de dénivelé en moyenne) est légère vers l'est, plus forte à l'ouest du croisement avec la rue IV.3.

Figure 19.3 : *Domus* 2 de l'*insula* 86. Timbre M(arcus) Mel(us) Pol(linus) sur l'une des tuiles qui tapissent le fond d'un collecteur (cliché M. Pasqualini, Ville de Fréjus).

réseau de collecteurs dans les rues est attribuable aux années 15/20 de n. è., comme le collecteur 5 sur le *cardo maximus*.

Le plan des maisons

Même si on ne perçoit que grossièrement le plan de la maison 4.a de l'îlot 89, quelques observations sont toutefois possibles. Ainsi, jusque vers la fin du Ier siècle, les sols sont en tuileau ou en terre battue, parfois mosaïqués (tesselles noires et blanches). Les murs sont à double parement régulier de blocs de grès avec blocage interne lié au mortier ; ils sont enduits et portent des décors peints. Les toitures sont en tuiles (plates, 50 à 60 cm de long sur 40 à 45 cm de large ; rondes, 58 cm de long). Au moins deux types d'antéfixes décoraient les tuiles de rive. Un timbre sur tuile, contemporain et probablement local, mentionne M.MEL.POL ponctué à droite par un symbole phallique (Fig. 19.3).

Dans l'îlot 73/74, une citerne suggère une habitation. Dans l'angle sud-ouest de l'*insula* 86 se trouve une maison dotée d'un puits. Au nord-est, le même îlot se divise en deux grandes surfaces séparées par une large ouverture donnant sur le *cardo* IV.3, peut-être l'amorce d'une habitation ou de locaux artisanaux. L'*insula* 89 s'organise en deux parties à peu près égales. Au nord, un aménagement en terrasses détermine, semble-t-il, trois maisons ; d'ouest en est, 4.a, 4.a1, d'une superficie respective de 277,66 m^2 et 124,29 m^2, et 4.b incomplète. Au sud,

les quatre espaces 4.c, 4.d et 4.e sont bâtis à partir du rocher naturel à peine aplani, leurs fondations s'alignent sur les murs maîtres des maisons 4.a, 4.a1 et 4.b. On discerne dans la maison 4.a qui ouvre sur la rue IV.3, une cour à portique avec bassin central. La maison 4.a1, aux sols parfois bétonnés, est large d'à peine 6,45 m. Elle avait un système de double cloison pour lutter contre l'humidité. Les eaux d'infiltration étaient récupérées et envoyées en contrebas dans un collecteur de la maison mitoyenne 4.b qui s'écoulait vers la rue IV.4. La maison 4.a et l'espace 4.c forment un tout. Les deux ailes C1 (82 m^2) et C2 (106,43 m^2) de l'espace 4.c communiquent entre elles. Les locaux commerciaux ou artisanaux de l'espace couvert C1 ouvrent sur le *cardo* IV.3 ; l'espace C2 est une cour de service largement ouverte du côté du *decumanus* IV.6. L'espace 4.d (96,13 m^2) est divisé en trois pièces d'habitation ou pièces techniques en rapport avec la maison 4.a1. La maison 4.b s'étend du nord au sud entre les rues IV.4 et IV.6. Son plan incomplet présente une succession de pièces avec, au nord, un *atrium* au sol mosaïqué blanc et un puits.

L'*insula* 90, partiellement fouillée, se trouve immédiatement à l'est du *forum*. Elle est divisée dans le sens nord-sud par deux murs maîtres qui déterminent trois terrasses, 5.a, 5.b, 5.c ; les deux premières appartiennent peut-être à une habitation qui ouvre sur la rue IV.6.

Le secteur 5.c, légèrement en contrebas, pourrait, à cette époque, avoir été destiné à une activité artisanale.

La période 60/125

Le plan d'urbanisme, rues et portiques

Le plan des îlots comme le tracé des rues n'évoluent pas (Fig. 19.4). Mais la construction des portiques en façade des maisons change la morphologie des rues. Ces portiques sont réalisés sur un même modèle mais ne sont pas forcément construits dans un même temps. Les blocs monolithes en grès des bases, faisant office de chasse-roue, sont équarris et seule leur face supérieure est épannelée. Ils sont installés parfois à même la roche aménagée, parfois sur un radier de mortier. Ces bases supportaient des piliers en pierre de section carrée (Fig. 19.5), de

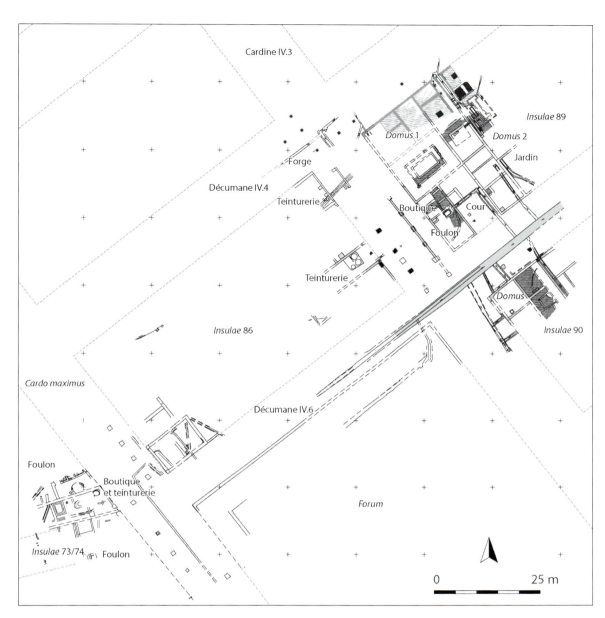

Figure 19.4 : Période 60-300 de notre ère. Principales boutiques et principaux lieux de travail des *insulae* 73/74 et 86 (DAO A. Pasqualini, Cépam, CNRS, Université Côte d'Azur).

Figure 19.5 : Pilier du portique en avant de l'*insula* 86 sur le *cardo* IV.3 (cliché M. Pasqualini, Ville de Fréjus).

40 cm de côté, comme le montrent les saignées d'encastrement visibles sur leur face supérieure. Sur le *cardo maximus*, l'entraxe mesure, à l'ouest, 5,95 m et oscille à l'est de 4,50 m à 5,60 m. La largeur moyenne des portiques varie de 4,20 à 4,30 m et celle de la bande de roulement de 5,60 m à 5,80 m. Le long des façades nord et est de l'*insula* 86, les bases suggèrent des portiques continus ; en revanche, au sud, le *decumanus* IV.6, face au *forum*, en est dépourvu, sauf peut-être à l'angle sud-est où subsiste une base isolée. À l'ouest, au nord et au sud de l'*insula* 89, les bases attestent également l'existence de portiques. Au niveau du croisement des rues IV.3 et IV.4, les bases situées à l'angle de l'*insula* 87 montrent qu'un portique faisait retour sur les façades ouest et sud. Les piliers des portiques ouest et est du *cardo* IV.3 ne se font pas toujours face. La pente naturelle du terrain, très marquée entre les *insulae* 86 et 89, a nécessité un remblaiement après l'édification des piliers, noyant les bases du portique oriental. Le dispositif est complété par des murets d'entrecolonnement fondés eux aussi sur le rocher. Ils ne sont pas solidaires des piliers. Sur le *cardo* IV.3, l'entre-colonnement mesure en moyenne 4 m à 6 m sur la bordure est, 4,40 m à 4,60 m pour son homologue ouest ; le portique est large d'environ 4,30 m de part et d'autre de la bande de roulement dont, pour sa part, la largeur est comprise entre 6 m à 6,50 m.

Figure 19.6 : *Cardo* IV.3. Collecteur axial, trous de poteaux, tranchées et fosses en façade de l'*insula* 90. Branchements à partir de l'*insula* sur le collecteur axial de la voie (cliché M. Pasqualini, Ville de Fréjus).

Figure 19.7 : *Domus* 1 de l'*insula* 86. Angles du bassin à colonnade et du terre-plein central (cliché M. Pasqualini, Ville de Fréjus).

De part et d'autre du *decumanus* IV.4, entre les *insulae* 87 et 86, l'entrecolonnement mesure de 4,78 m à 5,78 m environ, avec une largeur de portique de 5,30 m au nord et 3,60 m au sud. Vers le sud, le long de la façade nord de l'*insula* 89, les entrecolonnements mesurent 4,40 m et environ 4,25 m à l'angle nord-ouest, pour une largeur du portique d'environ 3,70 m. Sur la façade sud de l'*insula* 88, on estime la largeur du portique à environ 4,50 m et celle de la bande de roulement à 5,95 m. Sur le *decumanus* IV.6, le portique fait retour le long des façades sud des *insulae* 86 et 89. Côté sud, on note la présence d'un auvent protégeant le couloir de l'entrée de l'*insula* 90.

L'alimentation de la ville en eau, assurée par l'aqueduc à partir des années 60, provoque la multiplication des canalisations dans les rues et les maisons. Celles qui sortent des *insulae* sont raccordées aux grands collecteurs qui assurent l'évacuation des eaux usées issues à la fois des réseaux privés et publics. Il revenait sans doute aux propriétaires des *domus* de réaliser ces raccordements. Les plus anciens, sous-calibrés ou au niveau d'écoulement mal adapté, disparaissent. L'*extrados* plat du grand collecteur du *decumanus* IV.6 se confondait avec la surface de la rue ; son *intrados*, coulé sur des formes en bâtière ou en plein-cintre, était composé d'un gros agrégat de chaux, de galets et de cailloux, dont la retombée s'appuyait sur les bords d'un canal creusé dans la roche, d'environ 0,80 m de large et 1,20 m de hauteur. En revanche, les couvertures des collecteurs axiaux, de section plus réduite entre le *forum* et l'*insula* 90 (rue IV.3 ; larg. 0,60 m × prof. 0,80 m), et celle du collecteur construit entre les *insulae* 86 et 89 (larg. 0,40 m × prof. 0,60 m), creusés dans la roche, étaient enfouies sous d'épais remblais qui les protégeaient (Fig. 19.6). Les couvertures des raccordements entre les collecteurs axiaux et les maisons affleurent afin de demeurer accessibles, mais elles sont renforcées dans les rues, de même que les couvertures des collecteurs issus de l'*insulae* 89 au-delà de l'emprise du portique nord de la rue IV.6. Le sens d'écoulement des collecteurs suit la pente naturelle, vers l'est pour le *decumanus* IV.4, vers le sud pour le *cardo maximus*, et vers le sud et le nord pour le *cardo* IV.3.

Le plan des maisons

Les maisons sont réaménagées et agrandies à la faveur d'un regroupement foncier[6]. Les *atria*, fontaines et bassins d'agréments, les peintures murales et les sols mosaïqués sont refaits. Il faut noter la similitude entre le programme décoratif des *insulae* 89 et 90 et celui de la *domus* de la place Formigé détruite dans les années 60 de n. è.[7].

L'*insula* 73/74 est en partie transformée en *fullonica*. À l'angle sud-ouest de l'*insula* 86, des latrines évacuent vers le collecteur 5 du *cardo maximus*. Dans l'*insula* 89, l'ensemble conserve l'organisation observée dans la période précédente, entre une partie résidentielle au nord et des bâtiments à vocation économique au sud. Les espaces bâtis sont remodelés et réaménagés. Dans la *domus* 1, l'ensemble habitation, cour et parties économiques (c1, c2 et d) couvre environ 700 m², la partie résidentielle seule occupant de plus de 415,30 m². Un couloir, qui accueillait aussi des latrines, donnait accès à un étage à partir de la rue IV.4 au nord. L'entrée de la *domus* sur la rue IV.3 donne accès à une cour/*atrium* à portique avec bassin et terre-plein central qui dessert à la fois l'habitation et l'ensemble artisanal 4c/d (Fig. 19.7). Certaines pièces avaient des sols bétonnés, l'une décorée d'un panneau en mosaïque. Le système de récupération des eaux est alors modifié.

La *domus* 2, dont seulement une petite partie a pu être fouillée, se situe en contrebas de la précédente. Plusieurs pièces ouvrent sur une cour à portique avec bassin et fontaine centrale. Au nord, se trouvait une pièce avec un sol en béton de tuileau décoré d'un panneau en mosaïque, peut-être un *tablinum* ou un *triclinium*. Elle ouvrait par un large seuil de marbre sur l'aile nord du portique dont le sol était pavé d'une mosaïque monochrome blanche (Fig. 19.8). À l'ouest, un couloir venant du *decumanus* IV.4 ouvre sur la cour à portique. Des collecteurs empruntent ce couloir pour drainer à la fois les eaux usées de la *domus* 1 et les eaux de la fontaine de la *domus* 2. Le sud de la maison était occupé par le jardin 4.e traversé par un autre collecteur en direction de la rue IV.6.

Au sud de la *domus* 1, les espaces 4.c1 et 4.c2, à vocation économique, sont agrandis par l'adjonction de l'espace 4.d. L'espace 4.c2 reste une cour de service ouverte sur la rue IV.6 et liée au fonctionnement, en 4.c1, d'un foulon et d'une boutique de 82 m². Les eaux usées du foulon sont évacuées par un réseau de canalisations traversant la cour de service et débouchant dans le collecteur de la rue IV.6. Les trois pièces de l'aile 4.d ont une superficie de 96,13 m² ; elles sont parcourues du nord au sud par un collecteur débouchant dans celui de la rue IV.6 (Fig. 19.9).

---

[6] Rivet *et al.* 2000, p. 411.

[7] Rivet 2010, fig. 337.

Figure 19.8 : *Domus* 1 et 2 de l'*insula* 89. À gauche, le *tablinum* au sol mosaïqué de la *domus* 2 ouvre sur un portique à bassin central. Un mur portant encore son décor peint sépare cette maison de la *domus* 1, dont les sols de béton sont à un niveau situé 1 m plus haut (cliché M. Pasqualini, Ville de Fréjus).

La période 125/200

Le IIe siècle présente une continuité remarquable dans l'occupation du quartier, comme si des aménagements majeurs tels que la mise en service de l'aqueduc et la construction de l'amphithéâtre avaient marqué une étape non dépassable dans le développement de la ville. Très peu de modifications interviennent dans le plan d'ensemble, dans l'organisation de l'habitat et des parties à vocation économique (Fig. 19.4). Dans l'*insula* 73/74, le foulon est toujours en activité mais, au sud, les pièces d'habitation sont modifiées. Dans l'angle sud-ouest de l'*insula* 86, le plan reste identique mais de nouveaux collecteurs évacuent les eaux usées vers le *decumanus* IV.6. Les latrines, raccordées dans la phase précédente au collecteur du *cardo maximus*, s'évacuent dès lors vers la rue IV.6. Dans l'angle nord-est, sur le *cardo* IV.3, deux entrées séparées par un pilier donnent accès à un atelier et à des latrines. Un fond d'amphore percé pris dans le sol maçonné des latrines assure l'écoulement vers le collecteur de la rue IV.3. Dans l'*insula* 89 aucun changement n'intervient, ni dans les *domus* 1 et 2, ni dans les parties à vocation économique 4.c et 4.d. Le même constat prévaut pour l'*insula* 90. Mises à part quelques modifications mineures dans le tracé de certains tronçons de collecteurs, aucun événement majeur n'intervient avant la fin du IIe siècle.

La période 200/300

Sous les Sévère, le caractère artisanal du quartier, amorcé dès les années 60, s'accentue sans que les *insulae* 86, 89 et 90, toujours occupées, ne paraissent subir d'importantes mutations. L'évolution diffère des Ier/IIe siècles. En effet, au lieu de modifier le plan des maisons pour insérer des activités artisanales, les nouvelles installations empiètent sur les rues et les portiques qui sont fermés pour créer de nouveaux volumes. Le portique de la façade est de l'*insula* 89 est cloisonné ; l'*insula* 73/74 est prolongée au nord par un atelier artisanal (Fig. 19.4). On retient pour cette période, la privatisation de parties publiques et un entretien plus aléatoire des équipements collectifs comme les collecteurs. Est-ce le résultat d'un manque de moyens ou d'une nouvelle façon de concevoir l'organisation de la ville ? Il faut sans doute se méfier des apparences car le grand collecteur de la rue IV.6 fonctionne toujours et, si l'installation artisanale de l'espace 4.c1 de l'*insula* 89 est toujours en activité, c'est qu'une partie du réseau est encore accessible. Dans l'*insula* 73/74, la partie résidentielle s'étend au détriment de l'ancien foulon, avec plusieurs pièces dont l'une est décorée d'un pavement en *opus signinum*. Une teinturerie, un nouveau foulon, avec trois cuves et la boutique, sont installés dans un agrandissement au nord de l'îlot. À la même époque, au sud-est et au nord-est de l'*insula* 86 apparaissent deux autres teintureries (Fig. 19.10). Ces nouveaux aménagements interviennent au détriment des rues. En effet, l'agran-

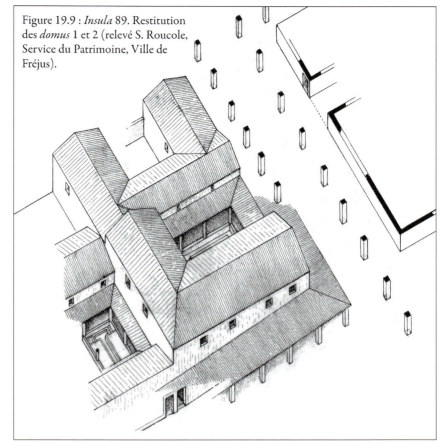

Figure 19.9 : *Insula* 89. Restitution des *domus* 1 et 2 (relevé S. Roucole, Service du Patrimoine, Ville de Fréjus).

Figure 19.10 : *Insula* 86. Fours de teinturiers (cliché M. Pasqualini, Ville de Fréjus).

dissement de l'*insula* 86 empiète sur le portique du *cardo* IV.3, de même que celui de l'*insula* 73 empiète sur un espace laissé libre jusque-là. Au nord de l'*insula* 86, la bande de roulement de la rue IV.4 et le portique sud sont fermés, la circulation détournée par le seul portique nord. Le sol d'origine en pente de la rue IV.4 est nivelé pour l'aménagement d'une forge. À l'ouest de l'*insula* 89, le mur d'entrecolonnement du portique est du *cardo* IV.3 est maladroitement repris en élévation.

À l'extrême fin de cette période, dans l'*insula* 89, le comblement de certains collecteurs des *domus* 1 et 2 et l'abandon de la fontaine annoncent la désertion progressive de l'habitat. Un remblai de nivellement constitué de matériaux de destruction est apporté autour du bassin de la cour à portique de la *domus* 1, toujours en fonction.

Dans l'aile 4.c1, la permanence de l'atelier de foulon doit être retenue, mais les modifications dans les aménagements de l'atelier suggèrent un ralentissement de l'activité. Dans l'*insula* 90, les canalisations d'origine qui fonctionnent encore sont modifiées.

Sur le *decumanus* IV.4, le collecteur du portique sud-est abandonné ; un nouvel exutoire rejette les eaux de ruissellement au niveau du croisement des rues IV.3 et IV.4. Cependant, la pente naturellement forte du terrain à cet endroit impose la création d'un autre collecteur qui emprunte le portique nord toujours ouvert à la circulation. Son mode de construction, qui met essentiellement en œuvre des fragments de *tegulae*, est l'indice d'une réalisation récente, les collecteurs plus anciens étant généralement appareillés en moellons quand ils ne sont pas creusés à même la roche. Durant cette période, la couverture du collecteur de la rue IV.3 est déposée et partiellement remplacée par des briques *bipedales* dont le réemploi marque souvent ce type d'événement tardif.

On note une semblable réfection au croisement avec la rue IV.6, où la couverture du collecteur de la rue IV.3 est aussi déposée sommairement et partiellement remplacée par des briques *bipedales*. Pour atteindre la couverture du collecteur protégée par un remblai épais, une fosse avait été creusée.

Ressentie à partir de la fin du IIe siècle, la désorganisation de la ville s'affirme surtout à la fin du IIIe et au début du IVe siècle. Les habitations du quartier situé au nord du *forum* paraissent partiellement désertées, un processus déjà entamé au cours de la période précédente.

Des interventions sur les collecteurs bouchés donnent le sentiment d'une « reprise en main » de la ville au début du IVe siècle. Mais ces tentatives n'empêchent pas l'obstruction complète des collecteurs encore en fonction, y compris celle du collecteur axial de la rue IV.3 qui fait pourtant l'objet d'un curage au début du IVe siècle[8]. Dans l'*insula* 89, à la fin du IVe ou au Ve siècle, on constate un début de remblaiement et des récupérations de matériaux, notamment autour de la fontaine. Pourtant, au nord-est de l'*insula* 86, des travaux attestent encore une utilisation des lieux à défaut d'une occupation régulière. Un certain nombre d'indices montrent la pérennité dans l'usage des rues.

Conclusion

Dans les quartiers du *forum* et du théâtre, au Ier siècle, on construit à partir du rocher à nu à la suite probable d'un déboisement dont pourraient avoir profité les ateliers de potiers proches[9], la construction ou le chauffage.

Les *insulae* et les maisons

– Les dimensions de 71 m × 35 m de côté sont la règle pour les *insulae* à partir de 15/20 de notre ère. À l'intérieur de leur périmètre, la superficie des maisons évolue avec le temps. Pour les maisons découvertes lors des fouilles du Clos de la Tour, cette superficie oscille, au Ier siècle, entre 104 m^2 et 264 m^2. Dans l'*insula* 89, les maisons ont 124 m^2 et 277 m^2 d'emprise et il faut certainement leur restituer un étage comme le montrent les espaces étroits interprétés comme l'emplacement de possibles escaliers. Les parties économiques respectives de ces maisons couvrent 96 m^2 et 182 m^2. Au IIe siècle, le regroupement de ces deux maisons aboutit à une surface de 700 m^2 comprenant la *domus* de 415 m^2 et des annexes.

– Les constructions utilisent largement le grès pour des murs montés à la chaux, à double parement régulier et blocage interne. On note aussi l'emploi de la terre pour des cloisons, et parfois pour des murs maîtres. À l'intérieur des *insulae*, les pentes sont aménagées en terrasses. Cette pratique et la nature du rocher qui favorise le ruissellement des eaux de pluie ont conduit les maçons à drainer les eaux.

---

[8] À l'époque moderne, des ouvertures soigneusement pratiquées pour brancher des évacuations dans l'extrados attestent qu'il est encore connu et utilisé. Cette pratique qui va à l'encontre de l'hygiène la plus rudimentaire s'est prolongée jusqu'à une époque très récente, les collecteurs sont toujours utilisés comme puits perdus pour les sanitaires ou même, dans un cas, comme fosse à vidange pour les huiles de vidange des moteurs.

[9] Ces fours sont antérieurs au lotissement du quartier. Celui découvert en 2012 est inédit, l'autre près du théâtre a été fouillé par Chérine Gébara en 1982 (Rivet *et al.* 2000, feuille V n° 19, p. 140).

Le décor des maisons, notamment les peintures pariétales, présente un caractère répétitif, figé, semble-t-il, à la période flavienne. Les mosaïstes peuvent être plus inventifs dans leur style, encore qu'à cet endroit le tapis blanc à cadre noir ou les motifs géométriques soient la règle. Mais peut-on extrapoler ?

Les rues

– Rien n'indique que les rues aient été pavées. Souvent le rocher tient lieu de surface de circulation. Les fortes pentes peuvent être rattrapées par des remblaiements. Dans le cas de recharge, le damage des surfaces semble être la règle, même aux abords d'un monument comme le théâtre[10]. La largeur des rues présente quelques irrégularités. Aux abords du *forum*, dans nos fouilles, le *cardo maximus* mesure 14 m de large ; le *decumanus* IV.4, 14,80 m ; le *decumanus* IV.6, 13,20 m ; le *cardo* IV.3, 14,80 m. Ailleurs, les valeurs sont sensiblement identiques, même au sud de la cathédrale, dans le quartier augustéen. De nombreux portiques sont ajoutés au IIe siècle, mais rien ne dit que leur construction dépende des maisons privées ou qu'ils portaient un étage. Ailleurs, la largeur des *decumani* oscille entre 9 m et 14 m, celle des *cardines*, relativement constante, est de 14,80 m, soit égale à celle du *decumanus maximus*. Les bandes de roulement, de 6 m de largeur moyenne, permettent le croisement de deux charrettes à roues. Il faut peut-être voir dans la largeur importante des rues, une intention de lutte contre les incendies dont des traces ont été relevées à plusieurs reprises dans la ville qui occupe une hauteur particulièrement exposée aux vents.

La gestion des eaux

La pente naturelle du terrain assure une distribution de l'eau par gravité à partir de l'aqueduc. Du fait des destructions et des récupérations, les canalisations qui assurent cette fonction sont rares (rue du Belair, Clos de la Tour, *insula* 89, amphithéâtre …). Elles alimentent les fontaines publiques, les thermes, les latrines, les installations artisanales, les bassins d'agrément dans les maisons. Cet apport d'eau qui s'ajoute aux eaux de pluie nécessite de nombreux réseaux d'évacuation qui convergent vers les collecteurs des rues. Ils se répartissent en trois catégories : les collecteurs axiaux ; les réseaux privés dans les *insulae* ; les raccordements entre les maisons et les collecteurs axiaux. Ils sont le plus souvent creusés dans la roche ; le fond du canal peut être tapissé de tuiles plates, les parois doublées par un parement de pierres liées au mortier. L'emploi de matériaux de récupération, tuiles et briques, se généralise après le IIe siècle.

L'artisanat

La mise en service de l'aqueduc à la fin du Ier siècle favorise certainement le développement de l'artisanat textile dans ce quartier entre Ier et IIIe siècle. L'eau est indispensable aux foulons autant pour la préparation de la laine que pour la fabrication des draps ou le lavage des étoffes ou des vêtements. Au début du IIIe siècle, les *officinae tinctoriae* coexistent avec des *fullonicae* aménagées au cours de la période précédente[11]. Les boutiques et *officinae* attestent le dynamisme d'une population active de commerçants et d'artisans. La portée de ces activités – foulon, teinturerie, tissage – se limite sans doute à la sphère urbaine et à ses besoins. Alors que la ville présente des indices de désorganisation au IIIe siècle, les vestiges, souvent accompagnés de boutiques, témoignent qu'une activité économique se maintient pour les besoins de la population et que l'alimentation en eau et les circuits d'évacuation sont encore partiellement actifs.

… Et la ville

La documentation apportée par nos fouilles s'ajoute à celle issue des recherches menées au Clos de la Tour. Ensemble, elles donnent une bonne vision des conditions dans lesquelles s'est fait l'agrandissement de la ville au début l'époque tibérienne[12]. Pour autant, même s'il intervient plusieurs années après la déduction augustéenne, le plan d'urbanisme conserve les caractéristiques d'une colonie militaire, malgré des différences dans la métrologie et l'orientation des constructions. D'ailleurs certains des aménagements les plus caractéristiques comme les portiques et les collecteurs d'eaux usées et pluviales sont étendus à la même époque et à l'identique au vieux quartier augustéen proche du port. Le plan orthonormé, le soin apporté à la construction du *forum*, ses dimensions importantes comme celles du théâtre, l'uniformité

---

10 Excoffon 2007.

11 Rivet *et al.* 2000, p. 438-440 ; Pasqualini 2021.

12 L'archéologie préventive présente l'intérêt d'apporter une somme de données scientifiques importante. Dans cet article j'utilise ce qui est à ma disposition, mais de grands chantiers sont toujours en attente de publication et échappent donc à notre réflexion.

des techniques de construction employées pour les bâtiments publics et privés renvoient à ce qui semble avoir été une programmation urbanistique réfléchie, permise avant tout par l'absence de contraintes foncières héritées de périodes antérieures au contraire d'Aix-en-Provence, d'Arles, de Nîmes[13]. Ce projet peut-être trop optimiste, comprenant non seulement dès l'origine la trame (rues et *insulae*), l'enceinte et le port, mais aussi la réalisation des portiques et des réseaux d'eaux usées, est peut-être à l'origine de cette impression que donne la ville d'avoir revêtu des habits trop grands pour elle, notamment quand on considère l'étendue enclose par le rempart apparemment bien supérieure à ce qu'aurait nécessité sa population[14].

Pourtant, au IIe siècle, la construction de l'amphithéâtre hors les murs pourrait répondre à la volonté de donner une image de notoriété et de prospérité qu'il ne faut peut-être pas limiter à la ville mais étendre à son territoire où la multiplication des exploitations agricoles, l'industrie potière, ajoutées à l'exploitation des ressources naturelles, ont dû apporter une certaine aisance économique. Cette importance de l'agriculture dans la richesse de Fréjus est destinée à s'affirmer avec le temps. Si la splendeur passée de la ville tend à s'effacer à partir du IVe siècle, malgré l'apparition du groupe épiscopal, la richesse de son territoire ne sera jamais remise en cause comme le montre la multiplication des établissements religieux ruraux. En fait, le caractère ostentatoire des monuments de cette colonie « ancienne et brillante », de cette « porte de la mer », telle que la qualifie Tacite, montre qu'elle se place au même niveau que d'autres colonies de Narbonnaise. Elle doit cette prospérité à son statut et à son port militaire, au moins jusqu'à la fin du Ier siècle. Avec le temps, après un IIe siècle prospère et un IIIe siècle en demi-teinte, même si toutes les villes de la région connaissent des phases aléatoires sur le plan économique et démographique qu'elles surmontent plus ou moins bien, Fréjus semble surtout affectée par l'obsolescence de son port. Son statut d'évêché ne devait pas suffire pas à rendre à la ville sa splendeur mais son territoire agricole lui a apporté une autre forme de prospérité que l'on retrouve encore au XVIe siècle, comme le notait déjà Paul-Albert Février en 1959[15].

Si l'archéologie, comme on l'a vu, nous donne aujourd'hui l'impression d'une bonne connaissance de l'histoire urbaine de Fréjus romaine, beaucoup plus complète que celle que reflète le plan de Fréjus présenté dans *La France urbaine* en 1980[16], reste à interpréter ce que nous avons sous les yeux et à lui donner un sens. Nul doute que manque le regard critique, le recul et le don d'observation qu'aurait eu Paul-Albert Février sur ces données archéologiques.

---

[13] Concernant les collecteurs publics on ne connaît que deux exemples où ils divergent sous des bâtiments privés : un au Clos de la Tour, un autre sur les fouilles inédites de l'école des Poiriers.

[14] Marc Heijmans (voir sa contribution dans cet ouvrage) rappelle que Paul-Albert Février avait déjà remarqué ce trait de l'urbanisme fréjusien dès sa thèse de l'École des Chartes en 1962 (Février 1964, p. 34).

[15] Février 1959.

[16] Février *et al.* 1980.

Bibliographie

Bertoncello Fr., Codou Y. 2003, « Variations sur un thème : le territoire de la cité antique et du diocèse médiéval de Fréjus », dans M. Bats, B. Dedet, P. Garmy, Th. Janin, Cl. Raynaud, M. Schwaller (dir.), *Peuples et territoires en Gaule méditerranéenne. Hommage à Guy Barruol*, Montpellier (Revue archéologique de Narbonnaise, suppl. 35), p. 167-180.

Christol M. 2015, « Pacensis : les noms de la cité de Fréjus et l'histoire coloniale sous Auguste », *Mélange de l'École française de Rome. Antiquité*, 127.2 <https://journals.openedition.org/mefra/2839>.

Excoffon P. 2007, « Fréjus – Les Claus 2 » [notice archéologique], *ADLFI. Archéologie de la France – Informations*, Provence-Alpes-Côte d'Azur <https://journals.openedition.org/adlfi/6462>.

Février P.-A. 1959, « La basse vallée de l'Argens. Quelques aspects de la vie économique de la Provence orientale aux XVe et XVIe siècles », *Provence historique* 9.35, p. 38-61.

—— 1964, *Le développement urbain en Provence de l'époque romaine à la fin du XIVe siècle. Archéologie et histoire urbaine*, Paris (BEFAR, 202).

—— 1977, *Fréjus (Forum Iulii) et la basse vallée de l'Argens*, Cuneo (Itinéraires ligures 13), 2e éd. augmentée.

Février P.-A., Fixot M., Goudineau Chr., Kruta V. 1980, *La ville antique des origines au IXe siècle*, I, *Histoire de la France urbaine* (G. Duby, dir.), Paris.

Février P.-A., Janon M., Varoqueaux Cl. 1972, « Fouilles au Clos du Chapitre à Fréjus (Var) », *Comptes rendus de l'Académie des Inscriptions et Belles-Lettres* 116.2, p. 355-386.

Fixot M. (dir.) 2012, *Le groupe épiscopal de Fréjus*, Turnhout (Bibliothèque de l'Antiquité tardive, 25).

Gascou J., Janon M. 1985, *Inscriptions latines de la Narbonnaise*, I. *Fréjus*, Paris (Gallia, suppl. 44).

Gébara Ch., Digelmann P., Lemoine Y. 2012, *Fréjus, 83/3*, Paris (Carte archéologique de la Gaule).

Goudineau Chr. 1980, « Les villes de la paix romaine », dans Février, Fixot, Goudineau, Kruta 1980, p. 233-391.

Pasqualini M. (dir.) 2011, *Fréjus romaine. La ville et son territoire. Agglomérations de Narbonnaise, des Alpes-Maritimes et de Cisalpine à travers la recherche archéologique (Actes du 8e colloque historique, Fréjus, 8-10 octobre 2010)*, Fréjus.

—— 2021, « *Forum Julii* (Fréjus, Var). Observations sur une colonie de la province romaine de Narbonnaise des Julio-Claudiens au règne de Dioclétien », *Bulletin archéologique de Provence* 42, p. 13-26.

Rivet L. 2010, *Recherches archéologiques au cœur de Forum Iulii. Les fouilles dans le groupe épiscopal de Fréjus et à ses abords (1979-1989)*, Aix-en-Provence (Bibliothèque d'Archéologie méditerranéenne et africaine, 6).

Rivet L., Brentchaloff D., Roucole S., Saulnier S. 2000, *Atlas topographique des villes de Gaule méridionale*, II. *Fréjus*, Montpellier (Revue archéologique de Narbonnaise, suppl. 32).

20. *Lux musiua* : La mise en lumière des mosaïques dans les textes épigraphiques versifiés : Variations autour d'un article de Paul-Albert Février

Gaëlle Herbert de la Portbarré-Viard

Aix Marseille Université, Textes et documents de la Méditerranée antique et médiévale (TDMAM), Centre Paul-Albert Février, UMR 7297, Aix-en-Provence

EN GUISE D'HOMMAGE à Paul-Albert Février, Michel Fixot m'a suggéré de partir de l'un de ses articles précurseurs, « La lettre et l'image »[1], en tentant d'en nourrir mes propres recherches relatives aux monuments chrétiens qui portent notamment sur le vocabulaire de la lumière dans le discours sur les monuments et sur les rapports entre épigraphie et spiritualité. J'ai à peine connu Paul-Albert Février, lors de l'une des dernières séances du séminaire sur les épigrammes de Damase, dont il était l'un des membres fondateurs. Jean-Louis Charlet souhaitait que Paul-Albert Février codirigeât ma thèse sur les descriptions monumentales chez Paulin de Nole dont le projet se dessinait alors, mais les circonstances ont fait que ce fut Jean Guyon qui assura cette tâche.

Dans « La lettre et l'image », Paul-Albert Février s'intéressait à la mosaïque « support d'une épigraphie », en vers le plus souvent, et plus particulièrement « à l'écrit dans le décor de mosaïques sur les pavements ou sur les parois des monuments »[2], à partir d'un corpus majoritairement mais non exclusivement chrétien[3]. Il faisait remarquer que les textes de ce genre étaient souvent négligés au profit des représentations qu'ils accompagnaient. Ces inscriptions, de l'Antiquité tardive à l'époque carolingienne, qui sont « autant images que discours », peuvent être encore *in situ* comme c'est le cas de la basilique euphrasienne de Poreč ou de certaines basiliques romaines, mais, compte tenu de la fragilité de la mosaïque, elles ont très souvent disparu et leur texte n'est parvenu jusqu'à nous que par l'intermédiaire des sylloges médiévales[4]. Il faut également tenir compte des textes qui sont directement intégrés dans les œuvres de certains écrivains et à propos desquelles Paul-Albert Février rappelle qu'elles ne furent pas toutes inscrites dans un cadre monumental[5]. Pour ces textes décontextualisés, la matière de l'inscription est souvent incertaine : peinture, marbre ou mosaïque, de même que la réalité de leur écriture dans un « édifice particulier »[6], mais certains éléments internes à l'inscription peuvent effectivement faire penser dans certains cas à un texte en mosaïque[7].

Dans cet article, Paul-Albert Février se concentre successivement sur le corpus des inscriptions du Maghreb de la fin de l'Antiquité[8], sur le corpus des inscriptions en mosaïque romaine[9], puis sur celui des inscriptions ravennates connues quasi exclusivement par le seul témoignage d'Agnellus[10], et enfin, après une brève allusion à l'inscription de la basilique euphrasienne de Poreč, il s'intéresse à quelques auteurs qui ont « laissé une œuvre plus considérable dans la tradition chrétienne » et nous

---

[1] « La lettre et l'image », dans *La mosaïque gréco-romaine*, IV (*Trèves 1984*), Paris (Suppl. au Bulletin de l'AIEMA), 1994, p. 383-401, pl. CCCXXXIX-CCCXLII.

[2] Février 1994, p. 384.

[3] Février 1994, p. 386-389, voir la citation, notamment, de plusieurs poèmes de l'*Anthologie latine*.

[4] Ces dernières indiquent parfois les monuments dans lesquels les inscriptions ont été recueillies.

[5] Février 1994, p. 385.

[6] Février 1994, p. 387 : Paul-Albert Février donne (entre autres) l'exemple d'un poème transcrit « quasiment à l'identique dans la basilique d'Alexandre de *Tipasa* et dans une des basiliques du groupe épiscopal de *Cuicul*, sans doute à un siècle au moins de distance. » « Il est donc vraisemblable que dès les Ve-VIe siècles des manuscrits circulaient qui contenaient des pièces de vers où le clergé pouvait puiser pour décorer des lieux de culte ».

[7] C'est le cas notamment du terme *metallum* présent dans diverses expressions. Ce terme peut en effet désigner le marbre mais aussi des tesselles de mosaïque en marbre ou en pâte de verre.

[8] Février 1994, p. 386-393.

[9] Février 1994, p. 393-397.

[10] Février 1994, p. 397-399.

ont transmis des inscriptions en vers potentiellement ou réellement épigraphes, sur des plaques de marbre dans le cas des inscriptions de Damase, à l'intérieur d'une structure épistolaire dans le cas de Paulin de Nole, puis Sidoine Apollinaire, ou à l'intérieur d'un recueil de poème comme c'est le cas d'Ennode de Pavie et de Venance Fortunat.

Après avoir découvert et lu attentivement cet article qui contient des propos d'une très grande beauté sur le discours en mosaïque[11] et ses spécificités, très souvent liées à la thématique matérielle et symbolique de la lumière, lumière si importante dans les édifices paléochrétiens, je me suis proposé de reprendre quelques-unes des inscriptions romaines citées par Paul-Albert Février, et, après les avoir traduites[12], de suggérer quelques réflexions sur l'association de la lumière et de la mosaïque qu'elles mettent en œuvre.

Au moment de passer à l'étude de ce corpus romain, Paul-Albert Février rappelait les propriétés lumineuses spécifiques du matériau mosaïque : « la matière des tesselles et leur rugosité même ont une luminosité propre qui joue autrement qu'un marbre poli taillé en creux »[13]. On peut également évoquer ici les propos récents d'Erik Thunø : les mosaïques reflètent la lumière artificielle des lampes et la lumière naturelle transmise par les fenêtres dans la claire-voie de la basilique et les effets de miroitements sont intensifiés par la surface courbe de la conque absidale. Ainsi, le medium de la mosaïque offre à celui qui regarde une expérience du paradis décrit dans l'abside comme source de lumière[14].

Ces inscriptions romaines constituent de magnifiques preuves de l'intégration totale de l'écriture en mosaïque dans le projet architectural et spirituel des édifices[15], comme l'ont montré les travaux d'Erik Thunø. Dans cet article d'hommage, je souhaite montrer que le thème de la lumière dans les inscriptions en mosaïque versifiées y est traité de manière à l'incorporer non seulement dans le sujet du texte, mais aussi dans la matière dont il est composé pour mieux se faire le reflet de l'image et du message qui lui sont liés.

Présence de la lumière dans les inscriptions versifiées : matérialité et spiritualité

La lumière est présente dans la plupart des inscriptions romaines relatives aux mosaïques et/ou en mosaïque, mais elle joue un rôle plus prégnant dans certaines d'entre elles. Paul-Albert Février cite entre autres l'inscription en hexamètres de l'atrium de Saint-Pierre[16] composée sous l'épiscopat de Symmaque (498-514) :

Ingrederis quisquis **radiantis** limina templi
In uarias operum species dum **lumina** tendis
Inclusum mirare **diem fulgore perenni**
Cuncta **micant** si **lux** tota **luminatur** in aula
Ornauit praesul uenerandas Symmachus aedes
Priscaque cesserunt magno nouitatis honor

> Qui que tu sois qui t'avances au seuil du temple rayonnant,
> Tandis que tu diriges tes yeux vers les apparences variées des œuvres,
> Admire le jour qu'a serti un éclat éternel.
> Tout étincèle lorsque la lumière est mise en lumière dans l'ensemble du palais
> C'est l'évêque Symmaque qui a orné la vénérable demeure
> Et l'ancienneté a reculé devant le grand honneur de la nouveauté.

Ce poème est une véritable invite à entrer dans un monde de lumière annoncé dès le seuil de l'édifice, mais aussi une bonne approche de l'importance de la lumière dans les inscriptions versifiées. Sur six vers, les quatre premiers sont dédiés à la lumière et à sa perception dans l'édifice désigné comme *radiantis templi* (« temple rayonnant »), et cette remarquable concentration de vocabulaire lumineux et visuel (mis en gras ici dans le texte latin) trouve un point culminant dans l'expression : *Inclus<um< mirare diem fulgore perenni* qui évoque la captation de la lumière dans l'édifice, et à la fin du quatrième vers, la proposition *si lux tota luminatur in aula* contribue à insérer le lecteur dans cette « ambiance lumineuse », caractéristique des édifices de culte chrétiens qui a été étudiée par Nicolas Reveyron dans les

---

[11] Voir en particulier p. 395 à propos des lettres de l'inscription de Sainte-Sabine : « à considérer un texte comme celui de Sainte-Sabine, ses lettres d'or qui se suivent sur fond d'azur, sans rupture aucune, on perçoit vite que la beauté ne vient pas seulement des mots et de leur agencement. Elle prend sa source dans la lettre elle-même, dans ses empattements, les déliés, les pleins ».

[12] Sauf mention explicite, les traductions présentées ici sont toutes personnelles.

[13] Février 1994, p. 396.

[14] Voir Thunø 2015, p. 64.

[15] Certaines de ces inscriptions associées à une mosaïque et en mosaïque constituent un témoignage exceptionnel de décor architectural qui marquera, après l'Antiquité tardive, l'histoire de l'art médiéval que l'on peut évoquer ici à travers l'exemple bien connu de la mosaïque de Germigny-les-Prés. Voir par exemple à ce sujet Treffort 2019.

[16] *ILCV* 1756 = *ICUR*, n.s., II, 4105. Voir Février 1994, p. 396.

monuments et dans les textes[17]. Cette inscription, potentiellement en mosaïque, monumentalise, à travers la présence de la lumière dans l'inscription, l'importance de la lumière dans l'édifice, tout en contribuant à en mettre en évidence sa dimension immatérielle, reflet du divin (*fulgore perenni*).

On retrouve cette dimension immatérielle de la lumière, reflet de la présence divine, dans l'inscription *ICUR* 4109, texte placé à Saint-Pierre du Vatican à l'époque de Symmaque (498-514), dont je ne citerai que le premier vers : *Templa micant plus compta fide quam luce metalli* (« Les temples étincellent davantage ornés par la foi que par la lumière du marbre »). Ce vers semble particulièrement important pour la réception ultérieure de ces textes par les poètes non romains, Ennode de Pavie en particulier, comme le remarquait déjà Paul-Albert Février[18].

Une inscription en distiques élégiaques (*ICUR* 4116), composée sous le pontificat de Jean Ier (523-526) pour Saint-Pierre de Rome et citée seulement en note par Paul-Albert Février[19], contient également en son début une évocation de la véritable nature de la lumière dans les édifices, et j'en citerai les quatre premiers vers particulièrement intéressants pour la partie centrale de mon propos :

> Quamuis **clara** fides multum det **luminis** aulae
> Plusque loci meritis nobilitetur opus
> Est tamen his pulchris **specialis gratia** rebus
> **Spectantumque oculos** ars pretiosa rapit.
> Iohannes hoc compsit opus quem rite coronat
> Vrbis romanae pontificalis apex.

> Bien que la clarté de la foi donne au palais abondance de lumière,
> Et que l'ouvrage tire davantage sa noblesse des mérites du lieu,
> Il y a cependant dans ces beautés une grâce spéciale
> Et les yeux de ceux qui regardent sont ravis par un art précieux.
> Jean a orné cet édifice qu'il honore selon le rite,
> En sommet pontifical de la ville de Rome.

On remarquera le système concessif sur lequel ils reposent : si la nature spirituelle de la lumière présente dans l'*aula* (désignant l'édifice religieux)[20] est affirmée dès la première partie du système, la valeur du lieu en est présentée comme un accroissement, et la proposition principale est centrée sur la grâce particulière (*specialis gratia*) de la beauté de l'édifice. Celle-ci est associée à une *ars pretiosa* (« un art somptueux ») qui capte les regards des fidèles, et par conséquent à la lumière. Ainsi la beauté matérielle semble-t-elle présentée comme une qualité ou une propriété du lieu qui ne fait qu'un avec son essence spirituelle. Par son esthétique de la lumière et l'importance centrale accordée au regard, ce texte appartient pleinement à la poésie latine tardive étudiée par Michael Roberts dans *The Jeweled Style*[21].

Cette beauté matérielle, comme expression d'une qualité ou d'une propriété spirituelle, trouve une expression particulièrement appropriée dans les inscriptions absidales mosaïquées commentant et/ou faisant partie d'une mosaïque figurée. Et elle trouve un média idoine dans la lumière qui joue sur la matérialité de la mosaïque tout en la dématérialisant. C'est sur la présence de cette lumière particulière, que j'appelle *lux musiua*, que je souhaite me concentrer maintenant à travers deux exemples particulièrement emblématiques : ceux des inscriptions des basiliques romaines SS. Cosma e Damiano fondée par le pape Félix IV (526-530) et Sant'Agnese fuori le mura édifiée par le pape Honorius (625-638), qu'un siècle sépare donc.

---

[17] Sur cette notion présente dans l'art médiéval, voir par exemple Reveyron 2016 qui définit et distingue avec précision les notions de flux lumineux (puissance lumineuse émise par une source pour un faisceau d'angles solides donné ; pour l'éclairage naturel, il peut s'agir de lumière du soleil et de la lune), l'intensité lumineuse (capacité à éclairer d'une source ponctuelle de lumière dans une direction donnée), l'éclairement (densité du flux lumineux reçu par une surface donnée et qui dépend de sa position dans l'édifice et de son inclinaison par rapport à la lumière reçue) et la luminance (quantité de lumière émise par une surface dans une direction donnée telle qu'elle est perçue par l'œil. La luminance peut varier selon le traitement de la surface réceptrice. La luminance peut être augmentée lorsque la surface est polie dans le cas des marbres polis, des mosaïques à tesselles vitreuses ou dorée dans le cas de plafonds dorés à la feuille, de mosaïques à fond d'or, etc.).

[18] Février 1994, p. 400.
[19] Février 1994, p. 400, n. 87.

[20] Sur ce type de dénomination associé à l'édifice chrétien, voir Herbert de la Portbarré-Viard 2023, p. 298-305.

[21] Je pense notamment à deux vers de Sidoine Apollinaire dans le *Panégyrique d'Anthémius* (*Carmen* 2) : *Diripiunt diuersa oculos et ab arte magistra / hoc uincit quodcumque uides* (trad. A. Stoehr-Monjou 2009) : « Divers objets captent en tous sens le regard, tout ce que l'on voit surpasse le reste ». Annick Stoehr-Monjou 2009, p. 223, rappelle que Michael Roberts (1989, p. 73) a commenté ces vers en les mettant en rapport avec l'impression suscitée par la vision des mosaïques éclairées des premières basiliques chrétiennes.

L'avènement de la *lux musiua* : les exemples des basiliques romaines SS. Cosma e Damiano et Sant'Agnese fuori le mura

Dans l'un et l'autre de ces édifices, la *lux musiua* apparaît avec force par le contenu des deux inscriptions en distiques élégiaques, inscrites en grandes lettres composées de tesselles dorées sur un fond bleu profond en dessous de l'abside, en lien étroit avec le sujet des mosaïques encore existantes, même si elles ont été très restaurées[22]. Ces deux inscriptions constituent un objet exceptionnel pour étudier le fonctionnement de la *lux musiua* et de ses propriétés matérielles, spirituelles et poétiques. Elles ont pour point commun d'être divisées en trois segments placés en-dessous de la mosaïque. Dans le cas de la basilique SS. Cosma e Damiano (Fig. 20.1), l'inscription de six vers est séparée en trois parties avec, pour reprendre une expression de Paul-Albert Février, « un remarquable effort d'organisation des rythmes » (les trois distiques séparés par des croix ; *hedera* à chaque deuxième vers du distique pour lui donner une longueur semblable au précédent)[23]. À Sant'Agnese fuori le mura (Fig. 20.2), l'inscription de douze vers en lettres dorées est pour ainsi dire « compartimentée » en trois parties[24] (ou « segments[25] ») sur fond d'or, chacune placée aux pieds de l'un des trois personnages[26]. Renvoyant aux nombreux travaux dont ces deux églises, leurs processus de construction et leurs inscriptions ont été l'objet[27], je me contenterai de réfléchir à quelques aspects de la mise en œuvre de la *lux musiua* dans ces deux textes.

Cosme et Damien

ILCV 1784

Aula Dei **claris radiat** speciosa metallis,
    In qua plus **fidei lux** pretiosa **micat**.
Martyribus medicis populo spes certa salutis
    Venit et ex sacro creuit honore locus.
Optulit hoc domino Felix antistite dignum
    Munus, ut aetheria uiuat in arce poli

Le palais de Dieu rayonne, beau de ses brillants
    matériaux,
mais la lumière précieuse de la foi y scintille davantage.
Grâce aux martyrs médecins, l'espérance assurée du salut
    survient pour les fidèles
Et le lieu a grandi d'un honneur sacré.
C'est Félix qui a offert au Seigneur ce présent digne
    d'un prélat,
afin de vivre dans la citadelle éthérée du ciel.

Dans cette mosaïque (Fig. 20.1), la première de ce type conservée à Rome[28], sur un arrière-plan d'un bleu intense, de part et d'autre du Christ, Pierre et Paul présentent les martyrs Cosme et Damien suivis, d'un côté, par le pape Félix dédicant de l'édifice et porteur de son modèle[29], et de l'autre par saint Théodore[30]. Le premier vers, comme c'est le cas dans de nombreuses inscriptions de ce genre, place l'édifice nommé *aula Dei* sous le signe d'une lumière à la fois matérielle et spirituelle qui n'apparaît plus de nos jours avec toute sa splendeur en raison des modifications apportées à ses baies au fil des âges[31]. Cependant, la présence de la lumière est en quelque sorte mise en abîme dans l'inscription en mosaïque.

---

[22] Voir notamment les travaux récents d'Erik Thunø (Thunø 2011 et 2015) et la très belle thèse de Raphaël Demès (Demès 2017) qui analyse de manière très détaillée les deux mosaïques et leurs inscriptions dans le chapitre IX, p. 470-493 pour la basilique SS. Cosma e Damiano et p. 493-503 pour la basilique Sant'Agnese fuori le mura. On peut également se référer à Brandenburg 2005, p. 222-232 (SS. Cosma e Damiano) et p. 240-247 (Sant'Agnese). Voir aussi tout récemment la notice de Chiara Cecalupo et Federico Guidobaldi consacrée à la basilique SS. Cosma e Damiano dans le *Corpus Architecturae Religiosae Europae (saec. IV-IX)*, vol. II *ITALIA 2 a. Roma entro le mura Regiones I-IV*, 2019, p. 307-327.

[23] Février 1994, p. 395.

[24] Chacune d'entre elles comporte deux distiques, soit quatre vers. Je reviendrai plus loin sur la structuration de l'inscription.

[25] Expression employée par Demès 2017, p. 472.

[26] Sur la place des différentes parties de l'inscription sous chaque personnage représenté sur la mosaïque, voir Demès 2017, p. 495.

[27] Voir plus haut n. 22.

[28] Richard Krautheimer insiste sur la monumentalité des personnages, sur la claire délimitation de l'espace dans lequel ils évoluent. « Les tesselles sont petites, disposées en rangs serrés. Les visages sont vigoureusement modelés par l'ombre et la lumière ». Voir Krautheimer 1999 (1980), p. 248.

[29] Voir à ce sujet Demès 2021, et en particulier les p. 95-100.

[30] Je renvoie aux analyses de Thunø 2015 et de Demès 2017, ainsi qu'à leurs bibliographies respectives, pour l'analyse de la structure et de la signification de ce cortège complexe et de son insertion sur le fond de la mosaïque (bleu profond et nuées colorées sur lesquelles se détache le Christ). Sur la présence de saint Théodore d'Amasée ici, voir Demès 2017, p. 476 : le choix de cette figure par le pape Félix IV serait lié à la fois au fait que saint Grégoire, soldat romain ayant brûlé un temple païen, rappellerait ainsi la conversion au Christ de l'édifice, et à la volonté de manifester de la reconnaissance à Théodoric qui avait facilité l'élection du pontife (*Theodorus* étant une version latinisée de Théodoric).

[31] Une partie des baies a disparu : il ne subsiste plus que les parties supérieures des baies qui ouvraient l'abside en raison de la surélévation du sol de l'église au XVIe siècle. Voir la restitution d'Apollonj-Ghetti 1974.

Figure 20.1 : Basilica SS. Cosma e Damiano (Rome), mosaïque absidiale
(cliché V. Blanc-Bijon, CNRS, AMU, Centre Camille Jullian).

On notera la facture soignée du premier vers avec la présence de trois coupes trihémimère, penthémimère et hephtémimère, mettant en relief *aula Dei*, *claris*, puis *radiat*. On peut se poser la question du sens de *metallum* qui pourrait ne pas renvoyer seulement aux tesselles de mosaïque mais aussi à des éléments de décor en marbre[32]. C'est pourquoi la traduction par « matériau » m'a semblé une solution acceptable. Les deux premiers vers donnent en quelque sorte la clé interprétative du texte en écho avec la beauté de cette *clara fides* qui apportait abondance de lumière dans l'un des poèmes précédemment évoqués[33] : ici, c'est la *lux fidei* qui scintille (*micat*) sur la mosaïque et précède les deux distiques plus étroitement liés à son contenu. De fait, les v. 3-6 mettent en abîme certains éléments de la mosaïque, même s'il est difficile, comme le fait remarquer Erik Thunø, de parler ici de description[34] : évocation des saints martyrs médecins associés à l'expression *spes certa salutis* et dédicataires de l'édifice[35], évocation de Félix qui porte le modèle de l'église. L'aménagement de l'édifice honorant les deux corps saints[36] est présenté comme un don pour obtenir le ciel. C'est en quelque sorte la métamorphose de l'*aula Dei* (« le palais de Dieu ») au début du premier vers de l'inscription en *aetheria arce poli* (« citadelle éthérée du ciel ») à la fin du dernier qui est annoncée par l'incorporation de cette *lux fidei* dans l'inscription en mosaïque. Celle-ci paraît reproduire dans le texte une image schématique du message spirituel parousiaque complexe de la

---

[32] *Metallis* pourrait en effet également renvoyer à l'*opus sectile* qui couvrait les murs de l'édifice. Voir p. ex. Brandenburg 2005, p. 223, qui évoque une « precious wall decoration with colourful marbles », et Demès 2017.

[33] Voir plus haut l'inscription *ILCV* 1757.

[34] Voir les remarques de Thunø 2015, p. 15, sur cette inscription :

« it neither describes nor explains the figural composition it underlies. Instead, it acknowledges the mosaic's protagonists while celebrating the luminosity of its artistic medium ».

[35] Sur les origines de la basilique issue de l'union de deux édifices, une ancienne salle du *forum* de la Paix à vocation de bibliothèque et la rotonde du cosidetto temple de Romulus, associée à la pratique de la médecine, voir par exemple le commentaire de Thunø 2015 p. 39-40 et Demès 2017, p. 470.

[36] Voir Thunø 2015 p. 41 : la mosaïque absidiale « fut installée à l'occasion du dépôt par le pape Félix des reliques des deux saints dans l'autel de sa nouvelle église sur le forum ». Dans l'église inférieure de SS. Cosma e Damiano, un autel en marbre du VIe siècle toujours *in situ* contenait probablement les reliques des deux saints.

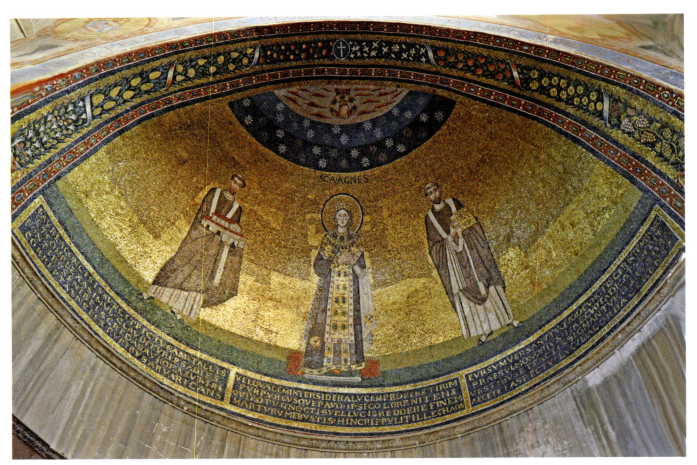

Figure 20.2 : Sant'Agnese fuori le mura (Rome), mosaïque absidiale (cliché O. Brandt, PIAC, Roma).

magnifique mosaïque où le Christ sur une architecture de nuages, le phénix, symbole et témoin de sa résurrection, posé sur un palmier à ses côtés, invite le cortège situé de part et d'autre à le rejoindre. Il me semble que les expressions « magnificence de l'invention visuelle » et « haute qualité artistique » employées par Joachim Poeschke au sujet de la mosaïque peuvent également être appliquées à l'ensemble du texte qui est d'une grande beauté dans sa concision même[37]. Et ces termes conviennent tout autant et peut-être encore davantage à l'inscription si complexe dédiée à Agnès que j'examinerai en dernier lieu.

Sainte-Agnès *ICUR*-08, 20757= *ILCV* 01769a[38]

L'inscription en mosaïque et la mosaïque consacrées à Agnès[39] dans la basilique de la Via Nomentana (Fig. 20.2) aménagée par le pape Honorius (625-638)[40] portent en quelque sorte à incandescence des caractéristiques déjà présentes dans celle des SS. Cosma et Damiano, et en particulier la poétique de la lumière, à la fois dans le poème et dans la représentation[41]. Comme beaucoup de mosaïques de l'Antiquité tardive,

---

[37] Voir Poeschke 2009, p. 98.

[38] Je donne ici le texte des *ICUR* tel qu'il est présenté par la base *Musique Deoque* qui adopte la correction *rigantem* au lieu de *rigans* proposée par Ferrua au v. 4.

[39] Voir Thunø 2015, p. 24-27. Voir Demès 2017, p. 493-503.

[40] L'édifice fut construit par le pape Honorius au-dessus des catacombes abritant la *memoria* de la sainte, à l'est de la première basilique martyriale (337-351) qui appartenait au complexe funéraire de Constance (354). Thunø 2015, p. 44, souligne le caractère exceptionnel de ce lien entre la tombe et le nouvel édifice : « Nowhere is the link between the apse mosaic and the martyr's earthly remains more closely conceived than in S. Agnese flm, where the exalted figure of the 3rd c. martyr in the apse is directly aligned with her body in the catacomb chamber beneath the altar. [...] ».

[41] La lumière jouait également un rôle important dans l'autre inscription (*ICUR*-08, 20756 = *ILCV* 01769) présente dans la même basilique, sur l'arc triomphal au-dessus des images : *Virginis aula micat uariis decorata metallis / Sed plus namque nitet meritis fulgentior amplis*. Traduction : « Le palais de la Vierge étincelle, avec son décor de marbres variés. Mais elle brille avec encore plus d'éclat par ses larges mérites ».

Première partie de l'inscription (sous le pape Honorius)	
Aurea concisis surgit **pictura** metallis Et conplexa simul claudirur **ipsa dies** 2 **Fontibus** e **niueis** credas aurora(m) subire Correptas nubes **roribus** arua rigantem / 4	Une image dorée surgit avec ses tesselles découpées Et, à peine étreinte la lumière (du jour) y est enclose. 2 On croirait voir l'aurore venue de sources neigeuses y pénétrer, saisissant les nuées et les champs et les inondant de rosée, / 4
Deuxième partie de l'inscription (sous Agnès)	
Vel qualem inter **sidera lucem** proferet **irim** **Purpureus**que **p**auo ipse **colore** nitens 6 Qui potuit **noctis** uel **lucis** reddere finem Martyrum e bustis hinc reppulit ille chaos / 8	Ou, pareille à la lumière, au milieu des étoiles elle (l'aurore) apportera un arc-en-ciel Et lui-même, le paon pourpre brillant de ses couleurs, 6 qui a pu restituer la limite de la nuit et de la lumière (surgit), Des bûchers des martyrs, d'ici, celui-là a repoussé le chaos. / 8
Troisième partie de l'inscription (sous Symmaque)	
Sursum uersa nutu quod cunctis cernitur uno Praesul Honorius haec uota dicata dedit 10 Vestibus et factis signantur illius ora **Lucet** et aspectu **lucida** corda gerens 12	**Tournés vers le haut, ce qui est vu de tous par un seul signe de tête**[42] Le pape Honorius a accordé ces dons et les a consacrés. / 10 Par ses vêtements et ses actions le visage de celle-ci (Agnès) est marqué et elle brille par son apparence, portant son cœur lumineux[43]. 12

Hugo Brandenburg le rappelle[44], elle montre une austère composition ici limitée à quelques figures : Agnès ; à sa gauche le pape Honorius, à l'origine du nouvel édifice, portant un modèle de l'église de ses mains couvertes ; à sa droite le pape Symmaque (498-514), à l'origine de la restauration de la première basilique martyriale[45], portant un évangéliaire à la main. La mosaïque et l'inscription de la basilique du VIIe siècle unissent deux papes qu'un peu plus d'un siècle sépare autour de la basilique d'une martyre romaine qui était aussi l'un des grands lieux de cultes périurbains à Rome et qui représentait assurément un enjeu politique pour le pouvoir pontifical[46].

Les quatre premiers distiques de cette inscription, dont l'établissement du texte pose de nombreux problèmes pour certains vers, à la fois description et exégèse de la mosaïque, correspondent aux deux premiers cadres dorés, ceux qui sont placés au-dessous du pape Honorius et de la martyre, et ils sont d'une redoutable difficulté. Pour mon propos, ils présentent l'intérêt de contenir une véritable mise en abîme de la lumière dans la matérialité de l'inscription, ce qui peut constituer une clé de lecture pour ce texte. La *lux musiua*, cette propriété à la fois matérielle et spirituelle de l'inscription en mosaïque définie plus haut, trouve ici une expression remarquable et elle apparaît de manière particulièrement somptueuse en harmonie avec l'image sur fond doré qu'elle commente et décrit et dans lequel la sainte est intégrée de manière privilégiée par son auréole dont le fond est partie intégrante de la mosaïque.

Les deux premiers distiques et les deux derniers (premier et dernier cadres en mosaïque) sont stables et forment chacun une unité (présentation de la mosaïque et de la manière dont elle capture la lumière sous les yeux du spectateur et du lecteur, puis présence des deux principales figures de la mosaïque, selon moi Agnès et Honorius). Les troisième et quatrième distiques qui forment le deuxième cadre en mosaïque ont un contenu beaucoup plus instable et difficile, comme nous le verrons.

Le premier vers du premier distique (*Aurea concisis surgit pictura metallis*) offre à voir le surgissement de l'image présentée comme une source de luminosité par l'adjectif *aurea* à l'initiale du vers. Par ailleurs, la construction du vers (place de *surgit pictura* entre *concisis* d'une part et *metallis*[47] de l'autre) est en harmonie avec l'apparence éthé-

---

[42] Je donne ici une première traduction, peu satisfaisante, de ce vers énigmatique dont je proposerai plus loin une nouvelle lecture. La traduction anglaise de Karl F. Morrison pour ce distique (Thunø 2011, p. 290) : « Any who once casts an eye overhead sees / these votive offerings the bishop Honorius has given », me semble plus une interprétation du texte qu'une véritable traduction.

[43] Le dernier distique se rapporte à Agnès, et non à Honorius, comme le comprend Karl F. Morrison, si l'on suit mon analyse des pages suivantes.

[44] Brandenburg 2005, p. 246.

[45] D'après Demès 2017, p. 497, « la présence de Symmaque est justifiée par ses actions, puisque le pape est à l'origine de la restauration de la première basilique martyriale, et en particulier de l'abside du IVe siècle ». D'autres, comme Hugo Brandenburg, identifient ce deuxième pape avec Grégoire le Grand (595-604). Voir Brandenburg 2005, p. 246.

[46] Voir à ce sujet Lanéry 2014.

[47] Comme pour l'inscription de Cosme et Damien (*claris metallis*), *metallis concisis* pourrait également renvoyer au revêtement

rée, aérienne, des figures qui semblent flotter sur le fond doré. Quant au deuxième vers (*Et complexa simul clauditur ipsa dies*), il constitue une mise en scène spectaculaire de la lumière capturée dans l'édifice par la surface de la mosaïque absidale (de son éclairement, pour reprendre la terminologie de Nicolas Reveyron) depuis les fenêtres de la claire-voie au-dessus de la galerie supérieure[48].

Les deuxième et troisième distiques, au-delà des interprétations qu'ils ont pu susciter[49], décrivent, me semble-t-il, les effets lumineux perçus par le regard (*credas*) sur la partie supérieure de la mosaïque polychrome, celle d'où surgit la main de Dieu portant la couronne entre des nuées pourpres au-dessus d'un ciel étoilé. Le troisième distique marque le moment où le sens du texte excède la mesure du distique, le v. 5 renvoyant à ce qui précède (l'infusion de la lumière dans la partie supérieure) et le v. 6 à ce qui suit, comme nous le verrons.

Par le verbe *subire* (v. 3) et le verbe *rigare* (v. 4), le poète indique remarquablement l'infusion des couleurs à l'intérieur de la mosaïque à travers l'image de l'aurore qui pénètre les nuées et inonde les champs de rosée (**Fontibus** e **niueis** credas aurora(m) subire / Correptas nubes **roribus** arua rigantem), image à laquelle se superpose celle de l'Eden. Si la présence de l'adjectif *niueus* dans l'expression *fontibus niueis* peut, comme le fait remarquer Raphaël Demès, « faire référence à la virginité » d'Agnès[50], ces rouges nuées, que l'on voit apparaître dans le texte et dans la mosaïque, peuvent aussi, je le pense, évoquer, aux yeux du lecteur de l'image-inscription, le martyre d'Agnès présent également sous la forme de flammes sous les pieds de la martyre. De la même manière, dans son hymne du *Peristephanon* consacrée à Eulalie, le poète Prudence met clairement en rapport le rougeoiement de l'*opus sectile* de l'édifice dédiée à la jeune fille avec son sang versé[51]. Quant à l'expression *inter sidera*, dans le premier vers du troisième distique (*Vel qualem inter sidera lucem proferet irim*), si on peut la rapporter aux étoiles de la mosaïque, elle est de manière évidente insérée dans une gamme chromatique évoquée par l'allusion à l'image de l'arc-en-ciel. Cette dernière pourrait être rapprochée du chromatisme de l'ensemble de la partie supérieure de la mosaïque (« étoiles blanches-argentées et dorées sur un fond bleu bicolore surmontées de nuées colorées au centre desquelles la main de Dieu surgit et s'apprête à couronner Agnès »[52]). Ainsi les effets de lumière à la surface de la mosaïque sont en quelque sorte intégrés à l'intérieur de l'inscription qui contient en elle-même la figure de son lecteur-spectateur. L'ensemble formé par les deuxième et troisième distiques renvoie ainsi à une vision paradisiaque analysée par Raphaël Demès.

Il faut cependant prendre en considération le fait que le deuxième vers du troisième distique (**Purpureusque pauo ipse colore nitens**) est un véritable pivot sémantique, en rapport avec ce qui précède et avec ce qui suit, les v. 7 et 8 contenus dans le même cadre en mosaïque. L'expression *pauo purpureus*[53] peut être considérée comme la dernière allusion chromatique directe du poème, mais l'évocation dans les vers suivants de la nuit et du chaos fait ressortir comme en négatif la plénitude du fond doré où scintille la lumière, illuminant l'ensemble de la basilique[54]. Il me semble ici que l'on peut

---

en marbre de l'abside. Cependant la présence du terme *aurea pictura* (représentation dorée) qui désigne manifestement la mosaïque dans son ensemble, ainsi que la présence de l'adjectif *concisus*, me pousse à choisir de traduire *metallum* par tesselles ici.

48 Voir p. ex. à ce sujet les indications données par Brandenburg 2005, p. 241 : « The main colonnades consist of seven columns carrying arcades. The same number of columns is found in the colonnade of the gallery. The clerestory originally had eight large round-arched windows, one for each intercolumniation, which were later reduced in size together with the two large round-arched windows in the southern vault rib over the apse ». Comme le fait remarquer Demès 2017, p. 499, ces fenêtres apparaissent sur le modèle de l'édifice porté par Honorius.

49 Voir p. ex. les analyses de Demès 2017, p. 495-496, et de Thunø 2015.

50 Demès 2017, p. 499, qui met en rapport cet adjectif avec les vers composés par Prudence pour le baptistère dans le *Perist.* 12.

51 Voir *Perist.* 3, v. 198-200.

52 J'emprunte les termes de la description à Demès 2017, p. 497.

53 Raphaël Demès, dans sa thèse p. 500-503 en particulier, fait une belle analyse de la présence du phénix et du paon dans la mosaïque de Sainte-Agnès. Nous citerons ici le résumé qu'il en a fait dans le *Bulletin du Centre d'Études médiévales d'Auxerre* en 2018 : « La formule *purpureusque pauo* est mentionnée dans l'inscription dédicatoire, plus précisément dans l'axe de la martyre romaine, dont la tunique pourpre est marquée par la figure du phénix arborant un plumage bleu. En outre on trouve un paon brodé sur le tissu blanc à liseré doré que sainte Agnès porte sur l'avant-bras gauche. Cet exemple cristallise la proximité sémantique de ces deux oiseaux. Ils interagissent et se font écho, jusqu'à se confondre au sein d'un décor dans lequel le thème de la lumière est omniprésent. Le paon-phénix associé à la pourpre renforce les liens tissés entre les deux oiseaux, ainsi baptisés dans le sang unique des martyrs et de l'Agneau, et revêtus d'une même lumière, celle de la foi et de la vie éternelle ».

54 E. Thunø souligne le contraste entre la noirceur et le chaos précédent symbolisé par le bûcher des martyrs (lumière négative) et la luminosité de la basilique. La mort par le feu fait partie de la tradition romaine relative à sainte Agnès (voir Fux 2003, p. 463). Voir Demès 2017, p. 502 : « Les pillages réguliers des catacombes et la détérioration de la première basilique martyriale sont suggérés par les termes *noctis* et *chaos* opposés au champ lexical de la lumière liée à sainte Agnès et au pape ».

lire également dans ces vers une évocation placée sous le signe de la couleur et de la beauté, au-delà de l'image, du Créateur du début de la *Genèse*[55], de « Celui qui a pu restituer la limite de la nuit et de la lumière » qui n'apparaît ici que sous la forme de la main de Dieu mais qui est associé au paon symbole d'immortalité, l'adjectif *purpureus* renvoyant aussi à la pourpre royale ou alors au sang versé du Christ. Cette lecture me semble confortée par la possibilité de rapprocher visuellement l'expression *purpureus pauo* de la vision globale de la partie supérieure de la mosaïque avec ses étoiles dans sa partie inférieure, « dispersées sur un fond bicolore » et son chromatisme évoqué plus haut.

Par ailleurs et surtout, les v. 5 et 6, la syntaxe brisant en quelque sorte l'unité du distique, permettent une transition poétique aux derniers vers de l'inscription qui ramènent les lecteurs-spectateurs à la réalité de la basilique du VIIe siècle : s'y succèdent, selon la manière dont je comprends le texte, savamment entrelacés dans le discours, l'évocation d'au moins deux des personnages représentés sur la mosaïque, le pape Symmaque, Agnès et le pape Honorius, ce dernier étant le seul nommé dans l'inscription. Si le v. 8 (*Martyrum e bustis hinc reppulit ille chaos*), lié matériellement (par le segment de texte) et poétiquement (par le distique) au précédent, peut renvoyer métaphoriquement et spirituellement à l'action du pape qui a commandité les travaux de transformation du sanctuaire martyrial et que l'on identifie généralement avec Honorius[56], le souvenir de son prédécesseur Symmaque est peut-être néanmoins présent dans cet *ille* qui pourrait renvoyer habilement aux deux pontifes. La similitude et la complémentarité dans leurs actions édificatrices[57] successivement menées à Sainte-Agnès pourraient être alors signifiées par la ressemblance de leurs visages sur la mosaïque.

En ce qui concerne la dernière partie de l'inscription, si le v. 10 (*Praesul Honorius haec uota dicata dedit*) est vraisemblablement une allusion à la représentation du même pape Honorius, à l'origine du nouvel édifice et tenant son modèle[58], le v. 9 (*Sursum uersa nutu quod cunctis cernitur uno*) me semble renvoyer non pas aux *uota dicata* d'Honorius, comme on le comprend généralement, mais à la figure centrale de la mosaïque, Agnès elle-même, son centre lumineux pour ainsi dire. C'est pourquoi je propose la traduction suivante pour le v. 9 : « Elle (Agnès) est tournée vers le haut, ce qui est vu de tous par un seul signe de tête ». L'expression *sursum uersa* correspond en effet assez bien à la position du corps et surtout du visage de la sainte dont le regard semble se diriger vers la partie supérieure de la mosaïque qui évoque la béatitude céleste, ce que chacun peut comprendre par « un seul mouvement de tête » (*uno ... nutu*). Cette expression renforce d'ailleurs l'importance de la thématique du regard intégrée à la mosaïque, puisqu'elle renvoie au mouvement de la tête que le fidèle doit effectuer pour appréhender la courbure de la mosaïque absidale au centre de laquelle surgit la vierge.

Le poème se clôt, selon la manière dont je comprends le texte, par l'évocation de la sainte portant son cœur lumineux. Le terme *uestibus* renvoie logiquement, il me semble, aux vêtements somptueux d'Agnès, brodés et couverts de joyaux, et non à ceux, beaucoup plus sobres, du pape Honorius. Quant au cœur lumineux, il peut être compris comme une allusion à la pureté virginale de la martyre. Point n'est besoin de la nommer dans l'inscription, puisque son nom est intégré à la mosaïque. Les deux derniers distiques formant la troisième et dernière partie de l'inscription, si l'on accepte ma lecture, seraient donc axés sur la représentation d'Agnès sur la mosaïque, ramenant le regard du spectateur vers le centre lumineux de l'image, après avoir rappelé la présence d'Honorius, commanditaire de l'édifice, mais aussi de la mosaïque et de l'inscription.

Cette inscription si difficile est tout à fait remarquable par l'utilisation qu'elle fait de la *lux musiua* doublement incarnée, dans la mosaïque et dans le texte, par le rendu extrêmement précis, à travers la structure des vers, des effets de figure et des mouvements de la lumière sur la mosaïque, et enfin par l'extraordinaire rendu des couleurs sur le fond doré de la mosaïque – il s'agit en fait de différentes nuances de doré perceptibles à l'œil et bien rendues par l'expression *concisis metallis* (« avec ses tesselles découpées ») et pourrait suggérer également des variations de coloris dans les support des tesselles dorées[59]

---

[55] Voir Genèse 1, 4 : « Dieu vit que la lumière était bonne. Dieu sépara la lumière de la ténèbre ».

[56] Voir Thunø 2015, p. 44 : « In mentioning how Pope Honorius had successfully "beaten chaos back from the tombs of martyrs", the inscription seems to suggest this improved situation thereby initiating a new era in the cult of this popular Roman martyr ».

[57] Pour l'action de Symmaque à Sainte-Agnès, voir le *Liber Pontificalis* : Recensio II-e, MGH *Gesta pontif. Rom.*, p. 125, l. 1 : *Hic absidam beatae Agnae quae in ruinam inminebat et omnem basilicam renouauit*. Voir aussi par exemple Lanéry 2014 sur la dimension politique des travaux de Symmaque.

[58] Voir à ce sujet Demès 2021, p. 101.

[59] Je remercie Véronique Blanc-Bijon de m'avoir suggéré cette idée, alors que j'avais pensé, de manière erronée, dans un premier temps que cette expression pouvait renvoyer à des effets de variations lumineuses liés aux interstices entre les tesselles.

– qui rappelle l'importance de l'influence byzantine dans la Rome de cette période[60].

Ce texte me semble le plus représentatif de cette *lux musiua* qui caractérise certaines inscriptions romaines en mosaïque associées à des mosaïques. Il contient en effet à un degré très élevé des notations descriptives lumineuses qui en font à la fois une *ekphrasis* de la matérialité lumineuse de l'image et un commentaire de l'image spirituelle complexe mise en scène sur le magnifique fond en tesselles dorées. Par cette prise en compte de la matérialité de l'image dans le contenu de l'inscription et sa poétique de la lumière matérielle et spirituelle, l'auteur de ce texte me semble pleinement mériter le nom de poète épigraphiste. Les poètes épigraphistes sont de véritables poètes qui ont été inspirés par et qui ont pu inspirer d'autres poètes dans leurs œuvres relatives aux édifices chrétiens dans l'Antiquité tardive et au Moyen Âge[61]. Ces textes romains en mosaïque sont donc des témoignages incomparables et emblématiques des échanges entre épigraphie et poésie qui contribuent dès le IVe siècle à enraciner le corps du monument entre terre et ciel, tout en incluant les pèlerins lecteurs et spectateurs dans une dynamique visuelle et spirituelle. C'est aux poètes épigraphistes que Paul-Albert Février rendait hommage dans « La lettre et l'image » qui a assurément inspiré bien d'autres recherches.

---

[60] Voir à ce sujet Krautheimer 1999, chapitre « Rome entre l'Orient et l'Occident », p. 237-289, et en particulier p. 245 : « La confrontation avec les types architecturaux, les schémas iconographiques et les partis stylistiques orientaux – et notamment byzantins – leur assimilation, leur rejet et leur transformation constituent un chapitre aussi fascinant que complexe de l'histoire de Rome ».

[61] C'est ce qu'ont montré par exemple R. Favreau (Favreau 1993) et G. Bürher-Thierry (Bürher-Thierry 2004) pour les épigrammes de Fortunat, dont de nombreux textes relatifs aux monuments de la Gaule mérovingienne sont potentiellement épigraphes. Par ailleurs le bel article de Sylvie Labarre (Labarre 2001) montre bien que la force visuelle des mosaïques images-textes a pu influencer la technique poétique pour des poèmes épigrammatiques de Fortunat qui ne sont ni des descriptions de mosaïques, ni des textes en mosaïque.

Bibliographie

Apollonj-Ghetti B. M. 1974, « Nuove considerazioni sulla basilica dei SS. Cosma e Damiano », *Rivista di Archaeologia cristiana* 50, p. 7-54.

Brandenburg H. 2005, *Ancient Churches of Rome from the Fourth to the Seventh Century. The Dawn of Christian Architecture in the West*, Turnhout (Bibliothèque de l'Antiquité tardive, 8) (pour l'édition anglaise).

Bührer-Thierry G. 2004, « Lumière et pouvoir dans le haut Moyen Âge occidental : célébration du pouvoir et métaphores lumineuses », *Mélanges de l'École française de Rome. Moyen Âge* 116, p. 521-556.

Corpus Architecturae Religiosae Europae (saec. IV-IX), II. *ITALIA. 2 a. Roma entro le mura Regiones I-IV*, Cité du Vatican, 2019 (voir la notice de C. Cecalupo et F. Guidobaldi consacrée à la basilique SS. Cosma e Damiano, p. 307-327).

Demès R. 2017, *Autour du paon et du phénix. Étude d'une iconographie cultuelle et funéraire dans le Bassin méditerranéen (IVe-XIIe siècles)* (Thèse de Doctorat, Université de Bourgogne Franche-Comté).

—— 2018, « Autour du paon et du phénix. Étude d'une iconographie cultuelle et funéraire dans le Bassin méditerranéen (IVe-XIIe siècles) », CR de thèse dans le *Bulletin du Centre d'Études médiévales d'Auxerre* <https://halshs.archives-ouvertes.fr/halshs-02520253>.

—— 2021, « Figure pontificale et maquette ecclésiale au cœur de l'abside à Rome (VIe-IXe siècles) », *ABside. Rivista di Storia dell'Arte* 3, p. 89-113.

Favreau R. 1993, « Fortunat et l'épigraphie », dans *Venanzio Fortunato tra Italia e Francia (Atti di convegno internazionale di studi, Valdobbiadene, 17 maggio 1990 - Treviso 18-19 maggio 1990)*, Trévise, p. 161-173.

Février P.-A. 1994, « La lettre et l'image », dans *La mosaïque gréco-romaine*, IV (*Trêves 1984*), Paris (Suppl. au Bulletin de l'AIEMA), p. 383-401, pl. CCCXXXIX-CCCXLII.

Fux P.-Y. 2003, *Les sept passions de Prudence (Peristephanon 2. 5. 9. 11-14). Introduction générale et commentaire*, Fribourg (Paradosis 46).

Herbert de la Portbarré-Viard G. 2023, *Naissance du discours sur les édifices chrétiens dans la littérature latine occidentale. D'Ambroise de Milan à Grégoire de Tours*, Turnhout (Bibliothèque de l'Antiquité tardive, 41).

Krautheimer R. 1999, *Rome, portrait d'une ville (312-1308)*, traduit de l'anglais et mis à jour par Fr. Monfrin, Paris.

Labarre S. 2001, « La poésie visuelle de Venance Fortunat (Poèmes I-IV) et les mosaïques de Ravenne », dans *La littérature et les arts figurés de l'Antiquité à nos jours (Actes du XIVe congrès de l'Association G. Budé, Limoges, 25-28 août 1998)*, Paris, p. 369-377.

Lanéry C. 2014, « La légende de sainte Agnès : quelques réflexions sur la genèse d'un dossier hagiographique (IVe-VIe s.) », *Mélanges de l'École française de Rome. Moyen Âge* 126.1 <https://doi.org/10.4000/mefrm.1702>.

Poeschke J. 2009, *Mosaïques italiennes du IV*[e] *au XIV*[e] *siècle*, traduit de l'allemand par A. Virey-Wallon et O. Mannoni, Paris.
Reveyron N. 2009, « Esthétique et symbolique de la lumière dans l'aménagement du sanctuaire médiéval », *Hortus Artium Medievalium* 15.2, p. 241-255.
—— 2016, « De l'or, des marbres et le soleil. Ambiances lumineuses dans l'architecture occidentale de l'Antiquité tardive et du haut Moyen Âge », dans F. Cousinié, F. de Maupeou, Cl. Nau (dir.), *La Lumière parle. Lumières, reflets, miroirs. Du Moyen Âge à l'art vidéo*, Paris, p. 11-30.
—— 2019, « Dessin, couleur et lumière dans l'église médiévale. La performativité de l'image lumineuse », dans S. Brodbeck, A.-O. Poilpré (dir.), *Visibilité et présence de l'image dans l'espace ecclésial. Byzance et Moyen Âge occidental*, Paris, p. 121-138.
Roberts M. 1989, *The Jeweled Style. Poetry and Poetics in Late Antiquity*, Ithaca.
—— 2011-2012, « Light, Color and Visual Illusion in the Poetry of Venantius Fortunatus », *Dumbarton Oaks Papers* 65-66, p. 113-120.
Stoehr-Monjou A. 2009, « Sidoine Apollinaire et la fin d'un monde. Poétique de l'éclat dans les panégyriques et leurs préfaces », *Revue des Études latines* 87, p. 207-230.
Thunø E. 2011, « Inscription and Divine Presence: Golden Letters in the Early Medieval Apse Mosaic », *Word & Image* 27.3, p. 279-291.
—— 2015, *The Apse Mosaic in Early Medieval Rome. Time, Network and Repetition*, Cambridge.
—— 2017, « The Power and Display of Writing: From Damasus to the Early Medieval Popes », dans N. Zimmermann, T. Michalsky, S. Weinfurter, A. Wieczorek (dir.), *Die Päpste un Rom zwischen Spätantike und Mittelalter. Formen päpstlicher Machtentfaltung*, Mannheim (Publikation der Reiss-Engelhorn Museen, 76), p. 95-114.
Treffort C. 2019, « Les inscriptions de Germigny et la production épigraphique de Théodulf d'Orléans », *Bulletin du Centre d'Études médiévales d'Auxerre*, n.s., 11 <https://doi.org/10.4000/cem.16066>.

21. *Acta sanctorum Februarii* : L'apport de Paul-Albert Février à la compréhension des textes hagiographiques de l'Antiquité tardive et du Haut Moyen Âge

Pascal Boulhol

Université d'Aix Marseille, Textes et documents de la Méditerranée antique et médiévale (TDMAM), Centre Paul-Albert Février, UMR 7297, Aix-en-Provence

LA TRIPLE COMPÉTENCE DE Paul-Albert Février comme historien, archéologue et épigraphiste, confère à son traitement des textes hagiographiques une profondeur particulière. Aux *Actes* et *Passions* de martyrs, aux *Vies* d'évêques ou d'ascètes, Février porte un regard en même temps aigu et distancié, à la fois attentif au détail matériel et enclin à la perspective large, du moins si l'on considère son œuvre dans son ensemble, sur les trois décennies qu'elle couvre. En tant qu'archéologue, il recherche dans l'hagiographie des mentions d'édifices et d'activité constructrice ; en tant qu'historien, des réalités biographiques, politiques, sociales ; en tant qu'historien de la religion, des attestations du culte ou des indices liturgiques. Mais une fois bouclé l'inventaire des traces, Février ne s'arrête pas : au-delà du texte et de la preuve du culte, il lui faut encore, surtout à partir du milieu de sa carrière scientifique, sonder l'esprit qui préside à cette vénération, les mobiles du rédacteur, la signification profonde du document.

Je tenterai ici d'esquisser non pas un bilan ou l'évaluation d'un héritage, mais plutôt une sorte de fiche chrono-taxinomique du travail hagiologique de Paul-Albert Février. Mon propos sera tripartite. J'examinerai d'abord l'exploitation de l'hagiographie comme pure source documentaire. Je tenterai ensuite de montrer comment l'historien, à mi-chemin de sa carrière, a élargi son champ de recherche, appréhendant dès lors l'hagiographie comme un phénomène de société et ses textes comme des messages politiques, sociaux et culturels. Enfin, l'apport direct de Février en matière d'hagiologie sera considéré sur la base de deux études publiées au milieu des années 1980.

L'hagiographie comme pure source documentaire

Tentons d'envisager diachroniquement le traitement des données hagiographiques par Paul-Albert Février sur l'ensemble de sa production scientifique, entre le premier opus de 1964 et les derniers travaux, publiés avant 1991 ou après sa mort.

Dans sa thèse le *Développement urbain en Provence de l'époque romaine à la fin du XIVe siècle* (1964) comme dans ses premières publications sur l'Afrique du Nord ou la Provence de l'Antiquité tardive[1], Février enquête en historien des *realia* et en archéologue. L'hagiographie – conçue en quelque sorte comme une *ancilla archaeologiae* – lui fournit des informations monumentales ou architecturales. Le *Développement urbain* exploite ainsi un vaste ensemble de sources hagiographiques : pour ce qui est des martyrs (rares en Provence, comme on sait), passant rapidement sur Victor de Marseille[2] et Mître d'Aix[3], Février aborde seulement deux dossiers (ceux de Genès d'Arles et de Pons de Cimiez)[4] ; mais, pour

---

[1] Par exemple : *Topographie chrétienne des cités de la Gaule*, II (1986), où Février exploite l'hagiographie pour Apt (p. 30), Gap (p. 52) et Embrun (p. 70 et 72). De même pour Arles dans le tome III (Février 1986a), p. 73-84.

[2] Brève mention dans Février 1964 (désormais *DUP* dans les notes), p. 63 et n. 90. La thèse de Jean-Claude Moulinier (1930-1999) ne sera imprimée qu'en 1993 (Moulinier 1993). Février en a connu la gestation, mais n'a pas pris clairement position (me semble-t-il) dans le débat victorin.

[3] Février fait référence à la monographie de Michel Carrias (Carrias 1969) dans un très bref article (Février 1981c).

[4] Genès : *DUP*, p. 62 et n. 74-75. Pons : p. 62 et n. 83-85. Jean-

les *Vitae*, il exploite une quinzaine de *Vies* d'évêques ou d'ascètes (des plus anciennes et connues, comme celles d'Honorat, Hilaire et Césaire pour Arles, ou le dossier de Maxime de Riez, ou encore Eutrope d'Orange[5] jusqu'aux textes plus tardifs et douteux concernant Marcellin d'Embrun, Quenin de Vaison, Siffrein de Venasque, Véran de Cavaillon, etc.[6]. Même la *Vie* provençale de Douceline de Digne est utilisée[7].

Dans ces textes, dont il considère toujours la date et le lieu de rédaction, Février quête des attestations d'édifices : pour Arles, la *Vita Hilarii* [*BHL* 3882] mentionne l'*ecclesia publica*, la *basilica Constantia* et l'église où repose Hilaire[8] ; pour Arles encore, la *Vita Caesarii* [*BHL* 1508] parle de la basilique Saint-Étienne ou, synonymes, de la *basilica* ou de l'*ecclesia*[9] ; pour Venasque, la tardive *Vita Siffredi* [*BHL* 7703] mentionne la basilique de la Trinité que Siffrein a bâtie dans cette ville[10]. L'investigation se corse quand des sources contradictoires s'affrontent : ainsi, la *Vie* de Césaire et la *Vie* de l'abbesse Rusticule [*BHL* 7405] semblent placer en deux lieux distincts la sépulture de l'évêque d'Arles[11]. Qu'en est-il donc ? En alléguant un testament de 897, Février tranche : l'oratoire funéraire Saint-Césaire où priait Rusticule et l'église Sainte-Marie (destinée à la sépulture des moniales) où Césaire fut inhumé, sont un seul et même édifice (p. 68-69). Cette conclusion a été discutée : Marc Heijmans[12] s'est demandé comment Rusticule, vers 600, avait pu, malgré la clôture monastique, sortir de son monastère (probablement *intra muros*) pour aller hors les murs à la basilique Sainte-Marie. Heijmans a proposé successivement deux solutions : dans sa thèse de 2004, il suppose un décalage chronologique entre la *Vita Caesarii* et la *Vita Rusticulae*, que Bruno Krusch avait peut-être eu raison (malgré Pierre Riché[13]) de situer à l'époque carolingienne, et qui renverrait à des temps où le corps de Césaire avait été transféré à l'intérieur de l'abbaye[14] ; l'autre solution, adoptée par Heijmans[15], donnerait raison à Février en admettant que l'oratoire se trouvait bien dans la basilique Sainte-Marie au temps de Rusticule et que l'abbesse s'y rendait en dérogeant au régime de la clôture monastique[16].

Cet exemple un peu ambivalent, tiré d'une œuvre de jeunesse, ne doit pas masquer les qualités déjà présentes ici, à savoir la clairvoyance, l'acribie et (disons-le familièrement) le flair de Février dans son usage des sources hagiographiques. Cette prudence lui fit souvent opter pour un juste milieu, à égale distance de l'hypercritique et de la crédulité, sans pour autant rester neutre, par exemple sur un culte tardif et importé comme celui de Marie-Madeleine, où il se montre clairement « saxérien » au risque de heurter les dévots provençaux[17]. Mais notre historien, au vrai, sut-il toujours éviter l'hypercriticisme ? Il lui arriva, à propos de l'infructueux dégrossissement du jeune Césaire par les leçons du rhéteur Pomère (*VC*, I, 9), de laisser échapper ces mots : « et que faut-il penser d'un thème hagiographique ? »[18]. Serait-ce à dire qu'un thème hagiographique est forcément suspect ? Mieux vaut oublier ce mouvement d'humeur ! Février aura bien compris que le biographe de Césaire, en montrant son maître hostile à ce gavage de fausse science humaine, se bornait à répéter (comme dans sa préface) les propos de l'évêque d'Arles sur la primauté du vrai et la vanité de l'esthétique mondaine. Et notre historien savait que ce refus de la rhétorique était probablement réel chez le jeune ascète chalonnais, animé déjà par le plus haut idéal spirituel.

Rappelons plutôt, comme preuve de lucidité critique, l'avis de Février sur Grégoire de Tours :

« À <sa> lecture [...], on constate que, dans beaucoup de cas, son ignorance des origines est égale à la nôtre. Ce qui pourrait nous apparaître comme un précieux témoignage n'est qu'une interprétation ancienne obéissant souvent à des motifs politiques (ainsi pour les traditions relatives aux origines d'Arles), ou encore une approximation due au désir de donner une vision cohérente de faits que l'on ne comprend pas »[19].

Pierre Weiss a daté la *Passio Pontii* de la fin du VIIIe siècle (Weiss 1991), ce qui suscita des doutes chez Heinzelmann 2010, p. 44, n. 74.

5 *DUP*, p. 66 et n. 118-119.

6 *DUP*, p. 195 et n. 56 (*Vita Verani*).

7 *DUP*, p. 179 et n. 115.

8 *DUP*, p. 51.

9 *DUP*, p. 67-68.

10 *DUP*, p. 65. Heinzelmann 2010, p. 58 : « homélie ... par un abbé, peut-être de Lérins ».

11 *DUP*, p. 68-69.

12 Heijmans 2004 ; 2014a ; 2014b.

13 Riché 1954, p. 367-377.

14 Heijmans 2004, p. 264.

15 Heijmans 2014b, p. 430-431.

16 Heijmans 2014b, p. 160.

17 Février 1981d ; il aurait aimé reprendre ce dossier, mais n'en eut pas le temps. Il adhère totalement (Février 1981c) aux conclusions de Victor Saxer (Saxer 1959), dont on sait la position sur le culte de Marie-Madeleine en Provence.

18 Février 1978a, p. 156.

19 Février 1972b, p. 59.

Dans sa recherche des données topographiques ou monumentales de l'hagiographie, Paul-Albert Février était bien sûr tributaire des éditions disponibles. L'historien était circonspect envers les documents ne résultant pas d'une tradition manuscrite sûre ; il se méfiait des érudits crédules et ne cachait pas sa faible estime pour un Polycarpe de la Rivière, dont il s'étonnait que certains de ses collègues prissent encore au sérieux les affabulations[20]. Il avait conscience que le recours à une édition inexacte pouvait mener à des conclusions fausses[21]. Bien entendu, il se trompa quelquefois lui aussi, pour avoir faute de mieux fait confiance à des éditions défectueuses. Tel est le cas de la *Vie* de Maxime de Riez écrite par le patrice Dynamius. Février exploita l'édition de Vincenzio Barrali (1613)[22] réimprimée dans la *Patrologie Latine*[23], et qui elle-même reproduit le texte publié par Lorenz Sauer alias Laurentius Surius[24], que gâchent la récriture et l'interpolation permanentes. L'édition scientifique du texte de Dynamius, celle de Salvatore Gennaro, ne parut qu'en 1966[25], deux ans avant le *Développement urbain*. Février est donc fondé à écrire : « Les chapelles Saint-Pierre, où Maxime fut inhumé, et Saint-Albin sont dites *in oppidum Rhegiense*, *in Rhegiensi castello*. Il est donc logique de placer cet *oppidum* ou *castellum* (sans doute est-ce la même chose) sur la colline qui prit le nom de l'évêque du lieu »[26].

L'ennuyeux est que l'expression *in oppidum Rhegiense*, forgée par Surius[27], ne figure pas dans l'original à propos de Saint-Pierre, édifice qu'un autre passage de la *Vita* invite à situer dans la plaine[28]. En revanche, pour ce qui est de la basilique Saint-Alban (et non Albin), la réécriture de Surius n'est pas trop infidèle : la locution surienne *in Rhegiensi castello* s'accorde à peu près avec le texte original (*intra castellum Regense*)[29]. Se fiant à l'édition de Gennaro et tenant compte du susdit détail topographique fourni par Dynamius[30], les commentateurs de la *Vita Maximi* en 2014 et les archéologues d'aujourd'hui (dont Philippe Borgard) situent Saint-Alban sur la colline de Saint-Maxime, à l'emplacement de la chapelle du XVIIe siècle[31]. Le *castellum* correspond bien au site tardo-antique de la cité riézoise, laquelle s'installa (ou se réinstalla) sur la colline et se dota d'une enceinte qui lui rendit sa fonction de *castellum*[32]. Février, par conséquent, a tiré les meilleures conclusions possibles d'un texte à moitié faussé.

L'hagiographie comme phénomène spirituel et composante socio-culturelle

L'élargissement de la perspective (1975-1981)

Au fil de ses recherches et de ses lectures, Paul-Albert Février en vint à regarder l'hagiographie d'un autre œil, à quitter, au moins momentanément, la recherche de l'historicité pour envisager la spiritualité du texte, sa symbolique, la dévotion envers le saint plutôt que l'existence de ce dernier. L'accent est mis dès lors sur les intentions et les mobiles des auteurs ainsi que des acteurs (diffuseurs et récepteurs) du culte. Même si l'évolution fut certainement graduelle, il semble permis de situer vers 1975 cet élargissement de la perspective. Celui-ci fut sans doute facilité par le questionnement liturgique, cultuel et culturel auquel Paul-Albert Février soumit très tôt les édifices et les inscriptions sur lesquels portaient ses recherches archéologiques. Une série de publications des années 1975-1981 montre le progrès de sa réflexion sur le culte des défunts, la spiritualité qu'il exprime, la sociabilité des rites funéraires et des fêtes des saints : en 1975/1978, « Le culte des morts dans les communautés chrétiennes » ; en 1977, « À propos du repas funéraire : culte et sociabilité » (réflexion partant du rapprochement d'une mosaïque de Tipasa avec une peinture de la catacombe de Pierre et Marcellin) ; en 1979, « La mort chrétienne : image et vécu » ; en 1981, « Quelques aspects de la prière pour les morts », qui commence par une référence à l'épisode de la « maison hantée » » dans la *Vie de Germain d'Auxerre* par Constance de Lyon[33] ; la même

---

[20] Février 1983, p. 333 ; cf. Février 1985, p. 23.

[21] Cf. Février 1983, p. 22.

[22] Barralis, *Chronologia sanctorum* ..., II (Lyon, 1613), p. 120-126.

[23] *PL* 80 (1863), c. 31-40.

[24] Surius, *De probatis sanctorum historiis* ... (Cologne, 1570-1576).

[25] Gennaro, *Fausti Reiensis. Sermo de sancto Maximo episcopo et abbate* ... Catania, 1966, p. 65-127.

[26] *DUP*, p. 84.

[27] Surius/Barralis, § 15, *PL* 80, 39 : *Importatum denique est corpus beatissimi antistitis in oppidum Rhegiense* ...

[28] Dynamius, *Vita Maximi*, 9, 2, p. 114 : *a foris* (= Saint-Pierre, où il repose) *per uirtutem sui corporis quae praecellit, ab infra* (= Saint-Alban, dans le *castellum*) *per templum sacratissimum quod construxit.* Cf. Borgard, Heijmans *et al.* 2014, p. 240-241.

[29] Surius/Barralis : *PL* 80, 6, c. 36 : Borgard *et al.* 2014, p. 112.

[30] *Supra*, n. 28.

[31] Borgard *et al.* 2014, p. 72 ; Borgard, Heijmans 2014, p. 240.

[32] Borgard 2019.

[33] Constance de Lyon, *Vita Germani*, Vita [*BHL* 3453], II, 10 ; Février 1981b, p. 253-254.

année 1981, « Approche de fêtes chrétiennes » (sur la fête de saint Just, évêque de Lyon, d'après une *Lettre* de Sidoine Apollinaire ; l'environnement est celui de la première basilique lyonnaise de Saint-Just, exhumée par les fouilles de Jean-François Reynaud, entre 1971 et 1983).

Les conditions furent ainsi réunies pour le passage d'une utilisation documentaire de l'hagiographie – qui ne cessa pas complètement pour autant[34] – à une saisie globale des traditions religieuses, dans une périodisation plus large, allant de la fin de l'Antiquité jusqu'à une « fin du Moyen Âge » qui empiétait même assez largement sur les Temps Modernes. Les notions majeures développées par l'historien furent : permanence des traditions et évolution des représentations (de l'Antiquité profane au Moyen Âge chrétien) ; le discours symbolique et ses limites ; le sens de l'image ; les marques du culte dans le paysage, les vocables et la toponymie ; instrumentalisation politique ou ecclésiastique ; rôle des croyances dans la dynamique collective et communautaire ; variabilité de la christianisation des mœurs et des esprits (de la rigidité moralisante jusqu'à l'acculturation flexible avec « gardefous ») ; etc. Le Février de la maturité contextualise les sources hagiographiques comme des témoignages de phénomènes religieux, culturels et sociologiques. Une telle évolution ne lui est pas propre, bien entendu. Elle s'inscrit dans un mouvement général des études sur l'Antiquité tardive et le Haut Moyen Âge qui a produit à la même époque, entre autres, la synthèse socio-prosopographique de Martin Heinzelmann[35] et les travaux de Peter Brown sur le culte des saints[36].

Trois exemples de l'approche nouvelle

Si Février n'exprima pas cet approfondissement et cette globalisation dans un ouvrage théorique ou un manifeste, il les mit en pratique, sur des cas particuliers, dans les articles où il utilisa et commenta les *Vies* des saints. Comme échantillons d'une telle démarche, je citerai trois publications parmi beaucoup d'autres.

A. Dans « Aux origines du christianisme en Maurétanie Césarienne » (1986), l'historien-archéologue-épigraphiste exploita bien entendu les Passions locales (Fabius, Salsa, Typasius)[37], mais il s'interrogea aussi, par exemple, sur le phénomène plus discret du culte privé et familial des martyrs, en considérant notamment l'inscription de Médiouna [*CIL* VIII, 21517] et en la rapprochant de l'inscription d'une plaque trouvée près de la basilique de Salsa à Tipasa. À ce titre, Février d'une certaine manière se rattachait à la réflexion de Peter Brown (approfondie plus tard par son élève Kim Bowes) sur la place du culte privé dans la vie des chrétiens de l'Antiquité tardive[38].

B. Dans son article dédoublé des *Mélanges Deichmann* et de la *Rivista di Archeologia cristiana* « Baptistères, martyrs et reliques » (1986), Février a montré, en combinant l'approche archéologique (dossier d'Albenga) et la lecture des sources hagiographiques (par ex. Grégoire de Tours à propos de Grégoire de Langres), que « le baptistère est devenu ... à la fin du VIe siècle, voire plus tôt, un lieu de prière et de méditation, et ce à cause des reliques sans doute »[39]. Après un tel diagnostic-dévoilement (que l'historien avait esquissé dès 1972[40], et qui après sa 1986 fut entériné par les spécialistes au point de devenir « classique »[41]), il nous devient impossible de visiter un baptistère ancien en le tenant pour un simple local où l'on baptisait les gens. Février a changé notre regard.

C. Dans « Martyre et sainteté » (1988/1991)[42], Paul-Albert Février livre une réflexion sur le sens du martyre dans la pensée paléochrétienne. Il montre que le martyre, imitation du Christ, s'inscrit dans la continuité d'une recherche de la perfection. « Le culte des martyrs, écrit-il, est une invitation à les imiter et à prolonger leur sacrifice »[43]. Le martyre est en effet l'affaire de tous, sans qu'il soit nécessaire de verser son sang : le renoncement, le choix de la chasteté et de l'ascèse en sont des formes accessibles en toute période. L'idée – qui bien sûr n'est pas, en elle-même, originale –, est éclairée par de multiples références à des documents variés : inscriptions (comme celle de la basilique bâtie à Tipasa par l'évêque Alexandre), sermons, traités ou lettres (Cyprien, Augustin, etc.), mais aussi quelques *Actes* ou *Passions* (*Acta Cypriani* [*BHL* 2037] ; *Passions* de Typasius [*BHL* 8354], de Marcienne [*BHL* 5257]). Cet éventail argumentatif rend la démonstration irrésistible.

---

34 Exemple : Février 1986d, p. 63 : reconstitution de la vie quotidienne de Césaire d'Arles à partir de sa *Vita* [*BHL* 1508].

35 Heinzelmann 1976.

36 Brown 2014.

37 Février 1986a, p. 789-791.

38 Brown 2014, p. 31-37 ; Bowes 2008.

39 Février 1986b, p. 109-138.

40 Février 1972b.

41 Notamment : Guyon 1989, p. 1147 ; 1991, p. 87 ; 2000, p. 52 ; Godoy Fernández 2017, p. 141-158, spéc. p. 153-154.

42 Février 1991.

43 Février 1991, p. 70.

Le discours proprement hagiologique :
« *Les saints évêques de la fin de l'Antiquité et du Haut Moyen Âge dans le sud-est de la Gaule* » *(1984/1985) et le dossier de Castor d'Apt (1986)*

« Les saints évêques... »

La manifestation la plus éclatante de l'hagiologie globale de Paul-Albert Février se trouve sans doute, vingt ans après le *Développement urbain*, dans la table-ronde avignonnaise de 1984 à laquelle l'historien donna sa communication « Les saints évêques de la fin de l'Antiquité et du Haut Moyen Âge dans le Sud-Est de la Gaule » (1985)[44]. Cette enquête expressément bipartite offre d'abord un « examen critique de ces sources que sont les Vies des évêques », puis un « sondage » sur les traces de leur culte au-delà des Ve-VIIe siècles. Le premier volet montre à quel point l'exigence de Février s'est élargie depuis les années 1960. Chacun des dix-sept textes hagiographiques passés en revue fait ici l'objet d'une notice ou « fiche de lecture » très dense dans laquelle Février considère l'histoire du texte, sa tradition manuscrite, les données historiques et matérielles, les sources possibles, les lieux communs, les références bibliques. La notice peut comporter des rapprochements avec de grands textes hagiographiques (*Vita Martini* [BHL 5610] de Sulpice Sévère ; *Vita Benedicti* [BHL 1102] constituant le livre II des *Dialogues* de Grégoire le Grand). Dans la narration, l'historien s'emploie à distinguer le vrai du « toc », les cas où un passage pittoresque mérite la confiance (par exemple, chez Verus, le face-à-face entre Eutrope et le vieillard païen)[45] et ceux où inversement le passage pittoresque n'est qu'un artifice (le face-à-face entre Quinidius/Quenin de Vaison et la patrice Mummolus)[46]. Surtout, Février tâche de percer les intentions de l'hagiographe : ce que le texte entend promouvoir, le modèle de sainteté et de vie qu'il prône, le type de rapport qu'il établit entre la figure du saint et la société chrétienne. Toute cette « grille de lecture » est appliquée à des textes connus comme les *Vies* d'Honorat, Maxime de Riez, Hilaire d'Arles ou Césaire, ou à d'autres moins frayés comme la *Vie* d'Eutrope d'Orange par Verus [BHL 2782], mais aussi à des compositions plus tardives et suspectes, comme celles qui parlent de Marcellin d'Embrun, Arigius de Gap, Quenin de Vaison, Véran de Cavaillon, Virgile d'Arles, etc. Les nombreuses remarques aiguës sur les deux *Vitae* [BHL 669 et 670] d'Arigius de Gap, par exemple, balisent précieusement ces deux textes[47]. Même remarque pour la *Vita* de Véran [BHL 8536], avec en plus une hypothèse sur le berceau de la légende, qui pourrait être le monastère de Notre-Dame et Saint-Véran fondé dans la vallée de Vaucluse en 979.

Deux exemples encore. La *Vita* [BHL 5227] de Marcellin évêque d'Embrun († 374), ayant une forte diffusion manuscrite dès le IXe siècle et souvent tenue pour un ouvrage digne de foi, suscite pourtant son scepticisme[48]. Le texte lui paraît peu vraisemblable et d'époque tardive en raison de divers traits, dont l'africanité de Marcellin ou son ordination par des évêques extérieurs à la zone (Eusèbe de Verceil, Émilien de Valence) comme s'il s'agissait de justifier l'autonomie (acquise à l'époque carolingienne) de la province des Alpes-Maritimes. Ces observations gagneraient évidemment à être confirmées par un autre type d'examen, celui du style (phraséologie, rhétorique, pratique du cursus), qui pourrait bien, me semble-t-il, donner raison à Février et conduire à une datation basse de l'ouvrage, vers l'an 800.

Sur le plan purement documentaire et archéologique dont il ne s'éloigne jamais longtemps, Paul-Albert Février reconsidère plus loin, en deux temps[49], le dossier hagiographique de Maxime de Riez, en commentant d'abord le *Sermon* de Fauste de Riez [BHL 5852][50]. Il remarque le style dévot du texte, où la méditation pieuse voile le propos sur la construction d'églises au point qu'on peut se demander par exemple (et il cite là Jean Guyon) si son allusion à une église des Apôtres « entend bien évoquer un bâtiment ou autre chose »[51]. Guyon avait en effet repéré un problème : la mention dans le seul *Sermon* d'une église des Apôtres bâtie par Maxime au sommet de la colline de Riez, alors qu'une tradition remontant à Dynamius le Patrice[52] place au même endroit la construction d'une basilique dédiée

---

[44] Février 1985.

[45] Verus, *Vita Eutropii* [BHL 2782], Varin p. 59 (*Quidam senex...*) – 60 (*... consurgit*).

[46] *Vita Quinidii* [BHL 6996], II, 7-8, p. 831 B-C. Février 1985, p. 26, aurait dû dire toutefois que le nom (en II, 6) d'Ultrogotha, épouse de Childebert Ier, avait très probablement été trouvé par l'hagiographe chez Grégoire de Tours, *HF*, IV, 20.

[47] *Vita Arigii* [BHL 669 et 670].

[48] Février 1985, p. 19.

[49] Février 1985, p. 20 (Fauste) et 22 (Dynamius).

[50] Février renvoie (Février 1985, p. 20, n. 16) aux deux éditions du texte : celle de Salvatore Gennaro (Catania, 1966) et celle de François Glorié dans le *Corpus Christianorum, series latina*, 101 (Turnhout, 1970).

[51] Février 1985, p. 20.

[52] Dynamius, *Vita Maximi* [BHL 5853], 8, 1, p. 112.

à saint Alban. Que Maxime ait édifié deux églises au sommet de la colline semble improbable. L'abbé Féraud[53] éluda la difficulté en confondant l'église des Apôtres et l'église Saint-Pierre et en situant l'édifice unique sur le flanc de la colline : réponse arbitraire et démentie par les textes quant à Saint-Pierre. Sur la localisation de Saint-Pierre, Jean Guyon [1986] au terme d'un examen serré des sources, hésite encore, en raison d'une importante divergence textuelle entre les éditions Gennaro (1966) et Glorié (1970) du *Sermon* de Fauste. Mais l'aporie disparaît si d'une part on suit le texte établi par Glorié[54] et si d'autre part on suppose que Saint-Alban et l'église des Apôtres sont un seul et même édifice[55] : la première dédicace, décidée par Maxime, aurait bien été aux Apôtres (et non à Alban de Verulam, dont le culte et les reliques n'ont commencé à se diffuser hors de Grande-Bretagne qu'à partir de 430)[56]. Il paraît plausible d'imputer à Fauste lui-même, d'origine britannique, l'importation des reliques du martyr militaire anglais Alban, probablement après la rédaction de son *Sermon* ; ce second patronage aura fini par faire oublier celui des Apôtres (d'autant que Pierre avait déjà son église riézoise dans la plaine). Dynamius, qui écrit plus de cent ans après Fauste, ne connaît l'église de la colline que sous la dédicace au martyr anglais. On me pardonnera ce développement un peu long dont le seul but était de montrer l'intérêt que nous avons à creuser (philologiquement et archéologiquement) là où un problème a été signalé par un Guyon et un Février.

S'il se recommande ici par son érudition et son acuité, Février, il est vrai, laisse aussi paraître ses limites. Sa connaissance de la topique hagiographique n'est point parfaite : il semble ignorer, par exemple, le topos du four brûlant nettoyé de l'intérieur[57]. Chez Dynamius, une référence implicite à la *Vita Martini* de Sulpice Sévère lui échappe (le bœuf qui blesse un homme)[58]. Mais disons à sa décharge qu'il n'existait de son temps, et qu'il n'existe toujours à l'heure actuelle, aucun répertoire général des lieux communs hagiographique : les défaillances de Février sont hélas celles d'un grand nombre de commentaires hagiographiques contemporains.

Il arrive aussi à notre historien de se tromper dans la datation d'un texte. Ainsi, il a tort de croire à l'ancienneté de la *Vie* [*BHL* 5247b] de Marcel de Die[59] (p. 22-23), mais le plus étonnant est qu'il n'ait pas tenu compte de l'article de 1983 de François Dolbeau, qu'il se contente de mentionner en note[60] : or Dolbeau confirme l'attribution à Vulfinus de Die, actif au début du IXe siècle. Je rappelle de telles erreurs au nom de l'objectivité et pour ne pas sembler augmenter l'hagiographie contemporaine par une indiscrète *Laudatio beati Pauli Alberti*.

Le dossier de Castor d'Apt

Sur au moins un dossier hagiographique, celui de Castor († *ca.* 425), évêque d'Apt et proche de Cassien qui rédigea pour lui ses *Institutions cénobitiques* et ses *Conférences*, Paul-Albert Février s'est livré en 1986 à une enquête approfondie, esquissée déjà dans « Les saints évêques », et qui a pris ensuite la forme d'un article monographique[61]. L'enquête, intitulée « Saint Castor, évêque d'Apt, et son culte », a conduit l'ancien Chartiste à consulter notamment trois bréviaires manuscrits afin de reconstituer les deux formes de la *Vita* médiévale perdue de cet évêque d'Apt dont la sta-

---

53 Féraud 1850, p. 19, cf. p. 33.

54 Glorié 1970, p. 409 : *Cuius* [scil. le Christ] *tabernaculum istud, Christianorum principes fundauerunt, id est apostoli ; ipse condidit ecclesiam in montis huius uertice, inaestimabili labore*. Il n'est question ici que d'une seule église réelle construite par Maxime, celle de la colline. Voir la démonstration faite par Philippe Borgard et Marc Heijmans (Borgard, Heijmans 2014, p. 240-241).

55 Cette église sur la colline, probablement après la translation des reliques de Maxime entre le VIIe siècle et le début du XIIe, changea une troisième fois de vocable et doit être identifié avec la deuxième cathédrale de Riez, la Saint-Maxime médiévale détruite en 1596 (Borgard *et al.* 2014, p. 240).

56 Constance de Lyon, *Vie de Germain d'Auxerre*, III, 16, Borius p. 152, 3-4, et III, 18, p. 158, 26-27. Germain bâtit à Auxerre une petite basilique abritant les reliques d'Alban qu'il avait rapportées de son premier voyage en Bretagne : Borius p. 74, renvoyant à René Louis (Louis 1952, p. 15).

57 Février 1986e, p. 389 : « on le voit faire cuire le pain, en risquant gros à cause de la fumée et de la chaleur ». Occurrences du thème (dont la valeur d'ordalie ou de test est assez claire) : Aurea abbesse, *Vita* [*BHL* 814â], VI, éd. par Fr. Dolbeau 2007, p. 58-59 (texte du Xe siècle ?) ; Killianus/Cillianus d'Aubigny en Artois, *Vita* [*BHL* 4663b], 1, *AB* 20, p. 435, 10-15 ; Silvester moine de Troina, Sicile († 1164), voir *AA.SS.*, Ianuarii I, p. 124, n° 3 ; Willelmus dux (= Guillaume de Gellone, † *ca.* 802), *Vita* [*BHL* 8916], III, 29, p. 808 D-F. Déjà chez Sulpice Sévère, *Dial.*, I, 18, 2-6, un Égyptien voulant se faire moine accepte d'entrer dans le four allumé du monastère, et en ressort indemne.

58 Dynamius, *Vita Maximi*, 14, 1, p. 124 ; Sulpice Sévère, *Vita Martini*, 21, 2-4.

59 Février 1985, p. 22-23.

60 Février 1985, p. 25, n. 43 : Le texte était écrit avant qu'il ne prenne connaissance de R. (*sic*) Dolbeau 1983.

61 Février 1986e, p. 379-398.

ture semble avoir été aussi importante que sa vie est mal connue en dehors de compositions hagiographiques tardives.

Dans cette recherche, Février (latiniste tout autant qu'historien) ne se contente pas d'un bon travail philologique : il tente aussi d'expliquer la visée des documents inédits en les replaçant dans le contexte matériel et la spiritualité des XIe-XIIe siècles. Il reconstitue deux versions de la *Vita Castoris* rédigées avant 1330 : la *Vita* A, sources des Bréviaires d'Apt n° 1 et 3 et du Bréviaire d'Avignon, ms. 126), et la *Vita* B, source du Bréviaire d'Apt n° 3. Il estime que la *Vita* de « Regimundus évêque d'Apt »[62] – laquelle, à en croire son Prologue, serait la réduction et le remaniement en style simple d'un original dont l'auteur chaussait pompeusement le « cothurne gallican »[63] – coïncide stylistiquement[64] avec la *Vita* B. En voici le résumé :

Castor naît à Nîmes d'une famille des plus brillantes. Formé aux arts libéraux, il doit à la grâce divine une intelligence qui lui fait vite dépasser ses maîtres. Son père meurt ; par ses prévenances, il adoucit le deuil de sa mère. Son talent oratoire, son équité et sa charité poussent une veuve arlésienne, que le méchant Auxentius veut déposséder de ses biens (notamment le domaine fortifié de Manancha), à l'appeler à son secours. Son excellent plaidoyer confond Auxentius. La veuve le persuade d'épouser sa fille pour protéger le patrimoine menacé. Il naît au couple une fille, qui devient vierge consacrée sur le modèle de sainte Pétronille, tandis que ses parents optent l'un et l'autre pour la vie religieuse. Castor fait construire à Manancha un monastère où il devient un simple Frère.

Son humilité et ses vertus brillent. Un miracle prouve sa sainteté : il ressort intact du four à pain brûlant qu'il nettoyait de l'intérieur. On le contraint à prendre la direction de la communauté ; il devient un abbé exemplaire, très lié à Cassien de Marseille qui écrit pour lui un « miroir de la religion monastique ». Au décès de Quintin, évêque d'Apt, on veut le contraindre à lui succéder : il feint d'accepter, mais s'enfuit et se cache dans la montagne du Lebredo (= Luberon). Découvert par des chasseurs, il est ramené de force et intronisé dans la liesse. Il multiplie les miracles. Un soir où il traverse la campagne avec un diacre pour aller célébrer l'office, un orage éclate : la pluie se divise sur leur passage, le cierge qu'il a fait allumer ne s'éteint pas, et les deux hommes rentrent avec des vêtements secs. Près de *Boniti castrum*, un sanglier poursuivi par une meute se réfugie à ses pieds : il le cache avec son pallium, et obtient des chasseurs qu'ils laissent repartir l'animal. Un dimanche de Pâques, ayant demandé au juge la libération de prisonniers, il essuie un dur refus. Escorté des clercs et du peuple, il se rend alors à la prison et prie : les chaînes des captifs se rompent, le juge accepte enfin l'élargissement et demande à l'évêque que la geôle soit transformée en église du Sauveur. Le renom de sainteté de Castor attire les foules. L'auteur se fait enquêteur et interroge des témoins. L'un d'eux, un sous-diacre, vainquant sa peur, raconte ce que le saint lui a interdit de divulguer sous peine d'un châtiment mortel : ayant suivi une nuit Castor qui allait prier à portes closes, il vit des personnages lumineux entourant l'évêque et soutenant ses bras levés dans la prière. Son récit achevé, le sous-diacre tombe et expire sous les yeux de tous[65]. Averti de sa mort prochaine, Castor convoque clergé, moines et fidèles, leur demande de prier pour lui, se signe bouche, front et poitrine, et rend l'âme pieusement le onzième jour des calendes d'octobre, sous Honorius, année 5617 depuis la création du monde.

Cette *Vie* récrite, qui périt dans l'incendie des Archives capitulaires d'Apt en 1793, avait été copiée deux fois au cours du siècle précédent, d'abord dans un document portant les annotations de l'inévitable

---

[62] « Raymond », très vraisemblablement Raymond Bot nom qui lui-même peut renvoyer à deux évêques d'Apt distincts, Raymond Ier (qui siégea de 1275 à sa mort en 1303) et son neveu Raymond II (évêque d'Apt de 1319 à 1330). Sur la « dynastie » des Bot à Apt, voir Pécout 2016, p. 53-59 et 85.

[63] Il ne faut pas comprendre « écrit en ancien français » – comme le fait Pécout 2019, p. 223 –, mais « écrit dans le style périodique et boursouflé propre au latin gaulois » (*i. e.* dans le latin pratiqué en France). L'expression vient de saint Jérôme qui l'emploie à propos d'Hilaire de Poitiers : Jérôme, *Epist. LVIII*, 10, éd. par I. Hilberg, CSEL 64, 1910 [revu 1996], p. 539, 17-18 : *Hilarius Gallicano coturno adtollitur* … Voir Antin 1947, p. 82-88. L'auteur de la *Vita Castoris* se souvient du passage entier de Jérôme : ses mots *simplicitati fratrum minus dilucidatam* font écho à la fin de la phrase du Stridonien (… *a lectione simpliciorum fratrum procul est*).

[64] Février 1986e, p. 186 et n. 27, ne dit pas en quoi consiste exactement la similitude : le récit de la *Vita* B « est fait en des termes totalement différents » où il reconnaît « la Vie conservée dans un manuscrit de Carpentras » (le ms. 514, *i. e.* la copie faite pour Polycarpe de la Rivière).

[65] Cet épisode démarque le chapitre 20 de la *Vita sancti Maximi* [BHL 5853] de Dynamius (Borgard *et al.* 2014, p. 134-139), où le diacre Cariatto – avant de mourir subitement, lui aussi –, narre la découverte similaire qu'il a faite concernant Maxime de Riez. Mais le thème du saint assisté par des anges, à l'office ou dans la prière, apparaît dès Paulin de Milan, *Vita Ambrosii* [BHL 377], 17. Voir mon *Hagiotypologie* (inédite), n° 22, H : « Ange assistant le saint qui officie à l'église ou prie ». On le retrouve, entre autres, dans la *Vie* d'Arigius de Gap [BHL 669], 4, ou [BHL 670], 5.

Polycarpe de la Rivière († *ca.* 1639)⁶⁶, puis, vers 1690, par les soins de Joseph-François de Rémerville de Saint-Quentin († 1730)⁶⁷.

Février rend compte de tel trait de la *Vie* B (la mention des deux lieux de culte) par la volonté d'expliquer la configuration particulière du groupe épiscopal d'Apt reconstruit au XIᵉ siècle. Il propose de situer l'origine des deux textes « vers le moment où les moines de Marseille attribuèrent à Jean Cassien leur fondation⁶⁸ et où ils introduisirent au début de leur manuscrit des *Institutions* une lettre de Castor » (p. 190-191). Puis, par une série de parallèles (culte de Trophime à Arles, de Gilles à Saint-Gilles du Gard, de Véran à Cavaillon), Février tente d'éclairer l'émergence du culte aptésien de Castor. La reconstitution, présentée d'une manière pondérée, est des plus suggestives.

Thierry Pécout, qui a récemment réexaminé en deux temps le dossier hagiographique de Castor, suit assez largement – quoi qu'avec moins de prudence peut-être⁶⁹ –, Paul-Albert Février en 2016⁷⁰, mais se rétracte résolument (quoique tacitement) en 2019. Dans son article de 2019, il affirme que la *Vie* signée Regimundus est un texte « évidemment tardif, très probablement de l'époque moderne, le début du XVIIᵉ siècle est possible »⁷¹ ; « la matière <du récit de la *Vita*> tient en grande partie dans celle des éloges de Castor présents dans les martyrologes d'Apt et de Toulon au 21 septembre, presque identiques »⁷². La première allégation est contredite par les nombreux traits narratifs (souvent topiques, mais qu'importe ?) absents de l'éloge martyrologique (ou *Vita brevis* [*BHL* 1641])⁷³, mais présents à la fois dans les bréviaires du XIVᵉ siècle et dans la *Vita* de Regimundus : le secours juridique apporté à la veuve arlésienne ; le mariage avec la fille de ladite veuve ; le miracle du four à pain ; la fuite dans le Luberon pour échapper à l'épiscopat ; la découverte et la capture du saint fugitif par des chasseurs ; le double miracle du cierge restant allumé, et des vêtements restant secs, sous la pluie ; le sanglier protégé par le saint contre les chasseurs ; la libération miraculeuse des prisonniers ; l'annonce de la mort prochaine⁷⁴.... C'est dans les bréviaires, et non dans l'éloge martyrologique, que l'on trouve une trame narrative semblable à celle de la *Vita* de Regimundus. D'où la légitime supposition, faite par Février (encore suivi par Pécout 2016), que les bréviaires exploitent des textes antérieurs et, pour au moins l'un d'entre eux, probablement la *Vie* récrite par Regimundus. Une *Vita* de saint Castor est explicitement mentionnée, comme le rappelle le chanoine Albanès références à l'appui⁷⁵, dans le martyrologe d'Apt⁷⁶ – que Thierry Pécout date de l'extrême fin du Xᵉ siècle⁷⁷ – et, malgré l'omission d'un mot⁷⁸, dans celui d'Arles-Toulon (XIIᵉ siècle), repro-

---

66 Carpentras, Bibliothèque Inguimbertine, ms. 514, fol. 191-195.

67 Apt, Bibliothèque Municipale, manuscrit non coté, *Collectanea variorum diplomatum Ecclesiae Aptensis* (vers 1690), p. 5-10. J'en dois une copie numérique (que j'ai lue attentivement) à la diligente obligeance de Mᵐᵉ Barbara Casenave, à qui j'adresse mes plus vifs remerciements.

68 C'est-à-dire vers 1060 selon Michel Lauwers (Lauwers 2009, p. 222).

69 L'hypothèse (*Le nécrologe ... d'Apt*, p. 28) d'un Castor qui serait en réalité évêque d'Athènes (répétée dans l'article « Saints médiévaux », p. 224-225) manque de fondement : nulle trace d'un tel personnage dans les martyrologes tant latins que grecs. L'auteur semble ignorer que cette fantaisie, déjà conçue au XVᵉ siècle par Hermann Greven, avait été rejetée sans ménagement par le Bollandiste Suyskens (*AA.SS.*, Septembris VI, *De S. Castore ... commentarius praevius*, I, 2, p. 239 B : *certum est nimium aberrasse Grevenum, dum hodiernum S. Castorem ex Aptensi episcopo Atheniensium fecit ...*).

70 Pécout 2016, p. 28 (« La longue notice sur Castor ... semble tirée d'une *Vita* ... ») ; p. 163, n. 1 (« une autre <mention> plus développée au 21 septembre, inspirée visiblement d'une *Vita* » [...] « Au XIVᵉ siècle, deux *Vite* de Castor semblent alors circuler et inspirer les leçons des bréviaires locaux, toutes deux sans doute rédigées dans le courant du XIᵉ siècle au plus tôt ».

71 Pécout 2019, p. 223.

72 Pécout 2019, p. 223.

73 Sous le titre *Vita breuis*, le texte en est reproduit, d'après l'édition de *Gallia Christiana*, I (1715), instr., 73-74, dans les *AA.SS.*, Septembris VI, p. 249. Il a reçu le numéro *BHL* 1641.

74 Il est donc contraire à la vérité d'écrire que la matière de la *Vita* de Regimundus « n'est guère plus étendue que celle des martyrologes aptois ou toulonnais » (*Le nécrologe ... d'Apt*, p. 27).

75 Albanès 1899, p. 196 et n. 3 : *Ubi deinceps qualis quantusque extiterit, Vita eius quae exterioribus* **extitit** *plena uirtutibus, manifestat*. Voir note suivante, et aussi note 78 pour la mauvaise lecture *extat*.

76 Copenhague, Det Kongelige Bibliotek, ms. Thott 134 Fol., fol. 88r : *Ubi deinceps qualis quantusque extiterit, Vita eius quae exterioribus* **extat** *plena uirtutibus manifestat*. Le martyrologe d'Apt est une copie supplémentée du martyrologe d'Adon, première famille, deuxième recension. Voir Pécout 2016, p. 185 et, pour la notice castorienne, p. 192-193.

77 Pécout 2016, p. 20 et 27. En réalité, la *Vita* B dont parle Février n'est pas une seconde recension de la *Vita* primitive, mais le texte de Regimundus.

78 Ms. Vatic., Reg. Lat. 540, fol. 136r : *Ubi deinceps qualis quantusque* (sic pour *quantusque*) *extiterit,* * *eius quae exterioribus* **extat** *plena uirtutibus manifestat*. Il faut suppléer *vita* là où nous avons mis un astérisque. En donnant *extitit* au lieu d'*extat*, la transcription de Thierry Pécout (Pécout 2016, p. 27, n. 1, et 2019, p. 223-224, n. 47) est fautive, de même qu'en douze autres points de ce texte.

duit voilà deux ans par Jean-Loup Lemaître[79]. Cette *Vie* médiévale primitive – dont l'existence indéniable est bien sûr admise par Février, ainsi que par Pécout 2016, qui la dédouble même[80], mais dont Pécout 2019 ne souffle plus mot –, coïncide-t-elle avec le texte dont nous possédons deux copies du XVIIe siècle ? Paul-Albert Février répondait par l'affirmative pour ce qui est de la « série A » des Bréviaires (Apt 1 et 3 ; Avignon). Thierry Pécout (Pécout 2019), nous l'avons vu, considère la *Vita Castoris* de Regimundus (de même que la *Vita* d'Auspicius [*BHL* 829 et 830]) comme une forgerie locale et cléricale du XVIe voire du XVIIe siècle[81]. Si son argument relatif au contenu, comme il a été dit, ne tient pas, qu'en est-il de celui du lexique tardif, qu'il associe à des réalités post-médiévales, et du style « moderne » ? Des termes comme *comprovincialis*, *metropolitanus*, *antistes* ou *inthronizare* n'interdisent nullement de dater de 1300 environ la *Vita* signée Regimundus. Le plagiat incipitaire[82], la citation implicite de Lucain (un poète non dédaigné des hagiographes)[83], l'exploitation des *Sententiae* d'Isidore de Séville[84], la multiplication des topoï narratifs, l'abondance des références bibliques et des réminiscences hagiographiques[85], même la rhétorique laborieuse et le pédantisme des explications initiales du nom/présage du saint (comme dans la *Légende dorée*), tout cela est bien dans le goût des *Vitae* médiévales. On peut aussi se demander quel intérêt il y aurait eu à composer à l'époque moderne un faux n'ajoutant rien au matériau narratif des bréviaires. Rémerville – à qui l'on doit aussi la copie de la *Vie* d'Auspice [*BHL* 829/830] et de la *Vie* d'Étienne d'Agde [*BHL* 7896] – est un érudit local consciencieux qui ne présente pas le profil d'un faussaire. La phraséologie et le style alambiqué du texte (un comble quand on prétend transposer en style simple une écriture artificielle !), loin de suggérer une récriture moderne, font plutôt penser, dans certains passages, à une reproduction telle quelle du latin ampoulé (et proche de celui d'autres textes des environs de l'an 1000)[86] du modèle utilisé. Si l'on veut trouver une indiscutable récriture moderne du texte-source, on lira la *Vita Castoris* publiée par André du Saussay en 1637[87]. Que la *Vita* de Regimundus, telle que nous la lisons, ait pu être altérée par des interventions « modernes » (quoiqu'elle respecte la structure et le détail de la légende véhiculée par les bréviaires médiévaux), n'est pas totalement impossible, mais reste à démontrer. Seule une édition critique du texte, assortie d'une étude formelle, permettrait peut-être d'arriver à une certitude. En attendant, l'analyse de Paul-Albert Février – qui allie érudition, prudence méthodologique et intuition –, demeure encore le terrain le plus solide. Pour quiconque s'appuie avec discernement sur le travail d'Albanès – un savant dont il serait vain de prendre systématiquement le contrepied –, tient compte de l'examen des bréviaires auquel s'est livré Février, et s'abstient de passer sous silence ce qui contredit la thèse soutenue, les étapes du développement de

---

de vingt-deux lignes. Sept de ces treize points (dont *extitit*) ont été corrigés dans l'édition donnée par Jean-Loup Lemaître dans Pécout 2016 pour le nécrologe d'Apt (p. 192-193) et dans Pécout 2020 pour le nécrologe de Toulon (p. 399), mais six erreurs (plus une coquille *ecclesisam*) subsistent : *Neumansensis* pour *Neumausensis*, *poposcunt* qui devait être muni d'un *sic* ou corrigé en *poposcerunt*, *coactuque* à corriger en *coactumque*, et surtout l'étonnant *enitum* (*evitum* chez Pécout ...) pour *erutum*, ainsi que *eius que*, qui n'a pas de sens, pour <*Vita*> *eius quae*, et *Ceterumque* (phrase également dénuée de sens) pour *Ceterum quae*. L'erreur de transcription *extat* se trouve déjà chez Albanès citant le Martyrologe d'Apt (voir *supra*, n. 75), mais elle sert bien l'hypothèse de la forgerie : le remplacement d'*extat* (« sa *Vie* [= le texte narrant sa vie] subsiste aujourd'hui, elle qui est remplie ... ») par *extitit* (qu'un lecteur moderne peu attentif peut prendre pour un synonyme de *fuit* : « sa vie [= son existence] a été remplie de ... ») brouille le témoignage explicite sur la réalité d'une *Vita Castoris* antérieure aux martyrologes d'Apt et de Toulon, un témoignage qui aurait étouffé dans l'œuf l'idée d'une « fiction moderne ».

79 Pécout 2020, p. 373-412.

80 Voir *supra*, n. 70.

81 Pécout 2019 (*supra*, n. 63), p. 223 ; cf. p. 217 pour Auspicius (dont la *Vita* mériterait un examen spécifique et précis).

82 La narration commence par une reprise des premiers mots de la *Vie de Germain d'Auxerre* [*BHL* 3453] due à Constance de Lyon.

83 *Urbi pater erat urbique maritus* ≈ Lucain, *Bellum ciuile*, II, 388. Quatorze textes avec réminiscences de la *Pharsale* dans mon *Hagiotypologie*.

84 *Sciens « non incoantibus, sed perficientibus praemium dari »*. Cf. Isidore de Séville, *Sent.*, II, 7, 1, éd. par P. Cazier, 1998 (*CCSL* 111), p. 105, 2-3 : *Non inchoantibus praemium promittitur, sed perseuerantibus datur ...*

85 L'auteur connaît, entre autres, les *Vies* de Bonitus/Bonnet de Clermont [*BHL* 1418], Germain d'Auxerre par Constance [*BHL* 3453] et Maxime de Riez par Dynamius [*BHL* 5853], ainsi que les *Actes* de Nérée et Achillée [*BHL* 6058], IV, 15 pour ce qui est du personnage de Pétronille, fille de S. Pierre [*BHL* 6061].

86 Cf. par ex. le *Liber de situ urbis Mediolani* (qui contient une *Vita* de Castricianus [*BHL* 1646], une *Vita* de Gaius [*BHL* 3231], etc.).

87 Andreas Saussaius, *Martyrologium Gallicanum* (Paris, 1637), Supplementum, p. 1170-1172 : simplification stylistique, standardisation formulaire (ex. : *nobili prosapia ortus teneris ab annis ... imbuendus*) et suppression des épisodes gênants (la veuve arlésienne, le mariage et la paternité), merveilleux (le four à pain ; la pluie qui ne mouille pas) ou folkloriques (le sanglier sauvé). En revanche, du Saussay reproduit presque à l'identique certains passages (notamment la libération miraculeuse des prisonniers). Il a certainement sous les yeux la *Vita* de Regimundus.

la légende castorienne se dessinent, jusqu'à preuve du contraire, avec une certaine netteté : une *Vita Castoris* déjà ample et sans doute de style (trop) recherché fut rédigée avant la fin du Xe siècle ; vers le premier quart du XIVe siècle, ce texte fut, comme tant d'autres au cours du Moyen Âge, l'objet d'une réduction/récriture dans un style voulu plus simple, mais qui conservait la trame narrative, et à laquelle nous accédons à travers deux copies exécutées au XVIIe siècle ; les bréviaires provençaux du XIVe siècle exploitèrent tantôt le texte primitif, tantôt son récent remaniement. Gardons-nous de confondre « fabuleux » et « tardif » : un texte d'historicité faible (comme l'est manifestement la légende castorienne dès ses origines)[88] n'est pas obligatoirement une invention moderne.

---

[88] Cependant, tout n'est peut-être pas fiction dans les traits biographiques non confirmés par d'autres sources que les martyrologes ou les bréviaires. Pourquoi dire Castor originaire de Nîmes ? Quel intérêt un faussaire aurait-il eu à faire du saint un homme marié et père d'une fille, ce qui diminue son charisme en le privant de la virginité ? Dans le second cas, un rapprochement implicite avec Hilaire de Poitiers et sa fille Abra chez Fortunat [*BHL* 3885] ne me paraît pas une raison suffisante. Une tradition locale assez fidèle a pu fournir certains détails.

Conclusion

Le brio des deux dernières recherches examinées ici (« Saints évêques » et dossier de Castor d'Apt) peut nous faire regretter que leur auteur n'ait pas plus souvent traité pour elles-mêmes les questions hagiographiques. Que de lumière il aurait jeté sur les textes, quels progrès il aurait fait faire à notre connaissance du culte de tel ou tel saint s'il avait multiplié des enquêtes de cette veine ! Mais évitons les plaintes stériles, et sachons reconnaître l'apport déjà considérable des travaux de l'historien, de l'archéologue et de l'épigraphiste à notre intelligence de la religiosité de l'Antiquité tardive et du Haut Moyen Âge. Si Paul-Albert Février n'est pas Hippolyte Delehaye, s'il n'a édité, ou même commenté d'une manière suivie, aucune *Vie* ou *Passion*, s'il n'a pas analysé les genres littéraires de l'hagiographie et ses codes rédactionnels, sa réflexion et son enseignement ont éclairé, et continuent d'éclairer notre lecture tant des Actes des personnages auxquels il s'est intéressé (les « saints de Février », en quelque sorte), que de l'ensemble de l'hagiographie, et sans doute aussi de l'homilétique et du reste de la littérature spirituelle paléochrétienne. Par ses contributions variées, son éclectisme et son rayonnement, ce vrai savant, qui était aussi un éveilleur exceptionnel, est devenu, au moins pour ce qui regarde l'Afrique du Nord et la Provence, une sorte de génie tutélaire des études tardo-antiques et altomédiévales. Sans aller jusqu'à vouer un culte à ce *genius loci*, rendons-lui grâces d'avoir aiguisé notre regard, et de nous unir ou réunir aujourd'hui encore autour de sa mémoire, trente et un ans après sa disparition.

Bibliographie

Travaux de Paul-Albert Février cités

Février P.-A. 1964, *Le développement urbain en Provence de l'époque romaine à la fin du XIVe siècle. Archéologie et histoire urbaine*, Paris (BEFAR, 202).

—— 1972a (en collaboration avec N. Duval et J. Lassus), « Groupes épiscopaux de Syrie et d'Afrique du Nord », dans *Colloque d'Apamée de Syrie*, Bruxelles, p. 215-251.

—— 1972b (en collaboration avec N. Duval), « Les monuments chrétiens de la Gaule transalpine », dans *Actas del VIII congreso internacional de arqueologia cristiana (Barcelona 5-11 octubre 1969)*, Cité du Vatican, p. 57-106 et pl. XXVII-XXXIII.

—— 1977, « À propos du repas funéraire : culte et sociabilité, "In Christo Deo pax et concordia sit convivio nostro" », *Cahiers archéologiques* 26, p. 29-45 (= *La Méditerranée de Paul-Albert Février*, I, p. 21-37).

—— 1978a, « Arles aux IVe et Ve siècles : ville impériale et capitale régionale », dans *XXV corso di cultura sull'arte ravennate e bizantina (Ravenna 5-15 marzo 1978)*, Ravenne, p. 127-158.

—— 1978b, « Le culte des morts dans les communautés chrétiennes durant le IIIe siècle », dans *Atti del IX congresso internazionale di archeologia cristiana (Roma 21-27 settembre 1975)*, Rome, p. 211-274 et 303-329 (= *La Méditerranée de Paul-Albert Février*, I, p. 39-129).

—— 1981a, « Approches des fêtes chrétiennes (fin du IVe et Ve s.) », dans *La fête, pratique et discours*, Paris (Annales littéraires de l'Université de Besançon, 42), p. 149-164 (= *La Méditerranée de Paul-Albert Février*, I, p. 175-182).

—— 1981b, « Quelques aspects de la prière pour les morts », dans *La prière au Moyen Âge (Littérature et civilisation)*, Aix-en-Provence - Paris (Sénéfiance, 10), p. 255-282 (= *La Méditerranée de Paul-Albert Février*, I, p. 161-173).

—— 1981c, « Aux origines du christianisme à Aix », dans *Église d'Aix et d'Arles*, 36e année, p. 259-261.

—— 1981d, « La tradition apostolique des Églises provençales », dans *Annales du Centre régional de documentation pédagogique de Marseille. Stage académique de culture régionale 3-5 novembre 1980*, Marseille, p. 63-89 (= *La Méditerranée de Paul-Albert Février*, II, p. 1159-1171).

—— 1983, « Aux origines de quelques villes médiévales du Midi de la Gaule », *Revue d'études ligures* 49, p. 316-335 (= *La Méditerranée de Paul-Albert Février*, II, p. 1173-1192).

—— 1985, « Les saints évêques de la fin de l'Antiquité et du Haut Moyen Âge dans le Sud-Est de la Gaule », *Mémoires de l'Académie de Vaucluse*, 7e série, 6, p. 17-40.

—— 1986a, « Arles », dans *Topographie chrétienne des cités de la Gaule des origines au milieu du VIIIe siècle*, III. *Provinces ecclésiastiques de Vienne et d'Arles*, Paris, p. 73-84.

—— 1986b, « Baptistères, martyrs et reliques », dans *Studien zur spätantike und byzantinische Kunst, Fr. W. Deichmann gewidmet*, Mayence, p. 1-9 (= *La Méditerranée de Paul-Albert Février*, I, p. 279-287).

—— 1986c, « Aux origines du christianisme en Maurétanie Césarienne », *Mélanges de l'École française de Rome. Antiquité* 98.2, p. 767-809 (= *La Méditerranée de Paul-Albert Février*, II, p. 935-977).

—— 1986d (en collaboration avec Fr. Leyge *et al.*), *Premiers temps chrétiens en Gaule méridionale. Antiquité tardive et Haut Moyen Âge, IIIe/VIIIe siècles*, catalogue d'exposition (Lyon, Musée de la civilisation gallo-romaine, 1986), Lyon (Archéologie médiévale en Rhône-Alpes, numéro spécial).

—— 1986e, « Saint Castor, évêque d'Apt, et son culte », *Provence historique* 36.146, p. 379-398.

—— 1991, « Martyre et sainteté », dans *Les fonctions des saints dans le monde occidental (VIIIe-XIIIe siècles) (Actes du colloque organisé par l'École française de Rome et l'Université de Rome « La Sapienza », Rome, 27-29 octobre 1988)*, Rome, p. 51-80.

Sources

Barralis Vincentius (= Vincenzio Barrali) 1613, *Chronologia sanctorum et aliorum virorum illustrium ac abbatum sacrae insulae Lerinensis*, Lyon.

Gallia Christiana Novissima. Histoire des archevêchés, évêchés et abbayes de France, I. *Aix, Apt, Fréjus, Gap, Riez et Sisteron*, éd. par J.-H. Albanès, Montbéliard, 1899.

Guesnay J.-B., S., *Ioannes Cassianus illustratus, sive Chronologia vitae S. Ioannis Cassiani abbatis...* Lyon, 1652.

Pécout Th. 2016, *Le nécrologe du chapitre cathédral Sainte-Marie et Saint-Castor d'Apt, publié sous la direction de Jacques Verger [...] par Th. Pécout [...] avec la collaboration de G. Barruol, Y. Codou, M. Jouve-Codou et J.-L. Lemaître*, Paris (Recueil des historiens de la France. Obituaires, Série in-8°, 15).

—— 2020, *Le livre du chapitre cathédral Sainte-Marie de la Seds de Toulon publié sous la direction de Jacques Verger [...] par Th. Pécout [...] avec la collaboration de N. Molina et J.-L. Lemaître*, Paris (Recueil des historiens de la France. Obituaires, Série in-8°, 20).

Saussaius Andreas (= André du Saussay), *Martyrologium Gallicanum*, Paris, 1637.

Suyskens C. (Bollandiste), « De S. Castore episcopo, confessore Aptae Iuliae in Provincia Galliae, commentarius praevius », dans *Acta sanctorum. Septembris*, VI, Anvers, 1757, p. 239-249.

Études

Antin P. 1947, « Hilarius Gallicano cothurno attollitur », *Revue Bénédictine* 57.1-4, p. 82-88.
Borgard Ph. 2019, « La colline de Saint-Maxime à Riez. Du castellum à la chapelle de pèlerinage », *Bulletin d'information. Les Amis du Vieux Riez*, p. 3-16.
Borgard Ph., Boulhol P., Guyon J., Heijmans M., Jacob P.-A. 2014, *Maxime de Riez. Entre l'histoire et la légende*, Valensole.
Borgard Ph., Heijmans M., avec la coll. de C. Michel d'Annoville, Fr. Prévot 2014, « Riez », dans *Topographie chrétienne des cités de la Gaule*, XVI. *Quarante ans d'enquête (1972-2012). 1, Images nouvelles des villes de la Gaule*, Paris, p. 234-242.
Bowes K. D. 2008, *Private Worship, Public Values, and Religious Change in Late Antiquity*, Cambridge.
Brown P. 2014, *The Cult of the Saints. Its Rise and Function in Latin Christianity*, Chicago, 2ᵉ éd. augmentée.
Carrias M. 1969, *Saint Mitre d'Aix. Étude hagiographique*, Aix-en-Provence (Travaux et Mémoires, 53).
Dolbeau Fr. 1983, « La vie en prose de saint Marcel de Die », *Francia* 11.9, p. 97-140.
Féraud J.-J.-M. 1850, *Les saints tutélaires de l'Église de Riez, ou Vies des saints évêques Maxime et Fauste et de sainte Thècle, vierge et première martyre*, Digne.
Godoy Fernández Cr. 2017, « De la mort à la vie par le baptême. Notes d'archéologie et de liturgie dans l'Antiquité tardive », dans R. Barò, A. Viciano, D. Vigne (dir.), *Mort et résurrection dans l'antiquité chrétienne. De la mort à la vie, l'espérance en la résurrection dans l'antiquité tardive. Histoire, archéologie, liturgie et doctrines (Colloque organisé par la Faculté Antoni Gaudí. Athénée Universitaire Saint-Patien (AUSP), Barcelone, 20-21 novembre 2014)*, Les Plans-sur-Bex, p. 141-158.
Guyon J. 1986, « Riez », dans *Topographie chrétienne des cités de la Gaule, II. Provinces ecclésiastiques d'Aix et d'Embrun (Narbonensis Secunda et Alpes Maritimae)*, Paris, p. 35-42.
—— 1989, « Baptistères et groupes épiscopaux de Provence. Élaboration, diffusion et devenir d'un type architectural », dans *Actes du XIᵉ congrès international d'archéologie chrétienne (Lyon, Vienne, Grenoble, Genève, Aoste, 21-28 septembre 1986)*, Rome (CEFR, 123), I, p. 1427-1449.
—— 1991, « Le baptême et ses monuments », dans N. Duval *et al.*, *Naissance des arts chrétiens. Atlas des monuments chrétiens de la France*, Paris, p. 70-87.
—— 2000, *Les premiers baptistères des Gaules (IVᵉ-VIIIᵉ siècles)*, Rome.
Heijmans M. 2004, *Arles durant l'Antiquité tardive : de la « Duplex Arelas » à l'« Urbs Genesii »*, Rome (CEFR, 324).
—— 2014a, « À propos de la mise à jour de la *Topographie chrétienne des cités de la Gaule* : réflexions sur le cas d'Arles », dans M. Gaillard (dir.), *L'empreinte chrétienne en Gaule du IVᵉ au IXᵉ siècle*, Turnhout (Culture et société médiévales, 26), p. 151-171.
—— 2014b, « Arles », dans *Topographie chrétienne des cités de la Gaule, XVI. Quarante ans d'enquête (1972-2012). 2, Christianisation et espaces urbains, Atlas, tableaux, index*, Paris, p. 37-45.
Heinzelmann M. 1976, *Bischofsherrschaft in Gallien. Zur Kontinuität Römischer Führungsschichten vom 4. bis zum 7. Jahrhundert. Soziale, prosopographische und bildungsgeschichtliche Aspekte*, Zürich – München (Beihefte der Francia, 5).
—— 2010, « L'hagiographie mérovingienne. Panorama des documents potentiels », dans M. Goullet, M. Heinzelmann, Chr. Veyrard-Cosme (dir.), *L'hagiographie mérovingienne à travers ses récritures*, Ostfildern (Beihefte der Francia, 71), p. 27-82.
Lauwers M. 2009, « Cassien, le bienheureux Isarn et l'abbé Bernard : un moment charnière dans l'édification de l'église monastique provençale (1060-1080) », dans M. Fixot, J.-P. Pelletier (dir.), *Saint-Victor de Marseille. Études archéologiques et historiques. Actes du colloque Saint-Victor (Marseille, 18-20 novembre 2004)*, Turnhout (Bibliothèque de l'Antiquité tardive, 13), p. 213-238.
Louis R. 1952, *Autessiodurum Christianum. Les églises d'Auxerre, des origines au XIᵉ siècle*, Paris.
Manteyer (de) G. 1897, « Les légendes saintes de Provence et le martyrologe d'Arles-Toulon (vers 1120) », *Mélanges d'Archéologie et d'Histoire* 17, p. 467-489.
—— 1898, *Martyrologe d'Arles en usage au chapitre cathédral de Sainte-Marie de Toulon*, Gap (extrait du *Bulletin de la Société d'Études* 26, 2ᵉ trimestre 1898, p. 114-134).
Moulinier J.-Cl. 1993, *Saint Victor de Marseille. Les récits de sa passion*, Cité du Vatican (Studi di antichità cristiana, 49bis).
Pécout Th. 2019, « Les saints médiévaux d'une cité provençale. Apt, une relecture », *Revue d'Histoire de l'Église de France* 105.255 (juillet-décembre), p. 213-233.
Riché P. 1954, « Note d'hagiographie mérovingienne. La *Vita s. Rusticulae* », *Analecta Bollandiana* 72, p. 367-377.
Saxer V. 1959, *Le culte de Marie Madeleine en Occident, des origines à la fin du Moyen Âge*, Auxerre (Cahiers d'archéologie et d'histoire, 3.1-2).
Weiss J.-P. 1991, « Une œuvre de la renaissance carolingienne : la Passion de Pons de Cimiez », dans J. Granarolo, M. Biraud (dir.), *Autour de Tertullien. Hommage à René Braun*, Paris (Publications de la Faculté de Lettres et Sciences humaines de Nice, 56), I, p. 202-222.

22. De l'Afrique à l'Euphratésie : Itinéraires improbables d'exilés et de captifs africains au lendemain de la prise de Carthage par les Vandales en 439

Marc Griesheimer
Aix Marseille Université, Centre Camille Jullian (CCJ), UMR 7299, Aix-en-Provence

EN 1974, LA DÉCOUVERTE par Eugen Divjak de vingt-neuf nouvelles lettres de saint Augustin[1] dans deux manuscrits, l'un à Marseille d'abord, puis un second à Paris, suscita un très grand intérêt parmi les spécialistes de l'Antiquité tardive[2].

L'intérêt de ces nouvelles lettres réside incontestablement dans le caractère original de documents dont plusieurs constituent de véritables dossiers ou recueils d'informations destinés à préparer une argumentation. Tel est le cas de la lettre 10*, un *commonitorium* consacré aux pratiques des *mangones*, des marchands d'esclaves qui avaient la particularité d'être originaires, de Galatie. L'activité de ces *mangones* galates était certes légale, mais leurs procédés de recrutement pouvaient être criminels ; Augustin réunit à l'occasion un dossier de témoignages récents qu'il a eu soin de vérifier auprès de victimes libérées par une opération commando de fidèles de l'église d'Hippo Regius et qui s'est précisément déroulée dans sa ville épiscopale. La variété des situations surprend : achat, vente, enlèvement par ruse ou par violence, enfants loués pour une durée limitée ; ces *mangones* faisaient preuve d'une redoutable efficacité ; ils disposaient de navires de haute mer, opéraient à l'échelle de la Méditerranée et de la mer Noire, disposaient de protecteurs puissants et, si besoin, n'hésitaient pas à soudoyer les autorités maritimes impériales chargées de la surveillance des côtes africaines ; le transport de leur marchandise humaine vers des provinces transmarines avait pour conséquence – et tel était bien le but recherché – de couper leurs victimes de leur environnement familier. La confusion des statuts et l'impossibilité pour les victimes de démontrer leur ingénuité aboutissait à l'esclavage ; c'est précisément la perte de la liberté qui scandalise Augustin et le force à agir !

Ce dossier passionnant était destiné à son collègue dans l'épiscopat, Alypius de Tagaste, alors en voyage en Italie, afin qu'il puisse alerter les autorités impériales sur les conséquences démographiques et économiques de ces prélèvements humains pour partie illégaux, voire criminels, et obtenir – semble-t-il – un infléchissement de la législation existante.

Un autre intérêt de cette collection épistolaire est assurément sa datation, car la plupart de ces lettres ont été rédigées au cours de la dernière décennie de vie d'Augustin, soit les années 420-431 ; cette série vient donc quelque peu rééquilibrer la répartition chronologique des lettres conservées qui documentaient jusqu'à présent surtout la première partie de son épiscopat. Elles ont en outre le mérite d'éclairer de façon singulière la vie sociale africaine à la veille de l'invasion vandale (mai 429), et cette chronologie est confirmée par le fait qu'aucune de ces lettres ne mentionne les menaces imminentes ni les déprédations germaniques.

Dans sa communication au colloque de Paris intitulée *Discours d'Église et réalité historique dans les nouvelles lettres d'Augustin*, Paul-Albert Février souligne la particularité de ces lettres dont le contenu relève – de son point de vue – davantage du « discours d'Église » que de l'analyse sociologique ; elles n'illustrent pas à son sens « une aggravation de la situation sociale en Afrique

---

[1] *Epistolae ex duobus codicibus nuper in lucem prolatae, recensuit Johannes Divjak, Sancti Augustini Opera sect*, II *pars* VI, Vienne, 1981 (CSEL 88) ; *Œuvres de saint Augustin*, 46 B, *Lettres 1*-29**, nouvelle édition du texte critique et introduction par J. Divjak, Paris, 1987 (Bibliothèque augustinienne).

[2] Je garde encore un souvenir assez précis de la séance de séminaire que Paul-Albert Février avait consacrée à ce dossier au cours de l'année universitaire 1980-1981. Il préparait alors une communication pour la table ronde qui fut organisée à Paris, à l'Institut des Études augustiniennes, en septembre 1982 (Février 1983, p. 101-115). Et c'est avec son enthousiasme habituel qu'il évoquait ce dossier de nouvelles lettres.

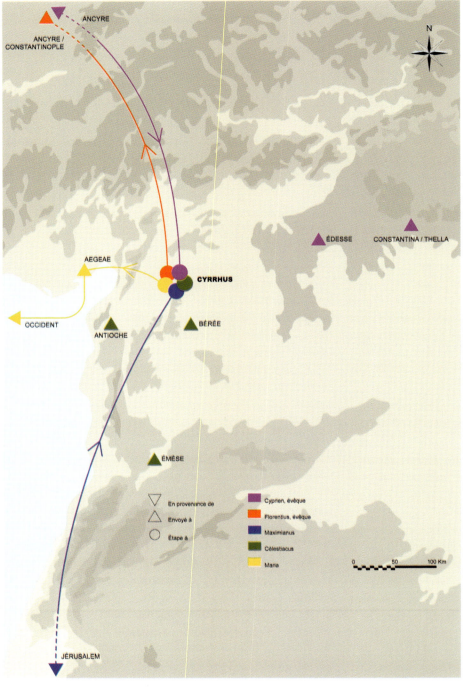

Figure 22.1 : Provenances et destinations des Africains connus par la correspondance de Théodoret de Cyr (M. Griesheimer – L. Maggiori, infographie LA3M).

à la veille de la conquête vandale », contrairement aux conclusions que Claude Lepelley avait proposé de tirer – dès 1981 – de ce dossier exceptionnel[3].

Et Paul-Albert Février concluait ainsi sa démonstration : « Aussi suis-je seulement prêt à admettre que les nouvelles lettres d'Augustin montrent une société où les antagonismes sont très forts, entre groupes sociaux et classes, comme au sein d'une même communauté – je pense, en particulier, au *monasterium* des clercs. Une société où la violence est chose normale, et sous des formes diverses. Est-ce le résultat des conflits du IVe siècle, religieux ou politiques de l'affaire donatiste ou des révoltes ? Poser la question, c'est en même temps faire reculer le problème puisque des interprétations diverses ont été données à ces crises. Et comme je pense que derrière ces conflits s'en dessinent d'autres, sans que je sois en mesure de dire s'ils en sont la cause ou simplement un facteur de développement, je préfère ne pas parler d'*aggravation* de la situation dans les premières décades du Ve siècle. Pour dire les choses en peu de mots, je suis convaincu qu'il y a derrière les monuments que l'Afrique a livré une réalité beaucoup plus tragique que celle que l'on imagine souvent et ce, même aux époques qui apparaissent comme prospères du simple point de vue d'une histoire architecturale. L'intérêt d'Augustin est de donner un éclairage précis, sur un moment donné, mais non point d'aider à restituer un passé même proche »[4]. Et d'ajouter « Néanmoins – ou à cause de cela –, il me semble que l'on doit tirer de ces lettres d'un vieil homme fatigué et qui lutte, une image de l'Église d'Hippo Regius. Nous y discernons l'importance que tend à prendre l'Église et l'évêque dans la société. La revendication d'autonomie est nette ; et la volonté d'exercer un pouvoir dans la cité est aussi évidente, tant en jouant des textes juridiques ou de la pratique qu'en infléchissant le droit, voire même en le violant, comme l'affaire des *mangones* paraît bien le montrer. Il y a donc une prise de conscience par l'Église

---

[3] Lepelley 1981, p. 445-463.

[4] Février 1983, p. 114.

des violences de la société de son temps et une volonté de dépasser le discours habituel sur les pauvres ou sur les riches qui accumulent biens sur biens. Mais là encore, il convient de rappeler que seul le caractère particulier de nos lettres permet de saisir une originalité d'Augustin et de sa communauté, alors que les sermons et bien d'autres documents ne font apparaître que la glose habituelle des textes de l'*Ancien* et du *Nouveau Testament*. Je m'étais même demandé si, dans ces œuvres, Augustin ne se montrait pas moins percutant qu'Ambroise – je pense à ce qu'il a écrit sur la vigne de Naboth –, mais les dernières lettres viennent corriger cette impression. Fort d'une exégèse de certains textes – la première lettre de Paul aux Corinthiens, par exemple – et de l'appui qu'il pouvait trouver dans une société qui devient chrétienne – en demandant des interprétations du droit comme en créant un réseau de relations au sein de la classe des propriétaires terriens de la région –, Augustin témoigne de l'émergence de nouveaux rapports dans la cité antique. Son discours prépare celui qui fondera la théocratie médiévale »[5].

Augustin mourut en 431 dans sa cité épiscopale assiégée par l'armée vandale ; il ne fut pas le témoin de l'effondrement de la puissance romaine en Afrique ni de la prise de Carthage par les Vandales dix ans après leur traversée des colonnes d'Hercule. Les malheurs des Africains ont été décrits par Victor de Vita dans son *Histoire de la persécution vandale en Afrique*[6] ; son propos privilégie l'Église d'Afrique et ses ministres confrontés aux vicissitudes de la politique royale vandale et à la franche hostilité de la communauté arienne ; les souffrances de la population sont à l'occasion mentionnées mais ne constituent cependant pas l'objet de son ouvrage[7].

Curieusement, la correspondance de Théodoret, évêque de Cyrrhus, petite cité de la lointaine province d'Euphratésie, a conservé quelques témoignages de ces itinéraires improbables d'exilés et de captifs africains au lendemain de la prise de Carthage par les Vandales.

Force est d'imaginer que l'Orient romain devait sembler bien lointain aux Africains menacés par les Vandales, du moins à ceux qui disposaient des moyens de fuir. On comprend aisément qu'ils aient dès lors privilégié l'Italie ou – pour d'autres, sans doute mieux informés – Constantinople. L'exil n'est cependant pas toujours le résultat d'un choix raisonné.

Théodoret est originaire d'Antioche où il naquit vraisemblablement en 393 ; la grande métropole de l'Orient est alors la seconde ville de l'Empire ; elle abrite une puissante communauté chrétienne, sans doute majoritaire dès le milieu du IVe siècle. De ses jeunes années Théodoret a conservé le souvenir de la piété de sa mère, fervente ascète, qui le conduisait sur les pentes du Silpius pour visiter les ermites retirés dans les tombeaux abandonnés dominant la ville. Après des études conformes à son statut social, Théodoret fit le choix de la vie cénobitique et, après la mort de ses parents, il renonça à ses biens et se retira dans un des couvents de *Nikertai*, près d'Apamée de Syrie, à une centaine de kilomètres au sud-est d'Antioche. C'est là, en 423, qu'il fut rattrapé par les besoins de la pastorale régionale et ne put refuser la lourde charge de l'épiscopat dans la lointaine cité de Cyrrhus.

Son diocèse était immense[8], près de 3600 km² ! et les tournées pastorales de Théodoret n'étaient pas moins musclées que ne l'avaient été celles d'Augustin dans l'arrière-pays d'Hippo Regius. En ces terres d'Orient cependant, ce n'était pas les embûches des donatistes qu'il fallait déjouer mais l'hostilité des marcionites et Théodoret de préciser dans une lettre adressée à Léon le Grand, évêque de Rome, avoir « délivré plus de mille âmes de la maladie de Marcion »[9]. En outre, le diocèse était fort peuplé : « J'ai reçu en partage la charge pastorale de huit cents églises – c'est le nombre de paroisses que comporte le diocèse de Cyr »[10] ; la ville épiscopale[11] n'était peut-être plus aussi prospère qu'elle avait pu l'être autrefois comme nous pouvons l'inférer lorsqu'il déclare au consul Nomus avoir contribué de façon décisive au bon fonctionnement de la cité : « Avec mes revenus

---

[5] Février 1983, p. 115.

[6] Victor de Vita, Paris, 2002 (CUF).

[7] La crédibilité des témoignages de Victor de Vita a été remise en cause par Christian Courtois dans deux ouvrages importants : *Victor de Vita et son œuvre*, Alger, 1954 et *Les Vandales et l'Afrique*, Paris, 1955. Courtois s'interrogeait alors sur la validité historique des témoignages d'un auteur qui peine à distinguer la réalité et la fiction et dont le parti pris religieux est incontestable ; ses critiques ont depuis suscité un courant historiographique vandalophile (voir à ce propos la mise au point de Yann Le Bohec 2007, p. 153-166, repris dans Le Bohec 2022, p. 147-167).

[8] « La longueur de notre territoire est, en effet, de quarante milles et sa largeur en compte autant », Théodoret, *Correspondance*, II, Lettre 42.

[9] Théodoret, *Correspondance*, III, Lettre 113. Dans la lettre 81, il mentionne la conversion de « huit bourgs infestés par l'erreur de Marcion ».

[10] Théodoret, *Correspondance*, III, Lettre 113.

[11] Sur la ville de Cyrrhus voir en dernier lieu Abdulmassih (dir.) 2012.

ecclésiastiques j'ai érigé des portiques pour le public ; j'ai bâti deux ponts immenses, j'ai veillé à l'entretien des bains publics ; alors que j'avais trouvé une ville qui ne tirait aucune eau du fleuve qui la baigne, j'ai construit l'aqueduc, et cette ville qui était sans eau s'en est trouvée abondamment pourvue »[12].

Cette déclaration est une bonne illustration de l'engagement de l'évêque en faveur de sa cité, un engagement qui est autant la conséquence d'une nécessité que la manifestation évidente d'un pouvoir épiscopal croissant. Toutefois, si Théodoret exerce un pouvoir dans la cité, il ne le fait qu'à son corps défendant, tant il a été durablement marqué par la vie ascétique de prière et d'études que lui permettait la vie monastique. De ce pouvoir que tend à prendre l'évêque dans la société de son temps comme le soulignait Paul-Albert Février à propos de l'Afrique du premier tiers du Ve siècle, témoignent – entre autres – ici, en Orient, les nombreuses démarches épistolaires de Théodoret pour obtenir des dégrèvements d'impôts pour la *polis* de Cyrrhus auprès des autorités impériales[13] et, la nécessité nourrissant son audace, Théodoret en appelle même à l'Augusta Pulchérie[14].

Dans ce décor ainsi brossé, arrivent après 439, isolément ou en groupe, des Africains qui, de gré ou de force, ont quitté les terres désormais sous autorité vandale (Fig. 22.1). Sans que nous puissions établir une chronologie précise de leurs arrivées, et surtout au hasard de la conservation de la correspondance de Théodoret[15], nous pointons deux évêques, Cyprien et Florent, deux grands notables et leur suite, Maximianus et Célestiacus, et même deux esclaves.

Les huit lettres de recommandation en faveur de Célestiacus de Carthage sont adressées à quatre évêques – Domnus d'Antioche[16], Théoctiste de Béroia[17], Pompéianus d'Émèse[18] et l'évêque Irénée[19] dont la mention du siège épiscopal est perdue – ainsi qu'à quatre laïcs, trois hauts fonctionnaires en poste en Orient : Stasimus, comte et primat[20], le comte Patricius[21], un certain Apellion, haut fonctionnaire dont Théodoret ne précise pas la fonction, et un sophiste influent et riche, Aërius, assurément un ami de Théodoret qui lui recommandait déjà l'Africain Maximianus.

Antioche, Béroia, Émèse, l'énumération de ces villes montre que Célestiacus est le sur le point de quitter l'Euphratésie pour rejoindre des provinces plus méridionales, les Syries I et II, et qu'il envisage ensuite de poursuivre son voyage vers la Phénicie ; on peut dès lors supposer que son errance orientale a pu commencer dans un port de Cilicie, peut-être Tarse, et que, de là, il est arrivé à Cyrrhus où il a été pris en charge par Théodoret.

Théodoret accueille ces infortunés, assure leur séjour et organise les prochaines étapes de leur exil ; il rédige des lettres de recommandation à ses amis ou à ses collègues dans l'épiscopat ; il recommande ainsi ceux qui ont été frappés par les malheurs du temps. Ses correspondants sont d'ailleurs tous chrétiens – mais ce n'est pas pour surprendre en Orient, au milieu du Ve siècle – ; on peut penser spontanément que Théodoret fait appel au devoir de charité de ses correspondants, évêques ou laïcs, mais ce n'est pas le seul ressort sociologique qu'il sait solliciter : la *paideia* et leur style de vie avaient préparé ces notables à ce type de générosité.

La démarche est cependant quelque peu inconfortable car ces personnages de haut rang exilés voyagent en grand appareil et leur accueil peut s'avérer coûteux pour leurs hôtes si leur séjour se prolonge Théodoret use donc de circonlocutions et parle beaucoup de charité et d'infortune ; il fait référence aux tragiques, Eschyle et Sophocle, mais aussi à l'*Odyssée*[22] ; le généreux ac-

---

12 Lettre 81 au consul Nomus. Théodoret, *Correspondance*, II.

13 En témoignent six lettres : Théodoret, *Correspondance*, I, Lettres 42-47.

14 Théodoret, *Correspondance*, I, Lettre 43.

15 Au XIVe siècle, Nicéphore Calliste connaissait plus de 500 lettres de Théodoret. De nos jours, sa correspondance compte 147 lettres auxquelles il convient d'en ajouter 36 supplémentaires issues des collections conciliaires.

16 Théodoret, *Correspondance*, II, Lettre 31.

17 Théodoret, *Correspondance*, II, Lettre 32.

18 Théodoret, *Correspondance*, II, Lettre 36.

19 Théodoret, *Correspondance*, II, Lettre 35.

20 Théodoret, *Correspondance*, II, Lettre 33.

21 Théodoret, *Correspondance*, II, Lettre 34.

22 La référence à Homère est attestée dans l'architecture domestique orientale, comme en témoignage la belle découverte de la maison du Cerf à Apamée. Celle-ci a fait l'objet d'une réfection de ses pavements lors de deux campagnes principales, l'une au cours du premier quart du Ve siècle, l'autre au siècle suivant. Toutefois, une inscription en mosaïque, disposée dans un cartouche placé devant le seuil d'un vaste hall (G sur le plan) qui dessert un ensemble de pièces, a été scrupuleusement préservée. Cette inscription reproduit en effet les deux vers de l'*Odyssée* par lesquels Télémaque invite généreusement la déesse Athéna, qui a pris les traits d'un hôte inconnu, à entrer dans le manoir d'Itaque : « Salut, étranger. Chez nous, tu seras traité en ami. Ensuite, lorsque tu auras fini ton repas, tu nous diras ce qu'il te faut. » (chant I, 123-124). L'inscription annonce, ainsi que Janine Balty l'a souligné, le passage dans le secteur de la maison réservé aux hôtes (Balty 1994, p. 188 et plan schématique de la maison du Cerf fig. 1, p. 189) ; cette inscription témoigne aussi de la culture du commanditaire qui, vers 400, entendait ainsi accueillir

Figure 22.2 : Médaillon de la mosaïque de Yakto
(F. Cimok, *Antioch Mosaics*, Istanbul, 2000, p. 251).

mais exposée au musée d'Antakia, dont la partie centrale est occupée par un médaillon orné d'un buste féminin légendé ΜΕΓΑΛΟΨΥΧΙΑ (Fig. 22.2).

Ces lettres témoignent aussi, indirectement, de la prospérité encore bien réelle d'une partie des bouleutes orientaux. Théodoret invite à plusieurs reprises ses interlocuteurs, évêques ou laïcs, à favoriser les présentations de ces deux prestigieux, mais infortunés, curiales de Carthage, Maximianus et Célestiacus. À propos de ce dernier, Théodoret exhorte ainsi Pompéianus, l'évêque d'Émèse : « Je prie ta Piété de le faire connaître aussi aux plus riches de tes concitoyens, car je pense qu'instruits par ta Sainteté et voyant de leurs yeux l'inconstance de la fortune, ils imiteront, ô maître, ta grandeur d'âme et assisteront cet homme autant qu'ils le pourront, en songeant que nous sommes tous semblables »[27].

Il suggère aussi avec élégance au sophiste et grand bouleute Aërius que la *Philoxénia* est en quelque sorte un devoir partagé qui exige une réciprocité collective et universelle : « le très remarquable et très magnifique Célestiacus ... était autrefois l'ornement de la métropole de Carthage, à une foule d'étrangers il a ouvert les portes de sa maison, mais il ne pensait pas qu'il aurait, lui aussi, un jour, besoin de la bienveillance d'autrui. Deviens donc son porte-parole et prête, ô tête qui m'est chère, le concours de ton éloquence à celui qui en a besoin ... persuade, d'autre part, ceux de ton assemblée qui le peuvent de rivaliser d'hospitalité avec Alcinoos, de chasser la pauvreté qui s'est abattue à l'improviste sur cet homme et de changer son adversité en prospérité »[28].

La *Philoxénia* était une pratique certes admirable mais qui pour être efficace devait être limitée dans le temps. C'était un réconfort provisoire qui contraignait

cueil offert par Alcinoos, roi des Phéaciens, à Ulysse est bien le parangon païen de l'hospitalité biblique d'Abraham[23]. L'allusion à l'*Odyssée* annonçait aisément l'image du naufrage que Théodoret reprend à propos de Maximianus : « Qu'il jouisse donc de l'hospitalité d'Alcinoos, puisque lui aussi a dû éviter bien des tempêtes. Car durs aussi sont les naufrages que l'on essuie sur la terre ferme »[24]. Alcinoos et Abraham apparaissent donc comme les modèles, païen et chrétien, de la Philoxénia (Φιλοξενία), l'honorable hospitalité, attendue de chaque notable digne de ce nom[25].

À ses correspondants les plus intimes, Théodoret n'hésite pas à vanter en outre leur grandeur d'âme, leur magnanimité. En ces temps, la Μεγαλοψυχία n'était pas un vain mot, mais un idéal partagé que d'aucuns n'hésitaient pas à faire représenter sur le pavement de leur salle de réception ; en témoigne encore – une dizaine d'années après ces lettres – la célèbre mosaïque de Yakto[26], désor-

---

ses hôtes et démontre enfin si nécessaire l'attachement durable des propriétaires successifs de cette riche demeure à la généreuse attitude énoncée par Télémaque.

23 Théodoret, *Correspondance*, II, Lettre 29 à Apellion.

24 Théodoret, *Correspondance*, I, Lettre 23, au sophiste Aërius.

25 Un dossier réuni par le groupe de recherche HospitAm, *Lieux et espaces de l'hospitalité dans l'Antiquité méditerranéenne*, a été publié en 2021 dans la revue *Topoi* 24.1, p. 13-299.

26 Jean Lassus proposait une datation « vers 459 » (Lassus 1934, p. 114-156). Cette datation est jugée « parfaitement vraisemblable » par Janine Balty sur la base de la série de sept scènes de chasse qui figurent sur des mosaïques syriennes datées qui s'échelonnent de 441 à 500 (Balty 2020, p. 79).

27 Théodoret, *Correspondance*, II, Lettre 36 à Pompéianus, évêque d'Émèse.

28 Théodoret, *Correspondance*, II, Lettre 30 au sophiste Aërius.

donc les exilés à l'errance, et l'on comprend pourquoi si l'on procède à la collation des lettres de recommandation donnée à Célestiacus.

Le « très remarquable et très magnifique Célestiacus » de Carthage est gratifié de huit lettres de recommandation[29]. Ce nombre inhabituellement élevé peut être le simple fait des hasards de la conservation de la correspondance de Théodoret, mais nous pouvons aussi subodorer l'embarras de l'évêque à forcer la main de ses correspondants à l'idée d'accueillir pour un long séjour Célestiacus qui voyageait en si grand équipage. À Apellion, sans doute un haut fonctionnaire en poste en Orient, il annonce que Célestiacus est accompagné de « sa femme et ses fils »[30] ; au patriarche d'Antioche, Domnus, qu'« il a aussi un fardeau – nécessaire certes – mais qui accroît ses soucis : je veux dire son épouse, ses enfants, ses parents, qui lui imposent un surcroît de dépenses »[31] ; et à l'évêque Irénée de préciser que Célestiacus est « contraint d'errer de tous côtés, ayant d'autant plus besoin de ressources qu'il est accompagné de sa femme, de ses enfants et de ses serviteurs qui ont échappé avec lui aux mains des barbares »[32].

L'évêque est désormais au cœur d'un réseau de puissants ; il peut donc servir de relai efficace et contribuer à mettre en relation ces exilés dans le besoin avec de riches notables orientaux.

Enfin, l'anecdote singulière rapportée dans la lettre 70, adressée à l'évêque Eustathe d'Aegeae, ville côtière de Cilicie II, autorise quelques rapprochements avec le dossier des marchands d'esclaves, les *mangones*, de la lettre 10* d'Augustin évoquée au début de cette contribution. La lettre 70 n'est pas précisément datée mais les faits sont assurément antérieurs à 449, date de la brève déposition de Théodoret à la suite du « brigandage d'Éphèse ».

En l'absence de l'évêque, une affaire a fait grand bruit à Cyrrhus : deux jeunes Africaines ont été achetées à des marchands d'esclaves par une famille de la ville. Or il s'avère que l'une d'elle, Maria, est d'origine aristocratique[33]. L'apprenant, des soldats en garnison dans la ville la rachètent alors afin de la libérer de son esclavage et la placer sous la protection de l'Église.

La brièveté de la lettre, son intérêt pour notre propos aussi, invitent à sa lecture.

> Digne d'une tragédie est ce que l'on raconte au sujet de la très noble Maria. Celle-ci, selon ses propres paroles et selon le témoignage d'autres personnes, est la fille du très magnifique Eudaimon. Mais, dans la catastrophe qui s'est abattue sur la Libye, elle perdit la liberté de ses ancêtres et tomba en esclavage. Cependant, des marchands qui l'avaient achetée aux barbares la vendirent à des gens de chez nous. Avec elle fut vendue aussi une jeune fille qui remplissait autrefois à ses côtés le rôle de servante : ainsi donc servante et maîtresse ont porté ensemble le joug amer de la servitude. Mais la servante n'a pas voulu ignorer leur différence de condition ni oublier l'autorité sous laquelle elle vivait jadis : elle a conservé dans le malheur ses bonnes dispositions et, après avoir servi leurs maîtres communs, elle servait aussi celle que l'on croyait esclave comme elle, lui lavant les pieds, préparant sa couche et veillant de la même manière à tout le reste. Cela vint à être connu de ceux qui les avaient achetées. Il s'ensuivit que l'on parla beaucoup à travers la ville de la naissance libre de l'une et des bons sentiments de l'autre. Ayant appris la chose, des soldats pleins de foi qui vivent sur notre sol – car, pour ma part, j'étais alors absent – payèrent le prix à ceux qui l'avaient achetée et l'arrachèrent à la servitude. Pour moi, mis au courant, après mon retour, et de ce malheureux drame et du très noble désir des soldats, pour ces derniers j'ai demandé à Dieu ses bienfaits et j'ai confié cette jeune fille de haute naissance à l'un de nos diacres les plus pieux, à qui j'ai demandé de lui assurer un entretien convenable. Dix mois s'étaient écoulés lorsque, ayant appris que son père vivait encore et exerçait une charge en Occident, elle désira naturellement retourner auprès de lui ; le bruit ayant couru qu'un très grand nombre de marchands se rendaient à la foire qui se tient actuellement chez vous, elle demanda à partir avec une lettre de moi. Voilà pourquoi j'ai écrit la lettre que voici, par laquelle j'invite ta Piété à prendre soin d'une enfant de bonne famille et à demander à l'un de ceux qu'orne la piété de s'entretenir avec armateurs, pilotes et marchands, afin de la confier à des gens sûrs qui puissent la remettre à son père. Car immense certainement sera la récompense de ceux qui contre toute espérance humaine auront ramené au père son enfant[34].

On aura noté que les soldats en garnison à Cyrrhus sont chrétiens. Ils n'étaient pas démunis de moyens de pression et, d'une façon générale, la population évitait les sujets de tension avec les militaires. Dans la région,

---

[29] Théodoret, *Correspondance*, II, Lettres 29, 30, 31, 32, 33, 34, 35, 36.

[30] Théodoret, *Correspondance*, II, Lettre 29 à Apellion.

[31] Théodoret, *Correspondance*, II, Lettre 31 à Domus, évêque d'Antioche.

[32] Théodoret, *Correspondance*, II, Lettre 35 à l'évêque Irénée.

[33] Cette jeune femme est répertoriée dans la *Prosopographie de l'Afrique chrétienne* à l'entrée « Maria 3 ».

[34] Théodoret, *Correspondance*, II, Lettre 70, p. 153-155.

les affaires de patronage étaient courantes ; elles sont bien documentées à la fin du IVᵉ siècle par Libanios dans son discours XXXIX[35], mais aussi au siècle suivant par Théodoret[36].

Le rachat et la libération de Maria ont sans doute été facilités par le fait que ses maîtres ont préféré céder à la pression spontanée de la population et sans doute aussi à celle encore plus persuasive des soldats ; ils ont donc choisi de négocier, en l'absence de l'évêque, la revente de la jeune femme, plutôt que de risquer un procès et assurément la perte de leur mise de fonds initiale. Car, tôt ou tard, une fois son histoire connue et largement colportée, Maria aurait été en état de démontrer qu'elle était de naissance ingénue et, par conséquent, son statut d'esclave aurait été déclaré illégal par le tribunal épiscopal au nom de l'imprescriptibilité de l'ingénuité garantie par le droit romain.

Cette tragique affaire connaît un premier dénouement heureux : après dix mois d'enquête, il est assuré qu'Eudaimon est vivant et Théodoret s'enquiert des moyens qui vont permettre à Maria de rejoindre son père ; il lui faut aussi s'assurer de sa sécurité. Une nouvelle fois le réseau épiscopal est sollicité. Théodoret s'adresse donc à Eustathe, l'évêque de la ville portuaire d'Aegeae située sur la rive occidentale du golfe d'Issos[37], et lui confie le destin de Maria qui ne devra s'embarquer pour l'Occident que sur un navire offrant toutes les garanties de sécurité et de moralité dûment vérifiées par un clerc de confiance. Habilement, Théodoret suggère à Eustathe que pilotes et armateurs peuvent être d'autant plus intéressés au succès du voyage qu'ils peuvent espérer une récompense à la hauteur de l'heureuse surprise qu'éprouvera le père en retrouvant sa fille qu'il croyait perdue.

Ces exilés et ces captifs africains, qui ont foulé un temps le sol de la lointaine Euphratésie au cours des années qui ont immédiatement suivi la prise de Carthage par les Vandales, illustrent autant que le permet d'en juger la délicate plume de Théodoret « les malheurs qui se sont abattus sur la Libye »[38].

Si d'aucuns pouvaient espérer à moyen terme rejoindre un parent, telle la jeune Maria, ou atteindre une destination où les attendait des projets et un avenir meilleur, comme l'évêque Florent « qui se hâte de gagner la capitale [Constantinople] »[39], la plupart des exilés africains qui ont fait étape à Cyrrhus, en l'occurrence l'évêque Cyprien et les grands notables Maximianus et Célestiacus – ce dernier accompagné d'ailleurs de sa parenté et de ses serviteurs –, semblent engagés dans une errance au long cours qui n'est rendue possible que par l'efficacité des réseaux de solidarité tissés entre les puissants qui partagent les mêmes idéaux culturels et humanistes. Ces réseaux poliades, voire provinciaux, sont animés en ce milieu du Vᵉ siècle par les évêques qui relaient les lettres de recommandation de leurs collègues et sollicitent aussi, à l'occasion, les agents impériaux, non pas tant d'ailleurs au titre de leurs fonctions éminentes qu'au nom d'une culture (*paideia*), de valeurs sociales (φιλοξενία), et d'idéaux (μεγαλοψυχία) partagés avec les exilés dont l'infortune est proposée par les évêques à la méditation de tous dans un contexte idéologique désormais chrétien.

Nul ne sait combien d'entre eux ont abouti à Constantinople au terme d'une errance plus ou moins longue. Cependant, sur les rives du Bosphore s'est progressivement constitué un parti africain qui espérait une reconquête imminente de Carthage et des terres africaines. En effet, l'histoire récente avait démontré que la défense efficace des trois provinces orientales, Proconsulaire, Byzacène et Tripolitaine, était possible puisqu'elle avait été assurée avec succès de l'automne 431 à 434 par le corps expéditionnaire envoyé d'Orient sous les ordres du général alain Aspar ; la menace vandale avait alors été provisoirement écartée de Carthage et preuve avait été apportée aux Africains que les Vandales pouvaient être efficacement contenus par l'armée impériale. La paix de 435 avait offert une relative quiétude ; les barbares s'étaient installés en Numidie, et rien ne laissait alors présager l'agression vandale contre Carthage le 19 octobre 439. Les autorités impériales avaient donc été absolument surprises par un tel revirement. Dès lors, les tentatives successives – mais malheureuses – des flottes impériales en 460, puis en 468, démontraient combien la reconquête des provinces africaines semblait un objectif militaire réalisable, et aussi un préalable indispensable à un redressement de la situation romaine en Occident ; ces tentatives répétées ont certainement contribué à entretenir durablement à Constantinople un esprit de parti africain qui rêvait d'une prompte reconquête, du rétablissement de l'ordre ancien et de son régime de la propriété, une sorte d'idéologie de la restauration aussi

---

35 Libanios, *Discours sur les patronages*.

36 Théodoret, *Histoire des moines de Syrie*, II, XVII, 3 : Abrahamès, ascète de la région de Cyrrhus, patron d'un bourg, puis évêque de Carrhes ; Brown 1985, p. 107-118.

37 L'actuel golfe d'Alexandrette, en turc Iskenderun Körfezi.

38 Théodoret, *Correspondance*, II, Lettre 52.

39 Théodoret, *Correspondance*, I, Lettre 22.

à laquelle Justinien paraît attaché. Ainsi, près d'un siècle plus tard, ce parti était encore suffisamment influent en 533, à la veille de la reconquête de l'Afrique par Bélisaire, pour convaincre Justinien de procéder en cas de victoire à la restitution de leurs anciennes propriétés aux descendants des familles spoliées par les Vandales comme en témoignent plusieurs Novelles de l'empereur et l'intérêt que Procope de Césarée accorde à ce dossier dans son récit. Toutefois, ces mesures eurent pour effet de générer une immense confusion : l'appareil juridico-administratif fut alors sollicité dans des proportions inattendues sous la forme de réclamations et de procès consécutifs à la loi de restitution de 534. Cette situation inextricable rendait dès lors impossible la levée de l'impôt indispensable au versement de la solde, et c'est précisément cette impossibilité qui détermina Justinien, dès 535, à renoncer à ce généreux projet[40].

Enfin, plus prosaïquement, même si les marchands qui ont vendu Maria et sa servante à des habitants de Cyrrhus ne sont pas précisément présentés comme des *mercatores galatae*, l'expression employée par Théodoret « des marchands qui l'avaient achetée aux barbares » laisse supposer qu'il n'y a pas eu d'intermédiaires. Ces « ἔμποροι » se sont bien rendus en Afrique et c'est sur un marché africain qu'ils ont acheté les deux jeunes femmes vendues par des barbares (παρὰ τῶν βαρβάρων), selon toute vraisemblance des Vandales puisque Théodoret associe étroitement la perte de la liberté « de la noble Maria » à « la catastrophe qui s'est abattue sur la Libye ». On est donc tenté de supposer que l'activité des *mangones* galates, dénoncée par Augustin vers 428, n'a pas diminué dans les ports africains désormais sous autorité vandale au cours des années suivantes ; elle a même dû prospérer à la faveur de leur installation. En effet, ces intrépides commerçants disposaient d'une longue expérience du négoce des esclaves avec les barbares puisque nous savons, au témoignage d'Ammien Marcellin[41], qu'ils fréquentaient aussi les ports des rives septentrionales de la mer Noire où ils achetaient de fort contingents d'esclaves d'origine germanique aux Goths au milieu du IVe siècle. Il n'y avait donc pas de raisons objectives pour que leur commerce prît fin d'autant plus que la conquête récente de nouvelles provinces et la soumission de leurs populations avaient dû fortement augmenter les quantités d'esclaves disponibles sur les marchés africains. Une véritable économie de guerre a dû alors se mettre en place dans les ports de Proconsulaire et de Byzacène sous contrôle vandale à partir de la fin de l'année 439 ; l'abondance des captifs facilitait assurément le commerce des *mangones* qui ont su aisément s'accommoder d'un nouveau pouvoir moins regardant sur leurs activités que ne l'avait été le pouvoir impérial. Ne peut-on cependant supposer que ces échanges intéressaient des volumes et des valeurs bien plus importants que les esclaves, et au premier chef les céréales exportées à partir de Carthage et d'autres ports d'Afrique proconsulaire et de Byzacène avant que le traité de 442 ne précise les nouvelles relations entre la cour de Ravenne et le roi vandale[42] ?

---

[40] Procope, *La guerre contre les Vandales*. Cf. Modéran 2002, p. 116-117. La politique impériale de restitution envisagée en 534 renouait en quelque sorte avec la loi d'indemnisation de Valentinien III prise dès 451 dont il est malheureusement impossible de connaître le nombre de bénéficiaires.

[41] Ammien Marcelin, *Histoire*, XXII, 7, 8.

[42] En 442, les provinces de Proconsulaire, Byzacène et Tripolitaine sont concédées aux Vandales contre un tribut et les provinces de Numidie et de Sitifienne, alors sous contrôle vandale, repassent sous autorité impériale. Il est vraisemblable que ce *tributum* ait pris la forme de la poursuite du versement de l'impôt annonaire sans doute amputé de l'importante contribution de la Proconsulaire où se concentrait l'essentiel de l'établissement vandale. Quoi qu'il en soit, d'octobre 439 à 442, Geiseric disposa de moyens de pression économique considérables qui lui permirent non seulement de menacer l'approvisionnement de Rome, mais aussi lui offrirent les clés de ses négociations politiques avec les autorités impériales de la *pars occidentis*.

Bibliographie

Sources

Libanios, *Discours sur les patronages*, texte traduit, annoté et commenté par L. Armand, Paris, 1955.
Œuvres de Saint Augustin, XLVI.B. *Lettres 1*-29**, nouvelle édition du texte critique et introduction par J. Divjak, traduction et commentaire par divers auteurs, Paris, 1987 (Bibliothèque augustinienne).
Procope de Césarée, *La guerre contre les Vandales*, traduit et commenté par D. Roques, Paris, 1990.
Théodoret de Cyr, *Correspondance*, I, introduction, texte critique, traduction et notes par Y. Azéma, Paris, 1955 (SC, 40).
—— *Correspondance*, II. *(Epist. Sirm. 96-147)*, introduction, texte critique, traduction et notes par Y. Azéma, Paris, 1964 (SC, 98).
—— *Correspondance*, III. *(Epist. Sirm. 96-147)*, introduction, texte critique, traduction et notes par Y. Azéma, Paris, 1965 (SC, 111).
—— *Correspondance*, IV. *(Collections conciliaires)*, texte critique de E. Schwartz, introduction, traduction, notes et index par Y. Azéma, Paris, 1998 (SC, 429).
—— *Histoire des moines de Syrie*, II, texte critique, traduction, notes, index par P. Canivet et A. Leroy-Molinghen, Paris, 1979 (SC, 257).
Victor de Vita, *Histoire de la persécution vandale en Afrique*, suivie de *La passion des sept martyrs, Registre des provinces et des cités d'Afrique*, textes établis, traduits et commentés par S. Lancel, Paris, 2002 (CUF).

Études

Abdulmassih J. (dir.) 2012, *Cyrrhus 1. Le théâtre de Cyrrhus d'après les archives d'Edmond Frézouls*, Beyrouth (Bibliothèque archéologique et historique, 196).
Balty J. 1994, « Nouvelles mosaïques d'Apamée : fortune et déclin d'une demeure (v^e-vi^e siècles) », dans *VI Coloquio internacional sobre mosaico antiguo (Palencia – Mérida, Octubre 1990)*, Valladolid, p. 187-199.
—— 2020, « Les mosaïques de Daphné », *Syria* 97, p. 71-83.
Brown P. 1985, *La société et le sacré dans l'Antiquité tardive*, Paris.
Février P.-A. 1983, « Discours d'Église et réalité historique dans les nouvelles lettres d'Augustin », dans *Les lettres de saint Augustin découvertes par Johannes Divjak (Communications présentées au colloque des 20-21 septembre 1982)*, Paris, p. 101-115 (= *La Méditerranée de Paul-Albert Février*, II, p. 863-877).
Lassus J. 1934, « La mosaïque de Yakto », dans G. W. Elderkin (dir.), *Antioch-on-the-Orontes*, I. *The Excavations of 1932*, Princeton, p. 114-156.
Le Bohec Y. 2007, « Le visage de la guerre pour les civils dans l'Antiquité. Victor de Vita et les Vandales », *Rivista storica dell'Antichità* 37, p. 153-166.
—— 2022, *L'armée romaine d'Afrique sous le Bas-Empire*, Paris.
Lepelley Cl. 1981, « La crise de l'Afrique romaine au début du ve siècle, d'après les lettres nouvellement découvertes de saint Augustin », *Comptes-rendus de l'Académie des Inscriptions et Belles-Lettres* 125.3, p. 445-463.
Modéran Y. 2002, « L'établissement territorial des Vandales en Afrique », dans *L'Afrique vandale et byzantine (1ère partie), Antiquité tardive* 10, p. 87-122.
—— 2014, *Les Vandales et l'empire romain*, Paris.

CINQUIÈME SESSION

23. Introduction à la cinquième session

Pierre Gros
*Aix Marseille Université, Institut de Recherche sur
l'Architecture antique (IRAA), UAR 3155, Aix-en-Provence*

BEAUCOUP A DÉJÀ ÉTÉ dit, souvent avec émotion et reconnaissance, sur la personne de Paul-Albert Février, sur son magistère et sur son héritage. Je voudrais, en cette ultime session, rappeler d'un mot ce qui a fait et fait encore la singularité, pour ne pas dire l'unicité, de cet enseignant-chercheur hors norme, à savoir le lien qu'il a toujours voulu maintenir entre toutes les formes d'action qu'il a pu pratiquer, qu'elles soient scientifiques, politiques ou civiques, au sens le plus large et le plus exigeant du terme. D'autres que lui, au cours du siècle dernier, ont été des savants engagés. Mais aucun, me semble-t-il, n'a jamais autant que lui développé une réflexion globale sur son temps pour en tirer des modes d'approche et des modèles de réflexion sur le passé qu'il avait pour mission d'explorer. Entendons-nous : il ne s'agissait pas en ce qui le concerne d'une déviance moderniste qui se fût disqualifiée par des assimilations abusives et de véritables anachronismes, mais de la forme active, attentive et savante d'un humanisme dont l'exigence morale et la pénétration historique furent toujours intimement imbriquées. D'où le décloisonnement revendiqué des spécialités et par voie de conséquence la mise en évidence des continuités plutôt que des ruptures entre les époques, mais aussi les régions. Tout au long de sa carrière, cette attitude fut pourvoyeuse d'apports fondamentaux dont se nourrissent encore ses nombreux disciples ou héritiers, qu'il s'agisse des phases les plus anciennes des catacombes romaines, de la réhabilitation de l'Antiquité tardive ou de la communauté des destins entre les deux rives de la Méditerranée.

Ces positions n'ont pas toujours, loin s'en faut, été favorablement accueillies par les diverses communautés académiques auxquelles elles s'adressaient. D'autant que Paul-Albert, cela faisait partie de son indéfectible liberté de pensée et d'expression, avait tendance à provoquer ses interlocuteurs : quiconque a participé avec lui à un colloque ou à un congrès international, quel qu'en fût le thème central, a pu le constater. C'était pour lui une façon, souvent efficace il faut le dire, de faire sortir les débats des voies habituelles où ils couraient le risque de s'enliser, et d'ouvrir, pour qui acceptait de le suivre, des perspectives inédites. De même, dans les rapports individuels, il semblait avoir, si on le connaissait mal ou peu, un goût prononcé pour la contradiction. Mais là encore, c'était sa manière d'entrer en contact et de lancer une relation à la fois scientifique et fraternelle dont les plus jeunes, dont j'étais alors, ne pouvaient tirer que le plus grand profit, en prenant quelque distance par rapport à leurs propres convictions.

D'une manière générale, Paul-Albert se défiait de tout jugement ou conclusion fondés sur des certitudes prétendument acquises, selon un principe de méthode qui lui était propre, et qui consistait entre autres à remettre systématiquement en cause des chronologies assises sur des séries ou des catalogues « raisonnés ». Je pense ici particulièrement, puisqu'aussi bien c'est de cela que nous devons parler aujourd'hui, aux datations des monuments à partir des singularités de leur ordonnance ou de leur décor architectural. Servie par une incomparable connaissance du terrain et des contextes historiques, en Provence comme dans l'Afrique romaine, cette remise en cause était de nature à susciter une salutaire suspension du jugement, et un réexamen de toutes les données disponibles.

Je voudrais rappeler à ce propos un de ces textes magnifiques où il se plaisait, en une sorte de méditation, à mêler à une vision poétique et chaleureuse des édifices et de leurs usagers une réflexion profonde sur le sens de la recherche historique. C'est de surcroît un texte peu connu, je le crains, puisqu'il s'agit de la préface qu'il avait rédigée pour la publication à Tunis en 1982 de la thèse de Nourredine Harrazi consacrée aux chapiteaux de la grande mosquée de Kairouan. Dans le temps qui m'est imparti, je ne saurais vous en faire une lecture complète. Je me contenterai d'en extraire cette phrase, qui me paraît emblématique de sa pensée, et dont nous aurions le plus grand intérêt, en ces temps troublés que nous vivons, à retenir la leçon :

> Dans les rythmes des travées et des arcs, dans ce regard conduit vers la coupole levée en avant du mirhab, j'aime à chercher un sens qui justifie notre quête d'une histoire sans frontière, d'une histoire qui fait table rase de nos chronologies et de nos divisions.

Je n'ai vraiment compris ce qu'il voulait dire que lorsque j'ai, avec lui, fait le voyage à Tunis pour la soutenance de thèse de notre collègue Aïcha Ben Abed, qui n'a pu malheureusement se joindre à nous comme elle l'avait prévu. Dans ce compagnonnage de plusieurs jours où nous avons été affrontés à des situations diverses et parfois inattendues, devant l'accueil chaleureux de nos amis tunisiens, Paul-Albert a eu des réactions et des mots auxquels j'ai souvent songé ensuite, et qui m'ont été précieux en ces années où je travaillais régulièrement à Carthage.

Mais rassurez-vous, je ne vais pas vous raconter ma vie. Je passe la parole immédiatement à notre première intervenante.

24. Le décor sculpté entre Antiquité tardive et Haut Moyen Âge en Provence

Yumi Narasawa

Université de Josaï, Japon, Laboratoire d'Archéologie médiévale et moderne en Méditerranée (LA3M), UMR 7298, Aix-en-Provence

IL EST DIFFICILE D'ÉTABLIR une chronologie précise de la sculpture du Haut Moyen Âge en Provence. Cette difficulté était déjà bien connue de Paul-Albert Février et de beaucoup de chercheurs. Depuis mon doctorat[1], mes recherches ont porté sur le décor sculpté des mobiliers liturgiques à la quête de repères chronologiques dans la production régionale du Midi de la France.

La sculpture conservée dans la région provençale se répartit en deux groupes, l'un des Ve-VIe siècles, l'autre des IXe-Xe siècles, tous les deux influencés par les grandes productions extérieures. Il faut noter que, en dehors de ces groupes, les exemples à rapporter au Haut Moyen Âge sont peu nombreux. Cette pauvreté doit être rappelée en préalable à l'étude, surtout en ce qui concerne les chapiteaux.

D'autre part, dès l'Antiquité, les circonstances de la production sont particulières. Dans les régions voisines comme l'Italie ou l'Aquitaine, les ateliers proches de carrières de marbre déploient à cette époque une activité intense et de haute qualité. Par contre, en Provence, outre le réemploi non négligeable de blocs pris aux monuments antiques, l'importation était nécessaire, importation des matériaux, venue d'artisans sculpteurs, introduction de techniques et d'un répertoire iconographique depuis Rome ou l'Orient. La production proprement « locale » semble déjà limitée. Après le Ve siècle et les ruptures géographiques et politiques graduelles, quelle activité subsistait dans le domaine de la sculpture ?

Dans un article de 1962, Paul-Albert Février a étudié la plaque de chancel de Saint-Julien d'Oule, caractérisée par un « souci de réalisme », en la rapprochant des « décorations ravennates »[2]. En fait, dans la région, on connaît de nombreux exemples présentant des motifs et un style communs avec ceux de l'aire italo-byzantine des Ve-VIe siècles, telle la série de tables d'autel typiquement provençales ornées de motifs zoomorphes et végétaux allégoriques[3]. Il faut les comparer évidemment aux sarcophages du Sud-Ouest dont la chronologie a été précisée depuis le temps où écrivait Paul-Albert Février[4]. Donc, en considérant ce contexte large, ces exemples provençaux peuvent se situer en continuité avec l'Antiquité romaine.

De même, pour l'autre groupe, il reste dans la région de nombreuses sculptures des VIIIe-IXe siècles. Elles décorent des mobiliers, notamment des dalles de chancels, qui renvoient à des exemples largement répandus dans l'empire carolingien, en Italie septentrionale ou péninsulaire, en Croatie et dans le Sud de la France. On place souvent cette production en rapport avec la réforme de Chrodegang de Metz qui a provoqué l'agrandissement de la surface des chœurs dans les églises et leur réaménagement.

Les œuvres sculptées produites entre le Ve et le Xe siècle dans la région sont marquées par les productions extérieures pour chacune de ces deux périodes. Elles ne sont pas tant matériellement importées que conçues en référence à elles pour l'iconographie et le style. On peut les distinguer de formes proprement « locales », caractérisées par une certaine médiocrité d'inspiration et de technique, que les fragments soient en marbre de réem-

---

[1] Ce sont les relations entre chercheurs français et japonais, surtout entre Paul-Albert Février et Shiro Natori, qui m'ont amenée à Aix-en-Provence pour des recherches en DEA et puis en Doctorat sous la direction de Michel Fixot sur les mobiliers liturgiques et la sculpture. Je me permets ici de rappeler l'amitié entre Paul-Albert Février et Shiro Natori.

[2] Février 1962.

[3] Narasawa 2015, p. 403-430. Une partie de cette série a été traitée par P.-A. Février dans son article de 1962 cité ci-dessus, ainsi dans celui qu'il coécrit en 1972 : Février, Duval 1972, p. 77-78.

[4] *Actes du colloque* 1993 ; Christern-Briesenick 2003.

ploi ou en calcaire local. À partir de ces grandes lignes, suivent ici certaines directions de mes recherches sur la sculpture du Haut Moyen Âge.

Autour des chapiteaux de la région provençale

De manière générale, au cours de la période considérée, la signification des éléments composant le chapiteau tombe dans l'oubli et les normes antiques se transforment peu à peu, malgré un certain attachement à la tradition. Fondée sur des normes classiques, la morphologie devient mal comprise dès que l'on s'éloigne de l'Antiquité. Mais, en dépit de cette difficulté, et simplement de façon formelle, l'aspect traditionnel est plus ou moins conservé. Cette mémoire de la forme est à l'origine de nos hésitations sur la datation. En plus, la période est caractérisée par une production fort différenciée entre les ateliers locaux et, qui plus est, les exemples parvenus jusqu'à nous sont en nombre très limité.

Figure 24.1 : Riez (Alpes-de-Haute-Provence), baptistère (cliché Y. Narasawa).

En Provence aux Ve et VIe siècles, on connaît la pratique fréquente du réemploi. Outre celle des matériaux comme le marbre, elle touche par exemple les colonnes dans les baptistères où se remarque une certaine homogénéité à l'intérieur du même monument, conséquence de la richesse des vestiges antiques et de leur nombre. Dans les baptistères d'Aix, de Fréjus ou de Riez par exemple, bien que l'emplacement de leur premier usage n'ait pas été déterminé, les colonnes constituent des ensembles cohérents. À Riez, les traces de retouches lors du réemploi de certains chapiteaux ont été mises en lumière par Philippe Borgard et Caroline Michel d'Annoville[5] (Fig. 24.1). À la cathédrale d'Aix-en-Provence, le baptistère conserve huit chapiteaux d'un même type, en grande partie réemployés, mais avec des variantes sensibles : selon Pierre Gros, cinq de ces chapiteaux sont antiques, deux, peut-être trois, sont des imitations[6]. Paul-Albert Février en a apprécié la qualité en se demandant toutefois « s'il ne s'agit pas d'une restauration du XVIe siècle »[7].

Figure 24.2 : Fréjus (Var), cathédrale, baptistère (cliché M. Fixot).

Sur les chapiteaux du baptistère de Fréjus, les études de Paul-Albert Février des années 1980, complétées par celles de Vassiliki Gaggadis-Robin, ont permis de donner des datations plus précises[8]. Cette dernière a attribué les chapiteaux du côté nord à la fin du IIe ou au début du IIIe siècle, ceux de l'ouest à la fin du IIIe ou au début du IVe siècle, ceux du sud et de l'est au milieu du Ve siècle (Fig. 24.2). Sur ces derniers, on remarque un changement très sensible de style et de technique.

---

[5] Borgard, Michel d'Annoville 2013, p. 495-496. Ce genre de retouche sur les motifs païens est une particularité de l'Antiquité tardive dans la région : Narasawa 2015, p. 521-525.

[6] Gros 1983, p. 223-224, fig. 19.

[7] Février 1991, p. 224-225.

[8] Février 1995, p. 158-163 ; Gaggadis-Robin 2012, p. 211-223.

24. LE DÉCOR SCULPTÉ ENTRE ANTIQUITÉ TARDIVE ET HAUT MOYEN ÂGE EN PROVENCE

Figure 24.4 : Jouques (Bouches-du-Rhône), chapelle Notre-Dame-de-Consolation (cliché T. Mukaï).

Figure 24.3 : Marseille (Bouches-du-Rhône), abbaye Saint-Victor (clichés M. Fixot).

de l'étage sont rattachés à la production du VIIe siècle, donc à l'époque même de la reconstruction[11].

En Provence, concernant les chapiteaux de production locale de l'Antiquité tardive, on ne peut signaler que très peu d'exemplaires. Deux chapiteaux en marbre conservés dans la crypte de l'abbaye de Saint-Victor de Marseille (Fig. 24.3) ont été attribués par Fernand Benoit au Ve ou au VIe siècle[12]. Les volutes sont fortement déformées, la silhouette et le traitement des feuilles très éloignés des canons de la production antique. Si cette datation est juste, ce que je crois, on peut considérer cette pièce comme illustration de la production locale dès l'Antiquité tardive dans cette région où il n'y avait pas de carrière de marbre.

Les volutes aplaties, déformées, avec des feuilles d'acanthe transformées en palmettes, sont certes des caractéristiques communes aux chapiteaux attribuables au Haut Moyen Âge quelle que soit la région. Mais, en Provence, la signification des volutes semble perdue très tôt, de même que se produisait la transformation des feuilles en palmettes.

En réalité, manquent des repères chronologiques un peu assurés. L'un d'eux pourrait être un fragment provenant du site de Notre-Dame de Consolation à Jouques (Bouches-du-Rhône), un rare exemple de la production rurale de l'Antiquité tardive (Fig. 24.4). Il a été découvert au cours de sondages réalisés au cours des années 2000 par Caroline Michel d'Annoville dans une pièce d'un bâtiment de la partie haute du site dont l'occupation est comprise entre le Ve et le VIIe siècle[13]. En calcaire, il consiste en la partie inférieure d'un petit chapiteau dont le diamètre à la base est de 16 cm. On y observe

Quant au Sud-Ouest de la France où se trouvaient les carrières pyrénéennes, les circonstances étaient différentes. On connaît de nombreux exemples produits dans les ateliers dépendant de ces carrières. Ils ont très tôt fait l'objet d'un travail documentaire[9] mais leur datation a continué à générer un débat. À partir des années 1990, les études ont beaucoup progressé, fondées sur les analyses de matériau par l'équipe de Jean Cabanot. Une datation des IVe et Ve siècles est actuellement proposée, plutôt précoce par rapport à celle qui était traditionnellement évoquée[10]. Participant aux recherches collectives dirigées par Brigitte Boissavit-Camus sur le baptistère Saint-Jean de Poitiers, publiées en 2014, Anne Flammin a identifié les chapiteaux du rez-de-chaussée comme des réemplois attribuables à la première phase du baptistère, soit au Ve siècle ; pour leur part, les chapiteaux en calcaire

---

[9] Fossard 1947 ; Larrieu 1964 ; Cabanot 1972 ; Pousthomis-Dalle 1984 ; Cabanot 1987.

[10] Cabanot, Costedoat 1993 ; Cabanot 1994 ; 1995.

[11] Flammin 2014.

[12] Benoit 1934, p. 169-172 ; Fixot 2005, p. 647, fig. 919-920.

[13] Michel d'Annoville 2023.

Figure 24.5 : Brignoles (Var), église Saint-Jean (d'après Chaillan 1914, pl.).

des feuilles d'acanthe très stylisées avec des nervures rectilignes et un départ de volutes. La partie conservée est très restreinte.

Un autre exemple, le chapiteau conservé dans l'église Saint-Jean de Brignoles (Var), illustre le peu de repères dont on dispose pour distinguer entre la production du XIe siècle et celle qui est antérieure (Fig. 24.5). L'église a été donnée à l'abbaye de Saint-Victor de Marseille au milieu du XIe siècle[14] mais l'existence d'un édifice chrétien antérieur à cette donation est supposée[15]. En dehors de ce chapiteau placé sur une colonne réemployée elle aussi, se trouve dans l'église une table d'autel relevant de la typologie du Haut Moyen Âge[16]. Un chapiteau de l'église de Saint-Pantaléon à Gordes (Vaucluse)[17] est un autre exemple à propos duquel on pourrait hésiter entre VIIe et Xe siècle (Fig. 24.6). Suggérée par une inscription funéraire, la date de construction de l'église d'origine et celle de la sculpture de ce chapiteau coïncideraient bien avec le VIIe siècle. On connaît dans la même église une table d'autel qui ne dément pas cette datation[18]. De plus, l'existence d'un état intermédiaire entre l'église d'origine et l'église romane est mise en doute[19].

En revenant à l'abbaye de Saint-Victor de Marseille, deux gros chapiteaux de pilastres datés du Haut Moyen Âge sont conservés dans la crypte[20] (Fig. 24.7). En pierre de la Couronne, ils étaient en réemploi dans les maçonneries médiévales à peu de distance l'un de l'autre. L'un d'eux réutilise un bloc antique à décor de frise. Une feuille traitée en palmette décore chaque angle de la corbeille, une autre est en situation médiane sur les longs côtés tandis que deux paires de volute schématisées sortent des intervalles entre elles. Leur abaque est aussi orné d'étroites palmettes horizontales. Sur place, mais au XIe siècle, on peut penser que le célèbre chapiteau de la chapelle dite « grotte de Saint-Lazare »[21] (Fig. 24.8) est une imitation de ce même type de palmettes, rappel d'ancienneté à l'époque du creusement de la chapelle. C'est un repère illustratif de la continuité des procédés et des formes.

---

[14] *Cartulaire de l'abbaye de Saint-Victor de Marseille*, chartes 342 et 346.

[15] Chaillan 1914, p. 491-492.

[16] Narasawa 2015, cat. n° 83.

[17] Codou 1999, p. 6-13.

[18] Narasawa 2015, cat. n° 342.

[19] Bouiron *et al.* 2023.

[20] Fixot 2005, p. 647-648, fig. 925 et 926.

[21] Fixot, Pelletier 2004, p. 81-86.

Figure 24.6 : Saint-Pantaléon (Vaucluse), église (cliché M. Fixot).

Figure 24.7 : Marseille (Bouches-du-Rhône), abbaye Saint-Victor (cliché M. Fixot).

Il est partie intégrante d'une colonne monolithe taillée dans la roche. À l'angle inférieur de la corbeille, il est sculpté d'une palmette de forme triangulaire, pointée vers le haut, dont les nervures sont schématisées par des lignes profondément incisées. De part et d'autre, une mouluration verticale, en relief, lui sert d'encadrement. Sur la face antérieure, tournée vers l'entrée de la chapelle, une paire de volutes simplifiée est surmontée par un visage. Du côté droit de la palmette, la mouluration d'encadrement a été prolongée postérieurement sous forme d'une hampe qui traverse la volute de gauche et s'achève elle-même en spirale. Elle a été inspirée par la volute initiale transposée au-dessus d'elle pour figurer la crosse d'un bâton épiscopal ou abbatial tenu par une main sortant d'une manche. Le titulaire de la crosse est représenté par un masque naïvement sculpté dans la roche. Sa physionomie résulte d'une nouvelle retouche qui a malencontreusement affecté la hampe du bâton. Il est possible que l'on ait voulu représenter ainsi Lazare auquel la chapelle fut dédiée, prétendument premier évêque de Marseille selon les *Légendes saintes*[22]. D'autres chapiteaux attribués au Haut Moyen Âge sont conservés au Musée d'Histoire de Marseille ; certains proviennent de Saint-Victor[23], mais leur datation est très incertaine.

Figure 24.8 : Marseille (Bouches-du-Rhône), abbaye Saint-Victor (cliché Y. Narasawa).

Dans les sculptures du Haut Moyen Âge, le motif de la volute est fréquent, non seulement sur les chapiteaux mais ainsi sur certaines bordures de plaques sculptées d'époque carolingienne, telles que l'on en connaît à Fréjus[24] ; à Riez, cette volute schématisée du Haut Moyen Âge a pu être interprétée comme une crosse d'évêque[25], ce qui fait écho à l'anecdote relative à Lazare.

---

[22] La légende provençale de Lazare n'est pas antérieure à la fin du XIIe siècle : Duprat 1943-1944 ; 1947.

[23] Fixot 2005, p. 648, fig. 927 ; p. 650, fig. 939.

[24] Fixot (avec la coll. de Narasawa) 2012, p. 307-328.

[25] La sculpture, qui a fait partie des collections du musée

Concernant d'autres régions, quelques exemples sont assez bien datés et peuvent servir de référence. Ce sont par exemple les chapiteaux de la crypte de Saint-Laurent de Grenoble, attribués au VIIe siècle par Renée Colardelle[26]. Certes lointains, les chapiteaux carolingiens de Corvey sont bien datés aussi[27] et ceux de Saint-Germain d'Auxerre lui sont comparables[28]. Pour comprendre la production provençale, il faut se référer aussi à celle de l'Italie[29], même si les datations sont parfois fragiles.

Sculptures du Haut Moyen Âge

L'église Notre-Dame de la Gayole à La Celle (Var) a été construite au début du XIe siècle à l'emplacement d'un mausolée antique complété par une chapelle funéraire[30]. Elle était autrefois réputée comme l'un des plus anciens monuments de la Gaule chrétienne. L'édifice abritait un ensemble d'œuvres sculptées, en grande partie de réemploi, dont la fourchette chronologique est large. Parmi elles, plusieurs ont été transportées au musée de Brignoles, tel un autel-cippe du Ve siècle orné d'un phénix (ou d'un aigle) sculpté en méplat et d'un grand chrisme portant les lettres *khi* et *rhô*[31], ou tel encore un sarcophage du IIIe siècle, dit « de Syagria » en raison du nom du personnage inhumé qui est donné par une inscription des Ve-VIe siècles[32].

Dans la chapelle, à l'angle est du transept sud, est encastré un fût de colonne antique en marbre veiné et, sur ce fût, est placé un chapiteau probablement en marbre blanc (Fig. 24.9). L'arête inférieure de la corbeille a été retravaillée sur une hauteur de quelques centimètres pour s'adapter au diamètre du sommet du fût.

Figure 24.9 : La Celle (Var), église Notre-Dame de la Gayole (cliché Y. Narasawa).

---

lapidaire de Riez depuis une période indéterminée, est aujourd'hui encore étiquetée « crosse épiscopale ». En fait, c'est un fragment d'une frise carolingienne de crossettes et d'entrelacs. Je me demande si une retouche n'aurait pas été faite à une époque très tardive pour accentuer la forme de la crosse, cf. Buis 1975, p. 49.

26 Colardelle 2009, p. 366-375.

27 Meyer 1997, p. 45-64.

28 Heber-Suffrin 1993, p. 189-210 ; Sapin (dir.) 2000, p. 268-273.

29 Raspi Serra 1993, p. 174-188.

30 Demians d'Archimbaud, Fixot, Pelletier, Vallauri 1995, p. 167-174 ; Brun *et al.* 1999, p. 333-338.

31 Narasawa 2015, cat. n° 108.

32 Un autre sarcophage, attique, portant lui aussi une inscription de même période, est perdu mais connu par un dessin : BnF, ms. 8958, fol. 265, 307 ; Stern 1957, p. 73-85.

Figure 24.10 : La Celle (Var), église Notre-Dame de la Gayole (cliché Y. Narasawa).

Figure 24.11 : Ganagobie (Alpes-de-Haute-Provence), priorale (cliché Y. Narasawa).

Les parties supérieures sont très détériorées ; on ne peut pas affirmer l'absence de volutes à l'origine. Il est probable que les feuilles d'acanthe des 1ère et 2e couronnes ont été retouchées au moment du réemploi. Juste à côté de la colonne, à l'ouverture de l'abside, est enchâssé un bloc de calcaire[33], de forme rectangulaire. Il est marqué d'un chrisme en forme de rouelle d'environ 24 cm de diamètre. Cette pierre ainsi que le chapiteau ont été certainement réemployés dans cet angle de l'abside pour souligner l'ancienneté du lieu. Mais il est difficile de dater chacune de ces pièces.

À l'angle ouest de l'ouverture du transept sud est encastré un pilier monolithe en calcaire froid[34] composé d'une base, d'un fût et d'un chapiteau (Fig. 24.10). Ce dernier s'orne d'une paire de volutes déformées au-dessus de feuilles traitées en palmettes ; les nervures gravées rappellent des motifs vermiculaires utilisés sur certains sarcophages du Haut Moyen Âge (voir *infra*). Le décor se répartit sur les quatre faces, c'est donc un réemploi. À l'angle ouest de l'ouverture du transept nord est encastré un autre pilier[35], dont la forme est presque identique à celle du précédent. Le décor de son chapiteau, une paire de volutes et de feuilles plates, est plus médiocre. L'ensemble a été façonné dans un bloc de marbre blanc lui-même réutilisé, c'est donc un double réemploi. Au-dessus, en guise de tailloir, est enchâssé un bloc ayant appartenu à une corniche. Il est décoré d'un motif de carrés sur pointe que l'on retrouve sur un bloc semblable intégré au cordon qui marque la naissance de la voûte. Dans la nef, à la retombée des arcades latérales, sont d'autres réemplois : un chaperon de mur romain au nord, une couverture de tombe face à lui au sud. Réunis comme objets de prestige dans cette chapelle rurale au début du XIe siècle, ces différents blocs sont issus de l'Antiquité ou du Haut Moyen Âge. Un tel espace rassemblait des objets hétérogènes, dont deux sarcophages célèbres et peut-être trois au total, qui montraient combien le prieuré victorin et sa petite église s'inscrivaient dans une longue et glorieuse histoire.

Les motifs du pilier de la Gayole, en particulier la paire de volutes et les décors linéaires ou vermicu-

---

[33] Hauteur : 30 cm ; largeur : 61 cm.

[34] Hauteur : 124 cm ; largeur et épaisseur au sommet : 31 × 31 cm. Probablement en marbre.

[35] Hauteur : 126 cm ; largeur et épaisseur au sommet : 25 × 23 cm. Probablement en marbre.

Figure 24.12 : Arles (Bouches-du-Rhône), église Saint-Honorat-des-Alyscamps (cliché T. Mukaï).

Figure 24.13 : Arles (Bouches-du-Rhône), musée départemental Arles antique (cliché Y. Narasawa).

laires, résonnent avec le décor du sarcophage dit « de Lurs » publié par Fernand Benoit[36], rendu aujourd'hui à l'église priorale de Ganagobie. On y remarque spirales, rosettes, arcades, lignes gravées rectangulaires et courbes, motifs vermiculaires, et aussi des paires de volutes libres (Fig. 24.11). Un sarcophage en calcaire à cuve renversée, conservé dans l'église Saint-Honorat-des-Alyscamps à Arles[37], porte un décor apparenté : l'encadrement présente une suite de petits motifs graphiques composée de rosettes, feuilles, spirale, et une bordure soulignée par le motif antique de perles et pirouettes ; le flanc de la cuve s'ornait d'une suite d'arcades habitées de motifs végétaux (Fig. 24.12). Portant également des sculptures du Haut Moyen Âge, un autre sarcophage à cuve renversée fut trouvé en 1844 près de Saint-Honorat-des-Alyscamps[38] (Fig. 24.13). Sur la face antérieure, sous un bandeau d'arcades, de chaque côté de la croix grecque se trouve

---

[36] Benoit 1959, p. 27-70.

[37] Benoit 1959, p. 37-40, fig. 11-15 ; Rothé, Heijmans 2008, p. 539, fig. 738.

[38] Benoit 1959, p. 41, fig. 17 ; Rothé, Heijmans 2008, p. 539, fig. 736. Conservé au Musée départemental Arles antique.

aussi un motif antique : une équerre et un fil à plomb. Ces éléments prennent place dans une *tabula ansata*. À droite sont deux compartiments chargés d'éléments végétaux : un candélabre en feuilles d'acanthes très déformées ; à l'angle, un vase à godrons et au haut col fusiforme d'où s'échappent des feuillages. De semblables motifs sont connus sur des sarcophages d'Aquitaine. Le compartiment de gauche est occupé par un cercle et un fleuron de quatre fuseaux entrelacés retenant un faisceau horizontal. Un semblable entrelac est figuré sur le petit côté droit de la cuve, accompagné d'une tige végétale (acanthe épineuse ?) et d'un motif zoomorphe. Cet animal renvoie à des plaques typiques de l'aire à l'ouest du Rhône ; ce décor est attribuable à l'aube de l'époque carolingienne. La ligne d'arcades sculptée en méplat dans la partie supérieure de cette cuve arlésienne est comparable par son style et son emplacement à celle qui est représentée sur le sarcophage dit « de Lurs ». Enfin, cette série de sarcophages à arcades est complétée par une autre cuve renversée, également conservée dans la chapelle Saint-Honorat-des-Alyscamps[39] : au centre, deux grandes arcades sont juxtaposées. À leur aplomb, les cuves présentent des cavités. Les arcs naissent sur des chapiteaux. De chaque côté une rosace est sculptée en méplat.

Figure 24.14 : Nîmes (Gard), musée de la Romanité (cliché T. Mukaï).

Figure 24.15 : Nîmes (Gard), musée de la Romanité (cliché T. Mukaï).

[39] Rothé, Heijmans 2008, p. 539, fig. 737.

Figure 24.16 : Nîmes (Gard), site de la rue Guynemer (clichés T. Mukaï).

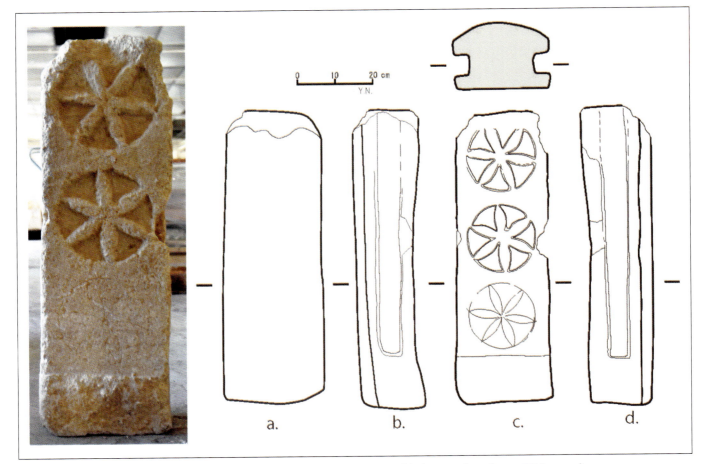

Figure 24.17 : Nîmes (Gard), site de la rue Guynemer (cliché T. Mukai ; dessins Y. Narasawa).

Un autre petit ensemble de monuments funéraires partageant les motifs caractéristiques locaux, un groupe de pierres tombales trouvées à Nîmes et aux alentours, est attribuable à une période un peu antérieure. Il s'agit d'une dizaine de pièces aujourd'hui conservées au Musée de la Romanité à Nîmes[40]. La plupart ont été découvertes dans la seconde moitié du XIXe siècle et dans la première moitié du XXe siècle, sans contexte d'origine connu[41]. Quatre exemplaires sont presque entiers[42] et six fragmentaires[43]. En calcaire local, de forme rectangulaire et allongée, ce sont vraisemblablement des couvertures de tombe[44]. Sur deux exemples complets, la face principale – c'est-à-dire la face supérieure – s'orne pour l'une d'une croix grecque pattée médiane[45] (Fig. 24.14), pour l'autre d'une rosace à six pétales[46] (Fig. 24.15). La composition du décor se développe verticalement en trois ou quatre registres et les parties extrêmes sont ornées d'arcades. Les pièces fragmentaires partagent les mêmes traits morphologiques et décoratifs que les précédentes.

Le décor est sculpté en relief très bas ; les motifs complémentaires sont arcades, cercles concentriques, spirales, triangles, carrés, dentelures. Ces pierres tombales de Nîmes peuvent être comparées aux sarcophages du Nord de la France attribués aux VIe-VIIIe siècles. Les couvercles du groupe poitevin[47], par exemple, sont sculptés en bas-relief avec des décors semblables, tels que dentelures et motifs circulaires. Les sarcophages en plâtre, découverts autour de Paris[48], partagent les mêmes motifs décoratifs, croix grecques, oiseaux, dentelure, rosettes, cercles concentriques.

Le motif dit rosace, rosette ou étoile, se trouve sur un certain nombre d'objets lapidaires de la basse vallée du Rhône entre époque paléochrétienne et Haut Moyen Âge[49]. Deux blocs à motif de rosace ont été découverts sur le site de la rue Guynemer à Nîmes en 2016[50]. Ils étaient en situation de réemploi dans le coffrage d'une tombe datée des XIe-XIIe siècles[51] inhumée à l'est du chevet de l'abside semi-circulaire d'un édifice construit au sein de la nécropole de la fin de l'Antiquité. Ce sont les piliers d'une clôture faits en calcaire coquillier local, d'une hauteur d'environ 73 cm. Dans un cas (INV. 1210-13), deux faces verticales adjacentes sont entaillées par une mortaise longitudinale, alors que les deux autres faces sont décorées (Fig. 24.16). Chacune est sculptée en réserve et en méplat de deux rosaces à six pétales, inscrites dans un cercle. L'autre pilier (INV. 1210-16) est décoré sur l'une de ses faces de deux rosaces sculptées en réserve tandis qu'une troisième est inachevée, simplement gravée à la pointe (Fig. 24.17). Une mortaise a été façonnée sur les deux faces adjacentes à cette face décorée ; la quatrième présente un profil bombé qui montre que le pilier a été taillé dans un fût de colonne. Le même bombement est aussi identifiable sur le pilier précédent (INV. 1210-13). Le premier était placé à l'angle de la clôture tandis que l'autre l'était dans un alignement. Le façonnage des piliers aurait été effectué sur place en réutilisant les blocs extraits probablement d'un mausolée proche.

---

[40] Je présente mes remerciements à Madame Dominique Darde, Conservateur en chef du Patrimoine, ainsi qu'à Madame Cécile Carrier, Chargée d'étude au Musée de la Romanité à Nîmes, qui m'ont permis d'examiner les objets et les dossiers correspondants ; également à Monsieur Nicolas de Larquier qui a autorisé les reproductions.

[41] Michel 1881 ; Rey 1957.

[42] INV. M0455_2015.scu.17 ; INV. M0455_2015.scu.19 ; INV. M0455_941.1.11 ; INV. M0455_2015.scu.20.

[43] INV. M0455_932.3.1, INV. M0455_2015.scu.21, INV. M0455_2015.scu.22, INV. M0455_2015.scu.23, INV. M0455_2015.scu.24, INV. M0455_2015.scu.25. De plus, deux fragments sont incertains : INV. M0455_2015.scu.14, INV. M0455_2015.scu.26.

[44] Celui d'une longueur modeste de 98,5 cm, INV. M0455_941.1.11, peut être utilisé pour une tombe d'enfant. INV. M0455_2015.scu.20 ferait exception, présentant une section triangulaire et une composition de décor horizontale. Avec ses dimensions 173,5 × 49 × 36 cm, aurait-il été posé sur (ou autour d') une tombe ?

[45] INV. M0455_2015.scu.19, 172 × 50 × 22 cm : Michel 1881, p. 35 ; Rey 1957, p. 83-84, fig. 1 ; Puig i Cadafalch 1961, p. 73, pl. XXa ; Fiches, Veyrac 1999, p. 501. INV. M0455_941.1.11, 98,5 × 36 × 12,5 cm : Michel 1881, p. 22-27 ; Hébrard 1942, p. 22-23, pl. 7 ; Rey 1957, p. 84-85, fig. 2 ; Fiches, Veyrac 1999, p. 437.

[46] Il s'agit de INV. M0455_2015.scu.17, mesurant 172 × 45 × 16 cm, dont un long côté est mutilé de 7-8 cm : Michel 1881, p. 32-33 ; Puig i Cadafalch 1961, p. 73, pl. XXb ; Fiches, Veyrac 1999, p. 389. D'autre part, celui qui affecte une forme exceptionnelle (INV. M0455_2015.scu.20) porte un décor composé de huit arcades avec des motifs tels que rosaces, spirales, triangles, croix grecques : Michel 1881, p. 31-34 ; Puig i Cadafalch 1961, p. 73, pl. XXc ; Fiches, Veyrac 1999, p. 472.

---

[47] Dalahaye 1991, p. 288-299 ; Coppola, Flammin 1994, p. 256-257.

[48] Durand-Lefebvre 1952 ; Fossard, Vieillard-Troïkouroff, Chatel 1978 ; Périn 1985 et 1991.

[49] Narasawa 2022.

[50] Narasawa 2018, p. 56-60 ; Grimaud et al. 2018, p. 69-74.

[51] Il s'agit de la tombe SP 1165 (US 1210), dont la datation s'appuie sur la stratigraphie et sur une analyse radiocarbone. Ces résultats seront publiés dans une monographique à venir de Marie Rochette. Je tiens à la remercier vivement pour ces informations.

Figure 24.18 : Arles (Bouches-du-Rhône), Saint-Pierre de Mouleyrès. (a) Inv n° 312 ; (b) Inv. n° 313 (Musée d'art et d'histoire, Ville de Genève, clichés Fl. Bevilacqua).

L'une des deux plaques de chancel provenant de l'église Saint-Pierre de Mouleyrès à Arles présente aussi un décor de rosace[52]. Selon une inscription (*CIL*, XII, 936), l'église fut fondée par un certain Pierre, mort en 530, et reconstruite à l'époque médiévale. Les plaques furent découvertes en 1868 aux abords de l'église, puis transférées dans la collection du Musée d'Art et d'Histoire de Genève[53]. Taillées dans un calcaire local, elles sont apparemment contemporaines et appartenaient à un même aménagement. Sur l'une, se trouvent des rosaces à six pétales (Fig. 24.18-a), chacune enfermée dans un cercle sculpté en méplat. L'autre porte un décor de croisillons imitant le métal et des rivets ronds sont représentés à leurs jonctions (Fig. 24.18-b). Il est admis de dater ces deux plaques du VIe siècle, période de la fondation de l'église.

Un décor de rosaces se trouve également sur la pierre tombale de l'évêque Boèce, datée de 604 par l'inscription qu'elle porte, conservée dans l'église Notre-Dame-de-Vie à Venasque[54]. La composition s'organise en fonction d'une croix gemmée aux bras de laquelle sont suspendues, à l'intérieur d'un encadrement lui aussi gemmé, les lettres *alpha* et *omega*. Dans chacun des deux cadrans supérieurs, une rouelle en méplat est composée d'un cercle dans lequel est inscrite la figure combinant les lettres *khi* et *iota*. À la partie inférieure de la pierre, deux rosaces à six pétales sont séparées par la hampe de la croix. La composition illustre la parenté entre le motif décoratif de la rosace et le traitement simplifié du monogramme du Christ.

Deux chapiteaux réemployés à la naissance de l'arc triomphal dans l'église Saint-Pierre-de-Sauveplantade (Rochecolombe, Ardèche)[55] sont ornés de trois rosaces sur la face antérieure et d'une sur chacun des petits côtés (Fig. 24.19). Ce décor, taillé en biseau, rappelle la sculpture dite « hispano-wisigothique ».

Sur la table d'autel de Soyons (Ardèche), on trouve des rosaces sculptées en bas-relief[56]. Elle a été découverte il y a environ 50 ans lors des travaux effectués dans l'église paroissiale. Des six rosaces, l'une est en grande partie brisée, une autre inachevée (Fig. 24.20). Celle-ci montre bien que le motif fut d'abord esquissé à l'aide d'un compas. Une rosace à six lobes inscrite dans un cercle exige sept tracés de même diamètre. Sur chacune des six rosaces de cette table, on discerne bien les petits trous marqués par le pivot du compas, à la fois au centre pour le tracé du cercle et sur son périmètre pour le tracé des nervures de chacun des six pétales. La pierre est ensuite retravaillée afin d'isoler chaque pétale.

---

[52] Deonna 1927, p. 133, n°[os] 312 et 313 ; Benoit 1957, p. 8-21 ; Codou 2001, p. 212-213.

[53] EPI 0312 : 62 × 70 × 10 cm ; EPI 0313 : 62 × 70 × 11 cm. Les deux plaques ont été retaillées probablement au moment de leur réutilisation ; les dimensions d'origine sont inconnues, hormis leur épaisseur.

[54] *CIL*, XII, 1213 ; Biarne 1986, p. 101-108 ; Barruol, Guyon 2001, p. 220-221 ; Treffort 2016, p. 148-149.

[55] L'édifice actuel fut construit à la fin XIe ou au début XIIe siècle, mais son origine peut remonter à une période plus ancienne : Saint-Jean 1991, p. 206 ; Fabre-Martin 1993, p. 239-241 ; Dupraz, Fraisse 2001, p. 316-318.

[56] Narasawa 2015, cat. n° 385.

24. LE DÉCOR SCULPTÉ ENTRE ANTIQUITÉ TARDIVE ET HAUT MOYEN ÂGE EN PROVENCE

Figure 24.19 : Rochecolombe (Ardèche), église Saint-Pierre-de-Suaveplantade (cliché T. Mukaï).

Figure 24.20 : Soyons (Ardèche), église paroissiale (cliché Y. Narasawa).

Figure 24.21 : Arles (Bouches-du-Rhône), abbaye de Montmajour, église Saint-Pierre (cliché Y. Narasawa).

Motif ancien, ces rosaces, tracées par des segments de même diamètre que le cercle dans lequel elles s'inscrivent, se diffusent très largement dans le temps et l'espace. Facile à représenter, elles étaient à la portée du vocabulaire décoratif d'un atelier local. En Gaule du Sud, il se trouve déjà à l'époque protohistorique[57], puis à l'époque gallo-romaine dans le Sud-Ouest où abondent les monuments funéraires utilisant le marbre pyrénéen[58]. Cette tendance régionale est encore manifeste au cours de l'Antiquité tardive. Dans l'aire géographique correspondant à celle de la domination des Wisigoths, ce motif est particulièrement populaire.

Mentionné ci-dessus, le groupe de pierres tombales de Nîmes est parfois placé dans les manifestations de l'art wisigothique[59]. À Poitiers, sur les murs extérieurs du baptistère Saint-Jean, le décor de rosettes est fréquent, soit en terre cuite et contemporain de l'état du VIIe siècle, soit sur les plaques réemployées attribuables à l'état du VIe siècle. Anne Flammin suppose l'existence d'une production locale, en soulignant des parentés avec la sculpture hispano-wisigothique[60]. Une affinité de forme avec le signe christologique est sans doute une raison de la fréquence du motif de rosace dans les productions locales paléochrétiennes. Lorsque les techniques sculpturales étaient limitées, la facilité de représentation en est certainement une autre.

La longue durée du vocabulaire décoratif des ateliers locaux rend souvent difficile l'établissement d'une chronologie. Ainsi, à partir de son étude de tombes ornementales archaïsantes de l'Ouest de la France à l'époque gothique, May Vieillard-Troïekouroff avait émis des doutes sur la datation du sarcophage « de Lurs » que donnait Fernand Benoit en 1959 ainsi que sur celle d'autres monuments sculptés du Midi, dont les pierres tombales de Nîmes. Elle les plaçait dans un contexte roman tardif[61]. Dans un compte rendu, Marcel Durliat a indiqué des retours identiques à l'archaïsme dans l'art funéraire espagnol des XIIIe et XIVe siècles, contestant l'opinion de May Vieillard-Troïekouroff sur ces sculptures du Sud-Est[62]. Les problèmes relatifs à la chronologie de la sculpture du Haut Moyen Âge proviennent ainsi de la continuité de certains motifs, tels que rosaces, arcades, etc. L'archaïsme est évidemment un phénomène important de l'époque romane, dont un des aspects est traité ci-dessous.

Par ailleurs, pour comprendre ces motifs rustiques, il faudrait tenir compte de la sculpture sur bois.

---

57 Les stèles découvertes en 2008 dans l'Aveyron, au site des Touriès (VIIe-Ve siècles av. J.-C.), portent par exemple des motifs de rosaces ou de cercles concentriques tracés au compas : Gruat et coll. 2008, p. 97-123 ; Py 2011, p. 45-49 ; Gruat 2015, p. 44-47.

58 Hatt 1942 ; Laurens 1999 ; 2000 ; Sablayrolles, Beyrie 2006, p. 82-92 et *passim*.

59 Benoit 1959 ; Puig i Cadafalch 1961.
60 Flammin 2014, p. 359-399.
61 Vieillard-Troïekouroff 1961, p. 264-269 ; 1986.
62 Durliat 1962, p. 85-87.

Figure 24.22 : Bourg-Saint-Andéol (Ardèche), église Saint-Andéol (cliché Y. Narasawa).

Ce matériau subsistant rarement, les témoins sont exceptionnels, mais les recherches dans cette direction seraient fructueuses. Concernant le décor bien connu sur les monuments funéraires qui se rencontrent dans la Judée de l'Antiquité, par exemple, a été montrée l'influence de la sculpture sur bois[63]. Très fréquents sur les ossuaires de pierre tendre de la région, les motifs de rosace sont construits au compas et taillés en biseau[64]. La ressemblance stylistique est frappante entre ce décor de la Judée antique et celui de sculptures hispano-wisigothiques, ou même celui du mobilier domestique queyrassin en bois des XVIIe-XVIIIe siècles[65]. Quant au décor linéaire, vermiculaire et en rosace du Haut Moyen Âge, une étude comparative avec les tombes en plâtre moulé serait intéressante. On trouve là une certaine parenté.

Survivance de motifs du Haut Moyen Âge à l'époque romane : le cas de l'entrelacs

Dans l'article de 1962, Paul-Albert Février a signalé une famille de chapiteaux retrouvée à Venasque, à l'abbaye de Montmajour (Fig. 24.21) et à Tournus[66]. Cette étude a été complétée par Jacques Thirion[67] et par Andreas Hartmann-Virnich[68]. Ces chapiteaux peuvent se placer au début de la production sculpturale romane de la Provence, au deuxième quart ou au milieu du XIe siècle. Parmi eux, un type est caractérisé par le décor d'entrelacs : la corbeille est ornée par une série de deux cordons faits de deux fils torsadés selon un développement vertical.

Largement répandu à partir du dernier quart du VIIIe siècle dans la sculpture régionale, l'entrelac est adopté sur impostes, abaques et chapiteaux du XIe siècle,

---

63 Vassal 2019, p. 95-96.
64 Cf. Rahmani 1994.
65 Glück 1991.

66 Février 1963.
67 Thirion 1993.
68 Hartmann-Virnich 2004.

Figure 24.23 : Bourg-Saint-Andéol (Ardèche), église Saint-Andéol (cliché Y. Narasawa).

et devient l'un des éléments de vocabulaire favoris du décor architectural. Ce type de sculpture, caractérisé par des entrelacs et des motifs transmis de l'art antique, est attesté en Italie à la fin de la période du royaume lombard. À l'époque carolingienne, ce type de décor fut utilisé pour les aménagements liturgiques des sanctuaires. En marbre ou en calcaire local ont été produits de nombreux éléments de mobilier lapidaire, surtout des chancels nécessaires à l'agrandissement des chœurs consécutif à la réforme institutionnelle et liturgique. Une grande quantité de ce type d'objets est conservé en Provence[69].

Dans les lieux de culte romans, on constate souvent l'utilisation de ce motif à entrelacs. On peut parfois supposer un désir de démonstration de l'authenticité du lieu, en particulier dans les espaces attachés au culte d'un saint. Il faudrait tenir compte des conditions de ce culte aux VIIIe-Xe siècles. Ce motif peut être employé pour placer un lieu dans une tradition prestigieuse et, ainsi, par recours à un archaïsme, le rendre digne d'une histoire ancienne. En témoigne bien, au début du XIIe siècle, le nouvel aménagement du tombeau de Bourg-Saint-Andéol (Ardèche)[70]. Dans l'église est aujourd'hui conservé le sarcophage traditionnellement considéré comme la tombe dans laquelle Andéol, martyrisé au IIIe siècle, fut enseveli. Elle fut découverte en 853 par Bernoin, évêque de Viviers. C'est le réemploi d'un sarcophage d'enfant en marbre des IIe-IIIe siècles. Le décor antique demeure sur trois faces de la cuve (Fig. 24.22). Sur la quatrième sont figurés deux saints en pied, Polycarpe et Bénigne, aux côtés d'une longue inscription glorifiant le martyr. Au-dessus d'elle est figurée une frise occupée par deux motifs d'entrelacs juxtaposés. Autrefois considérée d'époque carolingienne, le décor de cette face a été daté par Robert Saint-Jean du début du XIIe siècle[71]. Conséquence d'une renaissance enthousiaste du culte de saint Andéol à la fin du XIe et au début du XIIe siècle, une église a été reconstruite de manière grandiose. La stèle funéraire de l'évêque Bernoin, dont l'inscription encadrée d'un décor à entrelacs célèbre l'*inventio*[72], en aurait été le monument le plus important (Fig. 24.23). L'ajout des entrelacs sur le sarcophage pouvait rappeler l'époque de l'*inventio*, le réemploi du sarcophage antique celle du martyre.

---

69 Buis 1975 ; Beghelli 2020, p. 288-325.
70 Cf. Narasawa 2020, p. 34-49.
71 Saint-Jean 1971, p. 189-199.
72 Favreau, Michaud, Mora 1992, p. 51-52, fig. 29.

24. LE DÉCOR SCULPTÉ ENTRE ANTIQUITÉ TARDIVE ET HAUT MOYEN ÂGE EN PROVENCE

Figure 24.24 : Fontaine-de-Vaucluse (Vaucluse), église Sainte-Marie-et-Saint-Véran (cliché T. Mukaï).

Figure 24.25 : Allemagne-en-Provence Alpes-de-Haute-Provence), chapelle Saint-Marc (cliché T. Mukaï).

Les éléments carolingiens sont parfois encastrés dans les murs extérieurs et intérieurs des bâtiments romans de la région. Ce réemploi a eu pour but de tirer parti des matériaux et de leur décor. Mais de temps en temps, la perspective est de montrer l'ancienneté du lieu. Dans l'église de Fontaine-de-Vaucluse, la chapelle dédiée à saint Véran abrite la tombe sainte, fruste. Dans le mur au-dessus d'elle, sont encastrés cinq éléments à décor d'entrelacs (Fig. 24.24). En calcaire, ils sont fragmentaires et le dessin des entrelacs est irrégulier[73]. Le document le plus ancien qui atteste la construction d'un monastère sur le site date de 979 ; dans un acte de 1008, il est mentionné sous le titre double de Sainte-Marie-et-Saint-Véran ; une charte de 1034 précise la présence du corps du saint dans l'église[74]. L'édifice actuel fût probablement construit un peu après cette date et succède certainement à celui cité dans ces textes. Une chapelle dédiée à Saint-Véran fut ajoutée au sud de l'abside à la fin du XIIe siècle[75]. Après une entrée étroite, l'espace minuscule et sombre ressemble à une grotte. Par un autel tabulaire, réemploi d'une inscription du Ier siècle, et par ces fragments carolingiens sont mises en scène l'ancienneté et l'histoire de la tombe sainte.

La crypte inférieure de la cathédrale d'Apt est un autre exemple. Située sous le chœur, la crypte supérieure est attribuable au XIIe siècle alors que la chronologie de la crypte inférieure relève vraisemblablement du XIe siècle[76]. Dans le plafond, sont encastrées deux plaques du IXe siècle : l'une proviendrait d'un chancel, l'autre peut-être d'un ambon[77]. La cathédrale d'Apt fut reconstruite à partir du milieu du XIe siècle ; la crypte aurait été alors aménagée pour le culte des saints Castor et Auspice dont les reliques venaient d'être retrouvées.

Il arrive aussi que des blocs sculptés de motif d'entrelacs soient des produits contemporains du bâtiment roman, mais déguisés comme anciens et encastrés dans le mur. Par exemple, un pilier de la nef de l'église Saint-Pierre de Ruoms (Ardèche) montre trois éléments sculptés d'entrelacs[78]. Deux d'entre eux[79], de mêmes dimensions que les blocs du pilier du XIIe siècle, sont contemporains de la nef. Il est possible que le troisième, fragmentaire, soit le réemploi d'une sculpture de la période de la construction du prieuré, à la fin du Xe siècle[80].

En raison de la simplicité du motif de l'entrelac, il est parfois difficile de distinguer s'il s'agit ou non d'un réemploi. Dans certains cas, les sculptures sont clairement contemporaines de la structure architecturale, ainsi celles entourant les chapiteaux de la façade de l'église de Saint-André-de-Bernis (Gard)[81] ou celles exécutées sur l'arc de l'entrée de l'église Saint-Vincent-de-Broussan (Gard)[82]. En plus de l'analyse stylistique, il faudrait pouvoir prélever du mur ces éléments afin d'en percevoir la forme complète. Par exemple, à l'occasion de sondages archéologiques à la chapelle Saint-Marc d'Allemagne (Alpes-de-Haute-Provence), un bloc encastré dans l'un des murs arasés de la crypte a été retiré en 2005[83]. Ainsi, il a été possible de reconnaître qu'il s'agissait d'un bloc architectural de production romane, un « faux réemploi », imitant l'entrelac carolingien (Fig. 24.25). Encadré par un rebord en méplat, il porte une tresse à quatre brins au dessin irrégulier composé de trois boucles.

C'est ainsi qu'aux XIe et XIIe siècles, l'entrelac est redevenu un des éléments du décor. Comme l'acanthe ou l'arcade, il était un motif ancien et d'autorité. L'entrelac roman est bien attesté en Provence, en Languedoc-Roussillon, ainsi que dans la région du Sud-Ouest de la France. Jean-Claude Fau a signalé que l'usage du motif d'entrelac est très fréquent dans les régions du Quercy, du Rouergue ou des Pyrénées, soit le « vieux pays » où une tendance conservatoire est forte dans l'art roman[84]. Cette remarque convient aussi, dans une certaine mesure, à la Provence.

---

[73] Selon Michèle Buis, l'irrégularité dans les dessins présente les caractères de la seconde moitié du IXe siècle : Buis 1975, p. 164-166, 255-256.

[74] Cf. Codou 1991, p. 33-39.

[75] Barruol 1981, p. 88-90.

[76] Jouve-Codou 1993, p. 67.

[77] Buis 1975, p. 146-147.

[78] Buis 1975, fig. 44, 45 et 47, p. 59-62.

[79] Saint-Jean 1991, fig. 80.

[80] Saint-Jean 1991, p. 207-215. Concernant ces blocs à entrelacs, alors que M. Buis avait été hésitante sur leur datation, R. Saint-Jean les a attribués à l'époque carolingienne.

[81] Buis 1975, p. 313-314 ; Saint-Jean 1985, p. 26.

[82] Buis 1975, p. 319-322, 335, 362.

[83] Codou, Vaizey 2005.

[84] Fau 1976.

Bibliographie

Actes du colloque 1993, « Actes du colloque sur les sarcophages d'Aquitaine », *Antiquité tardive* 1, p. 9-169.

Barruol G. 1981, *Provence romane*, II, Saint-Léger-Vauban, 2ᵉ éd.

Barruol G., Guyon J. 2001, « Pierre tombale de l'évêque Boethius », dans *D'un monde à l'autre. Naissance d'une Chrétienté en Provence IVᵉ-VIᵉ siècle (Arles, Musée de l'Arles antique, 15 septembre 2001-6 janvier 2002)*, Arles, p. 220-221.

Beghelli M. 2020, « Scultura altomedievale e analisi delle corrispondenze : l'atelier Piemontese-Provenzale (o la "Bottega delle Alpi Marittime" quarant'anni dopo) », *Hortus Artium Medievalium* 26, p. 288-325.

Benoit F. 1934, « Le musée des cryptes à St-Victor de Marseille », *Mémoires de l'Institut historique de Provence* 11, p. 157-174.

—— 1957, « La basilique Saint-Pierre et Saint-Paul à Arles : étude sur les cancels paléochrétiens », *Provence historique* 7.27, p. 8-21.

—— 1959, « Le sarcophage de Lurs en Provence, situation dans l'art géométrique barbare », *Cahiers archéologiques* 10, p. 27-70.

Biarne J. 1986, « Venasque », dans *Topographie chrétienne des cités de la Gaule des origines au milieu du VIIIᵉ siècle, III. Provinces ecclésiastiques de Vienne et d'Arles*, Paris, p. 101-108.

Borgard Ph., Michel d'Annoville C. 2013, « Réflexions sur les remplois dans les bâtiments du groupe épiscopal de Riez (Alpes-de-Haute-Provence) », dans F. Delrieux, Cl. Ferriès (dir.), *Spolier et confisquer dans les mondes grec et romain*, Chambéry, p. 495-496.

Bouiron M., Dureuil C., Fixot M., Guyon J. 2023, *Le guide des monuments de l'Antiquité tardive et du Haut Moyen Âge en Provence-Alpes-Côte d'Azur*, Saint-Laurent-du-Var.

Brun J.-P. *et al.* 1999, *Le Var. 83*, Paris (Carte archéologique de la Gaule).

Buis M. 1975, *La sculpture à entrelacs carolingienne dans le Sud-Est de la France, les motifs qui l'accompagnent et ses survivances à l'époque romane* (Thèse de Doctorat, Université de Provence, dactylographiée).

Cabanot J. 1972, « Chapiteaux de marbre antérieurs à l'époque romane dans le département des Landes », *Cahiers archéologiques* 22, p. 1-18.

—— 1987, *Les débuts de la sculpture romane dans le Sud-Ouest de la France*, Paris.

—— 1994, « Les éléments de décor monumental antérieurs à l'époque romane conservés à Saint-Sever (Landes) », *Cahiers archéologiques* 42, p. 35-64.

—— 1995, « Les chapiteaux de marbre antérieurs à l'époque romane de la région Aquitaine : matériau et typologie », dans *Les marbres blancs des Pyrénées. Approches scientifiques et historiques*, Saint-Bertrand-de-Comminges, p. 223-260.

Cabanot J., Costedoat C. 1993, « Recherche sur l'origine du marbre blanc utilisé pour les chapiteaux et les sarcophages de l'Antiquité tardive et du Haut Moyen Âge dans la région Aquitaine », *Aquitania* 11, p. 189-232.

Cartulaire de l'abbaye de Saint-Victor de Marseille, éd. par B. Guérard, Paris (Collection de documents inédits sur l'histoire de France), 1857, I.

Chaillan M. 1914, « Quelques monuments de Brignoles », *Bulletin archéologique du Comité des Travaux historiques et scientifiques*, p. 491-498.

Christern-Briesenick B. (dir.) 2003, *Repertorium der christlich-antiken Sarkophage*, III. *Frankreich, Algerien, Tunesien*, Mayence.

Codou Y. 1991, « Fontaine de Vaucluse et la renaissance monastique aux environs de l'an Mil », *Archipel* 29, p. 33-39.

—— 1999, *Saint-Pantaléon (Vaucluse). Histoire d'une église du Haut Moyen Âge au XVIIIᵉ siècle*, Cavaillon.

—— 2001, « Plaque de chancel de Saint-Pierre de Mouleyrès », dans *D'un monde à l'autre. Naissance d'une Chrétienté en Provence IVᵉ-VIᵉ siècle (Arles, Musée de l'Arles antique, 15 septembre 2001-6 janvier 2002)*, Arles, p. 212-213.

Codou Y., Vaizey N. 2005, *Allemagne-en-Provence. Premier bilan de l'intervention sur le site de Saint-Marc*, Rapport présenté au SRA de PACA.

Colardelle R. 2009, *La ville et la mort. Saint Laurent de Grenoble, 2000 ans de tradition funéraire*, Turnhout (Bibliothèque de l'Antiquité tardive 11).

Coppola M., Flammin A. 1994, « Les sarcophages au musée lapidaire du baptistère Saint-Jean de Poitiers. Classement typologique et étude iconographique », *Bulletin de la Société des Antiquaires de l'Ouest et des Musées de Poitiers*, 5ᵉ série, 8, p. 256-257.

Dalahaye G.-R. 1991, « Les sarcophages mérovingiens : Sarcophages de pierre », dans N. Duval *et al.*, *Naissance des arts chrétiens. Atlas des monuments paléochrétiens de la France*, Paris, p. 288-299.

Demians d'Archimbaud G., Fixot M., Pelletier J.-P., Vallauri L. 1995, « La Celle. Église Notre-Dame de la Gayole », dans N. Duval (dir.), *Les premiers monuments chrétiens de la France*, I. Sud-Est et Corse, Paris, p. 167-174.

Deonna W. 1927, « Les collections lapidaires au Musée d'art et d'histoire », *Genava* 5, p. 107-234.

Duprat E.-H. 1943-1944, « Histoire des légendes saintes de Provence, Saint Victor à Marseille », *Institut historique de Provence. Mémoires et Bulletins* 20, p. 66-94.

—— 1947, « Lazare, Évêque de Marseille et ses 6 Légendes (Essai provisoire) », *Institut historique de Provence. Mémoires et Bulletins* 22, p. 86-96.

Dupraz J., Fraisse Chr. 2001, *L'Ardèche. 07*, Paris (Carte archéologique de la Gaule).

Durand-Lefebvre M. 1952, « Les sarcophages mérovingiens de Paris », *Cahiers archéologiques* 7, p. 168-175.

Durliat M. 1962, « Archaïsme de la sculpture funéraire. Vieillard-Troiekouroff (Mᵐᵉ May), Survivances mérovingiennes dans la sculpture funéraire du Moyen Âge, dans *Arts de France*, I, 1961 », *Annales du Midi* 74.57, p. 85-87.

Fabre-Martin C. 1993, *Églises romanes oubliées du Vivarais*, Montpellier.
Fau J.-Cl. 1976, « La sculpture carolingienne à entrelacs dans le Sud-Ouest et sa survivance au XIe siècle », dans *Archéologie occitane (Actes du 96e congrès national des Sociétés savantes, Toulouse, 1971)*, Paris, II, p. 9-31.
Favreau R., Michaud J., Mora B. (dir.) 1992, *Corpus des inscriptions de la France médiévale*, XVI. *Alpes-de-Haute-Provence, Hautes-Alpes, Ardèche, Drôme*, Paris.
Février P.-A. 1962, « Sculptures paléochrétiennes de Saint-Julien d'Oules (Var, canton de Fayence) », *Cahiers archéologiques* 12, p. 89-97.
—— 1963, « Venasque », dans *Congrès archéologique de France, 121e session, 1963, Avignon et Comtat-Venaissin*, Paris, p. 348-364.
—— 1991, « Le décor de l'architecture. Le décor sculpté », dans N. Duval *et al.* (dir.), *Naissance des arts chrétiens. Atlas des monuments paléochrétiens de la France*, Paris, p. 220-225.
—— 1995, « Fréjus, Cathédrale, baptistère », dans N. Duval (dir.), *Les premiers monuments chrétiens de la France*, I. *Sud-Est et Corse*, Paris, p. 158-163.
Février P.-A., Duval N. 1972, « Les monuments chrétiens de la Gaule transalpine », dans *Actas del VIII Congresso international de Arqueologia cristiana (Barcelona, 1969)*, Rome, I, p. 57-106 et II, pl. XXVII-XXXIII.
Fiches J.-L., Veyrac A. 1999, *Nîmes. 30/1*, Paris (Carte archéologique de la Gaule).
Fixot M. 2005, « Secteur de Saint-Victor », dans *Marseille et ses alentours. 13/3*, Paris (Carte archéologique de la Gaule), p. 610-665.
Fixot M., avec la coll. de Y. Narasawa 2012, « Entre Antiquité tardive et époque carolingienne, les vestiges du mobilier lapidaire », dans M. Fixot (dir.), *Le groupe épiscopal de Fréjus*, Turnhout (Bibliothèque de l'Antiquité tardive, 25), p. 307-328.
Fixot M., Pelletier J.-P. 2004, *Saint-Victor de Marseille, de la basilique paléochrétienne à l'abbatiale médiévale*, Marseille.
Flammin A. 2014, « Le décor installé dans le baptistère de Poitiers au VIIe siècle », dans B. Boissavit-Camus (dir.), *Le baptistère Saint-Jean de Poitiers. De l'édifice à l'histoire urbaine*, Turnhout (Bibliothèque de l'Antiquité tardive, 26), p. 359-399.
Fossard D. 1947, « Les chapiteaux de marbre du VIIe siècle en Gaule. Style et évolution », *Cahiers archéologiques* 2, p. 69-89.
Fossard D., Vieillard-Troïkouroff M., Chatel E. 1978, *Recueil général des monuments sculptés en France pendant le Haut Moyen Âge (IVe-Xe siècles)*, I. *Paris et son département*, Paris.
Gaggadis-Robin V. 2012, « Les chapiteaux », dans M. Fixot (dir.), *Le groupe épiscopal de Fréjus*, Turnhout (Bibliothèque de l'Antiquité tardive, 25), p. 211-223.
Glück D. 1991, *Le Queyras*, I. *Les collections ethnographiques*, Gap.
Grimaud, J. *et al.* 2018, « Catalogue des tombeaux », dans M. Rochette (dir.), *Occitanie, Gard, Nîmes – 1 Rue Guynemer. Une nécropole de la fin de l'Antiquité à l'origine d'une église paléochrétienne*, Rapport d'opération de fouille archéologique, Inrap Méditerranée, III, p. 7-314.
Gros P. 1983, « Les chapiteaux de la colonnade du baptistère d'Aix-en-Provence », *Revue archéologique de Narbonnaise* 16, p. 223-224.
Gruat, Ph. 2015, « Le sanctuaire héroïque des Touriès », *Dossiers d'Archéologie* 367, p. 44-47.
—— et coll. 2008, « Découvertes de stèles protohistoriques en Rouergue méridional : introduction à l'étude du site des Touriès (Saint-Jean et Saint-Paul, Aveyron) », *Documents d'Archéologie méridionale* 31, p. 97-123.
Hartmann-Virnich A. 2004, « Notre-Dame de Montmajour : les colonnettes du chevet et le groupe "Montmajour-Venasque-Tournus" », dans M. Fixot (dir.), *Paul-Albert Février, de l'Antiquité au Moyen Âge (Actes du colloque de Fréjus, 7 et 8 avril 2001)*, Aix-en-Provence, p. 97-110.
Hatt J.-J. 1942, « Les monuments funéraires gallo-romains du Comminges et du Couserans », *Annales du Midi* 215-216, p. 169-254.
Heber-Suffrin F. 1993, « L'acanthe dans le décor architectural carolingien », dans *L'acanthe dans la sculpture monumentale de l'Antiquité à la Renaissance (Actes du colloque tenu du 1er au 5 octobre 1990 à la Sorbonne)*, Paris, p. 189-210.
Hébrard J. 1942, *Anciens autels du diocèse de Montpellier*, Montpellier.
Jouve-Codou M. 1993, « La cathédrale d'Apt : culte des reliques et activité architecturale », *Archipal* 33-34, p. 63-68.
Larrieu M. 1964, « Chapiteaux en marbre antérieurs à l'époque romane dans le Gers », *Cahiers archéologiques* 14, p. 109-157.
Laurens A. 1999, « Les monuments funéraires des Pyrénées centrale, objets de remploi postérieurement à l'Antiquité », *Revue de Comminges* 115, p. 427-470.
—— 2000, « Deux aspects méconnus de l'iconographie funéraire des Pyrénées centrales à l'époque romaine : les métiers et les récipients accompagnant la représentation des défunts (milieu du IIe siècle – début du IVe siècle) », *Revue de Comminges* 116, p. 339-368.
Meyer R. 1997, *Frühmittelalterliche Kapitelle und Kämpfer in Deutschland*, Berlin.
Michel A. 1881, « Nîmes et ses tombeaux chrétiens », *Mémoires de l'Académie de Nîmes* 1880, p. 1-41.
Michel d'Annoville C., avec la coll. de Cl. Moreau 2023, « Bilan croisé sur deux sites perchés antiques tardifs, les Baux-de-Provence et l'*oppidum* Notre-Dame de Consolation à Jouques (Bouches-du-Rhône), au regard des recherches récentes sur les établissements de hauteur », dans Ph. Pergola, G. Castiglia, E. Essa Kas Hanna, I. Martinetto, J.-A. Segura (dir.), *Perchement et réalités fortifiées en Méditerranée et en Europe, Vème-Xème siècles. Formes, rythmes, fonctions et acteurs (Actes du congrès international d'histoire et d'archéologie de Roquebrune-sur-Argens (Var), 19-25 octobre 2019)*, Oxford (Archaeologies, Histories, Islands and Borders in the Mediterranean, 11), p. 103-115.

Narasawa Y. 2015, *Les autels chrétiens du Sud de la Gaule (V^e-XIIe siècles)*, Turnhout (Bibliothèque de l'Antiquité tardive, 27).

—— 2018, « Deux piliers de chancel décorés », dans M. Rochette (dir.), *Occitanie, Gard, Nîmes – 1 Rue Guynemer. Une nécropole de la fin de l'Antiquité à l'origine d'une église paléochrétienne*, Rapport d'opération de fouille archéologique, Inrap Méditerranée, II, p. 56-60.

—— 2020, « Memory of the Carolingian Interlacing Decoration: Research on "Archaism" in Romanesque Places of Worship », *Medieval European Studies* 12, p. 34-49 (en japonais).

—— 2022, « Early Medieval Stone Carvings from the Lower Rhone Region of France: A Study of Rosette Motifs », *Josai Contemporary Policy Research* 16.1, p. 29-48 (en japonais).

Périn P. 1985, *Catalogues d'art et d'histoire du Musée Carnavalet*, II. *Collections mérovingiennes*, Paris.

—— 1991, « Les sarcophages mérovingiens : Sarcophage de plâtre », dans N. Duval *et al.*, *Naissance des arts chrétiens. Atlas des monuments paléochrétiens de la France*, Paris, p. 299-305.

Poushomis-Dalle N. 1984, « Les chapiteaux de type corinthien altéré de Sorèze (Tarn) », *Archéologie du Midi médiéval* 2, p. 71-80.

Puig i Cadafalch J. 1961, *L'art wisigothique et ses survivances. Recherches sur les origines et le développement de l'art en France et en Espagne du IVe au XIIe siècle*, Paris.

Py M. 2011, *La sculpture gauloise méridionale*, Paris.

Rahmani L. Y. 1994, *A Catalogue of Jewish Ossuaries. In the Collections of the State of Israel*, Jérusalem.

Raspi Serra J. 1993, « Le chapiteau d'acanthe en Italie entre le Ve et le Xe siècle », dans *L'acanthe dans la sculpture monumentale de l'Antiquité à la Renaissance (Actes du colloque tenu du 1er au 5 octobre 1990 à la Sorbonne)*, Paris, p. 174-188.

Rey R. 1957, « Sculptures préromanes du musée de Nîmes », *Pallas* 5, p. 53-87.

Rothé M.-P., Heijmans M. (dir.) 2008, *Arles, Crau, Camargue. 13/5*, Paris (Carte archéologique de la Gaule).

Sablayrolles R., Beyrie A. 2006, *Le Comminges (Haute-Garonne). 31/2*, Paris (Carte archéologique de la Gaule).

Saint-Jean R. 1971, « Un témoin de la première sculpture romane rhodanienne : le sarcophage de Saint-Andéol (Ardèche) », dans *Hommages à Fernand Benoit*, IV, *Revue d'Études ligures* 37, p. 189-199.

—— 1985, *Languedoc roman. Le Languedoc méditerranéen*, Saint-Léger-Vauban, 2e éd.

—— 1991, *Vivarais, Gévaudan romans*, Saint-Léger-Vauban.

Sapin Chr. (dir.) 2000, *Archéologie et architecture d'un site monastique (V^e-XXe siècles). 10 ans de recherche à l'abbaye Saint-Germain d'Auxerre*, Auxerre.

Stern H. 1957, « Un sarcophage de la Gayole découvert par Peiresc », *Gallia* 15, p. 73-85.

Thirion J. 1993, « Survivances et avatars du chapiteau corinthien dans la vallée du Rhône et en Provence », dans *L'acanthe dans la sculpture monumentale de l'Antiquité à la Renaissance (Actes du colloque tenu du 1er au 5 octobre 1990 à la Sorbonne)*, Paris, p. 281-295.

Treffort C. 2016, « Épitaphe de Boethius, évêque de Carpentras », dans *Les temps mérovingiens. Trois siècles d'art et de culture (451-751)*, catalogue d'exposition (Paris, Musée de Cluny, 26 octobre 2016-13 février 2017), Paris, p. 148-149.

Vassal V. 2019, « Les mosaïques de Magdala (Galilée) : motifs géométriques et floraux », dans *Art et archéologie du Proche-Orient hellénistique et romain. Les circulations artistiques entre Orient et Occident*, Oxford, II, p. 89-100.

Vieillard-Troïekouroff M. 1961, « Survivances mérovingiennes dans la sculpture funéraire du Moyen Âge », *Art de France* 1961, p. 264-269.

—— 1986, « Le tombeau du duc d'Alsace, Etichon, fondateur du monastère de Sainte-Odile : les tombeaux romans trapézoïdaux et ceux décorés d'arcatures », *Bulletin de la Société nationale des Antiquaires de France* 1984, p. 55-62.

25. L'ancienne église de Saint-Raphaël (Var) : une « suite intéressante d'églises »

Nathalie Molina
INRAP, Aix Marseille Université, CNRS, Laboratoire d'Archéologie médiévale et moderne en Méditerranée (LA3M), UMR 7298, Aix-en-Provence

avec la collaboration de Paul François
Aix Marseille Université, CNRS, Laboratoire d'Archéologie médiévale et moderne en Méditerranée (LA3M), UMR 7298, Aix-en-Provence

À la mémoire d'Aurélie Dumont

Le premier chantier de Paul-Albert Février

Dédiée à l'archange, l'ancienne église de Saint-Raphaël est située au centre du cœur médiéval de la ville à laquelle le vocable a sans doute donné le nom[1]. Désaffectée au XIXe siècle, l'église est actuellement une annexe du musée d'archéologie de la ville installé dans l'ancienne maison curiale adjacente. Située sur une petite hauteur, elle se présente sous la forme d'une église de style roman, complétée d'une tour médiévale, seul élément conservé d'une résidence secondaire des évêques de Fréjus (Fig. 25.1). L'église est ouverte à la visite et abrite régulièrement des expositions d'art et d'histoire. Une crypte archéologique présente au public les vestiges les plus significatifs antérieurs à l'édifice roman (Fig. 25.2).

Ce monument fut le sujet de la toute première publication de Paul-Albert Février, parue en 1951 dans la jeune revue *Provence historique*[2]. P.-A. Février attira le regard des historiens et archéologues de l'époque, dont Fernand Benoit et Jean Hubert, sur les cryptes sous-jacentes au chevet. Elles étaient déjà connues des amateurs locaux[3]. Dans son article, il proposait une lecture d'ensemble de l'édifice ainsi qu'une interprétation des vestiges souterrains au vu desquels il soupçonnait « une suite intéressante d'églises ». Il esquissait à cette occasion un plan incluant les éléments partiellement enterrés et appelait à de futures fouilles archéologiques (Fig. 25.3).

Figure 25.1 : L'église de Saint-Raphaël (Var) et sa tour au coeur de la ville médiévale (cliché Ville de Saint-Raphaël, 2007).

Celles-ci se limitèrent l'année suivante à quelques sondages qu'il effectua dans les absidioles nord et sud de la crypte, seules accessibles. Un court compte-rendu écrit accompagné de croquis et de photographies restitue l'essentiel des découvertes[4]. Ces sondages confortèrent

---

[1] L'église médiévale de Saint-Raphaël a été temporairement consacrée à saint Pierre pendant la seconde guerre mondiale. Elle est dite parfois « ancienne église », « vieille église », ou plus récemment « église San Raféu ».

[2] Février 1951.

[3] Molina 2011.

[4] Toutes les archives de fouilles et correspondances administratives liées de cette campagne n'ont pu être inventoriées en 2008

Figure 25.2 : Crypte archéologique sous le sol de l'église (cliché Ville de Saint-Raphaël, 2007).

les plans et propositions faites en 1951. P.-A. Février devait revenir plus tard sur certaines interprétations et datations fautives, établissant alors une chronologie plus assurée[5]. Les fouilles qu'il appelait de ses vœux ne furent entreprises qu'après sa disparition, dans le contexte d'un projet complet de restauration de l'église. Initiée dans les années 1990 par l'Architecte en chef des Monuments historiques (ACMH) Jean-Claude Ivan Yarmola, cette restauration fut achevée dans les années 2000 par l'ACMH Francesco Flavigny. Les premières campagnes de fouilles confiées à l'Association pour les fouilles archéologiques nationales (AFAN) furent menées par Michel Piskorz avec la collaboration de Yann Codou (Molina 2008). Les archives sont dispersées chez un particulier, dans les archives de collectivités territoriales varoises et dans les services de la DRAC-PACA.

5 Février 1977.

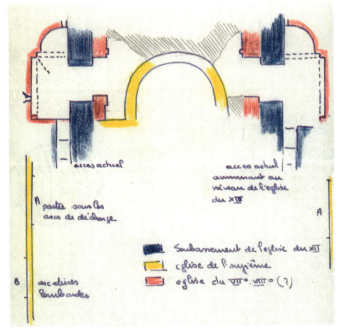

Figure 25.3 : Relevé des structures visibles en 1951 par P.-A. Février (SRA DRAC PACA).

25. L'ANCIENNE ÉGLISE DE SAINT-RAPHAËL (VAR)

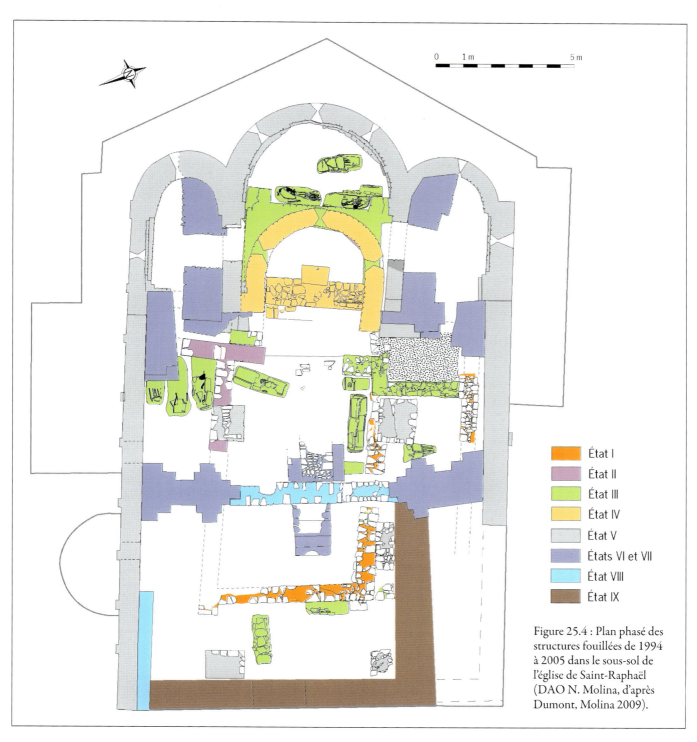

Figure 25.4 : Plan phasé des structures fouillées de 1994 à 2005 dans le sous-sol de l'église de Saint-Raphaël (DAO N. Molina, d'après Dumont, Molina 2009).

pour les interprétations et de Sylvestre Roucole pour les relevés. Ces études firent l'objet d'une publication en 2004 à l'occasion du premier hommage rendu à la mémoire de P.-A. Février[6]. Les fouilles du sous-sol et de nouvelles recherches historiques furent reprises par l'Institut national de recherches archéologiques préventives (INRAP) entre 2003 et 2009 sous la responsabilité d'Aurélie Dumont et de Nathalie Molina, toujours avec l'aide de Sylvestre Roucole et les avis de Yann Codou. En fonction du projet de restauration de l'ACMH prévoyant une « crypte archéologique » semblable à celle de l'ancienne cathédrale Notre-Dame-du-Bourg à Digne, la fouille ne fut pas exhaustive, notamment dans la surface du chœur primitif[7], afin de présenter au public une image com-

---

[6] Codou, Piskorz, Roucole 2004.

[7] Flavigny 2008 ; Molina 2008a.

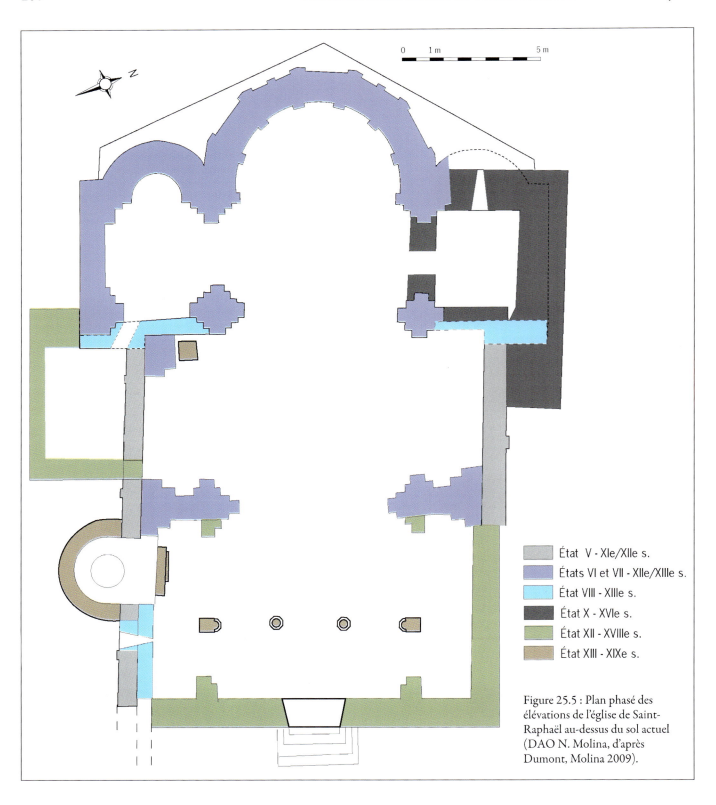

Figure 25.5 : Plan phasé des élévations de l'église de Saint-Raphaël au-dessus du sol actuel (DAO N. Molina, d'après Dumont, Molina 2009).

État V - XIe/XIIe s.
États VI et VII - XIIe/XIIIe s.
État VIII - XIIIe s.
État X - XVIe s.
État XII - XVIIIe s.
État XIII - XIXe s.

plète, mais toutefois de compréhension difficile pour le visiteur. Certaines interprétations relatives aux niveaux plus anciens restent donc hypothétiques. La restauration des élévations de l'église romane n'a pas fait l'objet de suivi archéologique ; ces parties ont été observées dans le cadre d'un programme de recherche qui a succédé aux travaux[8]. Outre les archéologues auteurs des fouilles, le programme a bénéficié de nouvelles expertises, par exemple celle de Yumi Narasawa qui a examiné les autels

[8] Projet collectif de recherche (PCR) autorisé par le SRA – DRAC PACA en 2005, 2006 et 2008 (Molina 2005 ; 2006 ; 2008b).

et le mobilier lapidaire découverts[9]. L'étude a profité des observations d'Andreas Hartmann-Virnich qui s'est intéressé aux différents états médiévaux[10]. Un dossier documentaire, un recensement des sources écrites concernant les édifices et un aperçu de leur contexte historique ont également étoffé le programme. Les différents points de cette recherche ont favorisé l'interprétation des données archéologiques. Rendu en 2009, le dernier rapport de fouille exploite une partie de ces informations[11]. Il n'a pas fait jusqu'à présent l'objet de publication d'ensemble[12].

Attentive aux phases les plus anciennes (du Ier au XIIIe siècle), notre contribution présente les résultats acquis lors de ces travaux, illustrés par les récentes propositions de restitutions en 3D réalisées par Paul François à la suite d'un relevé photogrammétrique du sous-sol[13]. Dans cette perspective, une campagne de photographies numériques a été effectuée en l'état actuel de la « crypte archéologique » afin de compléter la documentation rassemblée à l'occasion des fouilles, toutes antérieures à la généralisation de l'usage de la photogrammétrie. Malgré les conditions difficiles de l'opération, tous les points ont été situés dans un système local de repères qui pourra être replacé dans un système d'ensemble à l'occasion de la suite envisagée de l'étude des élévations.

Le relevé produit a permis d'obtenir un modèle numérique des cryptes ainsi que divers documents complémentaires : orthophotographie, image développée de l'abside principale pour l'étude de son élévation, etc. Le modèle tridimensionnel a été le plus utile. Il a permis la vérification des propositions de restitutions et de phasage exprimées dans le rapport d'opération de 2009. L'outil numérique 3D était donc bien adapté à la compréhension de la succession des édifices simultanément en plan et en élévation. Dès lors, la modélisation proposée ici ne cherche pas à produire une restitution complète montrant la totalité de l'édifice à chacune de ces époques : celle des élévations, des couvrements et des ouvertures serait fondée sur trop peu de données archéologiques. Il s'agit simplement de montrer l'évolution de l'édifice dans ses parties connues. La technique de représentation choisie est celle de la maquette d'étude en architecture qui fait apparaître des volumes simples, sans texture, mettant simplement l'accent sur les modifications et ajouts intervenus à chacun des états identifiés. L'objet numérique produit souhaite, à l'image d'une véritable maquette, éclairer l'imbrication des différents états et les relations qui ont été maintenues entre l'édifice « préroman » et les constructions ultérieures qui l'ont enveloppé et se sont ensuite superposées à lui.

À l'issue des recherches archéologiques, la « suite intéressante d'églises » pressentie en 1951 s'est notablement enrichie puisque pas moins de neuf grandes étapes de constructions ou de reconstructions ont pu être identifiées pour les périodes antiques et médiévales (Fig. 25.4 et 25.5). La complexité de l'interprétation du site a tenu dès l'origine non pas à la succession d'édifices ou à l'incertitude de certaines datations mais à la conservation inusitée de l'abside de l'édifice « préroman ». L'encombrement qu'elle représentait est resté au cœur de l'ébauche des états suivants et de celui de l'église romane sous sa forme encore actuelle. En effet, les trois premiers états de la période romane interrompus en cours de réalisation (états V à VII) ont longtemps coexisté avec l'église « préromane » conservée dans le cadre d'un chantier « englobant ». Préservés grâce à l'inaboutissement de ces différents projets, l'abside « préromane » et son autel, ainsi que le premier état des cryptes inachevées – mais qui était destinées à lui succéder – furent intégrés dans le sous-sol d'une église dont le processus de construction fut laborieux et à rebondissements. Ces parties restèrent longtemps relativement accessibles malgré les différences de niveaux de sols.

Un premier établissement profane et sa christianisation hypothétique (états I et II)

Du premier édifice (état I), subsistent les fondations, deux assises d'élévation en *opus caementicium* couvertes d'un enduit ainsi que des lambeaux de sols en terre (Fig. 25.6). Un espace quadrangulaire, subdivisé en deux, est bordé au sud par un large mur de terrasse. Le dispositif évoque une galerie de façade surélevée. Les éléments de céramique retrouvés placent la construction entre la seconde moitié du Ier siècle de n. è. et la première moitié du IIe siècle. L'identification de ces vestiges avec ceux d'un mausolée fut évoquée après les premières phases de fouille[14]. Il faut écarter cette hypothèse que rien n'est

---

[9] Narasawa 2008 ; Molina, Narasawa 2008.

[10] Hartmann-Virnich 2008. A. Hartmann-Virnich avait intégré certaines de ses observations dans son dossier d'Habilitation à diriger des recherches (HDR, Hartmann-Virnich 2005a, fig. 178, 179 et 202).

[11] Dumont, Molina 2009.

[12] Quelques articles ont présenté des éléments particuliers du dossier (Molina 2008a ; 2011).

[13] Campagne de relevés réalisée en 2021 avec la contribution de David Ollivier (CNRS-LA3M).

[14] Mentionné à titre d'hypothèse par Yann Codou (Codou

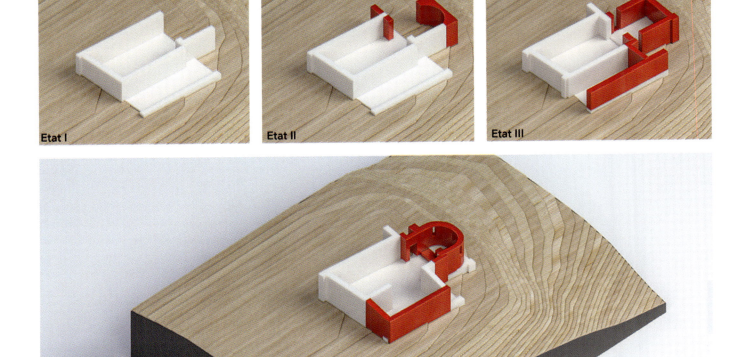

Figure 25.6 : Restitution des élévations des états I à IV proposée par P. François (d'après Dumont, Molina 2009).

venu étayer car les tombes fouillées sur le site sont toutes plus récentes, dépendantes d'une construction chrétienne très postérieure. L'absence de fragments issus d'un décor architectural ne permet pas non plus d'attribuer ces fondations à un temple. Le plan esquissé par les murs repérés, de même que les fragments d'enduits peints et de béton de tuileau rose utilisés en remploi dans les sols ou les murs postérieurs, font plutôt penser à un établissement profane. Ils ne forment qu'une petite partie d'un site certainement bien plus vaste, dépendant d'un vaste territoire domanial de bord de mer appartenant lui-même au territoire de la cité antique de Fréjus[15]. On retiendra surtout que la construction quadrangulaire antique, avec sa subdivision et sa petite galerie sud, com-

mandent le volume des édifices suivants jusqu'à l'époque romane.

Détectées lors des dernières campagnes de fouilles, des extensions et des reconstructions caractérisent le deuxième état de l'édifice (état II) qu'il faut se résigner à placer dans un temps large compris entre le milieu du IIe siècle et le début du VIe siècle (cf. Fig. 25.6). Des ajouts à l'état précédent ont été identifiés au nord et surtout à l'est où une très petite portion de mur amorce un plan semi-circulaire dont le tracé reste hypothétique car largement entamé par les constructions postérieures. Aucun sol contemporain à cet état n'a été conservé. L'absence de mobilier, élément de décor et d'inhumation associés à cette phase permet cependant d'écarter encore l'idée d'un édifice païen à vocation funéraire[16]. Le plan qui se

---

2003, p. 40 et 2012, p. 320). Dans sa récente étude sur le devenir des mausolées à l'époque médiévale, Thomas Creissen a éliminé Saint-Raphaël de son corpus (Creissen 2019, p. 269).

15 Dumont, Digelmann, Joncheray 2017 ; Fixot 1990, p. 45-141.

16 Cf. *supra*. On ne se ralliera pas non plus à l'association au site de Saint-Raphaël d'un sarcophage du IVe siècle conservé à Fréjus, identification proposée par Rivet, Brentchaloff 2006. Cf. l'argumentaire dans Molina 2008a, p. 45-46.

dessine ainsi pourrait plutôt s'apparenter à un premier édifice chrétien. Quoique fragile, cette hypothèse semble la plus pertinente mais pourrait être modifiée par la fouille des surfaces laissées intactes.

Le premier édifice chrétien avéré (état III)

C'est une église de 14,50 m de long et de 6 m de large, ouverte vers le nord comme vers le sud en direction d'annexes qui portent à 11 m la largeur minimale de l'ensemble (cf. Fig. 25.6). Les parties inférieures des murs occidentaux des états précédents sont conservées au nord et au sud, recouvertes d'un enduit de chaux. Elles délimitent ce qui est assurément devenu la nef du lieu de culte. Les angles de la façade occidentale sont alors reconstruits. Le mur sud de l'ancienne galerie est remonté et l'espace méridional ainsi recréé est divisé en plusieurs pièces qui communiquent entre elles. Quant à la partie orientale, largement ouverte vers la nef, elle est reconstruite sur l'arase des murs antérieurs selon un plan quadrangulaire, d'une surface de 16 m², et munie de deux contreforts aux angles orientaux. Ce chevet plat, défini à partir des deux à trois assises conservées, possède deux portes permettant d'accéder respectivement vers le sud aux annexes méridionales et vers le nord à des espaces détruits ou hors d'emprise. Au centre du chevet, non fouillé pour les raisons exposées plus haut, une petite cavité bordée de pierres liées au mortier a été observée dans un sondage effectué sous le support d'autel maçonné d'époque postérieure actuellement encore visible. Seule une fouille extensive de la surface, qui mettrait au jour l'aménagement en son entier, permettrait une interprétation assurée et la vérification d'une installation susceptible d'avoir été un reliquaire. Une succession de sols de béton de tuileau et de terre a été dégagée dans le chevet, dans la nef et dans les annexes. Au moins deux niveaux de sol ont existé avant que n'intervienne une première phase d'inhumation. Dans la nef, les tombes les plus anciennes recoupent le premier sol de béton. D'autres ont été trouvées à l'extérieur, le long des murs nord et ouest de la nef et à l'est du chevet. Au total, treize tombes ont été identifiées qui renfermaient trente individus, soit treize inhumations intactes et dix-sept défunts dont les ossements en réduction étaient contenus dans six de ces tombes. Les restes de sept enfants ou adolescents et de vingt-trois adultes, dont au moins trois femmes et un homme, ont ainsi été découverts. Un quatorzième aménagement énigmatique, un petit coffre en bâtière très soigneusement agencé, ne renfermait aucun ossement. Cinq sépultures regardent vers l'est, six sont

Figure 25.7 : Fragment de table d'autel, Vᵉ ou VIᵉ siècle (cliché Ville de Saint-Raphaël, 2007).

placées nord-sud et deux disposées nord-est/sud-ouest. Dix des treize sépultures ont été déposées dans un aménagement de tuiles, en coffre parallélépipédique ou en bâtière. Les architectures sont soignées, employant principalement des *tegulae* complètes, mais également des *imbrices* et des blocs de grès en calage. Certaines des sépultures sous tuiles situées à l'extérieur étaient signalées à la surface du sol par des alignements de pierres. Les trois sépultures mises au jour à l'arrière du chevet sont en coffre de dalles en grès, un grand tesson de panse d'amphore africaine étant aussi utilisé pour l'une d'elles. La datation de cette phase de construction repose essentiellement sur les datations 14C qui ont porté sur neuf squelettes[17]. Le mobilier céramique associé aux sols, très peu abondant mais relativement cohérent, indique un laps de temps compris entre le Vᵉ et le VIIᵉ siècle, compatible avec les propositions chronologiques établies par les datations 14C. La première inhumation intervenue aurait percé le sol de la nef au cours du VIᵉ siècle, si on en croit la plus ancienne datation 14C, tandis qu'à l'extérieur la plus ancienne inhumation se placerait entre le début du VIᵉ siècle et le milieu du VIIᵉ siècle. Dans son état III, l'édifice, conçu dans la continuité directe de la construction antique, pourrait donc avoir été élevé au cours du Vᵉ siècle ou au début du VIᵉ siècle. Il a attiré des inhumations au moins jusque dans la seconde moitié du VIIᵉ siècle, mais peut-être encore au-delà. En effet, les inhumations les plus récentes sont attribuables à une large période comprise entre le dernier tiers du VIIᵉ siècle

---

[17] Les datations par AMS des ossements ont été réalisées par le Centre de datation par radiocarbone de l'Université Claude Bernard Lyon 1 en 2007. Les dates ont été calibrées en 2022 à l'aide du logiciel OxCal v4.4.4-2021 (Bronk Ramsey 2009). La courbe de calibration atmosphérique utilisée est celle de Reimer et collaborateurs (Reimer *et al.* 2020). La probabilité de datation retenue est de 95,4%. L'incertitude pour chaque mesure est comprise entre 80 et 200 ans. Les datations se placent toutes entre le premier tiers du Vᵉ siècle et le troisième quart du IXᵉ siècle. Une nouvelle lecture plus prudente des résultats 14C conduit à nuancer les datations des constructions proposées dans le rapport de fouilles en 2009.

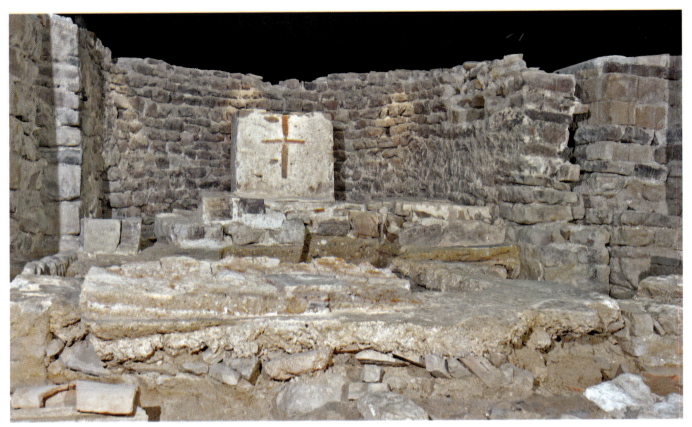

Figure 25.8 : Abside préromane et support d'autel, état IV (cliché M. Olive, SRA DRAC PACA, 2007).

Figure 25.9 : Abside préromane vue de l'extérieur, état IV (cliché P. François, LA3M, 2021).

et le courant du IXᵉ siècle. Un fragment de table d'autel en marbre de Carrare, utilisé en remploi dans un aménagement moderne proche de l'abside, a été mis au jour lors des fouilles en 1994 (Fig. 25.7). Il consiste en la partie médiane de la face frontale de la table. Par ses dimensions, par son décor de chrisme et de feuille de vigne et par ses moulurations, cette table prend place dans le groupe des tables provençales datées du Vᵉ ou VIᵉ siècle[18]. Elle pourrait être celle de l'une des premières églises du site (état II ou état III). La provenance de ce fragment reste cependant incertaine. D'autres remplois, datés du Haut Moyen Âge ont été retrouvés noyés dans des maçonneries médiévales. Les mobiliers d'origine appartenaient manifestement à des édifices importants,

---

[18] Narasawa 2008, p. 39-40 ; 2015, p. 323 et p. 404.

sans rapport avec les dimensions réduites des premières églises de Saint-Raphaël. Ces éléments auraient été apportés sur le site en même temps que d'autres matériaux. Il n'est donc pas impossible que le fragment de table d'autel soit également exogène.

L'église « préromane » (état IV)

On ne peut préciser comment s'est opérée la transition entre l'état de l'Antiquité tardive (état II) et l'état de l'église du Haut Moyen Âge (état III), ni entre celui-ci et le suivant (état IV). Aucune trace d'abandon prolongé n'a été identifiée mais on ne peut pas écarter la possibilité d'un hiatus chronologique important dont les traces auraient été effacées. Le nouvel édifice reprend la plupart des anciens volumes (cf. Fig. 25.6, état IV). Certains murs précédents semblent conservés, au moins sur quelques assises, notamment à l'ouest et au nord, tandis que d'autres sont repris depuis les fondations. La modification la plus importante concerne le chevet. Une abside au plan en fer à cheval, chichement éclairée par au moins trois petits jours dont on devine les appuis, remplace le chevet de plan quadrangulaire (Fig. 25.8 et 25.9). Des portes sont placées entre le nouveau chevet et les espaces situés au nord comme au sud mais restés hors de portée des fouilles. Ces ouvertures permettent d'imaginer un ensemble plus vaste et plus complexe que celui qui a été identifié. Au sud de la nef, les anciennes surfaces sont réunies et largement ouvertes vers la nef principale. Associé à cette phase, un support d'autel maçonné (1,17 m de hauteur, 1,05 m de longueur et 0,70 m de large) est construit au centre de l'abside. Retrouvé dans sa situation et son état d'origine, il n'a jamais été démonté. La maçonnerie est donc décrite d'après son apparence actuelle. Elle semble constituée de blocs ou de moellons liés par un mortier de chaux, recouverts sur toutes les faces d'un enduit blanc composé de chaux et sables fins. Une croix faite de fragments de *tegulae*, incrustés de chant dans la maçonnerie, décore la face occidentale, côté nef. Un second enduit, partiellement retiré en 1994 lors de la fouille, recouvrait ce décor. Deux petites cavités interprétées comme des *loculi* pour les reliques sont ménagées dans le support, l'une dans la face supérieure, l'autre dans la face côté est. L'autel est élevé sur une plateforme précédée d'une large marche transversale qui la distinguait du sol de terre conservé dans le reste de la surface de l'abside et de la nef. La datation de l'édifice, qualifié de « préroman » dans cette contribution, est malaisée. Le seul niveau de sol clairement associé à cet état contient de rares fragments de céramique trop informes et trop fragmentaires pour supporter une identification ou une datation. Quelques exemples de céramique résiduelle des Xe ou XIe siècles ont été recueillis dans des contextes plus récents mais rien n'autorise à les associer à cette église « préromane ». Aucune des sépultures repérées sur le site ne peut lui être rattachée. Tout au plus peut-on dire que l'édifice s'intercale entre le dernier tiers du VIIe siècle, date qui correspond à la datation 14C la plus haute de la tombe qui fut la dernière à se trouver perturbée par la reconstruction, et l'extrême fin du XIe siècle qui est la date probable de la construction suivante (état V). Il faut ici mentionner les éléments lapidaires du Haut Moyen Âge utilisés en remploi tels qu'ils ont déjà été évoqués[19]. Encastrés dans les maçonneries des cryptes prévues pour succéder à cet état, trois fragments de chancel ou de ciborium en grès ou en marbre appartiennent à des dispositifs liturgiques qui outrepassaient les proportions des édifices de Saint-Raphaël[20]. Leur présence sur le site semble fortuite et ne permet pas d'enrichir le dossier des datations. Quant au support d'autel maçonné, laissé en place et étudié par Y. Narasawa[21], il se distingue des maçonneries des autels de la période romane et se rapproche de formes plus anciennes, telles celles des supports d'autel de l'Hypogée des Dunes à Poitiers[22], de Moissac (IXe siècle) ou du Monastier-de-Vagnas en Ardèche (IXe-Xe siècles). Récemment, un support de table d'autel maçonné de même type a été mis au jour à Senez, au centre de l'abside d'un bâtiment qui était sans doute la cathédrale et que la stratigraphie situe entre le début du VIe siècle et le début du XIe siècle[23]. Ainsi la datation du dispositif de Senez, typologiquement conforme aux exemples

---

[19] Repérés dès les premières visites du site après-guerre, ces fragments ont été retirés des maçonneries dans les années 1950 (Février 1951). À l'inverse de ceux d'époque antique apparents dans les maçonneries romanes (inscriptions funéraires, phallus ailé et autres éléments végétaux), les faces sculptées des blocs du Haut Moyen Âge étaient, semble-t-il, invisibles.

[20] Leur identification a été revue avec l'aide de Y. Narasawa (Molina, Narasawa 2008, p. 42-45 ; Fixot, Narasawa 2012, p. 307 et p. 314).

[21] Narasawa 2008 ; 2015, p. 324-325 et p. 497.

[22] Une publication sur l'hypogée est annoncée par le groupe de recherche dirigé par B. Palazzo-Bertholon qui travaille sur le site depuis plusieurs années. Un premier aperçu des données nouvellement acquises qui a été présenté en 2010 place la base d'autel maçonnée dans une phase de réaménagement de l'édifice, non datée à ce jour (Palazzo-Bertholon, Treffort 2010, p. 159).

[23] Dupuis *et al.* 2016, p. 3 ; 2020 p. 13.

précédents, n'aide pas à préciser la chronologie. Les autres comparaisons régionales n'apportent pas plus de certitudes[24] ; aucune datation plus assurée ou découverte plus récente ne vient modifier cette constatation.

Dans la nef, l'unique niveau de sol antérieur aux modifications de la fin du XIe siècle plaide en faveur d'une continuité d'occupation entre les états IV et V, et d'une datation récente de l'édifice « préroman » dans le courant du XIe siècle. Suivant cette hypothèse, il faudrait supposer que les lieux furent abandonnés après la dernière inhumation liée à l'état III, intervenue entre la fin du VIIe et la fin du IXe siècle. Sa renaissance (état IV) serait à placer au début du XIe siècle. Cette proposition paraît raisonnable même en l'absence de trace d'abandon pour quelle que période que ce soit. Ce hiatus entre en résonnance avec la question de la possible désertification du littoral varois qui n'est pas plus démontrable ici qu'ailleurs[25]. La rareté des sites archéologiques reconnus pour cette époque, l'interruption quasi complète des listes épiscopales de Fréjus entre le VIIIe et la fin du Xe siècle et la présence sur le littoral provençal de colonies musulmanes mentionnées par des textes du Xe siècle sont autant d'arguments suffisants. Ici, l'arrêt des inhumations et la pauvreté de la stratigraphie vont dans le sens d'une déprise après le VIIe siècle mais les indices ne sont pas absolus. La datation de l'édifice « préroman » au début du XIe siècle reste parfaitement hypothétique, mais elle témoignerait d'une reprise démographique locale après l'An Mil. C'est grâce à l'évolution des techniques de datation que l'on pourrait espérer, dans l'avenir, une meilleure appréciation de la date de construction, d'usage et d'abandon des formes les plus anciennes de l'église de Saint-Raphaël.

Toutes les constructions postérieures s'articulent autour de l'abside de cet édifice « préroman » qui a résisté jusqu'au XVIe siècle aux différentes reconstructions et modifications. La volonté obstinée de préserver l'édifice semble dépasser la simple situation d'un chantier « englobant » qui maintiendrait provisoirement l'activité liturgique. Elle pourrait indiquer le fait que l'édifice « préroman » était localement investi d'une valeur symbolique forte et inexpliquée à ce jour.

Un projet d'église du premier âge roman (état V)

L'étape suivante correspond à l'amorce d'une église de style roman qui enveloppe l'église « préromane » (Fig. 25.10). Ce projet ne fut pas mené à terme. De nouvelles constructions interviennent autour et, dans une moindre mesure, à l'intérieur de l'église précédente qui est toujours en élévation et en fonction. Le mur gouttereau nord, placé à environ 2,50 m de celui de l'église « préromane », est construit en petits moellons régulièrement assises. Il a été élevé sur toute sa hauteur, son sommet étant décoré à l'extérieur par des lésènes reliées au sommet par des arcs en plein cintre formant feston dont demeurent trois tracés complets. Le mur symétrique, au sud, fut plaqué contre l'ancienne limite méridionale des constructions annexes. À l'est, un chevet triabsidial fut ébauché sous la forme du mur périmétral d'une crypte circonvenant l'ancienne abside à 3 m de distance Il s'avançait jusqu'à l'aplomb d'un escarpement naturel dont la silhouette du chevet devait tirer profit. Le sol de la crypte a détruit les niveaux associés à celui de l'église « préromane » situé 0,90 m au-dessus de lui. Des constructions antérieures qui auraient pu exister au nord comme au sud du chevet précédent disparurent également sous la nouvelle crypte. À l'intérieur de l'ancienne nef furent fondés les piliers destinés à porter le couvrement, sans doute charpenté. Les massifs de maçonnerie hauts de deux ou trois assises percent le sol en terre battue, mais leur construction fut interrompue et leur ébauche ne dépassa que de très peu son niveau. À l'extérieur à l'ouest, d'autres fondations de pilier furent placées selon un rythme régulier contre les murs en élévation.

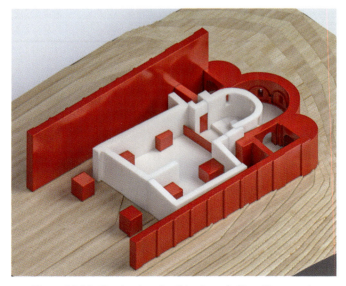

Figure 25.10 : Restitution des élévations de l'état V proposée par P. François (d'après Dumont, Molina 2009).

---

[24] Cf. Codou, Piskorz, Roucole 2004 ; Codou 2008.

[25] Un programme de recherche du LA3M, UMR 7298, dirigé par André Constant et Anne Cloarec, se propose de revisiter la question des systèmes d'occupation du littoral pour ces mêmes périodes (<https://la3m.cnrs.fr/programme/sylitmed/>).

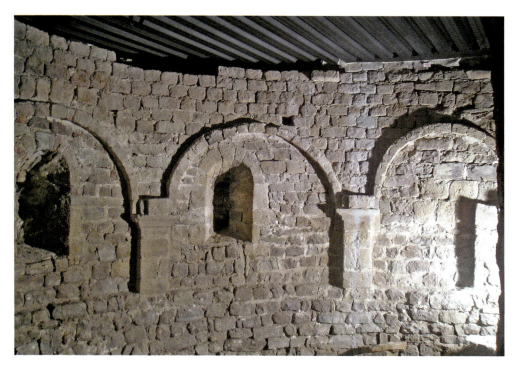

Figure 25.11 : Crypte romane, état VI (cliché N. Molina, 2009).

fondations des supports des grandes arcades dans l'ancienne église toujours en élévation.

Simultanément, la vie liturgique se poursuivit donc dans l'église « préromane ». Après arrêt du chantier, des remblais et des sols successifs vinrent buter contre les fondations des piliers qui auraient dû définir la nef centrale. Ils s'interrompent à l'est : entre le chœur ancien et la nef nouvelle, une barrière, en bois ou en métal, a laissé une empreinte d'environ 0,12 m de section dans un bourrelet de terre, renforcé à son extrémité sud par un amas de mortier de chaux. Devant l'autel, l'exhaussement de l'ancienne marche a permis de rattraper le niveau du sol de la nef laissée en cours de construction.

Ils étaient prévus pour déterminer une nef d'au moins quatre travées et trois vaisseaux, selon le plan tripartite qui était déjà celui des cryptes. Pour compléter celles-ci, les murs des absidioles sud et nord et leur travée de chœur furent entièrement construits ; y furent mis en scène deux fragments d'inscriptions funéraires du Ier siècle de n. è. Les voûtes des absidioles furent amorcées, voire achevées, ce qu'une étude plus fine permettrait de vérifier. Quant à l'abside centrale de la crypte principale, elle est scandée d'arcs formerets et de pilastres (Fig. 25.11). La composition du chevet supérieur correspondant à cet état est aussi esquissée, notamment par l'emplacement préparé pour les bases des colonnettes qui auraient dû être plaquées contre l'hémicycle intérieur de l'abside centrale.

Au nord-ouest, à quelques centimètres à peine de l'abside « préromane », l'amorce d'un arc formeret annonce le prolongement de la partie centrale de la crypte. Ce détail, de même que l'implantation des fondations des piliers de la nef dans l'église et hors d'elle illustrent parfaitement l'organisation du chantier « englobant », conçu pour éviter toute perturbation. Tout ce qui pouvait être mis en place sans démonter l'église antérieure le fut afin de ne pas interrompre le service de l'église, cela au prix de certaines contorsions, tels des travaux « en aveugle » qui contraignirent à construire depuis l'extérieur l'un des murs des absidioles contre l'abside « préromane » ou à concevoir les

Pour tous ces travaux, aucun élément de datation absolue n'a été trouvé, que ce soit par la fouille de la nef ou par celle des cryptes. Une grande partie des absidioles avait été dégagée dès 1951 ou 1952, sans livrer de mobilier céramique. Seules les comparaisons architecturales permettent de placer ce projet à la transition du « premier » et du « second âge roman », soit vers la fin du XIe siècle, ou le tout début du siècle suivant[26]. La vieille église de Saint-Raphaël propose ainsi un exemple tardif de cryptes, caractéristique du XIe siècle régional tel qu'à Saint-Dalmas de Valdeblore et à La Madone de Levens. Les raisons pour lesquelles un tel projet, pourtant tellement avancé, a été abandonné demeurent incertaines. On peut énumérer des hypothèses – conservatisme, problème technique de stabilité, changement d'affectation ou de desservants, modifications liturgiques –, sans qu'aucune raison ne se dégage plutôt qu'une autre (cf. infra).

---

[26] Hartmann-Virnich 2005a ; 2005b ; 2008. L'analyse précise des élévations romanes, amorcée par A. Hartmann-Virnich dans le cadre du PCR, se poursuivra dans le cadre d'un prochain développement de l'étude de l'église.

Une nouvelle conception de l'église (état VI)

À ce premier projet roman, en succéda un autre (Fig. 25.12) qui resta également inabouti. La nouvelle composition devait être encore tripartite mais plus large que la précédente. Elle reprend l'idée d'un rehaussement du niveau d'usage du nouveau chevet en modifiant la conception du niveau inférieur puisque le projet de cryptes est partiellement abandonné. Les fondations des nouveaux murs et des nouveaux piliers encombrent les absidioles inférieures tout en préservant leur accès, tandis que l'abside centrale reste en l'état. À l'extérieur, une maçonnerie en éperon enveloppe l'ensemble des anciennes cryptes et aveugle leurs baies. Ce chemisage est constitué d'un unique parement extérieur en pierres de taille marquées de signes lapidaires épigraphiques. Il contient un blocage appuyé contre les murs des cryptes, ce qui avait été vu au nord de la travée précédant l'absidiole nord dans un sondage effectué en 1952 et rouvert lors des restaurations en 2004.

Le nouveau chevet est élevé au-dessus de cette semelle ; son emprise est ainsi élargie de plus de 2 m par rapport au précédent, tant au nord qu'au sud. Il est composé de trois absides précédées chacune d'une travée de chœur. Construit en pierres de taille, dont certaines portent aussi des signes lapidaires, il inclut des éléments antiques en remploi. Ce fut la seule partie achevée du projet au moins jusqu'à l'amorce des voûtes. La transition entre la travée de chœur de l'abside centrale et la nef fut ébauchée, au nord, par un pilier cruciforme à double dosseret. Sa composition annonce un vaisseau à trois nefs, de plus grande largeur que celle du projet précédent, ce qui aurait contraint au démantèlement des murs nord et sud déjà élevés. Cela n'advint pas, le chantier s'étant arrêté là. Le pilier correspondant au sud pourrait n'appartenir qu'à la phase suivante. On ne peut pas préciser la manière dont se serait effectuée la transition entre le sol très surélevé du chevet et le sol de la nef. La fouille sédimentaire n'a pas apporté d'élément de datation absolue pour cette phase de construction. La documentation issue des fouilles archéologiques des cryptes dans les années 1950 est muette sur les niveaux de sol. Aucune stratigraphie en lien avec les constructions n'a été observée dans les années 1990 et 2000. Seules les comparaisons architecturales régionales permettent de proposer une datation de ce nouveau chantier. Le chevet supérieur avec ses arcades aveugles plates à impostes moulurées sur la tranche correspond à une variante précoce du second âge roman que A. Hartmann-Virnich propose de dater des années 1120-1150. Une interruption d'une ou deux générations aurait ainsi séparé les deux premiers projets romans. Le nouveau chantier étant cantonné à l'est, l'activité liturgique continuait d'être assurée dans l'église « préromane » toujours enchâssée dans les nouvelles constructions. De nouveaux sols, assurément postérieurs aux fondations des piliers du projet antérieur, ont été aménagés dans la nef. Leur fouille n'a livré aucun élément de datation absolue.

Encore un projet, une église à nef unique (état VII)

Après une interruption dont il est impossible d'apprécier exactement la durée[27], le chantier reprend, en appui sur les constructions tout juste précédentes et s'y adaptant (Fig. 25.13). Le principe d'une église à trois nefs qui avait conduit aux ébauches des états V et VI est définitivement abandonné au profit d'un plan à nef unique inscrit dans les limites des murs déjà construits. Cette étape ressemble à un compromis réaliste permettant d'utiliser ce qui avait été réalisé du projet d'état V et VI pour un état VII de moindre ambition. Les murs latéraux amorcés à partir d'un chevet prévu pour un édifice à trois nefs devinrent ceux de bras d'un transept saillant. L'objectif principal du nouveau chantier devait être de développer l'église vers l'ouest afin de pouvoir accueillir une communauté de fidèles. C'est donc dans cette étape qu'intervint la démolition, pour l'essentiel mais non pour la totalité, de l'église « préromane » (état IV) dont les murs nord, ouest et sud furent rasés jusqu'au niveau du sol. L'absence de gravats au centre de la nef prouve le soin porté à la déconstruction des couvertures et des murs. En revanche, l'abside semi-circulaire et son autel furent conservés au moins sur une certaine hauteur[28]. Cette particularité supprimait toute possibilité de développement vers l'ouest de la partie centrale des cryptes dans la forme de l'état V. Les sols de la nef furent nivelés et régularisés à peu près au niveau de circulation de la nef centrale « préromane ». Des apports de remblais s'avérèrent nécessaires au sud et à l'ouest. Un sol de travail compact se forma par-dessus lui, étendu à la largeur de la nouvelle nef. Diverses installations de chantier ont

---

[27] A. Hartmann-Virnich a souligné l'homogénéité de la construction de l'abside et du chevet, qui pourrait sous-entendre un enchaînement rapide des états VI et VII en dépit du changement de projet concernant les nefs. Cette considération permet de placer la nouvelle étape de construction avant la fin du XIIe siècle (Hartmann-Virnich 2005a ; 2005b ; 2008).

[28] Il est possible que l'abandon liturgique de l'autel préroman, qui a entraîné l'effacement de la croix décorant la base de l'autel préroman couverte par un enduit blanc, date de cette phase.

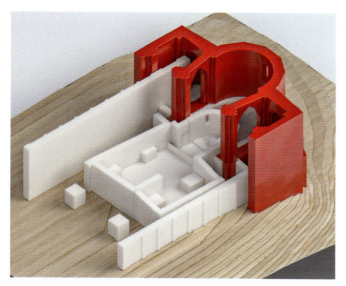

Figure 25.12 : Restitution des élévations de l'état VI proposée par P. François (d'après Dumont, Molina 2009).

Figure 25.13 : Restitution des élévations de l'état VII proposée par P. François (d'après Dumont, Molina 2009).

Figure 25.14 : Restitution des élévations de l'état VIII proposée par P. François (d'après Dumont, Molina 2009).

laissé des traces, trous de poteaux et de piquets, ou fosse utilisée pour le gâchage du mortier. Ce sol fut immédiatement percé par les tranchées de fondation de nouveaux piliers qui définirent la travée orientale de la nef et amorcèrent une nouvelle travée. Les ressauts sur les faces occidentales des piliers prouvent qu'une travée supplémentaire était bien envisagée. L'ordonnance des ressauts des piles cruciformes orientales primitives fut conservée mais les nouveaux travaux condamnèrent les collatéraux et rétrécirent fortement la largeur de la nef et la portée de son couvrement.

Le chantier fut à nouveau interrompu en l'état mais une couverture fut vraisemblablement posée pour rendre l'église utilisable. Définitive sur le chevet, elle était encore provisoire sur la nef en attente de sa terminaison. On peine à définir la longueur de l'église d'alors, les murs et les sols occidentaux ayant été modifiés par les états suivants. L'interruption des travaux pourrait avoir été suffisamment longue pour que de nouvelles dispositions aient été prises afin de préserver ce qui appartenait aux édifices antérieurs, tout en offrant une solution aux différences de niveau des sols entre le chevet et la nef.

Des aménagements maçonnés ayant partiellement échappé aux remaniements ainsi qu'au creusement des caveaux d'époque moderne autorisent la restitution d'un dispositif de protection et de circulation. Ils sont bâtis avec des moellons de calcaire équarris ou des blocs taillés en remploi liés par un même mortier de chaux, et présentent des parements peu soignés. Ils reposent sans fondation sur les remblais ou les sols. La partie essentielle de ce dispositif est constituée de deux murs parallèles qui prolongent vers l'ouest l'abside « préromane ». Ils sont élevés jusqu'à la même hauteur qu'elle, soit environ à 1,80 m au-dessus du sol. Ces deux murs parallèles isolent ainsi l'ancien espace liturgique, au-devant de l'autel « préroman », en le séparant des passages latéraux qui laissent un cheminement vers les cryptes romanes. À l'ouest, ces différentes parties communiquent entre elles au point d'interruption des murs. Entre ces derniers, le long d'une cloison tendue transversalement entre les piliers, quelques blocs scellés par du mortier de chaux évoquent une base d'escalier. Peut-être en bois, ces degrés répondaient à la nécessité de relier les niveaux. Un plancher général était établi au-dessus de la vieille église et donnait son sol à la nouvelle, au moins dans sa nef centrale

Figure 25.15 : Escalier et base du mur de façade occidentale, état VIII (cliché Ville de Saint-Raphaël, 2007).

et dans son chevet. De larges percements laissés dans les murs et les piles de la travée orientale sont trop atypiques pour être la trace de l'ancrage d'un échafaudage. Situés immédiatement sous le niveau de sol de l'abside romane, ce sont vraisemblablement les empochements des solives du plancher. Ce dispositif léger permettait à moindre frais la conservation de l'abside « préromane » et de son autel. Cette sorte de « crypte » n'était plus utilisée couramment si l'on en juge par sa faible hauteur (1,80 m au maximum) et par le fait qu'aucun sol ne se forma avant l'époque du remblaiement du volume au XVIe ou début du XVIIe siècle. Le caractère fruste de ces installations, construites sans fondations, avec un mortier peu résistant, employant le bois comme matériau, suggère qu'elles n'avaient été envisagées que pour la durée du chantier. Elles répondaient aux dimensions réduites d'une église en cours de construction. Provisoire, ce traitement étonnant des volumes intérieurs resta en place même après l'achèvement des murs et du voûtement.

Un « achèvement provisoire » (état VIII)

Une fin fut envisagée, bien que l'église se réduisait encore à une seule travée (Fig. 25.14). La cloison de chantier, contre laquelle le plancher venait buter à l'ouest, fut reconstruite pour devenir un mur de façade. Quelques moellons conservés des assises basses en ont été dégagés (Fig. 25.15). Leur agencement suggère une construction conçue elle aussi comme temporaire, à la différence des parties hautes des murs gouttereaux romans précédents surélevées en moyen appareil régulier incluant des pierres à bossage. À l'intérieur, entre la travée de chœur et la nef, les fondations des piliers furent renforcées et l'unique travée de nef fut voûtée en berceau brisé. Au nord comme au sud de la nef centrale, des tronçons de berceaux transversaux furent encastrés en sous-œuvre dans les piliers. Ils se raccordent aux murs gouttereaux par d'épaisses arcades murales à double rouleau désaxées par rapport à celles de la nef. À l'ouest, appuyé au nouveau mur de façade, un escalier extérieur relia dorénavant le sol du parvis et le sol intérieur planchéié. Composé de deux marches en béton de tuileau, ce curieux escalier paraît une imitation locale de techniques antiques, à moins qu'il ne s'agisse d'un remploi (cf. Fig. 25.15). Intérieurement, le plancher fut maintenu au centre de la nef et au chevet. Un dispositif qui n'a pas laissé de traces permettait sans doute de le relier aux espaces latéraux, toujours dénivelés, conduisant aux cryptes. Le sol de ces espaces fut recouvert d'une accumulation d'épaisses couches de chaux et de mortier, résultat sans doute des chantiers de voûtement. Ces niveaux de travail furent ensuite dissimulés sous un sol de mortier portant un fin niveau de sédiments qui constitue le dernier sol en usage avant le remblaiement intervenu à l'époque moderne. Ces espaces latéraux conduisaient vers la crypte romane principale située sous l'abside (état V) dont l'accès était préservé en dépit du renforcement de la partie inférieure des piliers qui réduisit le passage. Les absidioles nord et sud des cryptes ainsi que les courtes travées qui les précèdent furent aussi pourvues de voûtes maçonnées, appuyées contre les fondations du chevet supérieur. Le désir de conserver accessibles ces espaces, pourtant très étroits, ainsi que celui qui est situé à l'arrière de l'abside « préromane » justifiait la conservation du plancher. Le chantier de construction de la nef une fois terminé, le plancher fut étendu à toute la largeur de la nef. Cette nouvelle phase (état VIII) est datée du XIIIe siècle par des fragments de céramique contenus dans les sols extérieurs, devant la façade de l'église (majolique pisane, fragment d'*albarello*, etc.). Cette datation est cohérente avec l'utilisation du parement à bossage apparu, dans la région, à la fin du XIIe siècle et dont l'usage se répand dans le courant du XIIIe siècle.

Des solutions simplificatrices

De la démolition du mur de façade et de l'adjonction d'une travée supplémentaire charpentée à la fin du XIIIe ou au cours du XIVe siècle (état IX, cf. Fig. 25.4), nous ne savons pas grand-chose, la partie occidentale de l'église ayant été reconstruite au XVIIIe siècle (état XII, cf. Fig. 25.5). La nouvelle travée était de largeur réduite puisque le mur sud fut aligné sur le pilier et non sur le mur gouttereau. Ses fondations s'élèvent sur 1,50 m au-dessus du sol ancien et contiennent un remblai accumulé afin d'atteindre le niveau du plancher. Cette travée fut alors la seule partie de l'église à posséder un sol « en dur » que des inhumations en pleine terre ou en cercueil ont immédiatement percé. Pendant quelques décennies encore, le sous-sol de la partie orientale de l'église resta accessible. Des réparations ou des renforts des supports maçonnés du plancher furent encore effectués à cette époque. Le remblaiement du niveau inférieur de la nef et de l'abside centrale n'intervint que dans la première moitié du XVIe siècle pour la partie centrale, et à la fin du XVIe siècle pour les parties latérales menant aux cryptes romanes. À partir de cette date, seules leurs absidioles, qui ont fait l'objet de la curiosité de P.-A. Février en 1951, restèrent accessibles grâce à des marches construites dans les remblais et cachées sous des trappes ménagées dans les sols des chapelles latérales.

Une confrontation problématique : textes et archéologie

Cette succession de projets inaboutis associés au désir de préserver la mémoire des édifices passés est difficile à comprendre. Les textes médiévaux relatifs à l'église de Saint-Raphaël sont très peu nombreux[29]. Ce que l'on en sait actuellement n'autorise aucune corrélation entre texte et vestiges[30]. On ignore tout de la fonction des églises successives, et même s'il est possible qu'elles aient été déjà placées sous le vocable de l'archange[31]. Ensuite, l'histoire religieuse de la région n'est documentée qu'à la fin du Xe siècle. Lors de la refondation du patrimoine de l'Église de Fréjus en 990[32], le Comte de Provence Guillaume accorde à l'évêque Riculfe la moitié des droits sur un vaste territoire qui devait englober l'église de Saint-Raphaël et son domaine, lesquels ne sont pas expressément cités. La donation faite par le comte en faveur de l'évêque donne à connaître ce qu'avaient été les possessions épiscopales[33]. Cette situation incertaine explique peut-être les divergences et les réclamations dont font état des textes plus récents. Le premier document mentionnant une église du diocèse de Fréjus placée sous la titulature de saint Raphaël date de 1073[34]. C'est un acte

---

[29] Cf. la liste établie en 2005 et 2009 (Molina 2005 ; Dumont, Molina 2009).

[30] Ces textes devraient faire l'objet d'une révision prochaine, leur interprétation étant facilitée par les travaux récents sur l'histoire de l'abbaye de Lérins (Butaud 2009 ; Butaud, Le Dantec 2018, fig. 3 et 4).

[31] En Provence, le culte de l'archange Raphaël semble être attesté au VIIe siècle par un des autels de la basilique Sainte-Croix à Arles, d'après la Vie de Rusticule (Février 1994, p. 31).

[32] *GCN*, Fréjus I, c. 535.

[33] Sauze 2012a, p. 425.

[34] *Cartulaire de l'abbaye de Lérins*, charte VII.

de restitution accordé par l'évêque Bertrand de Fréjus à l'abbaye de Lérins. L'église est mentionnée en tant que *basilica*. ce terme, seule occurrence dans le cartulaire de l'abbaye, est difficile à interpréter. De même, il n'est pas certain que le mot « restitution », habituel dans le vocabulaire de la réforme grégorienne, indique que l'église de Saint-Raphaël aurait été réellement une dépendance de Lérins par le passé. Une nouvelle restitution à Lérins intervient en 1095[35]. À cette date, l'évêque de Fréjus Bérenger, de retour du concile de Plaisance, donne à nouveau Saint-Raphaël à Lérins, tout en se réservant certains droits. L'acte fait allusion à une restitution précédente, sans doute celle 1073. Dans l'atmosphère du concile dont il revient, l'évêque rappelle les condamnations portées contre les simoniaques, allusion peut-être à des possesseurs de Saint-Raphaël jugés illégitimes. On peut donc hésiter à placer Saint-Raphaël parmi les possessions historiques de l'abbaye sur la seule foi de ces deux textes d'autant que deux autres documents laissent entendre que Saint-Raphaël appartenait à cette époque aux chanoines de Fréjus. Une charte conservée dans le cartulaire de Correns datée des années 1081-1100 mentionne en effet Saint-Raphaël dans un tout autre contexte[36]. Ce document s'inscrit dans une série de transactions entre les chanoines de la collégiale de Spéluque (commune de Montfort, Var), le seigneur de Chateaurenard bienfaiteur de cette collégiale, l'abbaye de Montmajour, l'abbaye de Saint-Victor de Marseille et les évêques de Fréjus. Lors de ces contestations, les chanoines de Fréjus envisagent d'échanger le *locus Sancti Rafaeli* contre celui de Spéluque[37]. Il a été proposé de voir dans cet épisode la preuve selon laquelle les collégiales étaient placées sous la juridiction des évêques de Fréjus et qu'elles le restèrent malgré les confirmations faites aux divers monastères. Cette hypothèse pourrait convenir à la situation de Saint-Raphaël car l'église est assurément en possession des chanoines de Fréjus au cours du siècle suivant, avant de faire l'objet d'un échange avec l'évêque. Ce transfert eut lieu à une date indéterminée mais assurément avant 1180. En effet à ce moment, une sentence répartit durablement les différentes possessions entre mense épiscopale et mense canoniale, et confirme à l'évêque l'église de Saint-Raphaël avec ses dépendances. Le document précise qu'elle était déjà entrée parmi ses biens grâce à un ancien échange avec les chanoines[38]. L'évêque de Fréjus y aurait joui d'une résidence au XIIe siècle[39], qu'il occupe parfois durablement comme au tournant des XIIIe et XIVe siècles où plusieurs actes sont signés depuis son palais de Saint-Raphaël[40]. Quant à l'habitat qui pouvait entourer l'église, répondant à la mention de *castrum* ou de *villa*, il n'apparaît dans les textes qu'au cours du XIIIe siècle. Et malgré la présence de l'évêque, la possession des droits sur le *castrum* de Saint-Raphaël semble toujours disputée entre évêque, chanoines et Comte de Provence jusqu'au XIVe siècle[41]. Dans ces conditions, il semble difficile de dire laquelle, de l'église ou de la résidence épiscopale, fut le moteur du regroupement d'habitat à l'intérieur de l'enceinte dont on suit le tracé dans la topographie et quel fut le statut de l'église avant la fin du Moyen Âge[42].

Au regard de ces documents, la mise en rapport des moines, chanoines et évêques qui ont pu se succéder dans la revendication de l'église avec les phases de constructions définies par l'étude archéologique reste des plus conjecturales. Existe-t-il une relation entre les conflits autour de la possession du lieu, suggérés par les textes, et les atermoiements architecturaux révélés par les études archéologiques ? Nous ne savons pas si les moines de Lérins ont effectivement investi le site pendant une période, aussi brève soit-elle, et s'ils peuvent être à l'origine du programme de la construction romane à la fin du XIe siècle[43]. Le dispositif de chœur surélevé sur cryptes (état V, voire état VI) pourrait correspondre à une utilisation liturgique par un chœur monastique comme canonial, être celui des moines puis des chanoines de Fréjus[44], tandis que l'abandon du projet et la réduction de l'église

---

[35] *Cartulaire de l'abbaye de Lérins*, charte VIII.

[36] Devos 1953, charte C, d'après Arch. dep. des Bouches-du-Rhône 2H347 fol. 157v° et fol. 158.

[37] Magnani 1999, p. 379.

[38] Ce document est connu par des copies récentes : voir le commentaire dans Sauze 2012b, p. 498.

[39] L'évêque signe un acte à Saint-Raphaël en 1190 (*Cartulaire de l'abbaye de Saint-Victor de Marseille*, charte 970). Il y possède donc sans doute une résidence.

[40] Bresc 1985, p. 108 ; 2010, p. 20.

[41] Molina 2008b ; 2009.

[42] Pour Y. Codou, Saint-Raphaël est un village ecclésial, le terme *villa* ferait référence à un habitat groupé sans enceinte (Codou 2003, p. 51).

[43] En 2004, Y. Codou, M. Piskorz et S. Roucole ont proposé d'attribuer la réalisation des cryptes de la fin du XIe siècle à l'évêque de Fréjus Bertrand, avant la restitution à Lérins (Codou, Piskorz, Roucole 2004, p. 47). Plus récemment, Y. Codou a suggéré de l'associer plutôt aux moines de Lérins et de voir dans cette réalisation souterraine un « espace de célébration d'offices monastiques » sans culte de relique (Codou 2017, p. 119).

[44] Hypothèse avancée par Codou, Piskorz, Roucole 2004, p. 47.

à une seule travée (état VII) seraient à mettre en relation avec le moment où l'évêque en devient l'unique possesseur. Enfin, il est également possible d'attribuer une pierre sculptée[45] trouvée aux alentours de l'église, datée de 1261 et mentionnant l'évêque Bertrand de Saint-Martin, à l'achèvement des chantiers médiévaux (état VIII). Mais cela reste très conjectural.

Quoiqu'il en ait été, le projet de reconstruction d'un vaste édifice sur cryptes à la fin du XIe siècle peut s'expliquer par le désir de marquer une situation de possession contestée dans le cadre de revendications territoriales ou politiques. Il pourrait également vouloir donner un cadre particulièrement monumental à une dévotion inconnue, les cryptes étant alors destinées à recevoir les fidèles autour de reliques. Il conserverait également la mémoire du site antique tout en le transformant[46]. La préservation des vestiges de l'édifice « préroman » de la part des bâtisseurs de la seconde moitié du XIIe siècle puis de leurs successeurs peut également être interprétée comme acte de respect pour le passé, le sanctuaire et l'autel devenant pourtant difficilement accessibles. À quelques décennies d'intervalle, reconstruction et préservation apparaissent comme deux façons paradoxales de poursuivre l'usage d'un lieu vénéré. Malgré sa modestie, aussi bien dans ses proportions que dans la pauvreté de ses matériaux et de ses décors, l'église médiévale de Saint-Raphaël permet d'illustrer plusieurs processus successifs dans son élaboration monumentale.

Ces hypothèses de travail confortées par les restitutions récentes seront prochainement complétées par une nouvelle approche du bâti. Une numérisation de l'ensemble de l'édifice est envisagée, par relevé photogrammétrique et/ou par scanner-laser dans l'intérieur et à l'extérieur. La documentation ainsi produite devrait permettre de compléter les hypothèses présentées en tenant compte des élévations et modifications les plus tardives. Il devrait être possible de reconstituer l'évolution des projets de couvrement au cours des dernières phases médiévales et modernes. Enfin, les investigations archéologiques des années 2000 qui avaient pour double objectif d'approfondir les connaissances tout en préservant une partie des vestiges à présenter au public ont abouti à la conservation en place de nombreux éléments. L'emploi de nouvelles techniques sur les sols et sur les autres structures qui n'ont pas été détruites pourrait permettre de préciser les datations[47]. L'emploi de nouvelles techniques sur les sols et autres structures qui n'ont pas été détruits pourraient permettre de préciser les datations. La poursuite de l'étude fera l'objet d'un prochain programme de recherche.

---

[45] Bas-relief conservé au musée archéologique de Saint-Raphaël représentant un évêque avec mitre et bâton et un archange, accompagné d'une inscription : « . B : DE SA(n) MARTIN : OC OP//US.FECI//TFIERI // AN.NO // .D(omi)NI.Mo//CCo.LXIo.//PRIMO » ; dans le champ : « RAPhAEL ». Bertrand de Saint-Martin fut évêque de Fréjus de 1248 à 1264 (Dumont, Molina 2009, II, p. 80-83).

[46] Hartmann-Virnich 2008, p. 26.

---

[47] Il s'agira notamment de répondre aux questions posées par A. Hartmann-Virnich dans le cadre du PCR : avancement exact des constructions au moment des différents arrêts de chantier, changements au cours même de chaque projet, choix des matériaux et techniques d'assemblage, inventaire et analyse des installations de chantier, etc.

Bibliographie

Sources

Cartulaire de l'abbaye de Lérins, éd. par H. Moris, E. Blanc, Paris, 1883, I.
Cartulaire de l'abbaye de Saint-Victor de Marseille, éd. par B. Guérard, Paris, 1857, 2 vol.
GCN : *Gallia Christiana Novissima. Histoire des archevêchés, évêchés et abbayes de France*, I. *Aix, Apt, Fréjus, Gap, Riez et Sisteron*, éd. par J.-H. Albanès, Montbéliard, 1899.

Études

Bresc H. 1985, « L'espace du castrum médiéval dans le domaine de l'évêque de Fréjus », dans *Le Village (Actes des journées d'histoire régionale, Mouans-Sartoux, mars 1984)*, Mouans-Sartoux, p. 101-117.
—— 2010, « Justice et société dans les domaines de l'évêque de Fréjus dans la première moitié du xive siècle », dans J.-P. Boyer, Th. Pécout (dir.), *La Provence et Fréjus sous la première maison d'Anjou*, Aix-en-Provence, p. 19-35.
Bronk Ramsey C. 2009, « Bayesian Analysis of Radiocarbon Dates », *Radiocarbon* 51.1, p. 337-360.
Butaud G. 2009, « Listes abbatiales, chartes et cartulaire de Lérins : problèmes de chronologie et de datation (xie-xiie siècles) », dans Y. Codou, M. Lauwers (dir.), *Lérins, une île sainte, de l'Antiquité au Moyen Âge*, Turnhout (Collection d'études médiévales de Nice, 9), p. 365-444.
Butaud G., Le Dantec G. 2018, « Le monastère de Lérins, puissance temporelle (xie siècle – 1788) », dans A. Bottaro, G. Butaud, C. Caby, Y. Codou, R. M. Dessì, A. Jolly, Y. Kinossian, M. Lauwers, G. Le Dantec, S. Tombaccini-Villefranque, Frère Vincent (N. Riouat), *Entre ciel, mer et terres. L'île monastique de Lérins (v^e-xxe siècle)*, Nice, p. 112-117.
Codou Y. 2003, « Le paysage religieux et l'habitat rural en Provence de l'Antiquité tardive au xiie siècle », *Archéologie du Midi médiéval* 21, p. 33-69.
—— 2008, « Du cimetière antique à l'église carolingienne : Sainte-Marie du Flayosquet (Draguignan, Var) », dans *Archéologies de Provence et d'ailleurs. Mélanges offerts à Gaëtan Congès et Gérard Sauzade* (Bulletin archéologique de Provence, suppl. 5), p. 697-707.
—— 2012, « Du mausolée à l'église dans l'espace rural provençal : les cadres de la mort des *potentes* », *Hortus Artium Medievalium* 18.2, p. 317-327.
—— 2017, « Prieurés lériniens et architecture romane », dans A. Bottaro *et al.*, *Entre ciel, mer et terres. L'île monastique de Lérins (v^e-xxe siècles)*, Nice, p. 118-119.
Codou Y., Piskorz M., Roucole S. 2004, « L'église de Saint-Raphaël (Var) », dans M. Fixot (dir.), *Paul-Albert Février, de l'Antiquité au Moyen Âge (Actes du colloque de Fréjus, 7 au 8 avril 2001)*, Aix-en-Provence, p. 41-61.
Creissen Th. 2019, « Les mausolées de la fin de l'Antiquité au Moyen Âge central : entre gestion d'un héritage et genèse de nouveaux modèles », dans M. Monteil, W. Van Andringa (dir.), *Monumentum fecit. Monuments funéraires de la Gaule romaine, Gallia* 76.1, p. 257-274.
Devos J.-Cl. 1953, « Contribution à l'étude du cartulaire du prieuré de Correns » (DES d'Histoire, Faculté des Lettres de Paris, dactylographié).
Dumont A., Digelmann P., Joncheray A. 2017, « État des connaissances de l'occupation romaine sur la commune de Saint-Raphaël (Var) », *Bulletin archéologique de Provence* 38, p. 29-63.
Dumont A., Molina N. 2009, *Ancienne Église à Saint-Raphaël (Var). Rapport final d'Opération. Fouille archéologique*, Nîmes, 2 vol.
Dupuis M., Buccio V., Dedonder Y. 2016, « L'ancien diocèse de Senez (Alpes de Haute-Provence) entre Antiquité et Moyen Âge. État des questions et perspectives de recherches », *Archéologie du Midi médiéval* 34, p. 3-35.
Dupuis M., Dantec E., Brousse P., Henrion E., Dedonder Y. 2020, *Senez. Un diocèse, un village, une cathédrale*, Digne-lès-Bains (Cahiers archéologiques de Haute-Provence, 2).
Février P.-A. 1951, « L'église de Saint-Raphaël (Var) », *Provence historique* 2.4-5, p. 182-189.
—— 1952, *Déblaiements dans la crypte de Saint-Raphaël. Rapport de fouilles dactylographié*, SRA Aix-en-Provence.
—— 1977, *Fréjus (Forum Julii) et la basse vallée de l'Argens*, Cuneo (Itinéraires ligures, 13), 2e éd. augmentée.
—— 1994, « La marque de l'Antiquité tardive dans le paysage religieux médiéval de la Provence rurale », dans M. Fixot, E. Zadora-Rio (dir.), *L'environnement des églises et la topographie religieuse des campagnes médiévales (Actes du IIIe congrès international d'archéologie médiévale, Aix-en-Provence, 28-30 septembre 1989)*, Caen, p. 27-35.
Fixot M. (dir.) 1990, *Le site de Notre-Dame d'Avinionet à Mandelieu*, Paris (Monographies du CRA, 3).
—— (dir.) 2012, *Le groupe épiscopal de Fréjus*, Turnhout (Bibliothèque de l'Antiquité tardive, 25).
—— avec la coll. de Y. Narasawa 2012, « Entre Antiquité tardive et époque carolingienne, les vestiges du mobilier lapidaire », dans Fixot (dir.) 2012, p. 307-328.

Flavigny Fr. 2008, « La "Vieille Église" de Saint-Raphaël, Var – L'aménagement de la crypte archéologique », *Monumental* 2008.2, p. 50-51.

Hartmann-Virnich A. 2005a, *Lapides preciosi omnes muri tui. Regards archéologiques sur le chantier médiéval dans le Sud-Est de la France* (Mémoire d'habilitation à diriger des recherches, Université de Provence).

—— 2005b, « Observations sur le bâti », dans Molina (dir.) 2005, p. 63-67.

—— 2008, « Remarques sur l'évolution architecturale de l'église », dans Molina (dir.) 2008, p. 3-29.

Hébert M. 2013, « L'enquête de Leopardo da Foligno dans la viguerie de Draguignan », dans Th. Pécout (dir.), M. Hébert (éd.), *L'enquête générale de Leopardo da Foligno dans la viguerie de Draguignan (janvier – mars 1333)*, Paris, p. XI-CCVIII.

Magnani E. 1999, *Monastère et aristocratie en Provence, milieu X^e – début XIIe siècle*, Münster (Vita Regularis. Ordnungen und Deutungen religiosen Lebens im Mittelalter, 10), version électronique revue par l'autrice en juillet 2015 <https://shs.hal.science/halshs-01172143/document>.

Molina N. (dir.) 2005, *Vieille Église de Saint-Raphaël. Étude monumentale et documentaire. Rapport intermédiaire 2005 de PCR*, Aix-en-Provence.

—— 2007, *Vieille Église de Saint-Raphaël. Étude monumentale et documentaire. Rapport intermédiaire 2007 de PCR*, Aix-en-Provence.

—— 2008a, « La "Vieille Église" de Saint-Raphaël, Var - Les fouilles archéologiques », *Monumental* 2008.2, p. 52-53.

—— (dir.) 2008b, *Vieille Église de Saint-Raphaël. Étude monumentale et documentaire. Rapport final de PCR*, Aix-en-Provence.

—— 2011, « L'église médiévale de Saint-Raphaël (Var) : la longue histoire d'une redécouverte », dans *Archéologie et aménagements des territoires (Actes du colloque transfrontalier, Menton, 22 octobre 2010)*, textes réunis par X. Delestre, Ph. Pergola, Monaco (Bulletin du Musée d'Anthropologie préhistorique de Monaco, suppl. 2), p. 39-48.

Molina N., Narasawa Y. 2008, « Les principaux éléments de lapidaires de l'église », dans Molina (dir.) 2008, p. 39-52.

Narasawa Y. 2008, « Les autels de La Vieille Église de Saint-Raphaël » dans Molina (dir.) 2008, p. 30-38.

—— 2015, *Les autels chrétiens du Sud de la Gaule (V^e-XIIe siècles)*, Turnhout (Bibliothèque de l'Antiquité tardive, 27).

Palazzo-Bertholon B., Treffort C. 2010, « Pour une relecture de l'hypogée des Dunes à Poitiers. Approche méthodologie et interdisciplinaire », dans L. Bourgeois (dir.), *Wisigoths et francs autour de la bataille de Vouillé (Actes des XXVIIIe journées internationales d'archéologie mérovingienne, Vouillé et Poitiers (Vienne, France), 28-30 septembre 2007)*, Saint-Germain-en-Laye, p. 151-170.

Reimer P. J. *et al.* 2020, « The IntCal20 Northern Hemisphere Radiocarbon Age Calibration Curve (0-55 cal kBP) », *Radiocarbon* 62, p. 725-757.

Rivet L., Brentchaloff D. 2006, « Plaque de couvercle d'un sarcophage antique de Saint-Raphaël (Var) », *Revue archéologique de Narbonnaise* 38-39 [2005-2006], p. 473-482.

Sauze É. 2012a, « Le palais épiscopal », dans Fixot (dir.) 2012, p. 403-465.

—— 2012b, « L'ensemble canonial », dans Fixot (dir.) 2012, p. 467-519.

26. Archéologie et histoire monumentale des sièges épiscopaux de Provence, Antiquité tardive et Haut Moyen Âge : un bilan

Yann Codou
Université Côte-d'Azur, Laboratoire Cultures et Environnements.
Préhistoire, Antiquité et Moyen Âge (CEPAM), UMR 7264

LE TITRE NE DOIT pas nous tromper, il ne s'agit pas ici de faire un bilan complet des données récentes sur les cathédrales provençales[1] mais, dans le cadre du colloque « Relire Paul-Albert Février », de faire un état du sujet lorsque Paul-Albert nous a quittés[2], de montrer les avancées de la recherche et d'établir un dialogue entre ses regards, ses interrogations et les progrès de cette recherche. Sans être exhaustif, ce point de vue s'avérera néanmoins assez large tant les questionnements de Paul-Albert sur le sujet ont été divers et abordés dans une multiplicité d'articles.

La Provence s'impose comme une terre de cathédrales, largement héritière d'un réseau de cités issu de l'Antiquité, « régnant » sur de petits diocèses qui se structurent durant la période médiévale. Ainsi, à partir de l'Antiquité tardive s'érigent et se maintiennent jusqu'à la Révolution des cathédrales dans des agglomérations qui ne peuvent être désignées comme des villes mais plutôt comme de gros villages. Ce réseau des sièges épiscopaux est d'ailleurs, dans certaines parties du territoire, un réseau mouvant fait d'adaptations, certaines cités perdant leurs sièges, d'autres se voyant élevées au titre de cités épiscopales.

Les cathédrales appartiennent aux premiers questionnements de Paul-Albert. Dès 1954, alors âgé de 23 ans, il participe à la rédaction de l'article « Villes épiscopales de Provence : Aix, Arles, Fréjus, Marseille et Riez, de l'époque gallo-romaine au Moyen-Âge », avec F. Benoit, J. Hubert, J. Formigé, H. Rolland, paru dans les *Actes du congrès international d'Archéologie chrétienne* (Aix-en-Provence, 13-19 septembre 1954). Il est indéniable que Fernand Benoit et Jean Hubert – sans bien entendu oublier la place prépondérante d'Henri-Irénée Marrou – ont joué un rôle important dans sa formation. Ainsi, lorsqu'il dresse une historiographie en introduction au catalogue de Lyon, il évoque les travaux fondateurs de ces deux personnages : « *L'art pré-roman* de Jean Hubert paru en 1938 et *Les cimetières suburbains d'Arles dans l'Antiquité chrétienne au Moyen-Âge*, donné par Fernand Benoit en 1935, constituent le point de départ d'une nouvelle étape dans la recherche »[3].

Le cadre de l'étude est la Provence au sens large, une Provence à laquelle Paul-Albert était attaché : « Seule la région proprement provençale m'est familière, et l'on ne parle aisément et utilement que de ce qui est lié intimement à la vie quotidienne […] la Provence, non pas seulement celle que l'on découvre dans les livres, mais celle que l'on apprend à aimer en la parcourant en tout sens »[4].

Dans ce dossier des cathédrales, malgré les progrès de la recherche, plus que d'apporter des réponses, il semble important de revenir sur les questionnements de Paul-Albert : « c'est par cette dialectique du connu et du doute introduit que doit passer l'enquête »[5]. Il soulignait aussi qu'il faut savoir avouer nos manques de connaissances : « Le plus sage est d'avouer l'ignorance, au moins provisoirement. Car à quoi sert le jeu des hypothèses lorsqu'il fait naître de fausses certitudes »[6]. Suivant cette conception, il a sans cesse poussé ses étudiants à s'interroger et remettre en cause des affirmations, il aimait que l'on « tente » de trouver une faille dans son raisonnement. Tout au moins, le fait que l'on ose la chose le faisait sourire.

---

[1] Aspect que l'on pourra trouver dans les publications récentes que nous présentons à la suite.

[2] Je m'autorise à désigner tout au long de l'article Paul-Albert Février simplement par son prénom.

[3] Février 1986b, p. 20.
[4] Février 1964b, p. 1-5.
[5] Février 1978, p. 246.
[6] Février 1964b, p. 73.

Les connaissances et les progrès de la recherche du vivant de Paul-Albert Février

En Provence, les sites des groupes épiscopaux donnent précocement lieu à des fouilles. La colline du Château à Nice est l'objet de fouilles par Philippe Gény dès 1859[7]. En lien avec la construction de la Nouvelle-Major, Marseille donne lieu à des recherches qui se déroulent aussi dans la décennie 1850. Pour ce dernier dossier, les apports sont marqués par la publication de François Roustan, *La Major et le premier baptistère de Marseille*[8]. En 1870, Henry Révoil engage des fouilles à Saint-Trophime d'Arles. À partir des années 1960, les choses s'accélèrent, des travaux sont réalisés sur les sites de Cimiez, Riez, Aix, Fréjus, Digne, qui font des cathédrales un axe de recherche majeur[9]. La cathédrale de Cimiez est mise en lumière en 1955-1957 sous la direction de Fernand Benoit. La cathédrale de Riez est fouillée par Guy Barruol durant les années 1966-1972. À Aix, dans les années 1980, des fouilles concernent le baptistère et ses abords[10], dans ce cas, le travail est enrichi par les apports du développement des méthodes d'archéologie du bâti appliquées au baptistère par Rollins Guild dans le cadre de sa thèse[11]. À partir des années 1980, les fouilles sont engagées à Fréjus sous la direction de Paul-Albert. À Digne – sur le site de Notre-Dame du Bourg – en 1983, Gabrielle Demians d'Archimbaud débute une enquête de longue haleine.

En relation avec les apports de ces nouvelles données, l'importance de l'Antiquité tardive se traduit par la participation active des provençaux, en particulier Paul-Albert Février et Jean Guyon, dans l'ample projet de la *Topographie chrétienne des cités de la Gaule*, programme de recherche qui débute en 1972. Paul-Albert était très fier des progrès accomplis dans le cadre de ce groupe de travail : « L'équipe qui s'est attachée à cette dernière série de publications a perçu d'une part que l'étude des monuments et des textes était indispensable et qu'une vision critique s'imposait. Mais d'autre part, il est apparu, au fur et à mesure que les notices avançaient, que l'image de la ville durant ces IIIe-VIIIe siècles restait souvent floue. Pourtant ici et là ces dernières années ont vu naître quantité de recherches que ce soit à Genève ou à Lyon, à Grenoble, à Aix ou à Bordeaux, dans le port de Marseille ou dans le groupe épiscopal de Cimiez. Autant de fouilles, autant de documents, mais aussi autant d'interrogations nouvelles et de curiosités éveillées »[12].

Les travaux plus récents : des synthèses

Depuis la disparition de Paul-Albert l'importance de la recherche sur la période tardo-antique ne s'est pas démentie. Des expositions et des synthèses, où les cathédrales trouvent leur place, mais aussi des reprises d'anciens dossiers et de nouvelles fouilles ont fait progresser les connaissances. Il s'agit en particulier de publications réalisées sous la direction de Jean Guyon et de Marc Heijmans, telle la synthèse présentée dans deux numéros successifs de la revue *Gallia* en 2006 et 2007[13] : *Antiquité tardive, Haut Moyen Âge et premiers temps chrétiens*, et la réalisation d'une exposition au musée de l'Arles antique : *D'un monde à l'autre. Naissance d'une chrétienté en Provence, IVe-VIe siècles*[14].

Par ailleurs, diverses publications ont proposé des synthèses, sur la longue durée, axées sur les cathédrales. En 2013, la Fédération historique de Provence décide de consacrer son congrès annuel, qui se déroule alors à Marseille, à la thématique des cathédrales. Ce congrès est l'occasion de rendre hommage à Gabrielle Demians d'Archimbaud qui y a assisté : *Cathédrales en Provence, Congrès de la Fédération historique de Provence (Marseille, 18 et 19 octobre 2013)*. La qualité des communications donne lieu à la publication des actes du congrès dans deux volumes successifs de la revue *Provence historique*[15]. Le premier volume propose plusieurs articles directement en lien avec notre propos : Jean Guyon, « Les groupes épiscopaux de l'Antiquité tardive en Provence » ; Yann Codou, « Les temps des cathédrales : temps et rythmes des chantiers des cathédrales en Provence de l'Antiquité tardive au XIIIe siècle » ; Philippe Borgard, Caroline Michel d'Annoville, « Insertion de la cathédrale dans la ville antique, ses origines, son devenir :

---

7 Bouiron (dir.) 2013, p. 20-22. Des fouilles ont été reprises durant les années 1949-1964 sous la direction d'Armance Royer, puis de Fernand Benoit ; on sait que Paul-Albert participa ponctuellement au chantier.

8 Roustan 1905.

9 Les principales fouilles réalisées avant 1995 sont présentées dans Duval (dir.) 1995 ; se reporter aussi à Guyon 2000.

10 Guild, Guyon, Rivet 1980, p. 115-164 ; 1983, p. 171-232.

11 Guild 1987.

12 Février 1986b, p. 21.

13 Pour notre sujet, nous retiendrons en particulier Guyon 2006, p. 85-110.

14 Guyon, Heijmans (dir.) 2001. On mentionnera aussi un autre ouvrage de synthèse, toujours sous la direction de Jean Guyon et de Marc Heijmans : Guyon, Heijmans 2013.

15 Pécout, Codou, Coulet (dir.) 2015 et 2016.

l'exemple du groupe épiscopal de Riez ». La réussite de ce programme, l'intérêt qu'il suscita auprès des chercheurs, nous conduisit, Thierry Pécout et moi-même, à envisager une publication la plus complète possible, intitulée : *Cathédrales de Provence*. L'ouvrage paraît à Strasbourg en 2015 dans la collection « La grâce d'une cathédrale », aux éditions La nuée bleue. Tous les acteurs actuels de la recherche sur les cathédrales provençales – historiens, archéologues, historiens de l'art, architectes – ont répondu favorablement à notre proposition et c'est ainsi que l'on a pu construire une synthèse des connaissances, sur la longue durée, rédigée par trente-trois auteurs.

Des études monographiques renouvelées

Des fouilles ou des reprises de fouilles sur des sites cathédraux ont aussi été développées ces dernières décennies à Arles (M. Heijmans)[16], Cimiez (M. Jannet-Vallat), Marseille (Fr. Paone), Nice (M. Bouiron), Riez (Ph. Borgard et C. Michel d'Annoville)[17], Senez (M. Dupuis), mais aussi des valorisations de chantiers plus anciens à travers des publications de synthèse sur certains monuments ou des mises en valeur des sites comme à Digne.

Parmi les publications centrées sur les cathédrales, en toute logique, nous débuterons notre évocation par l'ouvrage consacré à la cathédrale de Fréjus sous la direction de Michel Fixot[18]. Il marque l'aboutissement des recherches conduites sur le site sous l'impulsion de Paul-Albert en collaboration avec Michel Fixot et Lucien Rivet. À Riez, les fouilles réalisées par Philippe Borgard et Caroline Michel d'Annoville se déroulent de 2005 à 2011[19]. Sur le site, aux fouilles proprement dites s'ajoute l'engagement de la restauration du baptistère et en particulier l'élimination des enduits intérieurs qui permettent alors d'analyser plus finement les élévations. Les observations démontrent qu'une partie des murs, sur une hauteur de près de 6 m, réutilisent le bâti du *frigidarium* des thermes antiques. À Nice, une reprise de l'étude de l'ancienne cathédrale sur la colline du Château est entreprise en 2006 sous l'impulsion de Marc Bouiron et se poursuit encore aujourd'hui[20]. Certes, si ce tableau met en lumière l'activité de la recherche sur les cathédrales et leurs origines, il ne convient pas de grossir le trait, encore de nombreuses cathédrales restent peu documentées sur leurs origines, on pensera par exemple, vers le littoral, à Toulon et Vence, et plus encore dans les espaces alpestres à Sisteron ou Embrun.

Ainsi, des progrès et des découvertes – parfois exceptionnelles – ont été accomplis. Nous ne pourrons dans le cadre de ce bilan développer chacun des sites, bien heureusement les collègues à l'origine de ces travaux ont déjà publié de multiples articles. Les progrès sont d'abord illustrés par la découverte exceptionnelle réalisée à Arles lors des fouilles qui débutent en 2003[21]. Marc Heijmans révèle alors la conservation d'une église majeure, qui correspond à n'en pas douter à la cathédrale primitive. On connaît, à ce stade, surtout le *presbyterium* et ses installations liturgiques. L'édifice s'impose par la qualité de ces réalisations et ses dimensions. Son dernier état est attribuable à la première moitié du VIe siècle, ce qui remet en cause les interprétations antérieures sur la date de déplacement de la cathédrale vers le site de Saint-Trophime. Ce dossier d'exception illustre bien un aspect important de ces premiers siècles de la « ville chrétienne » où la concurrence entre sièges épiscopaux semble un puissant ressort de la politique épiscopale : « plus puissants ressorts du monde antique, la concurrence entre Églises était donc apparemment des plus vives, et l'on comprend sans peine qu'elle ait trouvé dans les groupes épiscopaux un élément de choix pour s'exercer »[22]. Ainsi, à Arles ou encore à Marseille – en particulier à travers le baptistère – ces programmes architecturaux s'imposent comme des traductions visuelles des prétentions épiscopales : « Il apparaît donc séduisant de voir dans la taille donnée à ces édifices une façon pour leurs Églises d'affirmer leur rang ou d'afficher leurs prétentions et les découvertes récemment faites à Arles, cette grande rivale de Marseille dans la région, vont bien dans le sens d'une telle hypo-

---

[16] Pour le dossier arlésien, un travail qui a fait date et qui aurait sans nul doute passionné Paul-Albert est la thèse de Marc Heijmans : Heijmans 2006.

[17] Borgard, Michel d'Annoville 2015a, p. 79-91.

[18] Fixot (dir.) 2012.

[19] Borgard, Michel d'Annoville 2015b, p. 476-477.

[20] Antérieurement aux interventions du XXIe siècle, lorsque l'édifice donne lieu à des recherches, il n'est pas envisagé qu'il puisse y avoir une église de l'Antiquité tardive. « On pouvait espérer retrouver sur ce site la cathédrale du Haut Moyen Âge. De ce point de vue, l'attente a été déçue », Thirion 1974, p. 17-29.

[21] Le mémoire d'HDR de Marc Heijmans, encore inédit mais qui doit être bientôt publié, présente une étude très détaillée de l'ensemble des résultats : *Les fouilles de l'enclos Saint-Césaire à Arles, 2003-2014. Contribution à l'étude d'une métropole chrétienne*, I. *Des origines au Haut Moyen Âge. La* basilica sancti Stephani, Université de Nanterre, 2017. De nombreux articles ont été consacrés à cette découverte d'exception : Heijmans 2014, p. 151-171 ; 2018, p. 145-163.

[22] Guyon 2006, p. 99.

thèse »[23]. Dans le cas de Marseille, après l'importance des travaux de François Roustan au XIXe siècle, diverses interventions archéologiques ont été réalisées. Ainsi des relectures, alliées aux apports des fouilles récentes, ont donné lieu à une publication de synthèse sous la direction de Jean Guyon, *Marseille et sa Major*[24]. Dans ce cadre, la structure du baptistère fait encore l'objet de précisions. Par ailleurs, les propositions de restitutions de la cathédrale montrent une fois de plus, avec le dossier récent de Nice, que le plan basilical, avec ses nefs multiples et plus encore son abside semi-circulaire, ne s'est pas imposé, comme on peut souvent le lire. Les reprises des fouilles, ainsi que des relectures des données archéologiques, ont fait progresser les connaissances à Cimiez[25]. Les travaux sous la direction de Monique Jannet-Vallat, dans le cadre d'un PCR débuté en 2004, ont permis de préciser différents aspects en particulier pour ce qui est du baptistère, que ce soient les circulations et la question des portes ou encore les aménagements et réaménagements de la cuve et de son *ciborium*. Hélas, la disparition prématurée de Monique fait qu'elle n'a pas pu nous offrir la publication de synthèse qu'elle envisageait. Le village de Senez était un site jusqu'à ces dernières années vierge d'information sur ses origines. Dans la *Topographie chrétienne des cités de la Gaule des origines au milieu du VIIIe siècle*, Paul-Albert faisait le constat de la méconnaissance des données pour l'Antiquité tardive à Senez, situation que l'on retrouve pour d'autres cités proches, Castellane, Thorame, Glandève : « La pauvreté des sources dans plusieurs de ces cités fait que nous ignorons tout de la topographie chrétienne ancienne. Nous sommes contraints à nous appuyer seulement sur des monuments médiévaux ou des textes des XIe-XIIe siècles pour imaginer quelque chose d'un hypothétique groupe épiscopal »[26]. L'évêché de Senez n'est attesté qu'au tout début du VIe siècle. La proposition est de considérer qu'il y a alors désaffectation des évêchés de Thorame et Castellane au profit de Senez[27]. Depuis des progrès remarquables ont été réalisés grâce à des fouilles successives (débutées en 2012) dirigées par Mathias Dupuis[28]. À ce jour, un certain nombre de publications permettent de connaître les principaux résultats, néanmoins une publication détaillée est attendue dans laquelle, sans aucun doute, les datations actuelles seront affinées[29]. Dès le Ve siècle, un espace funéraire est attesté aux abords de la cathédrale actuelle[30]. Il est probable que cet espace d'inhumations soit en relation avec un lieu de culte mis en lumière auprès de la cathédrale médiévale par des campagnes de fouilles à l'extérieur, au sud à proximité du mur gouttereau, et à l'intérieur dans une partie de la nef. Ce sont les travaux des années 2018-2019, dans la nef, qui se sont avérés les plus riches. Ainsi a été mis en lumière le chœur d'un édifice primitif attribué dans l'état de la recherche au VIe siècle, 506 étant la mention du premier évêque. Il conserve divers aménagements liturgiques qui restent à dater précisément : le banc presbytéral avec sans doute en son centre les restes de la chaire épiscopale, un support d'autel maçonné surmonté par un *ciborium*[31].

À propos de certains axes d'enquêtes spécifiques

Les divers travaux de ces dernières décennies sont venus enrichir les remarques et questionnements sur certaines problématiques plus globales chères à Paul-Albert. Il en est ainsi, pour ce qui est des localisations, de la question des déplacements – ou dédoublements – et perchements de nouvelles agglomérations liées à des sièges épiscopaux. Dans son étude sur Venasque, Paul-Albert écrivait : « Le paysage du haut Moyen Âge provençal est, en effet, caractérisé par une transformation encore mal étudiée : le perchement de l'habitat. Problème complexe que l'on ne résout pas simplement en l'attribuant à l'insécurité d'une époque quelconque »[32]. Peu après, lors de la publication de sa thèse, il reprenait ce questionnement en le rattachant plus particulièrement aux cités : « À côté de ces sites antiques habités de façon permanente, d'autres cités se sont déplacées

---

[23] Guyon 2006, p. 97.

[24] Blanc-Bijon, Bouiron, Guyon, Paone 2022, p. 44-47. Une première synthèse avait été publiée en 2015 : Bertrand *et al.* 2015.

[25] Jannet-Vallat 2007, p. 868-870 ; 2015.

[26] Février 1986b, p. 57-60, 68. De ce fait, le site ne donne pas lieu à une notice propre.

[27] Barruol 2004a ; 2004b.

[28] Jusqu'alors, les premiers temps du siège épiscopal, et plus encore sa topographie, n'étaient éclairés par aucun document archéologique. On pouvait tout au plus mentionner un coffret reliquaire découvert en 1854 qui comportait un chrisme ; la datation hésite entre Antiquité tardive et période moderne : Viré 1992, p. 149.

[29] Dupuis *et al.* 2020. C'est cette petite publication qui offre les données les plus récentes dont des plans, coupes et un relevé de détail du chœur de l'Antiquité tardive – Haut Moyen Âge. Voir aussi Dupuis 2015 ; 2016.

[30] Datation à partir d'analyses radiocarbone.

[31] À cet édifice succèdera une nouvelle église élevée aux horizons de l'An Mil, remplacée à la suite par la cathédrale conservée en élévation et attribuable pour l'essentiel au XIIIe siècle.

[32] Février 1963, p. 349.

vers des hauteurs : Castellane dont l'habitat s'est fixé sur la Roche, Cimiez abandonné au profit de Nice où la population n'occupe que la surface relativement plate ménagée au sommet de la butte rocheuse qui culmine à 90 mètres ; Riez sur la colline Saint-Maxime [...] Plus délicat est le cas de Digne »[33]. Depuis, les connaissances ont progressé de façon remarquable grâce aux fouilles et publications de Laurent Schneider[34]. Dans le cas de Nice et de la question du perchement de la ville sur la colline du Château, un état des lieux a été dressé par Marc Bouiron dans « Nice de la fondation massaliète à l'Antiquité tardive »[35]. À la suite de ses réflexions, nous retiendrons que si l'implantation de la ville sur la colline du Château est probable à l'Antiquité tardive, Nice étant d'ailleurs désignée comme *castellum* en 465, rien ne permet d'assurer que cette situation soit récente. Des relectures ont été proposées pour le dossier de Riez et le perchement de la seconde cathédrale au sommet de la colline Saint-Maxime[36]. Mais c'est sans doute le dossier de Venasque qui fournit le plus d'informations réactualisées. Dans la *Notitia Galliarum*, Carpentras est désignée comme la *civitas Carpentoratensium nunc Vindausca*. Durant les VIe-VIIe siècles, différents évêques sont dits de Carpentras et Venasque[37], et parfois simplement de Venasque. Ainsi, on assiste à un dédoublement de la cité et, probablement, à une installation durable des évêques de Carpentras à Venasque. Si les connaissances sur de possibles bâtiments du groupe épiscopal – église et baptistère – n'ont pas vraiment progressé, des informations renouvelées ont été fournies au sujet de l'enceinte qui ferme au sud l'éperon barré[38]. Pendant longtemps, on hésita sur la datation de cette construction dont la courtine est flanquée de massives tours semi-circulaires. Deux interventions archéologiques, certes limitées, y ont été conduites ces dernières décennies. Eurent lieu, en 1995, un sondage en lien avec la réfection de la place publique[39] et, en 2013, un second sondage concernant une maison ruinée accolée à l'enceinte[40]. Le sondage de 1995 a mis en lumière à l'avant ou au contact du mur extérieur de l'enceinte – et donc postérieure à elle – la présence d'une nécropole. De ces données nouvelles, il ressort que l'enceinte est attribuable au début du IVe siècle, avant l'attestation d'évêque en ce lieu ; elle est sans doute remaniée vers le VIe siècle[41]. Un autre site intéressait Paul-Albert : la Roche à Castellane. Il a donné lieu à des études du bâti et à des fouilles et le constat actuel est que le perchement n'est pas à lier à l'Antiquité tardive[42]. Étonnamment, dans cette problématique des dédoublements ou déplacements de cités épiscopales, ainsi que de leurs perchements, un cas a été dédaigné jusqu'à aujourd'hui, il s'agit du site du Baou des Blancs qui surplombe la cité de Vence[43].

Au-delà, les regards ne se limitent pas à la cathédrale – et à son baptistère – mais prennent en compte plus largement ce que l'on nomme le groupe épiscopal, soit des églises multiples, la résidence de l'évêque et des clercs qui vivent auprès de lui et d'autres bâtiments de service et d'accueil. Dans le dossier des églises multiples, les questionnements sur ce que l'on nommera « les cathédrales doubles » ont eu longtemps une place de choix dans les publications de Paul-Albert : « Nous arrivons à la certitude qu'au début du Moyen Âge existaient en Provence des églises cathédrales, formées par la juxtaposition de deux édifices [...] la difficulté est de remonter au-delà de cette période par les textes et les examens des monuments »[44]. Ce questionnement sur les cathédrales doubles était étroitement lié aux travaux de Jean Hubert, avec lequel Paul-Albert avait tissé des liens dès ses premières recherches sur l'église de Saint-Raphaël et qui publiait en 1963 : « Les cathédrales doubles de la Gaule »[45]. Lorsque cette structure double est avérée, les

---

[33] Février 1964b, p. 93.

[34] Nous ne développons pas cela, il suffit de se reporter à l'article de Laurent Schneider publié dans ce même volume.

[35] Bouiron (dir.) 2013, p. 47-53.

[36] Borgard, Michel d'Annoville 2015a, p. 82-83, 87, 89-90.

[37] Ce qui témoigne d'un dédoublement du siège épiscopal, situation exceptionnelle et attestée pour la première fois en 541 au concile d'Orléans par la signature de l'évêque Clematius qui est dit de Carpentras Venasque. On saisit cela aussi, mais de façon brève, dans le cas du port de Nice et de la cité de Cimiez par l'évêque Magnus qui, en 549, signe évêque de Cimiez et Nice.

[38] En 1962, dans son article, Paul-Albert note : « Les restes de l'enceinte eux-mêmes n'ont pu être datés ».

[39] Carru 1996, p. 298.

[40] Serieys 2014, p. 222-223.

[41] Carru 2004, p. 491-492.

[42] Le statut du siège épiscopal de Castellane et son évolution restent d'ailleurs encore imprécis. Siège épiscopal éphémère, un seul évêque est attesté en 439 et 442 : Barruol 2004a ; 2004b. Sur les travaux récents et l'absence de donnée permettant d'envisager un perchement durant l'Antiquité tardive : Buccio *et al.* 2018, p. 37-55 ; Buccio, Dantec, Dedonder 2020.

[43] Codou, Poteur (C. et J.-C.) 2020, p. 24-26.

[44] Février 1964b, p. 59.

[45] Ce questionnement a débuté avec le cas de Pavie abordé par Richard Krautheimer en 1936. Jean Hubert l'a repris pour la Gaule

fonctions probables de chacun de ces deux édifices sont, pour l'un, un lieu de culte pour les célébrations et, pour le second, la catéchèse. Constatant la difficulté de dater ces églises, Paul-Albert dans ses travaux restait attaché à l'hypothèse de fondations anciennes, probablement paléochrétiennes. Pour ma part, je suivais ces réflexions en échangeant avec Rollins Guild au moment de son doctorat sur la cathédrale d'Aix et alors que mon épouse engageait son mémoire de maîtrise sur la cathédrale d'Apt[46]. La notion d'église double est à la suite enrichie par la terminologie de « familles d'églises » ou de « sanctuaires multiples ». Peu après le décès de Paul-Albert, je proposais une communication sur *Les églises doubles en Provence*, dans le cadre de la table-ronde organisée lors de l'Assemblée générale de l'Association pour l'Antiquité tardive en 1994. En lien avec cette table-ronde, Michel Fixot et moi-même publiions une synthèse sur la longue durée, de l'Antiquité tardive au Moyen Âge, en abordant la question pour les cathédrales, les monastères et aussi les églises rurales en Provence[47]. À Fréjus, Paul-Albert espérait que la structure à deux nefs de l'église romane témoigne d'une possible cathédrale double : « Du Vᵉ siècle, dans l'édifice actuel, subsistent et le baptistère et quelques pans de murs dans l'actuel narthex, au nord. Que restait-il d'autre au XIᵉ siècle ? Je ne sais. Sans doute l'organisation de l'espace cathédral en deux nefs ; mais je n'oserais aller plus loin »[48]. À la suite des fouilles et restaurations à l'intérieur de la cathédrale, l'hypothèse est remise en cause. Cela est affirmé dès 1988 dans la publication qui présente les résultats des fouilles. La découverte d'une fenêtre obturée dans le mur nord de la nef Notre-Dame met à mal l'hypothèse d'une nef Saint-Étienne témoignant d'une seconde église de l'Antiquité tardive ou du Haut Moyen Âge envisagée antérieurement par Paul-Albert : « La petite fenêtre pose différents problèmes. Elle s'est trouvée obturée par le voûtement de la nef Saint-Étienne. Mais son existence même parait incompatible avec un volume couvert à l'emplacement de cette nef. Dès lors, peut-on envisager, comme cela a été proposé naguère, l'existence, dès l'Antiquité tardive, de deux basiliques adjacentes formant le noyau du groupe épiscopal ? [...] Quant à la nef Saint-Étienne, ce n'est pas avant le XIᵉ siècle, et peut-être seulement sa seconde moitié, que l'on peut être certain de son existence »[49]. La publication sous la direction de Michel Fixot qui offre la synthèse sur ce site débute d'ailleurs par un premier chapitre intitulé *Une « cathédrale double » et son image*, démontrant l'importance accordée dans l'approche archéologique à cette organisation spatiale et aux réflexions de Paul-Albert[50]. Certes, d'autres sites restent encore objets d'interrogations. Dans le cas d'Antibes, la fouille de la chapelle du Saint-Esprit à proximité de l'ancienne cathédrale romane peut laisser penser à une possible cathédrale double mais les informations ne se sont pas enrichies depuis la disparition de Paul-Albert[51]. Il en est de même des cas des cathédrales d'Aix et d'Apt[52].

À côté de la question des cathédrales doubles, des lieux de culte secondaires, souvent de petites dimensions, étaient déjà attestés, c'est le cas aixois illustré par la Sainte-chapelle ou « oratoire du Sauveur ». Dans les années 1941-1942 à Arles, sur le site de la cathédrale primitive à proximité de la tour des Mourgues, était dégagée par Fernand Benoit une abside de dimension réduite. Le plan de cet édifice a été précisé par les travaux de Marc Heijmans en 2009-2011[53]. Depuis, ses recherches ont démontré l'existence d'un deuxième lieu de culte secondaire au contact de l'église cathédrale, qu'il date pour ses origines du troisième quart du IVᵉ siècle[54]. À Nice, l'attestation dans les sources écrites d'une église Saint-Jean proche de la cathédrale évoque sans doute encore une situation d'église secondaire. Les travaux ont permis de relocaliser cet édifice, qui est désormais daté pour ses origines du VIᵉ siècle. Néanmoins, il ne semble pas s'agir alors d'un lieu de culte mais d'un bâtiment d'une certaine importance que le fouilleur se propose d'interpréter – sous forme d'hypothèse – comme la résidence épiscopale[55].

---

dans son ouvrage *L'art préroman* et a insisté sur la mise en relation de la topographie ecclésiale avec la liturgie dans un article paru en 1951, « Les cathédrales doubles et l'histoire de la liturgie ». On pourra lire un bilan historiographique dans Duval, Caillet 1996, p. 22-37.

46 Guild 1987.

47 Codou, Fixot 1996, p. 196-210. Depuis, j'ai repris le dossier mais en m'attachant plus spécifiquement à ces dispositifs dans les espaces monastiques : Codou 2014, p. 585-609.

48 Février 1981a, p. 10.

---

49 Février, Fixot, Rivet 1988, p. 44.

50 Fixot (dir.) 2012, p. 71-74.

51 Paul-Albert était tentée par cette restitution d'une cathédrale double sans l'affirmer explicitement lorsqu'il rédigeait la notice d'Antibes dans la *Topographie chrétienne* : Février 1986c, p. 57-60 ; Codou 2013.

52 Dans le cas d'Apt, les seules informations nouvelles sont liées à la découverte de sépultures en sarcophage datées entre 675 et 780 : De Michèle 2011, p. 88.

53 Heijmans 2014, p. 165-167.

54 Heijmans 2014, p. 166-168.

55 Bouiron, Jannet-Vallat, Sanchez, Thévenon 2015, p. 443.

« Le troisième élément du groupe épiscopal primitif est constitué par la maison de l'évêque. Là, notre information est particulièrement réduite. Sans doute, à Fréjus, à Nice, à Arles ou à Aix, connaissons-nous pas des textes, des plans anciens, ou des vestiges archéologiques, la localisation des palais médiévaux au sud de ces cathédrales. Mais rien ne permet d'assurer qu'ils se trouvent à la même place que la *domus* primitive »[56]. À Fréjus, du vivant de Paul-Albert, lors de la fouille de la place Formigé en 1988, sont identifiées des structures au sud de la cathédrale qui permettent de localiser la maison de l'évêque à l'Antiquité tardive. Paul-Albert avait aussitôt eu le désir de partager ces nouveaux apports en organisant, avec ses collaborateurs, une exposition et une petite publication : *Au cœur d'une ville épiscopale, Fréjus*[57]. Dans les décennies qui suivent, pour ce qui est de la résidence épiscopale, ce sont les fouilles de Marseille qui s'avèrent les plus riches. Ainsi, les recherches archéologiques liées au tunnel de la Major, entre 2001 et 2009, ont mis en lumière une *domus* de l'Antiquité tardive dont le dégagement partiel démontre une emprise au sol sur au moins 600 m². L'habitation s'organisait autour d'une cour. Elle comportait une salle où était conservée une mosaïque qui rappelle celles qui ornent le sol de la cathédrale[58]. Les arguments avancés semblent pouvoir fonder l'identification de cette construction avec la résidence épiscopale de l'Antiquité tardive qui aurait été désaffectée vers la première moitié du VIIIᵉ siècle. À Cimiez, la localisation de la résidence de l'évêque a été objet d'interrogations dès les fouilles de la cathédrale et du baptistère : « la fouille récente a fait voir un groupe de pièces au nord de la basilique [...] Aucune certitude car le terrain au nord n'a été que partiellement fouillé »[59]. Aujourd'hui certaines relectures conduisent à proposer de nouvelles interprétations. Ainsi, lors de la fouille des thermes du Nord, dans les années 1950-1960, sous la direction de Fernand Benoit, étaient mis en évidence des remaniements de ces volumes, certes assez éloignés de la cathédrale elle-même. Les données issues des fouilles et plus encore les clichés photographiques réalisés alors démontrent que ces espaces en tant que thermes sont désaffectés et que l'on a des réaménagements architecturaux conservés encore aujourd'hui dans le *caldarium*, détruits dans le *frigidarium*. Les sols sont débarrassés des pilettes et reçoivent des murs de subdivision. Fernand Benoit proposait de dater ces réaménagements du IVᵉ siècle. Depuis, les relectures effectuées sur les données céramiques issues des fouilles conduisent à placer ces réaménagements au Vᵉ siècle – sans doute dans la seconde moitié – et la phase d'abandon à l'extrême fin du VIᵉ ou dans la première moitié du VIIᵉ siècles[60]. En relation avec ces réaménagements a été identifiée la mise en place de placages en marbre dans la grande salle du *frigidarium*. L'ensemble de ces pièces lapidaires me sont apparues assez intéressantes pour en proposer l'étude dans le cadre d'un mémoire de master[61]. Parmi les chapiteaux composant le placage a été identifié un fragment portant un décor de croix. Ce motif – certes limité à une pièce –, ainsi que les nouvelles datations proposées – qui correspondent assez bien aux attestations d'un évêque à Cimiez[62] – conduisent à reconsidérer le dossier et proposer, sous forme d'hypothèse, de placer dans les anciens thermes du Nord la résidence épiscopale.

Les questionnements sur le Haut Moyen Âge

En 1964, Paul-Albert demandait que nous réfléchissions sur ce Haut Moyen Âge : « Le silence des textes n'est pas une preuve, comme l'interruption des listes épiscopales ne peut prouver la disparition des sièges ou des cités, car il est des périodes où l'écrit perd de son importance [...] Que nous ne trouvions rien entre le VIᵉ siècle et l'époque carolingienne comme fondations religieuses en Provence doit amener à réfléchir. Je dis bien à réfléchir, mais non à imaginer des hypothèses. Il est de fait qu'après le VIᵉ siècle, l'Église provençale ne joue plus le rôle qui avait été le sien, que la culture ecclésiastique est à peu près inexistante. Il est aussi certain que l'on assiste à une décadence de l'écrit (absence des conciles, interruption des listes). Mais conclure de là à une décadence (c'est un mot trop facile), il y a un pas que je ne saurais faire, tant que des fouilles n'en auront apporté la preuve. Car des constructions ont pu exister qui n'ont laissé aucune trace dans des textes [...] pour retrouver de nouvelles fondations religieuses, il faut attendre l'époque carolingienne. Alors apparaissent des chapitres de chanoines en Provence »[63].

---

[56] Février 1964b, p. 60.
[57] Février, Fixot, Rivet 1988.
[58] Blanc-Bijon, Paone 2011, p. 135-156 ; Blanc-Bijon, Bouiron, Guyon, Paone 2022, p. 44-47.
[59] Février 1964b, p. 60.

[60] Jannet-Vallat 2007, p. 868-870.
[61] Mémoire de Aude Lazaro, « La pérennité de la cité antique de Cimiez : le décor du groupe épiscopal » (Master 2 Histoire, Spécialité « Histoire et archéologie des mondes anciens et médiévaux », sous la direction de Y. Codou, 2017).
[62] Le premier évêque de Cimiez, Valérien, est attesté en 439 et 442.
[63] Février 1964b, p. 73.

Les VIᵉ-VIIᵉ siècles sont toujours l'objet de chantiers et de remaniements sur les édifices, ainsi que cela a été illustré par les travaux de Gabrielle Demians d'Archimbaud à Digne. Plus important et remarquable est la réalisation durant ces siècles du transfert de la cathédrale d'Arles sur le site actuel occupé par l'église Saint-Trophime, certes connu antérieurement mais précisé chronologiquement par les travaux récents⁶⁴. Ainsi, nous savons désormais que le transfert de la cathédrale vers l'emplacement actuel est réalisé après le VIᵉ siècle. Se pose aussi toujours à Aix la question d'un possible transfert du site de la Seds vers le quartier Saint-Sauveur. Dès la période moderne, il fut proposé que la cathédrale primitive, sur le site de Notre-Dame de la Seds, ait été transférée à l'emplacement actuel : « La plus ancienne église d'Aix n'est pas la cathédrale. C'est celle de Notre Dame de la Seds, ainsi nommée par corruption des mots latin *sedes episcopalis*, siège de l'évêque »⁶⁵. En l'état, le sujet reste l'objet de discussions même si des progrès ont été accomplis dans la connaissance du quartier de la Seds, et plus précisément du tracé de l'enceinte, grâce aux interventions archéologiques de ces dernières décennies⁶⁶. À Vaison, si on ne peut pas évoquer spécifiquement un transfert, la reprise des études de la cathédrale par Caroline Michel d'Annoville en 1993 identifie deux cathédrales successives proches l'une de l'autre. Il est désormais proposé que la cathédrale la plus récente, sur laquelle s'élève la cathédrale romane, est bâtie après le VIᵉ siècle⁶⁷. On pourra relier ce constat à un indice, certes très limité, d'une activité constructive du pouvoir épiscopal au VIIᵉ siècle qui nous est fourni par la découverte à Mirabel-les-Baronnies d'une estampille sur tuile qui porte : † PETRONIUS PAPA. Il s'agit à n'en pas douter de l'évêque de Vaison attesté sur le siège entre 637 et 685⁶⁸.

À la période carolingienne, sans nier les instabilités qui marquent ce Haut Moyen Âge, des indices d'activités, voire de « renaissances » ecclésiastiques sont perceptibles sous les règnes de Charlemagne et de Louis le Pieux. En 1973, Paul-Albert avait développé ses réflexions sur la période carolingienne⁶⁹. Ainsi, si nous sommes alors dans un temps de récession, les données archéologiques amènent à nuancer le propos et voir dans cette période du VIIIᵉ au début du Xᵉ siècle non une unique temporalité mais des phases diverses de « crises » et de reprises. Ainsi que l'évoquait Paul-Albert, l'organisation de l'institution canoniale à cette période est sans nul doute essentielle pour interpréter les mutations observées dans certains cas. On pense en particulier aux dossiers de Digne, auquel s'ajoute désormais celui de Nice, où on assiste à l'aménagement d'un chœur canonial dans la nef. Il est avéré que ces modifications touchent avant tout l'organisation du sanctuaire, témoignant de l'arrivée de nouveaux acteurs – que sont les chanoines – et d'une liturgie renouvelée⁷⁰.

Paul-Albert écrivait à propos de ce Haut Moyen Âge : « L'unité et la richesse du décor des plaques de chancels que l'on retrouve dans le Midi méditerranéen, les régions

---

⁶⁴ Antérieurement, le transfert était placé classiquement après l'épiscopat d'Hilaire en 449 : « Ce transfert [...] est antérieur à la mort d'Hilaire. Mais on ne peut dire s'il est antérieur à l'épiscopat d'Honorat, son prédécesseur » (Février 1986d, p. 80).

⁶⁵ Delaporte 1789, p. 14-15. Dans sa thèse, Paul-Albert s'interrogeait à ce sujet : « Aix, où les hypothèses les plus contradictoires ont pu être apportées, toutes étayées sur des présomptions ou des arguments de vraisemblance [...] accepter la critique de M. Pourrière ne contraint pas d'accepter l'hypothèse de cet auteur selon laquelle Notre-Dame de la Seds serait une simple dépendance du siège épiscopal, ce qui expliquait de toponyme » (Février 1964b, p. 53).

⁶⁶ Nin (dir.) 2014, p. 150-151, 168-172, 309-312, 360-366. Un argument est l'écart entre la mise en place du groupe cathédral actuel à Saint-Sauveur vers 500 alors qu'Aix possède un évêque avant 400.

⁶⁷ Michel d'Annoville 1996, p. 315-319.

⁶⁸ Bois, Carru 2001, p. 146-147.

⁶⁹ Février 1973, p. 280-295.

⁷⁰ À propos de l'architecture et de la liturgie au Haut Moyen Âge, en relation avec l'œuvre de Paul-Albert Février, on mentionnera le compte-rendu de l'ouvrage de Carol Heitz qu'il rédigea (Heitz 1964) : « Il fallait, à mon sens, démontrer que la forme architecturale était imposée par la liturgie ; ou que cette architecture avait imposé à la liturgie des règles nouvelles ; ou le contraire. En tout cas, il fallait démontrer rationnellement. Il me paraît nécessaire, dans l'étude des rapports entre liturgie et architecture – et la lecture du livre de M. Heitz m'a confirmé dans cette idée – de mener deux enquêtes, à partir de l'architecture et à partir de la liturgie, deux enquêtes au départ indépendantes, en connaissant bien la méthodologie critique des deux types de recherches. » Il s'interroge « Je ne suis pas spécialiste de la liturgie du haut Moyen Âge. Les critiques que je pourrais faire risquent donc de manquer de portée. Je me bornerai donc à poser quelques questions. Et d'abord sur l'origine orientale de la liturgie gallicane ? À lire M. Heitz, qui s'appuie trop sur l'autorité du *Dictionnaire d'archéologie chrétienne et de liturgie* (combien d'archéologues en font autant, qui ne se méfient pas du caractère de compilation de cet ouvrage si utile, mais si dangereux à manier), on a l'impression que l'on confond les époques. Ce qui a été "démontré", c'est l'influence orientale au IVᵉ siècle : telle fut du moins la solution de Mgr Duchesne. Mais qu'est-ce que cela prouve pour les VIIIᵉ et IXᵉ siècles ? La ressemblance entre certains rites des *ordines Romani* et ce que l'on constatait au IVᵉ siècle à Jérusalem est-elle si forte que l'on soit obligé d'imaginer une influence de la liturgie de la ville sainte ? J'ai bien peur qu'il n'y ait là sujet à révision » (Février 1964a, p. 271-272). Toujours à propos de la liturgie, à Digne, G. Demians d'Archimbaud envisageait pour les VIᵉ-VIIᵉ siècles des aménagements en relation avec l'introduction du rite liturgique syriaque (Demians d'Archimbaud *et al.* 2010, p. 60).

alpestres et l'Italie sont vraisemblablement, elles aussi, le signe de cette reprise que constituent les dernières décades du VIIIe siècle. Qui plus est, ces documents invitent à restituer un phénomène plus ample que celui que nous devinons à travers les textes non point lié seulement à la vie monastique ou à celle des cités épiscopales »[71]. Ainsi, au sein de ces questionnements sur les cathédrales durant le Haut Moyen Âge, les séries lapidaires comportant des décors carolingiens ont une place essentielle[72]. La richesse des fragments d'entrelacs, pour certains correspondant à des séries, nous conduit à souligner l'ampleur des chantiers, qui certes peuvent se réduire à des remises aux goût du jour, mais qui démontrent des activités, sans nul doute coûteuses, qui touchent les cathédrales. Dans les questionnements qui peuvent être posés apparaît l'interrogation sur l'origine de ces pièces : s'agit-il de pièces réalisées ailleurs – en Italie – et exportées, comme cela est encore en partie le cas durant l'Antiquité tardive[73], ou bien, plutôt que d'envisager l'exportation de pièces, doit-on proposer désormais le déplacement d'ateliers[74] ? À ce sujet, les connaissances ont progressé grâce aux travaux récents de Michelle Beghelli[75]. Reprenant l'hypothèse d'un atelier de sculpteurs œuvrant entre le Piémont et la Provence, elle livre l'analyse d'un corpus lapidaire extrêmement précise et détaillée. Dans ce travail, elle ne s'attache pas simplement à une perception d'ensemble, mais scrute dans le détail les divers motifs et propose un arbre généalogique de correspondance des motifs entre diverses localités. Ainsi, elle définit plus précisément « l'atelier Piemontese-Provenzale » dont l'aire d'activité identifiée s'étend de la province de Bergame au département de Vaucluse (Aix-en-Provence, Alba, Apt, Avignon, Bergame, Borgo San Dalmazzo, Carail, Dolceacqua, Marseille, Nice-Cimiez, Pollenzo, Turin, Vintimille). La provenance des matériaux démontre une mobilité des ouvriers d'une cité à l'autre. Cette situation des VIIIe-IXe siècles, où ce sont les hommes qui se déplacent, favorise sans aucun doute les échanges et influences des modèles sculptés mais aussi architecturaux. Sur la durée

d'activité de cet atelier, elle propose qu'elle corresponde globalement à une génération, soit autour d'une vingtaine d'année. La datation repose pour l'essentiel sur le dossier du tombeau de Saint-Pons de Cimiez qui par son inscription situe la réalisation dans le dernier quart du VIIIe siècle. À travers la provenance des pièces, où prédominent les cathédrales, les commanditaires sont à n'en pas douter des évêques. Certes, on trouve aussi des sites monastiques mais qui sont dans la mouvance du pouvoir épiscopal. Tel est le cas de Saint-Victor de Marseille[76], ou celui de Saint-Pons de Cimiez qui évoque l'action de l'évêque Syagrius dans la restauration du tombeau[77]. Cette cartographie de la circulation des « artistes » témoigne des liens qui s'établissent entre les cités, voire entre les évêques. Cette multiplicité de lieux démontre une phase de prospérité et de chantiers remarquables, plus encore si on le confronte au silence des sources écrites. Certes, il n'y a pas d'atelier unique, comme le montre l'ensemble de la cathédrale de Vence sans doute proche temporellement mais appartenant à une autre équipe. Par ailleurs, dans le cas de certaines cathédrales, on saisit un nombre important de fragments de chancels – plaques et piliers –, mais, plus encore, on y trouve des ensembles attribuables à des périodes distinctes entre le VIIIe et le Xe siècle. Ce sont les cas des cathédrales d'Apt et de Vence pour lesquelles nous conservons des pièces qui chronologiquement ne sont pas contemporaines. L'importance de ces pièces démontrent que si, globalement lorsque l'on peut le percevoir, les édifices ne connaissent pas d'importantes reconstructions, ils sont l'objet de compartimentations et de réaménagements des chœurs.

Poursuivre l'héritage de Paul-Albert...

Nous ne prétendons pas avoir abordé tous les questionnements soulevés par Paul-Albert. Il en est ainsi du dialogue entre l'archéologie et les sources écrites si cher à Paul-Albert : « J'aime une archéologie qui n'est pas seulement faite d'un regard sur les pierres, mais qui se relie à des textes et à des lectures anciennes, qui prend en compte ce que la liturgie ou les récits hagiographiques apportent, pour chaque moment d'une histoire »[78]. Ces travaux sur les cathédrales et plus largement sur la ville seront à relier en particulier aux sources hagiographiques[79]. Les traditions

---

[71] Février 1973, p. 294.

[72] Depuis le travail de Micheline Buis (Buis 1975), de nouvelles pièces ont été identifiées dans les espaces urbains d'Antibes, Apt, Fréjus, Marseille, Toulon, Riez, Vence, Vaison...

[73] À ce sujet, assez tôt, Paul-Albert avait livré une étude sur une plaque de chancel de l'Antiquité tardive découverte dans le Var (Février 1962, p. 89-97).

[74] « Un point est sûr, même si toutes les analyses nécessaires n'ont pas été faites : les pierres voyagent et leur commerce est une réalité qui n'a cessé, au moins depuis l'époque augustéenne, d'affecter la création en Gaule » (Février 1991, p. 220).

[75] Beghelli 2020, p. 288-325.

[76] Monastère au sujet duquel la documentation écrite prend forme justement vers 780 (Février 1973, p. 289-290).

[77] Il serait d'ailleurs intéressant de s'interroger sur la possible action de Syagrius sur sa cathédrale (Codou 2011, p. 288-289).

[78] Février, « Préface », dans Guild 1987, p. 2.

[79] Ainsi, certaines sources nous fournissent des informations

vont parfois relier les origines aux âges apostoliques[80] : « Je fais donc un lien entre le développement urbain et celui de la légende parce que je crois qu'au moment où la ville existe, elle a besoin de se fabriquer une histoire »[81]. Cela se rattachant, au-delà des cathédrales, à la question des basiliques funéraires et à la sépulture des saints évêques[82].

Ces multiples études sur la cathédrale et le groupe épiscopal doivent conduire à élargir notre perception à l'ensemble de l'espace urbain, soit le paysage global d'une ville chrétienne : « Ainsi, peu à peu, le christianisme imprimait sa marque dans la topographie urbaine, à l'intérieur des murs comme dans les nécropoles de la périphérie, des abords des routes et des portes. Bien vite, le groupe cathédral avec son baptistère et la maison de l'évêque ne furent plus les seuls pôles de la piété. Des basiliques s'ajoutèrent pour répondre aux besoins de la liturgie et de la pastorale, des oratoires aussi qui témoignaient de la piété des habitants et de leur dévotion envers les reliques protectrices, des hospices et des monastères. Sur les lieux qui rappelaient la mort ou la sépulture des martyrs ou sur les tombes auxquelles on attribuait une vénération, des basiliques avaient été édifiées et agrandies au cours du temps »[83].

Nous signalerons aussi qu'en lien avec les sièges épiscopaux, la question du territoire de l'évêque a été objet de questionnements et de progrès dans la recherche. J'avoue avoir recherché des passages où Paul-Albert aborde la question du diocèse et de sa mise en place, mais je n'ai rien trouvé, l'explication n'est sans doute pas liée au fait qu'il ne l'aborde pas mais qu'il y a des lacunes dans mes lectures… Il s'interroge sur les territoires liés à la christianisation dans le cadre de la paroisse. Ainsi, il pose la question de la paroisse comme territoire dans son article « La marque de l'Antiquité tardive dans le paysage religieux médiéval de la Provence rurale » : « Le mot *parrocia* paraît donc bien désigner non pas un territoire, mais un lieu de réunion, sans doute l'église [...] On aura noté que s'il y a bien des termes précis pour désigner les lieux de réunion, *parrocia*, *basilica*, *oratorium*, il n'est jamais fait allusion à un territoire confié à ces prêtres ou ministres. Aussi faut-il se garder de projeter dans la situation des Ve-VIe s. l'image que nous avons pour des périodes plus proches de nous, celle de la paroisse au territoire bien délimité. Cette prudence est d'autant plus nécessaire que nous avons beaucoup de peine à lire sur le terrain l'organisation civile de la cité »[84]. Ainsi, des recherches de ces dernières années se sont attachées à tenter de faire dialoguer le territoire de la cité antique et celui du diocèse médiéval[85], ou encore d'appréhender la genèse de la construction des diocèses qui s'avère désormais une réalité qui se met en place progressivement[86].

Pour conclure sur cette période de l'Antiquité tardive et du Haut Moyen Âge et comme transition avec l'approche des cathédrales romanes, nous insisterons sur la part des héritages dans le paysage monumental médiéval. Les hommes du Moyen Âge ont valorisé ces monuments des « origines ». Cela se traduit par la conservation, voire la reconstruction – « à la manière de » – de volumes, en particulier les baptistères, ou encore du réemploi de pièces de l'Antiquité chrétienne et de la période carolingienne, telles les plaques de chancels. Nous soulignerons la spécificité de cette Provence qui est, durant l'époque des chantiers romans, une période qui s'attache à conserver, restaurer, réemployer divers monuments et pièces lapidaires de l'Antiquité tardive, en particulier les baptistères. Paul-Albert l'a souligné dans plusieurs de ses publications : « Ainsi le XIe s. [...] marque-t-il son attachement à l'Antiquité. Il annonce ainsi ce qui est considéré comme une originalité de l'art roman provençal, le lien si fortement marqué avec les œuvres de Rome »[87]. Cette mise en valeur des monuments des premiers temps du christianisme se relie à un idéal grégorien qui par son art essaye de proposer un retour à l'Église des origines. Ici, on éprouve le besoin d'établir un rapport direct avec l'Antiquité par le truchement des éléments matériels. L'exposition, le réemploi sont alors les témoins d'une démarche « idéologique » de *renovatio*, qui s'accompagne d'une relecture chrétienne de l'Antiquité[88].

---

sur le paysage monumental. Pour illustrer cela, nous évoquerons une publication récente pour le dossier de Riez : Boulhol, Jacob 2014.

[80] Sur les saintetés épiscopales, Paul-Albert Février avait aussi réfléchi ; voir notamment la mise au point, Février 1985, p. 17-40.

[81] Février 1981b, p. 1151.

[82] Voir par exemple un bref état des lieux : Codou 2018, p. 139-157.

[83] Février 1986b, p. 26.

[84] Février 1994, p. 28.

[85] C'est en particulier le cas de la cité de Fréjus chère à Paul-Albert : Bertoncello, Codou 2003, p. 167-180.

[86] Il s'agit des publications de Florian Mazel : voir Mazel (dir.) 2008 ; 2016.

[87] « Ce sur quoi il faut dès le début insister, car c'est un fait propre aux constructions du Midi, c'est que ces constructions gardent un caractère archaïque [...] de même la tradition du baptistère indépendant subsistait dans bien d'autres groupes épiscopaux, à Marseille, Fréjus, Aix, Gap, Die, Venasque. Le baptistère était l'objet de restaurations ou même de réfection totale » (Février 1964b, p. 174-175 ; 1994, p. 33).

[88] Codou 2009, p. 561-600.

Bibliographie

Barruol G. 2004a, « Castellane / *Salinae* (Alpes-de-Haute Provence) », dans Ferdière (dir.) 2004, p. 393-395.

—— 2004b, « Thorame-Haute / *Eturamina* (Alpes-de-Haute-Provence) », dans Ferdière (dir.) 2004, p. 479-480.

Beghelli M. 2020, « Scultura altomedievale e analisi delle corrispondenze : l'atelier Piemontese-Provenzale (o la "Bottega delle Alpi Marittime" quarant'anni dopo) », *Hortus Artium Medievalium* 26, p. 288-325.

Bertoncello Fr., Codou Y. 2003, « Variations sur un thème : le territoire de la cité antique et du diocèse médiéval de Fréjus », dans M. Bats, B. Dedet, P. Garmy, T. Janin, Cl. Raynaud, M. Schwaller (dir.), *Peuples et territoires en Gaule méditerranéenne. Hommage à Guy Barruol*, Montpellier (Revue archéologique de Narbonnaise, suppl. 35), p. 167-180.

Bertrand R. *et al.* 2015, « Marseille, la Vieille-Major et la Nouvelle-Major », dans Codou, Pécout (dir.) 2015, p. 399-429.

Biarne J., Bonnet Ch., Colardelle R., Descombes F., Février P.-A., Gauthier N., Guyon J., Santschi C. 1986, *Topographie chrétienne des cités de la Gaule des origines au milieu du VIIIe siècle*, III. *Provinces ecclésiastiques de Vienne et Arles*, Paris.

Blanc-Bijon V., Bouiron M., Guyon J., Paone Fr. 2022, « Vers 420 ? La cathédrale primitive », dans Guyon (dir.) 2022, p. 21-59.

Blanc-Bijon V., Paone Fr. 2011, « Les mosaïques paléochrétiennes du groupe épiscopal de Marseille », dans Codou, Heijmans (dir.) 2011, p. 135-156.

Bois M., Carru D. 2001, « Marques épiscopales sur tuiles du VIIe siècle dans la basse vallée du Rhône », dans Guyon, Heijmans (dir.) 2001, p. 146-147.

Borgard Ph., Michel d'Annoville C. 2015a, « Insertion de la cathédrale dans la ville antique, ses origines, son devenir : l'exemple du groupe épiscopal de Riez (Alpes-de-Haute-Provence) », *Provence historique* 65.257, p. 79-91.

—— 2015b, « Riez. Les trois cathédrales disparues », dans Codou, Pécout (dir.) 2015, p. 473-489.

Bouiron M. (dir.) 2013, *Nice, la colline du Château. Histoire millénaire d'une place forte*, Nice.

Bouiron M., Jannet-Vallat M., Sanchez É., Thevenon L. 2015, « L'ancienne cathédrale de Nice », dans Codou, Pécout (dir.) 2015, p. 435-459.

Boulhol P., Jacob P.-A. 2014, *Maxime de Riez entre l'histoire et la légende*, Valensole.

Buccio V. *et al.* 2018, « Castellane. Premiers éléments de réflexion sur l'évolution et la transformation des enceintes urbaines médiévales », *Provence historique* 68.263, p. 37-55.

Buccio V., Dantec E., Dedonder Y. 2020, *Petra castellana. Une ville médiévale désertée*, s. l. (Cahiers archéologiques de Haute Provence, 1).

Buis M. 1975, *La sculpture à entrelacs carolingienne dans le Sud-Est de la France, les motifs qui l'accompagnent et ses survivances à l'époque romane* (Thèse de 3e cycle, Aix-en-Provence, dactylographiée).

Carru D. 1996, « Venasque, site des Remparts », dans *Service régional de l'Archéologie Provence-Alpes-Côte d'Azur (PACA). Bilan scientifique 1995*, Aix-en-Provence, p. 298.

—— 2004, « Venasque/*Vendasca* (Vaucluse) », dans Ferdière (dir.) 2004, p. 491-492.

Codou Y. 2009, « Une mémoire de pierre : chantiers romans et *monumenta* paléochrétiens en Provence », dans Y. Codou, M. Lauwers (dir.), *Lérins, une île sainte de l'Antiquité au Moyen Âge*, Turnhout (Collection d'Études médiévales de Nice, 9), p. 561-600.

—— 2011, « Le monument funéraire carolingien de Saint-Pons de Cimiez : retour sur un dossier d'exception », dans Codou, Heijmans (dir.) 2011, p. 279-295.

—— 2013, « Une cité épiscopale entre l'Antiquité tardive et le Haut Moyen Âge », dans *Aux origines d'Antibes. Antiquité et Haut Moyen Âge*, Milan, p. 110-115.

—— 2014, « Églises multiples et identité monastique dans la Provence médiévale », dans Lauwers M. (dir.), *Monastères et espace social. Genèse et transformation d'un système de lieux dans l'Occident médiéval*, Turnhout (Collection d'Études médiévales de Nice, 15), p. 585-609.

—— 2015, « Les temps des cathédrales : temps et rythmes des chantiers de cathédrales en Provence de l'Antiquité tardive au XIIIe siècle », *Provence historique* 65.257, p. 43-78.

—— 2018, « Le culte des saints évêques de Provence au Moyen Âge : aspects archéologiques », dans *Corps saints et reliques dans le Midi, Cahiers de Fanjeaux* 53, p. 139-157.

Codou Y., Fixot M. 1996, « Églises doubles et familles d'églises en Provence », *Antiquité tardive* 4, p. 196-210.

Codou Y., Heijmans M. (dir.) 2011, *Histoire et archéologie de la Provence antique et médiévale. Hommages à Jean Guyon, Provence historique* 61.

Codou Y., Pécout Th. (dir.) 2015, *Cathédrales de Provence*, Strasbourg.

Codou Y., Poteur C., Poteur J.-C. 2020, *Églises médiévales des Alpes-Maritimes*, Nice.

Collectif 1992, *Alpes de Haute-Provence, les cathédrales*, I. *Glandèves, Entrevaux, Senez, Riez*, Digne-les-Bains (Annales de Haute-Provence, 315).

Delaporte J. 1789, *Le voyageur françois, ou connaissance de l'ancien et du nouveau monde*, 30, Paris.

De Michèle P. 2011, « Le centre monumental d'Apt à l'époque romaine », dans Codou, Heijmans (dir.) 2011, p. 75-92.

Demians d'Archimbaud G., Pelletier J.-P., Flavigny Fr., Barré Fr. 2010, *Notre-Dame-du-Bourg à Digne. Fouilles, restauration et aménagements liturgiques, une chronique monumentale de 20 siècles*, Digne-lès-Bains, Plan patrimoine antique.

Dupuis M. 2015, « Senez, Notre-Dame de l'Assomption », dans Codou, Pécout (dir.) 2015, p. 509-525.

—— 2016, « La cathédrale Sainte-Marie de Senez » dans Pécout (dir.) 2016, p. 29-42.

Dupuis M., Dantec E., Brousse P., Henrion E., Dedonder Y. 2020, *Senez. Un diocèse, un village, une cathédrale*, Digne-lès-Bains (Cahiers archéologiques de Haute Provence, 2).

Duval N. (dir.) 1995, *Les premiers monuments chrétiens de la France*, I. *Sud-Est et Corse*, Paris.

Duval N., Caillet J.-P. 1996, « La recherche sur les églises doubles depuis 1936 », *Antiquité tardive 4*, p. 22-37.

Duval N., Fontaine J., Février P.-A., Picard J.-Ch., Barruol G. 1991, *Naissance des arts chrétiens. Atlas des monuments paléochrétiens de la France*, Paris.

Duval Y., Février P.-A., Guyon J. 1986, *Topographie chrétienne des cités de la Gaule des origines au milieu du VIIIe siècle*, II. *Provinces ecclésiastiques d'Aix et d'Embrun*, Paris.

Ferdière A. (dir.) 2004, *Capitales éphémères. Des capitales de cités perdent leur statut dans l'Antiquité tardive*, Tours.

Février P.-A. 1962, « Sculptures paléochrétiennes de Saint-Julien d'Oules (Var, canton de Fayence) », *Cahiers archéologiques* 12, p. 89-97.

—— 1963, « Venasque », dans *Congrès archéologique de France, 121e session, 1963, Avignon et Comtat-Venaissin*, Paris, p. 348-364.

—— 1964a, « Architecture et liturgie. À propos d'un livre récent », *Bibliothèque de l'École des chartes* 122, p. 267-273.

—— 1964b, *Le développement urbain en Provence de l'époque romaine à la fin du XIVe siècle. Archéologie et histoire urbaine*, Paris (BEFAR, 202).

—— 1973, « Notes sur les monastères provençaux à l'époque carolingienne », *Provence historique* 23.93-94, p. 280-295 (= *La Méditerranée de Paul-Albert Février*, II, p. 1009-1024).

—— 1978, « Problèmes de l'habitat du Midi méditerranéen à la fin de l'Antiquité et dans le Haut Moyen Âge », *Jahrbuch des Römisch-Germanischen Zentralmuseums Mainz* 25, p. 208-247 (= *La Méditerranée de Paul-Albert Février*, II, p. 1059-1098).

—— 1981a, *Le groupe épiscopal de Fréjus*, Paris.

—— 1981b, « La tradition apostolique des Églises provençales », *Annales du Centre régional de Documentation pédagogique de Marseille*, p. 63-89 (= *La Méditerranée de Paul-Albert Février*, II, p. 1143-1157).

—— 1985, « Les saints évêques de la fin de l'Antiquité et du Haut Moyen Âge dans le Sud-Est de la Gaule », *Mémoires de l'Académie de Vaucluse*, 7e série, 6, p. 17-40.

—— 1986a, « L'organisation de la province », dans Duval Y., Février, Guyon 1986, p. 57-68.

—— 1986b, « Approche de la Gaule méridionale. Le poids du passé et la christianisation », dans Février, Leyge (dir.) 1986, p. 20-21.

—— 1986c, « Antibes », dans Biarne *et al.* 1986, p. 57-60.

—— 1986d, « Arles », dans Biarne *et al.* 1986, p. 80.

—— 1991, « Le décor de l'architecture. Le décor sculpté », dans Duval *et al.* 1991, p. 220-225.

—— 1994, « La marque de l'Antiquité tardive dans le paysage religieux médiéval de la Provence rurale », dans M. Fixot, E. Zadora-Rio (dir.), *L'environnement des églises et la topographie religieuse des campagnes médiévales (Actes du IIIe congrès international d'archéologie médiévale, Aix-en-Provence, 28-30 septembre 1989)*, Caen, p. 27-35.

Février P.-A., Fixot M., Rivet L. 1988, *Au cœur d'une ville épiscopale, Fréjus*, Fréjus.

Février P.-A., Leyge F. (dir.) 1986, *Premiers temps chrétiens en Gaule méridionale. Antiquité tardive et Haut Moyen-Âge IIIe-VIIIe siècles*, catalogue d'exposition (Lyon, Musée de la civilisation gallo-romaine, 1986), Lyon (Archéologie médiévale en Rhône-Alpes, numéro spécial).

Fixot M. (dir.) 2012, *Le groupe épiscopal de Fréjus*, Turnhout (Bibliothèque de l'Antiquité tardive, 25).

Guild R. 1987, *La cathédrale d'Aix-en-Provence. Étude archéologique*, Paris.

Guild R., Guyon J., Rivet L. 1980, « Recherches archéologiques dans le cloître de Saint-Sauveur d'Aix-en-Provence – Bilan de quatre campagnes de fouilles (1976-1979) », *Revue archéologique de Narbonnaise* 13, p. 115-164.

—— 1983, « Les origines du baptistère de la cathédrale Saint-Sauveur. Étude de topographie aixoise », *Revue archéologique de Narbonnaise* 16, p. 171-232.

Guyon J. 2000, *Les premiers baptistères des Gaules (IVe-VIIe siècles)*, Rome.

—— 2006, « Émergence et affirmation d'une topographie chrétienne dans les villes de la Gaule méridionale », *Gallia* 63, p. 85-110.

—— 2015, « Les groupes épiscopaux de l'Antiquité tardive en Provence », *Provence historique* 65.257, p. 23-41.

—— (dir.) 2022, *Marseille et sa Major*, Cavaillon.

Guyon J., Heijmans M. (dir.) 2001, *D'un monde à l'autre. Naissance d'une chrétienté en Provence IVe-VIe siècle*, catalogue d'exposition (Arles, Musée de l'Arles antique, 15 septembre 2001-6 janvier 2002), Arles.

—— 2013, *L'Antiquité tardive en Provence (IVe-VIe s.). Naissance d'une chrétienté*, Arles.

Heijmans M. 2006, *Arles durant l'Antiquité tardive. De la « Duplex Arelas » à l'« Urbs Genesii »*, Rome (CEFR, 324).

—— 2014, « À propos de la mise à jour de la *Topographie chrétienne des Cités de la Gaule* : réflexions sur le cas d'Arles », dans M. Gaillard (dir.), *L'empreinte chrétienne en Gaule du IVe au IXe siècle*, Turnhout (Culture et société médiévales, 26), p. 151-171.

—— 2018, « Les fouilles de l'enclos Saint-Césaire (Arles), 2003-2014. De *la basilica sancti Stephani* à l'abbaye Saint-Césaire », *Mémoires de l'Académie d'Arles* 2, p. 145-163.

Heitz C. 1964, *Recherches sur les rapports entre architecture et liturgie à l'époque carolingienne*, Paris.

Jannet-Vallat M. 2007, « Le baptistère de Cimiez dans son environnement : nouvelles approches », dans M. Marcenaro (dir.), *Albenga città episcopale. Tempi e dinamiche della christianizzazione tra Liguria di Ponente e Provenza*, II, Albenga, p. 868-870.

—— 2015, « Le groupe épiscopal de Cimiez », dans Codou, Pécout (dir.) 2015, p. 436-439.

Mazel Fl. (dir.) 2008, *L'espace du diocèse. Genèse d'un territoire dans l'Occident médiéval (Ve-XIIIe siècle)*, Rennes.

—— 2016, *L'Évêque et le Territoire. L'invention médiévale de l'espace (Ve-XIIIe siècle)*, Paris (« L'Univers historique »).

Michel d'Annoville C. 1996, « La cathédrale Notre-Dame de Nazareth de Vaison : fouilles récentes », *Antiquité tardive* 4, p. 315-319.

Nin N. (dir.) 2014, *Aix en archéologie. 25 ans de découvertes*, Bruxelles.

Pécout Th. (dir.) 2016, *Senez. Le calendrier obituaire de la cathédrale Sainte-Marie (Carpentras, bibliothèque inguimbertine, ms. 72)*, Valensole.

Pécout Th., Codou Y., Coulet N. (dir.) 2015 et 2016, *Cathédrales en Provence (Actes du colloque « La Provence, terre de cathédrales », 57e congrès de la Fédération historique de Provence, Marseille, 18 et 19 octobre 2013)*, Provence historique 65.257 et 66.259.

Roustan Fr. 1905, *La Major et le premier baptistère de Marseille*, Marseille.

Serieys M. 2014, « Venasque, Maison des tours », dans *Service régional de l'Archéologie Provence-Alpes-Côte d'Azur (PACA). Bilan scientifique 2013*, Aix-en-Provence, p. 222-223.

Thirion J. 1974, « Les anciennes cathédrales de Nice sur la colline du Château », *Archéologia* 72, p. 17-29.

Viré M.-M. 1992, « Diocèse de Senez », dans Collectif 1992, p. 149.

27. Archéologie et histoire monumentale des sièges épiscopaux de Provence à l'époque de l'architecture romane : un bilan

Andreas Hartmann-Virnich

Aix Marseille Université, Laboratoire d'Archéologie médiévale et moderne en Méditerranée (LA3M), UMR 7298, Aix-en-Provence

DANS SON OUVRAGE *Le développement urbain en Provence de l'époque romaine à la fin du XIVe siècle*, Paul-Albert Février fait le constat que « toute la topographie aixoise et marseillaise repose sur de vrais châteaux de cartes [...] : faisceau d'arguments, de vraisemblances, de présomptions »[1]. Six décennies plus tard on mesure le chemin que la recherche a parcouru depuis 1964, une recherche qui doit tant à l'impact des travaux, de l'intuition et de l'enseignement du grand universitaire bien au-delà de la fin de sa vie. Pour « Relire Paul-Albert Février » après les trente années qui se sont écoulées depuis sa disparition trop précoce, il faut rendre compte des apports substantiels de l'archéologie sédimentaire et de l'archéologie du bâti à la connaissance de l'évolution du cadre monumental des églises épiscopales et de leur environnement architectural, grâce à l'essor de l'archéologie préventive, à l'action des services archéologiques territoriaux, à la prise en compte de la recherche archéologique dans le cadre des études préalables et de l'accompagnement des chantiers de restauration, ou encore à des travaux universitaires.

Si le bilan de l'apport des fouilles du sous-sol est particulièrement significatif pour le premier millénaire, commenté dans la contribution de Yann Codou qui constitue le premier volet de notre état de la recherche sur le cadre monumental des centres épiscopaux tardo-antiques et médiévaux, l'architecture des édifices du second millénaire, que Paul-Albert Février connaissait parfaitement à l'aune de l'état des connaissances du XXe siècle, a, à son tour, bénéficié de la recherche archéologique, et en particulier du développement des méthodes de l'archéologie du bâti investies pour la distinction des périodes et campagnes de construction des édifices cathédraux et des complexes canoniaux connexes qui reflètent les conceptions de l'architecture des XIe, XIIe et XIIIe siècles. La présente contribution[2] ne peut toutefois donner qu'un bref aperçu thématique de l'apport de l'archéologie à l'étude des cathédrales romanes de Provence depuis 1991, en esquissant tour à tour les thèmes suivants : l'héritage des édifices du premier millénaire ; le « premier âge roman » des cathédrales provençales ; du « premier » au « second âge » des cathédrales romanes provençales ; la phase ultime du renouveau roman des cathédrales provençales ; le décor monumental : le cas hors norme de Saint-Trophime d'Arles ; l'environnement des cathédrales : bâtiments et quartiers canoniaux.

L'héritage des édifices du premier millénaire

Les travaux de Fernand Benoît sur le groupe cathédral de Cimiez, ceux de Paul-Albert Février lui-même sur celui de Fréjus, les fouilles de Notre-Dame-du-Bourg de Digne par Gabrielle Demians d'Archimbaud et les recherches de Sewell Rollins Guild, Jean Guyon *et al.* sur le site cathédral d'Aix avaient initié un renouveau des recherches proprement archéologiques sur l'histoire monumentale des centres épiscopaux provençaux. Depuis 1991, le corpus s'est enrichi d'un nombre considérable de nouvelles approches et de travaux monographiques. Il en va ainsi de la survie des baptistères paléochrétiens à l'époque romane : à Riez, l'étude archéologique des élévations de l'édifice baptismal, rendue possible par la suppression des enduits tardifs, conclut à une attribution du voûtement du déambulatoire et de l'octogone central à une réfection romane (Fig. 27.1) de l'édifice installé au Ve siècle dans les murs d'un complexe thermal du Haut-Empire[3].

---

[1] Février 1964, p. 38, n. 34.

[2] Voir aussi nos articles précédents : Codou, Hartmann-Virnich 2015, p. 82-87 ; Hartmann-Virnich 2015a, p. 93-113. Pour le contexte du premier âge roman, voir Hartmann-Virnich 2000c.

[3] Borgard, Michel d'Annoville 2015, p. 477-480 ; Borgard, Michel d'Annoville 2007 ; Borgard, Heijmans *et al.* 2014, p. 235-242.

Figure 27.1 : Riez, baptistère : coupole centrale et voûtement du déambulatoire (cliché A. Hartmann-Virnich).

La poursuite des recherches sur le groupe épiscopal de Fréjus, et la publication de deux ouvrages de synthèse sous la direction de Michel Fixot[4] ont permis de dresser un bilan détaillé des remaniements et restaurations de l'édifice baptismal et de revenir sur la question de la forme et de la nature du couvrement à l'époque médiévale, que Paul-Albert Février n'avait pas été en mesure de résoudre[5], en proposant sa possible réfection au XIe siècle – peu ou prou contemporaine de celle du baptistère d'Aix – à l'époque de la construction de la première nef romane de la cathédrale[6] (Fig. 27.2). Décidément incertain, en revanche, demeure l'état du baptistère de la cathédrale de Marseille au cours du Moyen Âge, bien que les récentes recherches archivistiques[7] confirment qu'il survécut sous le titre de « chapelle Saint-Jean » jusqu'à sa destruction partielle dans les années 1640 pour faire place à la chapelle de la Vierge : faute d'indices du contraire, une récente restitution hypothétique de l'état de la cathédrale et de son environnement monumental en 1420 représente le baptistère sous sa forme octogonale initiale, au terme d'une restauration des toitures attestée par les sources écrites[8].

Comme la reconstruction romane du baptistère de la cathédrale d'Aix sur son plan du VIe siècle[9], la restauration ou consolidation des édifices baptismaux tardo-antiques et l'imitation de leur architecture caractéristique par des constructions nouvelles aux XIe et XIIe siècles, s'inscrit, de toute évidence, dans le contexte du mouvement de renouveau à l'époque de la réforme dite grégorienne, dans le but de préserver, de ressusciter ou même de recréer les preuves matérielles de l'ancienneté des

---

[4] Fixot (dir.) 2012 ; Fixot, Sauze 2004.

[5] Février 1981, p. 23.

[6] Fixot (dir.) 2012, p. 203-204. Cf. Fixot, Sauze 2015, p. 329-337.

[7] Réalisées par Francine Vallette dans le cadre d'une recherche collective (cf. *infra*).

[8] Jean-Claude Golvin, 2021-2022, d'après les indications de Marc Bouiron Andreas Hartmann-Virnich, Françoise Paone et Francine Vallette dans Guyon (dir.) 2022, p. 60. Voir Bouiron, Hartmann-Virnich, Paone 2022, p. 61-81.

[9] Guild 1987, p. 34-45, 63-66 ; Guyon *et al.* 1998, p. 255-257, 295-296 ; Claude *et al.* 2015, p. 150-154.

Figure 27.2 : Aix-en-Provence, cathédrale Saint-Sauveur, baptistère : vue du déambulatoire vers le sud (cliché A. Hartmann-Virnich).

Figure 27.3 : Venasque, tétraconque : intérieur vu vers le nord (cliché A. Hartmann-Virnich).

fondements de l'Église et de la légitimité héréditaire de ses prérogatives et possessions face aux nouveaux pouvoirs laïcs[10]. Comme en Italie du Nord-Ouest[11], ce phénomène s'inscrit en effet plus généralement dans un renouveau du plan centré inspiré des formes des IVe, Ve et VIe siècles, entre autres pour des chapelles funéraires[12]. La fonction du tétraconque de Venasque[13], bâti vers le milieu du XIe siècle à côté d'une église qui avait succédé à l'ancien siège-refuge des évêques de Carpentras au VIIe siècle, reste incertaine en raison de la destruction de son sous-sol archéologique au XIXe siècle à la recherche « à charge » de preuves de son rôle présumé de baptistère. Il est possible que l'édifice était censé évoquer le temps des origines de l'Église locale, et rehausser ainsi le prestige de l'ensemble monumental (Fig. 27.3).

À l'instar des fouilles de Paul-Albert Février à Fréjus, celles de la cathédrale de Digne conduites dans les années 1980 par Gabrielle Demians d'Archimbaud ont mis en évidence la relation intime entre l'ordonnance de l'édifice roman, élevé en deux grandes campagnes de construction d'est à l'ouest, en commençant à la fin du XIIe siècle par un transept et chevet plat, avec le prédécesseur tardo-antique qui avait été remanié et augmenté au cours du haut Moyen Âge et actualisé au XIe siècle par l'ajout d'éléments inspirés de l'architecture du premier âge roman, dont une large tour-porche occidentale, la souche d'un clocher latéral et une abside demi-circulaire dotée d'une arcade aveugle sur colonnes, aménagée à l'intérieur d'une extension rectangulaire altomédiévale (Fig. 27.4). En l'occurrence, l'envergure de la nouvelle nef romane (Fig. 27.5), élevée au XIIIe siècle, resta conforme à celle des fondations de la nef du premier édifice et de son extension occidentale du XIe siècle sans augmen-

---

10 Cf. Hartmann-Virnich 2000, p. 43-44 ; 2007, p. 28-31.

11 Bruder-Eichberg 2013, p. 99-115.

12 Cf. Hartmann-Virnich 2000, p. 43-44 ; 2007, p. 21-28.

13 Pour la dernière étude en date voir É. Dupuis, « L'édifice quadrilobé de Venasque. Étude archéologique » (mémoire de Master 2, Aix-Marseille Université, 2013).

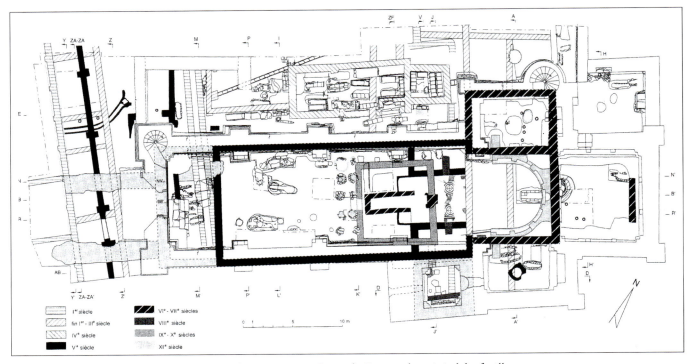

Figure 27.4 : Digne, Notre-Dame-du-Bourg : plan général des fouilles
(d'après G. Demians d'Archimbaud 2001, p. 414, fig. 3 – DAO Fr. Gillet).

ter de volume. Pareillement, le transept avait épousé de près les contours du chevet antérieur[14]. Les fouilles de l'ancienne cathédrale alpine de Senez, conduites par le Service départemental d'Archéologie sous la direction de Mathias Dupuis, ont mis au jour des indices d'un schéma évolutif comparable à celui de la cathédrale de Digne : à Senez toutefois, les vestiges mis au jour dans le sous-sol de la nef ayant précédé celle de l'église romane tardive, presque de même envergure mais décalés vers le sud et l'ouest, sont attribués au Xe ou XIe siècle, l'abside seule remontant au début du Haut Moyen Âge (VIe-VIIIe siècles)[15]. À Fréjus, la révision de l'évolution monumentale du groupe épiscopal eut raison de l'ancienne hypothèse d'une origine tardo-antique de la coexistence de deux nefs parallèles : ce ne fut qu'à la fin du XIe siècle que fut édifié le vaisseau nord, simple volume rectangulaire à chevet plat voûté ou revoûté au XIIe siècle, qui servait probablement de nef canoniale et paroissiale au nord de la cathédrale paléochrétienne, l'église épiscopale remplacée au XIIe siècle par un nouvel édifice dont les voûtes sur croisée d'ogives « lombardes » affichent la monumentalité ambitieuse du style roman tardif régional[16].

Figure 27.5 : Digne, Notre-Dame-du-Bourg : nef vue vers l'ouest
(cliché A. Hartmann-Virnich).

---

[14] Bertrand *et al.* 2015, p. 288-296 et plan p. 293 ; Demians d'Archimbaud *et al.* 2010 ; Demians d'Archimbaud 2001, p. 409-438.

[15] Dupuis *et al.* 2020, p. 10-16.

[16] Fixot (dir.) 2012, p. 276-401 ; Fixot, Sauze 2004, p. 332-334.

Figure 27.6 : Marseille, cathédrale Notre-Dame-la-Major : plan évolutif de la cathédrale paléochrétienne à la cathédrale romane (d'après M. Bouiron/Inrap 2021 – Blanc-Bijon *et al.*, 2022, fig. p. 70).

À Marseille, les fouilles et les études archéologiques du bâti, conduites par l'INRAP sous la direction de Marc Bouiron et de Françoise Paone avec la participation de l'auteur, ont à leur tour confirmé que l'envergure de l'édifice du ve siècle fut prise en compte pour la définition de celle de l'église romane (Fig. 27.6). Celle-ci fut enfin reconstruite sur le même emplacement, mais la nef du xiie siècle resta limitée à trois travées au lieu des cinq initialement prévues, qui auraient atteint la limite occidentale de l'édifice précédent. D'après ces recherches, la toute première phase du chantier de la cathédrale médiévale, datable du milieu du xie siècle et largement hypothétique en raison des nombreuses transformations postérieures, consistait en l'ajout d'un vaste chevet à trois absides à l'édifice antérieur, sans doute l'église tardo-antique toujours en place[17].

À Digne, Senez et Marseille la reconstruction romane de l'église cathédrale débuta donc à l'est de l'ancien édifice, un processus attesté également pour des églises mineures à l'instar de celle de Saint-Raphaël dont l'abside préromane fut entourée, vers la fin du xie siècle, d'un chevet triabsidal sur crypte qui ne fut jamais achevé, ce qui sauva l'ancienne abside d'une destruction certaine[18]. À Saint-Trophime d'Arles, le relevé des désaxements du plan de la cathédrale du xiie siècle et de son espace claus-

---

17 Blanc-Bijon *et al.* 2022, p. 33-37.

18 Voir l'article de Nathalie Molina dans le présent volume.

Figure 27.7 : Cavaillon, cathédrale Notre-Dame-et-Saint-Véran : façade occidentale (cliché A. Hartmann-Virnich).

Le « premier âge roman » des cathédrales provençales[20]

À Cavaillon, la façade occidentale de la cathédrale conserve les vestiges d'un édifice antérieur attribuable à la seconde moitié du XIe siècle (Fig. 27.7), dont les contreforts en pierre de taille s'alignaient sans doute sur une division interne en trois vaisseaux dont il ne reste plus aucune trace dans l'église à nef unique du XIIe siècle qui fut aménagée en partie dans les murs périphériques en appareil mixte de son prédécesseur du premier âge roman[21]. Cette reconstruction partielle est comparable au cas bien connu de la cathédrale Notre-Dame de Nazareth à Vaison-la-Romaine dont la nef du XIe siècle fut, vers le milieu du XIIe siècle, vidée de ses piliers, arcades et couvrement, puis reprise en sous-œuvre en murant les anciennes fenêtres, en plaquant des piles et arcades à double rouleau contre le parement intérieur des murs, et en encastrant des contreforts dans leur parement extérieur surhaussé, pour aménager la nef et le transept dans œuvre d'un édifice basilical voûté en pierre de taille, tout en conservant le chevet triabsidal du premier âge roman (Fig. 27.8). Les fouilles des années 1990 ont soulevé la question de l'ordonnance intérieure de la cathédrale du XIe siècle et donné lieu, à partir des vestiges d'un pilier cruciforme, à l'hypothèse d'une première nef entièrement ou partiellement voûtée[22]. Le voûtement existait en tout cas dès le XIe siècle dans les trois parties du chevet, dont les voûtes en blocage sur coffrage sont consolidées à l'extérieur par des contreforts, un parti archaïque qui témoigne de la relative nouveauté de ce type de couvrement à cette échelle monumentale. D'un conservatisme architectural comparable témoigne le cas de la cathédrale médiévale de Nice, détruite

tral qui lui fut adjoint au cours d'un long processus de transformation du bâti à ses abords méridionaux, suggère une démarche similaire : la base du mur occidental du complexe canonial, qui s'aligne sur l'axe oblique du transept de l'église romane, pourrait matérialiser la limite orientale d'un complexe monumental antérieur. L'étude archéologique du bâti a en effet confirmé que la reconstruction romane, mise en chantier vers 1100, débuta par le transept et le chevet triabsidal, sans doute greffés sur le prédécesseur hypothétique qui aurait ensuite été remplacé par la nef actuelle[19].

---

19 Hartmann-Virnich 2013, p. 61, fig. 6 a.

20 Cf. Hartmann-Virnich 2022, p. 223-236.

21 Guild, Guyonnet, Sauze 2015, p. 272.

22 Guyonnet, Michel d'Annoville 2015, p. 575 ; Michel d'Annoville, Guyonnet 2007, p. 7-14.

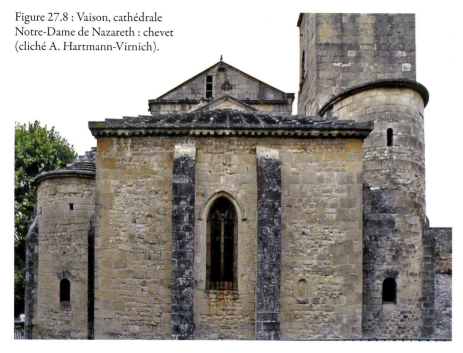

Figure 27.8 : Vaison, cathédrale Notre-Dame de Nazareth : chevet (cliché A. Hartmann-Virnich).

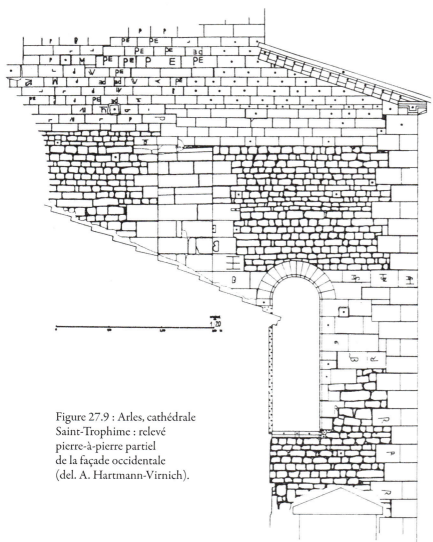

Figure 27.9 : Arles, cathédrale Saint-Trophime : relevé pierre-à-pierre partiel de la façade occidentale (del. A. Hartmann-Virnich).

après 1706 : sous la direction de Marc Bouiron[23], la reprise et la poursuite des anciennes fouilles, dont les débuts remontent au XIXe siècle, et un réexamen de la stratigraphie complexe ont donné lieu à une nouvelle interprétation chronologique qui montre que la nef à trois vaisseaux, datée par radiocarbone de la première moitié du XIe siècle (cathédrale IIIA), fut reconstruite très tardivement, après le XIIIe siècle, en reprenant le même plan et en ajoutant à l'est un nouveau chevet triabsidal (cathédrale IV). Vers le milieu du XIIe siècle, la partie orientale de l'église du premier âge roman avait été modifiée par l'aménagement d'un « avant-chœur » pour accueillir la communauté canoniale récemment dotée de sa propre mense[24].

En revanche, l'étude archéologique de la cathédrale médiévale d'Arles, réalisée par l'auteur dans le cadre d'une thèse de doctorat dont Paul-Albert Février assura la codirection jusqu'à sa disparition, a invalidé l'ancienne hypothèse remontant au XIXe siècle selon laquelle les structures en moyen appareil du transept et de la nef du XIIe siècle auraient été aménagées, à l'instar de celles de la cathédrale de Vaison, dans les murs en petit appareil d'une église antérieure attribuée tour à tour à l'époque mérovingienne[25] et au XIe siècle[26]. En réalité, le petit appareil des murs gouttereaux et celui de la façade (Fig. 27.9) s'intègre parfaitement dans une structure en appareil « mixte »

[23] Ancien conservateur en chef du patrimoine et directeur du service archéologique de la Métropole Nice Côte d'Azur (voir dans ce volume). Les recherches sur l'ancienne cathédrale de Nice et ses abords se poursuivent sous la direction du conservateur en chef actuel Fabien Blanc-Garidel.

[24] Bouiron *et al.* 2015, p. 441-447.

[25] Véran 1877, p. 563-569 ; Bernard, I (1888) 1893, p. 6 ; II (1899) 1900, p. 26-27.

[26] Thirion 1979, p. 370-386.

Figure 27.10 : Venasque, tétraconque : chapiteau (cliché A. Hartmann-Virnich).

Figure 27.11 : Sant Père de Roda, abbatiale : nef vue vers l'est (cliché A. Hartmann-Virnich).

du second quart du XIIe siècle, construction rationnelle qui réserve la pierre de taille, régularisée[27] et chaînée en besace, aux piles, contreforts, ouvertures et angles. Le même appareil caractérise le bâtiment canonial contigu au bras sud du transept, que Jacques Thirion avait attribué au transept saillant de la cathédrale du premier âge roman sans prendre en compte la chronologie relative qui confirme l'adossement de cette construction contemporaine des murs gouttereaux de la nef au transept du second âge roman, élevé autour de 1100[28] en adoptant des éléments structurels et formels inspirés du grand chantier contemporain de la troisième église de l'abbaye bourguignonne de Cluny, qui entretenait des relations privilégiées avec la Provence depuis le Xe siècle[29]. De l'impact de tels modèles exogènes sur l'architecture des cathédrales rhodaniennes au XIe siècle témoigne aussi l'analogie des ordonnances du premier chevet de la cathédrale romane de Viviers et de celui de l'abbatiale de Tournus, monastère bourguignon possessionné en Provence septentrionale dans le diocèse tricastin voisin : exemple provençal insolite d'un chevet à déambulatoire et chapelles rayonnantes de plan rectangulaire[30].

Dès 1963, dans un article précoce qui témoigne de l'ampleur thématique de ses travaux, de l'acuité de son regard analytique et de sa curiosité scientifique, Paul-Albert Février avait constaté, pour le milieu du XIe siècle, la parenté entre les chapiteaux de l'église Saint-Pierre du monastère bénédictin de Montmajour et de l'édifice tétraconque de Venasque (Fig. 27.10), second siège de l'évêché de Carpentras à l'époque mérovingienne, avec ceux du cloître de l'abbaye de Tournus. Ces deux ensembles provençaux, qui attestent à leur tour les liens artistiques de la Provence rhodanienne avec d'autres régions fécondes du premier âge roman, permettent de supposer que la relative rareté des exemples de sculpture monumentale dans les vestiges des cathédrales du XIe siècle[31] est due à la suppression des chevets dont les

---

27 Hartmann-Virnich 2004, p. 187-195.
28 Hartmann-Virnich 2000a, I, p. 354-375.
29 Hartmann-Virnich 2000a, p. 318-338, 394-405.

30 Esquieu 1995, p. 320, fig. 3.
31 Cf. à cet égard Borg 1972, p. 20-31.

absides étaient dotées d'arcades aveugles sur colonnes, à l'instar de l'abside majeure de Notre-Dame-de-Nazareth de Vaison dont les chapiteaux d'inspiration corinthienne et composite, comme ceux de Montmajour et Venasque, confirment l'existence d'un style antiquisant dès le courant du XIe siècle. De telles arcatures à la fois décoratives et structurelles, car destinées au renfort des murs soutenant une voûte en cul-de-four, ont sans doute existé au chevet de l'ancienne cathédrale de Marseille dans son premier état hypothétique du milieu du XIe siècle, et elles sont également attestées à l'abside qui fut aménagée au XIe siècle dans le chevet du Haut Moyen Âge de Notre-Dame-du-Bourg de Digne[32]. À ce type de décor s'ajoutait le mobilier liturgique, et notamment les tables d'autel dont Yumi Narazawa a fait l'étude[33], qui confirme une permanence des formes héritées de l'Antiquité tardive, un phénomène qui correspond en fin de compte à la longue survivance, intégrale ou partielle, des édifices cathédraux eux-mêmes.

Du « premier » au « second âge » des cathédrales romanes provençales

Depuis 1991, la recherche sur l'histoire monumentale des cathédrales provençales, stimulée entre autres par des fouilles programmées et préventives et des études préalables comme à Arles, Avignon, Cavaillon, Carpentras, Marseille, Nice, Orange, Saint-Paul-Trois-Châteaux, Senez, Toulon ou encore Vaison, la tenue de trois congrès annuels de la Société française d'Archéologie dans la Moyenne vallée du Rhône (1995), dans le Var (2010) et dans le Vaucluse (2016) et la publication d'ouvrages thématiques, a été enrichie par de nombreuses recherches monographiques et de synthèse, ainsi la thèse de doctorat de l'auteur sur *Saint-Paul-Trois-Châteaux et Saint-Trophime d'Arles et l'église romane à trois nefs en Provence rhodanienne*[34] dont Paul-Albert Février put encore valider les principaux résultats qui concernent, du XIe au début du XIIIe siècle, le développement structurel parallèle de la nef à trois vaisseaux, de la nef unique et de leur voûtement. À titre d'exemple de l'apport de la recherche récente, l'étude archéologique de l'ancienne Major de Marseille, profitant de la présence d'échafaudages et du décroûtage des élévations dans le cadre du suivi archéologique des travaux de restauration, a permis de reprendre et de corriger l'étude de l'édifice proposée dans le corpus de la thèse précitée[35]. Elle mit aussi en lumière les conditions matérielles et déontologiques de la réponse très particulière des bâtisseurs du XIIe siècle aux difficultés d'élever les voûtes du transept et de la nef-halle laquelle était d'une largeur inhabituelle car héritée de la nef précédente du Ve siècle, preuve s'il en est de la volonté de surmonter les obstacles techniques pour inscrire le nouvel édifice dans une tradition topographique et architecturale pluriséculaire[36].

La recherche sur les édifices provençaux majeurs a démontré que la distinction convenue entre un « premier âge roman » du XIe et un « second âge roman » du XIIe et début du XIIIe siècle est à nuancer dans la mesure où le second se fonde, tant matériellement que conceptuellement et même techniquement, sur les expériences et acquis du premier dont il est la conséquence et la continuation. Ainsi, la structure des nefs des cathédrales d'Arles et de Saint-Paul-Trois-Châteaux est-elle préfigurée au plus tard dès le second tiers du XIe siècle dans la première architecture romane méridionale : l'église priorale de Saint-Donat-de-Montfort, dont la nef-halle est voûtée d'un berceau central flanqué de part et d'autre par deux demi-berceaux au-dessus de collatéraux exigus, atteste l'existence du même type de voûtement en Provence un siècle avant Saint-Trophime[37]. En Catalogne (Sant Vinçenç de Cardona, Sant Pere de Rodes), en Languedoc (Saint-Guilhem-le-Désert, Quarante) (Fig. 27.11) ou encore en Bourgogne (Saint-Philibert de Tournus), les variantes basilicales de cette ordonnance à une échelle plus monumentale confirment la diffusion d'un type dont la conception est comparable à celle du haut-vaisseau de la cathédrale arlésienne par la réduction de la hauteur de la claire-voie par rapport à celle des grandes arcades, conditionnée par la nécessité de limiter l'écart entre la voûte en berceau et les voûtes latérales qui l'épaulent. À Sant Pere de Rodes, sans doute achevée longtemps après sa consécration en 1022[38], la nef-halle dont les collatéraux étroits voûtés en demi-berceau sur arcs-diaphragme préfigurent le voûtement de ceux de Saint-Trophime et de Saint-Paul-Trois-Châteaux, reçoit une parure monumentale d'une richesse inédite qui annonce déjà le futur essor de la sculpture monumentale antiquisante dans l'architecture du XIIe siècle, à l'instar

---

[32] Voir ci-dessus pour ces trois cas.
[33] Narasawa 2015.
[34] Hartmann-Virnich 2000a.
[35] Hartmann-Virnich 2000a, p. 572-585.
[36] Bouiron, Hartmann-Virnich, Paone 2022, p. 61-81.
[37] Fixot R., Hartmann-Virnich, Michel d'Annoville 2001, p. 163-166.
[38] Lores i Otzet 2003.

du cas de la nef de Saint-Paul (Fig. 27.12), par l'introduction de piliers en pierre de taille constellés de colonnes qui sont surmontées d'un second ordre de colonnes à l'étage du vaisseau central. À Saint-Paul enfin, les hautes demi-colonnes engagées qui surmontent les piliers combinent des chapiteaux inspirés de modèles monumentaux du Haut Empire avec des cannelures torsadées à rudentures ornées de denticules et de perles et pirouettes qui évoquent, au contraire, le répertoire de la microarchitecture des sarcophages du IVe siècle[39]. La régularisation et la rationalisation du plan et de l'élévation des édifices, le développement du moyen appareil à joints fins et signes lapidaires « épigraphiques », l'enrichissement des piles à dosserets, l'abandon des voûtes en blocage sur coffrage pour des voûtes en pierre de taille, et l'élaboration d'un savant répertoire décoratif d'inspiration antique qui distinguent l'architecture provençale du XIIe et du début du XIIIe siècle sont en fait le prolongement des acquis de celle du siècle précédent.

Confirmé entre autres par le cas déjà évoqué de la cathédrale de Cavaillon, le développement des vastes nefs uniques voûtées qui tendent à remplacer les vaisseaux à collatéraux d'Arles, Saint-Paul-Trois-Châteaux et Vaison au cours du XIIe siècle, a été illustré par l'étude des cathédrales d'Avignon et d'Orange. L'étude de Notre-Dame-des-Doms, entreprise dans le cadre des campagnes de restauration de l'édifice dans les années 2010[40], a mis en lumière les contours d'un projet architectural ambitieux : lors d'une dernière campagne pour l'achèvement de la nef unique de la cathédrale, la première travée fut construite de concert avec une puissante tour occidentale à chapelle haute qui actualisait les antécédents et peut-être modèles du XIe siècle, attestés aux cathédrales de Digne et de Viviers, dans le contexte plus large d'un renouveau de ce type d'espace d'accueil, que l'on constate à la même époque, sous différentes formes, à la cathédrale de Fréjus[41]

Figure 27.12 : Saint-Paul-Trois-Châteaux, cathédrale : nef vue vers le nord-ouest (cliché A. Hartmann-Virnich).

ou encore à l'abbatiale rhodanienne de Cruas[42]. La tribune, qui s'ouvre sur le haut-vaisseau par une large arcade, constituait sans doute un pôle liturgique à part abrité, à l'instar de la chapelle haute du clocher de Viviers, sous une coupole dont les trompes sont ornées des symboles du Tétramorphe (Fig. 27.13). Accessible de la nef par un escalier à volée droite, la chapelle haute communique avec la souche du clocher par deux escaliers en vis dont les voûtes en berceau hélicoïdal en moyen appareil présentent une variante simplifiée mais sophistiquée de la stéréotomie exceptionnelle de l'exemple éponyme de la « vis » de Saint-Gilles[43]. La relation constructive intime entre la tour-porche de Notre-Dame-des-Doms et la travée jointive de la nef unique ne se retrouve pas à la tour-

---

[39] Lassalle 1970 (2e éd. 1983), p. 70 et pl. XX, 1 ; Hartmann-Virnich 1995b, p. 248-252, 269.

[40] Andreas Hartmann-Virnich, en collaboration avec Laura Deye pour l'étude de la tour occidentale et son porche. Pour une synthèse, voir Hartmann-Virnich 2018b, p. 235-251.

[41] Fixot (dir.) 2012, p. 329-349.

[42] Demians d'Archimbaud *et al.* 2002, p. 180-203.

[43] Seguin 2021, p. 149-153 ; Hartmann-Virnich 2000b, p. 293-299.

Figure 27.13 : Avignon, cathédrale Notre-Dame-des-Doms, tour occidentale : coupole de la chapelle haute (cliché A. Hartmann-Virnich).

porche de Fréjus dont le rez-de-chaussée, sans tribune voûtée intermédiaire, s'élève sur toute la hauteur de la nef jointive, rebâtie postérieurement[44]. En revanche, le lien spatial et fonctionnel de l'étage de cette tour avec l'espace canonial contigu[45] pourrait fournir une explication pour la tribune de la tour de la cathédrale avignonnaise comme possible espace liturgique canonial.

L'étude de Notre-Dame-des-Doms a démontré que la coupole à lanternon qui surmonte la dernière travée romane de la cathédrale avignonnaise, établie sur arcs en encorbellement à l'instar de celle de la Major de Marseille, fut un repentir, car construite dans un deuxième temps en surélevant la naissance de la voûte en berceau originelle pour aménager un puits de lumière au-dessus de la travée du *presbyterium*. L'étude de la cathédrale romane d'Orange a révélé que l'édifice fut commencé à l'est sous la forme d'un édifice à trois vaisseaux[46] qui reprenait peut-être la forme d'une église antérieure encore en place, comme à Cavaillon, Vaison et Marseille. À la différence des nefs uniques des cathédrales d'Avignon, de Cavaillon et de Carpentras, celle de la cathédrale d'Orange, bâtie en plusieurs campagnes à partir du transept construit auparavant selon un projet antérieur abandonné, est dépourvue d'un décor interne de colonnettes et corniches antiquisantes, accusant une sobriété qui contraste avec l'exubérance de celle du diocèse de Saint-Paul auquel celui d'Orange avait été rattaché de l'époque carolingienne jusqu'au début du XIIe siècle : l'autonomie récemment retrouvée dut tempérer les ambitions de l'évêque et de son chapitre pour la mise en œuvre du nouvel édifice cathédral roman dont le seul accent décoratif remarquable, le portail méridional, n'est d'ailleurs conservé qu'à l'état fragmentaire.

La phase ultime du renouveau roman des cathédrales provençales

En attendant les résultats d'une nouvelle recherche en cours sur les cathédrales alpines d'Embrun, de Digne et de Senez dont l'architecture illustre de différentes manières l'intégration de formes tardoromanes et gothiques exogènes plus généralement caractéristiques des premières décennies du XIIIe siècle[47], l'étude de la cathédrale de Grasse a permis de remettre en perspective le phénomène d'une assimilation mitigée d'éléments architecturaux d'inspiration nord-italienne en Provence orientale à la fin du XIIe et au XIIIe siècle[48]. Si cet édifice basilical d'envergure ne devint cathédrale qu'avec le transfert du siège épiscopal d'Antibes en 1244, ses caractéristiques architecturales, réattribuées à la fin du XIIe ou au début du XIIIe siècle, plaident pour un rôle de cathédrale de substitution dans les faits dès avant cette date. Le voûtement sur croisée d'ogives « lombardes » (Fig. 27.14) serait, dans ce cas, postérieur à celui de la nef Notre-Dame de la cathédrale de Fréjus[49] dont les puissantes piles carrées rappellent le voûtement introduit autour de 1200 dans la crypte et dans le bâtiment monastique occidental de

---

44 Fixot (dir.) 2012, p. 346-347.

45 Fixot (dir.) 2012.

46 Hartmann-Virnich 2015b, p. 463-471 ; 2000a, I, p. 495-505.

47 Cf. la thèse de doctorat en cours de Mathias Dupuis, *La cathédrale de Senez et l'architecture religieuse dans les Alpes provençales (Ve-XIIIe siècles)*. Le 183e Congrès annuel de la Société française d'archéologie qui se tiendra dans les Alpes de Haute-Provence en 2024 permettra de faire un bilan des recherches sur les édifices cathédraux et con-cathédraux de Digne, Forcalquier, Riez, Senez et Sisteron.

48 Codou, Esquieu, Thevenon 2015, p. 386-393 ; Esquieu 2012, p. 23-34.

49 Voir ci-dessus.

l'abbaye de Saint-Gilles, sensiblement antérieur à celui, comparable, de l'église des Franciscains d'Hyères élevée vers le milieu du XIIIe siècle[50], mais contemporain de celui de l'église du Thor, dans le diocèse de Cavaillon, caractérisé par des emprunts au gothique français et picard[51].

Le décor monumental : le cas hors norme de Saint-Trophime d'Arles

Si l'affirmation des références à l'art monumental antique caractérise généralement l'architecture religieuse romane de la fin du XIIe siècle dans la région rhodanienne, elle prend une envergure toute particulière à la cathédrale d'Arles dont le portail et le cloître ont fait l'objet de plusieurs études archéologiques en lien avec les chantiers de restauration des années 1990 et 2000, qui mobilisèrent différents acteurs de l'archéologie préventive[52] et des chercheurs universitaires[53]. Or, le premier de ces chantiers d'étude, le suivi archéologique de la restauration du portail[54], fut mis en place grâce à une initiative de Paul-Albert Février, preuve s'il en est de sa vigilance et clairvoyance visionnaires à une époque où de telles approches étaient encore exceptionnelles (Fig. 27.15). La recherche pluriannuelle permit d'analyser et de documenter en détail les méthodes des sculpteurs, la pratique du partage du travail, et les nombreux défauts de conception et de montage, révélés et corrigés – souvent approximativement et non rarement au prix de retailles et de ragréages aussi substantiels que sommaires –, lors de la mise en œuvre par une équipe de maçons distincte[55]. Par la suite, l'approche attentive des pratiques artisanales du XIIe siècle à l'exemple du cas du portail de la cathédrale arlésienne fut déterminante pour la mise en place,

Figure 27.14 : Grasse, cathédrale Notre-Dame : voûtes de la nef (cliché A. Hartmann-Virnich).

la conduite et l'orientation scientifique d'autres travaux sur la sculpture monumentale romane dans la région. Les fouilles archéologiques à l'abbaye de Saint-Gilles sur la rive languedocienne du petit Rhône, le relevé et l'étude pierre-à-pierre de la façade de son église[56] ont mis en évidence le lien de filiation, tant formel et artistique que technique et organisationnel, entre la conception et la construction du portail de la cathédrale arlésienne et le projet initial de la façade de Saint-Gilles, confirmant le rôle de cette dernière comme modèle et, partant, les liens étroits avec l'Italie septentrionale, récemment réétudiés[57]. Dans les deux cas, la mise en œuvre s'est écartée du projet initial, restitué à partir de l'analyse de la construction.

---

[50] Hartmann-Virnich 2005, p. 149-159.

[51] Hartmann-Virnich 2018a, p. 209-224.

[52] INRAP, Hadès, Archéodunum.

[53] Aix Marseille Université/CNRS – LA3M, Université Friedrich-Karl de Tübingen – Kunsthistorisches Institut.

[54] Andreas Hartmann-Virnich, Association pour les fouilles archéologiques nationales (AFAN).

[55] Hartmann-Virnich 2017e ; 1999, p. 107-157 ; 1997, p. 6-31 ; 1995a, p. 68-73.

[56] Hansen 1999-2003 ; 2009-2018. Cf. Hansen 2021, p. 245-262 ; Hansen, Hartmann-Virnich 2014, p. 157-173 ; Hansen 2013, p. 345-374 ; 2007.

[57] Lomartire 2021, p. 289-302.

Figure 27.15 : Arles, cathédrale Saint-Trophime : portail (cliché A. Hartmann-Virnich).

À partir de la fin des années 1990, les fouilles archéologiques et les études de la construction et de la sculpture du cloître de Saint-Trophime d'Arles, conduites en plusieurs campagnes pendant près de deux décennies, ont précisé tour à tour la genèse complexe du projet pour l'espace canonial roman, d'une ampleur et richesse exceptionnelle. Elles mirent en évidence les aléas d'une mise en œuvre successive des galeries, précédée par la construction et la modification d'une partie des bâtiments canoniaux dont l'architecture était en constante évolution[58] : une caractéristique des chantiers de tous les ensembles claustraux, cathédraux et monastiques romans, étudiés au cours des dernières décennies dont Aix[59], Montmajour[60], Saint-Michel de Frigolet[61] et Saint-Gilles[62], proche de la métropole arlésienne mais situé à

---

[58] Pour une synthèse des nombreux travaux avec la bibliographie des publications et des rapports de fin d'étude voir Hartmann-Virnich 2017a, 2017b, 2017c, 2017d.

[59] Claude *et al.*, 2015, p. 153-159. Le cloître et les bâtiments canoniaux d'Aix ont été relevés et réétudiés en 2008 dans le cadre d'un projet de recherche de l'Université de Tübingen sous la codirection de Peter Klein et Heike Hansen dont les résultats n'ont pas été pris en compte par la recherche locale. Cf. Hansen, avec la coll. de Hartmann-Virnich 2017, p. 59-84.

[60] Laura Deye (Hadès), avec la coll. de Hartmann-Virnich 2013.

[61] Hartmann-Virnich 2010, p. 37-50.

[62] Masbernat-Buffat 2021, p. 117-130 ; Hartmann-Virnich, Hansen 2021, p. 95-114 ; Hartmann-Virnich, Hansen (coll. Lipari, octobre 2022), à paraître.

la frontière du Languedoc. À Arles, un relevé détaillé des élévations[63] donna lieu à la découverte de traces d'arrachement des arcades murales d'une première galerie occidentale romane jusqu'alors inconnue, comparable à celle, contemporaine, du cloître abbatial de Saint-Gilles, renouvelant ainsi la question des états antérieurs à l'achèvement du cloître au XIVe siècle.

L'environnement des cathédrales : palais épiscopaux, bâtiments et quartiers canoniaux

Si Paul-Albert Février avait pu suivre les recherches archéologiques sur le palais épiscopal d'Aix qui avaient mis en évidence les origines antiques de la résidence romane, gothique et moderne[64], l'étude du palais épiscopal de Fréjus, dont les plus anciennes parties conservées en élévation remontent au XIe siècle, ne fut entreprise et publiée qu'une trentaine d'années après sa disparition[65]. Réalisée en 2002 dans le cadre d'une prospection thématique, une étude du palais épiscopal médiéval d'Arles, palimpseste d'une évolution complexe dont les phases antérieures à un vaste programme de reconstruction du XIVe siècle restent fragmentaires et conjecturales, est inédite[66]. En 1992, un an après la disparition de Paul-Albert Février, Yves Esquieu publia sa thèse de doctorat d'État, soutenue en 1986, sur *les quartiers canoniaux du sillon rhodanien et du littoral méditerranéen*[67], un bilan des connaissances sur l'environnement monumental des cathédrales et sa place dans le développement urbain médiéval, ainsi que sur l'organisation de la vie canoniale, synthèse pionnière dont les fondements matériels, hypothèses et perspectives sont régulièrement actualisés au fur et à mesure de la recherche archéologique et archivistique, comme à Aix, Arles, Fréjus[68], Marseille, Nice, Orange, Saint-Paul-Trois-Châteaux ou encore à Viviers où le tissu urbain médiéval est particulièrement bien conservé. De l'apport de ces approches à une relecture des chronologies établies témoignent, pour les cathédrales d'Aix et d'Arles, les travaux de l'Université de Tübingen dans le cadre d'un vaste projet de recherche sur les cloîtres canoniaux et monastiques méridionaux[69], preuve du rayonnement international de l'art roman provençal qui avait naguère motivé l'auteur de cette contribution à s'expatrier pour poursuivre ses études en France sous l'égide de Gabrielle Demians d'Archimbaud et de Paul-Albert Février. Ces deux mentors encouragèrent la transformation d'un premier projet de mémoire de maîtrise en thèse de doctorat, point de départ pour une longue série de travaux dédiés à la recherche archéologique sur l'architecture romane provençale. Que ce bilan qui en tient compte soit dédié à leur mémoire.

---

[63] Chaillou 2011, p. 27, fig. 11.

[64] Fixot *et al.*, 1986, p. 195-290.

[65] Sauze 2012a, p. 403-465.

[66] Eggert 2002.

[67] Esquieu 1992.

[68] Sauze 2012b, p. 467-519.

[69] Université de Tübingen, 2006-2008, sous la codirection de Peter K. Klein et Heike Hansen, avec la collaboration de Peter Dresen et Kristian Kaffenberger.

Bibliographie

Bernard D. (abbé) 1893-1900, *La basilique Saint-Trophime d'Arles*, I. *La basilique primitive*, Arles (1888) 1893; II. *La basilique virgilienne*, Arles (1899) 1900.

Bertrand R., Demians d'Archimbaud G., Pelletier J.-P., Sanchez J.-M., avec la coll. de Fr. Flavigny 2015, « Digne. Notre-Dame-du-Bourg et Saint-Jérôme. Siège épiscopal depuis le IVe siècle », dans Codou, Pécout (dir.) 2015, p. 287-307.

Blanc-Bijon V., Bouiron M., Guyon J., Paone Fr. 2022, « Vers 420 ? La cathédrale primitive », dans Guyon (dir.) 2022, p. 21-59.

Borg A. 1972, *Architectural Sculpture in Romanesque Provence*, Oxford.

Borgard Ph., Heijmans M., avec la coll. de C. Michel d'Annoville, Fr. Prévot 2014, « Riez », dans *Topographie chrétienne des cités de la Gaule*, XVI. *Quarante ans d'enquête (1972-2012)*. 1, *Images nouvelles des villes de la Gaule*, Paris, p. 234-242.

Borgard Ph., Michel d'Annoville C. 2007, « Riez, Groupe épiscopal » [notice archéologique], *ADLFI. Archéologie de la France – Informations*, Provence-Alpes-Côte d'Azur, consulté le 05 septembre 2022 <https://journals.openedition.org/adlfi/6202>.

—— 2015, « Riez. Les trois cathédrales disparues », dans Codou, Pécout (dir.) 2015, p. 473-489.

Bouiron M., Hartmann-Virnich A., Paone Fr. 2022, « 1420. La cathédrale du Moyen Âge », dans Guyon (dir.) 2022, p. 61-81.

Bouiron M., Jannet-Vallat M., Sanchez É., Thévenon L. 2015, « L'ancienne cathédrale de Nice », dans Codou, Pécout (dir.) 2015, p. 435-459.

Bruder-Eichberg B. 2013, « Osservazioni e riflessioni critiche sulla polivalenza liturgica dei battisteri nord-occidentali d'Italia dei secoli XI e XIIe », dans A. Segagni-Malacart, L. C. Schiavi (dir.), *Architettura dell'XI secolo nell'Italia del Nord. Storiografia e nuove ricerche (Convegno internazionale, Pavia, 8-9-10 aprile 2010)*, Pise, p. 99-115.

Caylux O., Gasc C. (dir.) 2017, *Le cloître de Saint-Trophime d'Arles*, Arles.

Chaillou M. 2011, *Cloître Saint-Trophime. Arles (Bouches-du-Rhône). Rapport intermédiaire d'opération archéologique. Périodes médiévale et moderne*, Direction régionale des Affaires culturelles, Service régional de l'Archéologie, Aix-en-Provence.

Claude S., Guild R., Guyon J., Rivet L. 2015, « Aix-en-Provence. Saint-Sauveur », dans Codou, Pécout (dir.) 2015, p. 147-179.

Codou Y., Esquieu Y., Thevenon L. 2015, « Grasse et Antibes. Notre-Dame-du-Puy. Siège épiscopal à Antibes depuis le Ve siècle, transféré à Grasse en 1244 », dans Codou, Pécout (dir.) 2015, p. 383-397.

Codou Y., Hartmann-Virnich A. 2015, « Métamorphoses. Les temps romans : les chantiers du XIe siècle » ; « Métamorphoses. Les chantiers du second âge roman », dans Codou, Pécout (dir.) 2015, p. 82-87.

Codou Y., Pécout Th. (dir.) 2015, *Cathédrales de Provence*, Strasbourg.

Demians d'Archimbaud G. 2001, « Les fouilles de l'ancienne cathédrale de Digne : état des questions », *Comptes rendus de l'Académie des Inscriptions et Belles-Lettres* 145.1, p. 409-438.

Demians d'Archimbaud G., Esquieu Y., Fixot M., Hartmann-Virnich A. 2002, « Espaces d'accueil et pôles occidentaux dans l'architecture religieuse préromane et romane de Provence », dans Chr. Sapin (dir.), *Avant-nefs et espaces d'accueil dans l'église entre le IVe et le XIIe siècle (Actes du colloque international d'Auxerre, 17-20 juin 1999)*, Paris, p. 180-203.

Demians d'Archimbaud G., Pelletier J.-P., Flavigny Fr., Barré Fr. 2010, *Notre-Dame-du-Bourg à Digne. Fouilles, restauration et aménagements liturgiques, une chronique monumentale de 20 siècles*, Digne-les-Bains, Plan patrimoine antique.

Deye L., avec la coll. d'A. Hartmann-Virnich 2013, *Abbaye de Montmajour. Arles, Bouches-du-Rhône. Rapport final d'opération archéologique. Moyen Âge, époque moderne et contemporaine*, Aix-en-Provence, Direction régionale des Affaires culturelles, Service régional de l'Archéologie, 3 vol.

Dupuis É. 2013, *L'édifice quadrilobé de Venasque. Étude archéologique*, Mémoire de Master 2, Aix-Marseille Université.

Dupuis M., *La cathédrale de Senez et l'architecture religieuse dans les Alpes provençales (ve-xiiie siècles)* (Thèse de doctorat, soutenance prévue au dernier trimestre 2024.

Dupuis M., Dantec E., Brousse P., Henrion E., Dedonder Y. 2020, *Senez. Un diocèse, un village, une cathédrale*, Digne-lès-Bains (Cahiers archéologiques de Haute Provence, 2) <archives ouvertes, halshs-02539225>.

Eggert V. 2002, *Le palais archiépiscopal d'Arles. Document final de synthèse. Opération thématique. Programme 19. Le fait urbain. Août à décembre 2002*, Aix-en-Provence, Direction régionale des Affaires culturelles, Service régional de l'Archéologie.

Esquieu Y. 1992, *Autour de nos cathédrales. Quartiers canoniaux du sillon rhodanien et du littoral méditerranéen*, Paris (Monographies du CRA, 8).

—— 1995, « La cathédrale Saint-Vincent de Viviers », dans *Congrès archéologique de France, 150e session, 1992, Moyenne vallée du Rhône*, Paris, p. 317-331.

—— 2012, « Grasse, cathédrale et palais épiscopal », dans *Congrès archéologique de France, 168e session, 2010, Nice et Alpes-Maritimes*, Paris, p. 23-34.

Février P.-A. 1964, *Le développement urbain en Provence de l'époque romaine à la fin du XIVe siècle. Archéologie et histoire urbaine*, Paris (BEFAR, 202).

—— 1981, *Fréjus, le groupe épiscopal*, Paris.

Fixot M. (dir.) 2012, *Le groupe épiscopal de Fréjus*, Turnhout (Bibliothèque de l'Antiquité tardive, 25).

Fixot M., Guyon J., Pelletier J.-P., Rivet L. 1986, « Des abords du forum au palais archiépiscopal. Étude du centre monumental d'Aix-en-Provence », *Bulletin monumental* 144.3, p. 195-290.

Fixot M., Sauze É. 2004, *Fréjus, la cathédrale Saint-Léonce et le groupe épiscopal*, Paris.

—— 2015, « Fréjus, Saint-Léonce. Siège épiscopal du ve siècle à 1958, puis rattaché au diocèse de Toulon », dans Codou, Pécout (dir.) 2015, p. 327-345.

Fixot R., Hartmann-Virnich A., Michel d'Annoville C. 2001, « Les voûtes de Saint-Donat-le-Bas », dans *L'An Mil. Fin d'un monde ou renouveau ? (Actes des journées romanes de Saint-Michel de Cuxa, 4-7 juillet 2000)*, Les Cahiers de Saint-Michel de Cuxa 33, p. 163-166.

Guild R. 1987, *La cathédrale d'Aix-en-Provence. Étude archéologique*, Paris.

Guild R., Guyonnet Fr., Sauze É. 2015, « Cavaillon. Notre-Dame-et-Saint-Véran », dans Codou, Pécout (dir.) 2015, p. 271-285.

Guyon J. (dir.) 2022, *Marseille et sa Major. Métamorphoses d'une cathédrale*, Cavaillon.

Guyon J., Nin N., Rivet L., Saulnier S. 1998, *Atlas topographique des villes de Gaule méridionale, I. Aix-en-Provence*, Montpellier (Revue archéologique de Narbonnaise, suppl. 30).

Guyonnet Fr., Michel d'Annoville C. 2015, « Vaison-la-Romaine. Notre-Dame-de-Nazareth et Sainte-Marie-de-l'Assomption », dans Codou, Pécout (dir.) 2015, p. 569-579.

Hansen H. 2007, *Die Westfassade von Saint-Gilles-du-Gard. Bauforscherische Untersuchungen zu einem Schlüsselwerk der südfranzösischen Spätromanik* (Thèse de Doctorat, Université de Stuttgart).

—— 2013, « La façade de l'ancienne abbatiale de Saint-Gilles : recherches d'archéologie du bâti sur la construction », dans A. Hartmann-Virnich, H. Hansen (dir.), *L'ancienne abbaye de Saint-Gilles-du-Gard. Nouvelles recherches archéologiques sur un monument majeur de l'art roman*, Bulletin monumental 4, p. 345-374.

—— 2021, « La façade de l'ancienne abbatiale de Saint-Gilles : recherches d'archéologie du bâti sur la construction », dans Hartmann-Virnich (dir.) 2021, p. 245-262.

—— avec la coll. d'A. Hartmann-Virnich 2017, « L'approche archéologique du cloître cathédral et monastique dans le Sud de la France et le Nord de l'Espagne : Saint-Gilles-du-Gard, Aix-en-Provence, Arles, Gérone, Sant-Cugat, Santo Domingo de Silos, Tarragone », dans G. Boto i Varela (dir.), *Les cathédrales catalanes dans le contexte européen (s. X-XII) (Actes du colloque international de Gérone, 7-9 novembre 2012)*, Oxford (BAR International Series, 2853), p. 59-84.

Hansen H., Hartmann-Virnich A. 2014, « La façade de l'abbatiale de Saint-Gilles-du-Gard : nouvelles recherches sur la construction d'un chef d'œuvre de l'art roman », dans *Le portail roman – XIe-XIIe siècles. Nouvelles approches, nouvelles perspectives (Actes des 45e journées romanes de Saint-Michel de Cuxa, 4-7 juillet 2013)*, Les Cahiers de Saint-Michel de Cuxa 45, p. 157-173.

Hartmann-Virnich A. 1995a, « La mise en œuvre d'un chef d'œuvre roman : le portail de Saint-Trophime d'Arles », *Archéologia* 314, p. 68-73.

—— 1995b, « La cathédrale Notre-Dame-et-Saint-Paul de Saint-Paul-Trois-Châteaux (Drôme) », dans *Congrès archéologique de France, 150e session, 1992, Moyenne vallée du Rhône*, Paris, p. 239-278.

—— 1997, « Matériaux, sculpteurs et maçons entre roman et gothique : le portail de Saint-Trophime d'Arles », dans *La pierre. Archéologie, architecture, développement local (Colloque d'Alès, 5-6 juin 1997)*, Alès, p. 26-31.

—— 1999, « Sur les traces des sculpteurs et maçons. Les découvertes archéologiques », dans A. Hartmann-Virnich (dir.), *Le portail de Saint-Trophime d'Arles. Naissance et renaissance d'un chef-d'œuvre roman*, Arles, p. 107-157.

—— 2000a, *Saint-Paul-Trois-Châteaux et Saint-Trophime d'Arles et l'église romane à trois nefs en Provence rhodanienne. Architecture, construction, évolution*, Lille (Thèse de Doctorat nouveau régime, Université de Provence Aix-Marseille I, 1992).

—— 2000b, « La "vis" de Saint-Gilles », dans *Congrès archéologique de France, 157e session, 1999, Gard*, Paris, p. 293-299.

—— 2000c, « Remarques sur l'architecture religieuse du premier âge roman en Provence (1030-1100) », dans *Actes du colloque international de Motovun (28-30 mai 1999)*, Hortus Artium Medievalium 6, p. 35-64.

—— 2004, « Préfabrication, module et "standardisation" dans l'architecture de pierre de taille médiévale : quelques exemples du Sud-Est de la France (XIIe-XIVe siècles) », dans *Terres et hommes du Sud (126e congrès national des Sociétés historiques et scientifiques, Toulouse, 9-14 Avril 2001), Carrières et constructions*, 4, p. 187-204.

—— 2005, « Hyères, Église Saint-Louis. Ancienne église conventuelle des Cordeliers », dans *Congrès archéologique de France, 160e session, 2002, Var*, Paris, p. 149-159.

—— 2007, « *Restauratio formae primitivis ecclesiae*. La construction d'une mémoire : l'évocation des premiers temps chrétiens dans l'architecture du premier âge roman. L'exemple de la Provence », dans Cl. Carozzi, Sho-Ichi Sato (dir.), *Histoire, Fiction, Représentation. 21st Century COE Program of International Conference Series N. 8, March 2007 (Actes du colloque international franco-japonais, Aix-en-Provence, 23-25 octobre 2006)*, Nagoya, p. 15-37.

—— 2010, « Le cloître de Saint-Michel de Frigolet : étude archéologique d'un monument roman méconnu », dans P. Payan (dir.), *Monachisme et réformes dans la vallée du Rhône, XIe-XIIIe siècles (Actes du colloque de Saint-Michel de Frigolet, 18 novembre 2006)*, Avignon (Études vauclusiennes, 75-76), p. 37-50.

—— 2013, « La cathédrale Saint-Trophime d'Arles. Réflexions sur les antécédents de l'église romane et de son espace claustral », dans *La cathédrale romane. Architecture, espaces, circulations (Actes des 44ᵉ journées romanes de Saint-Michel de Cuxa, 9-13 juillet 2013), Les Cahiers de Saint-Michel de Cuxa* 44, p. 53-71.

—— 2015a, « Les cathédrales provençales à l'époque de l'essor roman », dans Th. Pécout, Y. Codou, N. Coulet (dir.), *Cathédrales en Provence (Actes du colloque « La Provence, terre de cathédrales », 57ᵉ congrès de la Fédération historique de Provence, Marseille, 18 et 19 octobre 2013), Provence historique* 65.257, p. 93-113.

—— 2015b, « Orange. Notre-Dame-de-Nazareth », dans Codou, Pécout (dir.) 2015, p. 463-471.

—— 2017a, « La cathédrale romane », dans Caylux, Gasc (dir.) 2017, p. 42-45.

—— 2017b, « L'architecture du cloître de sa construction jusqu'au XIXᵉ siècle », dans Caylux, Gasc (dir.) 2017, p. 60-77.

—— 2017c, « L'influence de l'Antiquité dans l'art roman du cloître Saint-Trophime », dans Caylux, Gasc (dir.) 2017, p. 82-85.

—— 2017d, « Les sculpteurs et l'organisation du chantier médiéval », dans Caylux, Gasc (dir.) 2017, p. 95-99.

—— 2017e, « Sur les traces des sculpteurs et des maçons. Les découvertes archéologiques », dans Caylux, Gasc (dir.) 2017, p. 97-153.

—— 2018a, « Le Thor, église Notre-Dame-du-Lac », dans *Monuments d'Avignon et du Comtat Venaissin. Empreinte et influence de la papauté (XIVᵉ-XVIIIᵉ siècles). Congrès archéologique de France, 175ᵉ session, 2016, Avignon*, Paris, p. 209-224.

—— 2018b, « Avignon, cathédrale Notre-Dame-des-Doms. L'édifice roman », dans *Monuments d'Avignon et du Comtat Venaissin. Empreinte et influence de la papauté (XIVᵉ-XVIIIᵉ siècles). Congrès archéologique de France, 175ᵉ session, 2016, Avignon*, Paris, p. 235-251.

—— (dir.) 2021, *De Saint-Gilles à Saint-Jacques. Recherches archéologiques sur l'art roman des « Chemins de Saint-Jacques de Compostelle » dans le Midi français et en Espagne (Actes du colloque de Saint-Gilles-du-Gard, 8-10 novembre 2018)*, Avignon.

—— 2022, « Les cathédrales provençales et l'architecture du XIᵉ siècle dans la basse vallée du Rhône », dans M.-C. Schurr J.-M. Spieser (dir.), *L'évêque Werner de Strasbourg et la cathédrale ottonienne (Actes du colloque international à l'occasion du millénaire de la cathédrale de Strasbourg, Strasbourg, Palais universitaire, 18-20 mars 2015), Bulletin de la cathédrale de Strasbourg* 35, p. 223-236.

Hartmann-Virnich A., Hansen H. 2021, « L'espace claustral roman de Saint-Gilles : recherches archéologiques sur un ensemble monumental déchu », dans Hartmann-Virnich (dir.) 2021, p. 95-114.

—— à paraître, « Le *claustrum* de l'abbaye de Saint-Gilles-du-Gard : recherches archéologiques sur l'infortune d'un espace monastique roman », dans *Atti del Convegno internazionale di studi I chiostri nell'area mediterranea tra XI e XIII secolo. Architettura, Archeologia, Arte (Lipari, 7-9 octobre 2022)*.

Lassalle V. 1970 (2ᵉ éd. 1983), *L'influence antique dans l'art roman provençal*, Paris (Revue archéologique de Narbonnaise, suppl. 2).

Lomartire S. 2021, « La façade de Saint-Gilles et l'Italie : nouveaux regards sur une chronologie renouvelée », dans Hartmann-Virnich (dir.) 2021, p. 289-302.

Lores i Otzet I. 2003, *El monestir de Sant Père de Rodes*, Barcelone.

Masbernat-Buffat A. 2021, « Le cloître de l'abbaye de Saint-Gilles : les apports de l'archéologie sédimentaire », dans Hartmann-Virnich (dir.) 2021, p. 117-130.

Michel d'Annoville C., Guyonnet Fr. 2007, « La cathédrale Notre-Dame de Nazareth à Vaison-la-Romaine : état de la recherche », *Bulletin de l'Association pour l'Antiquité tardive* 16, p. 7-14.

Narasawa Y. 2015, *Les autels chrétiens du Sud de la Gaule (Vᵉ-XIIᵉ siècles)*, Turnhout (Bibliothèque de l'Antiquité tardive, 27).

Sauze É. 2012a, « Le palais épiscopal », dans Fixot (dir.) 2012, p. 403-465.

—— 2012b, « L'ensemble canonial », dans Fixot (dir.) 2012, p. 467-519.

Seguin M. 2021, « L'escalier en vis de Saint-Gilles », dans Hartmann-Virnich (dir.) 2021, p. 149-153.

Thirion J. 1979, « Saint-Trophime d'Arles », dans *Congrès archéologique de France, 134ᵉ session, 1976, Pays d'Arles*, Paris, p. 360-479.

Véran A. 1877, « Visite à l'église Saint-Trophime », dans *Congrès archéologique de France, 43ᵉ session, 1876, Arles*, Paris, p. 563-569.

28. Table-ronde : « Continuité entre les rives méditerranéennes, continuité entre les disciplines »

Michel Fixot
Aix Marseille Université, Laboratoire d'Archéologie médiévale et moderne en Méditerranée (LA3M), UMR 7298, Aix-en-Provence.

Nous avions souhaité que deux collègues et amis très proches de Paul-Albert Février, Aïcha Ben Abed-Ben Khader et Xavier Barral i Altet, soient à la place que j'occupe pour clore notre rencontre. Leur présence aurait été une marque supplémentaire de l'unité que Paul-Albert concevait entre les deux rives de la Méditerranée occidentale. Pour des raisons médicales, aucun des deux n'a pu effectuer le déplacement à Aix pour apporter son sentiment sur le déroulement scientifique et amical de ces journées. Cependant, l'un et l'autre ont souhaité participer par un témoignage qui sera retenu dans la publication des *actes*. Ils ont envoyé leur contribution sous des formes différentes qui relèvent chacune de l'esprit dans lequel a été prévue cette rencontre, la relation privée et sensible telle que savait l'établir Paul-Albert Février et la pensée publique et scientifique à l'occasion d'un colloque dont la tenue correspondait à l'ouverture de perspectives nouvelles en Archéologie et en l'Histoire de l'Art, et dans le rapport réciproque entre ces deux disciplines avec l'Histoire. Paul-Albert Février y joua les premiers rôles.

Continuité entre les rives méditerranéennes, continuité entre les disciplines, c'est retrouver l'une des idées forces de son legs intellectuel. Mais nous savons aussi qu'il nous a fait réfléchir ou qu'il nous a provoqués à propos de l'unité de temps dans ses écrits ou durant ses cours.

Dans le témoignage qu'il apportait à l'occasion des enregistrements du film que nous avons souhaité produire, Véronique Blanc-Bijon et moi, à propos de Paul-Albert Février (Canal U : https://www.canal-u.tv/chaines/mediamed/ateliers-de-la-mmsh/portraits-de-chercheurs-paul-albert-fevrier), Jean Guyon faisait la remarque selon laquelle, sous l'influence exercée, des conclusions certainement trop optimistes avaient été émises en ce domaine. On peut penser notamment à l'*Histoire de la France urbaine* qui a servi de point de repère initial à Xavier Lafon pour sa contribution.

Jean Guyon rappelait combien les conditions nouvelles, créées par l'archéologie préventive, telles que les a rappelées Marc Bouiron et les ont montrées aussi Nuria Nin et Sandrine Claude à propos de la ville d'Aix, avaient apporté une documentation qui était de nature à beaucoup nuancer cet optimisme, sans pour autant remettre en cause la validité du questionnement. S'il m'est permis de rappeler une anecdote personnelle, j'ai souvenir de l'opposition entre deux communications, celle de Paul-Albert et la mienne, dans un ouvrage co-dirigé avec Elisabeth Zadora-Rio. À partir de quelques expériences personnelles le néophyte que j'étais, dans le cas des dépendances rurales des grandes abbayes provençales, avait relevé sur le temps long, un demi-millénaire, des phénomènes de discontinuités ou de créations par rapport à l'occupation antique, tandis que Paul-Albert s'était attaché à illustrer des continuités probables à partir d'elle.

Intéressé par la ville et par l'inertie qui fait sa stabilité – ou sa résilience selon Laurent Schneider – malgré les évolutions, Paul-Albert n'a jamais, dans sa vaste bibliographie médiévale, abordé la question de la genèse du système castral puis villageois, c'est-à-dire le moment où, par rapport au passé, intervient une réorganisation de l'occupation des campagnes, celui où, après l'An Mil, se créent les préliminaires d'un renouvellement décisif. Il avait l'intention de le faire et, après le développement des villes, pour le temps de l'*otium* qu'il vit approcher sans l'atteindre, il avait confié vouloir s'intéresser au développement du monde rural en Provence. À ce sujet, il avait été intrigué lorsque, lors de certaines promenades du samedi après-midi qu'il affectionnait, nous étions allés au pied de la motte de Palayson. En pleine vallée de l'Argens sur laquelle il avait écrit et qui lui était si familière, il découvrait une nouveauté.

C'est par clin-d'œil et référence à ce moment qu'il a été demandé à Mariacristina Varano, Daniel Mouton et

Thierry Pécout de nous entretenir de leurs travaux relatifs au nouveau mode d'organisation d'un territoire provençal à l'époque de l'apparition des premiers châteaux. Ils ont montré quelle était matériellement cette forme inédite à partir de laquelle, par échecs ou succès, une autre organisation territoriale et sociale était destinée à s'imposer par rapport à ce qui pouvait être le souvenir du système de la fin de l'Antiquité ou subsister de lui par l'intermédiaire des domaines ecclésiastiques. Leur expérience montre qu'à partir de l'établissement de ce réseau une histoire régressive est difficilement envisageable, signe de la discontinuité introduite.

Voyant devant moi un certain nombre de collègues qui ont eu à l'aborder dans leurs recherches, c'est donc sur le thème des continuités ou des ruptures qui a tant marqué l'œuvre de Paul-Albert Février que, pour conclure, je vous invite à échanger afin de profiter de la variété des expériences.

Mariacristina Varano
À la suite de ce que vient de suggérer Michel Fixot, je souhaite apporter quelques précisions au sujet du périmètre chronologique de notre communication au sein de ce colloque et en particulier en préciser la démarche. Comme nous l'avons montré, le cœur de notre recherche porte sur la mise en place de l'assise castrale d'*Archantioscum* bien perceptible, sur le terrain et dans les textes, entre le milieu du Xe et le XIIe siècle. Notre objectif vise toutefois à dépasser les bornes de cette séquence temporelle et à appréhender l'évolution de ce micro-territoire sur une longue durée, le regard tourné, autant que faire se peut, vers les siècles plus hauts du premier Moyen Âge, tout comme sur la période plus tardive, mieux documentée. Toutes celles et tous ceux qui travaillent sur la Provence médiévale connaissent la difficulté d'y repérer les traces matérielles antérieures à l'amorce de la période castrale, dont ne témoignent finalement que quelques sites. Dans ce colloque, nous avons souhaité mettre en exergue une des démarches que Paul-Albert Février avait explorées pour compenser la connaissance « malaisée » de la fin de l'Antiquité et du Haut Moyen Âge, à savoir la méthode régressive qu'il invitait tout de même à manier avec prudence (l'article posthume de 1994 en est la preuve). Or, à Allemagne-en-Provence, nous disposons d'éléments disparates couvrant une longue séquence chronologique : pour l'Antiquité, le PCR *Riez et le territoire riézois* sous la direction de Philippe Borgard a fourni des repères fort utiles ; pour les siècles suivants, les données deviennent particulièrement hétérogènes et difficiles, par conséquent, à manier. Au-delà des résultats concrets en termes historiques, pour l'heure assez ténus, il s'agissait ici de proposer une approche méthodologique pour l'étude des périodes hautes en Provence, dans un secteur où, pourtant, la documentation autorise une bonne lecture de la situation autour de l'An Mil, ce qui constituait sans doute un terreau idéal pour une observation régressive.

Xavier Lafon
Paul-Albert Février a plusieurs fois abordé dans ses écrits la question du rapport ou des rapports entre « continuité » et « rupture », insistant généralement sur l'importance de la première notion. Si l'on souhaite élargir et surtout prolonger le débat, il me semble qu'il faut désormais prendre en compte dans nos domaines de recherche l'apport relativement récent, mais en augmentation régulière, de l'archéométrie. Si des changements importants dans les mensurations concernant les animaux d'élevage sont désormais reconnaissables et mesurables, traduisant une augmentation considérable de leur taille, ils s'inscrivent dans le temps long, comme les changements dans le couvert végétal mieux connus désormais grâce, par exemple, à l'étude des pollens comme à celle des macrorestes. Il est difficile dans ces deux cas de parler de « rupture » en Gaule pendant la période antique entendue au sens large, de la protohistoire à la fin de l'Antiquité, sauf à opposer globalement la période de l'Indépendance gauloise et la totalité du Haut Empire. On a donc tendance à privilégier plus ou moins consciemment dans ce cas l'idée de continuité pour traiter de ces deux changements majeurs apportés par un renouvellement incontestable dans les pratiques agricoles. C'est vraisemblablement dans cette différence d'attitude que s'est créé le conflit entre les protohistoriens pour qui tout est déjà en place en Gaule vers la conquête césarienne et les historiens « classiques » qui mettent en avant les changements induits par la présence romaine.

Inversement les événements politiques, à commencer par les guerres de conquêtes, créent incontestablement des ruptures quand une population ou un état est soumis en particulier à de nouveaux maîtres. Toutefois ce sont les mêmes individus que l'on retrouve avant et après ce moment de rupture : si l'on considère la population adulte, celle-ci a été formée pour l'essentiel et éduquée souvent plusieurs décennies auparavant, et elle ne change pas fondamentalement dans sa conception de l'existence, ses rapports familiaux sauf cas extrême comme la réduction en esclavage et la déportation. L'idée de continuité l'emporte donc dans un cadre fondamentalement différent entre un avant et un après provoqué par ces ruptures de l'ordre politique. Le même individu est confronté en même temps au changement brutal et à la continuité. Il faut donc plusieurs échelles d'analyse pour mesurer l'impact d'un phénomène en lui-même très brutal et les conséquences sur les populations locales.

La connaissance des dates historiques est à la fois indispensable et insuffisante. On ne fait plus coïncider, comme le faisait Jean-Jacques Hatt, conservateur du musée archéologique de Strasbourg, la « stratigraphie » de la ville (marquée dans son cas notamment par une série d'incendies généralisés) avec les événements historiques précis décrits par les historiens antiques. On sait désormais que ces événements sont plus ou moins reconstitués par ces auteurs et surtout que ces incendies sont, de fait, susceptibles d'être moins généralisables comme phénomène unique à l'échelle de la ville. En conséquence, il est impossible de les rattacher à l'un de ces « évènements » connus par les textes mais on ne peut pour autant totalement passer sous silence ces derniers quand on souhaite rétablir l'histoire de la cité.

Vincenzo Fiocchi Nicolaï
A proposito del problema della continuità-discontinuità tra età antica e medioevo, dal punto di osservazione dell'archeologia funeraria, nel caso di Roma, si individua una evidentissima cesura nel periodo immediatamente seguente la guerra greco-gotica, come mi è capitato di puntualizzare in un recente convegno che si è tenuto a Pisa su questo lungo periodo bellico. La inveterata tradizione delle sepolture *extra moenia* si conferma venne meno in quel periodo, a favore del proliferare di necropoli urbane più o meno estese che vanno ad occupare zone in abbandono, spesso in relazione alla presenza di chiese di origine antica. Non si evidenziano più le grandi aree cimiteriali extraurbane, e questo anche in relazione al crollo demografico. Pure le nuove chiese che si costruiscono nell'area suburbana tra la fine del VI e i primi decenni del VII secolo (S. Lorenzo, S. Agnese, S. Valentino) non presentano più le caratteristiche di grandi aule destinate alla sepoltura, come gli analoghi edifici dei secoli precedenti. Esse si rivelano essenzialmente costruzioni destinate alla venerazione del santo e alla celebrazione dell'eucaristia sulle sue spoglie; chiese "raccolte" intorno ai sepolcri dei martiri eponimi, dove gli spazi per le inumazioni risultano estremamente ridotti e destinati, per lo più, ai membri dell'élite. Questo mutamento ci induce a rivalutare, almeno in alcuni casi, più di quanto si sia fatto in questi ultimi anni, in base al "politicamente corretto", la "storia evenemenziale", i grandi avvenimenti "storici", quali fattori di cambiamento profondi nell'assetto delle città e delle campagne antiche (come ci inducono a fare alcuni autorevoli storici). A Roma, anche molti altri indicatori archeologici rivelano, in effetti, che tra la fine del VI e il VII secolo la città mutò profondamente il proprio aspetto. Nell'intervento a quel convegno, da "continuista" convinto, immaginavo di trovare segnali in quel senso e mi sono ritrovato discontinuista ...

Michel Bonifay
Pour ma part, je souhaiterais aborder cette question de rupture et de continuité par le biais d'une documentation dont il a été peu question au cours de ce colloque : la céramique, à laquelle pourtant Paul-Albert a porté intérêt durant une bonne partie de sa carrière, depuis l'un de ses premiers écrits paru en 1963 (« Remarques préliminaires sur la céramique romaine d'Afrique du Nord », dans *Revue d'Études ligures*) jusqu'à sa dernière note sur le sujet en 1982 (« À quoi sert la céramique ? », parue dans *Provence historique*). Or la céramique est précisément l'un des outils les plus souvent utilisés de nos jours pour écrire l'histoire économique de l'Antiquité, en particulier dans des régions, comme le Maghreb, où manquent les fouilles de centres producteurs de denrées agricoles. Cette quasi-absence d'archéologie rurale (hormis les prospections) sur le territoire de l'Afrique méditerranéenne (on ne trouvera guère que deux ou trois exemples de fouilles récentes de *villae* en Tunisie et en Libye à ajouter à l'exemple algérien du Nador rappelé hier par Mounir Bouchenaki) conduit à réfléchir principalement en termes de diffusion des céramiques (vaisselles et amphores) produites dans ces régions. De fait, cette documentation montre tout d'abord une remarquable continuité de la production africaine et des échanges (mais qu'en est-il des volumes ?) en Méditerranée occidentale jusqu'à la fin du VIIe siècle au moins (cf. les contextes de Rome, Sant'Antonino di Perti, Marseille, Tarragone ...), voire même jusque dans le premier tiers du VIIIe siècle (cf. le contexte du Mont Bouquet évoqué hier par Laurent Schneider ou encore celui de la cathédrale d'Arles fouillé par Marc Heijmans et étudié par Tomoo Mukai et Jean-Christophe Tréglia). On voit ainsi que la conquête arabe (la plupart des amphores attestées dans ces contextes sont originaires d'une région, l'actuel Sahel tunisien, passée sous contrôle omeyyade dès les années 670) n'a pas mis un terme à la production africaine de denrées liquides (huile, *garum*, vin ?) ni à leur diffusion au nord de la Méditerranée. S'il y a rupture, elle n'est pas complète avant les années 720/730 et, par ailleurs, l'absence de témoin céramique ne veut pas obligatoirement dire arrêt des échanges,

ces derniers pouvant porter sur des denrées qui ne nécessitent pas d'être conditionnées en amphores. Cependant, cette continuité jusqu'au VIIe siècle et cette possible rupture au VIIIe siècle ne doivent pas masquer une rupture peut-être plus importante du point de vue de l'histoire économique, intervenant bien plus tôt, au Ve siècle. Le marqueur le plus important est ici la vaisselle de table (la sigillée « claire » africaine) dont les statistiques montrent la baisse plus ou moins prononcée des arrivages dans la plupart des centres consommateurs de Méditerranée orientale et occidentale, suscitant le développement de « substituts d'importations » tels que les sigillées phocéennes et chypriotes en Orient ou encore la sigillée grise du Sud de la Gaule (la DS.P. d'Yves Rigoir dont le dossier a été repris par Tomoo Mukai). Toute la question est toutefois de savoir quand, au Ve siècle, interviennent ces changements ? Les avis divergent : selon Clementina Panella, la baisse des importations africaines à Rome caractérise la fin du Ve siècle, signe d'une crise de l'économie africaine durant ce qu'elle appelle la « seconde époque vandale », tandis que Paul Reynolds reste fidèle à une interprétation liée à l'occupation vandale et à la fin du système annonaire au milieu du Ve siècle. Pour ma part, après avoir soutenu un temps cette dernière hypothèse, je suis désormais plus enclin à envisager un changement précoce, dans le premier quart du Ve siècle, comme le montrent les statistiques sur la circulation des sigillées africaines publiées par Elisabeth Fentress ou encore l'effondrement des importations d'amphores africaines à *Portus* (cf. la thèse de Pina Franco sur le matériel des fouilles dirigées par Simon J. Keay). Cette désorganisation de la distribution des denrées africaines en Méditerranée (dont on pense actuellement qu'une bonne partie transitait par *Portus*) trouve peut-être son origine dans une baisse de la demande à Rome (parfois attribuée à une chute démographique) mais peut également traduire une crise en Afrique, latente depuis la seconde moitié du IVe siècle et qui semble se manifester de façon plus critique encore au début du Ve siècle (voir la communication de Marc Griesheimer). La documentation céramique fait ainsi apparaître le Ve siècle comme un moment charnière dans la diffusion des denrées africaines (qui, en Occident, perdent leur hégémonie face aux arrivages de Méditerranée orientale) tandis que la poursuite (ou le renouveau) des échanges aux VIe et VIIe siècles répond très probablement à d'autres logiques commerciales et économiques, et aux besoins et priorités générés par l'affirmation de nouvelles structures étatiques.

Claude Raynaud

Une brève réflexion sur la notion de continuité dans le cadre de notre colloque commémoratif. L'analyse que j'ai consacrée au cas de Maguelone invite à la réflexion sur une idée forte, au cœur de la démarche de Paul-Albert, l'idée de continuité. Dans ses séminaires aussi bien que dans les discussions sur une thèse en cours, P.-A. F. insistait sur l'opportunité, pour les jeunes chercheurs de ma génération, de s'interroger sur les avants et les après de tel ou tel phénomène, tenants et aboutissants susceptibles de délivrer le sens d'une évolution trop vite réduite à un instantané temporel. C'était une intuition ou un horizon d'attente plutôt que le produit d'une analyse aboutie, car nous étions dans un commencement et les chantiers restaient rares et balbutiants : nains juchés sur les épaules d'un géant, nous découvrions une ample vue cavalière au sein de laquelle émergeaient quelques points fixes, amers qu'il restait à explorer.

M'échut alors l'entreprise d'une géographie (je suis un géographe refoulé, Paul-Albert le savait) du peuplement de la Septimanie, province gauloise du royaume germanique d'outre Pyrénées. C'était un excellent observatoire (les épaules ...) depuis lequel je mesurais la complexité des processus touchant à l'évolution des sociétés humaines, au sein desquelles la continuité le dispute à la rupture. D'abord hussard noir continuiste (venger l'Antiquité tardive si malmenée !) je me heurtai à de redoutables dilemmes qui infléchirent mon approche : dans les replis de la carte je découvrais des ruptures qui n'étaient visibles qu'au prix d'un changement d'échelle.

Je me trouve aujourd'hui en rupture de continuité, comme l'a montré mon exposé sur Maguelone où l'habitat, le port, l'évêché, l'arrière-pays, tissent ensemble une trame continue au sein de laquelle apparaissent pourtant, si l'on réduit la focale, la disparition çà ou là d'une agglomération, d'un domaine ou d'un ensemble de fermes, au Ve, au VIe, au VIIe siècle mais tout autant dès les IIe, IIIe et IVe siècles. Qu'en penser, sinon qu'un démon malicieux s'évertue à brouiller les pistes d'une continuité que je perçois désormais comme le dépassement d'une série de ruptures.

Laurent Schneider

Dans le domaine des études archéologiques consacrées à l'occupation des sols, aux systèmes d'habitat et de peuplement, par conséquent inscrites dans une histoire nécessairement plus globale des territoires et des paysages mais aussi dans des perspectives plus spécifiquement diachroniques, les catégories traditionnelles de rupture et de continuité sont-elles encore pleinement opérantes ou suffisantes ? Et ce dans un contexte qui tentent désormais, entre passé et présent, entre nature et société, de mieux appréhender la dimension humaine du *global change*, celle des transitions et plus précisément celle du lien entre hommes, lieux et espaces, à travers la culture matérielle et les objets propres d'une archéologie contextualisant ses découvertes, ses séquençages et ses prélèvements démultipliés (Schneider 2020).

L'archéologie nationale et internationale, dans toutes ses dimensions, a connu durant ces trois dernières décennies de profondes transformations, voire un processus de refondation proprement épistémologique. Outre ses progrès technologiques, elle s'est aussi largement dilatée dans le temps et dans l'espace : les préhistoriens ne sont plus les seuls à dialoguer avec les sciences de la nature, l'Antiquité méditerranéenne n'est plus le réceptacle unique et privilégié d'un passé sans cesse réifié, les archéologues médiévistes français disposent aujourd'hui d'une autonomie mieux assurée dans un arc chronologique très ample. Par ailleurs, le terme « archéologie » figure désormais de manière plus institutionnelle dans les mots-clefs de la section 33 du CNRS dédiée aux mondes modernes et contemporains tandis que géographes et anthropologues ont apporté de nouveaux outils heuristiques, là aussi dans l'espace et dans le temps et à des échelles très diverses, qui déclinent autrement les catégories de transition et de changement de régime historique (Archéomedes 1998, Sanders 2021, Bertoncello *et al.* 2023).

En France, l'afflux de la documentation matérielle, accompagnée en particulier par le développement de l'archéologie préventive au cours de ces trente dernières années, a sans doute montré combien ces catégories étaient surtout tributaires des corpus et des échelles d'observation. Pour le Haut Moyen Âge, si profondément renouvelé, un ensemble de plus de 700 sites fouillés est aujourd'hui disponible au nord de la Loire (Peytremann 2023) contre moins de 10 signalés en 1988 dans le cadre de l'exposition « Un village au temps de Charlemagne ». Simultanément, les fouilles conduites à Serris (Seine-et-Marne) capitalisent désormais plus de 25 ha de surface explorée (Gentili 2017), ce qui est probablement un exemple européen unique.

Il en résulte la mise en évidence de transformations lentes. Continuité et changement sont pour ainsi dire contemporains, ce qu'observaient déjà dans leur rapport de synthèse en 2006 les médiévistes, historienne et archéologue, Monique Bourin et Elisabeth Zadora, au 37e congrès de la Société des historiens médiévistes de l'Enseignement supérieur (SHMESP) consacré à la « Construction de l'espace au Moyen Âge » (Bourin, Zadora-Rio 2007, p. 48). Et ce n'est pas là un effet rhétorique ou littéraire. Mais constat et concept ont fini par émerger dans le sens de la reconnaissance réelle d'une asynchronie peu ou prou désormais généralisable. Celle-ci se manifeste d'une part entre les permanences détectables à l'échelle macro, celle des systèmes à transformations lentes des parcellaires et des fuseaux viaires, et, d'autre part, les changements plus rapides qui sont ceux de l'échelle micro, de la maison, de l'habitat et de lieux intermédiaires.

Le débat qui nous occupe aujourd'hui, celui, politique, de l'effondrement d'un empire ou d'une partie d'empire entre Antiquité et Moyen Âge, est-il si différent finalement, en termes de continuité ou de rupture, de celui qui, au cours de ces dernières décennies, a agité les médiévistes français à propos de la mutation, sinon de la « révolution de l'An Mil » fondée sur le phénomène castral faisant suite à l'effondrement d'un empire plus récent (fruit d'une restauration, plus bref, et surtout plus proche de notre présent, celui du moment carolingien), qui provoqua en France ce débat et, désormais, en Italie celui des communes urbaines conçues comme réponses innovantes par rapport à un empire ou à des états (devenus ou supposés) défaillants. Car là est aussi la question sensible dans les récentes prises de position de Chris Wickham (2023) et Laurent Feller (2023). Les résumer et les simplifier reste une gageure. Mais essayons. L'effondrement d'une structure politique englobante (un empire, un royaume) provoque une confrontation entre des catégories ou des modes de production formels et informels, par rapport à l'unité d'un mouvement historique qui puise et réforme en fonction du jeu social, entre légal et illégal, licite et illicite, à travers la diversité des situations locales que l'archéologie tente à sa manière de détecter, de restituer, sinon de comprendre. Ici ou là, à l'échelle d'une même cité, ou d'une cité à une autre, sinon d'une ancienne province à une autre encore, on doit admettre, de fait, des inégalités spatiales et de développement territorial, mais aussi la possibilité selon laquelle des modes de production distincts et anachroniques purent coexister dans des systèmes de régime historique en transition.

Ainsi en est-il dans l'ancienne Narbonnaise. Ici en Uzège, dans la basse vallée du Rhône, des *villae* de tradition antique perdurent dans le Haut Moyen Âge comme centres de peuplement rural ; là en Roussillon, le même système s'effondre dès le ve siècle sinon avant ; ou là encore, de part et d'autre du Rhône, autour de Viviers, des établissements de hauteur (dont un nouvel évêché) se substituent localement à un centre domanial majeur (Béal *et al.* 2023).

Dans ce contexte, et au-delà d'une signification devenue très polysémique depuis les années 2000, la notion de résilience se trouve aussi déclinée dans sa version écologique et sensible, comme le propose Sandrine Robert depuis le nouveau monde canadien où sont auscultées d'autres transitions. Cette notion offre possiblement un nouveau cadre théorique et conceptuel aux études consacrées à la transmission et à la reconnaissance des traces matérielles laissées dans les paysages et dans les sols (Robert 2021). Elle n'est sans doute pas une solution proprement alternative mais, d'un point de vue heuristique, elle n'oppose plus passé et présent, présent et futur. Elle ne se résout pas non plus dans celle d'inertie qui postule la conservation d'un système. Bien au contraire, la résilience écologique adaptée à l'archéologie insiste sur les processus de transformations lentes qui permettent à une structure de se maintenir dans le temps. La démarche ouvre sur la nécessité de mesurer et de comprendre dans une perspective plus interdisciplinaire. Elle oblige surtout l'archéologue des périodes dites de transition, mais pas seulement lui, à se confronter davantage à ce cadre interdisciplinaire, diachronique, à venir jusqu'au temps présent et à recourir aux sciences sociales et aux sciences de la nature pour tenter de mieux déterminer les transmissions, sinon l'auto-organisation, des systèmes complexes sous-tendus afin de les envisager comme tels.

Quel en est l'intérêt pour nos domaines ? En premier lieu, il est sans doute, au sein d'un réservoir d'expériences, de faire émerger des sujets d'études plus hybrides et diachroniques. Voies et routes en sont un exemple, déjà exploré par Sandrine Robert. C'est ce que montrait aussi, sans prétendre à une théorie, l'une des dernières expositions du musée de Lattes, adressée à tous publics et consacrée à la voie domitienne (Audoly *et al.* 2020). Ici l'enquête oscillait entre l'étude de la route traitée comme un monument linéaire, celle de ses établissements de service et de contrôle, celle des localités reliées dans une nouvelle hiérarchie, mais conçue également en tant qu'expression territoriale d'un nouveau pouvoir qui substitue, sur des termes longs, des flux d'échanges est-ouest à un système spatial antérieur, préromain, construit plutôt selon les axes sud-nord des fleuves côtiers. Cela aboutit, peu après l'An Mil, à l'émergence d'une ville proprement médiévale, Montpellier, sans racines antiques.

Aussi les systèmes de villes (des réseaux) développés par les géographes sont un autre sujet d'étude hybride possible, de même que celui des établissements de hauteur (habitats et sanctuaires), tout aussi résilients, topiques et parfois mnémotopiques comme nous avons tenté de l'évoquer. Mais bien d'autres catégories sont évidemment envisageables et déjà en cours d'investigations : les systèmes portuaires en sont une illustration.

D'autres trajectoires et expériences européennes prolongent cette réflexion sur le temps long, qui, en définitive et plus largement, aboutit à considérer la place de l'archéologie et l'accompagnement qu'elle offre pour la résilience de nos propres sociétés contemporaines. L'*Eco-territorialismo* envisagée par la recherche italienne récente en est une évocation possible (Volpe 2023). On comprendra qu'il faut composer avec les outils traditionnels mais que l'archéologie sous tous ses aspects apporte aussi des capacités de lecture et d'accompagnement, sinon de résilience, à la compréhension des aléas entre le passé et le présent, entre l'enfoui, les traces et leurs rapports aux sols cultivés et habités, bétonnés et consommés, du monde contemporain.

Toutes ces démarches invitent peut-être à repenser, dans un étroit chemin, les relations pendulaires entre environnement, institutions et gouvernementalité (Devroey 2019, Labbé 2021). Un chemin qui est d'abord et peut-être avant tout celui d'une histoire résiliente de la faim et d'un accès à des ressources de subsistance. Un chemin étroit qui demeure néanmoins, dans ce réceptacle d'expériences qu'est celui du patrimoine de nos sols et des paysages. Une peau de chagrin ?

Bibliographie de l'intervention de Laurent Schneider

Audoly M., Bermond I., Dusseaux D., Pellecuer Chr., 2020, *La voie Domitienne du Rhône aux Pyrénées. Archéologie de la route en Languedoc*, Lattes (Duo Monuments/Objets).

Archéomedes 1998, *Des* oppida *aux métropoles. Archéologues et géographes en vallée du Rhône*, Paris (Villes).

Béal J.-Cl., Landry Chr., Blaizot F. (dir.) 2023, *La villa gallo-romaine du Palais à Châteauneuf-du-Rhône*, Lyon (Documents d'Archéologie en Rhône-Alpes et Auvergne, 55).

Bertoncello Fr., Ouriachi M. J., Nuninger L., Favory Fr. (dir.) 2023, *Dynamiques des peuplements, des territoires et des paysages. Bilan et perspectives en Archéologie spatiale. Hommage à Jean-Luc Fiches (Actes des 42ᵉ rencontres internationales d'archéologie et d'histoire, Nice Côte d'Azur)*, Nice.

Bourin M., Zadora-Rio E. 2007, « Pratiques de l'espace : les apports comparés des données textuelles et archéologiques », dans *Construction de l'espace au Moyen Âge. Pratiques et représentations (Actes du XXXVIIᵉ congrès de la Société des historiens médiévistes de l'Enseignement supérieur public (Shmesp), Mulhouse 2006)*, Paris, p. 39-55.

Devroey J.-P. 2019, *La Nature et le roi. Environnement, pouvoir et société à l'âge de Charlemagne (740-820)*, Paris.

Feller L. 2023, « Sur "la révolution féodale" et l'émergence des Communes urbaines d'Italie de Chris Wickham », *Revue historique* 706.2, p. 281-285.

Gentili F. 2017, « Agglomérations rurales et terroirs du haut Moyen Âge en Île-de-France (VIᵉ-XIIᵉ siècles) : l'apport des grandes fouilles préventives (plateau briard, Plaine-de-France) » (Thèse de doctorat, Université Paris 1) <https://www.theses.fr/2017PA01H122>.

Labbé T. 2021, « Jean-Pierre Devroey, *La Nature et le roi. Environnement, pouvoir et société à l'âge de Charlemagne (740-820)* », *Études rurales* 207, p. 233-237 <https://doi.org/10.4000/etudesrurales.26305>.

Peytremann E. 2023, « L'apport de l'archéologie de l'habitat rural à l'étude socio-économique du monde rural du VIᵉ au Xᵉ siècle dans la moitié nord de la Gaule », dans *I Franchi (Atti della 69ᵃ Settimana di studio, Spoleto, 21-27 aprile 2022)*, Spolète (Centro italiano di studi sull'alto medioevo), p. 349-387.

Robert S. 2021, *La résilience. Persistance et changement dans les formes du paysage*, Londres (Interdisciplinarité, sciences et humanités).

Sanders L. (dir.) 2021, *Settling the World. From Prehistory to the Metropolis Era*, Tours (Villes et Territoires). Nouvelle édition en ligne, consulté le 07 novembre 2023 <https://books.openedition.org/pufr/19610> (trad. anglaise de l'ouvrage de 2017).

Schneider L. 2020, « La fouille archéologique comme laboratoire et bibliothèque sans murs », *Histoire de la recherche contemporaine* 9.2, p. 178-179 <https://journals.openedition.org/hrc/5124>.

Volpe G. 2023, « Dall'archeologia globale dei paesaggi alla storia del territorio : un progetto di saperi essenziali per la definizione di valori, invarianti, statuti dell'eco-territorialismo », dans A. Magnaghi et O. Marzocca (dir.), *Ecoterritorialismo*, p. 31-38.

Wickham Chr. 2023, « La "révolution féodale" et l'émergence des Communes urbaines d'Italie », *Revue historique* 706, p. 287-323.

29. « Qui construit et le dit ? »
Paul-Albert Février au colloque de Rennes en 1983

Xavier Barral i Altet
Institut national d'Histoire de l'Art (INHA), Paris

Du 2 au 6 mai 1983, j'ai organisé à l'Université de Rennes 2, où j'avais été nommé professeur d'Histoire de l'art du Moyen Âge deux ans auparavant, un grand colloque international, *Artistes, artisans et production artistique au Moyen Âge*, publié par les Éditions Picard, à Paris, en trois gros volumes en 1986, 1987 et 1990. Paul-Albert Février y présenta une brève intervention, au titre fort original, *Qui construit et le dit ? Remarques sur la fin de l'Antiquité*, dont la nouveauté d'approche a encore été soulignée récemment[1]. Cette communication ouvrait le premier bloc d'interventions sur *Commanditaires et formes de donation* de la première section, *Conception de l'œuvre*, du deuxième volume des Actes consacré au thème *Commande et travail*. Je voudrais mettre en contexte cet épisode à l'aide de divers documents inédits et de mes propres souvenirs.

Le colloque de Rennes voulait être une réunion d'amis médiévistes en désaccord avec l'Histoire de l'art pratiquée alors dans les cercles officiels et les universités françaises. L'initiative devint très vite une grosse opération avec plus de cent-cinquante participants qui répondirent à l'appel provenant de milieux très divers et de nombreux pays, ce qui permit immédiatement de comprendre qu'il y avait une attente en France comme ailleurs pour renouveler la discipline. Les bouleversements de mai 1968 avaient été de courte durée et, à la fin des années soixante-dix du XXe siècle, l'Histoire de l'art médiéval paraissait isolée dans une sorte de post-formalisme qui l'éloignait d'autres disciplines comme l'Histoire et l'Archéologie. J'avais moi-même été formé dans le formalisme le plus strict, autour de Louis Grodecki (1910-1982), dont j'avais été un des assistants à la Sorbonne, alors Paris IV.

Nommé à la succession d'André Mussat (1912-1989) à l'Université de Rennes 2 en 1981, je me suis lancé dans l'aventure de réunir des archéologues, des historiens et des littéraires autour des historiens de l'art sur la base d'un projet destiné à élargir les problématiques géographiques, chronologiques et thématiques de l'Histoire de l'art du Moyen Âge. Je pensais alors essentiellement à la France, mais la réponse à l'appel à communications devint tout de suite nettement internationale. Il apparut rapidement que le seul moyen d'ouvrir l'horizon et de marquer le futur était d'élargir sans crainte le champ chronologique et thématique en assumant les risques de la dispersion, d'autant plus que, pour moi, il était essentiel d'envisager un Moyen Âge large, de l'Antiquité tardive à la première Renaissance.

Paul-Albert Février, ami proche et cher, conseiller de vie et de recherche, fut parmi les premiers à être consulté sur mon projet : il m'encouragea et ne manqua pas à l'appel. Il en témoigna lors de sa première intervention au colloque : « Je tiens à remercier X. Barral qui a insisté pour que les spécialistes de l'Antiquité tardive soient présents. Car le Moyen Âge se trouve tiraillé entre deux tendances ; d'une part les XVe et XVIe siècles pour lesquels pèse une documentation archivistique, et de l'autre un Moyen Âge qui oublie souvent l'Antiquité dont il est issu. Dans l'Antiquité tardive nous passons d'une société qui écrit à une société qui écrit différemment : ainsi la mosaïque, pariétale ou de pavement, constitue une nouvelle source documentaire. Si bien que nos documents

---

[1] « Les historiens de l'Antiquité ont inventé, dans les dernières décennies du XXe siècle, le terme d'évergétisme pour qualifier les distributions et les constructions auxquelles le prince, le magistrat au cours de l'exercice annuel de sa magistrature, ont attaché leur nom. La donation change de sens avec l'apparition de l'Église chrétienne au IVe siècle, puisqu'elle n'est plus d'abord ostentation mais principalement acte de charité ou de piété. Alors on a discuté pour savoir si on pouvait continuer à parler d'"évergésie", ou si l'on devait préférer des mots tels que "patronage" ou "mécénat" qui souvent ne conviennent pas non plus » et l'auteur cite en note l'article de Paul-Albert Février au colloque de Rennes objet de la présente évocation : Robert Favreau, « Les donateurs et leurs dépenses d'après les inscriptions (du IVe au XIIe siècle) », *Bulletin monumental*, 180.3, 2022, p. 195 et note 1.

Figure 29.1 : Rapports préliminaires soumis à discussion au colloque de Rennes (cliché X. Barral i Altet).

Figures 29.2-3 : Présidence de Paul-Albert Février, entre Jean-Pierre Sodini et Anthony Cutler (clichés X. Barral i Altet).

antiques, essentiellement sur pierre, ont comme relais une documentation peinte ou sur mosaïque qui a un tout autre discours que le document traditionnel de l'Antiquité [...]. D'autre part, le discours antique est souvent mensonger, et certainement plus à partir du moment où l'évêque apparaît comme celui qui fait tout, qui reçoit tout et qui construit tout dans la société chrétienne. On sait bien que *Cesar fecit* c'est une règle, mais il n'en va pas de même pour *Episcopus fecit ecclesiam* ; il y a là d'autres réalités sous-jacentes, d'autres réalités fiscales, etc. Il s'agit pour l'historien d'avoir une réflexion sur les documents ecclésiastiques qui traduisent une structure même de l'Église, mais, au-delà, car l'Église nie ceux qui font le travail ».

Cette intervention liminaire de Paul-Albert donna le ton et l'esprit de toute la section sur la commande et les dons. Tout le colloque devint une rencontre qui cherchait à s'éloigner des débats théoriques qui occupaient alors essentiellement les historiens de l'art pour chercher à mieux comprendre les acteurs, c'est-à-dire les auteurs du travail artistique et leurs œuvres. Analyses stylistiques, chronologies comparatives et attributions furent donc bannies. Bien qu'on ne voulût exclure personne, ceux qui ne s'identifiaient avec la problématique et le débat proposés n'y furent pas. À l'exception de Louis Grodecki, au courant par moi dès le début de l'initiative, mais dans l'impossibilité d'y assister.

Nous étions jeunes et tout nous paraissait possible. Des étudiants enthousiastes et motivés m'accompagnèrent en tout moment. Le colloque de Rennes fut organisé sur la seule et unique base de débats et cela fonctionna de jour comme de nuit avec deux soirées qui, après le diner au restaurant universitaire, se prolongèrent jusqu'à presque deux heures du matin. Un bon mois avant le début du colloque, les participants avaient reçu deux gros volumes de pré-rapports de plus de 1800 pages (Fig. 29.1). Les textes, regroupés par petits blocs thématiques devaient faire l'objet d'une très brève présentation et être soumis ensuite à une longue et profonde discussion : ce fut toute la richesse du colloque.

Des présidents de séance, toujours en couple et provenant d'horizons différents, avaient été chargés de présider les débats, mais surtout de les préparer et de les accompagner. Paul-Albert fut sollicité pour co-présider deux séances de travail d'une demi-journée. Cette co-présidence impliquait une participation directe à la préparation scientifique du colloque. Les présidents devaient, dans le cadre de leur section, organiser les discussions par thèmes à partir des textes des participants qui avaient été envoyés à tous deux mois avant le début du colloque (mi-mars 1983). Les co-présidents avaient entière liberté pour structurer les débats et les conduire. Paul-Albert co-présida deux sections, la séance nocturne du 3 mai qui débuta à 20h30 et se poursuivit jusqu'à 1h30 du matin, dédiée à la *Conception de l'œuvre*, avec un historien de l'art marxiste fort radical, Otto Karl Werckmeister, et la première demi-journée dédiée à la section *Matières premières et techniques : le travail*, le 4 mai après-midi avec deux spécialistes de l'Antiquité tardive, dans ce cas du monde oriental et byzantin, Anthony Cutler et Jean-Pierre Sodini (Fig. 29.2-29.3).

L'intervention de Paul-Albert ouvrit le débat : *Qui construit et le dit ?* un texte qui était déjà présent dans le premier volume de rapports provisoires de 1983 (p. 505-507) et qui ne changea pas dans la publication définitive quatre ans plus tard, en 1987. Son propos liminaire était clair : « Pour qui considère d'une part les informations relatives aux constructeurs d'édifices publics dans l'Antiquité et d'autre part les lieux de culte et, lorsqu'on le peut, les autres constructions urbaines, le contraste est évident. Le dire sur la construction et les bâtisseurs est totalement différent ».

Le concept d'évergétisme entra dans le débat. Dans un texte sans notes, Paul-Albert définissait, en citant Paul Veyne, le « jeu de don et contre-don dont l'évergésie est la manifestation ». Considérant que l'image idéale du prince est celle du bâtisseur, un type d'évergésie repris par les souverains des royaumes barbares, notamment pour la construction de lieux de culte, Paul-Albert essayait de cerner « ce qui est évergésie liée à une fonction – l'acte même de construire et celui de le dire – et ce qui est dérivation d'une semblable attitude – le fait de donner et de le dire – à un moment quelconque ». Mais, pour l'extrême fin de l'Antiquité et le Haut Moyen Âge l'information est essentiellement liée aux lieux de culte : « Aussi importe-t-il de s'interroger sur les conditions mêmes de l'expression de la construction, du dire sur la construction, en considérant la structure ecclésiale et ses usages ». Et Paul-Albert soulignait « l'importance dans le discours d'Église de la morale et donc de la charité. D'où le rôle qu'est amené à prendre dans le discours sur la construction l'évêque – ou le prêtre et donc le clergé – au détriment du reste du peuple chrétien ». Paul-Albert distinguait entre la construction due à la « générosité des fidèles » et l'« évergésie » dont il conseillait de « réserver à ce terme sa fonction devenue traditionnelle ».

Puis Paul-Albert invitait les participants à interroger les sources : « Il est indispensable d'être sensible autant à l'épigraphie qu'à ses silences qui ne sont pas autant de signes d'interruption ou de crise. La crise du discours n'est pas celle de la construction. D'abord parce que l'investissement du surplus de richesse peut se faire dans des directions très diverses : la construction publique ou/et la construction privée ; la construction ou/et le don en nature ou espèce [...]. Dire et écrire sur la pierre ou le bronze est une chose. Mais le texte peut être porté sur l'enduit peint ou la mosaïque. Et donc son devenir, sa forme aussi peuvent être différents. Le carmen épigraphique a des règles différentes de celles de l'inscription relative au magistrat ; il a une fonction différente [...]. On pensera aussi à l'importance de ces formules du type "celui dont Dieu connaît le nom". L'anonymat est une des formes d'une spiritualité chrétienne, tant pour la construction que pour la tombe. Remarque qu'il faudra discuter d'autant plus que la tombe est dans la construction chrétienne. »

Puis, Paul-Albert lança la discussion : « Telles sont quelques-unes des pistes qui peuvent être suivies dans une histoire de la "conception de l'œuvre", une histoire où construction – c'est-à-dire l'édifice et son décor – et évolution du sentiment religieux autant que des structures sociales et économiques de l'Église doivent être vus conjointement ».

Et la discussion fut dense et animée, avec des interventions notamment de Robert-Henri Bautier, Jean-Pierre Caillet, Jean-Pierre Darmon et Otto Karl Werckmeister qui répondaient à la proposition de Paul-Albert Février citée plus haut.

Et aux perplexités de Robert-Henri Bautier sur l'évergétisme de l'Antiquité tardive et du Haut Moyen Âge, Paul-Albert répondait : « L'évergétisme est un mot nouveau que mon maître [H.-I. Marrou] a lancé et que ses élèves ont repris, que ce soit P. Veyne, E. Patlagean, Ch. Pietri ou moi-même. Il faut bien prendre garde que l'évergétisme antique est de deux sortes. Il y a d'une part l'évergétisme du prince et c'est une forme qui dure certainement. C'est la raison pour laquelle j'ai toujours eu un peu de difficulté à admettre les mots de mécénat, patronage, etc. lorsqu'il

Figure 29.4 : Paul-Albert Février parmi les participants. Au premier plan, Hans Belting, Guy Barruol, Caroline Bruzelius, Fabienne Joubert... (cliché X. Barral i Altet).

Figure 29.5 : Paul-Albert Février au colloque de Rennes avec Jacques Mallet et Christian Sapin (cliché X. Barral i Altet).

s'agit du prince [...]. L'autre forme, est l'évergétisme des magistrats [...] parce qu'évergétisme se relie à des structures de classe, si je puis employer ce mot puisque je me suis aperçu que, même si Marx n'était pas mort, les fantômes de Marx étaient aussi dangereux que Marx vivant. [...] Je ne crois pas que l'évergétisme rural soit une forme dérivée, un succédané de la générosité dans la ville. [...] Je ne dirai donc pas que l'évergétisme antique traditionnel s'est effacé pour laisser place à quelque chose d'autre, mais que l'évêque et la structure ecclésiale se sont imposés face à la structure traditionnelle jusqu'à l'étouffer ».

Finalement, à la question d'O. K. Werckmeister : « Il y a ici deux concepts : ravitaillement et construction. Comment cela se manifeste-t-il d'une époque à une autre et comment les deux dépenses de l'évergétisme se balancent-elles. Autrement dit combien dépense-t-on pour nourrir le prolétariat et combien reste-t-il pour construire des monuments ? C'est un problème d'équilibre qui perdure pendant tout le Moyen Âge, je crois, jusqu'aux cathédrales. C'est un problème constant mais avec des variations : pourriez-vous le préciser chronologiquement et historiquement ? », Février répondit :

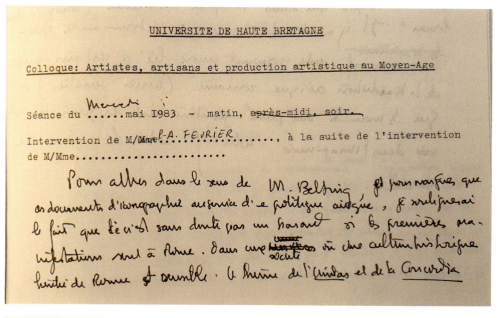

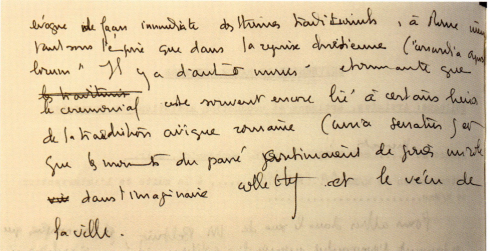

Figure 29.6a-b : Document manuscrit d'une intervention de Paul-Albert Février, recto-verso, le 4 mai 1983 (cliché X. Barral i Altet).

Pour commémorer Paul-Albert, j'ai voulu choisir cette question de l'évergétisme, très en vogue au début des années quatre-vingt, afin d'illustrer le fonctionnement du colloque de Rennes et le type de débats qui s'y développèrent, ainsi que l'implication de Paul-Albert dans la réflexion collective. Les témoignages de sa passion pour les échanges pendant le colloque de Rennes sont nombreux ; ainsi, par exemple, à propos des tombes en mosaïque d'époque tardo-antique, Février ajoutait : « Je ne sais pas si la tombe est toujours une forme de générosité ; c'est au moins une forme d'ostentation et, deuxièmement, quelque chose qui rapporte sans doute au clergé. [...] À Sétif, le "curé" ou le responsable de l'église a sans aucun doute gagné de l'argent en faisant enterrer autour de son autel ; et ainsi a eu un pavement à bon marché ».

Le colloque de Rennes passionna également Février - considéré alors pour beaucoup plutôt comme un tardo-antiquiste - en tant que médiéviste. Car il se revendiquait médiéviste et était connu comme tel notamment depuis la soutenance en 1964 de sa thèse de doctorat d'État sur *Le développement urbain en Provence de l'époque romaine au XIVe siècle. Archéologie et histoire urbaine.* Ainsi, par exemple, après l'intervention de l'historien médiéviste de Chartres et de ses campagnes, André Chédeville, à propos de la communication de l'historien, professeur à Caen, Lucien Musset, sur *Le mécénat des princes normands au XIe siècle*, Paul-Albert lança : « Voici en effet une des difficultés pour l'historien de la construction de l'architecture. Nous voyons la réalisation et souvent nous ne comprenons pas l'accumulation de capital qui est derrière. Pour les Xe, XIe, XIIe siècles nous ne réalisons pas tout ce qui est donné en

« Dans une ville comme Rome la construction est le fait du prince (P. Veyne). Dans une ville le ravitaillement est pour une part le fait des magistrats par des distributions publiques, et la construction est aussi de leur fait. Ce qui est pour nous extrêmement difficile c'est de percevoir comment se fait le relais entre l'institution traditionnelle et l'institution ecclésiale [...]. D'où l'hypothèse que personnellement je fais : le pouvoir épiscopal s'est tellement développé avec l'aide de l'État [...] que le pouvoir de l'Église devient tel qu'il dépasse le reste. Voilà une réponse un peu caricaturale mais que je retiens actuellement à cause non seulement de découvertes anciennes, mais aussi de ce que je vois dans la structure ecclésiastique ».

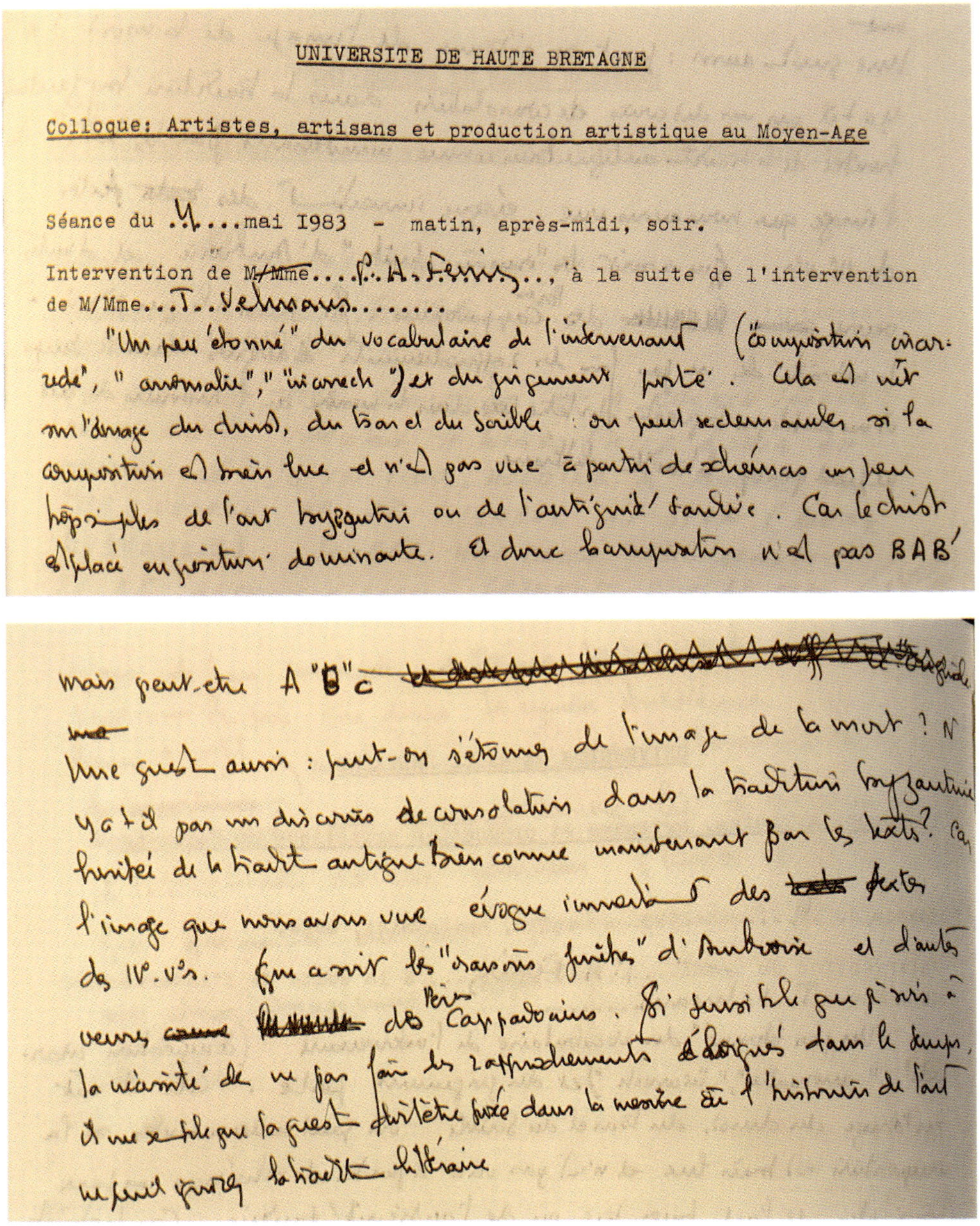
UNIVERSITE DE HAUTE BRETAGNE

Colloque: Artistes, artisans et production artistique au Moyen-Age

Séance du 4...mai 1983 - matin, après-midi, soir.

Intervention de M/Mme...P.-A. Février..., à la suite de l'intervention de M/Mme...T. Velmans........

Figure 29.7a-b : Document manuscrit d'une intervention de Paul-Albert Février, recto-verso, le 4 mai 1983 (cliché X. Barral i Altet).

or, en bijoux, en orfèvrerie, en décor, et qui peut préparer la construction. Car l'investissement pour la construction est une très longue étape dont souvent nous n'avons, parmi nos documents, pas d'exemples ».

La personnalité de Paul-Albert se fit sentir à Rennes lors de séances animées dont les Actes du colloque ont gardé l'esprit et la forme abrégée. Les images conservées nous montrent un Paul-Albert solennel lorsqu'il présidait les séances (Fig. 29.2-29.3), studieux lorsqu'il se fondait dans le public nombreux qui remplissait l'amphithéâtre principal de l'Université (Fig. 29.4), ou convivial dans les couloirs entre les séances (Fig. 29.5).

J'ai voulu faire revivre notre Paul-Albert aussi bien sur le plan historiographique que personnel au sein d'un grand évènement de médiévistes auquel il prit un plaisir particulier à participer. Un évènement qui correspondait particulièrement bien à sa personnalité, à la fois érudite et polémique. À Rennes, Paul-Albert put faire preuve de son érudition et participer directement, en les motivant, aux vifs échanges qui impliquaient aussi bien les jeunes débutants que les professeurs consacrés. Tous – du moins ceux qui acceptèrent le défi – se sentaient libres, ayant lu les textes à l'avance, d'exposer leurs points de vue sans contraintes. Dans le cas de Paul-Albert – même s'il se plaignait des heures nocturnes, très tardives, vers lesquelles la passion des discussions nous portait –, le plaisir des échanges se poursuivait au cours des repas et des pauses.

Les débats étaient enregistrés, mais chaque intervenant remplissait une fiche de sa propre main avec l'essence de ce qu'il voulait dire ou avait dit. Pour rendre Paul-Albert encore plus présent au sein de cette brève évocation, je donne deux exemples de sa main, en illustration. Ce sont des interventions au cours de la séance du mercredi 4 mai au matin sous la présidence de Hans Belting, alors professeur à l'Université de Munich, et de Geneviève Bresc-Bautier, Conservatrice au Musée du Louvre. La première se situe à la suite de la communication de Hans Belting, *Langage et réalité dans la peinture monumentale publique en Italie au '300* (Fig. 29.6a-b). La seconde introduisait une polémique avec Tania Velmans qui avait présenté *Quelques aspects du conditionnement de l'artiste byzantin. Les commanditaires, les modèles, les doctrines* (Fig. 29.7a-b).

30. En souvenir de Paul-Albert

Aïcha Ben Abed Ben Khader
Institut national du Patrimoine, Tunis

J'ai connu Paul-Albert Février en 1974. Je venais tout juste de sortir de prison après une année et demie de détention dans le cadre des procès politiques de l'ère Bourguiba. J'étais fragilisée, sans travail. Les institutions officielles me tournaient le dos, la plupart de mes camarades étaient détenus pour de longues années encore. Les possibilités de trouver du travail étaient très limitées. C'est alors que j'eus l'idée de reprendre mes études et de m'inscrire en doctorat. Je cherchais désespérément un directeur de thèse alors que je venais d'obtenir un travail saisonnier auprès de l'équipe du Corpus des mosaïques de Tunisie qui fouillait à Thuburbo Majus. J'ai pu alors approcher un certain nombre de savants français pour demander leur aide en vue de m'inscrire en thèse et de me faciliter les démarches administratives. Ce fut sans résultat, personne ne voulait se compromettre. C'est alors que mon ami Roger Hanoune me suggéra le nom de Paul-Albert Février avec lequel il prit contact. Paul-Albert répondit très vite qu'il acceptait de m'aider, qu'il allait m'inscrire auprès du secrétariat de la Faculté des Lettres à Aix-en-Provence et qu'il comptait venir en Tunisie, parler avec moi, voir le site de Thuburbo Majus et préciser le sujet de thèse. Il m'a écrit en même temps son désir de reprendre contact avec la Tunisie qu'il n'avait pas revue depuis des années.

Ce fut le début d'une amitié qui dura jusqu'à sa mort.

Lors de sa première visite en Tunisie, nous avons beaucoup « vadrouillé », beaucoup parlé de la prison, des camarades qui s'y trouvaient toujours. Au moment de partir de Tunis, il m'a laissé une enveloppe sur laquelle il avait écrit les versets d'un psaume : « Il regarde du lieu élevé de Sa Sainteté pour écouter les gémissements des captifs, pour délivrer ceux qui vont périr (Ps. 102, 19-20) ». L'enveloppe contenait sa participation à la cagnotte des prisonniers politiques tunisiens.

Pendant les années qui suivirent, Paul-Albert m'a inscrite régulièrement à la Faculté, suivait l'avancement de mes travaux, trouvait le moyen de justifier l'absence aux séminaires due à mon interdiction de voyager qui a duré plusieurs années. À l'automne 1979, je devais soutenir ma thèse tandis que tout déplacement m'était encore interdit. Paul-Albert prit alors l'initiative d'une soutenance à Tunis avec le soutien et la complicité de Pierre Gros. Elle eut lieu au Musée du Bardo, en présence de mon mari Noureddine Ben Kheder et des camarades qui venaient d'être libérés. La rencontre entre Paul-Albert et Noureddine a été très forte, le début d'une grande amitié. Désormais il vint régulièrement en Tunisie pour des visites de sites et de musées mais aussi pour rencontrer les camarades et assister aux échanges et aux discussions sur la situation politique de la Tunisie, sur la nature de la révolution à venir. Paul-Albert s'était attaché à Fathi Belhaj Yahia, à Sadock Ben Mhenni, à Ahmed Ben Othman, à Gilbert Naccache, à d'autres aussi. Il était curieux et ému de voir ces jeunes intellectuels qui avaient accepté de passer jusqu'à 11 ans de leur vie dans les prisons de Bourguiba parce qu'ils avaient dit « non » à la dictature et rêvé d'une Tunisie démocratique et généreuse.

Je me souviens qu'un jour Paul-Albert est venu à la maison avec Friederich Rakob qui m'intimidait beaucoup et que je n'avais jamais rencontré. Par taquinerie et à ma grande confusion, il dit à Rakob « Aïcha a peur de toi ». De ce jour, Paul-Albert m'a donné l'occasion de découvrir la culture et l'humanisme, l'autre face de l'archéologue Fr. Rakob.

Les années ont passé et notre amitié avec Paul-Albert n'a fait que se renforcer. Je me rappellerai toujours des vacances que nous avions passées avec lui et d'autres amis à Jerba. Une nuit, avec Noureddine, nous avons veillé avec lui jusqu'au matin. Il nous a parlé de lui, de ses parents, de ses choix, de ses doutes, de ses désespoirs. Ce fut un moment de grâce.

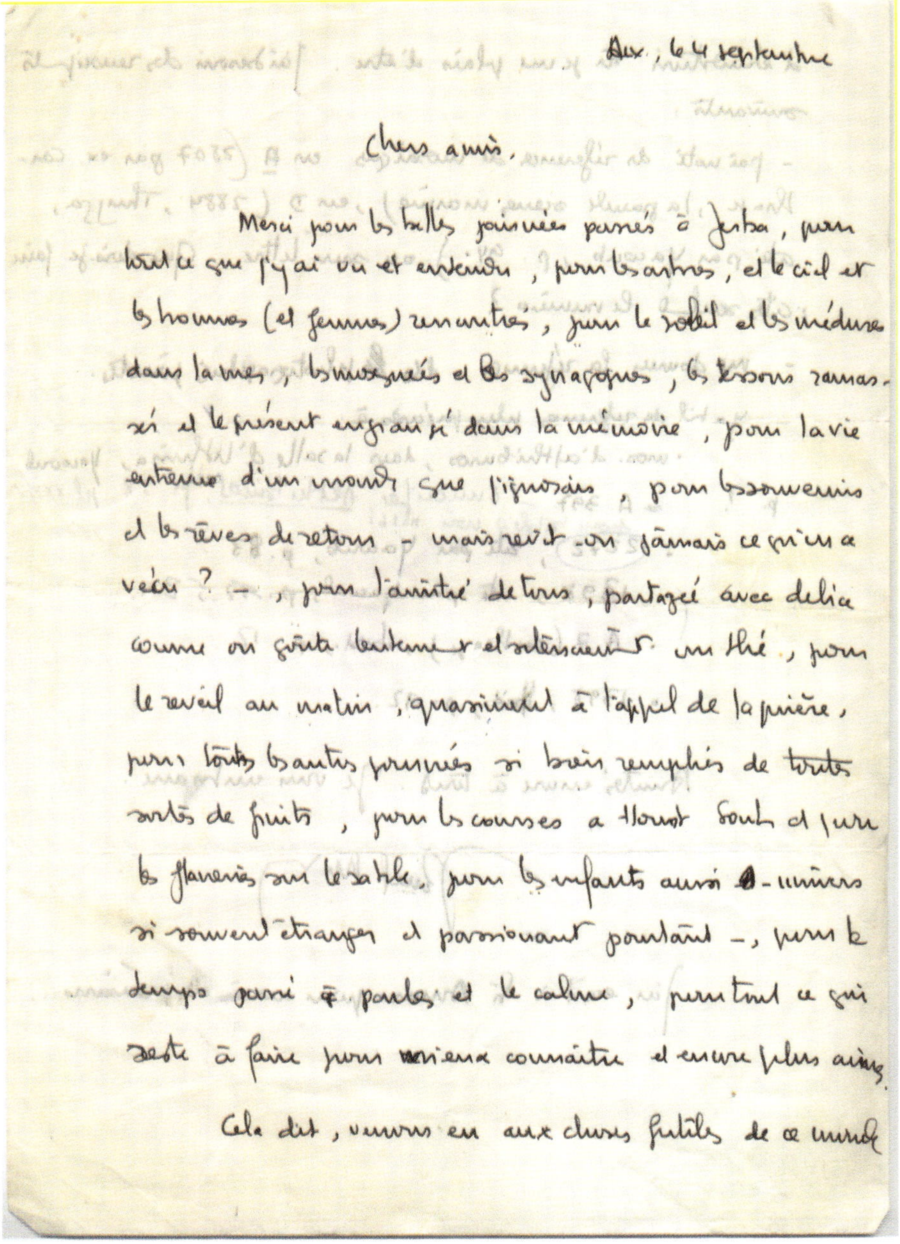

Aix, le 4 septembre

Chers amis,

Merci pour les belles journées passées à Jerba, pour tout ce que j'y ai vu et entendu, pour les autres, et le ciel et les hommes (et femmes) rencontrés, pour le soleil et les méduses dans la mer, les mosquées et les synagogues, les trésors ramassés et le présent engrangé dans la mémoire, pour la vie entière d'un monde que j'ignorais, pour les souvenirs et les rêves de retour – mais revit-on jamais ce qu'on a vécu ? –, pour l'amitié de tous, partagée avec délice comme on goûte lentement et intensément un thé, pour le réveil au matin, quasiment à l'appel de la prière, pour toutes les autres journées si bien remplies de toutes sortes de fruits, pour les courses à Houmt Souk et pour les flâneries sur le sable, pour les enfants aussi – univers si souvent étrangers et passionnant pourtant –, pour le temps passé à parler et le calme, pour tout ce qui reste à faire pour mieux connaître et encore plus aimer.

Cela dit, venons-en aux choses futiles de ce monde

Figure 30.1 : Lettre de Paul-Albert au retour de Jerba

Quelques temps avant qu'il ne tombe malade, à l'occasion de l'une de ses visites à Tunis nous avons pensé à un projet commun de fouille et d'étude du site de Jedidi qui l'avait séduit. Alors que, dans cette perspective, la rédaction d'une convention entre l'Institut national du Patrimoine et l'École française de Rome était très avancée, Paul Albert m'appela pour me dire que, tout compte fait, il se sentait trop fatigué pour conduire la fouille, qu'il se contenterait de venir de temps à autre, que mon co-directeur serait Michel Fixot, son ami et son collègue depuis longtemps à Aix. J'ai été heureuse de connaître Michel, de travailler avec lui et de tisser des liens d'amitié indéfectibles. Il en fut de même ensuite à tous égards avec Marc Griesheimer.

Table des illustrations

2. Paul-Albert Février et la question de l'origine des catacombes — *Vincenzo Fiocchi Nicolai*

Figure 2.1 :   Inscription avec mention de la tombe à deux places de Sabinus, située *in crypta nova* dans la catacombe de *Balbina* à Rome. 16

Figure 2.2 :   Plan de la catacombe de Novatien à Rome (la région primitive est indiquée en gris), avec l'emplacement des inscriptions *in situ* des années 266 et 270. 17

Figure 2.3 :   Inscription de *Calpurnia Dionysias* de l'an 266 *in situ* sur une tombe à *loculus* de la région primitive de la catacombe de Novatien à Rome. 17

Figure 2.4 :   Sarcophage avec une scène de Dionysos « ivre » dans la catacombe de Prétextat à Rome. 19

7. La *civitas Magalonensis* : des textes au terrain et retour — *Claude Raynaud*

Figure 7.1 :   L'ancienne île de Maguelone vue du sud-est en 2000. 57

Figure 7.2 :   Maguelone. Plan et essai de restitution axonométrique du grand entrepôt. 60

8. Du régime de la cité aux *castra* du début du Haut Moyen Âge en Gaule méditerranéenne — *Laurent Schneider*

Figure 8.1 :   Tour (dite de La Marquière) parmi les mieux conservées de l'enceinte antique tardive de Carcassonne. 68

Figure 8.2 :   Argelliers, Roc de Pampelune (Hérault). Plan général des fouilles (état en 2005). 71

Figure 8.3 :   Argelliers, Roc de Pampelune. Tours de la courtine orientale. 72

Figure 8.4 :   Rocher du *castellum* de La Malène (Lozère). 73

Figure 8.5 :   Planche de synthèse des différentes unités reconnues au Roc de Pampelune. 74

Figure 8.6 :   Plan général du *castellum* de La Malène (Lozère). 76

Figure 8.7 : *Castellum* de La Malène. Salle à étage de l'aile de crête. 77

Figure 8.8 : Salle à abside des thermes du *castellum* de La Malène. 78

Figure 8.9 : *Oppida*, *castra* et *castella* dans l'ancienne province de Narbonne-Septimanie (Vᵉ-VIIᵉ siècles). 78

Figure 8.10 : Entre Nîmes et Montpellier, le relief du Puech des Mourgues, *castrum* de *Mormellicum* (Saint-Bauzille-de-Montmel), l'une des principales agglomérations de hauteur nouvelle de la cité de Nîmes. 83

Figure 8.11 : Vue générale du rocher associé au *castrum* d'Anduze, l'une des places héritées de l'Antiquité tardive qui traverse l'ensemble du Moyen Âge. 83

9. Un nouveau chantier, les châteaux et la création d'un réseau castral dans un territoire — *Daniel Mouton, Thierry Pécout, Mariacristina Varano*

Figure 9.1 : Localisation d'Allemagne-en-Provence. 90

Figure 9.2 : Localisation des sites de la vallée du Colostre et des limites d'*Archantiosc* mentionnées dans les chartes. 92

Figure 9.3 : Le site élitaire de Notre-Dame dans son état 0 (deuxième moitié du Xᵉ siècle) avec schéma de restitution. 95

Figure 9.4 : Le site élitaire de Notre-Dame au cours de la première moitié du XIᵉ siècle (état 1). 96

Figure 9.5 : L'église Notre-Dame en contrebas du site élitaire. 96

Figure 9.6 : Plan de l'église Notre-Dame à l'issue de la campagne 2022. 98

Figure 9.7 : Vue zénithale d'un secteur de l'habitat. 98

Figure 9.8 : Le site de Sainte-Maxime à Quinson. 99

10. Introduction à la troisième session — *Mounir Bouchenaki*

Figure 10.1 : À Timgad en 1966, Paul-Albert avec Paul Corbier, Georges Comet et Mounir Bouchenaki. 105

Figure 10.2 : À Timgad près de l'Arc de Trajan en 1966, l'auteur avec Paul Corbier. 105

17. L'évolution urbaine d'Aix-en-Provence des origines au Moyen Âge
— *Sandrine Claude, Núria Nin*

Figure 17.1 :   a : Plan d'Aix antique publié dans Février 1964, fig. 30 ; b : Plan d'Aix antique réalisé par R. Ambard et publié par F. Benoit en 1964 152

Figure 17.2a :   Plan de la ville tardo-républicaine aux alentours des années 70-50 av. J.-C. ... 154

Figure 17.2b :   Détail du quartier exploré entre 1991 et 1998 à l'emplacement du site des Thermes Sextius. 155

Figure 17.3 :   Vaisselle en usage dans le quartier tardo-républicain 156

Figure 17.4 :   Plan de la ville entre la période augustéenne et les Flaviens. 156

Figure 17.5 :   Rue Peiresc (fouille préventive de la place de Verdun, 2018), vue du parement intérieur de l'enceinte antique 158

Figure 17.6 :   Lice extérieure mise au jour sur la place de Verdun en 2018 158

Figure 17.7 :   Orthophotographie du théâtre 158

Figure 17.8 :   Plan de la ville entre le règne des Flaviens et la fin du IIe siècle 160

Figure 17.9 :   Anomalies observées dans le tracé des rues et le parcellaire en partie sud de la ville 161

Figure 17.10 :   Plan de la ville aux IIIe-IVe siècles. 163

Figure 17.11 :   Sédimentation de la période tardo-antique accumulée sur le dallage du *decumanus maximus*, en 2009. 164

Figure 17.12 :   Reconfiguration de l'habitat autour de trois quartiers monumentaux de la ville du Haut Empire. 164

Figure 17.13 :   Constructions tardo-antiques, alto-médiévales et médiévales dans le théâtre. 166

Figure 17.14 :   Vue de l'occupation tardive du théâtre 166

Figure 17.15a : Plan du forum secondaire 168

Figure 17.15b : Cathédrale et ses annexes ; maison épiscopale 168

Figure 17.16 :   Détail du plan de François de Belleforest (1575) montrant le palais des comtes de Provence 169

Figure 17.17 :   Colonisation de la voie Aurélienne par des sépultures à partir du VIIIe siècle. 170

Figure 17.18 :   Plan de la ville durant l'Antiquité tardive et au Haut Moyen Âge 170

Figure 17.19 : La ville polynucléaire : implantations urbaines des XIIᵉ-XIIIᵉ siècles. 171

Figure 17.20 : Plan des vestiges d'un bâtiment adossé au XIIᵉ siècle
sur le rempart du Haut Empire. 172

Figure 17.21 : Plan de la ville des Tours restitué d'après l'étude de Jean Pourrière,
sur le fond de plan dressé par Esprit Devoux en 1762. 173

Figure 17.22 : Plan des premières enceintes du bourg Saint-Sauveur et de la ville
comtale au XIIᵉ siècle, restituées d'après les propositions de Jean Pourrière. . . . 176

Figure 17.23 : Détail de la porte occidentale de l'enceinte du bourg Saint-Sauveur
dite du Puits chaud. Extrait du plan de François de Belleforest. 176

Figure 17.24 : Vestiges de la porte sud du bourg Saint-Sauveur. 177

Figure 17.25 : Hypothèse de restitution du *castrum* comtal au XIᵉ siècle. 178

Figure 17.26 : Maisons médiévales du 18, rue des Magnans. Plan d'ensemble des vestiges. . . 180

Figure 17.27 : Plan de la ville au XIIIᵉ siècle. 181

Figure 17.28 : Plan de la ville dans la seconde moitié du XIVᵉ siècle. 182

Figure 17.29 : Tracé de l'enceinte urbaine du XIVᵉ siècle établi en 1591. 183

18. *Le développement urbain en Provence « revisité » — Marc Heijmans*

Figure 18.1 : Fréjus au Haut Empire. 190

Figure 18.2 : Plan schématique de Fréjus antique et médiévale. 191

Figure 18.3 : Plan schématique d'Aix antique et médiévale. 192

Figure 18.4 : Plan d'Arles chrétienne. 193

Figure 18.5 : Plan de Marseille chrétienne. 194

Figure 18.6 : La Narbonnaise au Haut Empire – les villes pourvues d'une
fortification sont identifiées par un cercle. 195

Figure 18.7 : Arles : sites abandonnés au IIIᵉ siècle. 196

Figure 18.8 : Aix-en-Provence : les secteurs d'occupation de l'Antiquité tardive. 196

Figure 18.9 : Avignon : l'enceinte de l'Antiquité tardive. 198

Figure 18.10 : Apt : l'occupation tardive du théâtre. 199

19. Compléments au plan urbain de Fréjus — *Michel Pasqualini*

Figure 19.1 : Plan de *Forum Iulii* au IIe siècle. Principaux lieux, monuments et *insulae* mentionnés dans le texte. 204

Figure 19.2 : Période 15-60 de notre ère. Les *insulae* 73/74, 86 et 89 et le *forum*. 205

Figure 19.3 : *Domus* 2 de l'*insula* 86. Timbre M(arcus) Mel(us) Pol(linus) sur l'une des tuiles qui tapissent le fond d'un collecteur. 206

Figure 19.4 : Période 60-300 de notre ère. Principales boutiques et principaux lieux de travail des *insulae* 73/74 et 86. 207

Figure 19.5 : Pilier du portique en avant de l'*insula* 86 sur le *cardo* IV.3. 207

Figure 19.6 : *Cardo* IV.3. Collecteur axial, trous de poteaux, tranchées et fosses en façade de l'*insula* 90. Branchements à partir de l'*insula* sur le collecteur axial de la voie.. 208

Figure 19.7 : *Domus* 1 de l'*insula* 86. Angles du bassin à colonnade et du terre-plein central. 208

Figure 19.8 : *Domus* 1 et 2 de l'*insula* 89. 210

Figure 19.9 : *Insula* 89. Restitution des *domus* 1 et 2.. 211

Figure 19.10 : *Insula* 86. Fours de teinturiers. 211

20. *Lux musiua* : La mise en lumière des mosaïques dans les textes épigraphiques versifiés — *Gaëlle Herbert de la Portbarré-Viard*

Figure 20.1 : Basilica SS. Cosma e Damiano (Rome), mosaïque absidiale. 221

Figure 20.2 : Sant'Agnese fuori le mura (Rome), mosaïque absidiale.. 222

22. De l'Afrique à l'Euphratésie — *Marc Griesheimer*

Figure 22.1 : Provenances et destinations des Africains connus par la correspondance de Théodoret de Cyr. 242

Figure 22.2 : Médaillon de la mosaïque de Yakto.. 245

24. Le décor sculpté entre Antiquité tardive et Haut Moyen Âge en Provence
— *Yumi Narasawa*

Figure 24.1 :   Riez (Alpes-de-Haute-Provence), baptistère. 256

Figure 24.2 :   Fréjus (Var), cathédrale, baptistère. 256

Figure 24.3 :   Marseille (Bouches-du-Rhône), abbaye Saint-Victor. 257

Figure 24.4 :   Jouques (Bouches-du-Rhône), chapelle Notre-Dame-de-Consolation. 257

Figure 24.5 :   Brignoles (Var), église Saint-Jean. 258

Figure 24.6 :   Saint-Pantaléon (Vaucluse), église. 259

Figure 24.7 :   Marseille (Bouches-du-Rhône), abbaye Saint-Victor. 259

Figure 24.8 :   Marseille (Bouches-du-Rhône), abbaye Saint-Victor. 259

Figure 24.9 :   La Celle (Var), église Notre-Dame de la Gayole. 260

Figure 24.10 : La Celle (Var), église Notre-Dame de la Gayole. 260

Figure 24.11 : Ganagobie (Alpes-de-Haute-Provence), priorale. 261

Figure 24.12 : Arles (Bouches-du-Rhône), église Saint-Honorat-des-Alyscamps. 262

Figure 24.13 : Arles (Bouches-du-Rhône), musée départemental Arles antique. 262

Figure 24.14 : Nîmes (Gard), musée de la Romanité. 263

Figure 24.15 : Nîmes (Gard), musée de la Romanité. 263

Figure 24.16 : Nîmes (Gard), site de la rue Guynemer. 264

Figure 24.17 : Nîmes (Gard), site de la rue Guynemer. 264

Figure 24.18 : Arles (Bouches-du-Rhône), Saint-Pierre de Mouleyrès. 266

Figure 24.19 : Rochecolombe (Ardèche), église Saint-Pierre-de-Suaveplantade. 267

Figure 24.20 : Soyons (Ardèche), église paroissiale. 267

Figure 24.21 : Arles (Bouches-du-Rhône), abbaye de Montmajour, église Saint-Pierre. 268

Figure 24.22 : Bourg-Saint-Andéol (Ardèche), église Saint-Andéol. 269

Figure 24.23 : Bourg-Saint-Andéol (Ardèche), église Saint-Andéol. 270

Figure 24.24 : Fontaine-de-Vaucluse (Vaucluse), église Sainte-Marie-et-Saint-Véran. 271

Figure 24.25 : Allemagne-en-Provence Alpes-de-Haute-Provence), chapelle Saint-Marc. . . . 271

TABLE DES ILLUSTRATIONS

25. L'ancienne église de Saint-Raphaël (Var) — *Nathalie Molina, avec Paul François*

Figure 25.1 : L'église de Saint-Raphaël (Var) et sa tour au coeur de la ville médiévale. 277

Figure 25.2 : Crypte archéologique sous le sol de l'église. 278

Figure 25.3 : Relevé des structures visibles en 1951 par P.-A. Février. 278

Figure 25.4 : Plan phasé des structures fouillées de 1994 à 2005 dans le sous-sol de l'église de Saint-Raphaël. 279

Figure 25.5 : Plan phasé des élévations de l'église de Saint-Raphaël au-dessus du sol actuel. 280

Figure 25.6 : Restitution des élévations des états I à IV proposée par P. François. 281

Figure 25.7 : Fragment de table d'autel, V^e ou VIe siècle. 283

Figure 25.8 : Abside préromane et support d'autel, état IV. 284

Figure 25.9 : Abside préromane vue de l'extérieur, état IV. 284

Figure 25.10 : Restitution des élévations de l'état V proposée par P. François. 286

Figure 25.11 : Crypte romane, état VI. 287

Figure 25.12 : Restitution des élévations de l'état VI proposée par P. François. 289

Figure 25.13 : Restitution des élévations de l'état VII proposée par P. François. 289

Figure 25.14 : Restitution des élévations de l'état VIII proposée par P. François. 289

Figure 25.15 : Escalier et base du mur de façade occidentale, état VIII. 290

27. Archéologie et histoire monumentale des sièges épiscopaux de Provence à l'époque de l'architecture romane — *Andreas Hartmann-Virnich*

Figure 27.1 : Riez, baptistère : coupole centrale et voûtement du déambulatoire. 312

Figure 27.2 : Aix-en-Provence, cathédrale Saint-Sauveur, baptistère : vue du déambulatoire vers le sud. 313

Figure 27.3 : Venasque, tétraconque : intérieur vu vers le nord. 313

Figure 27.4 : Digne, Notre-Dame-du-Bourg : plan général des fouilles. 314

Figure 27.5 : Digne, Notre-Dame-du-Bourg : nef vue vers l'ouest. 314

Figure 27.6 : Marseille, cathédrale Notre-Dame-la-Major : plan évolutif de la cathédrale paléochrétienne à la cathédrale romane. 315

Figure 27.7 : Cavaillon, cathédrale Notre-Dame-et-Saint-Véran : façade occidentale. 316

Figure 27.8 : Vaison, cathédrale Notre-Dame de Nazareth : chevet............317

Figure 27.9 : Arles, cathédrale Saint-Trophime : relevé pierre-à-pierre
partiel de la façade occidentale.........................317

Figure 27.10 : Venasque, tétraconque : chapiteau.........................318

Figure 27.11 : Sant Père de Roda, abbatiale : nef vue vers l'est...............318

Figure 27.12 : Saint-Paul-Trois-Châteaux, cathédrale : nef vue vers le nord-ouest..........320

Figure 27.13 : Avignon, cathédrale Notre-Dame-des-Doms, tour occidentale :
coupole de la chapelle haute............................321

Figure 27.14 : Grasse, cathédrale Notre-Dame : voûtes de la nef................322

Figure 27.15 : Arles, cathédrale Saint-Trophime : portail....................323

29. « Qui construit et le dit ? » — *Xavier Barral i Altet*

Figure 29.1 : Rapports préliminaires soumis à discussion au colloque de Rennes.......338

Figures 29.2-3 : Présidence de Paul-Albert Février, entre Jean-Pierre Sodini
et Anthony Cutler..................................338

Figure 29.4 : Paul-Albert Février parmi les participants. Au premier plan,
Hans Belting, Guy Barruol, Caroline Bruzelius, Fabienne Joubert......340

Figure 29.5 : Paul-Albert Février au colloque de Rennes avec Jacques Mallet et
Christian Sapin...................................340

Figure 29.6a-b : Document manuscrit d'une intervention de Paul-Albert Février,
recto-verso, le 4 mai 1983.............................341

Figure 29.7a-b : Document manuscrit d'une intervention de Paul-Albert Février,
recto-verso, le 4 mai 1983.............................342

30. En souvenir de Paul-Albert — Aïcha Ben Abed Ben Khader

Figure 30.1 : Lettre de Paul-Albert au retour de Jerba......................344

BIBLIOTHÈQUE DE L'ANTIQUITÉ TARDIVE

All volumes in this series are evaluated by an Editorial Board, strictly on academic grounds, based on reports prepared by referees who have been commissioned by virtue of their specialism in the appropriate field. The Board ensures that the screening is done independently and without conflicts of interest. The definitive texts supplied by authors are also subject to review by the Board before being approved for publication. Further, the volumes are copyedited to conform to the publisher's stylebook and to the best international academic standards in the field.

Titles in Series

Fouilles de Khirbet es-Samra en Jordanie 1 : La voie romaine. Le cimetière. Les documents épigraphiques, ed. by T. Bauzou, A. Desreumaux, P.-L. Gatier, J.-B. Humbert, F. Zayadine (1999)

A. Michel, *Les églises d'époque byzantine et umayyade de Jordanie (provinces d'Arabie et de Palestine), Ve-VIIIe siècle : Typologie architecturale et aménagements liturgiques (avec catalogue des monuments)* (2001)

Nicole Thierry, *La Cappadoce de l'Antiquité au Moyen Âge* (2002)

Humana Sapit. Études d'Antiquité Tardive offertes à Lellia Cracco-Ruggini, ed. by J.M. Carrie, R. Lizzi-Testa (2002)

Mélanges d'Antiquité tardive : Studiola in honorem Natalis Duval, ed. by C. Balmelle, P. Chevalier, G. Ripoll (2004)

The Past Before Us : The Challenge of Historiographies of Late Antiquity, ed. by C. Straw, R. Lim (2005)

Hugo Brandenburg, *Ancient Churches of Rome from the Fourth to the Seventh Century : The Dawn of Christian Architecture in the West* (2005)

Stucs et décors de la fin de l'Antiquité au Moyen Âge (V^e-XIIe siècle) : Actes du colloque international tenu à Poitiers du 16 au 19 septembre 2004, ed. by C. Sapin (2007)

L. Khroushkova, *Les monuments chrétiens de la côte orientale de la Mer Noire. Abkhazie (IVe-XIVe siècles)* (2007)

A. Chavarria Arnau, *El final de las 'villae' en 'Hispania' (siglos IV-VII D.C.)* (2007)

R. Colardelle, *La ville et la mort : Saint-Laurent de Grenoble, 2000 ans de tradition funéraire* (2008)

Saint-Victor de Marseille. Études archéologiques et historiques : Actes du colloque Saint-Victor, Marseille, 18-20 novembre 2004, ed. by M. Fixot, J.-P. Pelletier (2009)

M. Fixot, J.-P. Pelletier, *Saint-Victor de Marseille : Étude archéologique et monumentale* (2009)

M. Xanthopoulou, *Les lampes en bronze à l'époque paléochrétienne* (2010)

S. Ratti, *Antiquus error. Les ultimes feux de la résistance païenne : 'Scripta varia' augmentés de cinq études inédites* (2010)

Carte des routes et des cités de l'est de l' 'Africa' à la fin de l'Antiquité : Nouvelle édition des 'Voies romaines de l'Afrique du Nord' conçue en 1949, d'après les tracés de Pierre Salama, ed. by J. Desanges, N. Duval, Cl. Lepelley, S. Saint-Amans (2010)

N. Iamanidzé, *Les installations liturgiques sculptées des églises de Géorgie (VIe-XIIIe siècles)* (2011)

S. Carella, *Architecture religieuse haut-médiévale en Italie Méridionale: le diocèse de Bénévent* (2011)

Le Proche-Orient de Justinien aux Abbassides : Peuplement et dynamiques spatiales. Actes du colloque "Continuités de l'occupation entre les périodes byzantine et abbasside au Proche-Orient, VIIe-IXe siècles", Paris, 18-20 octobre 2007, ed. by A. Borrut, M. Debié, A. Papaconstantinou, D. Pieri, Jean-Pierre Sodini (2012)

M. Studer-Karlen, *Verstorbenendarstellungen auf frühchristlichen Sarkophagen* (2012)

Le cheval dans les sociétés antiques et médiévales : Actes des Journées d'étude internationales organisées par l'UMR 7044 (Étude des civilisations de l'Antiquité) Strasbourg, 6-7 novembre 2009, ed. by S. Lazaris (2012)

M. C. Comte, *Les reliquaires du Proche-Orient et de Chypre à la période protobyzantine (IVe-VIIIe siècles) : Formes, emplacements, fonctions et cultes* (2012)

Le groupe épiscopal de Fréjus, ed. by M. Fixot (2012)

Des 'domus ecclesiae' aux palais épiscopaux : Actes du colloque tenu à Autun du 26 au 28 novembre 2009, ed. by S. Balcon-Berry, F. Baratte, J.-P. Caillet, D. Sandron (2012)

J. C. Magalhães de Oliveira, *Potestas populi : Participation populaire et action collective dans les villes de l'Afrique romaine tardive (vers 300-430 apr. J.-C.)* (2012)

Brigitte Boissavit-Camus, *Le baptistère Saint-Jean de Poitiers : De l'édifice à l'histoire urbaine* (2015)

Yumi Narasawa, *Les autels chrétiens du Sud de la Gaule (V^e-XIIe siècles)* (2015)

Saint-Romain-en-Gal aux temps de Ferréol, Mamert et Adon : L'aire funéraire des thermes des Lutteurs (IVe-Xe siècles), ed. by Jean-Luc Prisset (2015)

Damien Glad, *L'armement dans la région balkanique à l'époque romaine tardive et protobyzantine (284-641) : Héritage, adaptation et innovation* (2015)

La mémoire des pierres : Mélanges d'archéologie, d'art et d'histoire en l'honneur de Christian Sapin, ed. by Sylvie Balcon-Berry, Brigitte Boissavit-Camus, Pascale Chevalier (2016)

Elisabetta Neri, *Tessellata vitrea tardoantichi e altomedievali : produzione dei materiali e loro messa in opera. Considerazioni generali e studio dei casi milanesi* (2016)

"Libera curiositas". Mélanges d'histoire romaine et d'Antiquité tardive offerts à Jean-Michel Carrié, ed. by Christel Freu, Sylvain Janniard, Arthur Ripoll (2016)

Cecilia Proverbio, *I cicli affrescati paleocristiani di San Pietro in Vaticano e San Paolo fuori le mura. Proposte di lettura* (2017)

New Cities in Late Antiquity : Documents and Archaeology, ed. by Efthymios Rizos (2017)

Le baptistère Saint-Jean au sein du groupe épiscopal du Puy-en-Velay, ed. by Anne-Bénédicte Mérel-Brandenburg (2018)

Bertrand Riba, *Le village de Kafr ʿAqāb : Étude monographique d'un site du ǧebel Waṣṭāni (Massif calcaire de la Syrie du Nord). Topographie et architecture* (2019)

Domenico Vera, *I doni di Cerere. Storie della terra nella tarda antichità (Strutture, società, economia)* (2020)

« Academica Libertas » : Essais en l'honneur du professeur Javier Arce – Ensayos en honor del profesor Javier Arce, ed. by Dominic Moreau, Raul Gonzalez Salinero (2020)

Anastasia Drandaki, *Late Antique Metalware. The Production of Copper-Alloy Vessels between the 4th and 8th Centuries : The Benaki Museum Collection and Related Material* (2021)

Marc Bouiron, *Stéphane de Byzance. Les Ethniques comme source historique : l'exemple de l'Europe occidentale* (2022)

Gaëlle Herbert de la Portbarré-Viard, *Naissance du discours sur les édifices chrétiens dans la littérature latine occidentale : D'Ambroise de Milan à Grégoire de Tours* (2023)

Aedes Memoriae : Actes de la Journée d'Études en mémoire du professeur Noël Duval, ed. by François Baratte (2024)